Informatik aktuell

Herausgeber: W. Brauer
im Auftrag der Gesellschaft für Informatik (GI)

S. Fuchs   R. Hoffmann (Hrsg.)

Mustererkennung 1992

14. DAGM-Symposium
Dresden, 14.-16. September 1992

Springer-Verlag
Berlin Heidelberg New York
London Paris Tokyo
Hong Kong Barcelona
Budapest

Herausgeber

S. Fuchs
Technische Universität Dresden
Institut für Datenbanken und Künstliche Intelligenz
Mommsenstraße 13, O-8027 Dresden

R. Hoffmann
Technische Universität Dresden
Institut für Technische Akustik
Mommsenstraße 13, O-8027 Dresden

CR Subject Classification (1992): I.2, I.2.7, I.4, I.5, J.3

ISBN-13: 978-3-540-55936-8   e-ISBN-13: 978-3-642-77785-1
DOI: 10.1007/978-3-642-77785-1

Satz: Reproduktionsfertige Vorlage vom Autor/Herausgeber

Veranstalter:

DAGM: Deutsche Arbeitsgemeinschaft für Mustererkennung

Tagungsleitung:

Prof.Dr. S. Fuchs
Technische Universität Dresden
Institut für Datenbanken und Künstliche Intelligenz

Programmkomitee:

H. Bunke, Bern

W. Förstner, Bonn

R. Grosskopf, Oberkochen

G. Hartmann, Paderborn

K.-H. Höhne, Hamburg

H. Kazmierczak, Ettlingen

R. Klette, Berlin

W. A. Kovalevski, Berlin

W. Kropatsch, Wien

H. Niemann, Erlangen

E. Paulus, Braunschweig

S.J. Pöppl, Lübeck

D.-P. Pretschner, Hildesheim

B. Radig, München

B. Schleifenbaum, Wetzlar

W. Tscheschner, Dresden

K. Voss, Jena

Das 14. DAGM-Symposium wird ausgerichtet durch:

Institut für Datenbanken und Künstliche Intelligenz der TU Dresden
Institut für Technische Akustik der TU Dresden
Institut für Pathologie der Medizinischen Akademie Dresden
Zentrales Tagungsbüro der TU Dresden

DAGM   Deutsche Arbeitsgemeinschaft für Mustererkennung

Die **Deutsche Arbeitsgemeinschaft für Mustererkennung** veranstaltet seit 1978 jährlich an verschiedenen Orten ein wissenschaftliches Symposium mit dem Ziel, Aufgabenstellungen, Denkweisen und Forschungsergebnisse aus den Gebieten der Mustererkennung vorzustellen sowie den Erfahrungs- und Ideenaustausch zwischen den Fachleuten anzuregen und den Nachwuchs zu fördern. Die **DAGM** wird durch folgende wissenschaftliche Trägergesellschaften gebildet:

DGaO	Deutsche Gesellschaft für angewandte Optik
GMDS	Deutsche Gesellschaft für medizinische Dokumentation, Informatik und Statistik
GI	Gesellschaft für Informatik
ITG	Informationstechnische Gesellschaft
DGNM	Deutsche Gesellschaft für Nuklearmedizin
IEEE	The Institute of Electrical and Electronic Engineers, Deutsche Sektion
DGPF	Deutsche Gesellschaft für Photometrie und Fernerkundung

Die **DAGM** ist Mitglied der International Association for Pattern Recognition (IAPR).

Zum Geleit

Die Deutsche Arbeitsgemeinschaft für Mustererkennung veranstaltet nunmehr
das 14. DAGM-Symposium Mustererkennung.

An der Zahl 14 wird erkennbar, daß die DAGM nun über eine reiche Tradition
verfügt.

Ich möchte daher das besondere Augenmerk auf einen Übersichtsartikel des
Gründungsvorsitzenden, Herrn Prof. Dr.-Ing. H. Marko, München, der DAGM in
diesem Buch lenken.

War es bereits letztes Jahr eine besondere Freude, viele Kolleginnen und Kollegen
aus den fünf neuen Bundesländern begrüßen zu können, so freue ich mich nun
außerordentlich, daß das 14. DAGM-Symposium Mustererkennung 1992
nunmehr in Dresden stattfinden kann.

Gerade wer in den vergangenen DAGM- Symposien viele Fachkolleginnen und
Kollegen schmerzlich vermissen mußte, kann die Bedeutung des Tagungsortes
Dresden besonders ermessen.
Ich kann es mir sparen, sowohl auf die geschichtliche Bedeutung Dresdens als
auch auf die Bedeutung als Wissenschaftliches Zentrum näher einzugehen.

Die Tatsache, daß Herr Kollege Prof. Dr. Fuchs als Tagungsleiter gewonnen
werden konnte, bildet die erste wesentliche Grundlage für das Gelingen dieser
Tagung.

Mein besonderer Dank gilt daher Herrn Kollegen Fuchs und seinen Mitarbeitern
für ihre Kooperationsbereitschaft und den Einsatz bei der Vorbereitung und der
Durchführung dieses Symposiums. Die Zusammenarbeit mit ihm und seinen
Mitarbeitern war jederzeit angenehm und erfolgreich.

Ich wünsche allen Teilnehmern einen angenehmen Aufenthalt und fruchtbaren,
wissenschaftlichen Erfahrungsaustausch beim 14. DAGM-Symposium in
Dresden.

Lübeck, im Juli 1992

Prof. Dr.-Ing. Dr. S.J. Pöppl
Vorsitzender der DAGM

Der mit DM 2.500,- dotierte

DAGM-Preis 1991

wurde

S. Drüe und G. Hartmann

Universität GH Paderborn

für den folgenden Beitrag verliehen

Merkmalverknüpfung durch Synchronisation in einem sich selbstorganisierenden Neuronalen Netzwerk

---

Der mit DM 2.500,- dotierte

DAGM-Preis 1991

wurde

K. Riemer, T. Scholz und B. Jähne

Universität Heidelberg

für den folgenden Beitrag verliehen

Bildfolgenanalyse im Orts-Wellenzahl-Raum

Mit DM 1.000,- dotierte Preise für das Jahr 1991 wurden verliehen an

S. Lanser, W. Eckstein

Technische Universität
München

Eine Modifikation des
des Deriche-Verfahrens
zur Kantendetektion

M. Schubert

Universität Jena

Texturanalyse mit dem
autoregressiven Modell

**E.G. Schukat-Talamazzini,
H. Niemann**

Universität Erlangen

Das ISADORA-System - ein
akustisch-phonetisches
Netzwerk zur automatischen
Spracherkennung

**H. Handels, A. Hiestermann,
R. Herpes, T. Tolxdorff**

RWTH Aachen

Automatische 3D-Segmen-
tierung und Klassifikation
von Gewebe in der medizi-
nischen Diagnostik

U. Schramm, W. Braun

FhG IIS

Konfigurieren und Trainieren von mehrschichtigen
Perzeptron-Netzen

Vorwort

Bereits 1990, als erstmals Mustererkenner aus den östlichen Bundesländern in größerer Anzahl das DAGM-Symposium besuchten, hat die Trägerversammlung der DAGM den vielfachen Wunsch diskutiert, das Symposium alsbald in diesen Ländern stattfinden zu lassen, um damit die gegenseitige Integration zu fördern. Die Trägerversammlung anläßlich des 13. DAGM-Symposiums wählte dann, durchaus bewußt der noch schwierigen Bedingungen in der Infrastruktur, Dresden als Veranstaltungsort des 14. DAGM-Symposiums aus und übertrug mir die Tagungsleitung.

In den östlichen Ländern gab es eine ganze Reihe von Forschungsgruppen der Mustererkennung, Bild- und Signalverarbeitung. Die meisten waren an den Hochschulen- und Universitäten, an den Instituten der Akademie der Wissenschaften und an speziellen medizinischen Forschungseinrichtungen angesiedelt. Unter den Einrichtungen der Akademie der Wissenschaften waren die stärksten Potentiale am Zentralinstitut für Kybernetik und Informationsprozesse mit dem Hauptsitz in Berlin und dem Tochterinstitut in Dresden. Bei den Hochschuleinrichtungen spielten die TU Dresden, die TH Ilmenau und die Universität Jena eine größere jeweils spezifische Rolle. Die gegenseitige Verständigung der Mustererkenner, jedoch nahezu beschränkt auf das DDR-Territorium, fand in der Kammer der Technik, der Gesellschaft für biomedizinische Technik und der Gesellschaft für Informatik der DDR statt. Stärkere grenzüberschreitende Aktivitäten insbesondere in Richtung Osteuropa gab es in der forschungskoordinierenden Tätigkeit der Akademie der Wissenschaften und auf den Workshops und Kongressen, veranstaltet von den Hochschulen, der Kammer der Technik und den wissenschaftlichen Gesellschaften.

Am Veranstaltungsort des 14. DAGM-Symposiums vereint der "Dresdner Arbeitskreis für Bildverarbeitung und Mustererkennung (DABM)" die an der Technischen Universität arbeitenden Gruppen der Sprachsignalverarbeitung und Bildverarbeitung, die an der Medizinischen Akademie Dresden tätigen Gruppen "Mikroskopbildanalyse" und eine Reihe von Gruppen sowohl an Forschungsinstituten der Fraunhofer Gesellschaft als auch in hoffnungsvollen Keimzellen der mittelständischen Wirtschaft. So wird das DAGM-Symposium mit großem Interesse erwartet. Es wird neben der Präsentation origineller Ergebnisse Raum bieten für die Diskussion zwischen Einsteigern und sich Graduierenden, aber auch zwischen gestandenen, auf gleichem Gebiet Tätigen, die sich bisher nur über die Literatur kannten.

Wir haben dem Symposium kein spezielles Thema vorgegeben. Der durch das vorjährige Symposium herausgeforderte Vergleich zwischen Neuronalen Netzen und KI-Methoden hat zu einer Methodenintegration beigetragen, die sich auch in den diesjährigen Beiträgen ausgewirkt hat. So ist zu beobachten, daß die mit modernen Schlagworten hervorgehobenen Ansätze, z.B. Fuzzy-Methoden und Konnektionistische Modelle, in Verbindung mit anderen Herangehensweisen ihren relativierten Platz finden. Das Programmkomitee hat durch gewissenhafte Bewertung und Auswahl mit intensiver Diskussion aus etwa 80 eingereichten Beiträgen das Programm mit 34 Vortrags- und 23 Plakatpräsentationen zusammengestellt und 4 Hauptvorträge eingeladen. Den Mitgliedern des Programmkomitees, insbesonders denen, die auf der Beratung in Dresden die Mühe der Konfliktbeseitigung auf sich nahmen, sei hier besonders für diese Arbeit gedankt.

Ich danke auch den Autoren dieses Bandes für ihre Sorgfalt und das Verständnis für die enge Terminsetzung. An der Vorbereitung der Tagung haben besonderen Anteil Herr Dr. R. Hoffmann als Gesamtorganisator in Zusammenarbeit mit dem zentralen Tagungsbüro der TU Dresden und als Mitherausgeber dieses Bandes, Herr Dr. F. Arnold als Organisator der begleitenden kulturellen Veranstaltungen, Herr Dr. U. Kordon mit seinen Bemühungen um die Ausstellung. Als Tagungssekretärin hat Frau Junghanß alle Fäden in der Hand gehalten und mußte die Hürden der noch zahlreichen Unzulänglichkeiten überwinden.

Sie alle, denen ich herzlich danke, werden sich mit mir freuen, wenn das 14. DAGM-Symposium von Ihnen als ebenbürtig in die traditionelle Reihe der DAGM-Symposien eingereiht wird.

Dresden, im Juli 1992   Siegfried Fuchs

Inhaltsverzeichnis

H. Marko (Technische Universität München)
Die DAGM - Bemerkungen zu ihrer Geschichte
(Eingeladener Vortrag) 1

Mathematische Grundlagen

M. I. Schlesinger (Institut für Kybernetik der Ukrain. Akademie der Wissenschaften Kiew)
Formale Zugänge für die Strukturanalyse von grafischen Bildern
(Hauptvortrag) 10

H. Suesse, K. Voss (Universität Jena)
Faltungsinversion mittels örtlich beschränkter Faltungskerne 20

M. Nölle, H. Schulz-Mirbach (Technische Universität Hamburg-Harburg)
Vollständige algebraische Beschreibung und Parallelisierung von translations-
und rotationsinvarianten Transformationen für Grauwertbilder 30

I. Rothe, K. Voss (Universität Jena)
Orientierungsbestimmung von Objekten durch Momentinvarianten 42

H. Kristen, O. Munkelt (Technische Universität München)
Markov-Feld-basierte Bildinterpretation mit automatisch generierten Datenbasen 50

Bildanalyse in der Medizin

J. Kelch, B. Wein, W. Ameling (RWTH Aachen)
Konturorientierte Segmentierung und Modellierung von medizinischen
Objekten in spatio-temporalen Räumen 58

L. Přeučil (Technische Universität Prag)
Automatic Contour Search on Left Ventricle Ultrasonic Images 65

T. Schiemann, M. Bomans, U. Tiede, K. H. Höhne (Universität Hamburg)
Interactive 3D-Segmentation of Tomographic Image Volumes 73

Architektur Neuronaler Netze

E. Littmann, A. Meyering, H. Ritter (Universität Bielefeld)
Cascaded and Parallel Neural Network Architectures for Machine Vision
- A Case Study 81

J. Hollatz, V. Tresp (Technische Universität München; Siemens AG München)
Integrating Rule-Based Knowledge into Neural Computing 88

M. Schwarzinger, D. Noll, W. v. Seelen (Universität Bochum)
Object Recognition with Deformable Models Using Constrained Elastic Nets 96

Industrielle Anwendung und Robotik

N. Stein (VITRONIC Wiesbaden)
Industrielle Bildverarbeitung 1992 - Labormaus oder Lokomotive der Automatisierung?
(Hauptvortrag) 105

F. Ade, M. Peter, M. Rutishauser, M. Trobina, A. Ylä-Jääski (ETH Zürich)
Vision for a 3-D Object Manipulation System 117

A. Eggerer, W. Eckstein (Technische Universität München)
Mehrkanalige Bewegungsbestimmung mit Korrelationsmethoden 125

Tiefenbilder und Bildfolgen

W. M. Theimer, H. A. Mallot (Universität Bochum)
Binocular Vergence Control and Depth Reconstruction Using a Phase Method 133

X. Y. Jiang, H. Bunke (Universität Bern)
Eine Methode zur schnellen Segmentierung von Tiefenbildern in planare Regionen 141

T. Netzsch, B. Jähne, D. Wierzimok (BASF AG Ludwigshafen; Universität Heidelberg)
Dreidimensionale Messung turbulenter Strömung mit Bildverarbeitung 150

B. Wierzimok, F. Hering, F. Brunswig (Universität Heidelberg)
Tracking in Strömungsbildfolgen 158

Mustererkennung in der Medizin

J. Paul, E. v. Goldammer, R. van Leendert (Technische Universität Dresden;
Tagesklinik für kombinierte Tumortherapie Düsseldorf)
Neural Net Applications in Medicine - Exploration of Dynamical Thermoprofiles - 166

R. Linder, E. Rinast, H.-D. Weiss, S. J. Pöppl (Medizinische Universität Lübeck)
Leistungsvergleich moderner Klassifikationsstrategien in der
abdominalsonografischen Mustererkennung 173

M. F. Schlang, V. Tresp, K. Abraham-Fuchs, W. Härer, P. Weismüller (Siemens AG
München und Erlangen; Universität Ulm)
Neuronale Netze zur Segmentierung und Clusterung von biomagnetischen Signalen 180

Shape from Shading und Textur

C. Heipke (Technische Universität München)
Integration of Digital Image Matching and Multi Image Shape from Shading 186

B. Janfeld, H. A. Mallot (Universität Bochum)
Exact Shape from Shading and Integrability 199

A. Kaup, T. Aach (RWTH Aachen)
Ein approximationstheoretischer Ansatz zur effizienten Texturanalyse 206

J. M. Gloger, W. Ritter (Daimler Benz AG Ulm)
Ansätze zur Entfernung des strukturierten Hintergrunds in schwarz-weißen und
farbigen Funktions-Diagrammen 214

Sprachsignalanalyse

O. Schmidbauer (Siemens AG München)
Sprachspezifisches Wissen in Spracherkennungssystemen
(Hauptvortrag) 223

D. Langmann (Philips GmbH Forschungslabor Aachen)
Der Zeithorizont der Sprechsilbe als Schnittstelle zwischen signalanalytischer
und symbolischer Sprachverarbeitung 242

M. Oerder (Philips GmbH Forschungslabor Aachen)
Kontextabhängige Phonemmodelle bei der Erkennung kontinuierlicher Sprache
in verschiedenen Szenarien 247

M. Paping, H. W. Strube (Universität Göttingen)
Ein gehörorientierter Spracherkenner, der robust ist gegen zeitliche Schwankungen
im Silben- und Phonembereich 253

W. Reichl (Technische Universität München)
Neuronale Netze zur Detektion von Silbenkernen 261

Signalsegmentierung, Erkennung von Konturen und Bildprimitiven

F. Kummert, G. A. Fink, G. Sagerer (Universität Bielefeld)
Robuste Verarbeitung fehlerhafter Segmentierungsergebnisse 269

K. Voss (Universität Jena)
Kontursegmentierung durch Anpassung grafischer Elemente 274

M. Peter, F. Ade, W. Cabrera, W. Hohl (ETH Zürich)
A Hybrid Algorithm for Finding Significant Points and Segments in Digital Curves 282

L. Rosenthaler, F. Heitger, O. Kübler, R. von der Heydt (ETH Zürich;
Universitätsspital Zürich)
Detektion von ein- und zwei-dimensionalen Bildstrukturen in komplexen Grauwertbildern 290

S. Dorkel, D. Schuster (Ugine Savoie; Kontron GmbH München)
Linienerkennung mit einer modifizierten Hough-Transformation 299

Plakate

K. Andresen (Technische Universität Braunschweig)
3D-Vermessungen im Nahbereich mit Abbildungsfunktionen 304

N. Bilau, J. Schnusenberg (Universität Paderborn)
Ein schneller Codierungsprozessor für ein System zur echtzeitnahen Generierung des
Hierarchischen Strukturcodes (HSC) mit Schnittstelle zum Erkennungssystem PANTER 310

M. Dose, G. Schöner (Universität Bochum)
Closed Loop Autonomous Vehicle Path Planning by Dynamical Systems 316

B. Flach, H. Guth, R. Osterland (Forschungszentrum Rossendorf;
Kernforschungszentrum Karlsruhe)
Lokale Neuronale Filter 323

M. Franzke, H. Handels (RWTH Aachen)
Topologische Merkmalskarten zur automatischen Mustererkennung in
medizinischen Bilddaten 329

A. Grauel, H.-G. Grundmann, R. Pels (Universität Paderborn, Abt. Soest)
Muster-Assoziation mit Time-delayed Networks 335

H.-M. Gross, R. Franke, H.-J. Boehme, C. Beck (Technische Universität Ilmenau)
A Neural Network Hierarchy for Data Driven and Knowledge Controlled
Selective Visual Attention 341

J. Helbig, R. Hoffmann, A. Kallich (Technische Universität Dresden)
Verbesserung der automatischen Erkennung gesprochener Ziffern mit Telefonqualität 347

R. Henkel, U. Kreßel (Daimler-Benz AG Ulm)
Konfigurieren und Trainieren von Multilayer-Perzeptrons am Beispiel der
Ziffernerkennung 353

L. Kleinman, J. Laugks (FhG - Institut für Mikroelektronische Schaltungen
und Systeme Dresden)
Ein Beitrag zur automatischen Interpretation von Bodenradargrammen 361

J. Klicker, P. Heide (Universität Siegen)
Eine Online-Subpixelinterpolation für CCD-gestützte Triangulationsmeßsysteme
nach dem Lichtschnittverfahren 367

T. Messer (Bayerisches Forschungszentrum für Wissensbasierte Systeme München)
FIGURE - Ein System zur wissensbasierten Konfigurierung und Parametrierung
von Bildanalyseprogrammen 373

B. Pasternak, R. Sprengel (Universität Hamburg)
Spezifikation und Typisierung von Vektorzeichnungen 379

S. Posch (Universität Bielefeld)
Stereozuordnung mit geraden Liniensegmenten und Polygonen 385

R. Poschmann (TechnoTeam Bildverarbeitung GmbH Ilmenau)
Untersuchung eines Algorithmus der Texturanalyse 392

R. Sablatnig, C. Menard (Technische Universität Wien)
Stereo and Structured Light as Acquisition Methods in the Field of Archaeology 398

K. Schlüns (Technische Universität Berlin)
Eine Erweiterung des Photometrischen Stereo zur Analyse nicht-statischer Szenen 405

C. Schnörr, B. Neumann (Universität Hamburg)
Ein Ansatz zur effizienten und eindeutigen Rekonstruktion stückweise glatter Funktionen 411

M. Trobina, A. Ylä-Jääski, T. Hanselmann, T. Meier (ETH Zürich)
Ein Roboter als Kellner 417

T. Wieland (Fraunhofer Institut für Produktionsanlagen und Konstruktionstechnik Berlin)
Fehlererkennung innerhalb periodischer Texturen mittels separierbarer Korrelationskerne 423

F. Wilmer, U. Tiede, K. H. Höhne (Universität Hamburg)
Reduktion der Oberflächenbeschreibung triangulierter Oberflächen durch Anpassung
an die Objektform 430

V. Zentsov (Association for Electronic Technologies St. Petersburg)
Feature Extraction with Piece-Wise Polynomial Function Sets 437

A. Zins, H. Niemann (Bayerisches Forschungszentrum für Wissensbasierte
Systeme Erlangen)
Filterung des Bildhintergrundes in mit bewegter Kamera aufgenommenen Bildfolgen 443

Nach Redaktionsschluß eingegangen:

D. Barschdorff, D. Luca (Universität Paderborn)
Lage- und rotationsinvariante Klassifikation digitalisierter Bilder mit dem
Condensed Nearest Neighbour Netzwerk 449

D. Barschdorff, S. Krämer (Universität Paderborn)
Fehlerdiagnose mit Neuronalen Netzen bei Maschinen mit rotierenden Teilen 456

Autorenindex 464

Die DAGM - Bemerkungen zu ihrer Geschichte

H. Marko

Technische Universität München

Lehrstuhl für Nachrichtentechnik

Arcisstraße 21, 8000 München 2

Die Deutsche Arbeitsgemeinschaft für Mustererkennung (DAGM) wurde am 21.10.1976 in München gegründet. Als erster Vorsitzender der DAGM wurde ich gebeten, auf dem Dresdner Symposium einen Überblick über die Vorgeschichte und Geschichte der DAGM und allgemein über die Entwicklung der Mustererkennung in Deutschland zu geben. Ich tue dies gerne nach bestem Wissen, muß aber jetzt schon um Nachsicht bitten, wenn ich nicht alle Aktivitäten erfaßt und gebührend gewürdigt haben sollte.

1. Die Vorgeschichte der Mustererkennung in der BRD

Etwa Anfang 1960 wurde in der deutschen Industrie das Problem der an den Menschen angepaßten Eingabe für die elektronischen Rechenmaschinen aktuell. Mit dem Wunsch nach einem "Multifont-Leser" und später einem Lesegerät für handgeschriebene Buchstaben war das Problem der Schriftzeichenerkennung als typische Aufgabe der Mustererkennung zu lösen. Es war damals ein recht kleiner Kreis von Forschern, die sich mit diesem - auch heute noch aktuellen - Problem befaßten, so beispielsweise: Gattner (Fa. Siemens AG), Dr. Sprick (IBM), Dr. Schürmann (AEG-Telefunken). Auch an den deutschen Hochschulen befaßten sich Wissenschaftler erstmalig mit diesem Problem der Mustererkennung, so z.B. Dr. Kazmierczak bei Professor Steinbuch in Karlsruhe und H. Platzer bei Professor H. Piloty in München. Neben der Schriftzeichenerkennung wurde auch die Spracherkennung zur wichtigen Aufgabe, die bekanntlich auch heute noch nicht zufriedenstellend gelöst ist. Auf diesem Gebiet wurden damals erste Arbeiten durchgeführt von Dr. Endres (Forschungsinstitut der Bundespost, Darmstadt) und Dr. Mangold (AEG-Telefunken), sowie Dr. Einsele (IBM, später TU München) und seinem Mitarbeiter Dr. Paulus.

Bei der Aufgabe der Mustererkennung war für die Techniker von Anfang an die große Leistungsfähigkeit der biologischen Organismen, allen voran des Menschen, ein erstrebenswertes Vorbild. So versuchte man Modellvorstellungen zur Funktionsweise neuronaler Netze zu entwickeln. Von Steinbuch wurde die "Lernmatrix" (1961) vorgeschlagen und ähnliche Strukturen gekoppelter Neuronenschichten wurden unter dem Namen "Perceptron" von Rosenblatt und "Adaline" von B. Widrow in den USA bekannt. Die ursprünglich von Norbert Wiener stammende Idee, die Funktionsweise biologischer und technischer Systeme gemeinsam zu betrachten, führte unter dem Namen "Kybernetik" zu Kontakten zwischen Wissenschaftlern verschiedener Fachgebiete. In Deutschland wurde 1963 die "Deutsche Arbeitsgemeinschaft für Kybernetik" (DAGK), später "Gesellschaft für Kybernetik" (DGK) gegründet, die ein Zusammenschluß von Interessenten verschiedener wissenschaftlicher Gesellschaften (den Trägergesellschaften) war. Diese Gesellschaft führte Diskussionssitzungen in kleinem Rahmen und alle 2 bis 3 Jahre eine größere Veranstaltung, den "Kybernetikkongreß" durch. In diesem Rahmen wurden oft und manchmal schwerpunktmäßig Probleme der Mustererkennung behandelt. Einer der Kongresse, "Zeichenerkennung durch biologische und technische Systeme", (4. Kongreß der Deutschen Gesellschaft für Kybernetik an der Technischen Universität Berlin, 1970), war ausschließlich diesem Themenkreis gewidmet. Auch die erwähnten Probleme der Schriftzeichenerkennung und der Spracherkennung wurden mehrfach behandelt. Als Beispiel möchte ich ein von mir, beim Kybernetikkongreß München 1968, vorgeschlagenes System zur Erkennung handgeschriebener Buchstaben erwähnen. [1] Es beruhte auf einer mathematischen Beschreibung neuronaler, gekoppelter Schichten ("Systemtheorie homogener Schichten") [2] unter Einschluß von Lern-Algorithmen. Dieses System wurde in der Arbeitsgruppe meines Lehrstuhls von G. Färber, H. Giebel und R. Tilgner entwickelt und zeigt auch nach dem heutigen Stand vergleichbar gute Leistungen zu anderen Verfahren. [3] Es benutzte bereits zu dieser Zeit die heute sehr in den Vordergrund gerückte Anwendungsmöglichkeit neuronaler Netze zum Zwecke der Mustererkennung.

Die große Vielfalt der Methoden und Verfahren für die Mustererkennung wurde damals in dem Slogan "Mustererkennung ist eine Kunst, keine Wissenschaft" ausgedrückt. Zwar gab es gut fundierte Theorien, so z.B. das Buch von Meyer-Brötz, Schürmann "Methoden der automatischen Zeichenerkennung", Oldenbourg Verlag 1970, die große Abhängigkeit von den speziellen Eigenschaften des Mustersatzes jedoch führte zu sehr verschiedenen und schwer vergleichbaren Verfahren. Deshalb wurden in den 70er Jahren regelmäßige Treffen der Forschungsgruppen, die am Problem der Mustererkennung arbeiteten, abgehalten. Es waren dies:
- Institut für Informationsverarbeitung in Technik und Biologie (IITB) Karlsruhe
- Forschungsinstitut für Informationsverarbeitung und Mustererkennung (FIM) Karlsruhe
- Gesellschaft für Strahlenforschung (GSF) München
- Deutsche Forschungs- und Versuchsanstalt für Luft- und Raumfahrt (DLVLR) Oberpfaffenhofen
- Prof. Händler, Hannover
- Prof. Marko, München

---

[1] Marko H.: Die Anwendung nachrichtentheoretischer Methoden in der Biologie, in Kybernetik 1968; Hrsg. H. Marko; G. Färber, Oldenbourg Verlag 1968

[2] Marko H.:Die Systemtheorie der homogenen Schichten. Kybernetik 5 (1969) 221-240

[3] Marko H.; Giebel H. Recognition of handwritten characters with a system of homogeneous Layers. Nachrichtentechnische Zeitschrift 23 (1970), 455-459
Tilgner R.D.: Untersuchungen zur Rotationsinvarianz im visuellen System und Vergleich zum technischen Zeichenerkennungssystem. Doktorarbeit TU München (1982)

Aus diesen Treffen entwickelten sich später die sog. "IITB-Kolloquien" die jährlich stattfanden und dann nach Gründung der DAGM in den DAGM-Symposien aufgingen. Hier wurde neben den typischen Problemstellungen der Schriftzeichenerkennung und der Spracherkennung auch ganz allgemeine, mit der Mustererkennung zusammenhängende Probleme behandelt, wie z.B. Bildanalyse und Bildverarbeitung. Zu erwähnen ist, daß diese ersten Aktivitäten auf dem Gebiet der Mustererkennung dankenswerterweise vom BMFT, dem BMVtg und von der Deutschen Forschungsgemeinschaft gefördert wurden.

2. Die Gründungsphase der DAGM

Anfang der 70er Jahre wurde in den USA eine internationale Gesellschaft gegründet, die sich auf breiter Basis mit den Problemen der Mustererkennung befassen wollte: die "International Association of Pattern Recognition" (IAPR). Sie veranstaltete alle 2 Jahre internationale Kongresse auf diesem Gebiet. Im August 1974 besuchte mich als Repräsentant dieser Gesellschaft Professor K.S. Fu, der von vielen Kollegen in den USA als "Papst" der Mustererkennung angesehen wurde. Professor Fu wollte die verschiedenen Aktivitäten in Deutschland kennen lernen und besuchte deshalb u.a. die in München und Umgebung arbeitenden Forschungsgruppen. Ebenso waren ihm die Forschungsaktivitäten im Raum Karlsruhe bekannt, die insbesonders im Forschungsinstitut für Informationsverarbeitung und Mustererkennung (FIM) und im Institut für Informationsverarbeitung in Technik und Biologie (IITB) konzentriert waren. Herr Professor Fu machte aufgrund dieses Besuches und weiterer Gespräche dann den Vorschlag, daß die Forschungsgruppen und Interessenten der BRD durch eine deutsche Gesellschaft vertreten werden sollten, die dann ein Mitglied der IAPR werden sollte. Damit würde die Vertretung der BRD in der IAPR, die bisher in dankenswerter Weise durch Herrn Dr. Kazmierczak wahrgenommen wurde, auf eine breitere Basis gestellt werden. Mir fiel die Aufgabe zu, eine solche Gesellschaft zu organisieren. Da viele bestehende Gesellschaften bereits Mustererkennung in vielfältiger Form betrieben, schlug ich keine neue Gesellschaft mit persönlichen Mitgliedern vor, sondern eine Arbeitsgemeinschaft von Interessenten der bestehenden Gesellschaften mit einer Organisationsform, ähnlich der vorher erwähnten DGK. Hierzu wurde eine Vorbesprechung in München mit Vertretern dieser Gesellschaften und weiteren sachkundigen Persönlichkeiten am 29.04.1976 abgehalten. Hierbei wurde ich von diesem Kreis gebeten, die in Frage kommenden Gesellschaften offiziell anzusprechen und um Zustimmung zu diesem Vorschlag zu bitten. Das Echo war durchwegs positiv und so konnte die Gründungsversammlung der DAGM am 21.10.1976 in München stattfinden.

Folgende Trägergesellschaften waren beteiligt:
- Nachrichtentechnische Gesellschaft (NTG)
- Gesellschaft für Informatik (GI)
- Gesellschaft für Medizinische Dokumentation und Statistik (GMDS)
- Deutsche Gesellschaft für angewandte Optik (DGaO)
- Gesellschaft für Autom. und Datenverarbeitung in der Medizin (GADAM)

- Deutsche Gesellschaft für Ortung und Navigation (DGON)

Es wurde beschlossen, eine Satzung auszuarbeiten und den Trägergesellschaften zur Genehmigung vorzuschlagen. Der Entwurf dieser Satzung wurde von S.J. Pöppl und H. Platzer erstellt und von der zweiten Trägerversammlung am 28.03.1977 mit einigen Änderungen einstimmig angenommen. Auf dieser Trägerversammlung wurde H. Marko zum Vorsitzenden und S.J. Pöppl zum stellvertretenden Vorsitzenden gewählt. Die DAGM wurde als Mitglied der International Association for Pattern Recognition (IAPR) aufgenommen. In der Folgezeit fanden etwa jährlich Trägerversammlungen statt, meist in Verbindung mit dem DAGM-Symposium.

In der heute gültigen Form wird die DAGM - als gemeinnütziger Verein - durch folgende Trägergesellschaften gebildet:
- Deutsche Gesellschaft für angewandte Optik (DGaO)
- Deutsche Gesellschaft für medizinische Dokumentation, Informatik und Statistik (GMDS)
- Gesellschaft für Informatik (GI)
- Informationstechnische Gesellschaft (ITG)
- Deutsche Gesellschaft für Nuklearmedizin (DGNM)
- The Institute of Electrical and Electronic Engineers, Deutsche Sektion (IEEE)
- Deutsche Gesellschaft für Photogrammetrie und Fernerkundung (DGPF)

Ihre Aufgabe ist gemäß §3 der Satzung wie folgt formuliert:

1. Aufgabe der DAGM ist die Förderung der Arbeiten auf dem Gebiet der Mustererkennung, der gegenseitige Erfahrungsaustausch und die gemeinsame Behandlung wissenschaftlicher und technischer Fragen aus dem gesamten Gebiet der Mustererkennung. Diese Aufgabe soll im Geist der Zusammenarbeit und des gegenseitigen Einvernehmens zwischen den Trägern durchgeführt werden.

2. Die DAGM vertritt als "Nationales Komitee" die Träger auf dem Gebiet der Mustererkennung in entsprechenden internationalen Organisationen und leitet dabei die erhaltenen Informationen an die Mitglieder ihrer Trägergesellschaften weiter.

3. Die DAGM organisiert im Einvernehmen mit den Trägern und auf Kosten eines oder mehrerer ihrer Träger Tagungen oder beteiligt sich an Tagungen der Träger oder anderer Veranstalter.

4. Die DAGM sorgt für weitgehende Verbreitung ihrer Arbeitsergebnisse und für eine möglichst umfassende Unterrichtung aller Interessenten über die in- und ausländische Entwicklung der Mustererkennung durch Veröffentlichungen in einschlägigen Fachzeitschriften, durch Berichte und Rundschreiben sowie durch Herausgabe von Arbeitsblättern und Richtlinien.

Vorsitzender und stellvertretender Vorsitzender der DAGM waren:

- 1977 bis 1983   H. Marko / S.J. Pöppl
- 1983 bis 1988   H.H. Nagel / H. Kazmierczak
- 1988 bis heute S.J. Pöppl / H. Niemann

Bereits auf der 3. Trägerversammlung, im Oktober 1978 wurde eine Bewerbung der DAGM bei der IAPR (deren Mitglied die DAGM inzwischen war) um die Ausrichtung der kommenden internationalen Konferenz beschlossen. Leider wurde unsere Bewerbung abgelehnt, da die Teilnehmerkosten doppelt so hoch errechnet waren als ein entsprechender Vorschlag der USA anbot. Infolgedessen fand die nächste internationale Konferenz 1980 in Miamy Beach statt. Wir erhielten allerdings auf Vorschlag von A. Rosenfeld, den Zuschlag für die folgende internationale Konferenz, die 1982 in München stattfand. Diese Konferenz wurde von uns in eigener Regie organisiert und nicht wie beim ersten Vorschlag über eine Trägerorganisation (NTG), wodurch die Tagungskosten erheblich reduziert werden konnten, dies nicht zuletzt auch dank erheblicher finanzieller Förderung durch das Wissenschaftsministerium, die Bayerische Staatsregierung und die Firma Siemens AG. Die Münchner Konferenz, JICPR 1982, mit ca. 800 Teilnehmern aus aller Welt, war ein großer Erfolg der DAGM und machte unsere Organisation im Ausland bekannt.

3. Die bisherigen Aktivitäten der DAGM

Gemäß Ihrer Satzung ist die wichtigste und bisher auch erfolgreichste Tätigkeit der DAGM die Organisation von Tagungen, sog. Symposien. Die DAGM-Symposien finden seit 1978 alle Jahre statt und vereinigen einen Kreis von Wissenschaftlern, die sich mit den Problemen der Mustererkennung befassen und ansonsten den verschiedensten Fachrichtungen angehören. Die Zahl der Teilnehmer dieser Symposien ist stetig angestiegen und liegt heute meist über 300. Anlage 1 zeigt eine Auflistung der bisherigen DAGM-Symposien. Es fällt auf, daß das Jahr 1982 ausgenommen ist, denn hier fand - wie schon erwähnt - der internationale Kongreß JICPR 1982 in München statt, den wir im Namen und Auftrag der DAGM organisiert haben.

Die bei diesen Symposien behandelten Themen gehen heute weit über die anfangs erwähnten Aufgaben Schriftzeichenerkennung und Spracherkennung hinaus und berühren die verschiedensten Disziplinen. Nur als Beispiel sei genannt in der Medizin: Erkennung von Krebszellen aus histologischen Schnitten und zytologischen Präparaten, Automatische Diagnose z.B. beim EKG und EEG Bildauswerteverfahren, z.B. in der Tomographie; in der Fernerkundung: Bildsegmentation und Texturanalyse; in der Automationstechnik und Robotik: Objekterkennung.

Die Methoden der digitalen Bildverarbeitung sind als Vorstufe der Mustererkennung in vielen Fällen von großer Bedeutung, und nehmen in den Symposien einen entsprechenden Raum ein. Hierzu gehört z.B. auch die Videometrie, die 3D-Szenenanalyse und die Analyse von Bildsequenzen. So spielen heute die Methoden der Mustererkennung eine Rolle auch für ganz andere Fragestellungen, z.B. für die Redundanzreduktion von Fernseh-Bildsequenzen.

Die Symposien der DAGM dienen auch zur Herstellung persönlicher Kontakte der Wissenschaftler die sich mit der Mustererkennung und verwandten Aufgaben befassen. So hat sich aus den ersten Anfängen von vielleicht 20 bis 30 Experten inzwischen eine recht große "Gemeinde der Mustererkenner" entwickelt. Besonders erfreulich ist, daß seit der deutschen Wiedervereinigung die in der ehemaligen DDR beheimateten Wissenschaftler aktiv in der DAGM mitarbeiten. Hier waren - nach einer Mitteilung von Professor Fuchs - im wesentlichen 2 Organisationen auf dem Gebiet der Mustererkennung und Bildverarbeitung tätig, nämlich:
- Der Ingenieurverband "Kammer der Technik" dem eine Wissenschaftlich-technische Gesellschaft für "Meß- und Automatisierungstechnik" angehörte, die einen "Fachausschuß Automatische Bildverarbeitung" besaß. Dieser organisierte Workshops und Weiterbildungslehrgänge, vor allem aber Kongresse mit internationaler Beteiligung, genannt "Computer Analysis of Images and Patterns" (CAIP), die alle 2 Jahre seit 1985 stattfanden.
- Die "Gesellschaft für Informatik" der DDR betrieb die Koordinierung der Forschung innerhalb der DDR und der sozialistischen Länder.

Als weitere Aufgaben der DAGM ist satzungsgemäß auch die Förderung von Arbeiten auf dem Gebiet der Mustererkennung vorgesehen. Hierzu wurde von Professor Nagel auf der 8. Trägerversammlung 1983 vorgeschlagen einen "Preis der DAGM" einzuführen, um besonders herausragende Arbeiten zu prämieren. Dieser Preis wird seit 1984 regelmäßig verliehen (s. Anlage 2) und zwar in der folgenden Form: der Autor (die Autoren) der besten Arbeit des DAGM-Symposiums erhalten den mit DM 2.000 (später mit DM 5.000) dotierten DAGM Preis aufgrund der Entscheidung des jeweiligen Programmausschusses. Dabei wurde sowohl das vollständige Manuskript wie auch der Vortrag selbst bewertet. Ebenso erhielten die Autoren von etwa 5 weiteren herausragenden Arbeiten Zusatzpreise nach dem gleichen Verfahren. Seit 1986 werden die Preisträger in den Tagungsbänden der DAGM-Symposien bekannt gemacht. Bisher war es möglich diese Preise aus den Tagungsbeiträgen wie auch mit Hilfe von Spenden für die DAGM zu finanzieren.

Ich hoffe mit dem Vorstehenden gezeigt zu haben, daß die DAGM eine wichtige Position in der Wissenschaftslandschaft unseres Landes einnimmt und daß sie aufgrund ihrer Aufgabenstellung aber auch durch ihre glücklich gewählte Organisation eine stetige positive Entwicklung in der Zukunft vor sich hat. Ich möchte nicht versäumen, all jenen zu danken die in ehrenamtlicher Tätigkeit mit hohem Engagement und Arbeitseinsatz diese Entwicklung gefördert haben, insbesonders den Tagungsleitern und den vielen mit der Organisation der Veranstaltungen beschäftigten Mitarbeitern. Ich wünsche der DAGM eine stetige und glückliche Weiterentwicklung nach dem über viele Jahre bewährten Verfahren und allen ihren Mitarbeitern ein gutes Einvernehmen und eine erfolgreiche Tätigkeit in der Zukunft.

DAGM-Symposien

Nr.	Jahr	Ort	Wiss. Tagungsleiter
1	1978	Oberpfaffenhofen	E. Triendl
2	1979	Karlsruhe	J.P. Foith
3	1980	Essen	A. Fercher
4	1981	Hamburg	B. Radig
5	1983	Karlsruhe	H. Kazmierczak
6	1984	Graz	F. Leberl
7	1985	Erlangen	H. Niemann
8	1986	Paderborn	G. Hartmann
9	1987	Braunschweig	E. Paulus
10	1988	Zürich	H. Bunke, G. Kübler, P. Stocki
11	1989	Hamburg	H. Burkhardt, K.H. Höhne, B. Neumann
12	1990	Oberkochen-Aalen	R. Großkopf
13	1991	München	B. Radig
14	1992	Dresden	S. Fuchs

DAGM-Preise

Jahr	Preisträger	Beitrag
1984	H. Bunke, H. Feistel, I. Hofmann, H.Niemann, G. Sagerer	Ein wissensbasiertes System zur automatischen Auswertung von Bildsequenzen des menschlichen Herzens
1985	T. Blaffert	Spektreninterpretation mit Fuzzy-Set-Operatoren und wissensgesteuerter Merkmalsgewinnung
1986	K. Behrens, H. Gabler, R. Gabler, B. Nicolin, M. Sties	Ein wissensbasiertes System für die Analyse von Luftbildern
1987	T. Tolxdorff	Wissensbasierte Diagnoseunterstützung bei der gewebecharakterisierenden Kernspintomographie
1988	D. Morgue, G. Gerig	Recognition of Nonrigid Objects Using the Generalized Hough Transform
	C.K. Sung	Extraktion von typischen und komplexen Vorgängen aus einer langen Bildfolge
1989	B. Lang	Ein paralleles Transputersystem zur digitalen Bildverarbeitung mit schneller Pipelinekopplung
	M. Sester, W. Förster	Object Location Based on Uncertain Models
1990	R. Lenz, U. Lenz	Messung und Übertragungseigenschaften einer hochauflösenden Farbkamera mit CCD-Flächensensor
1991	S. Drue, G. Hartmann	Merkmalverknüpfung durch Synchronisation in einem sich selbstorganisierenden Neuronalen Netzwerk
	K. Riemer, T. Scholz, B. Jähne	Bildfolgenanalyse im Orts-Wellenzahl-Raum

Weitere Zusatzpreise für herausragende Arbeiten bei den DAGM-Symposien wurden an folgende Autoren verliehen:

1986   B. Jähne, T. Gunzinger, S. Haenel, W. Eckstein

1987   N. Diehl, G. Mengens, K. Borgschulte, T. Faßbender, M. Bomans, M. Riemer, U. Tiede, K.-H. Höhne, R. Lenz, G. Stein-Haas

1988   M. Dresselhaus, G. Hartmann, B. Mertsching, E. Gmür, H. Bunke, E. Hiltebrand, A. Luhn, A. Dengel, R. Mester, U. Franke, T. Aach

1989   G. Wiebecke, M. Bomans, U. Tiede, K.H. Höhne, J. Dengler, M. Cop, H. Müller, U. Müssigmann, R. Ogniewicz, O. Kübler, F. Klein, U. Kienholz

1990   K. Rohr, G. Thorwirth, U. Kreßel, J. Francke, J. Schürmann, E. Herre, R. Massen, F. Hallmann, R.W. Hartenstein, A.G. Hirschbiel, M. Riedmüller, K. Schmidt, M. Weber

1991   S. Lanser, W. Eckstein, M. Schubert, E.G. Schukat-Talamazzini, H. Niemann, H. Handels, A. Hiestermann, R. Herpes, T. Tolxdorff, U. Schramm, W. Braun

Formale Zugänge für die Strukturanalyse von grafischen Bildern

M.I. Schlesinger

Institut für Kybernetik

Ukrainische Akademie der Wissenschaften Kiew

1. Einführung

Es ist wohl offensichtlich, daß praktischer Bedarf an Systemen zur Computeranalyse von Zeichnungsbildern besteht, und man kann sogar unter Umständen einige Erfolge bemerken. Es gibt auf dem Markt eine Reihe in der Praxis benutzter Systeme und auch Nachrichten über beeindruckende Systeme, die sich in der Endphase der Fertigung befinden. Sprechen wir lieber, wie einmal Prof. Gladky schon gesagt hatte, von einer anderen Tatsache: Diese Erfolge sind keine Wissenschaftserfolge. Bei der Lösung jeder einzelnen Zeichnungserkennungsaufgabe ist die Erkennungstheorie nicht unentbehrlich, es reicht aus, eine vernünftige Idee zu haben, und außerdem den Willen oder wenigstens die Zeit, um die vielfältigen Programmierprobleme zu lösen. Die Notwendigkeit eines wissenschaftlichen Zugangs erscheint erst mit der Notwendigkeit, Serien- anstatt der Einzelaufgaben zu lösen. Im wissenschaftlichen Bereich existiert immer ein Streben zur formalen Darstellung der ganzen Klasse gleichartiger Aufgaben. Jetzt verstehen auch die Nutzer die Notwendigkeit von Gesamtlösungen. Immer mehr wird die Position: "Ich brauche keine Theorie, geben Sie mir das System, das macht, was ich will", durch die folgende Position ersetzt: "Geben Sie mir eine Menge von Mitteln, womit ich selbst machen kann, was ich will". Die Aufgaben unterscheiden sich sogar bei den einzelnen Nutzern beträchtlich, und deshalb wird nicht das System gebraucht (auch wenn es sehr gut ist), sondern etwas, was sich leicht und bequem anpassen läßt an die Lösung der sich ändernden Aufgaben.

Die Vorstellung über solche Art von Systemen, wie auch über viele andere technische Ideen, werden in drei Phasen entwickelt: "Märchenverfassen", "Spielzeugkonstruktion" und "Erzeugnisentwicklung". Bei der ersten Phase wird die Notwendigkeit der neuen technischen Lösungen erkannt und die zu erwartenden Ergebnisse vorausgesagt. Grundsätzliche theoretische Ergebnisse erscheinen erst bei der zweiten Phase. Die Wichtigkeit der dritten Phase ist ohne weiteres klar.

In den folgenden drei Abschnitten werden die Ideen beschrieben, die diesen drei Phasen entsprechen, und nach der Meinung des Autors fruchtbar für Mehrzweckerkennungssysteme sind.

2. Implizite und explizite Erkennungsalgorithmen

Es sei f: X → Y ein Erkennungsalgorithmus. Ein Mehrzweckerkennungssystem ist erstens eine Menge von Mitteln, die nicht einen, sondern eine Menge f von Algorithmen realisiert, und zweitens, was noch wichtiger ist, eine Menge von Mitteln für die Auswahl des nötigen Algorithmus f aus $\tilde{f}$. Die Steuerinformation für die Algorithmenauswahl f aus $\tilde{f}$ muß einige Forderungen befriedigen, und diese Forderungen sind vorstellbar, aber noch nicht klar formuliert. Klar ist, was jetzt vorhanden ist, und das sind Systeme der drei folgenden Arten. In den Systemen der ersten Art ist die Menge $\tilde{f}$ eine parameterisierte Menge, und diese oder jene Verarbeitung wird entsprechend den Parameterwerten, die der Nutzer einstellt, erfüllt. Die Systeme der zweiten Art sind Verarbeitungsunterprogrammbibliotheken. Und schließlich führt das Streben, ein System universell zu machen, zu den Systemen der dritten Art. Das ist ein konventioneller universeller Computer mit einer Eingabeeinrichtung und höheren Programmiersprachen. Ein solches System kann selbstverständlich an beliebige Erkennungssysteme angepaßt werden. Der Nachteil solcher Systeme besteht darin, daß eine Systemadaption vom Nutzer die Kenntnisse über die Aufgabe auf dem Niveau ihrer Lösungsprozedur fordert, der Nutzer sie jedoch nicht kennt. Solche Systeme verschieben die Arbeit auf die Schultern des Nutzers mit der Konsequenz: je universeller die Mittel sind, desto größer ist diese Arbeit.

Die Forderung nach einem Mehrzweckerkennungssystem besteht darin, daß es diesen Nachteil nicht hat. Es scheint, daß diese Forderung unerfüllbar ist, weil ein solches "Märchensystem" die Aufgabe "Mache das, was ich nicht weiß", richtig behandeln muß. Der Schlüssel für den Ausweg aus solcher Situation ist das Verständnis, daß die Algorithmenformulierung nicht der einzige Weg ist, der die zu realisierende Abbildung definiert. Der Nutzer kennt nicht den Algorithmus f, der für das gegebene Bild x das Erkennungsergebnis y=f(x) liefert. Er kennt aber einen anderen Algorithmus F: X*Y → {0,1}, der für jedes Paar x,y zeigt, ob y das richtige Erkennungsergebnis für das Bild x ist. Eine solche Situation ist nicht selten in der angewandten Mathematik. Es sei ein Algorithmus für die Lösung der Gleichung der vierten Potenz erforderlich. Es ist zulässig, daß der Nutzer über die Arbeitsweise des Programms nichts weiß. Jedoch kann er in jedem Fall seiner Anwendung schätzen, ob es richtig arbeitet. Dafür ist ausreichend, die Bedingung $a_0+a_1x+a_2x^2+a_3x^3+a_4x^4=0$ zu prüfen.

Wir verstehen unter Bilderkennungsaufgaben die Lösung sehr eigenartiger und wenig erforschter Gleichungen.

Wir sprechen von zwei Arten von Algorithmen:

den Algorithmen f: x → y - für die Aufgabenlösung und den Algorithmus F: X * Y → {0,1} - für die Aufgabenstellung, und der Unterschied zwischen ihnen ist genau dergleiche wie zwischen der impliziten und der expliziten Funktionsdefinition. Die Aufgabe F lösen bedeutet, einen solchen Algorithmus f zu finden, daß gilt: F(x,f(x))=0 für beliebige x.

Die Formalisierung einer Aufgabe erlaubt es, die Forderungen an das Mehrzweckerkennungssystem schärfer zu formulieren, die bis jetzt verbal genannt worden waren. Dem Nutzer muß man nicht die Menge von Mitteln für die Auswahl des Erkennungsalgorithmus f übergeben, weil der Nutzer diesen Algorithmus nicht kennt, sondern die Menge von Mitteln für die Auswahl des Prüfalgorithmus F. Der Nutzer formuliert den Algorithmus F im Rahmen des gegebenen Formalismus und teilt es dem Erkennungssystem mit. Es konstruiert auf Grund von F den Algorithmus f der Aufgabenlösung, und dann benutzt man genau diesen für die Erkennung der Bilder.

Betrachten wir im nächsten Abschnitt, wie das vor sich geht.

3. Zweidimensionale Grammatiken

3.1. Lokale konjunktive Prädikate

Am klarsten wird die Idee der impliziten und expliziten Darstellung von Erkennungsalgorithmen in den auf den lokalen konjunktiven Prädikaten begründeten Methoden ausgedrückt. Die Methoden beruhen auf der Annahme, daß die Funktion $F: X*Y \rightarrow \{0,1\}$, die von einer großen Anzahl von Variablen abhängt, in Form der Konjunktion einer großen Anzahl von lokalen Funktionen mit geringerer Variablenanzahl dargestellt werden kann. Diese Vermutung ist die Grundlage in den zahlreichen Untersuchungen zur Relaxationsmarkierung von Rosenfeld und seinen zahlreichen Kollegen. Diese Annahme dient auch als Grundlage der breiten Untersuchungen der Kiewer Gruppe auf dem Gebiet der sogenannten zweidimensionalen Grammatiken. Die   Methode der lokalen konjunktiven Prädikate ist ein leistungsfähiges Mittel für die implizite Algorithmendarstellung. Sie ist so leistungsfähig, daß bis jetzt ein allgemeiner Algorithmus für die Aufgaben, die im Rahmen dieser Methode formuliert worden sind, unbekannt ist. Offensichtlich wird ein solcher Algorithmus nie gefunden. Bekanntlich löst die Relaxationsmarkierung diese Aufgaben nicht. Zwar arbeitet diese Methode häufig erfolgreich, das Fehlen der Sicherheit macht sie aber unschön. Deshalb sollen die Kräfte auf die Suche der Mittel gerichtet werden, die zwar nicht so leistungsfähig sind, dafür aber die genaue Lösung für die ganze Aufgabenklasse, die mit Hilfe dieser Mittel formuliert werden kann, zulassen. Die zweidimensionale kontextfreie Grammatik ist ein nicht schlechtes Beispiel solcher Art.

3.2. Zweidimensionale kontextfreie Grammatiken

Es sei $T(m,n)$ ein rechteckiges Gebiet eines ganzzahligen zweidimensionalen Gitters, das aus m Zeilen und n Spalten besteht, d.h. $T(m,n)=\{(i,j) \mid 1 \leq j \leq m; 1 \leq j \leq n\}$. V ist das endliche Signalalphabet. Das Bild wird durch das Zahlenpaar m und n und die Funktion $T(m,n) \rightarrow V$ bestimmt. Auf der Bildmenge sind zwei unsymmetrische Operationen gegeben: waagerechte und senkrechte Verknüpfung.

Das Erkennungssystem hat in einer beliebigen Phase seiner Benutzung das Namenalphabet $V \cup K$, das es versteht, zur Verfügung. Das heißt, daß für jedes Bild am Eingang das System antworten kann, ob dieses Bild den Namen σ aus $V \cup K$ hat oder nicht. Während des Dialogs mit dem Nutzer erweitert sich das durch das System verstandene Alphabet. Während einer elementaren Dialogstufe bestimmt der Nutzer den Namen σ in einer der drei folgenden Formen.

1. Dem Bild v kann der Name σ gegeben werden, wenn es als eine waagerechte Verknüpfung zweier Bilder v_l und v_r dargestellt werden kann, von welchen das erste den Namen σ_l und das zweite den Namen σ_r hat;
2. Dem Bild v kann der Name σ gegeben werden, wenn es als eine senkrechte Verknüpfung zweier Bilder v_o und v_u dargestellt werden kann, von welchem das erste den Namen σ_o und das zweite den Namen σ_u hat;
3. Dem Bild v kann der Name σ gegeben werden, wenn es den Namen σ' hat.

Die Menge aller im Dialog mit dem Nutzer erhaltenen Daten kann als 6-Tupel $G = \langle \sigma_o, V, K, P_w, P_s, P_t \rangle$ dargestellt werden. Dieses Tupel ist eine zweidimensionale kontextfreie Grammatik. In diesem Tupel ist σ_o der Name des zu bestimmenden Begriffs. V ist das Signalalphabet, aus welchem das Bild besteht. K ist das Nichtterminalalphabet. P_w, P_s, P_t sind die Relationen

$$P_w \subset K*K*K,$$
$$P_s \subset K*K*K,$$
$$P_t \subset K*V,$$

deren Elemente Regeln heißen. Eine Regel beinhaltet die Daten, die der Nutzer dem System während der elementaren Dialogstufe mitteilt. So bedeutet die Zeile $(\sigma, \sigma_l, \sigma_r) \in P_w$, daß einem Bild der Name σ gegeben werden kann, wenn es durch eine senkrechte Linie in zwei Teile - linke und rechte - geteilt werden kann, wobei der linke Teil den Namen σ_l und der rechte den Namen σ_r hat.

Die Sprache der zweidimensionalen Grammatik G ist die Menge der Bilder, die den Namen σ_o haben können.

Die eingeführte Konstruktion ist die direkte Verallgemeinerung konventioneller kontextfreier Grammatiken, die in der kanonischen Form von Chomsky geschrieben wurden, auf den zweidimensionalen Fall. Grammatiken in der Form von Chomsky sind ein solcher Spezialfall der von uns eingeführten Konstruktion, in welchem entweder $P_w = \varnothing$ oder $P_s = \varnothing$. Auf der Grundlage der eingeführten Begriffe werden zwei Hauptaufgaben der Erkennung formuliert. Die erste Aufgabe ist das Finden der genauen Übereinstimmung (exact matching) und ist eine genaue Übertragung der entsprechenden

Definition aus der Theorie der formalen Grammatiken in die Mustererkennung. Die zweite Aufgabe ist das Finden der besten Übereinstimmung (best matching). Sie ist schon im Rahmen der Mustererkennung bekannt, und es kann hier auf die Arbeiten von Kovalevsky verwiesen werden.

Die Aufgabe des "exact matching" besteht in der Aufstellung des Algorithmus, der für das beliebige Bild v und die beliebige zweidimensionale KF-Grammatik auf die Frage antwortet, ob v zu der Sprache dieser Grammatik gehört oder nicht. Die Aufgabe des "best matching" besteht darin, daß das zu analysierende, wenn auch in dieser Grammatik nicht zulässige Bild v durch das zulässige Bild v^* approximiert werden muß. Eine der möglichen Konkretisierungen einer solchen Aufgabenstellung besteht darin, daß der Algorithmus aufgestellt werden muß, der für jedes Bild v, für die Grammatik G und für die Funktion φ: $V^*V \rightarrow R$ das Bild v^* findet, das in G zulässig ist und das Minimum der Funktion $\sum_{i,j} \varphi(v(i,j),v^*(i,j))$ gewährleistet.

Obwohl die Aufgabe des "exact matching" einfacher als die Aufgabe des "best matching" erscheint, ist es in Wirklichkeit nicht so. Beide Aufgaben haben denselben, und zwar kubischen Kompliziertheitsgrad. Der Algorithmus der Lösung der ersten Aufgaben ist eine direkte Verallgemeinerung des Algorithmus von Kasami auf den zweidimensionalen Fall. Er beruht auf mehrdimensionalen Feldern der logischen Variablen $Q(\sigma,i_1,i_2,j_1,j_2)$, $\sigma \in K$, $1 \leq i_1 \leq i_2 \leq m$, $1 \leq j_1 \leq j_2 \leq n$, die folgende Bedeutung haben: die Gleichung $Q(\sigma,i_1,i_2,j_1,j_2)=1$ bedeutet, daß das Bildgebiet von der Zeile i_1 bis zur Zeile i_2 und von der Spalte j_1 bis zur Spalte j_2 den Namen σ haben kann. Die Bildung des Feldes beginnt mit dem Füllen der Elemente von Feld $Q(\sigma,i,i,j,j)$ für alle σ aus K und alle (i,j) entsprechend der folgenden Regel: $Q(\sigma,i,i,j,j,)=1$, wenn es in der Menge P_t die Unterstellung $(\sigma, v(i,j))$ gibt. Danach werden alle anderen Feldelemente entsprechend der folgenden Formel gefüllt:

$$Q(\sigma,i_1,i_2,j_1,j_2) =$$
$$= [\ \bigcup_{\substack{i \\ i_1 \leq i \leq i_2}}\ \bigcup_{\sigma_u}\ \bigcup_{\sigma_o}\ Q(\sigma_u,i_1,i,j_1,j_2)\ \&\ Q(\sigma_o,i+1,i_2,j_1,j_2)\ \&\ f_s(\sigma,\sigma_u,\sigma_o)\ ]\ \vee$$
$$\vee\ [\ \bigcup_{\substack{j \\ j_1 \leq j \leq j_2}}\ \bigcup_{\sigma_l}\ \bigcup_{\sigma_r}\ Q(\sigma_l,i_1,i_2,j_1,j)\ \&\ Q(\sigma_r,i_1,i_2,j+1,j_2)\ \&\ f_w(\sigma,\sigma_l,\sigma_r)\ ]\ .$$

In der dargestellten Formel sind f_s und f_w die charakteristischen Funktionen der Relationen P_s und P_w. Der Wert $Q(\sigma_o,1,m,1,n)$ ist die Lösung der Aufgabe.

Der Algorithmus für die Lösung der Aufgabe des "best matching" hat dieselbe Kompliziertheit und arbeitet mit derselben Datenstruktur, die aber eine andere Bedeutung hat. Die Variable $Q(\sigma,i_1,i_2,j_1,j_2)$ charakterisiert nach wie vor das Bildgebiet zwischen den Zeilen i_1 und i_2 und den Spalten j_1 und j_2, ist aber nicht mehr die logische Variable, sondern die Zahl, die bedeutet, wie gut dieses Gebiet durch das Bild mit dem Namen σ approximiert werden kann. Die Werte f_s und f_w sind auch keine logischen

Variablen, sondern die Zahlen: $f_s(\sigma,\sigma_u,\sigma_o)=0$, wenn $(\sigma,\sigma_u,\sigma_o)\in P_s$ und $f_s(\sigma,\sigma_u,\sigma_o)=\infty$ im anderen Fall. Genauso wird f_w definiert.

Die Werte $Q(\sigma,i,i,j,j)$ werden aus der Formel berechnet:

$$Q(\sigma,i,i,j,j) = \min_{v^{\bullet}\in V} \; [\varphi(v^{\bullet},\, v(i,j)) + f_t(\sigma,v^*)].$$

Alle anderen Massivelemente von Q berechnet man aus genau solcher Formel wie (1), aber statt der Operation $\cup$ muß die Operation *min* ausgeführt werden und statt & die Operation +. Die Größe $Q(\sigma_o,1,m,1,n)$ ist die Lösung der Aufgabe.

Das Gemeinsame in den beiden Rechenschemata kann in der Form des verallgemeinerten Schemas formalisiert werden, nach dem auch andere Aufgaben von praktischem Interesse gelöst werden können. Z.B. kann man in der Aufgabe des "best matching" die Forderungen verstärken und nicht nur den Gesamtunterschied zwischen den zu erkennenden und den zulässigen Bildern minimisieren, sondern auch fordern, daß die Verzerrungen der einzelnen Teile des zu erkennenden Bildes nicht zu groß sind. In der Aufgabe des "exact matching" kann man nicht nur die Zulässigkeit bestimmen, sondern auch die Anzahl der Realisierungen im Falle der Zulässigkeit berechnen, insbesondere nicht nur Existenz, sondern auch einen Wert. Schließlich kann man in die Grammatik eine nützliche Komplikation einführen, und zwar auf der Menge der Regeln eine bestimmte Funktion angeben. Diese Funktion bedeutet, daß einige Regeln vorteilhafter als die anderen sind. In diesem Fall muß man für das zu erkennende Bild die beste Realisierung finden. Die vorliegende Konstruktion ist hinreichend vielfältig, besonders wenn man berücksichtigt, daß die Nutzung dieser Konstruktion bei angewandten Aufgaben die Nutzung anderer Mittel nicht verhindert. Lassen wir z.B. zu, daß zu dem bestimmten Namen σ nur die Bilder einer bestimmten Größe gehören können. Diese Begrenzung kann man auch durch zweidimensionale grammatische Mittel ausdrücken, dies sollte man nicht tun, weil die unmittelbare Messung der Breite und Höhe des Bildes einfacher ist. Aber diese und die anderen Komplikationen der vorliegenden Schemata gehen über den Rahmen des "Spielzeugkonstruierens" hinaus und gehören in stärkerem Maße zur "Erzeugnisentwicklung", die im folgenden Abschnitt kurz betrachtet wird.

4. Syntaktische Analyse von elektrischen Schaltplänen

Die Rede ist von der Erkennung elektrischer Schaltpläne. Am Eingang ist die Rasterdarstellung eines Bildes vorhanden, am Ausgang wird die Beschreibung der Schaltung erwartet als Liste der in der Schaltung enthaltenen elektrischen Elemente (Schaltkreise, Widerstände usw.) und als Tabelle der Verbindungen zwischen ihnen. Die Umwandlung der Eingangsdaten in die Ausgangsdaten besteht aus den drei folgenden Prozessen. Der erste Teilprozess löst alle geradlinigen Strecken heraus. Das Ergebnis ist ein markierter Graph. Die Knoten dieses Graphen entsprechen den Streckenendpunkten, die auf der Zeichnung entdeckt worden sind. In jedem Knoten sind die Koordinaten des entsprechenden Punktes vermerkt. Wenn zwei Graphenknoten durch die Kante mit der Marke N verbunden sind, bedeutet das, daß entsprechend zu diesen zwei Knoten zwei Punkte auf der Zeichnung mit einer Linie verbunden sind, die durch die eine Strecke mit der Richtung N approximiert wird. Solche Ergebnisse sind ähnlich der sogenannten Vektordarstellung der Zeichnung, aber es gibt auch einen wesentlichen Unterschied. Die Vektordarstellung ist **eine** der möglichen stückweise linearen Zeichnungsapproximationen und der Graph, von dem die Rede ist, ist die Menge **aller** solcher möglichen Approximationen.

Der zweite Teilprozeß findet sogenannte einfache Symbole, das heißt Schaltkreise, Widerstände, Buchstaben, Ziffern usw. Das Ergebnis dieses Teilprozesses ist die Liste der gefundenen Elemente, die aus dem 6-Tupel $<k,xmin,xmax,ymin,ymax,i>$ besteht, worin k der Elementename ist, die folgenden vier Zahlen sind die geometrischen Parameter des Objektes und i ist der Zeiger auf den Zeichnungsteil, der diesen Namen trägt. Die Ergebnisse dieses Teilprozesses können mehrdeutig sein, was bedeutet, daß ein und derselbe Zeichnungsteil mehr als einen Namen haben kann.

Der dritte Teilprozeß sucht komplizierte Objekte, d.h., er bildet die Zeilen aus den Buchstaben, komplexe Texte, die aus einigen Zeilen bestehen, verbindet die Texte mit den Zeichnungselementen usw.

Die Vielfalt an Aufgaben bei einem Nutzer wird durch die Vielfalt an Bauteilen, durch die Vielfalt an deren Umrissen und durch die Vielfalt an Textstrukturen bestimmt. Das Erkennungssystem muß selbstverständlich die Mittel für die Anpassung an jede von diesen vielfältigen Situationen enthalten.

4.1. Graphgrammatiken

Nehmen wir an, daß infolge der Arbeit des ersten Teilprozesses der markierte Graph erzeugt wurde, der die Menge aller Strecken auf der Zeichnung bestimmt. In der zweiten Phase muß man den Streckensatz, der durch den Menschen, sagen wir als Diode, erkannt wird, suchen. Dieser Streckensatz ist auch ein markierter Graph, deshalb erscheinen derzeit Ideen zum Aufbau von Mechanismen, wie z.B. formale Grammatiken, die die Menge solcher Streckensätze bestimmen. Zur Zeit sind wenigstens zwei Ergebnisse in dieser Richtung aus der Phase der "Spielzeuge" herausgewachsen.

Das erste von ihnen gehört zu den von Matzello erarbeiteten eigenartigen Graphgrammatiken. Die Hauptidee der Methode besteht darin, daß die ursprüngliche Markierung v durch eine andere Markierung s ausgetauscht wird, die man strukturelle Markierung nennt. Die Abhängigkeit zwischen der strukturellen und der ursprünglichen Markierung ist mit Hilfe des lokalen konjunktiven Prädikats F gegeben, und die Aufgabe besteht in der Lösung des lokalen konjunktiven Prädikats F(v,s) bezüglich s bei bekanntem v. Wenn diese Lösung gefunden wird, so bezeichnet man den gegebenen markierten Graphen als zulässig.

Wenn das Prädikat F(v,s) keine Lösung bezüglich s hat, so ist der gegebene markierte Graph unzulässig. Folglich bestimmt das Prädikat F die Menge der markierten Graphen und ist bequem für viele praktische Aufgabenstellungen. Für die Lösung der lokalen konjunktiven Prädikate verwendet man die Relaxationsmarkierung, die zu der weiter oben genannten Unannehmlichkeit führt.

Das andere Ergebnis, langjährig erprobt, stammt aus der Referenzfolgemethode von Kovalevsky. Die Methode besteht darin, daß der zu entdeckende Streckensatz mit Hilfe einer eindimensionalen, häufig sogar regulären, Grammatik bestimmt wird. Danach sucht man auf dem Graph einen solchen Weg, daß die entlang dieses Weges befindliche Markenfolge ein in der gegebenen Grammatik zulässiger Satz ist. Es ist seltsam, daß mancher Nachteil dieser Methode, den man in der Phase des "Spielzeugkonstruierens" eindeutig sieht, bei der echten Erzeugnisentwicklung nicht stört. Es ist offensichtlich, daß die Methode nur für das Folgensuchen verwendbar ist, aber die zu suchenden Streckensätze auch Zyklen und kompliziertere Konfigurationen enthalten. In der Praxis muß man die Suche solcher Konfigurationen durch die Suche ihres unverzweigten, aber sehr spezifischen Teils, z.B. durch den Außenumriß, austauschen. Außerdem war es von Anfang an bekannt, daß die Methode ohne bemerkbare Komplikationen auf die Suche von Bäumen verallgemeinert werden kann. Viel weniger bekannt, aber wahr ist, daß die Methode auf die sehr reiche Klasse, der in der Theorie der nichtsequentiellen dynamischen Programmierung benannten planaren Graphen, verallgemeinert werden kann.

4.2. Die Suche nach den Bestandteilen

Es sei K das Alphabet der Objektnamen, in welchem das Teilalphabet K^* gekennzeichnet ist. Das Objekt aus K^* heißt endgültig. Dies sind Objekte, die nicht notwendig in andere Objekte eingeschlossen sind. Das Ergebnis des vorherigen Teilprozesses ist die Menge der Objekte, die "primär" genannt werden. Die Ergebnisse ihrer Erkennung sind durch die Liste des 6-Tupels $<k,x_1,x_2,x_3,x_4,i>$ dargestellt. Ihre Bedeutung wurde früher genannt. Aus den primären Objekten werden neue Objekte entsprechend den Regeln einer von zwei Arten gebildet.
Die Regel der ersten Art hat die Form:

$$k,k_1,k_2\{t_1^{\,1},t_2^{\,1},\theta_1^{\,1},\theta_2^{\,1},t_1^{\,2},t_2^{\,2},\theta_1^{\,2},\theta_2^{\,2};\ldots;t_1^{\,n},t_2^{\,n},\theta_1^{\,n},\theta_2^{\,n}\}.$$

Diese Regel bedeutet, daß eine Teilmenge der primären Objekte den Namen k haben kann, wenn sie aus den zwei durchschnittsleeren Mengen mit den Namen k_1 und k_2 besteht. Außerdem soll für diese Teilmenge die geometrische Relation erfüllt sein, die durch den Ausdruck in Klammern gegeben ist. Dieser Ausdruck gibt die Konjunktion von n Relationen an, von denen jede durch vier Zahlen bestimmt wird. Das Quadrupel $t_1{}^1, t_2{}^1, \theta_1{}^1, \theta_2{}^1$ beispielsweise bedeutet, daß die Differenz zwischen dem $t_1{}^1$-Parameter des ersten Objekts und $t_2{}^1$-Parameter des zweiten Objekts dem Intervall $(\theta_1{}^1, \theta_2{}^1)$ angehören soll.

Die Regel der zweiten Art dient zur Bildung der Buchstabenzeilen. Sie hat folgende Darstellung:

$$k\{muster, muster, \ldots, muster\},$$

worin k der Zeilenname ist, nach welchem die Liste der Muster, die diesen Namen haben können, aufgeführt wird. Jedes Muster ist eine Ziffern-Buchstaben-Folge oder eine Gruppierung der Menge von solchen Folgen. Zum Beispiel bedeutet das Muster $R<z><z><z>$ die Menge der viersymboligen Zeilen, von welcher jede aus den Buchstaben R und drei nachfolgenden Ziffern besteht.
Zeigen wir an einem Beispiel die Anwendung dieser Regel.

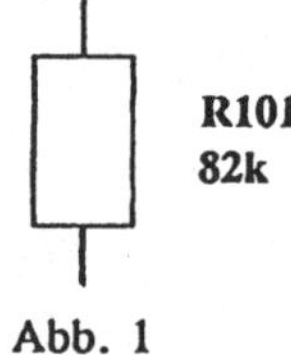

Abb. 1

Das Objekt auf Abb. 1 heiße "Widerstand mit Bezeichnung". Dieses Objekt besteht aus zwei Teilobjekten. Das erste von ihnen heißt "senkrechter Widerstand", links oder rechts von ihm befindet sich das zweite Teilobjekt, das den Namen "Bezeichnung des Widerstandes" hat. Das Teilobjekt "Bezeichnung des Widerstandes" besteht aus zwei Zeilen, deren obere heißt "Widerstandsnummer" und die untere "Widerstandswert". Und schließlich ist die "Widerstandsnummer" eine Zeile, die aus dem Buchstaben R und drei Ziffern besteht, und der "Widerstanswert" ist die Zeile, die aus zwei Ziffern und dem Buchstaben k besteht.
Die Information solcher Art soll im gezeigten Format ins Erkennungssystem eingefügt werden als Steuerinformation für die Erkennung. Auf Grund dieser Steuerinformation soll für das am Eingang in der Form der Primärobjektmenge vorhandene Bild die folgende Aufgabe gelöst werden: Die Primärobjektmenge soll als Vereinigung der durchschnittsleeren Mengen dargestellt werden, die Namen aus dem Teilalphabet $K^\bullet$ haben, genau dann, wenn solche Darstellung möglich und eindeutig ist. Wenn solche Darstellung nicht existiert oder nicht eindeutig ist, deutet das auf eine entweder nicht richtige oder nicht eindeutige Zeichnung. Eine konkrete Programmvariante, die diese Aufgabe löst, arbeitet wie folgt:

1. Zunächst werden solche Buchstaben gebildet, die aus einigen verbundenen Gebieten bestehen. Dabei ist eine nicht eindeutige Interpretation möglich. So ist das Bild "ä" sowohl als Menge aus drei Objekten (Buchstabe a und zwei Störungen), als auch als Objekt (Buchstabe ä) interpretierbar.

2. Aus den erkannten Buchstaben werden Zeilen gebildet, für welche Namen vergeben werden. Der Zeilenname bedeutet den graphischen Kontext, inwelchem diese Zeile liegen muß.

3. Danach werden in gleicher Weise alle möglichen komplexen Objekte, die auf der Zeichnung vorhanden sind, gebildet. In dieser Menge können auch viele überschüssige Objekte enthalten sein. Die weitere Abfolge im Programm ist auf deren Entfernung gerichtet. Dieser Prozeß besteht aus der mehrmaligen Wiederholung einfacher Operationen.

4. Suche in der Liste ein Objekt, das nicht endgültig ist und keinem anderen Objekt gehört. Wenn dieses Objekt nicht primär ist, wird es aus der Liste ausgeschlossen. Wenn es primär ist, so bedeutet das eine falsche Zeichnung. Es wird eine Frage an den Nutzer gestellt, der Handlungen zur Zeichnungskorrektur unternimmt.

5. Suche in der Liste ein Objekt k', das zu einem einzigen Objekt $k^{\bullet}$ gehört; bestimme das Objekt $k'' \neq k'$, das auch zu $k^{\bullet}$ gehört; entferne alle Objekte $k^{\bullet\bullet} \neq k^{\bullet}$, die auch k'' enthalten.

6. Wenn keine der Operatoren 4 und 5 zur Listenänderung führt, sucht man das Objekt, das mehr als zu einem Objekt gehört. Wenn kein solches Objekt vorhanden ist, ist die Liste ein Ergebnis der Zeichnungserkennung. Wenn solches Objekt gefunden wird, bedeutet es, daß die Zeichnung zweideutig ist. Es wird eine Frage an den Nutzer gestellt, der angibt, zu welchem Objekt das gegebene Teilobjekt gehört. Nach der Fragenbeantwortung wird das Programm mit den Operationen 4 und 5 fortgesetzt.

Faltungsinversion mittels örtlich beschränkter Faltungskerne

H. Suesse, K. Voss
Friedrich-Schiller-Universität Jena
Mathematische Fakultät, Leutragraben 1, UHH 14. OG, O-6900 Jena

1. Eindimensionale diskrete periodische Funktionen und LSI-Operatoren

Eindimensionale diskrete periodische Funktion $f \in F$ wollen wir mit

$$f = (f_0, f_1, f_2, \ldots, f_{N-2}, f_{N-1})^T$$

bezeichnen. Das neutrale Element δ der Operation Faltung wird komponentenweise durch das Kroneckersymbol beschrieben:

$$\delta_k = \begin{cases} 1 & \text{für } k=0 \\ 0 & \text{sonst} \end{cases} .$$

Weiterhin bezeichne die Funktion f^R die gespiegelte Funktion von f mit den Koeffizienten $f_n^R = f_{-n}$. Die Faltung zweier Funktionen f und g wird wie üblich zu

$$(f*g)_n = \sum_{k=0}^{N-1} f_{n-k} g_k$$

definiert. Die Bedeutung der Faltung unterstreicht folgender "Hauptsatz":

Satz 1: Ein Operator ist genau dann ein LSI-Operator, wenn er ein Faltungsoperator ist.

Als Ergebnis dieses Satzes erhält man die wohlbekannte Darstellung

$$Lg = g*(L\delta) .$$

Dabei ist $L\delta$ die Punktverbreiterungsfunktion. Als interessante Schlußfolgerung erhält man eine äquivalente Eigenschaft für LSI-Operatoren:

$$L(a*b) = (La)*b = a*(Lb) .$$

Wichtig für die Faltungsinversion im Ortsraum ist die Matrixdarstellung eines LSI-Operators, wobei wir die Zirkularmatrixdarstellung erhalten:

$$
C_h = \begin{pmatrix}
h_0 & h_{N-1} & h_{N-2} & \cdot & \cdot & \cdot & h_2 & h_1 \\
h_1 & h_0 & h_{N-1} & \cdot & \cdot & \cdot & h_3 & h_2 \\
h_2 & h_1 & h_0 & \cdot & \cdot & \cdot & h_4 & h_3 \\
\cdot & \cdot & \cdot & \cdot & \cdot & \cdot & \cdot & \cdot \\
\cdot & \cdot & \cdot & \cdot & \cdot & \cdot & \cdot & \cdot \\
h_{N-2} & h_{N-3} & h_{N-4} & \cdot & \cdot & \cdot & h_0 & h_{N-1} \\
h_{N-1} & h_{N-2} & h_{N-3} & \cdot & \cdot & \cdot & h_1 & h_0
\end{pmatrix} .
$$

2. Bedingungen für die Existenz von inversen Elementen

Wir wollen uns mit der Lösung von Faltungsgleichungen beschäftigen. Zunächst betrachten wir die Gleichung $f = a*f + g$, wobei g und a bekannt sind. Folgender Satz gibt ein Kriterium für die Lösbarkeit an:

Satz 2: Es sei $a \in F$ eine beliebige Funktion. Genau dann, wenn die Bedingung

$$
\max_i | \varphi_i(a) | < \frac{1}{\sqrt{N}}
$$

für die Fourierkoeffizienten von a erfüllt ist, konvergiert die Jacobi-Faltungsiteration

$$
f^{[m+1]} = a*f^{[m]} + g
$$

für eine beliebige Startfunktion $f^{[0]}$ immer mit

$$
\lim_{m \to \infty} f^{[m]} = f \quad \text{and} \quad f = (\delta - a)^{-1}*g \ ,
$$

und das inverse Element $(\delta - a)^{-1}$ existiert.

Nun betrachten wir die Faltungsgleichung $g = h*f$ bei gegebenem g und h. Das inverse Element h^{-1} existiert, wenn die Determinante der Zirkularmatrix ungleich Null ist oder kein Fourierkoeffizient von h verschwindet. Aus Satz 2 erhalten wir durch eine einfache Abschätzung

$$
|\varphi_l(a)| = \left| \frac{1}{\sqrt{N}} \sum_{n=0}^{N-1} a_n e^{-\frac{2\pi i n l}{N}} \right| \leq \frac{1}{\sqrt{N}} \sum_{n=0}^{N-1} |a_n|
$$

der Fourierkoeffizienten das numerisch leicht zu überprüfende hinreichende Kriterium:

Satz 3: Die einfache Bedingung

$$
\sum_{i=1}^{N-1} |h_i| < |h_0|
$$

ist hinreichend, daß h^{-1} bezüglich der Operation * existiert. Weiterhin erzeugt die Faltungsiteration

$$
f^{[m+1]} = \left(\delta - \frac{h}{h_0} \right)*f^{[m]} + \frac{g}{h_0}
$$

mit einer beliebigen Startfunktion $f^{[0]}$ eine Funktionenfolge $f^{[m]}$, die

$$\lim_{m \to \infty} f^{[m]} = f \qquad \text{und} \qquad h*f=g$$

erfüllt. Mit $g = \delta$ konvergiert die Folge gegen das inverse Element h^{-1} von h. Mit

$$q = \sum_{i=1}^{N-1} \left| \frac{h_i}{h_0} \right|$$

folgt die A-posteriori-Fehlerabschätzung bezüglich der l_1- oder l_∞-Norm

$$\| f^{[m]} - f \| \le \frac{q}{1-q} \| f^{[m-1]} - f^{[m]} \| \le \frac{q^m}{1-q} \| f^{[0]} - f^{[1]} \| \quad .$$

Dieses einfache hinreichende Kriterium gilt auch für mehrdimensionale Faltungen, wobei der Aufpunkt die zentrale Rolle spielt. Für örtlich beschränkte Faltungskerne ergibt sich dann auf simple Art und Weise ein örtlich beschränkter "Entfaltungskern" für die iterative Entfaltung.

3. Beispiele

Im Falle der Bildrestauration $g = h*f$ ist die Funktion h die Punktverbreiterungsfunktion. In diesem Falle ist h oft ein örtlich beschränkter Faltungskern und deshalb ist der auf simple Art und Weise zu berechnende "Entfaltungskern"

$$b = \left(\delta - \frac{h}{h_0} \right) \tag{1}$$

auch örtlich beschränkt. Wenn ein Bild durch die quadrantensymmetrische lokal beschränkte 2D-Punktverbreiterungsfunktion (7 x 7 Filter)

$$h = \begin{pmatrix} & \cdot & \cdot & \cdot & \cdot \\ & \cdot & \cdot & \cdot & \cdot \\ \ldots & 1.00 & .00 & .00 & .02 \\ \ldots & .00 & .05 & .00 & .02 \\ \ldots & .00 & .00 & .02 & .00 \\ \ldots & .02 & .02 & .00 & .10 \end{pmatrix}$$

verschmiert wurde, dann erhalten wir nach Satz 3 und Formel 1 den ebenfalls symmetrischen "Entfaltungskern" (7 x 7 Filter)

$$b = \begin{pmatrix} & \cdot & \cdot & \cdot & \cdot \\ & \cdot & \cdot & \cdot & \cdot \\ \ldots & 0.00 & .00 & .00 & -.02 \\ \ldots & .00 & -.05 & .00 & -.02 \\ \ldots & .00 & .00 & -.02 & .00 \\ \ldots & -.02 & -.02 & .00 & -.10 \end{pmatrix} \quad .$$

In Abbildung 1 sehen wir das Originalbild f, das verschmierte Bild g und das mit nur einer Iteration restaurierte Bild $f^{[1]} = b*f^{[0]} + g = (b+\delta)*g$.

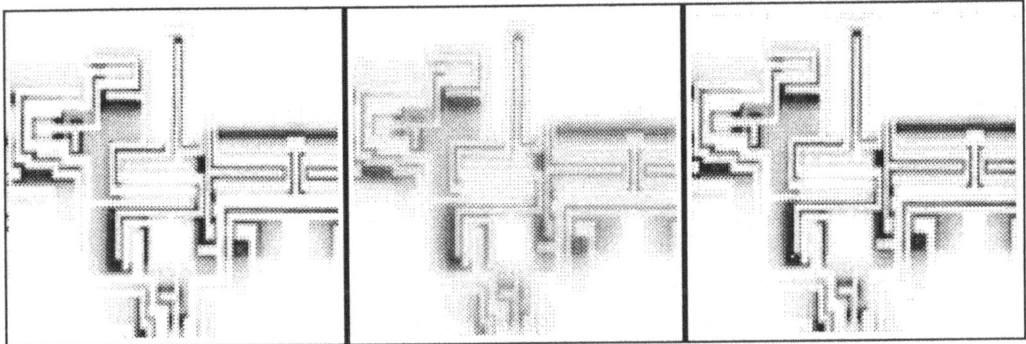

Abb. 1: Originalbild, verschmiertes Bild, mit nur einer Iteration restauriertes Bild

Eine weitere einfache Anwendung insbesondere von Satz 2 wäre die Generierung von Texturen mittels akausaler autoregressiver Prozesse ([9])

$$Y_n = \sum_{i \in U,\, i \ne n} a_i Y_{n-i} + R_n \quad ,$$

die man als Faltungsgleichung formulieren kann

$$Y = a * Y + R \quad , \quad a_0 = 0$$

und die damit schon die "iterative Form" der Faltungsgleichung aus Satz 2 besitzen. Abbildung 2 zeigt die iterative Generierung zweier Texturen mit den Faltungskernen:

$$a = \begin{bmatrix} -.10 & .00 & .00 & .00 & .35 \\ .00 & .00 & .00 & .00 & .00 \\ .00 & .00 & .00 & .00 & .00 \\ .00 & .00 & .00 & .00 & .00 \\ .35 & .00 & .00 & .00 & -.10 \end{bmatrix} \quad , \quad a = \begin{bmatrix} .22 & .00 & .00 & .00 & .22 \\ .00 & .00 & .00 & .00 & .00 \\ .00 & .00 & .00 & .00 & .00 \\ .00 & .00 & .00 & .00 & .00 \\ .22 & .00 & .00 & .00 & .22 \end{bmatrix} \quad .$$

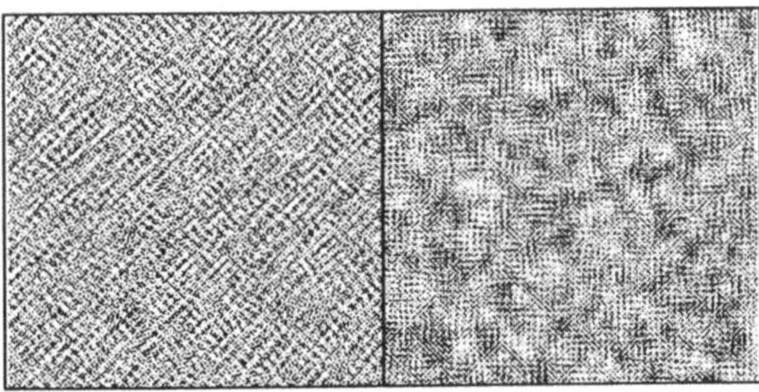

Abb. 2: Erzeugung von Texturen nach drei Iterationen

4. Approximative Berechnung inverser Elemente

In vielen Fällen $h*f=g$ existieren keine faltungsinversen Elemente h^{-1} für diskrete Funktionen. Solche Probleme nennt man *"ill posed problems"*. Ein Problem nennt man *"well posed"*, wenn

- die Lösung existiert und eindeutig ist,
- die Lösung stetig von den Eingangsdaten abhängt.

Dazu gibt es eine Fülle von Literatur [4]. Diese Probleme wurden schon seit langem in der Numerischen Mathematik untersucht [7]. Oft werden allerdings die Begriffe verschwommen benutzt, und ein "well posed problem" muß noch lange nicht "gutartig" sein. Die Überführung eines "ill posed problem" in ein "well posed problem" nennt man allgemein "Regularisierung". Oft wird diese durch zusätzliche Bedingungen erzwungen, wie z.B. "Glattheitsforderungen".

Existieren nun unendlich viele Lösungen, so könnte man sich aus den vielen möglichen Lösungen eine bestimmte herausgreifen und diese als Inverse definieren, oder im Falle, daß keine einzige Lösung existiert, sich eine herausgreifen, die im quadratischen Mittel den Defekt minimiert. So ist zum Beispiel

$$f^+ = C_h^+ \cdot g \ ,$$

eine Lösung, die solche Eigenschaften besitzt. Dabei ist C_h^+ die *Moore-Penrose-Pseudoinverse* von C_h (vgl. [2]).
Damit hat das Problem zwar eine eindeutige Lösung, aber "well posed" ist es noch lange nicht, da diese Lösung nicht mehr stetig von den Eingangsdaten abhängt. Deshalb wird dann versucht, die Pseudoinverse selbst zu regularisieren ([1,3]).

Wir wollen das Problem regularisieren, indem wir die Pseudoinverse durch einen örtlich beschränkten Faltungskern approximieren. Dabei ergibt sich zusätzlich der entscheidende Vorteil, daß der rechentechnische Aufwand drastisch gesenkt werden kann.

Es sei J eine Untermenge von $I=\{0,1,...,N\text{-}1\}$ z.B. $J=\{3,4,...,N\text{-}4,N\text{-}3\}$. Der örtlich beschränkte Faltungskern wird beschrieben durch:

$$f_j = 0 \ \textit{für } j \in J \ , \ f_j \ \textit{Faltungskern-Variable für } j \in I \backslash J \ .$$

Dies ist äquivalent zu: Im zugehörigen linearen Gleichungssystem $C_h \, f = g$ streichen wir alle Spaltenvektoren c_i von C_h für die $i \in J$ gilt. Wir bezeichnen dann die erhaltene Matrix mit B_h , wobei B_h eine (N,M)-Matrix mit $M=\text{card}(I \backslash J)$ (M ist die "Ausdehnung" des Faltungskerns). Weiterhin bezeichne y den Spaltenvektor aller Variablen des Kerns $y = (f_i, \ i \in I \backslash J)$, z.B. $y=(f_{N-1}, f_{N-2}, f_0, f_1, f_2)$. Somit haben wir folgendes lineare Gleichungssystem zu lösen

$$B_h y = g$$

welches i.allg. keine Lösung besitzen muß.

Aber, durch Streichen der Spalten der Matrix C_h kann man erzwingen (man muß nur genügend Spalten streichen), daß der Rang der Matrix B_h maximal ist, also $\text{Rang}(B_h) = M$. Die Lösung f_M^+ (Pseudonormallösung) muß die Gaußschen Normalengleichungen

$$B_h^* B_h y = B_h^* g \tag{2}$$

erfüllen, die immer (aber nicht notwendig eindeutig) lösbar sind. Die Koeffizientenmatrix $B=B_h^{\ast}B_h$ ist eine quadratische (M,M)-Matrix und der Rang ist maximal Rang$(B)=M$ auf Grund unseres Zwanges Rang$(B_h)=M$. Damit ist die Matrix B regulär und das Problem ist "well posed" geworden. Zusätzlich zur Regularität ist die Matrix B positiv definit, wodurch sich dieses lineare Gleichungssystem sehr elegant mit dem Gauß-Seidel-Verfahren lösen läßt, da dieses bei positiv definiten Matrizen stets konvergiert. Folglich haben wir nicht nur das Problem regularisiert, sondern das "well posed" Problem ist sogar "gutartig", also nicht schlecht konditioniert.

Satz 4: Das lineare Gleichungssystem (2) für beschränkte Faltungskerne impliziert die Faltungsgleichung

$$(h^R \ast h \ast f)_k = (h^R \ast g)_k \qquad (3)$$

$$\text{für } k \in I \backslash J \text{ und } f_j = 0 \text{ für } j \in J .$$

Diese Gleichung ist die Basis für Anwendungen in der Bildrestauration und anderen Faltungsaufgaben. Im Falle der Bildrestauration ohne Rauschen setzen wir zunächst $g = \delta$ und lösen die Faltungsgleichung von Satz 4. Die Lösung f^+_M dieser Faltungsgleichung ist eine "small-kernel"-Approximation von h^+ und deshalb ist

$$f = f^+_M \ast g$$

eine Approximation des Originalbildes f, welches durch $h \ast f = g$ verschmiert wurde. Der Defekt

$$D_M = \|B_h \hat{y} - g\|^2 \text{ für } \hat{y} \in \{\hat{y} | B_g^T B_g \hat{y} = B_g^T g\}$$

ist ein Kriterium für die Approximationsgüte und sollte zur Auswahl der Dimension M der Matrix B benutzt werden. Solange diese Matrix Maximalrang besitzt, kann die Dimension erhöht werden. Folglich ist die Auswahl von M als Kompromiß zwischen Defekt und Regularität zu sehen. Wir bezeichnen mit $B_h^M = (b_1, \ldots, b_M)$ die Spaltenvektoren der Matrix B_h^M.

Satz 5: Die Folge der Defekte ist eine monoton fallende Folge wenn die Matrix der Dimension M eine Teilmatrix der Matrix der Dimension $M+1$ ist. Die Relation $D_{M+1} < D_M$ ist nicht erfüllt, wenn Rang$(B_h^M)=$Rang(B_h^{M+1}) ist. In diesem Falle ist $D_{M+1}=D_M$ und die Lösung verbessert sich nicht.

5. Berücksichtigung von Rauschen

Stark verrauschte Bilder zu restaurieren, die mit modernen Kameras (CCD) aufgenommen wurden, ist in den meisten Anwendungsfällen sicher keine ernsthafte praktische Aufgabe mehr. Umfangreiche Testserien mit CCD-Kameras ergaben unter verschiedendsten Aufnahmebedingungen eine empirische Rauschstandardabweichung von nicht einmal einem Prozent. Dieses geringe Rauschen kann mit dem örtlich beschränkten Restaurationskern berücksichtigt werden.
Dazu benutzen wir das Bildmodell $G=h \ast F+R$, wobei alle Variablen bis auf die Punktverbreiterungsfunktion h stochastisch sind. R beschreibt das Rauschen und F das Signal. Signal und Rauschen seien unabhängig, und der Erwartungswert von R ist Null ($E(R)=0$).

Wir wenden jetzt formal $f^+{}_M$ auf G an:

$$f_M^+ * G \; - \; F \;=\; f_M^+ * h * F \;-\; F \;+\; f_M^+ * R \;\;.$$

Wir bilden die Skalarprodukte dieser Ausdrücke, wobei der gemischte Term auf Grund unserer Voraussetzungen verschwindet:

$$E\{\|f_M^+ * G \;-\; F\|^2\} \;=\; E\{\|(f_M^+ * h \;-\; \delta) * F\|^2\} \;+\; E\{\|f_M^+ * R\|^2\} \;\;.$$

Da die (Fourier) Basisfunktionen gleichzeitig Eigenfunktionen sind, erhalten wir

$$\|a * b\| \;\leq\; \sqrt{N}\,\max_i |\varphi(a)| \cdot \|b\| \quad ; \quad a,b \in \mathbf{F} \;\;.$$

Nun schätzen wir nach oben ab:

$$E\{\|f_M^+ * h \;-\; F\|^2\} \;\leq\; N\max_i E\{|\varphi_i(F)|^2\}\|f_M^+ * h \;-\; \delta\|^2 \;+\; N\max_i E\{|\varphi_i(R)|^2\}\|f_M^+\|^2 \;\;. \tag{4}$$

Der lokale Faltungskern müßte demnach so bestimmt werden, daß die rechte Seite von Formel (4) minimal wird. Mit der Definition

$$SN \;=\; \frac{\max\limits_i \; E\{|\varphi_i(F)|^2\}}{\max\limits_j \; E\{|\varphi_j(R)|^2\}}$$

als globales Maß des Signal-Rausch-Verhaltens haben wir einen örtlich beschränkten Faltungskern $f^+{}_M$ derart zu bestimmen, daß die Extremalaufgabe

$$\|f_M^+ * h \;-\; \delta\|^2 \;+\; \frac{1}{SN}\|f_M^+\|^2 \;=\; Minimum$$

gelöst wird. Dies führt in Analogie zu Satz 4 auf die Bestimmungsgleichungen

$$\left[\left(h^R * h \;+\; \frac{1}{SN}\delta\right) * f\right]_k \;=\; (h^R)_k \tag{5}$$

$$\text{für } k \in I \backslash J \text{ und } f_j = 0 \text{ für } j \in J \;\;.$$

Außer diesem globalen Maß zum Signal-Rausch-Verhalten benötigen wir keine weiteren Kenntnisse über das Rauschen, können mit unserer Extremalaufgabe aber nicht garantieren, daß die linke Seite von (4) auch minimal wird. Interessant ist noch der Spezialfall $h = \delta$, wobei sich als Lösung von (5) sofort f_M^+ $=(SN/SN+1)\delta$ ergibt. Durch die lokale Beschränkung der "Entfaltungskerne" haben wir den weiteren Vorteil, daß wir die "Entfaltungskerne" adaptiv dem ortsabhängigen Rauschen anpassen können.
Minimieren wir dagegen die linke Seite der Formel (4) direkt, so erhalten wir örtlich beschränkte Faltungskerne der Wiener-Theorie, benötigen aber mehr Kenntnisse, z.B die Autokorrelationsfunktionen.

Minimieren wir folglich die linke Seite der Formel (3), so erhalten wir die Faltungsgleichung

$$h^R * h * E\{F^R * F + R^R * R\} * w \;=\; h^R * E\{F^R * F\}$$

mit dem zu bestimmenden Filter w. Jetzt brauchen wir zur Restoration keine inverse Funktion zu bestimmen, sondern wir bestimmen direkt eine "small kernel"-Approximation des gesuchten Wiener-Filters w.

Satz 6: Die Lösung der Wiener-Faltungsgleichung führt für beschränkte Faltungskerne auf

$$[h^{R} * h * E\{F^{R} * F + R^{R} * R\} * w]_{k} = [h^{R} * E\{F^{R} * F)]_{k}$$

$$k \in I \backslash J, \quad w_{i} = 0 \text{ für } i \in J \quad .$$

Somit haben wir die "Small-Kernel-Wiener"-Gleichung definiert. Wir haben dieses lineare Gleichungssystem der Dimension M=card(I\J} zu lösen. Die Lösung sei w_{M}^{+}. Dann erhalten wir durch die "small-kernel"-Faltung

$$f = w_{M}^{+} * g \quad ,$$

wobei f, g Realisierungen von F,G sind, eine Approximation des Originalbildes.

6. Beispiele

a) Wir wollen die eindimensionale diskrete periodische Funktion (Filter) $h=(4,2,1,0,..,0,1,2)$ approximativ invertieren. Nehmen wir an, daß die inverse Funktion einer symmetrischen Funktion selbst symmetrisch ist, dann kann der Rechenaufwand weiter gesenkt werden. Für Filter der Dimension $M=(2N+1)$ reduzieren wir den Aufwand, indem wir nur noch $N+1$ Variable bestimmen. Diese Symmetrie ist in der folgenden Lösungstabelle berücksichtigt:

k	h_0^+	h_1^+	h_2^+	h_3^+	h_4^+	h_5^+	h_6^+
0	1.5385						
1	3.8298	-1.4894					
2	3.8251	-1.4754	-0.0182				
3	4.3180	-1.5962	-0.5334	0.5442			
4	4.5399	-1.7439	-0.6099	0.8671	-0.2919		
5	4.5411	-1.7345	-0.6292	0.8633	-0.2468	-0.0451	
6	4.5877	-1.7491	-0.6802	0.9351	-0.2368	-0.1741	0.1255

Wir sehen, bei welch geringer Ausbreitung des Faltungskerns sich die Werte schon stabilisieren.

b) Für zweidimensionale $(2N+1)$-Kerne haben wir $(2N+1)^2$ Variable zu berechnen. Unter Berücksichtigung der Symmetrie haben wir dann nur noch $(N+1)(N+2)]/2$ Variable zu berechnen. In Abbildung 3 wurde ein Bild durch das oktalsymmetrische 7·7-Filter

```
0.16   0.04   0.02   0.01
       0.03   0.02   0.01
              0.02   0.01
                     0.01
```

verschmiert, wobei das in Satz 3 angegebene Konvergenz-und Existenzkriterium nicht erfüllt ist.

Benutzen wir z.B. zur Berechnung eines örtlich beschränkten Faltungskerns für das inverse Filter ein oktalsymmetrisches 11·11-Filter, dann haben wir nur die Werte von 21 Variablen anstatt von 121 Variablen zu berechnen:

```
7.952   -0.891   -0.038   -0.001    0.242   -0.027
        -0.377   -0.173   -0.064    0.178   -0.047
                 -0.422   -0.077    0.169   -0.054
                          -0.334    0.162   -0.036
                                    0.055   -0.008
                                    0.003
```

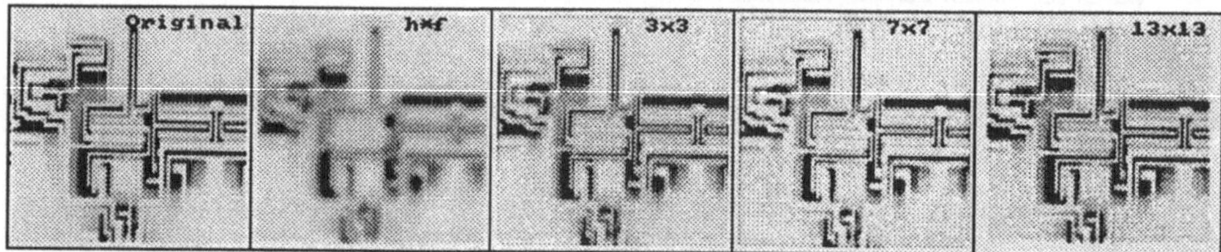

Abb. 3: a) Originalbild, b) Verschmiertes Bild durch eine 7·7 Maske c) Restauriertes Bild durch: 3 x 3, 7 x 7, 13 x 13 Entfaltungskerne

In Abbildung 3 ist die Güte der Entfaltung eines mit obigen Filter verschmierten Bildes mit verschiedenen Entfaltungskernen dargestellt. In Abbildung 4 wurde das Bild wie in Abbildung 3 mit dem gleichen Faltungskern verschmiert, jedoch wurde anschließend das Bild additiv verrauscht. Entfaltet wurde das Bild mit zwei 5 x 5 Filtern, einmal nach (3) (man sieht deutlich die Rauschverstärkung) und nach (5), wobei hier natürlich die Rauschunterdrückung zu Lasten der Bildschärfe gehen muß.

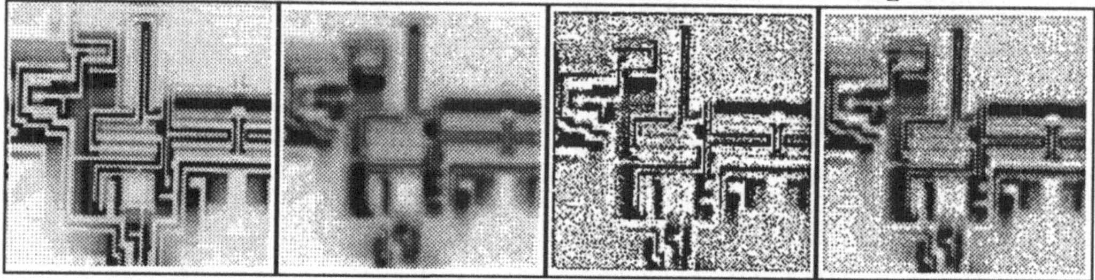

Abb. 4: a) Originalbild b) Verschmiertes und verrauschtes Bild c) Mit einem 5 x 5 Filter restauriertes Bild nach (3) d) Mit einem 5 x 5 Filter restauriertes Bild nach (5)

Auch für Filter in nichtorthogonalen Gittern können wir leicht solche örtlich beschränkten Faltungskerne berechnen [8]. Zum Beispiel sei ein Hexagonalgitter mit dem Filter h gegeben, wie in Abbildung 5 ersichtlich ist.

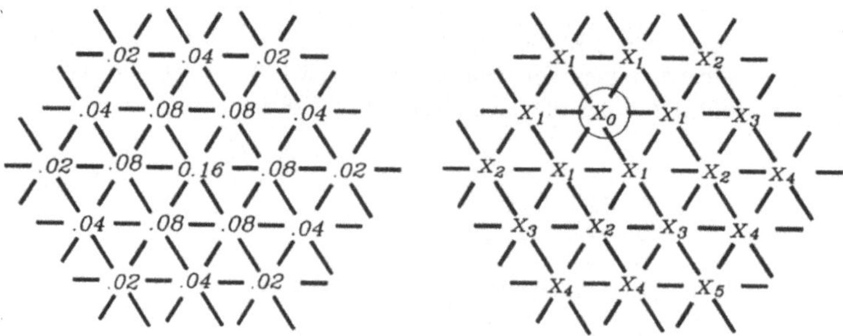

Abb.5 : Filter im Hexagonalgitter

Wir benutzen für den Faltungskern $h_M{}^+$ einen isotropen Kern mit den Koeffizienten $x_0,...,x_5$. Die Lösung bzw. die errechnete Approximation $h*h_M{}^+$ ist der folgenden Tabelle zu entnehmen:

k	$x_k = (h_M{}^+)_k$	$(h*h_M{}^+)_k$
0	15.251	0.905
1	-3.081	0.010
2	-1.065	0.031
3	1.659	0.016
4	0.380	0.046
5	-0.607	-0.035
		....

Dieses Beispiel zeigt die Vorteile der hier vorgestellten Methode, da man mit anderen Methoden nicht solch einen einfachen Zugang zur Faltungsinversion in nicht orthogonalen Gittern besitzt.

7. Literatur

[1]   Krishnamurthy E.V.: Recursive computation of pseudoinverse for applications in image restoration and filtering. Computer Science Technical Report Series AFOSR-77-3271, University of Maryland, 1977

[2]   Kuhnert F.: Pseudoinverse Matrizen und die Methode der Regularisierung. Teubner-Texte Leipzig 1976.

[3]   Maeda J., Murata K.: Image restoration by an iterative regularized pseudoinverse method. Applied Optics 23 (1984) 857-861

[4]   Poggio T., Torre V., Koch C.: Computational Vision and Regularization Theory, Nature Vol. 317,pp. 139-155,1985

[5]   Pratt W.: Digital Processing. John Wiley & Sons, New York 1978

[6]   Reichenbach S.E., Park S.K., Alter-Gartenberg R.: Optimal small kernels for edge detection. 10th Intern. Conference on Pattern Recognition, Vol II, pp. 57-63 (1990)

[7]   Tikhonov A.N., Arsenin V.Y.: Solutions of Ill-posed Problems, V.H. Winston & Sons, Washington D.C., 1977

[8]   Voss K., Laudien M.: Faltungsinversion mittels Ausgleichsrechnung. Problemseminar Weißig, 84-91, Technische Universität Dresden, Dresden 1988, Seiten 84-91.

[9]   Voss K., Süße H.: Praktische Bildverarbeitung. Carl-Hanser Verlag, München 1991

Vollständige algebraische Beschreibung und Parallelisierung von translations- und rotationsinvarianten Transformationen für Grauwertbilder *

Michael Nölle, Hanns Schulz-Mirbach
TU Hamburg-Harburg
Institut für Technische Informatik I
Postfach 90 10 52, 2100 Hamburg 90

Zusammenfassung

In diesem Artikel werden Verfahren zur Gewinnung translations- und rotationsinvarianter Merkmale für Grauwertbilder untersucht. Es wird eine vollständige algebraische Beschreibung der resultierenden Merkmalräume angegeben, indem eine endliche Menge von Basisinvarianten konstruiert wird, so daß sich jedes Merkmal mit den geforderten Invarianzeigenschaften mittels algebraischer Funktionen (Polynome) durch diese Basis ausdrücken läßt. Diese Basismerkmale beschreiben ein Grauwertbild vollständig bis auf Rotations- und Translationsfreiheitsgrade. Schließlich wird untersucht inwiefern die vorgeschlagenen Verfahren zur Parallelisierung geeignet sind. Die Algorithmen wurden auf einem Multiprozessorsystem implementiert und getestet.

1 Einführung

Die Gewinnung von Merkmalen mit geeigneten Invarianzeigenschaften ist ein wesentlicher Schritt in vielen Verfahren der Mustererkennung. Beispielhaft sei die Werkstückerkennung im industriellen Umfeld genannt. Hier wird man bestrebt sein, rotations- und translationsinvariante Merkmale zu finden, da die räumliche Orientierung für die Zuordnung zu einer Bedeutungsklasse in diesem Fall häufig keine Rolle spielt.

Es lassen sich grob zwei Klassen von Verfahren zur Bestimmung von invarianten Merkmalen unterscheiden. Zum einen die geometrisch orientierten Verfahren, bei denen in einem Vorverarbeitungsschritt geeignete geometrische Größen wie markante Punkte, Geraden, Ecken oder geschlossene Konturen aus dem Grauwertbild gewonnen werden müssen ([4], [5]). Dies hat den Vorteil, daß der Datensatz für die Weiterverarbeitung wesentlich im Umfang reduziert wird. Oftmals ist es aber schwierig, diese geometrische Information verläßlich zu extrahieren. Zum anderen sind grauwertorientierte Verfahren wie beispielsweise die Methode der invarianten Momente oder Korrelationstechniken zu nennen, die mit der vollen Bildinformation arbeiten. Dies bedingt meist hohe Rechenzeiten und auch eine größere Störanfälligkeit. In [3] wird eine Klasse von grauwertorientierten Algorithmen zur Gewinnung von translationsinvarianten Merkmalen diskutiert.

Gemeinsam ist den meisten dieser Verfahren, daß für die Bildung der Invarianten gewisse Heuristiken herangezogen werden müssen, die von der jeweiligen Musterklasse abhängen. Auch ist in vielen Fällen nicht ersichtlich, bis zu welchem Grade in den berechneten Merkmalen die gegebene Grauwertinformation codiert ist. So ist beispielsweise der mittlere Grauwert ein rotations- und

---

*dieses Projekt wird von der DFG gefördert

translationsinvariantes Merkmal, das jedoch nur wenig spezifische Information enthält; d.h. es wird sehr viele Graubilder geben, die in diesem Merkmal übereinstimmen.

Wir werden in diesem Artikel ein grauwertorientiertes Verfahren zur Gewinnung translations- und rotationsinvarianter Merkmale vorstellen. Die Struktur der resultierenden Merkmalräume wird vollständig durch Angabe einer endlichen Menge von Basisinvarianten beschrieben, so daß sich jedes Merkmal mit den geforderten Invarianzeigenschaften mittels geeigneter Polynome in dieser Basis darstellen läßt. Diese Basisinvarianten beschreiben ein gegebenes Grauwertbild vollständig bis auf Rotations- und Translationsfreiheitsgrade.

Wie die meisten grauwertorientierten Verfahren sind auch die von uns vorgeschlagenen Algorithmen rechenzeitaufwendig. Da jedoch von einer Parallelisierung eine wesentliche Beschleunigung zu erwarten ist, untersuchen wir sowohl die Möglichkeiten hierzu, als auch die Effizienz einer derartigen Implementierung. Die Konzeption paralleler Algorithmen wird im allgemeinen wesentlich durch Randbedingungen der Zielhard- und -software beeinflußt. Hierzu gehören insbesondere die Kommunikationsstrategien zwischen den Prozessoren, sowie die Anzahl der Prozessoren des Zielsystems. Um die wesentlichen parallelen Strukturen der Algorithmen zu verdeutlichen, geben wir zunächst eine abstrakte Formulierung unter Vernachlässigung der Kommunikationsaspekte an, die anschließend in eine Implementierung für ein reales System überführt wird. Die Zahl der zur Verfügung stehenden Prozessoren bestimmt die effektive maximale Granularität des parallelisierten Programms zur Laufzeit und damit die bestenfalls zu erwartende Beschleunigung der Berechnung im Verhältnis zum sequentiellen Algorithmus. Diese kann in der Regel aufgrund des zusätzlichen Kommunikationsaufwandes nicht vollständig erreicht werden. Durch Laufzeituntersuchungen haben wir diese Punkte an den von uns vorgeschlagenen Algorithmen experimentell untersucht.

2 Invariante Merkmale für Grauwertbilder

Wir bezeichnen mit $\mathcal{R}$ ein quadratisches Gitter mit N^2 Punkten, $N = 2^n \in I\!N$. Die Koordinaten der Gitterpunkte werden mit (i,j) , $0 \le i, j < N$ bezeichnet, wobei der Koordinatenursprung in der linken oberen Ecke des Gitters liegt. Eine Menge von Koordinaten ist eine Teilmenge des kartesischen Produktes $I \subset \mathbf{Z}_N \times \mathbf{Z}_N$ und wird auch als Indexbereich bezeichnet. Die Menge aller $N^2 = 2^{2n}$ Koordinaten eines Bildes erhält man mit $\mathcal{R} = \{(i,j)|0 \le i, j < N\}$. Eine Nachbarschaftsrelation wird wie folgt festgelegt:

$$\mathcal{N}(I, X) = \{(i + x, j + y)|(i, j) \in I, (x, y) \in X\}.$$

Für eine Koordinate (i,j) lassen sich beispielsweise die direkten Nachbarn $X = \{(0, 1), (1, 0), (0, -1) (-1, 0)\}$ durch $\mathcal{N}((i,j), X) = \{(i, j + 1), (i + 1, j), (i, j - 1)(i - 1, j)\}$ beschrieben. Alle Indexoperationen sind modulo N zu lesen. Dies geben wir im folgenden nicht mehr explizit an.

Ein Grauwertbild b auf dem Gitter $\mathcal{R}$ ist eine Abbildung $b : \mathcal{R} \to [0, M]$, $(i, j) \to b(i, j)$, die jedem Gitterpunkt (i, j) eine natürliche Zahl aus dem Bereich $[0, M]$, $M \in I\!N$ zuordnet(M wird als maximaler Grauwert bezeichnet). Die Menge aller Graubilder auf dem Gitter $\mathcal{R}$ bezeichnen wir mit $\mathcal{G}$. $\mathcal{G}$ ist eine endliche Menge mit M^{N^2} Elementen.

Auf $\mathcal{G}$ wirken die Translationsgruppe T und die Rotationsgruppe R. Die Elemente von T bezeichnen wir mit $g(m, n)$, $m, n \in \mathbf{Z}$. Für ein Graubild $b \in \mathcal{G}$ ist das verschobene Graubild definiert durch:

$$(g(m,n)b)(i,j) \;:=\; b(g^{-1}(m,n)(i,j)) \text{ mit } g^{-1}(m,n)(i,j) := (i - m, j - n).$$

Die Translationsgruppe T ist eine endliche Gruppe der Ordnung N^2, die von den beiden Elementen $g(1, 0)$ und $g(0, 1)$ erzeugt wird.

Für die Rotationsgruppe R betrachten wir zunächst nur Drehungen um Vielfache von 90^0 um das Zentrum des Gitters $\mathcal{R}$. Drehungen um beliebige Winkel ergeben keine Abbildung des Gitters auf sich. Daher muß in diesem Fall ein geeignetes Rundungsverfahren auf ganzzahlige Gitterkoordinaten eingeführt werden. Dies ist für unser Verfahren kein grundsätzliches Hindernis und wird kurz in Abschnitt 3 diskutiert. Um die wesentlichen Punkte deutlich zu machen beschränken wir uns hier auf gitterkonforme Abbildungen. Die Elemente von R bezeichnen wir mit $g(\vartheta)$, $\vartheta \in \{0, \frac{\pi}{2}, \pi, \frac{3\pi}{2}\}$. Für ein Graubild $b \in \mathcal{G}$ ist das gedrehte Graubild $g(\vartheta)b$ definiert durch:

$$(g(\vartheta)b)(i,j) \;:=\; b(g^{-1}(\vartheta)(i,j)) \;\; \text{mit}$$

$$g^{-1}(\vartheta)(i,j) \;:=\; \left(i\cos\vartheta + j\sin\vartheta - \frac{N-1}{2}(\cos\vartheta + \sin\vartheta) + \frac{N-1}{2} , \right.$$

$$\left. -i\sin\vartheta + j\cos\vartheta + \frac{N-1}{2}(\sin\vartheta - \cos\vartheta) + \frac{N-1}{2} \right).$$

Zur Ableitung dieser Transformationsformel muß man beachten, daß wir den Koordinatenursprung in die linke obere Gitterecke gelegt haben, die Drehungen aber um das Gitterzentrum mit den Koordinaten $(\frac{N-1}{2}, \frac{N-1}{2})$ erfolgen. Die Rotationsgruppe ist eine zyklische Gruppe der Ordnung vier, die vom Element $g(\frac{\pi}{2})$ erzeugt wird.

Die Gruppe G wird von den Rotationen $g(\vartheta)$ und Translationen $g(m,n)$ erzeugt. Die Elemente von G bezeichnen wir mit g. G ist eine endliche Gruppe der Ordnung $\mid G \mid = 4N^2$, die von den drei Elementen $g(1,0), g(0,1), g(\frac{\pi}{2})$ erzeugt wird.

Zwei Graubilder $b_1, b_2 \in \mathcal{G}$ heißen äquivalent unter der Gruppe G, falls ein $g \in G$ existiert mit $b_1 = gb_2$. Gesucht ist ein Verfahren, um zu entscheiden, ob zwei gegebene Graubilder äquivalent sind. Eine Möglichkeit hierzu ist, aus einem Graubild Merkmale zu bestimmen, die sich unter der Wirkung von G nicht ändern. Unter einem invarianten Merkmal verstehen wir eine polynomiale Abbildung $f : \mathcal{G} \to C$ auf der Menge aller Graubilder $\mathcal{G}$ mit Werten in den komplexen Zahlen C und der Invarianzeigenschaft $f(gb) = f(b)$ $\forall g \in G$, $b \in \mathcal{G}$. Wir beschränken uns auf polynomiale Abbildungen, da sich diese Funktionsklasse auf einem Rechner im Prinzip exakt darstellen läßt. Daher sind bei der Implementierung keine Approximationen für die Berechnung von f notwendig.

Wir bezeichnen einen endlichen Satz $(f_1, f_2, \ldots, f_l)$ von invarianten Merkmalen als vollständig, falls aus $f_i(b_1) = f_i(b_2)$ für alle $1 \leq i \leq l$ folgt: es existiert ein $g \in G$ mit $b_1 = gb_2$; d.h. stimmen zwei Graubilder in allen Merkmalen überein, so sind sie äquivalent unter der Gruppe G. Es ist klar, daß ein vollständiger Merkmalsatz die komplette Bildinformation bis auf die Gruppenfreiheitsgrade enthält.

Mit $C[\mathcal{G}]$ bezeichnen wir die Menge aller komplexwertigen polynomialen Abbildungen auf $\mathcal{G}$ und mit $C[\mathcal{G}]^G$ die Menge aller invarianten Merkmale unter der Wirkung der Gruppe G. $C[\mathcal{G}]^G$ heißt endlich erzeugbar, falls es eine endliche Menge von Invarianten $f_1, \ldots f_n \in C[\mathcal{G}]^G$ gibt, so daß sich jede Invariante $f \in C[\mathcal{G}]^G$ polynomial durch $f_1, \ldots, f_n$ ausdrücken läßt; d.h. für jedes $f \in C[\mathcal{G}]^G$ gibt es einen endlichen Satz von Indizes $l_1, \ldots, l_n \in I\!N$, $a_{l_1,\ldots l_n} \in C$ mit:

$$f(b) = \sum_{l_1 \ldots l_n} a_{l_1 \ldots l_n} f_1(b)^{l_1} \cdots f_n(b)^{l_n} \;\; \forall b \in \mathcal{G}.$$

Der Invariantensatz $f_1, \ldots f_n$ wird als Basis von $C[\mathcal{G}]^G$ bezeichnet. In [7], [8] wird bewiesen, daß durch die Abbildung $b \to (f_1(b), \ldots, f_n(b))$ ein invarianter und vollständiger Merkmalsatz definiert wird, falls $f_1, \ldots, f_n$ eine Basis von $C[\mathcal{G}]^G$ ist, und die Gruppe G endlich ist.

Ein Verfahren zur Konstruktion einer Basis wird in [6] angegeben (vgl. auch [1], [2]). Für ein Polynom $f \in C[\mathcal{G}]$ ist das Gruppenmittel $\tilde{f}$ definiert durch:

$$\tilde{f}(b) := \sum_{g \in G} f(gb) \;\; \forall b \in \mathcal{G}.$$

Wie man leicht nachweist, ist das Gruppenmittel ein invariantes Merkmal; $\tilde{f} \in C[\mathcal{G}]^G$. Noether's Theorem ([6]) besagt, daß man eine Basis von $C[\mathcal{G}]^G$ durch Mittelung der folgenden Monome über die Gruppe G konstruieren kann.

$$\prod_{i,j=0}^{N-1} b(i,j)^{l_{ij}} \;\; \text{mit} \;\; \sum_{i,j=0}^{N-1} l_{ij} < \mid G \mid = 4N^2.$$

So eine Basis hat höchstens $\binom{|G|+N^2}{N^2}$ Elemente. Es muß betont werden, daß dies lediglich eine obere Schranke für die Mächtigkeit einer speziellen Basis von $C[\mathcal{G}]^G$ ist. In [7], [8] wird nachgewiesen, daß ein invariantes Merkmal $f \in C[\mathcal{G}]^G$ existiert, so daß die Abbildung $b \to f(b)$ die Forderungen nach Invarianz und Vollständigkeit erfüllt. Jedoch hat dieses Polynom im allgemeinen einen sehr hohen Grad. Dieses Resultat zeigt, daß die Mächtigkeit einer Basis alleine kein ausreichendes Kriterium zur Beurteilung der Leistungsfähigkeit eines Verfahrens ist.

In der Praxis ist man meist auch nicht auf eine vollständige Transformation angewiesen, sondern es genügt eine endliche Menge von Mustern durch die Invarianten trennen zu können (Separierbarkeit). Hier ist Noether's Verfahren nützlich, da es einen Algorithmus zur Berechnung einer Basis liefert, aus der dann Merkmale ausgewählt werden können, die die Separierbarkeit eines gegebenen Mustersatzes sicherstellen. Auf Grund der Invarianz der Merkmale kann die Trennungseigenschaft leicht in einem Lernschritt getestet werden.

Für die Implementierung hat es sich oft als nützlich erwiesen, andere Polynome als Monome über die Gruppe G zu mitteln. Der Grund ist, daß man durch Wahl geeigneter Polynome simultan zur Invariantenberechnung auch Maßnahmen zur Bildverbesserung wie beispielsweise Rauschunterdrückung und Kantenverstärkung durchführen kann. Die resultierenden Merkmale lassen sich natürlich durch Merkmale, die durch Gruppenmittelung von Monomen gewonnen wurden, ausdrücken.

3 Ein Algorithmus zur Gruppenmittelung

Entscheidend für die Anwendbarkeit des Verfahrens sind effektive Algorithmen zur Berechnung des Gruppenmittels $\sum_{g \in G} f(gb)$ für Polynome $f \in C[\mathcal{G}]$. Wir werden hier zeigen, wie sich die Summe über die Gruppe G auf eine Summe über das Graubild b zurückführen läßt. Im nächsten Abschnitt untersuchen wir dann die Parallelisierbarkeit.

Die wesentliche Beobachtung ist, daß es zu jedem $g \in G$ ganze Zahlen $m, n \in \mathbb{Z}$ und ein $\vartheta \in \{0, \frac{\pi}{2}, \pi, \frac{3\pi}{2}\}$ gibt, so daß sich g in der Form $g = g(\vartheta)g(m, n)$ darstellen läßt. Dies ergibt sich direkt aus den Vertauschungsrelationen der erzeugenden Elemente der Gruppe G. Die Translationsgruppe wirkt transitiv auf dem Gitter $\mathcal{R}$; d.h. zu zwei beliebigen Gitterpunkten (i, j), $(k, l) \in \mathcal{R}$ gibt es stets ein $g(m, n) \in T$ mit $(i, j) = g(m, n)(k, l)$. Damit läßt sich für das Gruppenmittel schreiben:

$$\tilde{f}(b) = \sum_{i,j=0}^{N-1} \sum_{\vartheta} f(g(\vartheta)g(i, j)b) \quad \forall f \in C[\mathcal{G}], b \in \mathcal{G}.$$

Diese Summe läßt sich effektiv berechnen. Als Beispiel geben wir für $k \in \mathbb{N}$ das Gruppenmittel des Polynoms $f_1(b) = (b(0, -k) + b(0, k) + b(k, 0) + b(-k, 0) - 4b(0, 0))^2$ an:

$$\tilde{f}_1(b) = \sum_{q \in \mathcal{R}} \left(\sum_{r \in \mathcal{N}(q, X)} b(r) - b(q) \right)^2$$

$$= 16 \sum_{i,j=0}^{N-1} (b(i - k, j) + b(i, j + k) + b(i + k, j) + b(i, j - k) - 4b(i, j))^2. \tag{1}$$

Bisher haben wir nur Drehungen um Vielfache von 90^0 betrachtet. Für Drehungen um beliebige Winkel kann man ebenfalls durch Gruppenmittelung Invarianten konstruieren. Wir haben in den Experimenten für verschiedene Werte der Radien $r_1, r_2 \in \mathbb{N}$ mit den Invarianten

$$\tilde{f}_{(r_1, r_2)}(b) = \sum_{i,j} \left(\sum_{l,m} b(l, m) \right)^2. \tag{2}$$

gearbeitet. Dabei geht die innere Summe über alle Gitterkoordinaten l, m mit $r_1^2 \leq (l-i)^2 + (m-j)^2 \leq r_2^2$.

Für die angegebenen Algorithmen lassen sich Komplexitätsabschätzungen angeben, auf die wir aber aus Platzgründen nur kurz in Abschnitt 4 eingehen.

4 Parallelisierung der Gruppenmittelung

Für die im Anschluß zu entwerfenden Algorithmen werden wir zunächst eine Formulierung für ein abstraktes PRAM Modell (parallel random access memory) wählen, wobei die Menge von Prozessoren beliebig groß angenommen wird. Wie sich zeigen wird, resultiert dieses Vorgehen in einer skalierbaren, potentiell fein granularen Parallelisierung. Weiterhin wird die parallele Struktur der Algorithmen erkennbar.

Auf Basis der PRAM Algorithmen geben wir Algorithmen zur Implementierung auf einem System mit $P = 2^p$ Prozessoren und verteiltem Speicher an.

Zur Bestimmung von invarianten Merkmalen eines Graubildes über dem Indexbereich I berechnen wir das Gruppenmittel eines Polynoms

$$\tilde{f}(b(I)) = \sum_{q \in I} f(b(q)) \ , \quad f \in C[\mathcal{G}]. \tag{3}$$

Die Summation über dem Indexbereich I, $|I| = 2^{2n}$, in Gleichung (3) kann rekursiv zerlegt werden:

$$\tilde{f}(b(I)) = \begin{cases} \tilde{f}(b(I_0)) + \tilde{f}(b(I_1)) & |I| > 2^{2n-p}; \quad I = I_0 \cup I_1, \ |I_0| < |I|, \\ & \hspace{3em} I_0 \cap I_1 = \emptyset \\ \sum_{q \in I} f(b(q)) & |I| \leq 2^{2n-p}; \end{cases} \tag{4}$$

Der Parameter p ist mit der Prozessorzahl P fest vorgegeben und gibt die Rekursionstiefe an. Für $p = 2n - 1$ und $|I_0| = |I_1|$ wird (3) vollständig rekursiv zerlegt. Da sich $\tilde{f}(b(I_0))$ und $\tilde{f}(b(I_1))$ unabhängig voneinander parallel auswerten lassen, stellt p die Zahl der parallel zu berechnenden Teilsummen ein. Die Anzahl t_+ der notwendigen Additionen zur Bestimmung von Gleichung (4) ergibt sich bei einer gleichmäßigen Aufteilung der Indexbereiche, d.h. $|I_0| = |I_1|$, aus

$$\begin{aligned} t_+(\tilde{f}(b(I))) &= \begin{cases} t_+(\tilde{f}(b(I_0))) + 1 & |I| > 2^{2n-p}; \\ |I| - 1 & |I| \leq 2^{2n-p}; \end{cases} \\ &= 2^{2n-p} - 1 + p - 1. \end{aligned} \tag{5}$$

Man beachte, daß in Gleichung (5) der parallele Aufwand zur Berechnung der Teilsummen eingeht. Für $p = 2n - 1$ sind somit $2n - 1$ Additionen erforderlich.

Bei einer gleichmäßigen Aufteilung des Graubildes $b(\mathcal{R})$ in $P = 2^p$ Indexbereiche

$$\mathcal{R} = \{I_0, \ldots, I_{P-1}\}$$

induziert die obige Rekursionsgleichung den folgenden PRAM Algorithmus $\mathcal{A}_1$:

```
1    forall j = 0,...,P-1 do in parallel
     {{
2        for l = p,...,⌈ld(j+1)⌉ do {
2.1          if  l = p :  S_j = ∑_{q∈I_j} f(b(q))
2.2          else      :  S_j = S_{2j} + S_{2j+1}
         }
     }}.
```

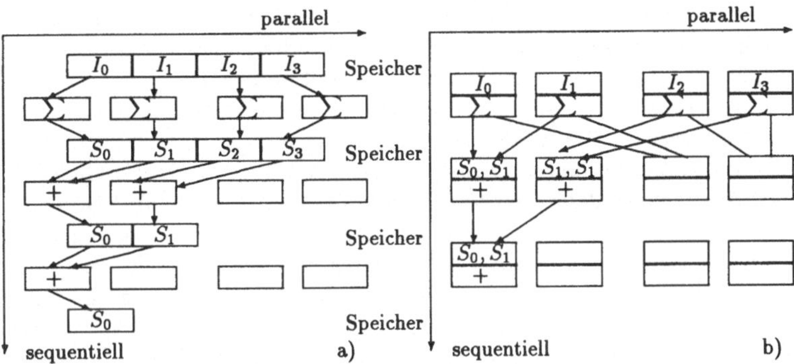

Abbildung 1: Ablaufschemata für die Algorithmen a) $\mathcal{A}_1$ und b) $\mathcal{A}_2$ für $P = 2^2$ Prozesse (bzw. Prozessoren)

Das Ergebnis steht am Ende des Algorithmus in S_0. Für $p = 2$ ist ein Ablaufschema in Bild 1a) angegeben, wobei horizontal der parallele, vertikal der sequentielle Ablauf aufgetragen ist. Die Variable j kennzeichnet einen Indexbereich und kann gleichermaßen als Prozessornummer interpretiert werden. Der Algorithmus erfordert eine synchrone Verarbeitung, da ansonsten Schreib- / Lesekonflikte beim Zugriff auf den Speicher S auftreten.

Für die Implementierung des Algorithmus $\mathcal{A}_1$ auf einem parallelen System mit verteiltem Speicher ist der Zugriff auf nicht lokal residente Datenbereiche ausschließlich durch Kommunikation möglich. Die Summation in Zeile 2.1 erfolgt jedoch auf disjunkten Indexbereichen $I_j \subset I$, so daß eine Berechnung ausschließlich lokale Daten benötigt. Die Ergebnisse zweier lokaler Berechnungen müssen vereint werden (Zeile 2.2). Dieses erfordert einen Datenaustausch. Der obige PRAM Algorithmus $\mathcal{A}_1$ geht somit in den Algorithmus $\mathcal{A}_2$ über, der keinen globalen Speicherzugriff enthält:

```
1   forall j = 0, ..., P − 1 do in parallel
    {{
2       for l = p, ..., ⌈ld (j + 1)⌉ do {
2.1         if  l = p :
                S = ∑_{q∈I_j} f(b(q))
                send S to ⌊j/2⌋
2.2         else     :
                do in parallel
                {{
                    receive S_0 from 2j
                }{
                    receive S_1 from 2j + 1
                }}
2.3         if l = 0:  S = S_0 + S_1
            else     :  send S = S_0 + S_1 to ⌊j/2⌋
    }
}}.
```

send und *receive* sind hierbei als gepufferte Operationen angenommen. S, S_0, S_1 sind als lokale Variablen des jeweiligen Prozesses zu betrachten. Bild 1b) zeigt ein Ablaufschema für Algorithmus $\mathcal{A}_2$. Die gerichtet eingetragenen Datenpfade kennzeichnen die für die Kommunikation erforderlichen Verbindungen. Die in der parallelen Achse aufgetragenen Prozesse in Bild 1b) können als Knoten, sowie die Verbindungen zwischen den in Richtung der sequentiellen Achse aufgetragenen

Schichten als Kanten eines Graphen aufgefaßt werden. Ergänzt man diesen symmetrisch, wie durch die ungerichteten Verbindungen kenntlich gemacht, so erhält man ein de Bruijn Graphen ([10]), dessen Verbindungsstruktur durch eine Shuffle Permutation beschreibbar ist ([9]). Auf einem Parallelrechner, dessen Prozessoren als de Bruijn Graph verbindbar sind, kann der Algorithmus $\mathcal{A}_2$ direkt implementiert werden. Die Ergebnisse einer derartigen Implementierung werden in Kapitel 5 diskutiert. Falls andere Verbindungsstrukturen zu nutzen sind, z.B. Ringe, Gitter, Hypercube, muß die Kommunikation gegebenenfalls über Zwischenprozessoren durchgeführt werden.

Neben der Gruppenmittelung der Polynome $f(b)$ über dem Koordinatengitter $\mathcal{R}$ sind die Polynome selbst für jede Gitterkoordinate $q \in \mathcal{R}$ auszuwerten. Die Berechnung von $f(gb) = f(b(q))$ erfolgt dabei auf einer polynomspezifischen Nachbarschaft. Für die Invarianz unter Translationen und Drehungen um Vielfache von 90^0 nach Gleichung (1) besteht die Nachbarschaft aus der Indexmenge: $X_1 = \{(l,m)|l, m = k, -k\}$. Bei Drehungen um beliebige Winkel (Gleichung (2)) wurde über eine Nachbarschaft $X_2 = \{(l,m)|r_1^2 \leq l^2 + m^2 \leq r_2^2\}$ summiert.

Für jedes $q \in \mathcal{R}$ kann die Berechnung von $f(b(q))$ unabhängig erfolgen. Damit erhalten wir unter Beibehaltung der Indexbereiche $\mathcal{R} = \{I_0, \ldots, I_{P-1}\}$ den PRAM Algorithmus $\mathcal{A}_3$:

```
1   forall j = 0,...,P − 1 do in parallel
    {{
2       for q ∈ Iⱼ do {
2.1        f(b(q)) = (−|N(q,X)| b(q) + Σ_{r∈N(q,X)} b(r))² }
    }}.
```

Der Zugriff auf die Elemente $r \in \mathcal{N}(q, X)$ erfordert im allgemeinen einen Zugriff auf Daten aller Indexbereiche I_k, für die $I_k \cap \mathcal{N}(q, X) \neq \emptyset$ gilt. Zerlegt man die Formel in Zeile $\mathcal{A}_3$, 2.1 in

$$
\begin{aligned}
f(b(q)) &= \left(-|\mathcal{N}(q,X)|\, b(q) + \sum_{r \in \mathcal{N}(q,X)} b(r)\right)^2 \\
&= \left(-|\mathcal{N}(q,X)|\, b(q) + \sum_{k=0}^{P-1} \sum_{r \in \mathcal{N}(q,X) \cap I_k} b(r)\right)^2,
\end{aligned}
\tag{6}
$$

so lassen sich alle Zugriffe auf nicht lokale Daten bestimmen. Für einen Indexbereich I_j ergeben sich die benötigten Nachbarschaftsbereiche $\mathcal{N}_k$ aus:

$$
\mathcal{N}_k = \mathcal{N}(I_j, X) \cap I_k, \quad k = 0, \ldots, P - 1.
$$

Die Auswertung der Gleichung (6) erfordert $|\mathcal{N}(q, X)| - 1 + 4$ arithmetische Operationen. Da die Gleichung für alle $q \in I_j$, $|I_j| = 2^{2n-p}$, auszuwerten ist, ergeben sich $|I_j| = 2^{2n-p}(|\mathcal{N}(q, X)| + 3)$ arithmetische Operationen pro Indexbereich. Der notwendige Datenaustausch der Nachbarschaftsbereiche wird im nachfolgenden Algorithmus $\mathcal{A}_4$ berücksichtigt.

```
1   forall j = 0,...,P − 1 do in parallel
    {{
2       for k = 0,...,P − 1 do {
2.1        if k ≠ j and N_k ≠ ∅:
               send request N_k to k }
3       do in parallel
        {{
3.1            do
```

```
        {
        serve requests
        } until all requests are served
    }{
3.2     for q ∈ I_j do {
            f(b(q)) = -|N(q,X)| b(q)  +  Σ_{r∈N(q,X)∩I_j} b(r)  }
3.3     do {
            receive b(N_k)) from k
            for q ∈ I_j do {
                f(b(q)) = f(b(q)) + ((Σ_{r∈N(q,X)∩N_k} b(r))  }
            } until all requested N_k received
            for q ∈ I_j do {
                f(b(q)) = f(b(q))²  }
    }}
    }}.
```

Es muß noch einmal betont werden, daß *send* und *receive* als gepufferte Operationen angenommen werden. Da keine allgemeingültigen Aussagen über die benötigten Nachbarschaftsbereiche für alle Polynome $f(b)$ getroffen werden können, erfordert die Ausführung des Algorithmus $\mathcal{A}_4$ Nachrichtenvermittlungsfunktionen. Hierauf gehen wir im folgenden Kapitel für den Fall des de Bruijn Graphen näher ein. Durch die pseudoparallele Überlappung von Kommunikation und Berechnung in $\mathcal{A}_4$, Zeile 2.1 bzw. Zeile 3.1 und 3.3, sollen die Zeitverluste, die durch die erforderliche globale Kommunikation zu erwarten sind, minimiert werden.

5 Experimentelle Resultate

Es wurde ein Testbildsatz von zwölf Graubildern der Dimension 256×256 generiert, indem das Graubild in Abb. 8, das eine Aufnahme des Mondes zeigt, mit verschiedenen Parametern gedreht und verschoben wurde.

Zunächst wurden Invarianten unter gitterkonformen Abbildungen betrachtet. Für verschiedene Werte von $k \in I\!N$ haben wir die Invarianten

$$\tilde{f}_k(b) = \sum_{i,j} \left(b(i+k,j) + b(i-k,j) + b(i,j+k) + b(i,j-k) - 4b(i,j) \right)^2$$

auf dem Testbildsatz ausgewertet. Die Grauwerte wurden vor der Berechnung durch Division mit 255 in den Bereich $[0,1]$ skaliert. Um die Störempfindlichkeit zu untersuchen, wurde den Testbildern unkorreliertes, normalverteiltes Rauschen mit unterschiedlicher Streuung additiv überlagert, und dann die Invarianten auf den verrauschten Bildern ausgewertet.

Invarianten $\tilde{f}_k(b)$ unter gitterkonformen Abbildungen					
Drehwinkel in Grad					
		0	10	60	90	240
	1	253	96	100	253	100
k	3	967	713	726	967	726
	10	3718	3418	3406	3718	3406

Störempfindlichkeit der Invarianten $\tilde{f}_k(b)$				
		Drehwinkel		
	Streuung	0	10	90
	1	5	368	215	369
	3	5	1080	832	1080
k	10	5	3835	3534	3829
	1	10	482	327	482
	3	10	1190	943	1197
	10	10	3933	3661	3954

Die jeweiligen Translationen sind nicht mit angegeben. Die Invarianz unter Translationen und Drehungen um 90^0 ist sehr gut erfüllt. Bei Drehungen um andere Winkel ist hier natürlich keine

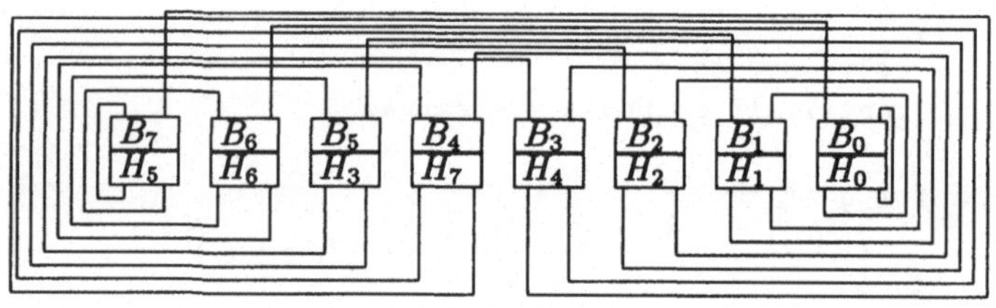

Abbildung 2: De Bruijn Graph zur Basis $B = 2$ mit einem Hamilton Zyklus als Untergraph.

Invarianz zu erwarten. Bei den verrauschten Bildern zeigt sich, daß die betrachteten Invarianten insbesondere für kleine Werte von k störempfindlich sind.

Die Invarianten unter der vollen Rotations- und Translationsgruppe (vgl. Abschnitt 3, Gleichung 2) wurden für verschiedene Werte der Radien (r_1, r_2) ausgewertet.

Invarianten $\tilde{f}_{(r_1,r_2)}(b)$ unter der vollen Rotationsgruppe			
Radien	Drehwinkel in Grad		
(r_1, r_2)	0	10	60	90
$(1, 2)$	3292	1771	1797	3292
$(3, 6)$	662543	560629	561368	662543

Bei Drehungen um Winkel, die keine Vielfachen von 90^0 sind, muß auf ganzzahlige Gitterkoordinaten gerundet werden. Der dabei auftretende Fehler macht sich stark in den Invarianten bemerkbar. Die Auswertung auf den verrauschten Bildern brachte die folgenden Resultate.

Störempfindlichkeit der Invarianten $\tilde{f}_{(r_1,r_2)}(b)$					
Radien	Drehwinkel in Grad				
(r_1, r_2)	Streuung	0	10	60	90
$(1,2)$	5	4192	2694	2712	4201
$(1,2)$	10	5059	3573	3593	5082
$(3,6)$	5	708755	606194	608270	707112
$(3,6)$	10	749613	651234	649313	755189

In weiteren Experimenten hat sich gezeigt, daß die Trenneigenschaften der Invarianten für verschiedene Musterklassen recht gut sind. Wir gehen hier aus Platzgründen nicht näher auf diesen Punkt ein.

Die Implementierung der Algorithmen $\mathcal{A}_2$ und $\mathcal{A}_4$ erfolgte auf einem Multitransputersystem mit bis zu 64 Prozessoren, die als de Bruijn Graph konfiguriert worden sind. Als Implementierungssprache stand C mit parallelen Spracherweiterungen zur Verfügung ([11]). Für die erforderlichen Nachrichtenvermittlungsdienste wurde ein an der TU Hamburg-Harburg entwickeltes Paralleles Message Passing System verwendet, auf das an dieser Stelle jedoch nicht näher eingegangen werden soll.

Für die Aufteilung eines Eingangsbildes auf die Prozessoren des Zielnetzwerkes nutzen wir die Eigenschaft des de Bruijn Graphen, stets einen Hamilton Zyklus als Untergraph zu enthalten (s. [10]). Ein Beispiel für 8 Prozessoren ist in Bild 2 dargestellt. Hierbei entsprechen die mit B gekennzeichneten Prozessoren einer Numerierung im de Bruijn Graphen; mit H ist die Numerierung der Prozessoren im Hamilton Zyklus angeben. Bei einer zeilenorientierten Aufteilung des Bildes auf $I_k = \{(x,y) | k(N/P) \leq y < (k+1)(N/P),\ 0 \leq x < N\}$ und einer Zuordnung des durch $b(I_k)$ gegebenen Bildstreifens zum Prozessor H_k sind direkt benachbarte Bildbereiche in einem Kommuniktionsschritt zu erreichen. $k = 0 \ldots P - 1$ kennzeichnet die Prozessornummer. Damit ist simultan sowohl ein lokaler als auch ein globaler Datenaustausch in demselben physikalischen Netzwerk möglich.

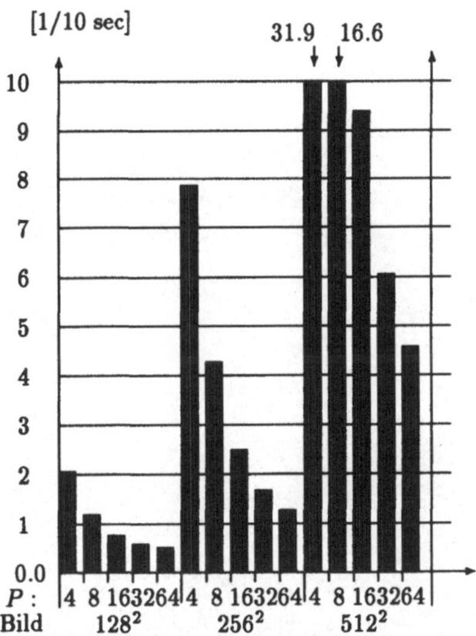

Abbildung 3: Laufzeit des Algorithmus zur Invariantenberechnung für gitterkonforme Abbildungen ($k = 1$).

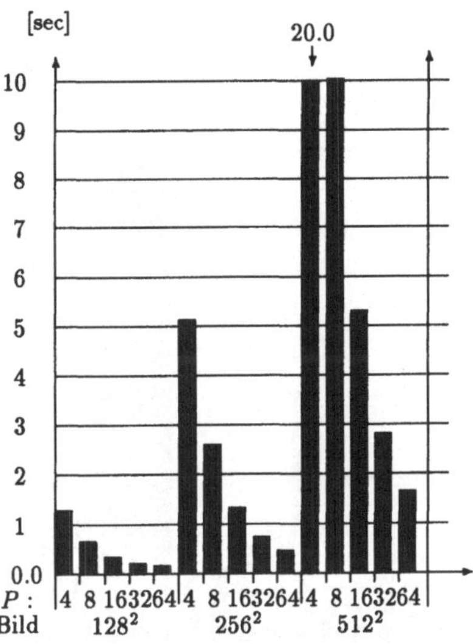

Abbildung 4: Laufzeit des Algorithmus zur Invariantenberechnung für Bewegungsabbildungen ($r_1 = 0$, $r_2 = 2$) .

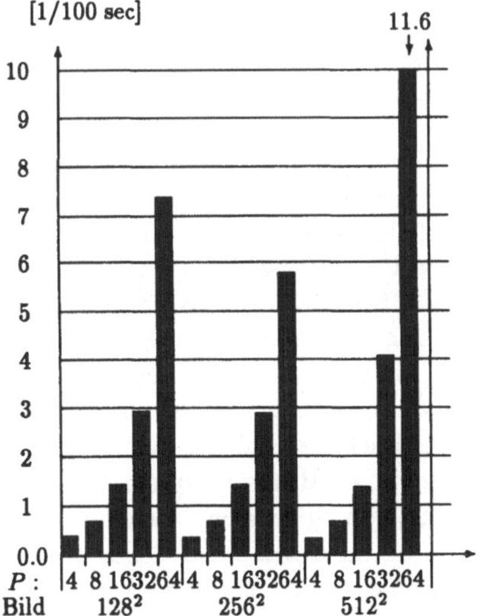

Abbildung 5: Zeitaufwand für den globalen Datenaustausch zur Summenbildung (Algorithmus $\mathcal{A}_2$).

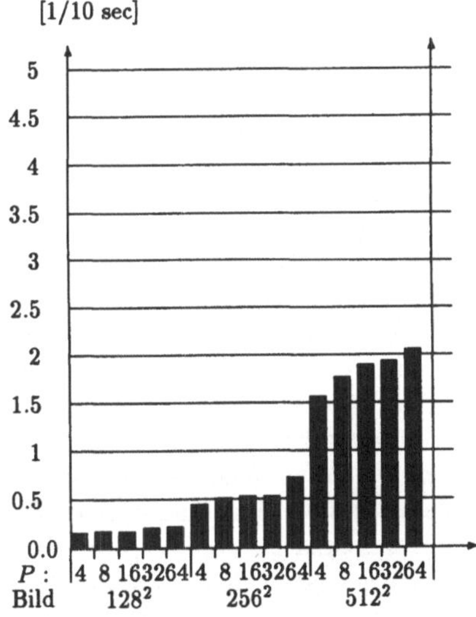

Abbildung 6: Zeitaufwand zum Austausch der Nachbarschaftsbereiche in Algorithmus $\mathcal{A}_4$ ($k = 1$).

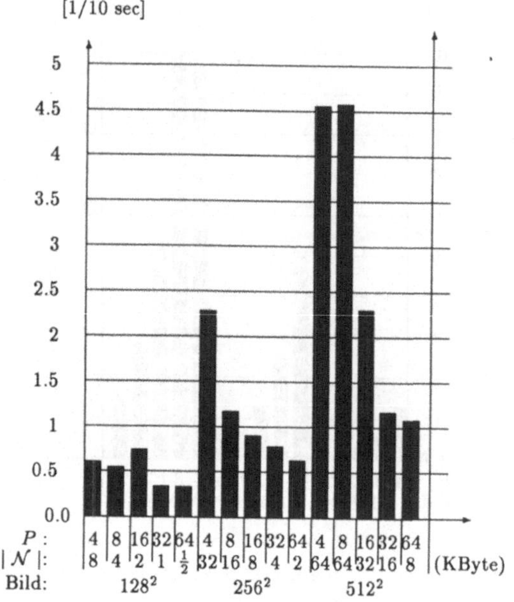

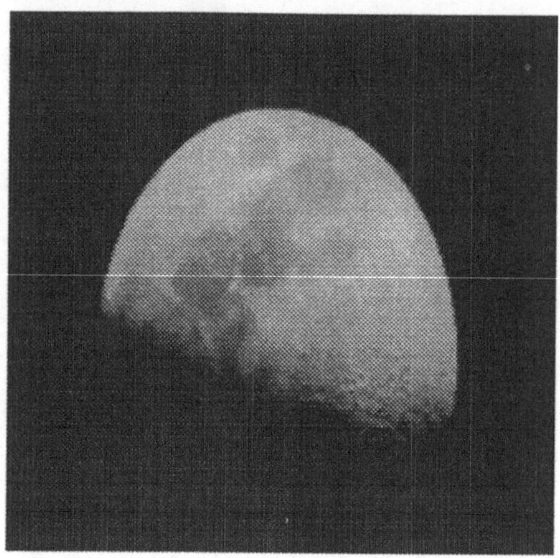

Abbildung 7: Laufzeitdifferenz für die Nachbarschaft $k = 64$ und $k = 1$ von Algorithmus $\mathcal{A}_2$ und $\mathcal{A}_4$ bei gitterkonformen Abbildungen.

Abbildung 8: Graubild zur Erzeugung des Testbildsatzes.

Im Anschluß geben wir Zeitmessungen für verschiedene Testläufe der Algorithmen zur Gruppenmittelung an. Dabei haben wir die Bildgröße zwischen $N = 128$ bis $N = 512$ und die Prozessorzahl zwischen $P = 4$ und $P = 64$ variiert. Die Messungen wurden für die Berechnung der Invarianten sowohl unter gitterkonformen Abbildungen nach Gleichung (1) mit $k = 1$ als auch unter allgemeinen Bewegungsabbildungen (Gleichung (2)) mit $r_1 = 0$, $r_2 = 2$ durchgeführt (s. Kapitel 3). Die Berechnungszeiten für Gleichung (2) liegen erwartungsgemäß erheblich über denen der Gleichung (1). Für die letztere ist für kleine Bilddimensionen und eine große Prozessorzahl nur noch eine geringe Beschleuningung zu beobachten (s. Abbildung 3). Dieses ist auf den größeren Kommuniktionsaufwand bei der Summenberechnung zurückzuführen (s. Abbildung 5). Der zeitliche Aufwand für den Austausch der Nachbarschaftsbereiche ist bei gleicher Bilddimension im wesentlichen konstant über variierenden Prozessorzahlen (Abb. 6). In Abb. 7 sind die Laufzeitunterschiede der Invariantenberechnung für gitterkonforme Transformationen für zwei Nachbarschaftsbereiche, $k = 1$und $k = 64$, angegeben. Da die verwendete Routingstrategie kürzeste Wege im de Bruijn Graphen wählt, ist die maximale (Prozessor-) Entfernung einer als benachbart betrachteten Bildregion durch den Logarithmus der Prozessorzahl P, $ldP = p$, gegeben. Für die von uns betrachteten Prozessorzahlen hat die Entfernung einer benachbarten Bildregion nur geringen Einfluß auf die Laufzeit der Algorithmen. Dominierend für die Laufzeitunterschiede ist die Menge der zu übertragenden Nachbarschaftsdaten (s. Eintrag $| \mathcal{N} |$ in Abb. 7). Diese entspricht für $k = 1$ der Bilddimension N.

6 Zusammenfassung

Wir haben in diesem Artikel ein systematisches Verfahren zur Gewinnung von rotations- und translationsinvarianten Merkmalen für Grauwertbilder vorgestellt. Es erlaubt Invarianten unter der vollen Rotationsgruppe oder auch nur unter einer beliebigen endlichen Untergruppe davon zu konstruieren. Das Verfahren ist grauwertorientiert und setzt nicht die Extraktion geometrischer Information aus dem gegebenen Bild voraus. Die resultierenden Merkmalräume wurden vollständig durch eine endliche Menge von Basisinvarianten beschrieben. Die Verfahren sind rechenzeitaufwendig und in einigen Fällen auch störanfällig wie sich in den Experimenten gezeigt hat. Es wurde eine Parallelisierung der vorgeschlagenen Algorithmen angegeben, die auf einem Multiprozessorsystem implementiert wurde. Die Leistungsfähigkeit des Ansatzes wurde durch experimentelle Resultate für variierende Prozessorzahlen belegt.

Literatur

[1] H. Kraft: Geometrische Methoden in der Invariantentheorie. Aspekte der Mathematik D1, Vieweg Verlag 1984.

[2] J.A. Dieudonné, J.B. Carrel: Invariant Theory, Old and New. Academic Press 1971.

[3] H. Burkhardt: Transformationen zur lageinvarianten Merkmalgewinnung. Fortschrittbericht (Reihe 10. Nr. 7) des VDI-Verlags, 1979.

[4] A. Fenske, H. Burkhardt: Affine Invariant Recognition of Gray Scale Objects by Fourier Descriptors. Proc. SPIE International Symposium on Optical Applied Science and Engineering - Applications of Digital Image Processing XIV (Vol. 1567), San Diego, Juli 1991.

[5] D. Forsyth et al.: Invariant Descriptors for 3-D Object Recognition and Pose. IEEE Transactions on Pattern Analysis and Machine Intelligence, vol. 13, no. 10, 971-991, October 1991.

[6] E. Noether: Der Endlichkeitssatz der Invarianten endlicher Gruppen. Math. Ann. **77**,(1916), 89-92.

[7] H. Schulz-Mirbach: Ein Verfahren zur Klassifikation der Äquivalenzklassen einer Gruppenwirkung mit Anwendungen in der Mustererkennung. Interner Bericht des Instituts für Technische Informatik I, TU Hamburg-Harburg, Juni 1991.

[8] H. Schulz-Mirbach: On the Existence of Complete Invariant Feature Spaces in Pattern Recognition. Zur Veröffentlichung akzeptiert bei 11'th International Conference on Pattern Recognition, Den Haag, Niederlande, August 1992.

[9] H.S. Stone: Parallel Processing with the Perfect Shuffle. IEEE Transactions on Computers, Vol. C-20, February 1971, pp. 153-161.

[10] F.T. Leighton: Introduction to parallel algorithms and architectures. Morgan Kaufmann Publishers, Inc., 1992.

[11] Par.C System. User's Manual and Library Reference. Version 1.3, June 1990.

Orientierungsbestimmung von Objekten durch Momentinvarianten

I.Rothe, K.Voss
Friedrich Schiller Universität Jena
Mathematische Fakultät, Lehrstuhl Digitale Bildverarbeitung, UHH 14.OG, O-6900 Jena

Bei der Bestimmung der Lage eines Objektes müssen geometrische Bewegungen und Verzerrungen betrachtet werden. Eines der effektivsten Hilfsmittel hierfür sind die Momente, da man mit ihrer Hilfe Invarianten ableiten kann. Weiter kann man aus den Momentinvarianten den Drehwinkel auf direkte Art bestimmen. Im ersten Teil werden grundlegende Begriffe definiert und aus der Theorie von HU die Momentinvarianten bis zur Ordnung $p=4$ abgeleitet. Im zweiten Teil wird ein zeiteffektiver Algorithmus zur Berechnung von Momenten angegeben. Im dritten Teil werden die Rotationswinkel aus den Invarianten abgeleitet und schließlich werden im letzten Teil Simulationsergebnisse gezeigt.

1. Theorie der Momentinvarianten

Für ein digitales Bild sei die Grauwertfunktion durch $g(x,y)$ gegeben. Folgende Momente können definiert werden:

die absoluten Momente m_{pq}:

$$m_{pq} = \iint\limits_{x\,y} x^p y^q \, g(x,y) \, dx\,dy \quad , \tag{1}$$

die zentralen Momente z_{pq}:

$$z_{pq} = \iint\limits_{x\,y} (x-\bar{x})^p (y-\bar{y})^q \, g(x,y) \, dx\,dy \quad , \tag{2}$$

$$\text{mit} \quad \bar{x} = \frac{m_{10}}{m_{00}} \quad \text{und} \quad \bar{y} = \frac{m_{01}}{m_{00}} \quad ,$$

(diese Momente sind die translationsinvarianten Momente, in unserem Fall ist $m_{10}=m_{01}=0$) und die normierten Momente e_{pq}:

$$e_{pq} = \frac{z_{pq}}{z_{00}^{\gamma}} \quad \text{mit} \quad \gamma = \frac{p+q+2}{2} \tag{3}$$

(diese Momente sind skalierungs-und translationsinvariant).

Ohne Beschränkung der Allgemeinheit der nun folgenden Ableitungen werden hier nur Binärobjekte betrachtet. Außerdem werden alle Momente m_{pq} als zentriert und skaliert angenommen.

Sei $\quad M(u,v)= \int\limits_{B} f(u,v,x,y)dB \quad$ das Integral über einem Gebiet B.

Weiter seien $\quad \xi$ und ψ Transformationen folgender Art: $u'=\psi_1(u,v)$, $v'=\psi_2(u,v)$, $x'=\xi_1(x,y)$, $y'=\xi_2(x,y)$. Diese Transformationen werden in obiges Integral eingesetzt. Man erhält das folgende

Integral über einem Gebiet B':

$$M'(u',v') = \int_{B'} f(\psi_1^{-1}(u'), \psi_2^{-1}(v'), \xi_1^{-1}(x'), \xi_2^{-1}(y')) \frac{1}{|J|} dB', \qquad (4)$$

wobei $|J|$ die Determinante der Jacobimatrix von ξ ist. Es stellt sich nun eine interessante Frage: Wann gilt folgende Gleichheit: $M(u,v) = \pm M'(u',v')$?

Setzt man $f(u,v,x,y) = g(ux+vy)$, dabei ist g eine beliebige integrierbare Funktion, und $\xi_i = \psi_i$ mit der Transformationsmatrix A, für die gilt $A^T A = I$ ($|J| = \pm 1$), dann erhält man:

$$\underline{u}^T = (u,v), \quad \underline{x}^T = (x,y),$$

$$(ux+vy) = \underline{u}^T\underline{x} = (A^T\underline{u}')^T(A^T\underline{x}') = (\underline{u}')^T A A^T\underline{x}' = (\underline{u}')^T I\underline{x}' = (\underline{u}')^T\underline{x}' = (u'x'+v'y'), \qquad (5)$$

$$M(u,v) = \int_B g(ux+vy)\, dB = \int_{B'} g((A^T\underline{u}')^T A^T\underline{x}') \frac{1}{|J|} dB' = \int_{B'} g(u'x'+v'y')\, dB' = \pm M'(u',v').$$

Dies ist eine Antwort auf die gestellte Frage. Sei für die Transformationsmatrix die Rotationsmatrix

$$A = \begin{pmatrix} \cos\varphi & \sin\varphi \\ \mp\sin\varphi & \pm\cos\varphi \end{pmatrix}, \quad |J| = 1 \qquad (6)$$

gegeben, wobei das obere Vorzeichen für eigentliche Rotationen gilt und das untere für Rotationen mit Spiegelung, und f sei durch $(ux+vy)^p$ gegeben. Dann erhält man die folgende Gleichheit mit Hilfe des Binomischen Lehrsatzes und der Definition der absoluten Momente:

$$M_p'(u',v') = \int_{B'}(u'x'+v'y')^p dB' = \int_B \sum_{q=0}^{p} \binom{p}{q} u'^{\,p-q} x'^{\,p-q} v'^{\,q} y'^{\,q} dB' = \sum_{q=0}^{p} \binom{p}{q} u'^{\,p-q} v'^{\,q} m'_{p-q,q}. \qquad (7)$$

Die Variablen u' und v' transformieren sich wie folgt

$$u' = u\cos\varphi + v\sin\varphi, \quad v' = \mp u\sin\varphi \pm v\cos\varphi. \qquad (8)$$

Zur Vereinfachung dieser Gleichungen nutzt man die Eulerformeln und erhält

$$u' = \beta e^{i\varphi} + \alpha e^{-i\varphi}, \quad v' = \pm i\beta e^{i\varphi} \mp i\alpha e^{-i\varphi},$$
$$u = \alpha + \beta, \quad v = -i\alpha + i\beta. \qquad (9)$$

Aus (5) und (7) ergibt sich:

$$M_p'(u',v') = \sum_{q=0}^{p} \binom{p}{q}(\alpha e^{-i\varphi} + \beta e^{i\varphi})^{p-q}(\mp i)^q(\alpha e^{-i\varphi} - \beta e^{i\varphi})^q\, m'_{p-q,q}$$

$$= \sum_{q=0}^{p} \binom{p}{q}(\alpha+\beta)^{p-q}(\mp i)^q(\alpha-\beta)^q\, m_{p-q,q} = M_p(u,v). \qquad (10)$$

$M(u,v)$ und $M'(u',v')$ sind invariant bezüglich der Drehung um einen Winkel φ. $M(u,v)$ hängt überhaupt nicht vom Winkel φ ab, d.h. jeder Summand ist eine Invariante. Da $M(u,v)$ gleich $M'(u',v')$ ist, heißt das, daß auch alle Koeffizienten von $\alpha^{p-q}\beta^q$ gleich sind. Daraus folgt, daß alle Summanden von $M'(u',v')$ Invarianten sind. Somit erhält man die folgende Liste für die Invarianten bzgl. φ bis $p=4$, die leicht erweiterbar ist:

$$I_{00} = \left[m'_{00}\right] \qquad\qquad I_{20} = \left[m'_{20} \mp 2i\,m'_{11} - m'_{02}\right] e^{-2i\varphi}$$

$$I_{10} = \left[m'_{10} \mp i\,m'_{01}\right] e^{-i\varphi} \qquad\qquad I_{11} = \left[m'_{20} + m'_{02}\right]$$

$$I_{01} = \left[m'_{10} \pm i+m'_{01}\right] e^{i\varphi} \qquad\qquad I_{02} = \left[m'_{20} \pm 2i\,m'_{11} - m'_{02}\right] e^{2i\varphi}$$

$$I_{30} = \left[m'_{30} \mp 3i\,m'_{21} - 3m'_{12} \pm i\,m'_{03}\right] e^{-3i\varphi} \qquad I_{21} = \left[m'_{30} \mp i\,m'_{21} + m'_{12} \mp i\,m'_{03}\right] e^{-i\varphi}$$

$$I_{03} = \left[m'_{30} \pm 3i\,m'_{21} - 3m'_{12} \mp i\,m'_{03}\right] e^{3i\varphi} \qquad I_{12} = \left[m'_{30} \pm i\,m'_{21} + m'_{12} \pm i\,m'_{03}\right] e^{i\varphi}$$

$$I_{40} = \left[\, m'_{40} \mp 4im'_{31} - 6m'_{22} \pm 4im'_{13} + m'_{04}\,\right] e^{-4i\varphi}$$

$$I_{31} = \left[\, m'_{40} \mp 2im'_{31} \quad \mp \quad 2im'_{13} \mp m'_{04}\,\right] e^{-2i\varphi}$$

$$I_{22} = \left[\, m'_{40} \quad + \quad 2m'_{22} \quad + \quad m'_{04}\,\right] \qquad\qquad (11)$$

$$I_{13} = \left[\, m'_{40} \pm 2im'_{31} \quad \pm \quad 2im'_{13} - m'_{04}\,\right] e^{2i\varphi}$$

$$I_{04} = \left[\, m'_{40} \pm 4im'_{31} - 6m'_{22} \mp 4im'_{13} + m'_{04}\,\right] e^{4i\varphi}$$

Für jede Ordnung erhält man $p+1$ (i.a. komplexe) Invarianten. Multipliziert man z.B. I_{20} mit I_{02}, so fallen die Faktoren $e^{-2i\varphi}$ und $e^{2i\varphi}$ fort. Auf diese Art und Weise errechnet man die so genannten HU-Invarianten (Hu62):

$$H_1 = I_{11} = m'_{20} + m'_{02} \qquad\qquad H_7 = I_{20}I_{12}^2 + I_{02}I_{21}^2$$

$$H_2 = I_{20}I_{02} = (m'_{20} - m'_{02})^2 + (2m'_{11})^2 \qquad\qquad H_8 = I_{31}I_{13}$$

$$H_3 = I_{30}I_{03} = \left(m'_{30} - 3m'_{12}\right)^2 + \left(3m'_{21} - m'_{03}\right)^2 \qquad H_9 = I_{40}I_{04}$$

$$H_4 = I_{21}I_{12} = (m'_{30} + m'_{12})^2 + (m'_{21} + m'_{03})^2 \qquad H_{10} = \left(I_{31}I_{02} + I_{13}I_{20}\right)$$

$$H_5 = I_{30}I_{12}^3 + I_{03}I_{21}^3 \qquad\qquad H_{11} = I_{22} = m'_{40} + 2m'_{22} + m'_{04}$$

$$H_6 = \pm(I_{30}I_{12}^3 - I_{03}I_{21}^3) \qquad\qquad H_{12} = \left(I_{40}I_{02}^2 + I_{04}I_{20}^2\right)$$

$$(12)$$

2. Berechnung der Momente aus der Kontur

In Ji91 wurde bereits eine effektive Methode zur Berechnung von Momenten vorgestellt. Hier soll aber konsequent die digitale Natur beachtet werden. Die Momente m_{pq} können für diskrete Binärobjekte folgendermaßen definiert werden

$$m_{pq} = \sum_x \sum_y x^p y^q = \sum_y y^q \sum_{\substack{(x,y)\ f\ddot{u}r \\ y=const}} x^p$$

$$= \sum_y y^q \sum_{S_i(y)} \sum_{x=xmin_i}^{xmax_i} x^p = \sum_y y^q \sum_{S_i(y)} \left(\sum_{x=0}^{xmax_i} x^p - \sum_{x=0}^{xmin_i-1} x^p \right) , \tag{13}$$

wobei $S_i(y)$ die einzelnen Segmente des Objektes sind und $xmin_i$ und $xmax_i$ die extremalen Koordinaten des Segmentes S_i. Sei weiter

$$Q_p(n) = \sum_{x=0}^{n} x^p \tag{14}$$

als Summenformel definiert. Dann erhält man eine neue, einfach zu programmierende Momentenformel

$$m_{pq} = \sum_y y^q \sum_{S_i(y)} (Q_p(xmax_i) - Q_p(xmin_i-1)). \tag{15}$$

Die Menge der Endpunkte der Segmente ist gleich der Menge der Konturpunkte des Objektes. Also braucht man nur die Kontur zu durchlaufen und für jeden Konturpunkt (x_i, y_i) zu entscheiden, ob er als minimaler oder maximaler Endpunkt eines Segmentes anzusehen ist. Diese Entscheidung läßt sich anhand der zu (x_i, y_i) hinführenden Richtung r_{i-1} und der von (x_i, y_i) wegführenden Richtung r_i treffen (Vo92).

3. Bestimmung des Rotationswinkels

Im ersten Teil wurden die Momentinvarianten in der folgenden Art abgeleitet:

$$I_{p-q,q} = J_{p-q,q}\left(m'_{p,0}, m'_{p-1,1} \ldots, m'_{0,p}\right) e^{-i(p-2q)\varphi} \tag{16}$$

Dies sind Invarianten bezüglich Rotation und Reflektion. Bis auf die Momente $I_{00}, I_{11}, I_{22}, \ldots$, bei denen $p-2q=0$ ist, müssen auch die komplexen Größen $J_{p-q,q}$ so vom Winkel φ abhängen, daß

$$J_{p-q,q}\left(m'_{p,0} \ldots, m'_{0,p}\right) = r_{p-q,q} e^{i\alpha_{p-q,q}} e^{i(p-2q)\varphi} = r_{p-q,q} e^{i(\alpha_{p-q,q}+(p-2q)\varphi)}$$

$$= r_{p-q,q}\cos(\alpha_{p-q,q}+(p-2q)\varphi)+i\, r_{p-q,q}\sin(\alpha_{p-q,q}+(p-2q)\varphi) \tag{17}$$

mit der Amplitude $r_{p-q,q}$ und Phase $\alpha_{p-q,q}$ gilt.
Es folgt

$$\tan\left(\alpha_{p-q,q} + (p-2q)\varphi\right) = \frac{\Im(J_{p-q,q})}{\Re(J_{p-q,q})} \tag{18}$$

und

$$\varphi + \frac{\alpha_{p-q,q}}{p-2q} = \frac{1}{p-2q} \arctan \frac{\Im\left(J_{p-q,q}\right)}{\Re\left(J_{p-q,q}\right)} + \frac{k\,\pi}{p-2q} \; ; \; 0 \leq k < p-2q \; . \tag{19}$$

Wie man sieht, ist der Rotationswinkel nicht direkt bestimmbar, da der objektabhängige Winkel $\alpha_{p-q,q}$ nicht bestimmbar ist. Z.B. ist für eine Ellipse in Standardlage $\alpha = 0$. Eine Möglichkeit zur Bestimmung von α ist, ein Offset zu bilden, das bei dem interessierenden Objekt in einer beliebig gegebenen Grundposition den Winkel $\alpha + \varphi$ bestimmt. Bei jeder weiteren Winkelbestimmung muß man dann die Differenz zu dem Winkel aus dem Offset bilden und bekommt den Drehwinkel bezüglich der vorherigen Lage.

Weiter ist zu beachten, daß der Realteil und der Imaginärteil nicht Null werden dürfen, da sonst natürlich keine Winkelbestimmung möglich ist. Auch aus den Momenten $I_{00}, I_{11}, I_{22}, \ldots$ ist kein Drehwinkel zu berechnen.

I_{10} und I_{01} scheiden ebenfalls aus, da der Schwerpunkt erhalten bleiben soll, dh. $m_{10} = m_{01} = 0$. Wenn für irgendeine Drehlage $m_{11} = 0$ und $m_{20} = m_{02}$ gilt, dann gilt das für alle Lagen. Für alle Objekte, bei denen das Trägheitsellipsoid zu einem Kreis entartet, können I_{20} und I_{02} nicht zur Bestimmung des Drehwinkels verwendet werden. Beispiele hierfür sind Kreise, Quadrate, gleichseitige Dreiecke, gleichseitige n-Ecke usw., mit anderen Worten Objekte, bei denen eine dreifache- oder höherzählige Symmetrie herrscht. Aber Ellipsen, Rechtecke und völlig "unregelmäßige" Objekte können behandelt werden. Es ist zu beachten, daß Doppellösungen auftreten, da in die Invariante der Winkel mit $e^{2i\varphi}$ eingeht.

Wenn für irgendeine Drehlage $m_{30} = 3m_{12}$ und $3m_{21} = m_{03}$ (bzw. $m_{30} = -m_{12}$ und $m_{21} = -m_{03}$ oder gar alle dritten Momente verschwinden) gilt, dann gilt dies für alle Lagen. In diesem Fall können I_{30} und I_{03} (bzw. I_{12} und I_{21}) nicht zur Bestimmung des Drehwinkels verwendet werden. Beispiele hierfür sind Objekte mit zwei senkrecht aufeinanderstehenden Symmetrieachsen. Aber Objekte mit dreizähliger Symmetrie können nun behandelt werden, z.B. für das gleichseitige Dreieck kann nun der Drehwinkel aus I_{30} oder I_{03} berechnet werden. Auch hier können Mehrfachlösungen auftreten.

Es gibt noch viele andere Möglichkeiten, den Drehwinkel zu berechnen. Eine Möglichkeit ist die Bestimmung von Invarianten aus den Fourierkoeffizienten. Diese Invarianten heißen Fourierdeskriptoren. Auch dort ist eine Drehwinkelbestimmung möglich unter Berücksichtigung der Symmetrien im Objekt. Zur Berechnung wird ebenfalls die Kontur der Objektes benutzt (Bu79).

4. Experimente

Folgender Kompromiß wurde zu obigen Überlegungen gemacht: Die Rauschfehler aus den Momenten gehen linear in die Invarianten ein. Je größer der Realteil und Imaginärteil ist, desto geringfügiger ist der erhaltene Fehler im Drehwinkel. Deshalb wurden grundsätzlich alle Invarianten bis zur 3.Ordnung berechnet. Aus diesen Invarianten wurden durch Linearkombinationen neue Invarianten L_n gebildet. Von den L_n's wurde die betragsmäßig größte für die Winkelberechnung gewählt. Aus den $J_{p-q,q}(\varphi)$ erhält man den Drehwinkel φ bis auf einen objektabhängigen Offset und bis auf den Term $k\pi/(p-2q)$. Dann bestimmt man die folgenden (i.a. komplexen) Wurzeln:

$$K_{21}(\varphi) = J_{21} \; ,$$

$$K_{20}^{(1)}(\varphi) = \sqrt{J_{20}} \quad , \quad K_{20}^{(2)}(\varphi) = \sqrt{J_{20}}\, e^{\pi i} \; ,$$

$$K_{30}^{(1)}(\varphi) = \sqrt[3]{J_{30}} \; , \; K_{30}^{(2)}(\varphi) = \sqrt[3]{J_{30}}\, e^{2\pi i/3} \; , \; K_{30}^{(3)}(\varphi) = \sqrt[3]{J_{30}}\, e^{4\pi i/3} \; .$$

Alle diese Ausdrücke ändern sich mit $e^{i\varphi}$ in Abhängigkeit vom Drehwinkel φ. Nun werden die Linearkombinationen der L_n's auf folgende Art aus den obigen Wurzeln K gebildet:

$$L_1 = K_{21} + K_{20}^{(1)} + K_{30}^{(1)}$$
$$L_2 = K_{21} + K_{20}^{(1)} + K_{30}^{(2)}$$
$$L_3 = K_{21} + K_{20}^{(1)} + K_{30}^{(3)}$$
$$L_4 = K_{21} + K_{20}^{(2)} + K_{30}^{(1)}$$
$$L_5 = K_{21} + K_{20}^{(2)} + K_{30}^{(2)}$$
$$L_6 = K_{21} + K_{20}^{(2)} + K_{30}^{(3)}$$

Aus dem betragsmäßig größten L_n wird dann der nur noch durch den Offset verfälschte Drehwinkel $\alpha_n + \varphi_n$ bestimmt. Die folgenden Beispiele sollen demonstrieren, mit welcher Genauigkeit diese Bestimmung möglich ist.

In Abbildung 1 wurden Ellipsen mit großer Achse a und kleiner Achse b zufällig erzeugt und der Winkel berechnet. In x-Richtung wurde der zufällig erzeugte Winkel ($0°....360°$) angetragen und in y-Richtung der berechnete Winkel. Hier entspricht jeder Punkt des zweidimensionalen Histogrammes einem oder mehreren Experimenten. Bei Kreisen hängt die Winkellage nur von möglicherweise auftretenden digitalen Effekten ab, so daß sich die Winkel um $90°$, $180°$ und $270°$ bevorzugt ergeben. Bei zunehmender Abweichung vom Kreis geht der Einfluß der digitalen Effekte verloren und die Winkel können modulo $180°$(Ellipsen haben eine Symmetrieachse), sehr exakt bestimmt werden.

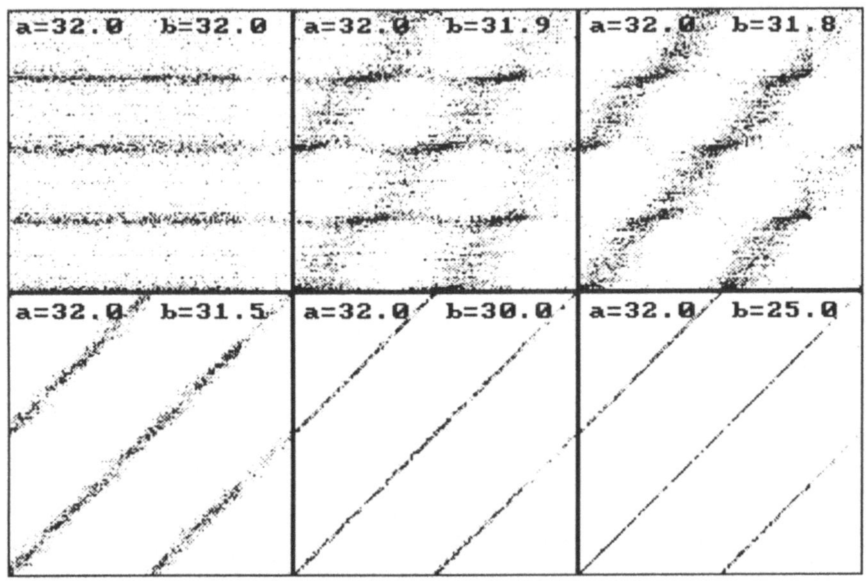

Abb. 1 Ist-und Sollwinkel von verschieden großen Ellipsen

In Abbildung 2 sind für gleichschenklige Dreiecke mit der Schenkellänge $s \in \{10,30,100\}$ und dem Scheitelwinkel $w \in \{60.0°,59.5°,58.0°\}$ die Simulationsergebnisse aufgetragen. Man erkennt, daß erst bei Verlust der dreizähligen Symmetrie eine eindeutige Winkelbestimmung möglich ist. Dabei tritt die Eindeutigkeit bei größeren Objekten eher auf, da die geometrischen Digitalisierungseffekte dann von geringerer Bedeutung sind. Die eingezeichneten Fehlerhistogramme haben eine Klassenbreite von 0.01°, so daß bei $(s,w)=(30,58.0)$ der mittlere Fehler der Winkelbestimmung etwa $\pm 0.3°$ ist. Bei $(s,w)=(100,59.5)$ und bei $(s,w)=(100,58.0)$ beträgt der mittlere Fehler nur $\pm 0.03°$.

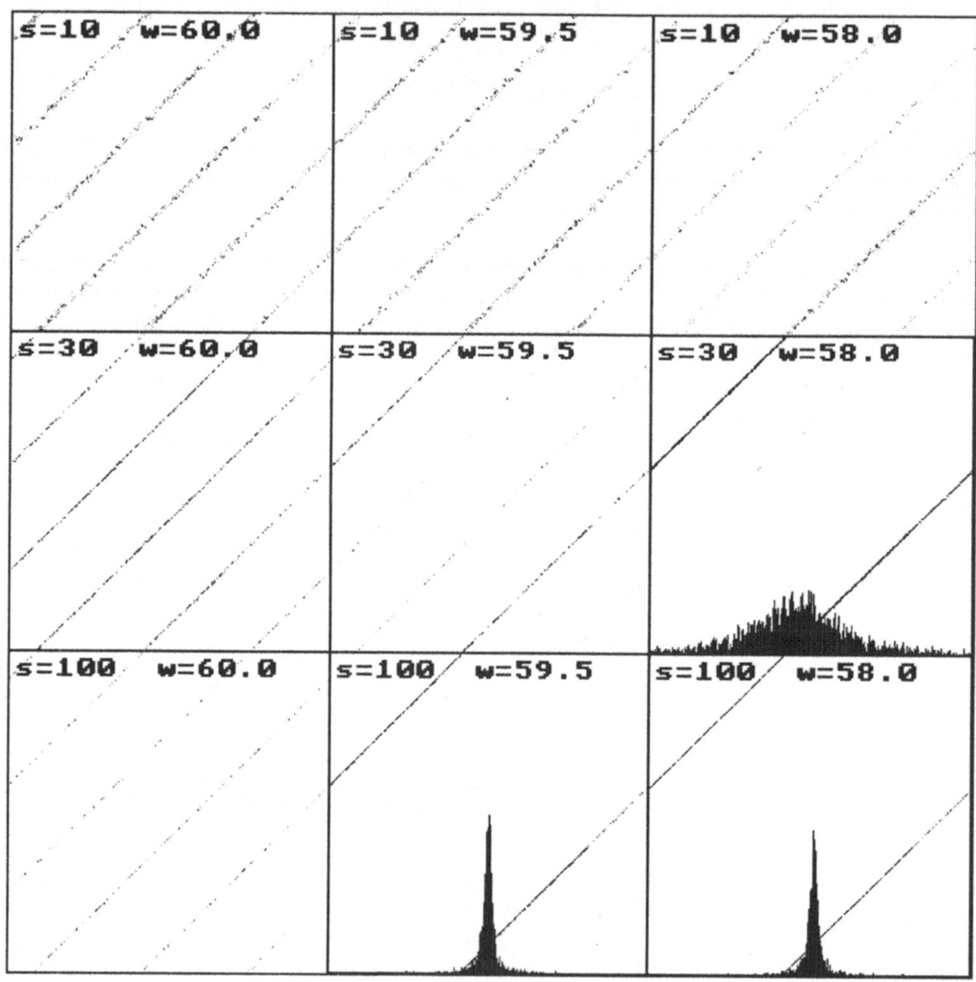

Abb. 2 Ist-und Sollwinkel von verschieden großen gleichschenkligen Dreiecken

In Abbildung 3 ist eine Diskette aufgenommen worden und deren Kontur zufällig gedreht worden. Wie in Abbildung 1 und 2 sind die berechneten Winkel aufgetragen worden. Man sieht, daß die abgeschnittene Ecke bei der Diskette, die die Vierersymmetrie stört, ausreicht, um fast in jedem Fall den Winkel eindeutig zu bestimmen. Wenn man die Winkelbestimmung (Abtastung, Digitalisierung, Konturdetektion, Merkmalsgenerierung) bei konstanter Lage der Diskette wiederholt durchführt, so beträgt der mittlere Fehler $\pm 0.26°$. Dabei hatte das Bild der Diskette etwa eine Seitenlänge von 100 Bildpunkten.

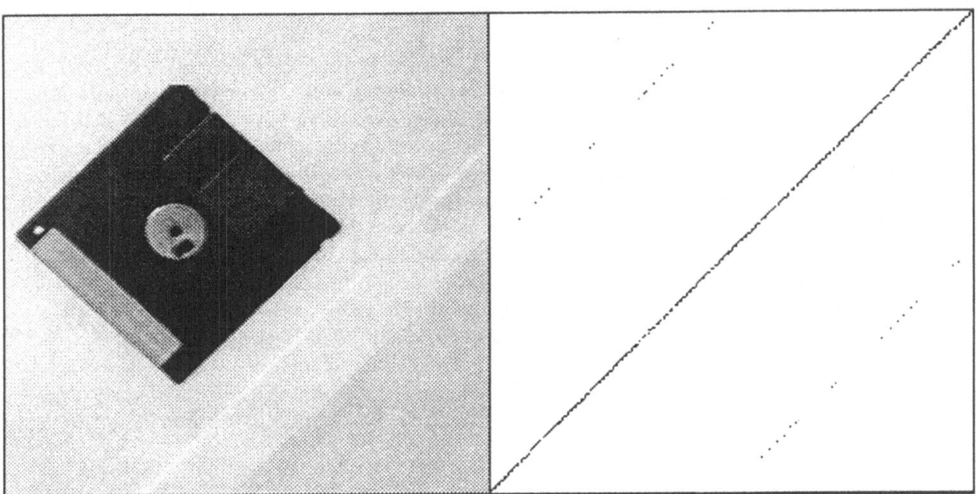

Abb. 3 Winkelberechnung der rotierenden Kontur des Objektes

5. References

Bu79 H.Burkhardt:Transformationen zur lageinvarianten Merkmalsgewinnung. VDI-Fortschritt-Bericht, Reihe 10, Nr. 7, VDI-Verlag Düsseldorf, 1979

Hu62 M.K.Hu: Visual pattern recognition by moment invariants. IEEE Trans. IT-8 (1962) 179-187

Ji91 X.Y.Jiang, H.Bunke: Ein konturbasierter Ansatz zur Berechnung von Momenten. 13. DAGM-Sympos., München 1991, Springer Verlag, Berlin/Heidelberg 1991, S. 143-150

Vo92 K. Voss, I. Rothe:Determining Localisation of Objects by Invariants. Tagungsband des Workshops "Robust Computer Vision" Bonn 1992, S.182-192

Markov–Feld–basierte Bildinterpretation mit automatisch generierten Datenbasen

Helmut Kristen, Olaf Munkelt

Technische Universität München, Institut für Informatik, Lehrstuhl Prof. Radig
email: kristen@informatik.tu–muenchen.de

Die Theorie der Markov–Felder liefert einen allgemeinen und systematischen Ansatz für eine kontextsensitive Bildinterpretation. In diesem Beitrag stellen wir eine Erweiterung dieses Ansatzes durch topologische Graphen und ein „Learning by example"–Verfahren für die automatische Generierung von Markov–Feld–Datenbasen vor. Die räumlichen Beziehungen disjunkter Bildregionen werden durch eine symmetrische Relation relativer topologischer Tiefen mit Hilfe der lokalen Charakteristiken eines allgemeinen Markov–Feldes (MF) modelliert. Bildregionen und relationale Beziehungen bilden einen Graphen, der das Nachbarschaftssystem des MF festlegt, und dessen Knotenbewertungen als Zustände des MF den konkreten Interpretationen der Regionen entsprechen. Die für das Bildverstehen notwendige Datenbasis, ein Ensemble von Potentialfunktionen, wird mitsamt der räumlichen Beziehungsstruktur aus einer Menge von für eine Interpretationsdomäne typischen Beispielbildern automatisch erzeugt. Der Interpretationsvorgang wird als *Maximum–a–posteriori*–Formulierung (MAP) betrachtet, die basierend auf den a *priori* Kenntnissen der Datenbasis mit Hilfe eines stochastischen Relaxationsverfahrens maximiert wird.

1 Einführung

Für die Lösung des Bildinterpretationsproblems existieren viele verschiedene Ansätze, die von einer Klassifikation von Bildregionen durch einfache Regionenmerkmale bis hin zur Verwendung von Techniken der künstlichen Intelligenz reichen. Dabei lassen sich im allgemeinen drei Verarbeitungsebenen unterscheiden: Zunächst werden von einer Low–Level–Komponente Vorverarbeitungsprozesse durchgeführt, die Kanten und Regionen als Bildprimitive sowie deren Merkmale als Ergebnisse liefern. Anschließend werden diese Primitve von einer Intermediate–Level–Komponente entsprechend ihrer Merkmale gruppiert, und schließlich wird das Bild von einer High–Level–Komponente unter Berücksichtigung domänenspezifischen Wissens interpretiert. Ein noch ungelöstes Problem dabei ist, wie man das Wissen über die reale Welt erhalten und wie man es modellieren soll.

Modestino und Zhang ([Modestino et al. 89], [Zhang 88]) stellten 1988 einen *allgemeinen, domänenunabhängigen* und *systematischen* Ansatz vor, das Bildinterpretationsproblem auf *kontextsensitive* Weise zu lösen: Ein allgemeines MF wird als mathematisches, stochastisches Interpretationsmodell verwendet, das die Unsicherheit des Interpretationsproblems berücksichtigt und das notwendigerweise kontextsensitiv ist. Die Domänenunabhängigkeit liegt darin, daß mit ein- und demselben Interpretationssystem Bilder beliebiger Domänen interpretiert werden können. Das MF–Modell ist allgemein, da mit der zugrundeliegenden Gibbs–Verteilung beliebige Bildmerkmale zu einem Wahrscheinlichkeitswert integriert werden können.

Als Grundlage für unser Bildinterpretationssystem IGLU (ImaGe–Learning–and--Understanding) wurde dieses MF–Modell verwendet. Als Erweiterung wird in unserer Intermediate–Level–Komponente die MF–Datenbasis *automatisch* durch ein „Learning by example"–Verfahren aus den regionenbasierten Merkmalen von Beispielbildern einer beliebigen Interpretationsdomäne erzeugt. Unsere Low–Level–Komponente stützt sich auf das Bildverarbeitungssystem HORUS ab (siehe [Eckstein 91]). Unsere High–Level–Komponente maximiert die gemeinsame Verteilung des MF, die durch die Datenbasis festgelegt wird, mittels einer effizienten Version des simulierten Annealing.

Im folgenden erläutern wir zunächst wichtige Aspekte der allgemeinen MF unter Berücksichtigung ihrer Anwendung im MF–Bildinterpretationsmodell und unserer Erweiterungen. Anschließend stellen wir die von uns entwickelte automatische Datenbasisgenerierung und die mit dem IGLU–System erzielten Resultate vor.

2 Das MF–Bildinterpretationsmodell

Gegeben sei eine Menge $R_N := \{R_j : j \in J\}$ von N disjunkten Bildregionen mit einer diskreten endlichen Indexmenge $J := \{1, 2, \ldots, N\}$. Die Bildinterpretation wird nun als stochastische Regionenklassifikation betrachtet, wozu man mit jeder Bildregion eine *Interpretations–Zufallsvariable* assoziiert, bezeichnet mit $I(R_N) := \{I_j : \Omega \rightarrow \Lambda, \ j \in J\}$. Der endliche Zustandsraum $\Lambda := \{\lambda_1, \lambda_2, \ldots, \lambda_m\}$, der sogenannte *Interpretationsraum*, enthält dabei alle möglichen Interpretationen der Regionen (z.B. Auto, Gras, Himmel). Die gemeinsame a *posteriori* Wahrscheinlichkeits-Verteilung $P_{I(R_N)|M(R_N)}$ der Bildinterpretation $I(R_N)$ unter der Bedingung, daß Regionenmerkmale $M(R_N)$ gegeben sind, soll die *MAP–Formulierung* erfüllen:

$$P(I(R_N) = i_0|M(R_N)) = \max_{i \in \Lambda^N} P(I(R_N) = i|M(R_N)) \tag{1}$$

wobei $i_0 \in \Lambda^N$ ein korrekter Bildinterpretationsvektor ist. Um ein MF definieren zu können, benötigt man eine *Nachbarschaftsrelation* N, d.h. eine beliebige binäre, irreflexive und symmetrische Relation auf J. N legt ein *Nachbarschaftssystem* $\mathcal{N}$ auf J fest mittels $\mathcal{N} := \{\mathcal{N}_i \in \mathcal{P}(J), i \in J : (j \in \mathcal{N}_i \Leftrightarrow (i, j) \in N)\}$. Das bedeutet, daß $\mathcal{N}_i$ alle Nachbarn von i enthält. Das Paar $\mathcal{G} := (J, N)$ bildet einen ungerichteten Graphen, wobei jeder vollständige Untergraph $C \subset J$ von $\mathcal{G}$ eine *Clique* genannt wird. Die Menge aller Cliquen von $\mathcal{G}$ wird mit $\mathcal{C}(\mathcal{N}, J)$ bezeichnet. Nun nimmt man an, daß die Bildinterpretation, also die Zufallsvariablenmenge $I(R_N)$, ein MF–Feld bildet, d.h.

i) $P(I(R_N) = i|M(R_N)) > 0 \qquad \forall i \in \Lambda^N \qquad$ (Positivität) $\tag{2}$

ii) $P(I_j = i_j|I_k = i_k, k \neq j, k \in J; M(R_N)) = P(I_j = i_j|I_k = i_k, k \in \mathcal{N}_j; M(R_N))$
$$\forall j \in J, \forall i \in \Lambda^N \tag{3}$$

(allgemeine Markovsche Eigenschaft der lokalen Charakteristiken $\hat{=}$ lokale Abhängigkeit einer Regioneninterpretation von benachbarten Regionen $\hat{=}$ *Kontextsensitivität*)

Durch die Wahl eines geeigneten Nachbarschaftssystems kann der Kontext für die MF–basierte Bildinterpretation beliebig gewählt werden. Wir haben ein *topologisches* Nachbarschaftssystem $T\mathcal{N}$ eingeführt, das von einer *symmetrischen topologischen* Nachbarschaftsrelation STT gebildet wird. Diese basiert auf einer Relation *relativer topologischer Tiefen* RTT, die mit Hilfe von Pfadlängen der transitiven Hülle einer *Inklusionsrelation* $\sqsubseteq$ definiert ist (siehe Abbildung 1). Die Relation STT modelliert damit nicht nur die Adjazenz von Regionen, wie in [Modestino et al. 89] und [Zhang 88] vorgeschlagen wurde, sondern auch die Inklusion von Regionen. Falls $(i, j, n) \in$ RTT, d.h. entweder ist für $n > 0$ R_i enthalten in R_j in der Tiefe $(n-1)$ oder für $n < 0$ ist R_j enthalten in R_i in der Tiefe $(-n-1)$ (wobei die Tiefe 0 Adjazenz bedeutet), dann $(i, j) \in$ STT, d.h. R_i ist ein Nachbar von R_j (Details siehe [Kristen 91]).

Die gemeinsame Verteilung des MF, die für die Lösung der MAP–Formulierung (1) notwendig ist, kann im allgemeinen nicht aus den lokalen Charakteristiken (3) berechnet werden. Ein Theorem von Hammersley und Clifford jedoch zeigt die Äquivalenz von MF und Gibbs–Feldern (GF). Ein GF ist durch die folgende gemeinsame Verteilung (eine Boltzmann–Verteilung) definiert, deren exponentieller Term leicht zu berechnen ist:

$$P(I(R_N) = i|M(R_N)) = \frac{1}{Z}\, e^{-U(i; M(R_N))} \tag{4}$$

$U(i; M(R_N)) = \sum_{C \in \mathcal{C}(T\mathcal{N}, J)} V_C(i; M(R_N))$ wird als *Energiefunktion* bezeichnet und ist eine Linearkombination von *cliquenspezifischen Potentialfunktionen* V_C; $Z = \sum_{i \in \Lambda^N} e^{-U(i; M(R_N))}$ ist eine normalisierende Konstante (weitere Eigenschaften von MF und GF siehe [Besag 74], [Geman et al. 84],

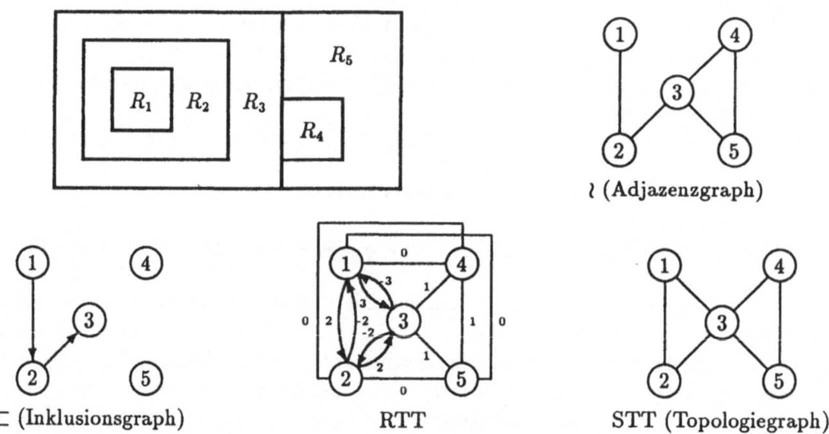

Abbildung 1: Topologische Relationen

[Kindermann et al. 80], [Moussouris 74]). Aus Gründen der einfachen Berechenbarkeit benutzen wir die Gibbs–Verteilung (4) der MF. Daher wird das Bildinterpretationsproblem über die MAP–Formulierung (1) in ein *Minimierungsproblem* der Energiefunktion U transformiert, das durch ein allgemeines und (wegen der gegenseitigen Abhängigkeiten der Regioneninterpretationen) global arbeitendes kombinatorisches Optimierungsverfahren gelöst werden muß, wozu simuliertes Annealing verwendet wird (siehe [Aarts et al. 89]).

3 Die automatische Generierung einer MF–Datenbasis

Beim MF–Bildinterpretationsmodell wird das *Wissen* über die reale Welt ausgedrückt durch die Form der Bildinterpretations–Verteilung $P_{I(R_N)|M(R_N)}$. Daher besteht *Lernen* beim MF–Ansatz darin, die Potentialfunktionen V_C zu *konstruieren*. Dazu führen wir den Begriff *Interpretationen-clique (IC)* ein. Jede IC kann als ein — entsprechend der Kontextsensitivität — möglicherweise zusammengesetztes *Bildobjekt* angesehen werden, das erkannt werden soll, z.B. ⟨Straße⟩, ⟨Straße, Himmel⟩ oder ⟨Auto, Straße, Himmel⟩. Formal gesehen ist eine IC die Multimenge der Realisierungen der Interpretations–Zufallsvariablen einer Regionenclique C mit $|C| = d$ und wird mit $\iota_C := \langle i_1, i_2, \ldots, i_d \rangle$, $i. \in \Lambda$ bezeichnet. Wir betrachten zwei Datentypen: cliquenspezifische reellwertige *Regionenmerkmale* $M.^C(R_C)$, z.B. mittlerer Grauwert oder Regionenkonvexität, und IC–spezifische *prädikatenlogische Ausdrücke 1. Stufe* $\varphi.^{\iota_C}(R_C)$, die symbolisches domänenabhängiges Wissen modellieren. Die Potentialfunktionen werden nun als Linearkombination der beiden Datentypen wie folgt konstruiert:

$$V_C(i; M(R_C)) := \sum_{j=1}^{r_d} \alpha_{\iota_C}^{(j)} B_{\iota_C}^{(j)}(M_j^C(R_C)) + \sum_{k=1}^{s_{\iota_C}} \beta_{\iota_C}^{(k)} D_{\iota_C}^{(k)}(\varphi_k^{\iota_C}(R_C)) \tag{5}$$

mit Gewichten α, β und *Basisfunktionen* B, D. Die Menge $\{\alpha._{\iota_C}, B._{\iota_C}, \beta._{\iota_C}, D._{\iota_C}\}$ bildet demnach ein *Objektmodell* des (evtl. mehrelementigen) Objekts ι_C.

Im folgenden wollen wir die von uns vorgeschlagene automatische Generierung einer *MF–Datenbasis* $DB_{B(ID)} := \{\alpha., B., \beta., D.\}$ vorstellen. Sie enthält alle Gewichte und Basisfunktionen, d.h. alle Objektmodelle, und wird aus einem Satz $B(ID) = \{B^{(l)}, l = 1, 2, \ldots, n\}$, $n \in \mathbb{N}$, von Beispielbildern erzeugt. Die Beispielbilder sollten repräsentativ sein für eine beliebige Interpretationsdomäne und müssen manuell interpretiert sein. Aus der MAP–Formulierung (1) folgt, daß der Wert der Basisfunktionen umso kleiner werden muß, je korrekter die Bildinterpretation ist, d.h. je

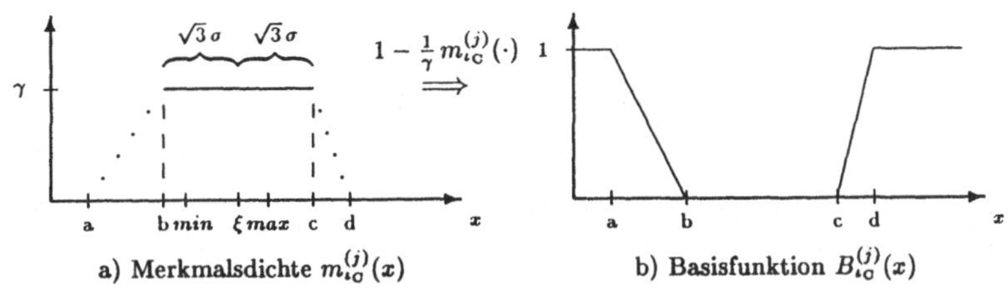

a) Merkmalsdichte $m_{\iota_C}^{(j)}(x)$ b) Basisfunktion $B_{\iota_C}^{(j)}(x)$

Abbildung 2: Basisfunktionen $B_{\cdot}^{(\cdot)}(\cdot)$, basierend auf gleichverteilten Merkmalen

konsistenter sie mit den Regionenmerkmalen und den logischen Ausdrücken ist (wobei vorausgesetzt wird, daß alle Basisfunktionen nichtnegativ sind).

Für die konkrete Berechnung der Basisfunktionen wenden wir einen speziellen wahrscheinlichkeitstheoretischen Ansatz an. Die Basisfunktionen B werden als inverse a *posteriori* Verteilungen der Cliqueninterpretationen $I_C(R_N)$ unter der Bedingung der Cliquenmerkmale $M_j^C(R_C)$ gebildet:

$$B_{\iota_C}^{(j)}(M_j^C(R_C)) := 1 - \frac{1}{\gamma} \, \mathrm{P}(I_C(R_N) = i_C | M_j^C(R_C)) \tag{6}$$

Wir nehmen (mit $x := M_j^C(R_C)$) eine Rechteckverteilung der Merkmale an mit der Ws–Dichte

$$m_{\iota_C}^{(j)}(x) = \begin{cases} \gamma & \text{falls } x \in [b, c[\\ 0 & \text{sonst} \end{cases}$$

(siehe Abbildung 2a), so daß aufgrund der Formel von Bayes die a *posteriori* Verteilung $\mathrm{P}_{I_C(R_N)|M_j^C(R_C)}$ der Cliqueninterpretation proportional zur a *priori* Verteilung $\mathrm{P}_{M_j^C(R_C)|I_C(R_N)}$ der Cliquenmerkmale wird. Dann muß gelten:

1. $\displaystyle\int_{-\infty}^{\infty} m_{\iota_C}^{(j)}(x)\,dx = 1$ (Eigenschaft einer Dichte)

2. $\displaystyle\int_{-\infty}^{\infty} x\, m_{\iota_C}^{(j)}(x)\,dx = \xi$ (Erwartungswert)

3. $\displaystyle\int_{-\infty}^{\infty} x^2 m_{\iota_C}^{(j)}(x)\,dx - \xi^2 = \sigma^2$ (Varianz)

Durch Auflösen dieser Gleichungen ergibt sich

$$b = \xi - \sqrt{3}\,\sigma, \quad c = \xi + \sqrt{3}\,\sigma, \quad \gamma = \frac{1}{2\sqrt{3}\,\sigma} \tag{7}$$

Für Mittelwert ξ und Varianz σ^2 der Merkmale verwenden wir als unverzerrte Punktschätzer das arithmetische Mittel $\bar{M}_{\iota_C}^{(j)}$ und die empirische Varianz $S_{\iota_C}^{(j)^2}$. Da die relative Häufigkeit der Merkmalswerte an den Rändern von $[b, c[$ nur allmählich abfällt, fügen wir dem Sicherheitsbereich $[b, c[$ (der Konsistenz von Merkmalen mit Interpretation durch den Wert 0 signalisiert) zwei linear abfallende Unsicherheitsbereiche $[a, b[$ und $[c, d[$ (die Inkonsistenz durch einen Wert größer als 0 signalisieren) hinzu, wobei die Steigung desjenigen Bereichs, bei dem die gemessenen Merkmalswerte dichter auftreten, betragsmäßig größer gewählt wird als die des anderen Bereichs (siehe Abbildung 2b). Die so entstehenden Basisfunktionen B können auch als *Fuzzy Sets* betrachtet werden, die die Vagheit der Merkmalswerte berücksichtigen. Ihre Berechnung erfolgt nach

$$B_{\iota_C}^{(j)}(x) := \begin{cases} 1 & \text{falls } x < a \\ q\,(x - b) & \text{falls } a \leq x < b \\ 0 & \text{falls } b \leq x < c \\ r\,(x - c) & \text{falls } c \leq x < d \\ 1 & \text{falls } x \geq d \end{cases} \tag{8}$$

$$a := b - 2 \cdot cl \cdot S_{\iota_C}^{(j)}, \quad b := \bar{M}_{\iota_C}^{(j)} - \sqrt{3} \cdot S_{\iota_C}^{(j)}, \quad c := \bar{M}_{\iota_C}^{(j)} + \sqrt{3} \cdot S_{\iota_C}^{(j)}, \quad d := c + 2 \cdot cr \cdot S_{\iota_C}^{(j)}, \quad q := \frac{1}{a-b},$$

$$r := \frac{1}{d-c}, \text{ falls } min = max \text{ dann } cl = cr = 0.5, \text{ sonst } cl = \frac{\bar{M}_{\iota_C}^{(j)} - min}{max - min}, cr = \frac{max - \bar{M}_{\iota_C}^{(j)}}{max - min}$$

Dabei bezeichnet min den kleinsten Merkmalswert $M_j^C(R_C)$, der in den ι_C–Cliquen der Beispielbilder auftritt, und entsprechend max den größten.

Der Wert einer Basisfunktion D wird durch den negierten Wahrheitswert des zugrundeliegenden logischen Ausdrucks φ bestimmt:

$$D_{\iota_C}^{(k)}(\varphi_k^{\iota_C}(R_C)) := 1 - \text{EVAL}\,(\varphi_k^{\iota_C}(R_C)) \tag{9}$$

Um eine automatische Generierung domänenspezifischen Wissens zu ermöglichen, werden nur logische Ausdrücke erzeugt, die die relativen topologischen Tiefen der Bildregionen entsprechend der Relationen $RTT^{(l)}$, $l = 1, 2, \ldots, n$, der Beispielbilder modellieren. Dabei werden diese Tiefen durch einen modifizierten Warshall–Algorithmus effizient berechnet. Die logischen Ausdrücke werden gebildet durch

$$\varphi_1^{\iota_C}(R_C) \equiv \forall r, s \in C, \, r \neq s : (r, s, n) \in \text{RTT} \to n \in \mathcal{RTT}_{(i_r, i_s)}^{\iota_C} \tag{10}$$

wobei die topologischen Beziehungen einer IC ι_C definiert werden durch

$$\mathcal{RTT}_{(i_j, i_k)}^{\iota_C} := \{n : \exists r, s, l : (r, s, n) \in \text{RTT}^{(l)}\} \setminus \{0\} \tag{11}$$

$$\text{mit } i_j, i_k \in \iota_C, \, j \neq k, \, E \in \mathcal{C}(\mathcal{TN}^{(l)}, J^{(l)}), \, \iota_C = \iota_E, \quad r, s \in E, \, r \neq s, \, (i_r, i_s) = (i_j, i_k)$$

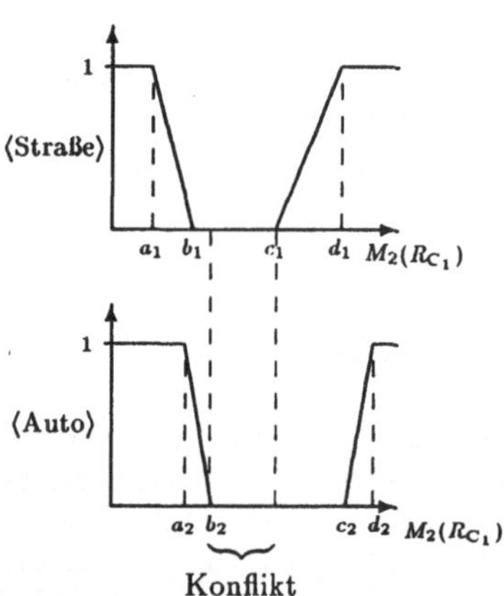

Abbildung 3: Konfliktberechnung

Die Gewichte α und β kontrollieren den Anteil, den ein bestimmtes Merkmal oder ein logischer Ausdruck zur Energiefunktion U beiträgt. Daher sollte ein Gewicht genau dann hoch sein, wenn das korrespondierende Merkmal „zuverlässig" für die Erkennung einer IC ist. Dazu schlagen wir ein *zweistufiges Zuverlässigkeitsmaß* vor. Zunächst sehen wir ein Merkmal als umso unzuverlässiger an, je mehr *Konflikte* es zwischen zwei Interpretationen verursacht, wenn nämlich derselbe Merkmalswert für unterschiedliche IC votiert. Ist dieser Konflikt gleich Null, so wird das Gewicht entsprechend einer normierten Merkmalsvarianz bestimmt, wobei ein Merkmal als umso unzuverlässiger angesehen wird, je größer seine Varianz ist.

Für die Gewichte α der Basisfunktionen B wird als *Konfliktmaß* fl die tatsächlich übereinstimmende Länge der Sicherheitsbereiche in Relation zur maximal möglichen übereinstimmenden Länge verwendet (siehe Abbildung 3). Dazu betrachten wir zwei Basisfunktionen $B_{\iota_1}^{(j)}(\cdot) \hat{=} (a_1, b_1, c_1, d_1)$ und $B_{\iota_1}^{(j)}(\cdot) \hat{=} (a_2, b_2, c_2, d_2)$ bezüglich zweier verschiedener IC ι_1 und ι_2 mit $|\iota_1| = |\iota_2| = d$, $\iota_1 \neq \iota_2$, für das Merkmal $M_j^C(\cdot)$ mit $|C| = d$. Mit $[f_1, f_2] := [b_1, c_1] \cap [b_2, c_2]$ gilt

$$fl_{\{\iota_1, \iota_2\}}^{(j)} := \begin{cases} 0 & \text{falls } [f_1, f_2] = \emptyset \\ \frac{f_2 - f_1}{\min(c_1 - b_1, c_2 - b_2)} & \text{sonst} \end{cases} \tag{12}$$

Als *Gesamtkonflikt* $GK_{\iota_C}^{(j)}$ ergibt sich dann

$$GK_{\iota_C}^{(j)} := \sum_{\iota \neq \iota_C} fl_{\{\iota_C, \iota\}}^{(j)} \tag{13}$$

und die Gewichte werden bestimmt durch

$$\alpha_{\iota_C}^{(j)} := \frac{1}{GK_{\iota_C}^{(j)}} / \sum_{k=1}^{r_d} \frac{1}{GK_{\iota_C}^{(k)}} \tag{14}$$

Für die Gewichte β wurden analoge Formeln entwickelt, wobei das Konfliktmaß durch die *topologische Übereinstimmung* pro Nachbarschaftsbeziehung definiert wird (Details siehe [Kristen 91]).

Durch diese konfliktorientierte Merkmalsgewichtung wird erreicht, daß Merkmale, die Bildobjekte gut trennen, automatisch bevorzugt und Merkmale, die viele Konflikte und Inkonsistenzen verursachen, automatisch vernachlässigt werden.

In diesem Zusammenhang können wir eine *Konditionierung* des Interpretationsproblems bezüglich einer MF–Datenbasis definieren, und zwar als *Konditionszahl* $c(DB_{B(ID)}) \in [0, 1]$. Sie wird anhand der oben definierten Konfliktmaße berechnet und ist umso höher, je weniger Konflikte und Inkonsistenzen in der Datenbasis auftreten. Diese Konditionszahl ist somit ein Qualitätsmaß von $DB_{B(ID)}$ für die Interpretation unbekannter Bilder der Interpretationsdomäne.

Dazu bilden wir für die reellwertigen Regionenmerkmale den Mittelwert des Konfliktmaßes $fl_{\{\iota_1, \iota_2\}}^{(j)}$ über alle $kf(d) := \left(\binom{m+d-1}{d}_2 \right)$ möglichen Kombinationen von zwei verschiedenen Interpretationencliquen, gewichtet mit dem Mittelwert der zugehörigen Gewichte $\alpha_{\iota}^{(j)}$. Diese Kombination bezeichnen wir als *Konfliktwert* $K_d^{(j)}$, für den gilt:

$$K_d^{(j)} := \frac{1}{kf(d)} \sum_{\{\iota_1, \iota_2\}, |\iota_1| = |\iota_2| = d, \iota_1 \neq \iota_2} \frac{\alpha_{\iota_1}^{(j)} + \alpha_{\iota_2}^{(j)}}{2} fl_{\{\iota_1, \iota_2\}}^{(j)} \tag{15}$$

Für jede Cliquenmächtigkeit d, für die Merkmale existieren, also $r_d > 0$, wobei die Anzahl verschiedener derartiger d mit k_d bezeichnet sei, gelte für den d–*Gesamtkonflikt* $K_d := \sum_{j=1}^{r_d} K_d^{(j)}$. Dies liefert schließlich den *Regionenmerkmalskonflikt* RMK über

$$RMK := \frac{1}{k_d} \sum_{d \text{ mit } r_d > 0} K_d \tag{16}$$

Für die Konfliktbewertung der topologischen Beziehungen in den logischen Ausdrücken φ gelten analoge Formeln, aus denen sich der *Topologiekonflikt* TK ergibt. Die Konditionszahl c wird dann bei gleicher Gewichtung von Regionenmerkmals– und Topologiekonflikt berechnet nach

$$c := 1 - \frac{RMK + TK}{2} \tag{17}$$

4 Ergebnisse

Wir haben unser MF–basiertes Bildinterpretationssystem IGLU, in dem die drei Verarbeitungsebenen und das oben beschriebene Lernverfahren für die MF–Datenbasis realisiert worden sind, anhand fünf unterschiedlicher Interpretationsdomänen untersucht, die von einfachen, künstlichen Testbildern bis hin zu komplexen Innen– und Außenszenen reichten. Um die *Interpretationskorrektheit*, die durch unseren Ansatz erreicht werden kann, beurteilen zu können, müssen zwei Aspekte betrachtet werden: Erstens, hat jede korrekte Bildinterpretation jedes beliebigen unbekannten Bildes der Interpretationsdomäne ein globales Energieminimum bezüglich der MF–Datenbasis, und zweitens, wie erfolgreich ist das simulierte Annealing, wie häufig findet es das globale Energieminimum.

Die Abbildung 4a zeigt ein typisches Grauwertbild einer Fahrszenen–Interpretationsdomäne. Die 14 möglichen Interpretationen mit ihrer Farbkodierung findet man in Abbildung 4b. Die für

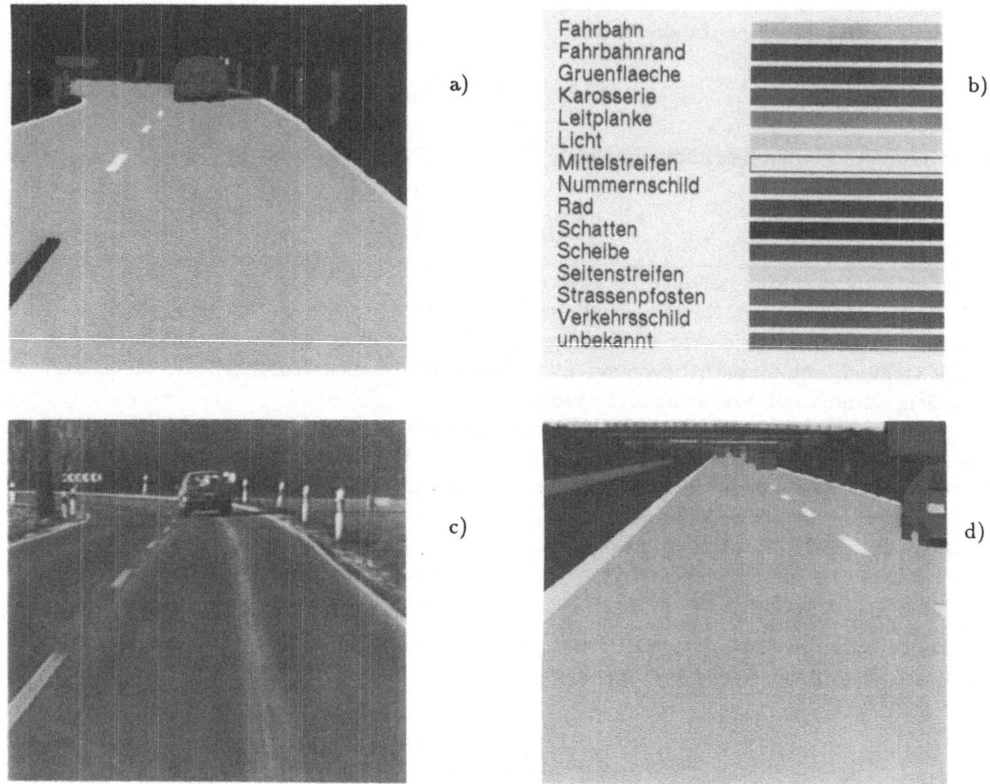

Abbildung 4: Interpretationsergebnisse der Fahrszenen

diese Domäne generierte MF–Datenbasis enthält die Merkmale von fünf Beispielbildern, die sowohl Landstraßenszenen als auch Autobahnenszenen zeigen, und ist mit $c = 0.86$ nicht allzu gut konditioniert. Die Datenbasis berücksichtigt 24 reellwertige Regionenmerkmale und die topologischen Beziehungen, wodurch sich jeweils 16296 Basisfunktionen B und Gewichte α und jeweils 679 Basisfunktionen D und Gewichte β ergeben. Auf einer HP700–Workstation benötigt die Generierung der MF–Datenbasis etwa 0.3 s und eine Bildinterpretation etwa 2.5 s, wobei die Menge Λ^N aller möglichen Bildinterpretationen eine Mächtigkeit von rund 10^{35} besitzt (das simulierte Annealing wurde mit einer sehr effizienten Kühl–Schedule nach [Huang et al. 86] implementiert, die die freien Parameter des Annealing dynamisch an das jeweilige Problem anpaßt und ständig aktualisiert). Die Interpretationsergebnisse unbekannter Bilder der Interpretationsdomäne zeigen, daß alle „wichtigen" Objekte wie z.B. Straße, Karosserien, Grünflächen, Seitenstreifen und die meisten Mittelstreifen korrekt identifiziert werden (siehe Abbildungen 4cd). Die mittlere maximale Interpretationskorrektheit in dieser Domäne liegt bei etwa 83% und die mittlere Erfolgsrate des simulierten Annealing bei etwa 53%, insgesamt also eine mittlere Interpretationskorrektheit von etwa 76%. Allerdings zeigt die Interpretation, die in Abbildung 4c wiedergegeben ist, den normalerweise nicht möglichen Fall, daß zwei Nummernschilder zugleich in derselben Karosserie sichtbar sind. Um derartige unzulässige Interpretationsergebnisse ausschließen zu können, muß die automatisch generierte MF–Datenbasis um zusätzliches domänenspezifisches Wissen, z.B. in Form von

Constraints oder in Form von komplexeren logischen Ausdrücken φ, erweitert werden.

Die experimentellen Ergebnisse, die mit dem MF-Modell unter Verwendung unseres „Learning by example"-Verfahrens erzielt wurden, sind vielversprechend in Anbetracht der Allgemeinheit des Ansatzes. Insbesondere die Gewichte der Datenbasis, die aus Konfliktwerten berechnet werden, erlauben eine zuverlässige Bildinterpretation, sogar wenn eine große Anzahl von Merkmalen verwendet wird. Das MF-Bildinterpretationsmodell hat sich als ein geeigneter Ansatz erwiesen, das Bildinterpretationsproblem auf eine systematische, domänenunabhängige und allgemeine Weise zu lösen. Weitere Untersuchungen sind noch erforderlich bezüglich Erweiterungen des Nachbarschaftssystems, z.B. durch Berücksichtigung von Kanten, bezüglich einer High–Level–Low–Level–Interaktion, z.B. durch regionenspezifische Energiewerte, und bezüglich der Integration zusätzlichen domänenspezifischen Wissens.

Literatur

[Aarts et al. 89] E. H. L. Aarts, J. Korst: SIMULATED ANNEALING AND BOLTZMANN MACHINES. John Wiley & Sons Ltd., Chichester, 1989.

[Besag 74] J. E. Besag: SPATIAL INTERACTION AND THE STATISTICAL ANALYSIS OF LATTICE SYSTEMS. Royal Statistical Society, pp. 192 – 236 (with discussion), series B, vol. 36, 1974.

[Eckstein 91] W. Eckstein: HORUS–REFERENZMANUAL. Version 3.10, Technische Universität München, Institut für Informatik, 1991.

[Geman et al. 84] S. Geman, D. Geman: STOCHASTIC RELAXATION, GIBBS DISTRIBUTIONS, AND THE BAYESIAN RESTORATION OF IMAGES. M. A. Fischler: Readings in Computer Vision, pp. 564 – 584, Morgan Kaufmann Publishers, 1987.

[Huang et al. 86] M. D. Huang, F. Romeo, A. Sangiovanni–Vincentelli: AN EFFICIENT GENERAL COOLING SCHEDULE FOR SIMULATED ANNEALING. International Conference on Computer–Aided Design, pp. 381 – 384, IEEE, Santa Clara, 1986.

[Kindermann et al. 80] R. Kindermann, J. L. Snell: MARKOV RANDOM FIELDS AND THEIR APPLICATIONS. American Mathematical Society, Providence, Rhode Island, 1980.

[Kristen 91] H. Kristen: MARKOV–FELD–BASIERTE BILDINTERPRETATION MIT AUTOMATISCH GENERIERTEN DATENBASEN. Diplomarbeit, Technische Universität München, 1991.

[Modestino et al. 89] J. W. Modestino, J. Zhang: A MARKOV RANDOM FIELD MODEL–BASED APPROACH TO IMAGE INTERPRETATION. Conference on Computer Vision and Pattern Recognition, pp. 458 – 465, IEEE, San Diego, 1989.

[Moussouris 74] J. Moussouris: GIBBS AND MARKOV RANDOM SYSTEMS WITH CONSTRAINTS. Journal of Statistical Physics, pp. 11 – 33, Vol. 10, No. 1, 1974.

[Zhang 88] J. Zhang: TWO–DIMENSIONAL STOCHASTIC MODEL–BASED IMAGE ANALYSIS. Ph.D. Thesis, Rensselaer Polytechnic Institute, Troy, New York, August 1988.

Konturorientierte Segmentierung und Modellierung von medizinischen Objekten in spatio-temporalen Räumen

J. Kelch [1], B. Wein [2] und W. Ameling [1]

[1] Rogowski-Institut für Elektrotechnik, RWTH Aachen
Schinkelstraße 2, 5100 Aachen
[2] Klinik für Radiologische Diagnostik der RWTH Aachen
Pauwelsstraße 30, 5100 Aachen

1. Einleitung

In dieser Arbeit wird ein Beispiel zur wissensbasierten Modellbildung von medizinischen Objekten vorgestellt, die dynamischen Änderungen unterliegen. Das medizinische Objekt, anhand dessen die Modellierung vorgestellt wird, ist die Zunge. Zur Untersuchung motorischer Störungen der Zungenmuskulatur - wie bei Schluck- und Sprachbehinderungen - wird in einer laufenden Studie Ultraschall eingesetzt.

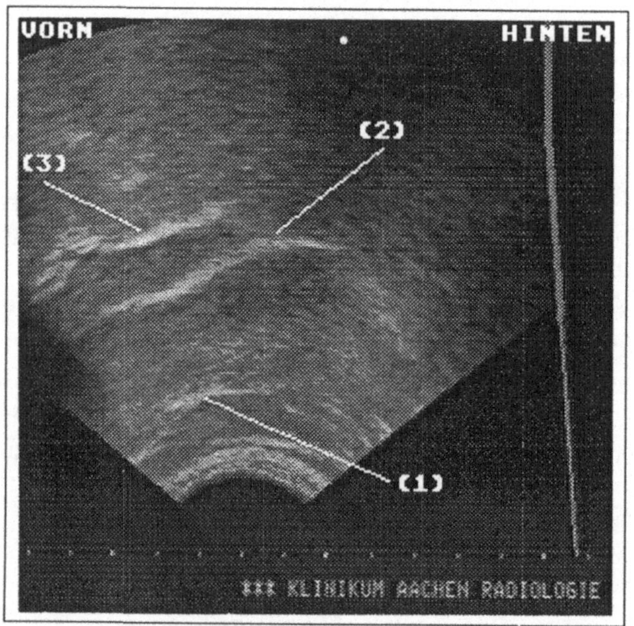

Bild 1: Ultraschallbild des Mundraumes mit Zunge (1 - Fettgewebe; 2 - Zungenrücken; 3 - Flüssigkeit)

Das Ultraschallgerät liefert Videobilder, die eine seitliche Ansicht (sagittaler Schnitt) des Mundraumes zeigen (Bild 1). Traditionell wird die Bewegung der Zunge durch direkte Betrachtung der Bildserien analysiert. Zur Interpretation und Weiterverarbeitung werden die Bilder digitalisiert. Eine aus den manuell erstellten Zungenprofilen generierte, pseudodreidimensionale Darstellung über die Zeit unterstützt die Befundung des Arztes stark [WEIN91]. Zur Verbesserung hinsichtlich der Anwendbarkeit des Verfahrens sollen die Profile automatisch extrahiert werden. Die dazu notwendigen Verarbeitungschritte können in Segmentierung, Modellierung und Visualisierung gegliedert werden. Die Segmentierung des Objekts 'Zungenrücken' - im weiteren nur mit 'Zunge' bezeichnet - nimmt dabei den größten Raum ein. Wie im zweiten Absatz belegt wird, eignen sich Schwellwert- und einfache Differenzen-Operatoren nur bedingt, die Ultraschallbildobjekte zu segmentieren. Daher muß ein Ansatz gewählt werden, bei dem Randbedingungen zur Modellierung beitragen. Dies leistet ein auf dem Scale-Space-Verfahren beruhender Ansatz, der die Basis der Segmentierung bildet. Da die Zunge nur selten direkt als vollständiges Objekt abgegrenzt wird, erhält man zunächst nur Segmente des Objekts. Diese Segmente werden nach dem Ausschlußprinzip vorselektiert. Nach morphologischen Grundoperationen und nach Anwendung von Korrelationsfunktionen werden die so gebildeten Strukturelemente durch eine Kostenpfadanalyse zu einem Profil verbunden, was im dritten Abschnitt beschrieben wird. Abschließend folgt eine Bewertung der bisher implementierten Verarbeitungsschritte.

2. Segmentierung

Um das Zungenprofil modellieren zu können, muß zunächst das Objekt 'Zunge' segmentiert werden. Durch die Dauer des Bewegungsvorgangs von ca. drei Sekunden ergibt sich ein spatio-temporaler Datenraum, der von ungefähr 70 Bildern aufgespannt wird, die jeweils eine Auflösung von 256 zum Quadrat bei einer Grauwerttiefe von acht Bit besitzen. Auf den Bildern ist die Zunge im Zentrum als horizontal orientiertes, helleres Objekt zu erkennen. Bedingt durch das Aufnahmeverfahren ergeben sich keine klaren Abgrenzungen anatomischer Strukturen. Daher scheiden Differenzenoperatoren einfacher Art zur Kantendetektion aus. Der Patient wird gebeten, zur Aufnahme der Schnittbilder 15 bis 20 ml Wasser zu sich zu nehmen, um einen Schluckvorgang mit Flüssigkeitstransport zu erhalten. Deshalb ist parallel zur Zungenoberfläche die Grenzschicht der Flüssigkeit als weitere Diskontinuität der Grauwerte zu sehen. Außerdem erschweren Fettgewebe unterhalb der Zunge durch ihren hohen Kontrast zur Umgebung und ihr Absorbtionsverhalten die Segmentierung der Zunge. Ein im Zeitverlauf der Serie auftretender Schallschatten des Zungenbeins läßt auch für die manuelle Segmentierung nur eine Interpolation der zeitlich vor- und nachliegenden Konturen zu. Aus diesen Gründen ist die Zunge nicht allein über den Grauwert segmentierbar, was globale Schwellwertverfahren - auch nach einer Median-Filterung - ausschließt. Auch lokale Schwellwertverfahren, die die zweidimensionale Entropie der Grauwerte berücksichtigen, erwiesen sich als nicht befriedigend.

Da die Zungenkontur durch diffuse, nichtlineare Grauwertverläufe abgegrenzt wird, bietet es sich an, die Bilder unter Verwendung des Laplacian-of-Gaussian (LoG) Operators nach Marr/Hildreth [MARR80] zu bearbeiten. Dieser Kantenfilter besteht aus einem gegenüber linearen Grauwertverläufen invarianten Tiefpaß - einer Gaußglättung - und einer Annäherung der zweiten Ableitung der tiefpaß-gefilterten Grauwertfunktion :

$$\nabla^2 G_\sigma(x,y) = \frac{1}{2\,\pi\,\sigma^4} \left[2 - \frac{x^2+y^2}{\sigma^2} \right] \exp\left[- \frac{x^2+y^2}{2\,\sigma^2} \right] \quad . \tag{1}$$

Die Nulldurchgänge der zweiten Ableitung werden als Orte potentieller Kanten interpretiert. Durch Veränderung der Varianz σ kann die Detektionssignifikanz der Kanten beeinflußt werden. Bei starker Glättung weist das Ergebnisbild nur Kanten der härteren Grauwert-Kontraste auf. Diese Signifikanz geht allerdings zu Lasten der Ortsauflösung und der Formtreue. Wie Lu und Jain in [LU89] zeigen, bewirken nichtlineare Grauwertverläufe eine Verschiebung der Kante in Abhängigkeit von σ und der Steilheit des

Grauwertverlaufs. Auch benachbarte Kanten beeinflussen sich stark. Um dies auszugleichen, wird ein Parameterraum

$$LoG(\sigma) = \nabla^2 G(x,y,\sigma) \tag{2}$$

über σ aufgebaut, bei dem mit abnehmendem σ die Ortsschärfe zunimmt.

Dieser Parameterraum wurde von Witkin als Scale-Space eingeführt und von Zuerndorfer erweitert [WITK83, ZUER90]. Das Verhalten der Kantenverläufe in diesem Raum ist stark von der Form abhängig. So werden Objekte mit spitzen Kantenverläufen bei großem σ stark abgerundet und Objekte mit dünnem Verbindungssteg in mehrere Segmente zerteilt. Nach Witkin ist der Scale-Space als kontinuierlich aufzufassen. Um den Rechenaufwand zu begrenzen, hat Bergholm in [BERG87] für eine Winkelsprungkante mit einem Öffnungswinkel $\beta > \pi/8$ nachgewiesen, daß der Betrag des Verschiebungsvektors v in Abhängigkeit von Sigma abgeschätzt werden kann zu

$$v < 2\,\Delta\sigma \quad \text{für} \quad \beta > \frac{\pi}{8} \; . \tag{3}$$

Um den Betrag v für solche Kanten auf die kleinste auflösbare Größe, ein Pixel, zu beschränken, wird der Wert von $\Delta\sigma$ danach zu 0,5 gewählt. Die Varianz wird für diese Applikation für den Bereich

$$\sigma_0 = 4{,}0 \; \geq \; \sigma \; \geq \; \sigma_n = 2{,}0 \tag{4}$$

variiert. Es wurde ein Startwert von $\sigma_0 = 4.0$ gewählt, weil dies einer Filterbreite entspricht, bei der das Doppelkantenverhalten beim Objekt 'Zunge' keinen nennenswerten Einfluß mehr besitzt. Bei größeren Startwerten beeinflussen sich die benachbarten Längskanten gegenseitig recht stark und führen daher zu keiner sinnvollen Information über die Lage. Der Wert der kleinsten Varianz σ_n ergibt sich aus einer Mindestgröße, die die Segmente aufweisen müssen, damit sie noch eine Orientierungsinformation besitzen. Mit der abnehmenden Varianz σ_i entstehen nicht nur eingebettete Strukturen, sondern auch Objektverschmelzungen. In unserem Verfahren würden dadurch spitzwinkelige Bereiche der zur Zunge gehörigen Segmente mit anderen zusammengefügt, was nicht gewünscht wird. Daher haben wir den Scale-Space-Ansatz modifiziert. Der LoG-Operator bildet immer geschlossene Kantenverläufe, weshalb sich die Gebiete in Innen- und Außenraum auftrennen lassen. Unsere Modifikation läßt nur Kantenverschiebungen in den Innenraum zu. Diese Einschränkung basiert auf der Modellannahme, daß es sich bei der Zunge um ein langgestrecktes Objekt handelt, das vorzugsweise Kanten mit Öffnungswinkeln der Größe π besitzt. Da diese Modellierung für die Zungenenden nicht zutrifft, hat dieser Ansatz den Nachteil, daß es an den Zungenenden zu Abschneidungen kommt, die von σ_0 abhängig sind. Diese Beschneidung stellt für die qualitative Aussage zum Profil keine nennenswerte Einschränkung dar und kann daher in Kauf genommen werden. Über den Betrag der zweiten Ableitung erhält man die Menge aller Punkte, die zu Segmentinnenräumen gehören

$$I(\sigma_i) = \{\, P \mid \nabla^2 G(x,y,\sigma_i) > 0 \,\} \tag{5}$$

mit P = Menge aller Pixel des Bildes. Nach den Filterungen bis zum kleinsten σ_n ergibt sich die Menge der Segmentpunkte S aus der Schnittmenge aller Innenflächen

$$S = \bigcap_{0 \leq i \leq n} I(\sigma_i) \tag{6}$$

In unserer Applikation werden nach der ersten LoG-Filterung mit σ_0 alle Segmente s_j daraufhin untersucht, ob die von ihnen mit einem Erwartungsraum gebildete Schnittmenge ungleich Null ist. Der Erwartungsraum wird durch eine binäre Maske E repräsentiert, die durch die Vereinigungsmenge aller Zungenpunkte der Testbilder gebildet wird. Alle Segmente s_j, die keine Schnittmenge mit der Erwartungsmenge bilden, werden nicht weiter berücksichtigt. Für die Schnittmenge aller Segmentpunkte eines Bildes ergibt sich dadurch

$$S = \bigcup_{1 \leq j < m} \{ s_j \subseteq \bigcap_{0 \leq i \leq n} I(\sigma_i) \mid s_j \cap E \neq \varnothing \} \tag{7}$$

mit m als Anzahl aller Segmente.

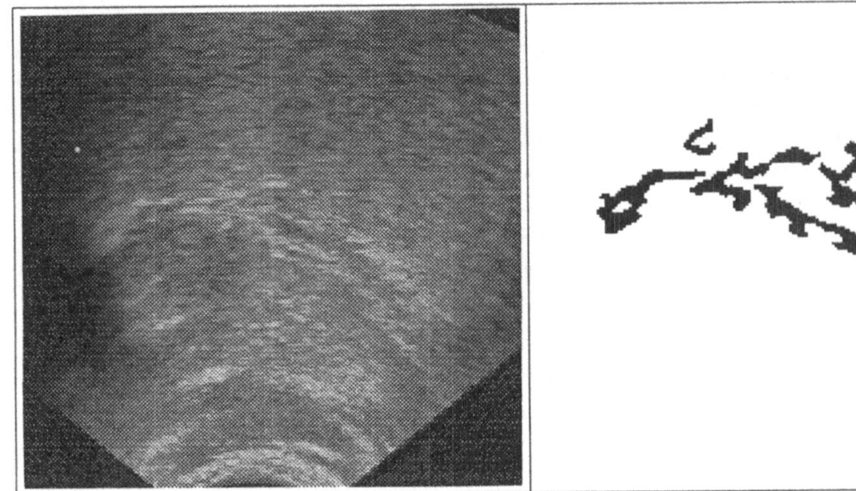

Bild 2 : Originalbildausschnitt   Bild 3 : Ergebnis der Segmentierung des Bildes
zum Bildausschnitt von Bild 2

Durch die zeitliche Dimension ergibt sich die Möglichkeit, die Segmentauswahl weiter einzuschränken. Wenn die Bildfolge zur Abtastung der Bewegung des Objekts genügend hoch ist, und damit eine Korrelation der Folgebilder angenommen werden kann, ist auch die Verbindung der Segmente in zeitlicher Dimension von großer Bedeutung und kann zur Modellbildung herangezogen werden. Die Zeit t_z sei die Zeit, die die Zunge benötigt, um sich um eine Strecke z zu bewegen, t_a sei die zeitliche Abtastrate der Bildserie. Wenn z kleiner als die Objektausdehnung in Bewegungsrichtung ist und

$$\frac{t_z}{t_a} > 1 \tag{8}$$

gilt, kann erwartet werden, daß es zu jedem Zungensegment $s_j(t)$ ein Nachfolgesegment $s_j(t+1)$ gibt, mit dem es eine Schnittmenge ungleich Null besitzt.

$$s_j(t) \cap s_j(t+t_a) \neq \varnothing \tag{9}$$

Im allgemeinen treffen Bedingungen (8) und (9) bei einer Zungenserie zu. Allerdings wird diese Folge von Segmenten in einem Zeitintervall unterbrochen. Zu dem Zeitpunkt schnellt die Zunge beim Schluckvorgang so schnell nach oben, daß diese Bedingungen nicht mehr erfüllt sind. Daher kann nur eine Teilverkettung im Zeitbereich hergestellt werden. Alle Segmente, die weder eine Teilverkettung im Vorbereich noch im Nachbereich aufweisen, werden eliminiert.

3. Modellierung des Zungenprofils

Um eine qualitative Aussage über das Profil der Zunge machen zu können, soll dieses als Linie modelliert werden. Bei kontrastreichen Bildern besteht das Objekt nur aus einem Segment. Dann kommt eine Skelettierung des Segments dem gewünschten Ergebnis schon sehr nahe. Häufig ist das Objekt jedoch in mehrere Segmente zergliedert. Zusätzlich befinden sich noch Segmente im Bild, die nicht zur Zunge gehören. Auch sind im Bild Segmente enthalten, die sich aus Fragmenten zweier Objekte zusammensetzten, wie z. B. 'Zunge' und 'Flüssigkeit'.

Unter der Modellannahme, daß sich die Zunge aus langgestreckten Fragmenten zusammensetzen muß, werden alle Segmente in elliptische Strukturelemente zergliedert. Dadurch werden Fragmente verschiedener Objekte, die innerhalb eines Segments verschmolzen sind, aufgespalten. Diese Zergliederung geschieht über ein Matching in Form einer Korrelation mit Elementen, deren Größe und Orientierung variiert. Dies ist mit der Modellbildung konform, da die Zunge als Objekt mit stetigem Verlauf anzunehmen ist, dessen Kontur nur Krümmungsverläufe bis zu einer Grenzfrequenz f_z aufweisen kann, die weit unter der Grenzfrequenz der Auflösung f_a liegt. Um den Rechenaufwand herabzusetzen, wird der binäre Segmentbereich zunächst in einen funktionalen Bereich R transformiert, der für alle Segmentpunkte die maximal möglichen Radien für eine gültige, morphologische Opening-Operation mit einer Kreisscheibe enthält. Die Radien nehmen damit zur Mitte des Segments hin zu.

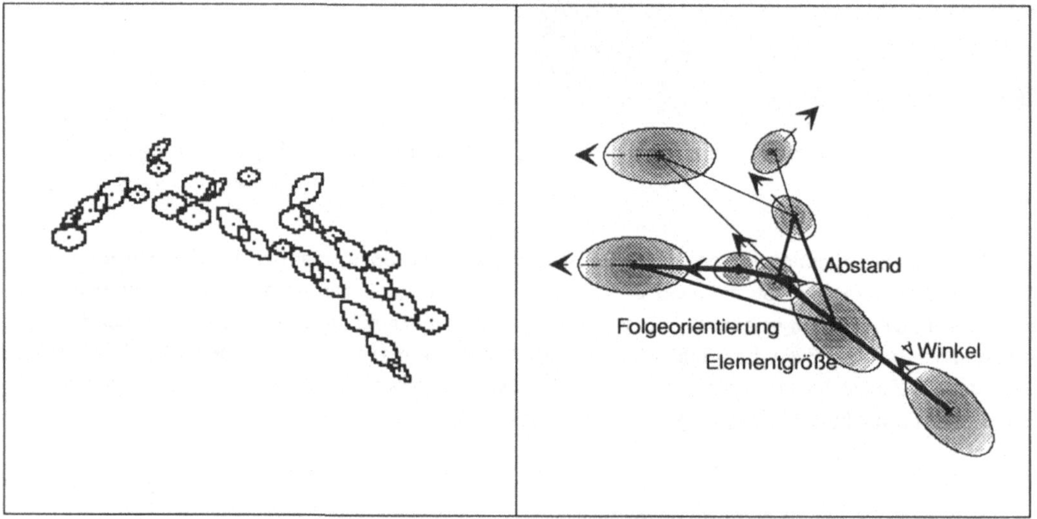

Bild 4 : Korrelationsbeispiel mit elliptischen Strukturelementen (zu Bild 2 bzw.3)

Bild 5 : topologische Verbindung über Kostenpfadminimierung

Zur Transformation wurde der Skelettieralgorithmus nach O'Gorman [GORM90] modifiziert. Bei jeder Iterationsstufe des Ausdünnens werden die zu löschenden Pixel mit einem proportional zur Iterationstiefe linear anwachsendem Wert besetzt. Die Maxima dieses Funktionsbereichs entsprechen den Skeletten der Segmente. Die ellipsenförmigen Korrelationselemente C weisen entsprechend ihrer Form die gleiche, zur Mitte hin linear ansteigende Werteverteilung auf. Daher wächst die Korrelationsfunktion mit zunehmender Überdeckung nicht linear sondern quadratisch an. Über die Maxima des Funktionsbereiches R kann bestimmt werden, welche Größe der Korrelationselemente C noch zu einem Wert führen kann, der oberhalb der Akzeptanzschwelle liegt. Die Akzeptanzschwelle k_s der Korrelation leitet sich aus der Autokorrelation der Elemente her,

$$k_s = \alpha \cdot \frac{1}{b \cdot h} \cdot \sum_{i=0}^{h} \sum_{j=0}^{b} c_{ji}^2 \qquad ; c_{ji} \in C \qquad (10)$$

mit der Matrixbreite b und -höhe h, α ist der tolerierte Abweichungsgrad und liegt zwischen 0,6 und 0,9. Für alle Punkte, deren Korrelation

$$k(r_{xy}) = \frac{1}{b \cdot h} \cdot \sum_{i=0}^{h} \sum_{j=0}^{b} c_{ji} \cdot r(x - \frac{b}{2} + j; y - \frac{h}{2} + i) \qquad (11)$$

den auf den Pixelwertebereich normierten Autokorrelationswert k_s übersteigt, wird die Position r_{xy} in einer Liste nachgehalten. Die Maxima dieser Liste werden ermittelt und alle weiteren Einträge, die in unmittelbarer Nähe liegen, ausgetragen. Dadurch reduziert sich die Zahl der Korrelationseinträge auf wenige Stützstellen, und es kommt nur zu geringfügigen Überlappungen der Strukturelemente. Mit kleiner werdenden Strukturelementen werden auch schmalere Segmente abgedeckt. Ein Beispiel zum Originalbild, aus dem Bild 2 einen Ausschnitt abbildet, zeigt Bild 4.

Jedes Strukturelement besitzt die Schwerpunktskoordinaten, die Größe und die Orientierung als Attribute. Als weitere Eigenschaften werden dem Strukturelement topologische Größen wie der Abstand zu den nächstgelegenen Nachbarelementen, deren Winkelabweichung von Verbindungsrichtung zu Element-Orientierung und der Winkelabweichung zwischen Element-Orientierung und Nachbarelement-Orientierung zugeordnet (Bild 5). Über eine Kostenpfadminimierung werden die Strukturelemente dann topologisch verknüpft. Aufgrund des Entwurfs steigen die Verbindungskosten proportional mit der Entfernung, der Orientierungsabweichung und umgekehrt proportional mit der Größe des Strukturelementes und dem Vorhandensein eines Elementes im Vorbereich.

Im Bereich des Zungenansatzes, der von Bild zu Bild nur geringfügig variiert, wird nach einem Startelement gesucht. Potentielle Startelemente werden über ihre Entfernung zum Such-Startpunkt und ihre Orientierung beurteilt. Von dort aus wird die Suche in Richtung der Strukturelement-Orientierung fortgesetzt. Wenn ein nahgelegenes Strukturelement die gleiche Orientierung und Größe besitzt, nimmt die Kostenfunktion über alle in Frage kommenden Elemente für dieses Element ein relatives Minimum an und setzt die Verbindungsmarkierung. Von zwei nahezu gleich zu bewertenden Elementen wird das tiefergelegene gewählt, weil für die Zungenkontur vom Startpunkt aus ein linksgekrümmter Bogen erwartet wird und das obere Element eher zum Flüssigkeitsbereich gehört.

Grafisch werden die so ermittelten Verbindungen durch eine kubische Spline-Interpolation der Element-Schwerpunkte verknüpft und das Zungenprofil somit modelliert. Eine pseudodreidimensionale Visualisierung der Profile schließt das Verfahren ab.

4. Bewertung

Vorläufige Resultate zeigen, daß die Lagedetektion der Stützstellen gegenüber den vom Mediziner manuell konturierten Profilen nur geringe Abweichungen aufweist. Eine qualitative Aussage über den Bewegungsablauf wird damit ausreichend genau möglich.

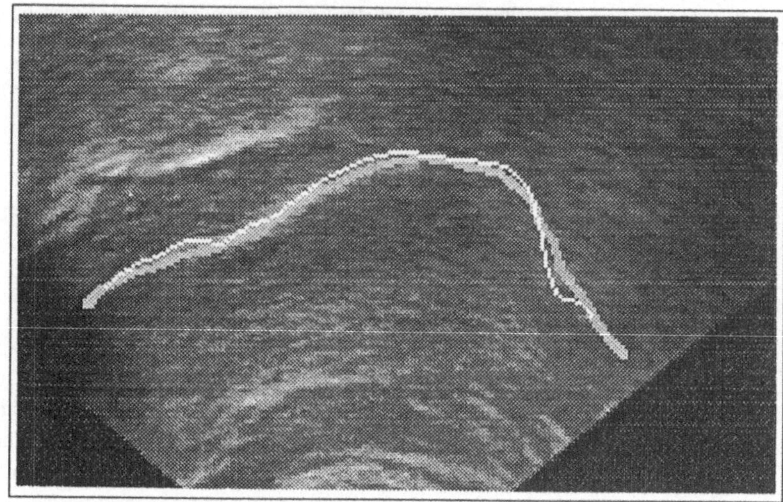

Bild 6 : Originalausschnitt mit manuell (dick) und automatisch (dünn) erstellter Kontur

Einschränkend muß festgestellt werden, daß die Robustheit der Kostenfunktion für einige Beziehungen noch verbessert werden kann. Um dies zu erreichen, erwägen wir zur Stabilisierung einen Ansatz über künstliche Neuronale Netze. Der neuronale Ansatz bietet den Vorteil, daß auch schwer zu formulierende Beziehungsbedingungen erfaßt werden können, ohne explizit aufgestellt werden zu müssen. Die Merkmale der Strukturelemente dienen dann weiterhin als Ausgangsbasis.

An dieser Stelle möchten wir dem Institut für Medizinische Statistik und Dokumentation des Klinikums der RWTH für die Zurverfügungstellung der Digitalisierungsmöglichkeiten danken.

Literaturverzeichnis

[BERG87]   Fredrik Bergholm, *Edge Focusing*, IEEE Trans. Pattern Anal. Machine Intell., vol. 9, Nov. 1987, pp. 726-741;

[HUER86]   A. Huertas, G. Medioni, *Detection of Intensity Changes with Subpixel Accurancy Using Laplacian-Gaussian Masks*, IEEE Trans. Pattern Anal. Machine Intell., vol. 8, Sept. 1986, pp. 651-664;

[LU89]   Y. Lu, R. C. Jain, *Behavior of Edges in Scale Space*, IEEE Trans. Pattern Anal. Machine Intell., vol. 11, April 1988, p p. 337-356;

[GORM90]   L. OGoreman, *k • k Thinning*, Computer Vision, Graphics and Image Processing 51, pp. 195-215, 1990;

[MARR80]   D. Marr, E. Hildreth, *Therory of edge detection*, Proc. Roy.Soc. London, vol. B207, 1980, pp. 187-217;

[SOTA89]   G. E. Sotak, K. L. Boyer, *The Laplacian-of-Gaussian Kernel: A Formal Analysis and Design Procedure for Fast, Accurate Convolution and Full-Frame Output*, Computer Vision, Graphics and Image Processing 48, pp. 147-189, 1989;

[WEIN91]   B. Wein, R. Böckler, W. Huber und S. Klajaman, *Temporal Reconstruction of Sonographic Imaging of Disturbed Tongue Movements*, Dysphagia 6, 1991, pp. 135-139;

[WITK83]   A. P. Witkin, *Scale Space filtering*, Proc. IJCAI, Karlsruhe, 1983, pp. 1019-1021;

[ZUER90]   B. Zuerndorfer, G. H. Wakefield, *Extensions of Scale-Space Filtering to Machine-Sensing Systems*, IEEE Trans. Pattern Anal. Machine Intell., vol. 12, Sept. 1990, pp. 868-882;

Automatic Contour Search on Left Ventricle Ultrasonic Images

Libor Přeučil
Department of Control Engineering
Czech Technical University in Prague, Faculty of Electrical Engineering,
Karlovo nám. 13, 121 35 Prague 2, Czechoslovakia

Abstract: An approach to the left ventricle contour detection in ultrasonic imaging is presented. The method exploits digital image processing and pattern recognition methods in a two-step combination. The first one uses a least-cost path search based on the dynamic programming in order to find the raw ventricle contour derived from the image domain. The second step utilises an apriori knowledge of contour possible shapes to detect and correct significant errors caused by signal dropouts, noise and the errors of the previous processing. A great attention is payed not to force the apriori knowledge into the detected contour. The whole method is ready for processing of image sequences and should serve for volumetric measurements on the left ventricle during heart action.

1. Introduction

The definition of human-organ contours belongs to extremely exhausting and high accuracy demanding manual processing of medical images. A reasonable group of this kind of tasks is related to low-quality images, obtained by noninvasive scanning methods as ultrasonic imaging.

A typical task in this area is a boundary segmentation and feature extraction, that allow doing some quantitative measurements on organs of interest. The task, mostly required at the human-heart image processing, is the search for contours of the left ventricular cavity. The reason is, to perform volumetric measurements during the heart action. It aims to obtain an overall information about cardiac function, which may be of high diagnostic value.

The most important problems implied by described task are: low robustness of existing methods, human operator assistance and a low accuracy of volumetric measurements caused by the human subjectivity. All of those problems seem to be invoked by extremely low quality of ultrasonic images at presence of information dropouts.

The proposed method mostly prevents mentioned problems. Presented approach provides high robustness and accuracy of the developed algorithm and less human-operator assistance. The remainder describes step by step the processing sequence, incorporating knowledge-based image transformation and normalization, directional segmentation, least-cost boundary search and knowledge-based boundary error detection and correction. The described method is dedicated to processing of image sequences.

2. Method Description

The main goal is to find the silhouette of the left ventricle cross-section. This should serve to build up a model of a human heart motion and to do volumetric measurements as well.

The whole sequence of operations required to reach the goal may be divided into five steps, that solve specific problems. The list of them follows:

1) Image transformation, normalization and preprocessing.
2) Directional segmentation providing candidate points for the contour creation.
3) Raw contour search, based on the least-cost path search using a dynamic programming.
4) Knowledge-based detection of raw contour errors and their corrections.
5) Prediction of the contour position in the next image.

3. Image Preprocessing

The first step includes cartesian-to-polar coordinate system transform of the input image (if the input image is given in cartesian coordinate system). This action seems to be valuable with respect to further processing, based on presumptions on boundary shape and position. The expected contour is to be circle-shaped (short axis cross-section case) or ellipse-shaped (long axis cross-section shape), but anyways predictable. This is one of the basic presumptions, that guide the whole boundary detection process. The normalizing operations are of two kinds and both of them are performed in this step.

The first one is the grey scale transformation. This is to expand the grey level range of the ventricle area into the dynamic range of the whole image. The transformation is defined by an average brightness values (the bottom value) in the expected middle of the ventricle and in the area of the bright part of the heart cavity wall (the top value). The both values are relatively stable through the image sequence. This aims to guarantee similar conditions for the whole input sequence.

The most important is the geometric transformation, that compensates changes of relative position of the left ventricle within the image sequence,

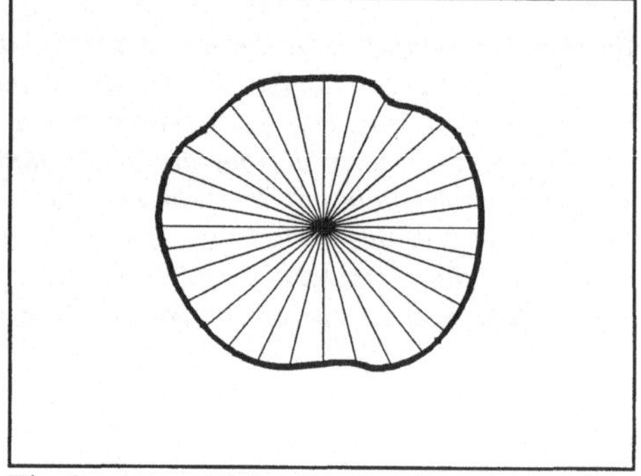

Fig.1. A ventricle short axis cross-section representation in the polar coordinate system.

caused by scanner probe motions and heart activity. This kind of position correction can be based on previously detected contours or/and on some apriory knowledge. Assuming, that the ventricle motion is smooth enough, we can derive the compensating transform only by the use of previously detected contours and prediction of its position, orientation and size in the current image.

Utilization of complete motion model, that incorporates ventricle rotation, translation and zooming arises as extremely complicated. After some experiments was shown that the complete model does not bring significantly better results compared with its restriction to a simple translation model. The whole geometric transformation then reduces to compensation of gravity center position of the ventricle. This is done by setting the origin of the polar coordinate system at the predicted position of the gravity center. The starting conditions for the contour predictor can be given simply by an assumption on the shape of the first contour or just simply, but more accurate, by tracing the first contour manually.

The images, captured by an ultrasonic device, are regularly corrupted by noise. This requires noise reduction to some suitable level in order to avoid serious problems at further processing. Authors in [5] propose some sophisticated filters for this task. High robustness of presented method allows also utilization of very simple convolution filters obtaining comparable effect in the result of contour detection.

4. Contour Candidate Points Segmentation

The second step aims to reduce the image-data amount in a significant way. The operation is much more efficient if based on contour shape and position assumptions as mentioned above. Using this, the search for pixels that may potentially represent contour pixels (so called contour candidates) is done only directionally. The directions are defined by beams, beginning at the gravity centre of the ventricle and that should cross the contour anyways. This significantly reduces processing costs.

The directional segmentation step is performed by two methods. In order to obtain the most case-independent results, the parameter settings are data-guided and the outputs of the both are combined. This guarantees low sensitivity of the segmentation results to brightness function variations caused by noise.

The first method is directional thresholding. The threshold setting is for each direction histogram-guided. With respect to ultrasonic image character the obtained directional histograms are unimodal

(Fig.2). The exact threshold is evaluated by the use of higher-order differences of the histogram function.

The second method is based on the average gradient $a_g(z)$ within the chosen area Ω (a directional beam). The optimal threshold is selected for the brightness, where occurs the maximum value of expression (1).

$$\forall g(r);\ g(r)\in\Omega \quad a_g(z)=\frac{\sum\limits_{g(r)=z} vg(r)}{\sum\limits_{g(r)=z} 1} \tag{1}$$

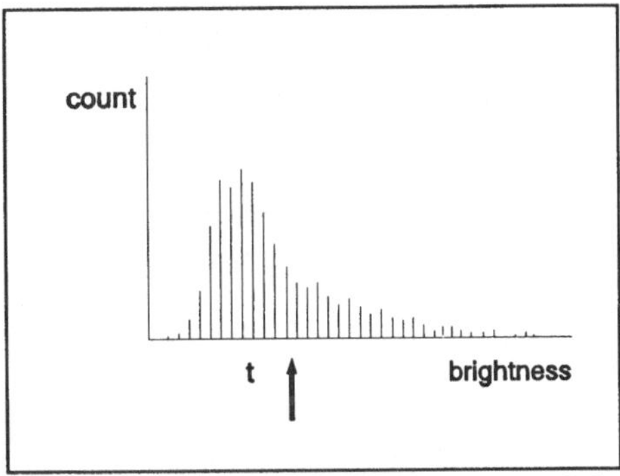

Fig.2. A directional histogram shape and the optimal threshold selection.

Where $g(r)$ denotes the brightness function at radius r. The both of the thresholding processes are followed by directional difference evaluation with suppressing of the pixels, having certain sign (depends on the orientation of difference calculation). This selects just the true candidates for the contour, that correspond to the changes from dark to light regions.

Doing that, we obtain a great amount of candidate pixels for the contour. To decrease the number of them, we use the assumption about limited contour-position changes from the previous image. This leads to the possibility of reducing those pixels, that are not too distant (than a certain threshold) from predicted contour position (the search-space restriction). The mentioned threshold is set, depending on maximum position changes between two following images. This processing step provides roughly reduced set of candidate pixels, that are the most likely to build up the desired contour.

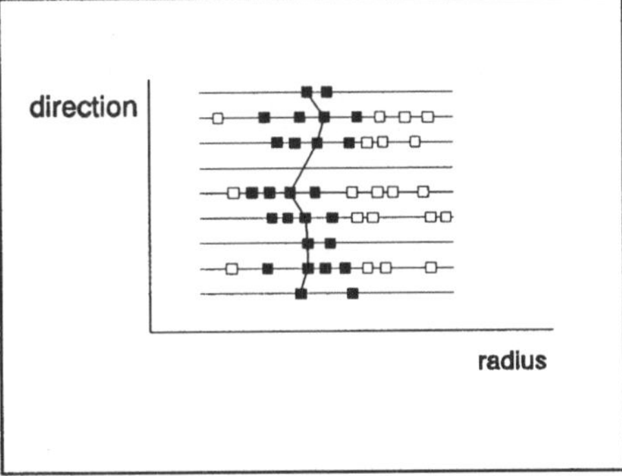

Fig.3. The search-space restriction to near candidates.

5. Candidate Points Link

The next step is to link together the reduced set of candidate pixels to obtain the continuous contour. To do that, a dynamic programming technique [7] is used. Two weak points of this method, the start-point and the cost function set up seems to be well treated in the following way.

The start point is possible to set up by matching a segment of the predicted contour (about 1/10 to 1/5 of the contour length) to the reduced set of the candidate points. Shifting and rotating the mentioned segment until the membrane-energy function (2) is minimal, we obtain the best match. Where the interval of directions is given by φ_1, φ_2 and the radial coordinates of the prototype contour pixels and candidate pixels by $r_p(i)$ and $r_c(i)$. The nearest candidate to the segment, is chosen as the start point for

$$E=\frac{1}{\varphi_2-\varphi_1}\sum_{i=\varphi_1}^{\varphi_2}(r_p(i)-r_c(i))^2-(\frac{1}{\varphi_2-\varphi_1}\sum_{i=\varphi_1}^{\varphi_2}r_p(i)-r_c(i))^2 \tag{2}$$

the search. The used dynamic programming method works with the fixed start-point and fixed end-point that are identical.

In order to obtain good performance, the cost function has to be composed of more terms (each describes either topological or grey-level characteristic of candidate points).

The cost function terms are mostly analogous to those described in [4] as follows:

Video level predictor. The term c_1 is given by the price of transition between two candidates in directions $i-1$ and i.

$$c_1(r_c(i-1),r_c(i))=\frac{a+b}{c-d} \tag{3}$$

Where:

$$a=\left|\sum_{j=1}^{n} g(r_c(i)-j,i)-g(r_c(i-1)-j,i-1)\right| \tag{4}$$

$$b=\left|\sum_{j=1}^{n} g(r_c(i)+j,i)-g(r_c(i-1)+j,i-1)\right| \tag{5}$$

$$c=\sum_{j=1}^{n} g(r_c(i)+j,i)+g(r_c(i-1)+j,i-1) \tag{6}$$

$$d=\sum_{j=1}^{n} g(r_c(i)-j,i)+g(r_c(i-1)-j,i-1) \tag{7}$$

Where $r_c(i)$ denotes the radial coordinate of candidate pixel in the i-th direction and n gives the size of image window. If happens that the term $c-d<0$, we set $c-d=0.5$, to treat the inversion of the edge orientation. The second cost function c_2 is derived from c_1 just omitting the denumerator. This minimizes the average brightness changes along the contour.

$$c_2(r_c(i-1),r_c(i))=a+b \tag{8}$$

The third cost term c_3 does the same as c_1, but for all of the pixels in the actual direction. The c_3 provides the minimal value for the candidate, that splits the image into the interior and the background parts of the ventricle in the best way.

$$c_3(r_c(i-1),r_c(i))=\frac{|a-c|+|b-d|}{b+d-a-c} \tag{9}$$

Where:

$$a=\frac{1}{r_c(i-1)-1}\sum_{j=1}^{r_c(i-1)-1} g(j,i-1) \tag{10}$$

$$b=\frac{1}{M-r_c(i-1)}\sum_{j=r_c(i-1)+1}^{M} g(j,i-1) \tag{11}$$

$$c=\frac{1}{r_c(i)-1}\sum_{j=1}^{r_c(i)-1} g(j,i) \tag{12}$$

$$d=\frac{1}{N-r_c(i)}\sum_{j=r_c(i)+1}^{N} g(j,i) \tag{13}$$

Where M and N are the numbers of pixels in directions $i-1$ and i. The fourth term c_4 is derived from the previous one by omitting the denumerator.

$$c_4(r_c(i-1),r_c(i))=|a-c|+|b-d| \tag{14}$$

The next cost function terms c_5 to c_8 are based exclusively on topological properties of the candidate points. Let us mention the 0-th order position predictor c_5. That can be modified into c_6, being sensitive to slower variation of direction along the contour, where n denotes a size of the averaging window.

The same idea, but the first order position predictor is used for creating c_7 and c_8.

$$c_5(r_c(i-1),r_c(i))=|r_c(i)-r_c(i-1)| \tag{15}$$

$$c_6(r_c(i-1),r_c(i))=|r_c(i)-\frac{1}{n}\sum_{j=1}^{n} r_c(i-j)| \tag{16}$$

$$c_7(r_c(i-1),r_c(i))=|r_c(i)-2r_c(i-1)+r_c(i-2)| \tag{17}$$

$$\forall n,k\in N;\ n=2k;\quad c_8(r_c(i-1),r_c(i))=|r_c(i)-r_c(i-1)-\frac{1}{2n}(\sum_{j=1}^{\frac{n}{2}} r_c(i-j)-\sum_{j=\frac{n}{2}+1}^{n} r_c(i-j))| \tag{18}$$

The way of combining cost function terms affects strongly the final performance of the whole search. It seems to be absolutely impossible to realize that as a linear combination with fixed coefficients. The whole approach must be adaptive to variation of image quality. According to the results of tests, the algorithm of combining cost terms was developed.

It is straightforward that the apriory probabilities of right decision of each term (the minimum value achieved in one step for a certain candidate), cannot guide the term-combination process because they are not known. The way of combining cost terms is based on agreement of the majority of the term results. In other words, the final cost of an optimizing step is defined by the majority of the terms choosing the same optimal candidate.

Performing described search for the least-cost path we obtain a raw contour, that mostly matches the real contour but also contains some detection errors.

6. Knowledge-Based Correction

The raw contour, obtained from previous computation step, is always corrupted by detection errors as artifacts (Fig.4). The fundamental reasons for that are two: grey-level information dropouts, that are typical for ultrasonic imaging and mistakes caused by imperfection of the cost function. The mentioned contour detection errors may typically range up to 30% (or more) of the contour length. Therefore there is a need to detect and correct them.

A suitable way of doing that proposes [4]. The knowledge of contour-possible shapes are collected in a database of all possible contours, that may occur. The database is created by manual tracing of training contours followed by automatic contour clustering [6] into reference groups. Before the clustering process the contour normalization with respect to the size and rotation must be done. This allows to cluster contours, captured at different conditions. The output of this processing step (done just once, at the very first beginning) is a set of about 10 reference contours. This contours represent the knowledge used to detect and correct errors.

The detection of contour errors is based on comparison of the size-normalized raw contour to the reference contours, done by a minimum-distance classification. The contour distance is given as a sum of distances of the corresponding contour pixels in all directions. In order to guarantee good classification results, the classifier decision should be based on only those contour pixels, which are not too distant from the reference contour (about 1/3 of the whole amount).

The following correction step, uses the chosen reference contour as a template. The template is pieceweise matched to the raw contour being corrected. The raw contour points, that exceed specific distance from matched segment of the reference contour are substituted by the contour points from the reference contour segment. This method keeps the smoothness of the corrected contour well.

The template-based correction process (compare [4] and [2]) does not fail even if the contour error corrupts a significant part of the contour as shown (Fig.4).

7. Prototype Prediction

As mentioned above the method uses a predicted prototype of contour to perform the geometrical normalization (step 1), search space restriction (step 2) and the start point set up (step 3).

The prediction provides the expected position of the contour in the next image. This can be easily realised by 0-th or 1-th order position predictor (19) and (20). The 1-th order predictor is combined with a smoothing operation (21) using averaging window of size $2L+1$. The $r_k(i)$ denotes the radial position of the contour pixel in the direction i and in the image k.

The position prediction can be done only in the radial direction. The limitation is caused by impossibility of identifying certain points on the contour. This makes sense of using the low-order predictors. Utilization of higher-order predictor does not lead to suitable results. The first prototype contour can be obtained by assuming a standard contour shape or more accurate by manual tracing in the first image.

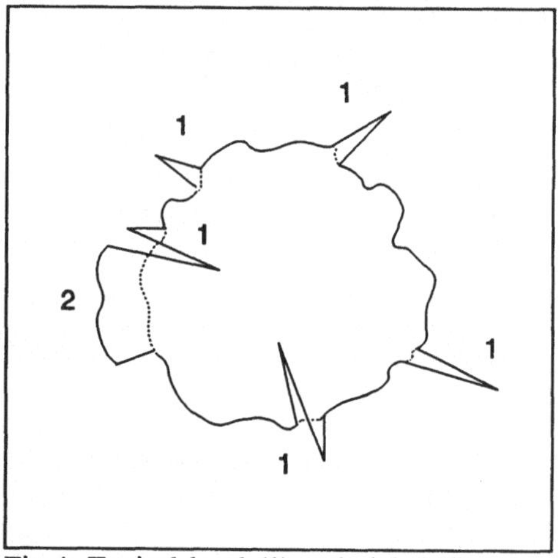

Fig.4. Typical local (1) and global (2) errors of a raw contour.

$$r_{k+1}(i) = r_k(i)$$
$$i=1..S$$
(19)

$$r_{k+1}(i) = \frac{2}{2L+1} \sum_{j=i-L}^{j=i+L} r_k(j) - r_{k-1}(j)$$
$$i=1..S$$
(20)

$$r_{k+1}(i) = \frac{2}{2L+1} \sum_{j=i-L}^{j=i+L} r_k(j) - r_{k-1}(j)$$
$$i=1..S$$
(21)

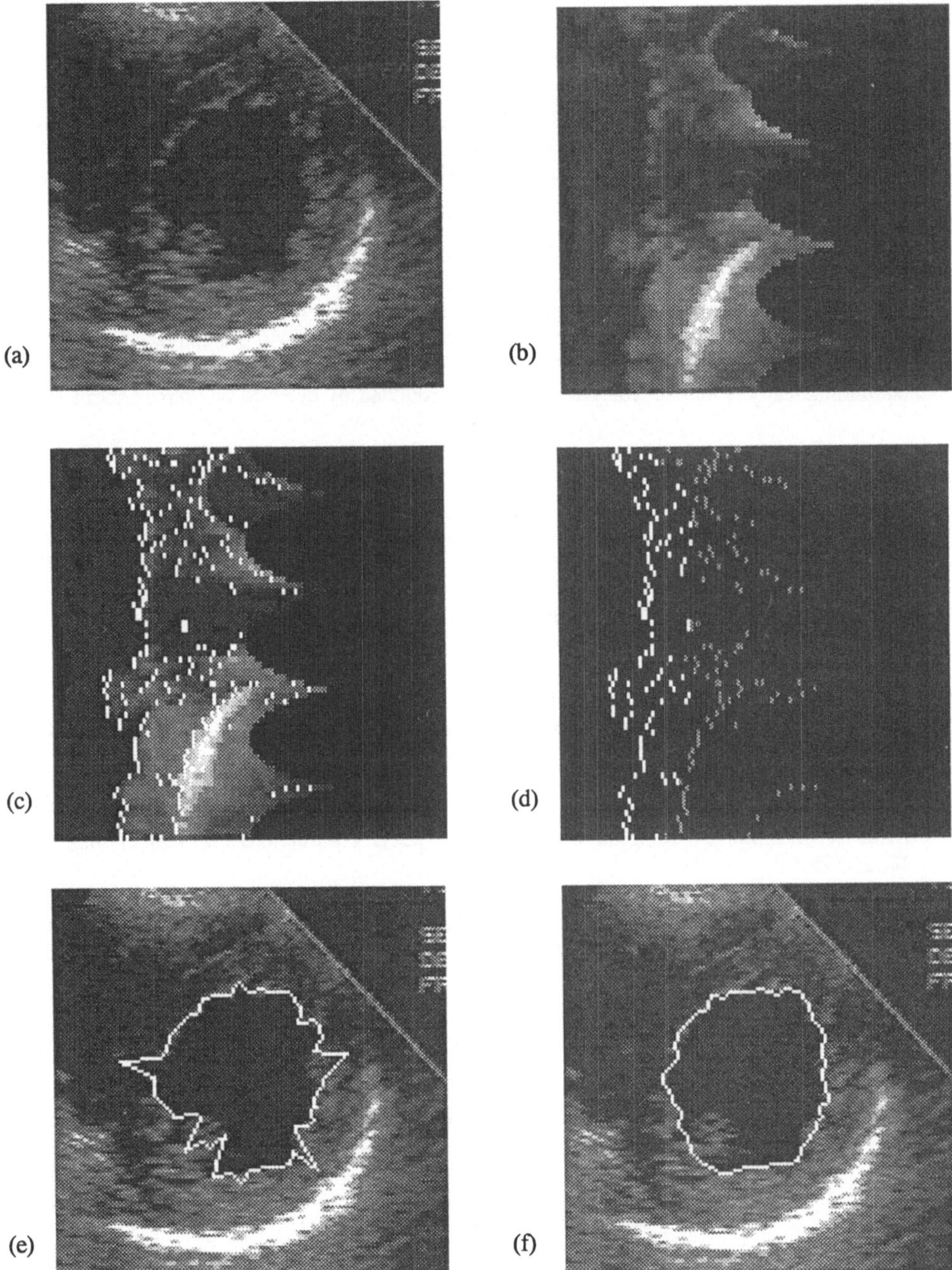

Fig.5. Original cross-section image (a); after the preprocessing and coordinate transform into the polar system (b); position (c) shows all the candidates for the contour and (d) the search-space restriction (highlighted points); the raw contour is at (e) and the final result after the error correction shows (f).

3. Results

The main advantage of the presented method is the capability to process extremely low-quality images. Although the least-cost path search using dynamic programming is known as sensitive to cumulative errors the right selection of the cost function together with the search-space restriction could prevent the problem. The contour detection errors caused either by information dropouts or dynamic search mistakes are detected and corrected in the correction phase. This guarantees, that the reference contours are not forced into the detected contour. Mentioned danger usually occurs always, when the reference contours are used directly to guide the search.

The whole method was implemented and tested on a IBM PC machine. Several image sequences of about 20 images scanned during one cardiac cycle were used as input data.
The input images were divided into two groups. The first one served as a training set for creating the set of reference contours. The second one was used as the test set for the method.

A contour detection accuracy was tested comparing some manually traced contours to contours obtained automatically. Final accuracy of the area surrounded by detected contour is about 1% to 5%.

4. References

[1]   Ducan James S.: Knowledge Directed Left Ventricular Boundary Detection in Equilibrium Radionuclide Angiography, IEEE Transactions on Medical Imaging, Vol.6, No.4, 1987.

[2]   Marquart M.: Automatische Konturfindung in 2D-Echo, Medical Image Processing, Kontron, Munich, 1985.

[3]   Pope D.L., Parker D.L., Gustafson D.E., Clayton P.D.: Dynamic Search Algorithms in Left Ventricular Border Recognition and Analysis of Coronary Arteries, Computational Cardiology, p.71-75, 1984.

[4]   Lilly P., Jenkins J., Bourdillon P.: Automatic Contour Definition on Left Ventriculograms by Image Evidence and Multiple Template-Based Model", IEEE Transactions on Medical Imaging, Vol.4, No.2, 1989.

[5]   Taxt T., Lundervold A., Angelsen B.: Noise Reduction and Segmentation in Time-Varying Ultrasound Images, IEEE Proceedings of 10th International Conference on Pattern Recognition, Atlantic City, New Jersey, U.S.A., June 16-19, 1990.

[6]   Duran B. S., Odell P. L.: Cluster Analysis (a Survey), Springer Verlag, Berlin-Heidelberg-New York, 1970.

[7]   Donald A. Pierre: Optimization Theory with Applications, John Willey & Sons, New York, 1969.

Interactive 3D-Segmentation
of Tomographic Image Volumes

T. Schiemann, M. Bomans, U. Tiede, K.H. Höhne

Institut für Mathematik und Datenverarbeitung in der Medizin (IMDM)
Universitäts-Krankenhaus Eppendorf
Martinistr. 52
D-2000 Hamburg 20
e-mail: surname@imdm.uke.uni-hamburg.dbp.de

Abstract

Segmentation is a prerequisite for 3D visualization of image volumes. It has turned out to be extremely difficult to formalize for automatic computation. We describe an interactive segmentation method that circumvents this difficulty by using low level segmentation tools, which are interactively controlled by a human user via 3D display. Segmentation tools implemented so far are simple thresholding and morphological operations. The method has been implemented on a workstation under UNIX using an X-Window interface based on the OSF/MOTIF toolkit. It is shown with examples from different applications that this simple approach delivers good results in only a short amount of time.

Introduction

During the past years various visualization algorithms for image volume data have been developed that deliver very realistic images. Segmentation is a prerequisite for high quality 3D rendering and has turned out to be extremely difficult to formalize for automatic computation. None of the so far published algorithms is able to succeed automatically on any data set or object, although there are many methods suitable for special objects or for input data, that have to be obtained with precisely prescribed parameters.

For simple objects, such as bone from CT data, thresholding might be sufficient. For other objects or modalities, there will be different objects within the same intensity range, so that pure thresholding fails. Region growing can be applied successfully in some cases [3], but different objects might be connected by small links, so that they would be segmented together. Morphological operators [4, 8] can be useful for the refinement of object contours detected in a previous segmentation step, but usually manual removal of incorrectly linked boundaries will be necessary [1]. Morphological operations can also be applied to regions generated from thresholding in order to split the regions into meaningful objects by application of fixed sequences of operators [2]. The difficulty here is to define a sequence that is valid for every data set. The same difficulty occurs in rule-based systems defining globally valid rules [6, 7].

The drawback of all the above methods is that the complete knowledge necessary for successful segmentation cannot be included.

We describe a new approach which circumvents this problem by allowing the human user to segment image volumes interactively using thresholding and 3D morphological operations [5]. This segmentation is performed concurrently with 3D visualization providing direct visual feedback to guide the user in the segmentation process. Thus, rather than attempting to duplicate the complex and poorly understood human capability to recognize objects, our approach uses the humans's own judgement and knowledge.

Method

Our approach is based on the assumption that objects within an image volume are basically characterized by homogenous intensity ranges. Unlike real world scenes this is true for crossectional images originating from modern medical image acquisition hardware. Different objects having the same intensity range might be connected by thin linking regions coming from data acquisition (noise) or from actually existing tissue, that connects the objects in the real world. If we manage to break these links, the segmentation can be performed successfully.

For breaking undesired links we are using erosion with structuring elements selected by the user. Erosion belongs to the well known group of morphological operations [4, 8]. It has the property to shrink the object under consideration according to the selected structuring element. The opposite operation dilation enlarges the object again, but it is generally not able to restore the eroded object completely.

The low level segmentation tools we have implemented in 3D are:

- Thresholding
- Morphological operations (dilation,erosion)
- Connected component analysis
- Region filling
- Boolean operations (AND, OR, XOR, NOT)

The operators can be applied without detailed knowledge about their effect, because the result can immediately be assessed on 2D slices and on 3D views. This is the basis for the user to select the next operation. If the segmentation is still crude decisions will mainly be made by regarding the 2D slices. With increasing accuracy the 3D image is getting higher importance.

It depends on the user and the data set how an object is segmented. Different data sets containing the same object might require different approaches. In general the procedure will be as follows:

1. The user chooses an intensity range for the object to be segmented. A binary volume, the mask, is created, in which all voxels within the threshold range are set.

2. A connected component analysis is applied separating the mask into its geometrically connected regions. Separated regions are marked with different colors. The user then has to decide, if the object he wants to segment can be obtained by selecting some of the components. In this case the segmentation is continued at step 4.

3. The user applies an erosion to cut links in order to devide the mask into more components. If it is possible to locate the links that have to be broken on the displayed images, it is also possible to apply a cutting operation for separating the mask into more parts.

   The segmentation is continued with a connected component analysis of the new mask at step 2.

4. The user selects all components that define the object. If the mask has been eroded in the preceding segmentation steps, the selected components have to be dilated to restore the original object boundaries.

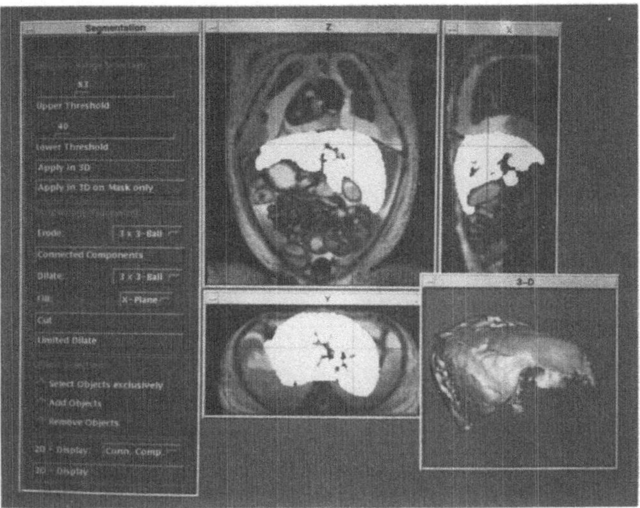

Figure 1: Screen layout of the segmentation system

An often occuring situation is, that an object is to be segmented that is included in a previously generated mask. In this case the mask can be filled and segmentation can be continued within this volume.

For application of boolean operations, there is the possibility to store calculated masks in buffers. This is also useful for referring to previous segmentation steps.

Instead of eroding an object more and more it might be better to shrink the intensity range for the object a little bit, which has an effect slightly similar to erosion, but without the risk of loosing small structures located inside the intensity range.

For restoring an eroded object it will mostly be unsufficient to apply a dilation with the structuring element of the erosion, especially for larger structuring elements. In this case it has turned out to be very useful to dilate the object a little more, but limited to the initially selected intensity range. It is surprising how well an object can be recovered even after application of large structuring elements for erosion.

Eroding an object includes the risk to loose small structures of the object that can not be recovered by dilation. In our system this would be recognized by the user on the displayed segmentation results, so that additional effort can be undertaken to restore the object completely.

Implementation

As the described method is based on interactivity implementation is of substantial importance. We have implemented our method in C on a DECstation 5000/200 under the operation system ULTRIX using an X-Window interface based on the OSF/MOTIF toolkit. On the screen there are three 2D images displaying orthogonal cuts of the data volume and a 3D rendering of the object under consideration (fig. 1).

It is essential that every chosen operation is calculated very fast, because the user has to make his next decisions on the basis of the previous results. This is especially important at two points of our segmentation process: Thresholding and selection of a suitable structuring element for morphological operations.

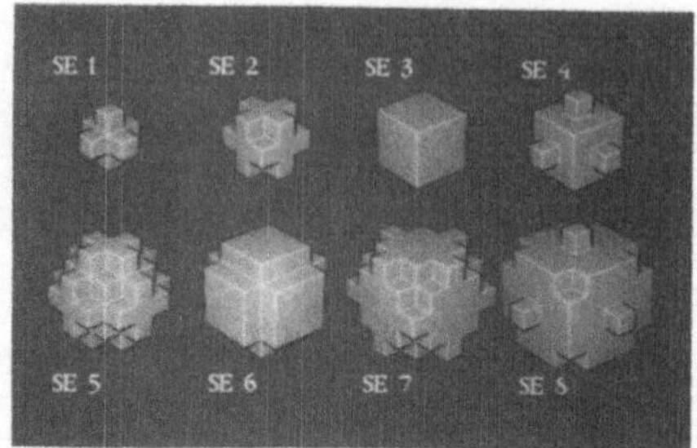

Figure 2: Implemented structuring elements

The selection of an intensity range is performed by assessing orthogonal slices while moving sliders for lower and upper threshold. The following creation of a binary volume according to the chosen intensity range takes some seconds. This is no obstacle, because at this point a new segmentation step that is not directly connected to thresholding begins anyway.

During the process of choosing a structuring element for morphological processing, the 3-D morphological operator is immediately applied restricted to the displayed orthogonal cuts after selecting one of the structuring elements. This takes less than a second for usually used structuring elements. If the user changes the position of the 2D cuts, the morphological operation is again performed immediately on the new slice. Finally, if the user has found a suitable structuring element, the morphological operation is calculated in the whole 3D volume.

Unfortunately there is no possibility to take an analogous approach for a fast 2D precalculation of the 3D connected component analysis, which would be very useful to see, if the undesired links could already be broken or not.

As choosing certain structuring elements is to be performed by the user intuitively, he shall be kept free from any special knowledge about the used structures. Thus we have sorted the structuring elements according to the number of their entries, so that the user can choose from a set of operators of various "strength". Fig. 2 shows the implemented structuring elements. They can be considered as discrete approximations of a ball with increasing radius. Morphological operations with larger structuring elements can be performed by combining smaller structuring elements in order to save computing time.

It is very important for the user to have the possibility to get any desired visual information at every stage of the segmentation process, as the user has to find the critical locations, at which a suitable choice has to be made. The position of the 2D cuts can be changed easily by pointing with the mouse and 3D images can be calculated from any direction of view. 3D rendering is performed with tools that we have developed in previous projects [9].

Computing times range from 6 – 30 seconds for typically used operations and data volumes of size 256^3, depending on the size of the object under consideration.

Application

We are using isotropic data sets, which are consisting of voxels with equal size in every coordinate direction. The dynamic range is compressed to 8 bit, corresponding to 256 grey values.

We have applied interactive segmentation to many CT and MR data volumes. The results are as good as those from previously used methods and can be obtained even faster.

Head from MRI

Segmentation of MRI volumes into their basic constituents has become a standard procedure in our department. We demonstrate the procedure with the example of a data set of a head consisting of 179 slices of size 256^2, which has been obtained in the daily routine of our hospital.

For segmentation of the brain, an intensity range is selected which includes the whole brain. Unfortunately, the outer tissue falls into the same intensity range and is connected to the brain. After application of an erosion with the structuring element SE6 (fig. 2), a connected component analysis shows, that the brain can be isolated from its surrounding tissue (fig. 3). The brain component is selected by the user and dilated. An additional dilation with the structuring element SE3 limited to the initially chosen intensity range is performed in order to recover the true object boundaries (fig. 3).

For further segmentation of the ventricular system, the brain mask is filled and a new mask is created from the low signal region of the filled brain mask. On a 3D rendering of the new mask many small regions are shown which belong to the ventricular system. In addition erroneously filled sulci and partial volume effects appear. After application of a connected component analysis all components of the ventricular system can be selected. Some cuts have to be specified in the saggital plane between the two hemispheres in order to separate the ventricular system from the large regions of partial volume effects occuring here. Finally, the mask is dilated limited to an intensity range, that is a little larger than the initially chosen, in order to fill small holes. If an intensity range, which contains more voxels, is chosen in the first step, many false links will occur. A 3D rendering of the ventricular system is shown in fig. 4.

The whole procedure takes about 15 minutes.

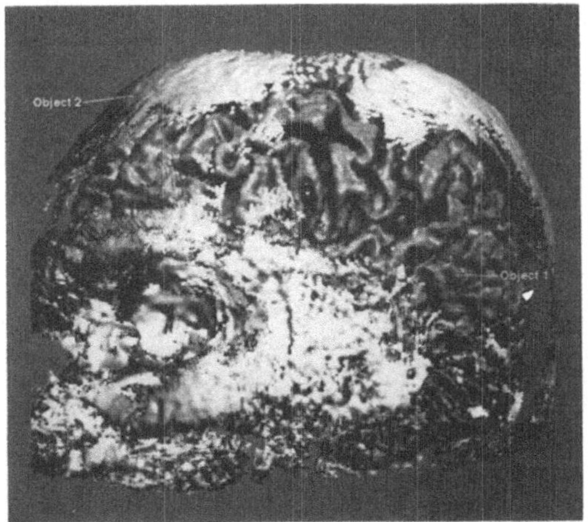
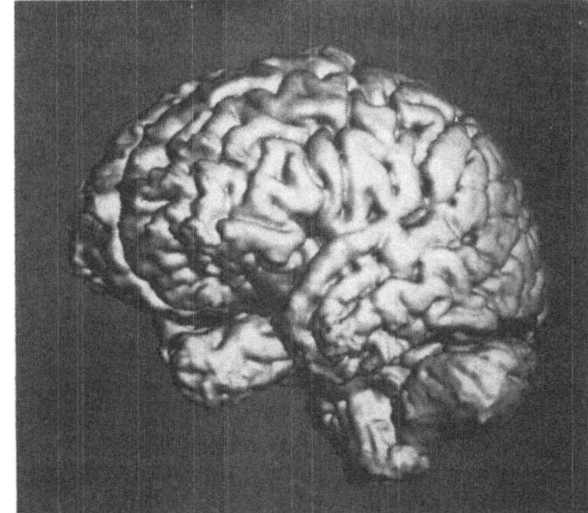

Figure 3: Segmentation of the brain. Left: 3D display of the scene after erosion and connected component analysis. The different colors (here brightnesses) of outer tissue and brain show that they are separated. Outer tissue can therefore be removed and the remainig component is dilated to recover the whole brain (right).

Fetus from MRI

As a second example we considered an MRI data set of a human fetus consisting of 100 slices of size 200×256. Many different organs could be segmented by procedures similar to the above mentioned (fig. 5).

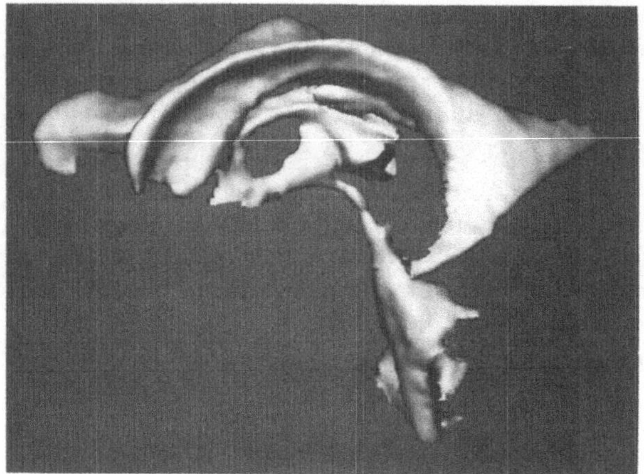

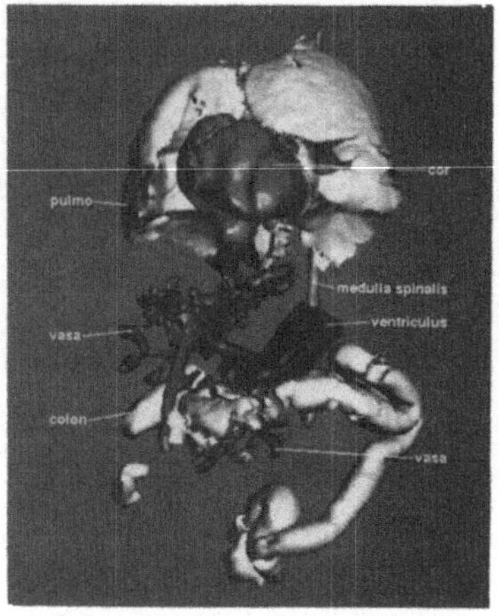

Figure 4: Ventricular system   Figure 5: Organs of a fetus

Abdomen from spiral-CT

In this application we used a data set of the abdomen obtained in spiral mode and constisting of 97 slices of size 256^2. Similar to the example of the fetal data set many organs can be segmented with the described procedures (fig. 6 and 7).

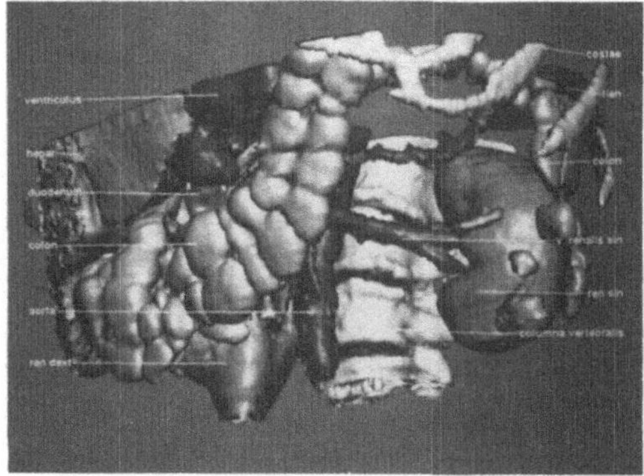

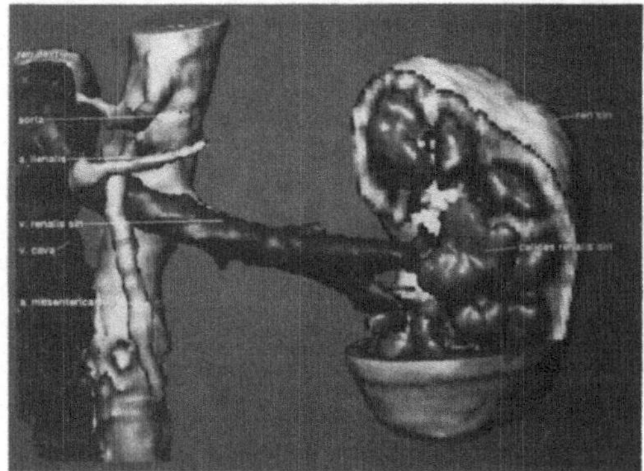

Figure 6: Organs of the abdomen

Figure 7: Detailed view on the left kidney, which has partially been removed for display of the renal calices. These have been rendered as solid organs.

Turbine blade from CT

In this application a data set is used, that is coming from an industrial CT scan of a GE Aircraft Engines turbine blade consisting of 300 slices of size 149×190. The external structure of this object can be visualized by simple thresholding (fig. 8). The internal structure, which is rather complex to assess, can be obtained by filling a mask created from the metal structure on all 2D slices. 3D filling fails, because the internal structure is connected to the surrounding background. Visualizing the low signal regions within the mask shows the internal structure (fig. 9).

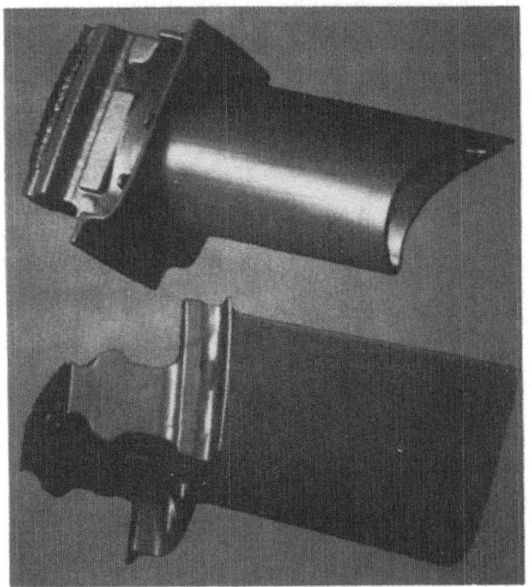

Figure 8: External structure of a turbine blade

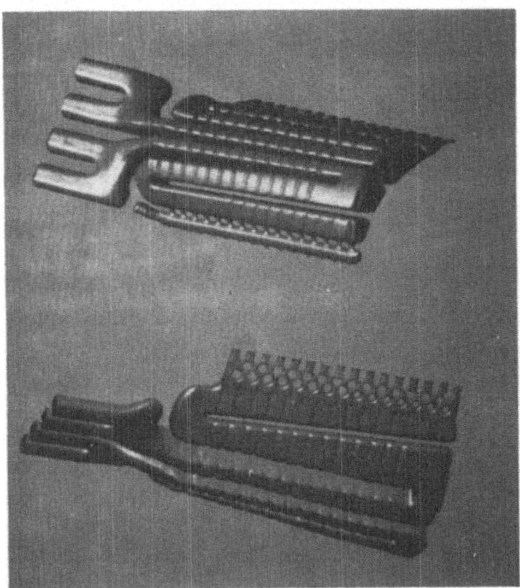

Figure 9: Interior structure of a turbine blade

Conclusions

We have described an interactive 3D segmentation method using low level segmentation tools, which are interactively controlled by a human user via 3D display.

The method has proven to be successful in all applications we have tried so far. It can be applied to all image volumes independend of the acquisition mode or the objects contained within the volume. Segmentation results can be obtained within a short amount of time. At our institute the method has become a standard tool, that is used for clinical routine as well as for scientific exploration. It has turned out that also non-specialists are able to use the method effectively after a short amount of advice. During a course in image processing medical students were able to use the system successfully after less than one hour.

Although different users may choose different initial parameters and procedures, it has turned out that the differences in the final results can be ignored. The accuracy of the segmentation results is as good as that coming from pure level and window control and can be assessed from the displayed images. For a MRI-data set of the head we have compared the segmentation obtained with our method with the segmentation of an anatomist, who labeled the whole data set voxel by voxel. The occured differences are not practically relevant.

The speed of segmentation is still limited by the workstation hardware. It may be suggested, that the described method will become even more effective, when faster hardware will be available.

Further work will concern addition of other segmentation tools. These should be usable in an as easy manner as the so far implemented operations. Especially locating the position of undesired links will be a main task of investigation.

When more powerful workstations are available the described method will allow a user to browse through some kind of 3D "object space" similar to modifying 2D grey scale images by intensity level and window control. While browsing through this space, candidate objects would be displayed on demand and the user would terminate the process when the image is found to be optimal.

Acknowledgements

The authors are grateful to A. Pommert, M. Riemer and Dr. R. Schubert (all IMDM) for many discussions and practical assistance. Tomographic raw data were kindly provided by Dr. W. Kalender (Siemens, Erlangen), Dr. W.A. Hanson (IBM, Palo Alto), Dr. J. Ross and C. Wojciechowski (GE, Cincinati, Ohio) and Dr. G. Siepmann (Dept. of Neuroradiology).

References

[1] Bomans, M., Höhne, K. H., Tiede, U., Riemer, M.: 3D-Segmentation of MR-Images of the Head for 3D-Display. *IEEE Trans. Med. Imaging MI-9*, 2 (1990), 177–183.

[2] Brummer, M. E., Mersereau, R. M., Eisner, R. L., Lewine, R. R. J.: Automatic Detection of Brain Contours in MRI Data Sets. In Colchester, A. C. F., Hawkes, D. J. (Eds.): *Information Processing in Medical Imaging, Proc. IPMI '91*, Springer-Verlag, Berlin, 1991, 188–204.

[3] Cline, H. E., Dumoulin, C. L., Hart, H. R., Lorensen, W. E., Ludke, S.: 3D Reconstruction of the Brain from Magnetic Resonance Images Using A Connectivity Algorithm. *Magn. Reson. Imaging 5* (1987), 345–352.

[4] Haralick, R. M., Sternberg, S. R., Zhuang, X.: Image Analysis Using Mathematical Morphology. *IEEE Trans. Pattern Anal. Machine Intell. PAMI-9* (1987), 532–550.

[5] Höhne, K. H., Hanson, W. A.: Interactive 3D-Segmentation of MRI and CT Volumes Using Morphological Operations. *J. Comput. Assist. Tomogr. 16*, 2 (1992), 285–294.

[6] Menhardt, W.: Image Analysis Using Iconic Fuzzy Sets. In *European Conference on Artificial Intelligence, Proc. ECAI'88*, Pitman Publ., London, 1988, 672–674.

[7] Raya, S. P., Udupa, J. K.: Low-Level Segmentation of 3-D Magnetic Resonance Brain Images — A Rule-Based System. *IEEE Trans. Med. Imaging MI-9*, 3 (1990), 327–337.

[8] Serra, J.: *Image Analysis and Mathematical Morphology*. Academic Press, London, 1982.

[9] Tiede, U., Höhne, K. H., Bomans, M., Pommert, A., Riemer, M., Wiebecke, G.: Investigation of Medical 3D-Rendering Algorithms. *IEEE Comput. Graphics Appl. 10*, 2 (1990), 41–53.

Cascaded and Parallel Neural Network Architectures for Machine Vision — A Case Study [1]

E. Littmann, A. Meyering, and H. Ritter

Department of Information Science
Bielefeld University, D-4800 Bielefeld, FRG
email: littmann@techfak.uni-bielefeld.de
andrea@techfak.uni-bielefeld.de
helge@techfak.uni-bielefeld.de

1   Introduction

Neural networks have emerged as an efficient method to complement more traditional approaches, in particular in situations where a design of algorithms from first principles becomes too costly or fails due to insufficient information about e.g. the statistics of a problem. However, as the problems to which neural networks are applied become more demanding, such as in machine vision, the choice of an *adequate network architecture* becomes more and more a crucial issue. This is particularly true for larger applications, where the actions of several neural networks need to be coherently integrated into a larger system. Unfortunately, systematic investigations of this issue are just beginning to appear in the literature (for an interesting approach, see e.g. [2, 12]) and results are still rather sparse.

In this contribution, we want to report results of a case study, where the focus is the exploration of neural network architectures for the task of identifying the 3D-shape of a multi-link robot hand with 10 joints, using monocular, computer-rendered gray-level images as input (Fig.1a shows a typical input image). For this task, we considered two network architectures of a complementary structure that represent the two main architectural prototypes that are possible, namely a *shallow and broad* and a *narrow and deep* architecture.

The first architecture consists of a set of subnetworks arranged *in parallel*. Each network receives a randomly chosen subset of the image features (for details, see Sec.2) and the output of the system is computed from the output of the parallel subnetworks.

The second architecture consists of a set of subnetworks that are arranged in a *cascaded fashion*, i.e. each network receives a different part of the original image features, but in addition also processes the partial results computed by all its predecessors in the cascade. Both architectures are further discussed in Sec.4.

To facilitate a comparison, we based both architectures on the same type of functional unit, namely the so-called LLM-network, explained more fully in Sec. 3. Section 5 then provides a report of the recognition results for both architectures, and we give a discussion of the mutual benefits and trade-offs that we found for the two architectures.

2   Recognizing 3D-Hand Postures

As a concrete demonstration we will show how the posture of an artificial multi-fingered robot hand with 10 joints can be extracted from monocular gray level images, and how this capability can be

[1]This work was supported by the German Ministry of Research and Technology (BMFT), Grant No. ITN9104AO. Any responsibility for the contents of this publication is with the authors.

learnt on the sole basis of a set of training examples. Therefore the correct output to a corresponding pixel image has to be known. For that reason we use computer rendered images of a simulated hand. We generate the hand postures that are used for training and testing the network from *convex linear combinations* of three "basis types" ("stretched hand", "precision grip", and "fist") and use the three coefficients of these linear combinations to specify each posture. This decreases the effective dimensionality of the state space of the hand considerably.

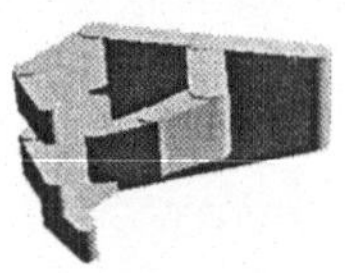
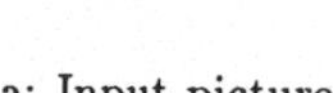

a: Input picture

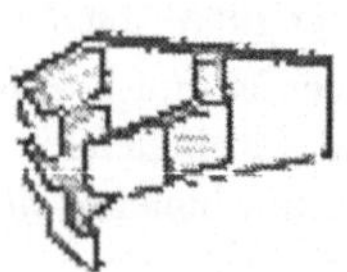

b: Laplace filter

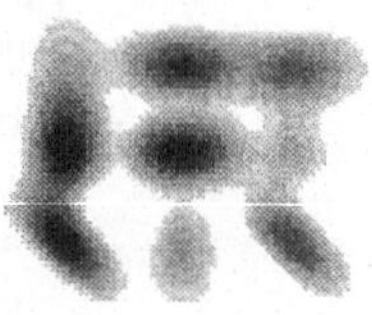

c: Convolution (Gabor masks)

Figure 1: Preprocessing of the input pictures

In order to reduce the high dimensionality of the *input* data (400x400 pixel images) we perform some simple preprocessing (local averaging, Laplace filtering, clipping, and convolution with gabor masks) (Fig. 1, for a fuller account see [9, 10]). The resulting 36-dimensional feature vector (input **x**), together with the 3 coefficients that describe each hand posture (output **y**) is then used for supervised training.

3 The LLM-Network-Architecture

In our approach we make use of LLM-networks [15, 16]. This type of network, related to self-organizing maps [3] and the GRBF-approach [11, 13, 17], is computationally efficient and learns fast [8, 18]. Basically, it approximates a non-linear transformation by a set of locally valid, linear mappings (Fig.2), where mapping r ($r = 1 \ldots N$, N being the number of "units" of the network) is given by

$$\mathbf{y}_r = \mathbf{w}_r^{(out)} + \mathbf{A}_r(\mathbf{x} - \mathbf{w}_r^{(in)}).\tag{1}$$

Here, **x** denotes the input vector, $\mathbf{w}_r^{(in)} \in \mathbb{R}^L$ and $\mathbf{w}_r^{(out)} \in \mathbb{R}^M$ ("input" and "output weight vector") are elements of the input and output space (of dimensionality L and M, resp.), and $\mathbf{A}_r$ is a $M \times L$-matrix. The output of the network is a weighted superposition of the outputs $\mathbf{y}_r$ of the individual maps. In the simplest case, the contribution of the map with the minimal distance in the input space, map s:

$$d_s = \min_r(d_r = \|\mathbf{x} - \mathbf{w}_r^{(in)}\|), r = 1, \ldots, N.\tag{2}$$

is used ("winner-take-all"-network). This leads to a tesselation of the input space. An example of the resulting, piecewise linear map is shown in Figure 3 (for the case $L = 2$, $M = 1$).

Training of the network proceeds in a supervised manner, using a training set of T correct input-output pairs $(\mathbf{x}^{(\alpha)}, \mathbf{y}^{(\alpha)})$, $\alpha = 1, 2, \ldots, T$. The weights are updated according to

$$\Delta\mathbf{w}_s^{(in)} = \epsilon_1(\mathbf{x}^{(\alpha)} - \mathbf{w}_s^{(in)}),\tag{3}$$

$$\Delta\mathbf{w}_s^{(out)} = \epsilon_2(\mathbf{y}^{(\alpha)} - \mathbf{w}_s^{(out)}), and\tag{4}$$

$$\Delta\mathbf{A}_s = \epsilon_3(d_s^2)^{-1}(\mathbf{y}^{(\alpha)} - \mathbf{y}^{(net)})(\mathbf{x}^{(\alpha)} - \mathbf{w}_s^{(in)})^T,\tag{5}$$

where ϵ_1, ϵ_2 und $\epsilon_3 \in [0, 1]$ determine the learning step size. For a more detailed discussion of suitable learning rules, see e.g. [9, 15, 16].

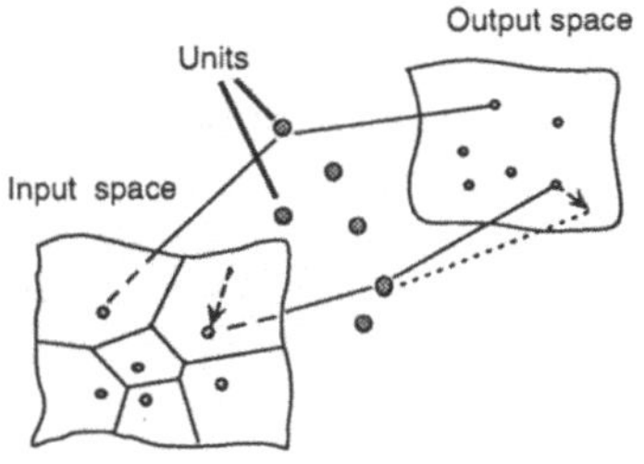

Figure 2: LLM Network

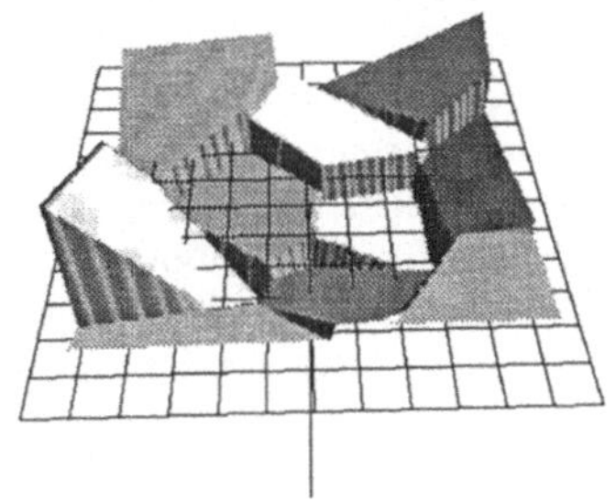

Figure 3: Mapping for $L = 2$, $M = 1$

4 Parallel and Cascaded Architectures

An essential property for the successful application a neural network is its *generalization ability*. It depends to a large extent on the architecture of the network, and only if the generalization ability is high can the network be trained with a small number of training examples. Since in many real-world applications the number of available training samples is limited, the degree of generalization ability of a network is a major determinant of its applicability for a particular problem.

Roughly speaking, the generalization ability measures how well the structure of a network matches its internal degrees of freedom to the structure of the task it has to solve (for a more detailed discussion of this issue, see e.g. [1]). Therefore, different tasks may require different optimal network architectures. However, one may expect that the optimal network architectures for similar tasks will also be similar and that, consequently, a decision between the two complementary types of parallel and cascaded networks can be made that is valid within rather broad classes of tasks. Therefore, our strategy in this paper is to focus on a case study of a prototypical task of shape identification. We use this task to compare parallel and cascaded network architectures as a tool for the construction of machine vision algorithms for similar tasks by learning methods.

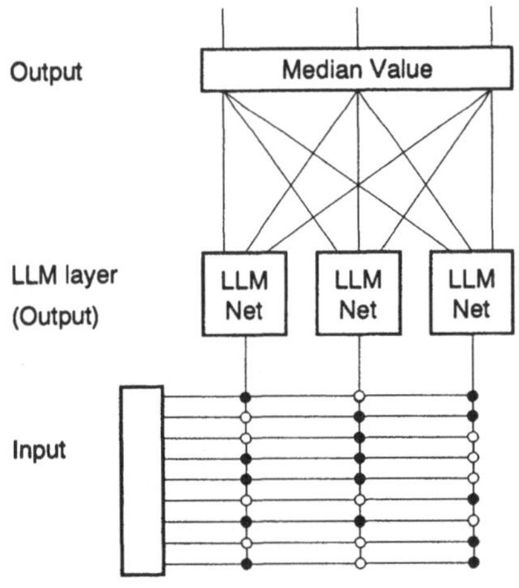

Figure 4: Parallel LLM Network

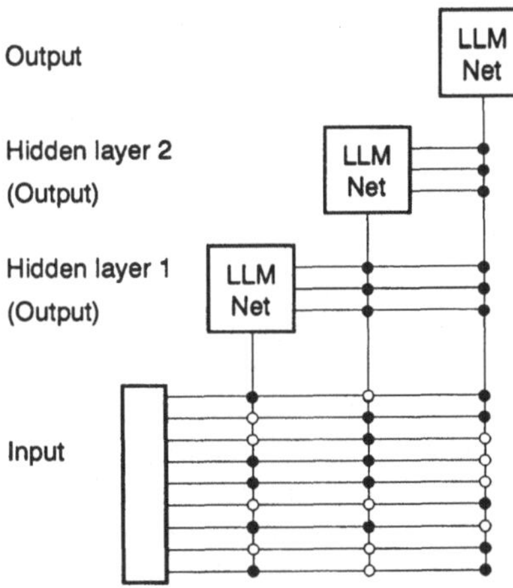

Figure 5: Cascade LLM Network

4.1 Parallel Architecture

For the *parallel architecture*, multiple networks are trained on *different subsets* of the whole set of features *at the same time* (Fig. 4). Thus, the networks can specialize on different tasks. Some may become specialists for typical hand postures, others rely on a favourite region of the image. All networks provide a continuous-valued output. These values can be combined in various ways to find the "best" target value approximation. In order to obtain robustness against outliers, we decided to use the median value of the outputs of all networks.

4.2 Cascade Architecture

The cascade approach is derived from the incremental cascade network architecture proposed and investigated in [5, 6]. We start with the training of a single LLM on an arbitrary subset of the input features. After the convergence process is finished, the LLM becomes "frozen". A new LLM is now trained on another arbitrary subset of the input features, but additionally supplied with the output of the first LLM. Again, the training proceeds until convergence. This procedure can be iterated arbitrarily and generates a network structure as shown in Fig. 5.

5 Results and Discussion

To facilitate a comparison, identical parameter values were chosen for the LLM networks used in the two architectures. We considered training runs with 100, 1.000 and 10.000 images of computer-generated random hand postures. To obtain some degree of rotational and translational invariance, each training set included images with some (moderate) amount of variation in position and orientation.

For both architectures, all network layers contained an equal number of nodes, and were trained with 150.000 training steps. Since all training sets are smaller, the required number of examples was achieved by cycling repeatedly and in random order through the chosen training set. To evaluate the performance of the trained networks, an additional set of 10.000 images was generated, and the *normalized root mean square error* (NRMSE) of the network output for this test set was computed.

The results of single LLMs [9, 10] showed that even small networks containing less than 10 nodes trained on the whole set of 36 features already achieve good accuracy (owing to the fact that these nodes are fairly complex elements, see Sec.3). Increasing the number of nodes further improved performance providing that there were enough training images available to avoid overfitting.

However, the following comparison of the parallel and of the cascaded architecture will be based on a harder task that results when only a *randomly chosen subset of 18 out of the 36 image features* is made available to the network during training and testing. Fig.6 shows the performance of single LLM-networks consisting of different numbers of nodes for this task. As can be seen, for the smallest training set (100 samples) only very small networks provide good results. Networks containing more than 5 nodes become subject to overfitting and thus yield poor performance. For the 1000-sample set, overfitting occurs much later and is more gentle, while for the largest (10000-samples) data set the accuracy increases over the entire range of network sizes considered.

Fig.7 shows the performance of the parallel and of the cascaded systems, when instead of a single LLM several LLMs of identical size (5 nodes) are combined in the fashion depicted in Fig.4 ("PAR") and Fig.5 ("CAS"). Comparing the "PAR" and the "CAS" strategy, we find an almost identical performance for the 1000-sample training set, while for the larger 10000-sample set the "CAS"-strategy seems to make a somewhat better use of the additional features that become available with increasing system size.

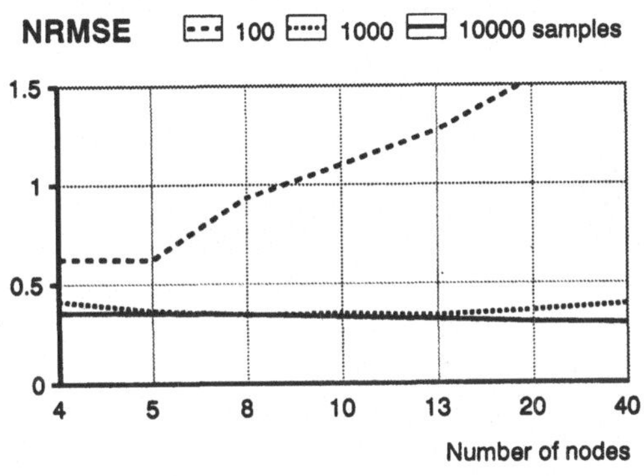

Figure 6: Performance of single LLMs

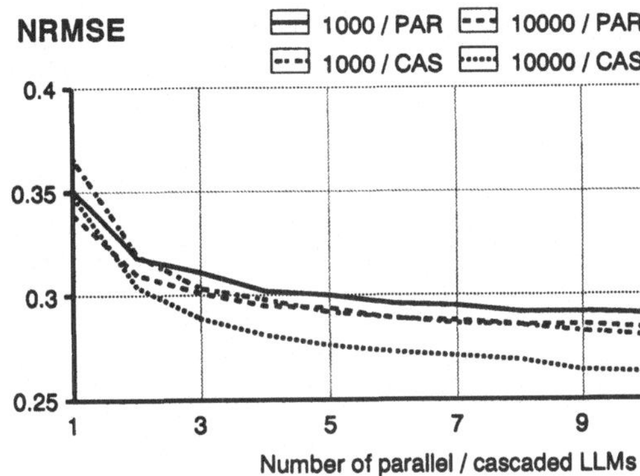

Figure 7: Parallel vs. cascaded LLMs

Finally, Fig.8 shows the relative merit of network "width" vs. network "depth" within the "CAS"-approach. To this end, the different graphs depict the NRMSE for networks of 1-5 cascaded layers (the "depth" of the network) as a function of the number of nodes per layer (the "width" of the network). For reference, the solid, uppermost curve indicates the "baseline performance" of a single LLM network ("1 layer"), and the remaining curves show the gain due to the use of additional layers (note that the abscissa values are non-equidistant). All curves are averages over 10 runs obtained for a training set consisting of 1000 samples. As a result of this limited size, the performance of the single-layer network first decreases with increasing number of nodes, but then rises again due to overfitting. Hence, there is a performance limit that cannot be improved further by simply increasing the degree of parallelism of the system. However, if additional cascaded layers are added, the accuracy can be improved further, demonstrating that these layers successfully integrate information obtained from additional features (since each new layer has access to an independently chosen random 18-subset of the full feature set) with the features processed in the preceding layers.

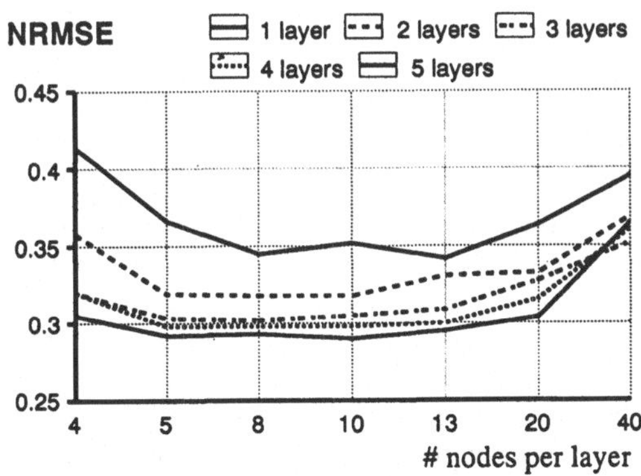

Figure 8: Iso-Layer-Dependence

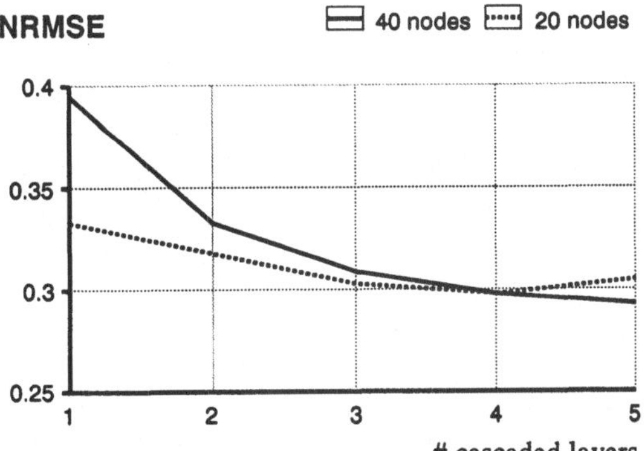

Figure 9: Iso-Nodes-Dependence

This increase in accuracy even results, if the total number of nodes is kept constant. This is demonstrated in Fig.9, which shows the performance when a fixed number N of nodes is partitioned into different numbers of equal-sized layers that are then cascaded. Figure 9 shows the resulting performance for $N = 40$ (using partitionings 1×40, 2×20, 3×13, 4×10 and 5×8) and for $N = 20$ with five corresponding partitionings. For $N = 40$, the error decreases monotonously with the depth of the network, at least within the investigated depth range of up to five layers. A similar tendency results for $N = 20$ nodes, however, in this case the last data point indicates that there is an optimal

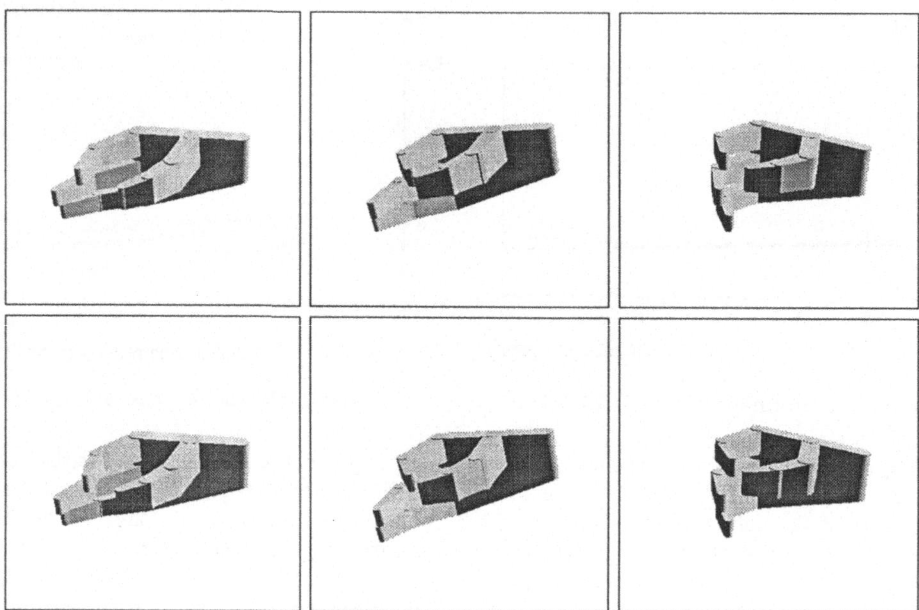

Figure 10: Performance of the LLM-network on some hand postures (10 units, 1000 training samples, 36 features). Top row: input images. Bottom row: Corresponding images of the 3D-postures reproduced by the linear combination of the net output related to the three basis hand postures.

depth beyond which the error rises again (this depth may lie beyond 5 layers for the case of $N = 40$). These results are in good accordance with the properties of cascade networks applied to time series prediction reported in [7].

To give some visual impression of the obtained accuracy, Fig. 10 shows some examples of the performance of a network with 10 units using the full, 36-dimensional feature vector. The upper row shows three different input images (chosen from the test set). The lower row shows three postures that would correspond exactly to the output of the network (to avoid the famous "typical case", three examples with sub-average recognition accuracy are displayed).

It is an open question how and according to which criteria approximation resources in form of network nodes should be distributed optimally. Given a fixed number of nodes and a limited number of training examples for the construction of a machine vision algorithm, a sensible question to ask is whether this task is better supported by a parallel or by a cascaded network architecture. Our investigations show that there is definitely a better way than putting all the nodes in one big parallel layer and that the cascaded approach seems to be better fitted to the type of task studied. However, there still remains the important issue of how to choose an optimal size for the LLM-units making up the cascade. An earlier study for classification and prediction tasks indicated that there is sort of a minimum network size required to solve these tasks optimally [6]. Investigations to find out this optimal combination of parallelism and cascading for machine vision problems of the type considered in the present case study, and how this combination might be "computed" in a more direct fashion, are currently under way.

References

[1] Baum, E.B., and Haussler, D. (1989), "What Size Net Gives Valid Generalization?", in *Neural Computation* 1, pp. 151–160.

[2] Jacobs, R.A., and Jordan, M.I. (1991), "A Competitive Modular Connectionist Architecture", in *Advances in Neural Information Processing Systems 3*, ed. D.S. Touretzky, pp. 767–773, Morgan Kaufman Publishers, San Mateo, CA.

[3] Kohonen, T. (1984), *Self-Organization and Associative Memory*, Springer Series in Information Sciences 8, Springer, Heidelberg.

[4] Kohonen, T. (1990), "The Self-Organizing Map", in *Proc. IEEE 78*, pp. 1464–1480.

[5] Littmann, E., Ritter, H. (1992), "Cascade Network Architectures", in *Proc. Intern. Joint Conference On Neural Networks*, Baltimore.

[6] Littmann, E., Ritter, H. (1992), "Cascade LLM Networks", in *Artificial Neural Networks II*, eds. I. Aleksander, J. Taylor, Elsevier Science Publishers (North Holland).

[7] Littmann, E., Ritter, H. (1992), "Generalization Abilities of Cascade Network Architectures", submitted to *Advances in Neural Information Processing Systems 6*, ed. D.S. Touretzky, Morgan Kaufman Publishers, San Mateo, CA.

[8] Martinetz, T., Ritter, H., Schulten, K. (1990), "Three-dimensional Neural Net for Learning Visuomotor-Coordination of a Robot Arm", *IEEE Trans. on Neural Networks 1*, pp. 131–136.

[9] Meyering, A., and Ritter, H. (1992), "Learning 3D-Shape Perception with Local Linear Maps", in *Proc. Intern. Joint Conference On Neural Networks*, Baltimore.

[10] Meyering, A., and Ritter, H. (1992), "Visuelles Lernen mit neuronalen Netzen", in *Maschinelles Lernen - Modellierung von Lernen mit Maschinen*, eds. K. Reiss, M. Reiss, H. Spandl, Springer, Heidelberg.

[11] Moody, J., Darken, C. (1988). "Learning with Localized Receptive Fields", in *Proc. of the 1988 Connectionist Models Summer School*, Pittsburg, pp. 133–143, Morgan Kaufman Publishers, San Mateo, CA.

[12] Nowlan, S.J., and Hinton, G.E. (1991), "Evaluation of Adaptive Mixtures of Competitive Experts", in *Advances in Neural Information Processing Systems 3*, ed. D.S. Touretzky, pp. 774–780, Morgan Kaufman Publishers, San Mateo, CA.

[13] Poggio, T., Edelman, S. (1990), "A network that learns to recognize three-dimensional objects", in *Nature 343*, pp. 263–266.

[14] Ritter, H., Schulten, K. (1987), "Extending Kohonen's Self-organizing Mapping to Learn Ballistic Movements", in *Neural Computers*, eds. R. Eckmiller, Ch. v.d.Malsburg, Addison-Wesley, Bonn.

[15] Ritter, H. (1991), "Learning with the Self-organizing Map", in *Artificial Neural Networks 1*, eds. T. Kohonen, K. Mäkisara, O. Simula, J. Kangas, pp. 357-364, Elsevier Science Publishers (North-Holland).

[16] Ritter, H., Martinetz, T., Schulten, K. (1992), *Neural Computation and Self-organizing Maps*, Addison-Wesley, Reading, MA.

[17] Saha, A., Keeler, J.D. (1990), "Algorithms for Better Representation and Faster Learning in Radial Basis Function Networks", in *Advances in Neural Information Processing Systems 2*, ed. D.S. Touretzky, pp. 482–489, Morgan Kaufman Publishers, San Mateo, CA.

[18] Walter, J., Martinetz, T., Schulten, K. (1991)), "Industrial Robot Learns Visuo-motor Coordination by Means of "Neural-Gas" Network", in *Artificial Neural Networks 1*, eds. T. Kohonen, K. Mäkisara, O. Simula, J. Kangas, pp. 357-364, Elsevier Science Publishers (North-Holland).

Integrating Rule-Based Knowledge into Neural Computing

Jürgen Hollatz[*1] and Volker Tresp[**]

*Institut für Informatik
Technische Universität München
Germany

**Siemens AG
Corporate Research and Development
Germany

Abstract

We demonstrate how certain forms of rule-based knowledge can be used to prestructure a network prior to training. Through prestructuring, the initial performance of the network is improved and reaching satisfactory performance requires less training time and fewer training exemplars. Also, in cases where not enough data is available, especially in networks with a high-dimensional input space, prior knowledge can be used to constrain the degrees of freedom. After training the network, the altered rules can be extracted and interpreted. We demonstrate the viability of this approach on two examples: training a network to control a bicycle and a legal application.

1 Introduction

In a typical neural network setting, prior knowledge about the complexity of the problem is exploited in the selection of network type (for example: multi-layer perceptron or radial basis functions) and architecture (for example: number of hidden units). Some recent work [5] has demonstrated how both network type and architecture can be determined by the training data, alleviating some of the arbitrariness or "guessing" in the design. In those approaches, the priors typically favor smoothness or low complexity. Extending the work in [11] we explore circumstances in which the prior knowledge is more problem specific. In [11] the prior knowledge was available in the form of an algorithm which summarized the engineering knowledge accumulated over many years. Here, we consider the case that prior knowledge is available in the form of a set of rules which specify knowledge about the input / output mapping that the network has to learn. This is a very common occurrence in industrial applications where rules can be either given by experts or where rules can be extracted from the existing solution to the problem.

It is well known that the priors can be neglected if the amount of training data is large but on the other hand, prior knowledge is of increasing importance if training data

---

[1] Present address: Siemens AG, ZFE ST SN 41, Corporate Research and Development, Otto-Hahn-Ring 6, 8000 München 83, Germany; email: jh@morla.zfe.siemens.de; Fax: +49 89 636 42284

are insufficient (i.e. sparse, noisy or strongly clustered). In particular if the network is required to extrapolate into regions of the input space where it has not seen any training data, it has to rely on prior knowledge. Also, in many on-line control applications, the network is required to make reasonable predictions right from the beginning. Before it has seen sufficient training data it has to rely on prior knowledge.

This situation is also typical for human learning. If we learn a new skill such as driving a car or riding a bicycle, it would be disastrous to start without prior knowledge about the problem. Typically, we are told some basic rules, which we try to follow in the beginning, but which are then refined and altered through experience. The better our initial knowledge about a problem, the faster we can achieve good performance and the less training is required [12].

In this paper we demonstrate how certain forms of rule-based knowledge can be used to prestructure a neural network of normalized basis functions and give a probabilistic interpretation of network architecture and learning rules. We describe how the relevance of prior knowledge and training data can be balanced during training, and present a method for complexity reduction. We validate our concept using a control application and an application from the legal sciences.

2 Rules and Networks

Let's consider a neural network mapping from an input space $\mathbf{x} \in \Re^n$ to an output space $y \in \Re$. The network prediction can be interpreted as: given that the input is in state $\mathbf{x}^k$, the expected value of the state of the output is equal to $y_N^k = \mathcal{NN}(\mathbf{x}^k)$. If we want to describe a similar mapping in form of a discrete set of rules, we don't want to specify the output for every point in the input space separately. The premise of a rule rather specifies a whole region in the input space in which the conclusion can be applied and the conclusion might make a more general statement about the output then just stating that the output is equal to a constant value.

Formally, we introduce a basis function $b_i(\mathbf{x})$ which specifies the region of the input space where the conclusion of $Rule_i$ can be applied. Instead of only allowing binary values for a basis function (1: premise is valid, 0: premise is not valid) we permit continuous positive values which represent the certainty or weight of a rule given the input.

We assume that the conclusion of the rule can be described in form of a mathematical expression, such as $conclusion_i$: *the output is equal to* $w_i(\mathbf{x})$ where $w_i(\mathbf{x})$ is a function of the input (or a subset of the input) and can be a constant, a polynomial or even another neural network. Since several rules can be active for a given state of the input, we define the output of the network to be a weighted average of the conclusions of the active rules where the weighting factor is equal to the activity of the basis function given the input

$$y_N(\mathbf{x}) = \mathcal{NN}(\mathbf{x}) = \frac{\sum_i w_i(\mathbf{x})\, b_i(\mathbf{x})}{\sum_i b_i(\mathbf{x})}. \tag{1}$$

This is a very general concept since we still have all freedom to specify the form of the basis function $b_i(\mathbf{x})$ and the conclusion $w_i(\mathbf{x})$. If we assume that the basis function can be approximated by a multivariate Gaussian

$$b_i(\mathbf{x}) = \kappa_i \, exp[-\frac{1}{2}(\mathbf{x} - \mu_i)^t \Sigma_i^{-1}(\mathbf{x} - \mu_i)], \tag{2}$$

and if the w_i are constants we obtain the network of normalized basis functions which were previously described in [6, 11, 7]. In the Appendix we show how certain rules can be decomposed such that they can be described in this simplified architecture. It is important to note that due to the normalization the network defines a surface globally (even with only one basis function) alleviating some of the difficulties normally associated with basis functions, i.e. their locality.

Using equation 1 we can construct a neural network from the set of rules. Training can be used to refine the rules and after training the rules can in principle be extracted and presented to an expert for evaluation.

If we follow the procedure described in the last section rule-based knowledge is used to prestructure and initialize that network but with training (assuming gradient descent training) the initial knowledge is "forgotten" exponentially. The procedure has the advantage that the network starts with a good initial condition and makes useful predictions even prior to training. We have used this procedure in the legal application and the bicycle application, both described in Section 4.

An alternative is to freeze the parameters of the network after it is constructed from the rules. Then we have to supply additional basis functions for network adaptation. We can follow a procedure similar to the one described in [9], where a new basis functions is introduced whenever the network prediction deviates largely from a measured output. Strictly, each new basis function can be interpreted as an additional rule.

A third alternative is to introduce a penalty term in the form of

$$E_P = \frac{1}{2}\alpha \sum_j (q_j - q_j^{initial})^2$$

where q_j is a generic network parameter.[2] This penalty term is equivalent to the one used in weight decay if we set $q_j^{initial} = 0$. In general, it would be difficult to chose appropriate penalty weights *alpha* for the network parameters.

In the fourth alternative, which we have coined the *Internalized Teacher* we keep a copy of the initialized network and our penalty term becomes

$$E_P = \frac{1}{2}\alpha \int (\mathcal{N}\mathcal{N}^{initial}(\mathbf{x}) - \mathcal{N}\mathcal{N}(\mathbf{x}))^2 d\mathbf{x}$$

We can use the approximation

$$E_P = \frac{1}{2}\alpha V_{unit} \sum_{\mathbf{x}^{grid}} (\mathcal{N}\mathcal{N}^{initial}(\mathbf{x}^{grid}) - \mathcal{N}\mathcal{N}(\mathbf{x}^{grid}))^2.$$

Here, V_{unit} is a unit volume. E_P penalizes the network if it does not agree with the initial network on the grid points. Instead, reference points can also be chosen randomly or according to the locations of the centers of the basis function or the locations of the training data. It is interesting to note that instead of having a prior that is directly defined in terms of the network parameters we have a prior which is defined in form of the mapping that the network has to learn. This has the advantage that we don't have to specify priors on relatively unintuitive network parameters but the prior directly

---

[2] This corresponds to the Bayesian prior $e^{-\frac{1}{2}\alpha \sum_j (q_j - q_j^{initial})^2}$.

reflects the certainty that we associate with the mapping of the initialized network which can often be estimated. In [11] this certainty could be estimated from problem specific knowledge. It was also shown how the appropriate weighting of data points and prior can be implemented by presenting an appropriate mixture of real data points and reference data points generated by the initial network (or in that case the initial algorithm).

3 A Probabilistic Interpretation

Let's assume that the system can be in a number of states s_i which are unobservable. Formally, each of those hidden states corresponds to a rule. The probability that the system is in state s_i is equal to $P(s_i)$. Assuming that the system is in state s_i there is a probability distribution $p(\mathbf{x}, y|s_i)$ that we measure an input vector $\mathbf{x}$ and an output y and

$$p(\mathbf{x}, y, s_i) = p(\mathbf{x}, y|s_i)\, P(s_i), \tag{3}$$

it follows that

$$p(\mathbf{x}, y) = \sum_i p(\mathbf{x}, y|s_i)\, P(s_i)$$

$$p(y|\mathbf{x}) = \frac{\sum_i p(\mathbf{x}, y|s_i)P(s_i)}{\sum_i p(\mathbf{x}|s_i))P(s_i)}$$

$$\mathcal{E}(y|\mathbf{x}) = \frac{\sum_i \int yp(y|\mathbf{x}, s_i))dy\, p(\mathbf{x}|s_i)P(s_i)}{\sum_i p(\mathbf{x}|s_i)P(s_i)},$$

where, $p(\mathbf{x}|s_i) = \int p(\mathbf{x}, y|s_i)\, dy$. Interestingly, if we substitute $b_i(\mathbf{x}) = p(\mathbf{x}|s_i)P(s_i)$ and $w_i(\mathbf{x}) = \int y\, p(y|\mathbf{x}, b_i)\, dy$ we can calculate the expected value of y using the same architecture as described in Equation 1. Note also that the rules are certain but it is uncertain if a rule can be applied, given the input. This is different from many other rule-based systems that consider uncertainty (see [8]). Note also that if we make the simplifying assumptions $p(\mathbf{x}, y|s_i) = p(\mathbf{x}|s_i)p(y|s_i)$ and if we assume that the distributions can be described by multivariate Gaussian functions (in the joint input / output space), the data generating process of Equation 3 describes a Gaussian mixture model.

4 Experimental Results

4.1 Learning how to Ride a bicycle

As already discussed, rule-based pre-structuring of a neural network is especially important in control applications. We consider the task of controlling a bicycle such that it stays upright and drives in a straight line. A bicycle is an unstable nonlinear system, so it is important to begin with a controller that can keep the bicycle from falling right from the start. This was done using a set of simple rules implemented in a network as described. The controller was then optimized to minimize the lean angle and to keep the bicycle following a straight line. We trained the controller using backpropagation through time. The bicycle is perturbed during training. In the beginning the disturbances produce large deviations from the desired state but after training the system is much less influenced by those disturbances.

4.2 Legal Application

The second application originates in legal reasoning. Compensation for immaterial damage is dependent on the type of the client's injury and potential future consequences of that injury but it is difficult to formulate precise rules. Therefore, there has been some work in the past to identify precedents and to predict the compensation as a function of the circumstances. Here, we trained a network to learn from legal precedents. We used a sample of 200 court decisions. The input to the network characterized the circumstances (type, seriousness and duration of injury, seriousness and expected duration of potential future consequences, diminishment of earning capacity, sex, etc.). Because of the small number of training patterns, we initialized the network using approximate rules which were given by an expert.

We tried two different experiments. First, the network learns without prestructuring, and after the learning phase rules were extracted and analyzed. In the second experiment, the improvement in generalization ability due to the prestructuring of the network was measured as a function of the number of rules (hidden units) which were used to prestructure the network. During network training, rule refinement takes place and after the training phase, it is possible to extract rules as explanation component for decision processes.

In the first experiment, we want to find rules extracted from the given data set, here the 200 court decisions. The architecture used consisted of 9 input, 15 hidden, and 1 output unit. After 1000 cycles, the rules were extracted and presented as shown in figure 1. The premises are connected with AND-operators and its values are normalized to the

RULE 11:			RULE 14:		
IF	number of injured body parts	= 0.45	IF	number of injured body parts	= 0.40
	highest severity of injury	= 0.13		highest severity of injury	= 1.00
	highest duration of injury	= 0.14		highest duration of injury	= 1.01
	diminishment of earning capacity	= 0.00		diminishment of earning capacity	= 0.99
	duration of diminishment	= -0.33		duration of diminishment	= 0.92
	sex	= 0.46		sex	= 0.47
	impairment of occupation	= 0.00		impairment of occupation	= 0.00
	particular severity	= 0.16		particular severity	= 0.36
	medical malpractice	= 0.00		medical malpractice	= 0.23
THEN	amount of immaterial damages	= 5.31 DM	THEN	amount of immaterial damages	= 1007.86 DM

Fig. 1. Two typical rules extracted from the network after learning.

interval $[0; 1]$. All ranges are fixed to 0.25 and not updated. The conclusion B^i is the real unnormalized value given in German Marks. Most rules could be interpreted as easily as the ones shown in figure 1: $Rule_{11}$ is an example of a rule which covers cases with low compensation and $Rule_{14}$ is an example for a rule with high compensation. After rule extraction we could conclude, for example, the following: (1) not the number, but the severity of the injury is important for the decision finding process, and also (2) that the diminishment of the earning capacity is an important factor. But we could also conclude (3) that the decision is independent of sex (0 = female, 1 = male). For some rules the interpretation is more difficult, which can be partially attributed to the fact that often the court decisions are somewhat contradictory.

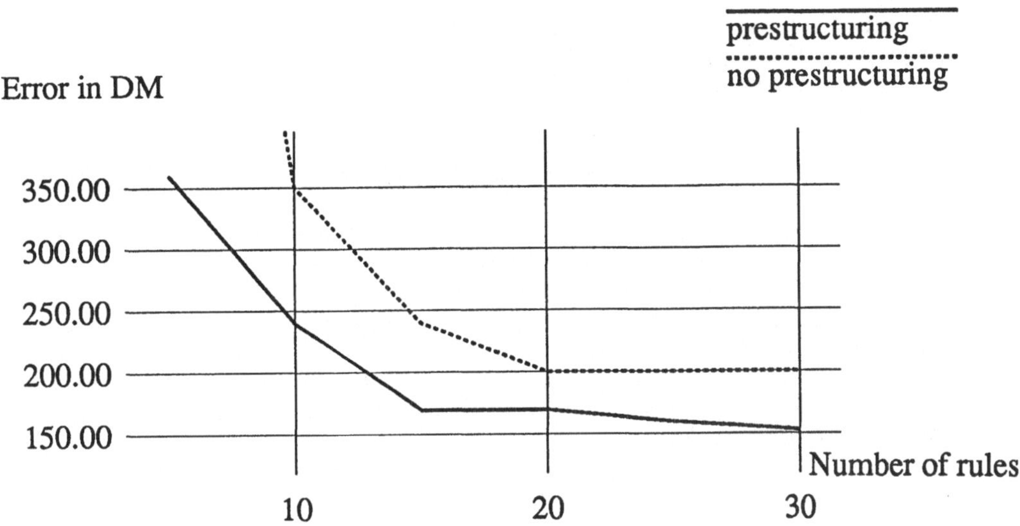

Fig. 2. Mean error of the network with and without prior knowledge in the generalization phase.

Figure 2 compares the generalization ability of networks with and without prestructuring as a function of the number of hidden units (rules). The same network structure as in the previous experiment was used. 180 pattern were given in the training set and 20 patterns were used for testing the generalization ability. It can be seen that prestructured networks learn faster and generalize better due to the additional knowledge used in network training.

5 Conclusion

We presented an easily implementable way of combining certain forms of rule-based domain specific knowledge with inductive learning. The practicability and consistence of the approach was demonstrated in the presented applications.

References

1. personal communication with Jeffrey Hinton.
2. R. O. Duda, Peter E. Hart. *Pattern Classification and Scene Analysis.* John Wiley and Sons, New York, 1973.
3. J. Hollatz, V. Tresp. Structuring Networks Using Rule-Based Knowledge. Proceedings of the Conference: Neural Networks for Computing, Snowbird, Utah, (1992).
4. J. Hollatz, V. Tresp. Using fuzzy rules as prioir knowledge in training a neural network. Manuscript in preparation, 1992.
5. D. MacKay. A Practical Bayesian Framework For Backprop Networks. NIPS 92.

6. J. Moody and C. Darken. Fast learning in networks of locally-tuned processing units. *Neural Computation*, Vol. 1, pp. 281-294, 1989.

7. S. J. Nowlan. Maximum Likelihood Competitive Learning. In in D. S. Touretzky, R. Lippman, (eds.) *Advances in Neural Information Processing Systems 2*, San Mateo, CA: Morgan Kaufman, pp. 574 - 582, 1990.

8. J. Pearl. *Probabilistic Reasoning in Intelligent Systems.* Morgan Kaufmann Publishers, San Mateo. 1988.

9. J. Platt. A Resource-Allocating Network for Function Interpolation. In: D. S. Touretzky (ed.), *Advances in Neural Information Processing Systems 2*, Kaufmann. 1990.

10. M. Röscheisen, R. Hofmann, Volker Tresp. Incorporating Prior Knowledge in Parsimonious Networks of Locally-Tuned Units. *Technical University of Munich,* Technical Report TR FKI-155-91, July 1991.

11. M. Röscheisen, R. Hofmann, Volker Tresp. Neural Control for Rolling Mills: Incorporating Domain Theories to Overcome Data Deficiency. To be published in *Advances in Neural Information Processing Systems 4*, 1992.

12. G. G. Towell, J. W. Shavlik, M. O. Noordewier. *Refinement of Approximate Domain Theories by Knowledge-Based Neural Networks.* Proceedings of the Eights National Conference on Artificial Intelligence. 1990.

Appendix

Let us consider as an example the case where the input space is 2-dimensional. The $Rule_1$

$$if \ x_1 \ is \ A_1^1 \ (range_{11} = R_1^1) \ and$$
$$if \ x_2 \ is \ A_2^1 \ (range_{12} = R_2^1) \ then$$
$$y \ is \ B^1$$

corresponds to a Gaussian centered at $c_{11} = A_1^1, c_{12} = A_2^1$ with $\sigma_{11} = R_1^1$ and $\sigma_{12} = R_2^1$ and attached weight $w_1 = B^1$. The $Rule_2$

$$if \ x_1 \ is \ A_1^2 \ (range_{21} = R_1^2)$$
$$then \ y \ is \ B^2$$

corresponds to a 1-dimensional Gaussian centered at $c_{21} = A_1^2$ with $\sigma_{21} = R_1^2$ and weight $w_2 = B^2$. Note, that the basis function is independent of x_2. Finally, the $Rule_3$

$$if \ x_1 \ is \ A_1^3 \ (range_{31} = R_1^3) \ or$$
$$if \ x_2 \ is \ A_2^3 \ (range_{32} = R_2^3) \ then$$
$$y \ is \ B^3$$

is first decomposed into the two rules $Rule_{3a}$

$$if \ x_1 \ is \ A_1^3 \ (range_{31} = R_1^3) \ then$$
$$y \ is \ B^3$$

and $Rule_{3b}$

$$if \ x_2 \ is \ A_2^3 \ (range_{32} = R_2^3) \ then$$
$$y \ is \ B^3$$

and then we can proceed as we did with $Rule_2$. Note that in regions of the input space where $Rule_{3a}$ and $Rule_{3b}$ overlap, the validity of both rules is added and $Rule_3$ has a higher validity there as well.

Following this procedure we can construct the network architecture out of the set of rules.

Object recognition with deformable models using constrained elastic nets

Michael Schwarzinger, Detlev Noll, and Werner v. Seelen

Institut für Neuroinformatik, Ruhr–Universität Bochum, W-4630 Bochum, FRG

Abstract

We present a model-based method for object identification in images from natural scenes. It has successfully been implemented for the classification of cars based on their rear view. In a first step characteristic features such as lines and corners are detected within the image. Generic models of object-classes, described by the same set of features, are stored in a database. Each model represents a whole class of objects (e.g. passenger cars, vans, big trucks). A pre-processing module suggests a region of interest. A method based on the elastic net technique [2] then is used to map the model on the image features. During this iterative process the model is allowed to undergo changes in scale, position and certain deformations. Deformations are kept within limits such that one model can fit to all objects belonging to the same class, but not to objects of other classes. In each iteration step a value to assess the matching process is obtained.

1 Introduction

We present a model-based object identification method that has been developed as a part of a joint research effort with the goal of utilizing on board computer systems in an experimental vehicle to support and relieve the driver and to permit some automatic driving. Our interest is to analyze the traffic scene from the viewpoint of a driver. A symmetry based module for automatic car-following has already been developed [5]. The system we describe in this paper is aimed at the identification of the objects detected and tracked by the other module. Apart from this, it has been developed as a stand alone system that is able to detect and identify objects within images from natural scenes.

There is an almost infinite number of different objects in a natural environment. Even if one is restricted to special subsets, e.g. the traffic scene from the point of view of a driver, this statement holds. In most cases it is sufficient to know which object class an object belongs to. Therefore a method is required that is flexible in the description of these classes and that is tolerant of missing or varying elements in their representation. In addition, automatic recognition is a difficult task because early image processing stages hardly can distinguish object structures from background structures or noise. In general, the interpretation of uncertain and incomplete data from video sensors has to be guided by a priori knowledge to be correct.

Ullman has subdivided the different approaches to shape-based object recognition into three broad classes [4]. The more traditional ones used invariant properties methods or object decomposition methods. He proposed the alignment of pictorial descriptions as a new approach. In difference to these methods, our object recognition system is derived from an iterative optimization process.

Durbin and Willshaw introduced the elastic net technique for solving the traveling salesman problem [2]. In general, this iterative algorithm is applicable whenever a set of connected points has to be matched to a second set of arbitrarily located points. Our idea was to use this algorithm as a basis for an object recognition method by integrating deformable models (termed prototypes). The approach is feature based, thus enabling to introduce similarity measures in addition to the simple location in space. Following the same principle as in the original elastic net method, in the course of the recognition process the rigidity of the spatial feature relations is gradually relaxed the better the model fits the data. This method has several favorable properties to overcome the problems stated above.

(1) As it is model based, one can make use of a priori knowledge about the kind of objects expected. (2) The approach is feature based but greatly independent from the special kind of features used. Therefore the most suitable features for a given application can be chosen. (3) The use of elastically deformable models allows to recognize a whole class of similar objects with the same prototype. In addition, it makes the method robust in concerns of missing or varying features. (4) The algorithm implements a coarse to fine strategy enabling first to detect the global position of an object, then aligning the features as best as possible. (5) The correspondence problem is solved implicitly by this approach. One only has to define a measure for the similarity of features.

This elastic net algorithm is the main part of the object recognition process shown in figure 1. In the first step, features have to be extracted from the image. For our problem of recognizing vehicles we have chosen corners and lines. First, line segments are extracted from the image by means of the linear feature extraction algorithm described in [3]. From this in addition corners are calculated. To provide real time calculation speed, the line extraction can be done by commercially available hardware. A pre-processing module using a corner-feature based Hough transform selects the most probable prototype from a database and suggests its best initial position and scale. Using the elastic net technique this model is aligned with the image features. The matching process is assessed at every iteration step, eventually accepting or discarding the hypothesis that there is an object corresponding to the model within the image.

In the following our approach is described in more detail.

2 Integration of deformable models in the elastic net

Durbin and Willshaw introduced the elastic net method for approximately solving the traveling salesman problem [2]. In an iterative process a path, given by M connected points $\mathbf{p}_j$ is aligned with N target points $\mathbf{q}_i$ on a plane such that eventually the path will cross all plane points and its length is close to the optimal solution of minimal length. In every iteration step each path point is updated by a displacement vector:

$$\Delta \mathbf{p}_j = \alpha \sum_i w_{ij}(\mathbf{q}_i - \mathbf{p}_j) + \beta K(\mathbf{p}_{j+1} - 2\mathbf{p}_j + \mathbf{p}_{j-1}) \, . \tag{1}$$

Here, K is a length parameter that is reduced while the iteration progresses and w_{ij} is a weighting factor that is influenced by the distance $d_{ij} = |\mathbf{q}_i - \mathbf{p}_j|$ between the points $\mathbf{q}_i$ and $\mathbf{p}_j$:

$$w_{ij} = \frac{\Phi(d_{ij}, K)}{\sum_k \Phi(d_{ik}, K)}, \tag{2}$$

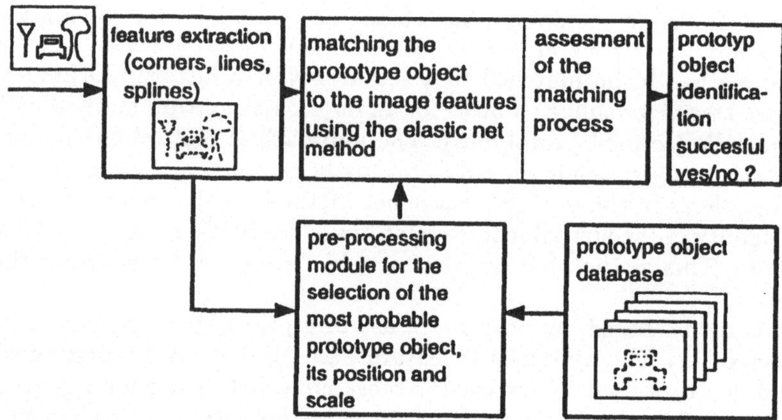

Fig. 1. Block diagram of the recognition system

with Φ being the Gaussian function, centered at zero:

$$\Phi(x, \sigma_x) = \exp(-x^2/2\sigma_x^2). \tag{3}$$

α and β are constants weighting the two additive terms of (1) appropriately. The first of them tries to displace path points towards the target points while the second tries to minimize the path length. This equation minimizes an energy function that can be used to assess the success of the iteration process [1, 2].

The idea of our approach is as follows. Instead of mapping the path onto target points, a deformable model is mapped onto the image features. Using features instead of points allows the introduction of similarity measures in addition to the distances d_{ij}. Thus the displacement of prototype features can be guided by this measure pulling the prototype features towards similar image features during the iteration process. The first term of (1) will cause the prototype to be translated, scaled and deformed. The second term of (1) that originally served for minimizing the length of the path is no longer needed and therefore is replaced by $\beta \frac{K}{K_0} s_j$, a vector counteracting the deformation caused by the first term. s_j denotes a vector that preserves the form of the model. By weighting s_j with $\beta \frac{K}{K_0}$ the amount of deformation can be controlled.

Formally the approach can be expressed in the following manner. There are N image features Q_i given. These features Q_i are uniquely determined by their coordinates q_i and their property vector w_i:

$$Q_i = (q_i, w_i). \tag{4}$$

The property vector w_i can vary depending on the special kind of feature used. It contains details that — in combination with the coordinate vector q_i — fully describe the feature Q_i.

In a similar manner an generic object model $\mathcal{P}$, described by M features $P_j = (p_j, v_j)$ of the same feature type (i.e. w_i and v_j are of the same form) is given. The task of object recognition now is to align the model features elastically with matching image features. For the special problem of recognizing vehicles within traffic scenes there are the following constraints: The mapping is invariant to scaling and translation, but not to rotation, and the model should be elastically deformable while keeping its global form. This ensures that a whole class of similar objects can be covered and that the model can react flexibly to errors occurring at the stage of feature extraction.

To cope with the deformations an initial prototype $\mathcal{P}^I$ is carried along the iteration process. $\mathcal{P}^I$ underlies translations and scalings in the same way as $\mathcal{P}$, but it is not deformable. This enables the deformation to be controlled globally.

Each iteration step now is subdivided into three parts. In the following, all symbols without an explicit time index are related to the current iteration step. Symbols valid in the next step are indexed by $t+1$. Intermediate results are marked by a tilde ($\sim$).

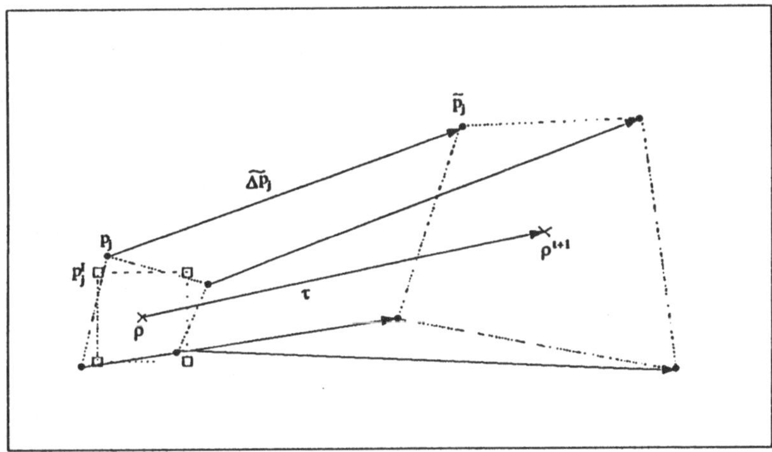

Fig. 2. First part of an iteration step. On the left the prototype $\mathcal{P}$ ($\bullet$), deformed by former iteration steps, and the initial prototype $\mathcal{P}^I$ ($\square$) is shown. Moving the prototype features by the amount $\widetilde{\Delta p_j} = \alpha\sigma_{abs}\sum_i W_{ij}(q_i - p_j)$ causes the model to be translated, scaled and deformed.

1. The model features are displaced under the influence of the image features according to

$$\widetilde{\Delta p_j} = \alpha\sigma_{abs}\sum_i W_{ij}(q_i - p_j), \tag{5}$$

$$\tilde{p}_j = p_j + \widetilde{\Delta p_j}. \tag{6}$$

The weights W_{ij} are given by

$$W_{ij} = S_{ij}w_{ij} \tag{7}$$

where S_{ij} is a measures for the similarity of image feature i and prototype feature j. This measure can vary in the range from $[0, 1]$ with 0 indicating no similarity and 1 indicating full similarity. The displacement $\widetilde{\Delta p_j}$ causes the model to be translated, scaled and deformed ($\mathcal{P} \rightarrow \tilde{\mathcal{P}}$, see figure 2). The factor σ_{abs} that represents the actual size of the prototype with regard to a norm size has been introduced to obtain a displacement proportional to the models scale. This leads to a better dynamical behavior.

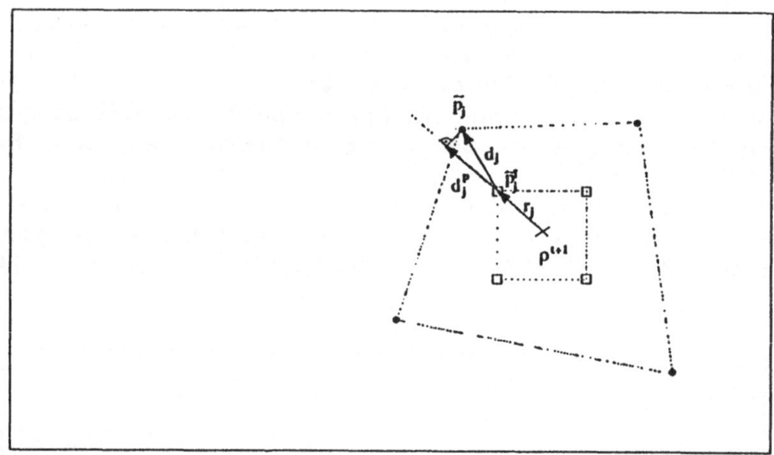

Fig. 3. Determination of the share of scaling. The center of gravity of the initial prototype $\mathcal{P}^I$ has been aligned with the center of gravity of $\widetilde{\mathcal{P}}$. The deformation vector $\mathbf{d}_j$ is projected onto the radial vector $\mathbf{r}_j$. The local scaling σ_j is determined by the ratio $\frac{|\mathbf{d}_j^p|+|\mathbf{r}_j|}{|\mathbf{r}_j|}$ where $\mathbf{d}_j^p$ denotes the projected vector.

2. The amount of translation and scaling is determined and $\mathcal{P}^I$ is transformed with the obtained values ($\mathcal{P}^I \to \mathcal{P}^{I,t+1}$). This is done in the following way. The translation vector τ is calculated by the displacement of the center of gravity ρ of $\mathcal{P}$ and $\widetilde{\mathcal{P}}$. After that the initial prototype $\mathcal{P}^I$ is translated by τ such that the centroids of both are aligned. Now for each feature a local scaling σ_j can be determined by projecting the vectors of deformation $\mathbf{d}_j = \tilde{\mathbf{p}}_j - \tilde{\mathbf{p}}_j^I$ onto the radial vectors $\mathbf{r}_j = \tilde{\mathbf{p}}_j^I - \rho^{t+1}$ (see figure 3). From this the overall relative scaling σ is calculated as the mean of the local scalings σ_j. The absolute scaling σ_{abs} is then given by $\sigma_{abs}^{t+1} = \sigma_{abs}\,\sigma$.

3. The vectors $\mathbf{s}_j$ that preserve the model form now are obtained by

$$\mathbf{s}_j = \mathbf{p}_j^{I,t+1} - \tilde{\mathbf{p}}_j, \tag{8}$$

and by a weighted displacement of the model features in the direction of $\mathbf{s}_j$ the deformation is counteracted ($\widetilde{\mathcal{P}} \to \mathcal{P}^{t+1}$):

$$\mathbf{p}_j^{t+1} = \tilde{\mathbf{p}}_j + \beta\,\frac{K}{K_0}\,\mathbf{s}_j \tag{9}$$

(see also figure 4).

After each iteration step the length parameter K is reduced by $K_{t+1} = r_K \cdot K$.

So far, no assumptions are made about the type of feature used. The feature properties influence the determination of the similarity factors of W_{ij}. These measures can be designed to fulfill the requirements for a certain problem. For example, we used

$$S_{ij} = \Phi(\Delta(\phi_i,\phi_j) + \Delta(\psi_i,\psi_j),\sigma_\zeta) \tag{10}$$

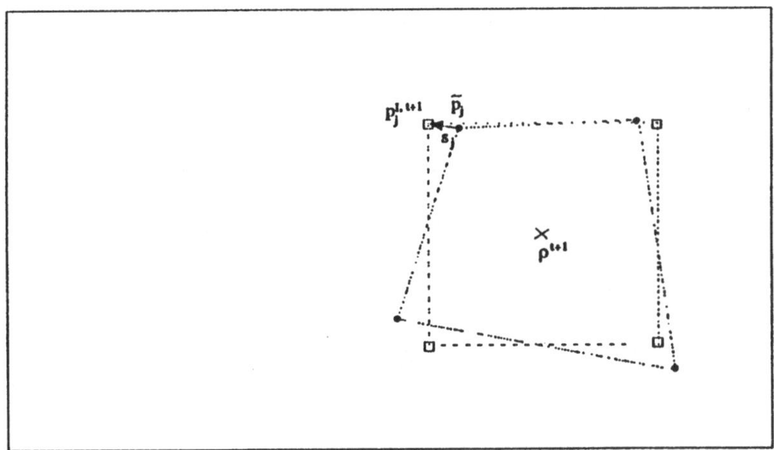

Fig. 4. Determination of the vectors that preserve the form. The global scaling σ has been determined as the mean of the local scalings σ_j and $\mathcal{P}^I$ has been scaled by this value with respect to its centroid. The vectors s_j are those that are necessary to pull $\tilde{\mathcal{P}}$ back to its initial form.

to measure the similarity of corners. According to the introduced formalism a corner feature Q_i extracted from the image is described by the coordinates of its vertex and the directions $w_i = (\phi_i, \psi_i)$ of its angles. $\Delta(\phi_1, \phi_2)$ is the enclosed angle between ϕ_1 and ϕ_2, i.e. $\Delta(\phi_1, \phi_2) \leq 180°$, and Φ is the Gaussian function given by equation 3. Experiments have shown that the recognition performance attained by using only such a local similarity measure sometimes is not sufficient. In these cases a quantity that considers the global structure of the prototype is integrated, thus stabilizing the results.

In a similar way a measure is derived for line features.

3 Assessing the recognition process

We do not follow the original elastic net technique to determine an energy function for evaluating the iteration process [1, 2]. The reason is its inherent computational complexity. As an alternative, four other quantities which are computational less expensive are determined at each iteration step:

1. The translation vector τ (see section 2).
2. The relative scaling σ of the prototype (see section 2).
3. A measure D for the amount of the current deformation:

$$D = \frac{\sum_j \left| \mathbf{P}_j^{i+1} - \mathbf{P}_j^{I,i+1} \right|^2}{\sigma_{abs}^2}. \tag{11}$$

4. A measure Ω for the success of the matching.

Ω is obtained as a function that considers the similarity and the distance of prototype and image features. If several features are combined, it is calculated as the weighted mean of separate success measures Ω_T. The weighting is done according to the numbers M_T of features of type T:

$$\Omega = \frac{\sum_T \Omega_T M_T}{\sum_T M_T} \in [0,1]. \tag{12}$$

The measures Ω_T can be defined appropriately to the given recognition problem. E.g. for each prototype corner exactly one corresponding image corner is expected. Therefore the similarity of a model corner j and all image corners i lying within a distance $d_{min,1}$ is assessed and the most similar one is determined. Ω_1 then is given as the sum over all model features divided by their number:

$$\Omega_1 = \frac{1}{M_1} \sum_j \max_i \ (S_{ij}(1 - d_{ij})) \ \in [0,1], \ \forall \ i,j \text{ with } d_{ij} < d_{min,1} . \tag{13}$$

For lines, a measure is derived in a similar way.

These quantities can be used to control the recognition process. The magnitude of the translation vector $|\tau|$ and the relative scaling σ serve as a condition to stop the iteration because if these values are below a certain threshold the model has reached its final state with sufficient exactness. Otherwise the process is stopped if a maximum number of iteration steps is reached. The cost functions Ω and D are used to assess the success of the recognition process. If the recognition fails, the iteration may be started again with another set of parameters and/or another model.

4 Examples, results and further work

The methods described above have been used successfully for recognizing cars within natural traffic scenes based on their rear view. Figures 5 and 6 show some examples. For the first one, we placed the prototype (type: passenger car, 8 corners, 10 lines) by hand far away from the object. Despite this, it was recognized correctly. The parameters are chosen in a way such that in the beginning all image features influence the prototype features. This enables the model first to find its global position, then adapt its form to the object. It takes 120 iteration steps for the recognition process. The example also shows the deformation ability of the model.

The values for the success measure $\Omega \in [0,1]$ in general are greater than 0.5 for correct identified objects and less than 0.5 for unknown objects. In the example above a value of 0.6 is calculated.

The second example shows what happens, if the object in the image does not belong to the prototype class (see figure 6). If large deformations are allowed (β close to 0), the model tries to fit as good as possible to the image features, leading to a high value for the deformation D. Even though the success measure Ω is less than 0.5. Given these values, the system correctly finds that the object is unknown. If, on the other hand, only low deformations are allowed (β close to one) the resulting Ω is less than 0.3, and again the hypothesis that the object is a passenger car is discarded.

The described recognition method is computationally expensive. However, it easily can be parallelized as well on the feature level as on the model level. The feature extraction also can be done by hardware to a large extent. In most cases, the recognition performance obtained on the basis of line features is sufficient. We also have carried out examinations

Fig. 5. Progress of the recognition process. On the top left, the prototype is shown in its initial position. The next two images show intermediate steps and the last one the final result. The passenger car is correctly identified ($\Omega = 0.6$).

Fig. 6. The system correctly finds if an object is unknown. Top left, the features extracted from the image and top right the initial position of the prototype are shown. The images on the bottom show the position of the prototype after 40 iteration steps in the case of small allowed deformations (left) and in the case of large allowed deformations (right). In both cases the hypothesis that the object belongs to the prototype class is discarded because either the value of the success measure Ω is small (0.28) or the value of the deformation D is very high.

to reduce the computational overhead of the expensive normalization of the weighting function w_{ij} and to improve the dynamical behavior as well as the speed of convergence.

At the moment our aim is to implement a real time version. We also want to extend the feature space by splines. This will allow to model more complicated objects (e.g. pedestrians) that only inadequately can be described by lines and corners. Furthermore, features in a more abstract sense like symmetry or features obtained by spatio-temporal filtering should be integrated.

For the future, several items are of major interest: (1) possibilities to improve the success measure; (2) assessment of the dynamical behavior and dynamical adaption of the parameters (this probably can be done by a neural network); (3) the database should be managed and optimized by automatically creating new prototypes, removing irrelevant ones and adapting existing ones to current conditions in terms of missing features etc.; (4) building up a model hierarchy with a coarse to fine strategy in the feature resolution; (5) extending the current method to 3-D recognition; (6) using analogies in mechanical systems (e.g. springs) to improve the elastical abilities of the models.

The recognition performance based on the basic methods described shows great promise for subsequent work and we expect this approach to solve recognition problems of greater complexity in the future.

Acknowledgements

The work in this paper has been funded by the German Federal Ministry of Research and Technology (BMFT) and the German automobile industry as part of the PROMETHEUS (PRO-ART) project. We like to thank Thomas Zielke who came up with the idea to use the elastic net technique for object recognition. He always supported us with helpful advice. Christoph Engels has developed a first version of the elastic net algorithm with integrated deformable models, showing its principle suitability for object recognition. The line detection is done by means of the software package LINEAR, developed at the University of Southern California [3].

References

1. Durbin, R., Szeliski, R. and Yuille, A., An Analysis of the Elastic Net Approach to the Traveling Salesman Problem, *Neural Computation*, Vol. 1, pp. 348–358, 1989.
2. Durbin, R. and Willshaw, D., An analogue approach to the traveling salesman problem using an elastic net method, *Nature*, Vol. 326, No. 6114, pp. 689–691, 1987.
3. Nevatia, R. and Babu, K. R., Linear Feature Extraction and Description, *Computer Graphics and Image Processing*, Vol. 13, pp. 257–269, 1980.
4. Ullman, S., Aligning pictorial descriptions: An approach to object recognition, *Cognition*, Vol. 32, pp. 193–254, 1989.
5. Zielke, T., Brauckmann, M. and von Seelen, W., Intensity and Edge-Based Symmetry Detection Applied to Car-Following, *Proceedings of ECCV-92 (Lecture Notes in Computer Science 588)*, G. Sandini (Editor), Springer-Verlag, Berlin, 1992.

Industrielle Bildverarbeitung 1992 - Labormaus oder Lokomotive der Automatisierung ?

VITRONIC Dr.-Ing. N. Stein
Bildverarbeitungssysteme GmbH
Hasengartenstraße 14a
6200 Wiesbaden
Tel.:06 11 - 7 15 20

Autor: Norbert Stein

1. Zusammenfassung:

Innerhalb von 10 Jahren hat sich in Deutschland ein neuer, vom Mittelstand geprägter
Industriezweig gebildet. Schätzungsweise 150 - 200 Firmen sind mittlerweile am Markt
für industrielle Bildverarbeitung vertreten und stellen Hardwarekomponenten, Software
und Systemlösungen her, treten als Handelshäuser und Integratoren für diese Produkte
auf.
In diesem Beitrag soll untersucht werden, welche Bedeutung die industrielle Bildverarbeitung heute hat, wer die Anbieter, Kunden und Anwender der industriellen Bildverarbeitung sind. Weiterhin sollen die Einsatzgebiete, die wirtschaftlich von Bedeutung
sind, aufgezeigt und die verschiedenen verwendeten Technologien benannt werden. Neben
Zahlen über die wirtschaftliche Bedeutung der Bildverarbeitung in Deutschland und
über die Ziele des "Vision Club e.V." Interessengemeinschaft Bildverarbeitung werden
typische und erfolgreich realisierte Projekte der industriellen Bildverarbeitung vorgestellt.

2. Marktwirtschaftliche Aspekte:

Trotz einiger Bemühungen verschiedener Verbände ist es in Deutschland bisher nicht
gelungen, von den Herstellern industrieller Bildverarbeitung konkrete Umsatzzahlen zu
erhalten.
Es liegen jedoch mehrere Studien verschiedener Markforschungsinstitute vor, die es
erlauben, einen Blick in die wirtschaftliche Bedeutung der Bildverarbeitung und hier
speziell der industriellen Bildverarbeitung in Deutschland zu werfen:
Vom gesamten Weltmarkt für Bildverarbeitung entfällt ein Anteil von ca. 8 % auf
Deutschland (im Vergleich: der Anteil von Nordamerika liegt bei fast 70 %, der von
Japan bei ca. 5 %). Dieser Anteil entspricht einem Umsatz von ca. 200 - bis 300 Mio.
DM in 1992, von denen wiederum etwa 40 % auf die industrielle Bildverarbeitung ent-
fallen.
Diesem Umsatz an Bildverarbeitungssytemen steht eine Zahl von ca. 150 bis 200 Anbie-
tern von industrieller Bildverarbeitung in Deutschland gegenüber.
Der Zahlenvergleich zeigt die typische Struktur auf dem Gebiet der industriellen
Bildverarbeitung: Eine relativ große Anzahl von kleinen bis mittelständigen Unterneh-

men beherrscht das Feld der industriellen Bildverarbeitung 1992 in Deutschland. Das
Wachstum der Umsatzzahlen der industriellen Bildverarbeitung in Deutschland, das in
den letzten Jahren im Durchschnitt bei etwa 30 % pro Jahr lag und sich in der Zukunft
bei etwa 20 % pro Jahr einpendeln wird, zeigt die starke Dynamik dieses Marktsegments
der Automatisierungstechnik.
Eine Marktsättigung dürfte in absehbaren Zeiträumen nicht erreicht werden. Man geht
heute davon aus, daß noch nicht einmal 5 % aller potentiellen Einsatzmöglichkeiten
der Bildverarbeitung in der Industrie erschlossen sind.

3. Anbieter industrieller Bildverarbeitung:
Von den geschätzten 150 - 200 Firmen bzw. Abteilungen von Firmen, die sich in
Deutschland mit der industriellen Bildverarbeitung befassen, sind dem Autor knapp die
Hälfte bekannt. Bei den restlichen Unternehmen dürfte es sich hauptsächlich um klei-
nere Firmen oder Ingenieurbüros handeln.
Von den dem Autor bekannten Bildverarbeitungsfirmen oder -abteilungen sind ca. 20 %
Konzernen zugehörig, die restlichen 80 % kleine und mittelständige Unternehmen.
Ca. 30 % der Firmen haben weniger als 5 Mitarbeiter, bei 20 % der Firmen bzw. Abteilungen ist die Mitarbeiterzahl > 20.
50 % der Unternehmen bieten als Systemhaus Komplettsysteme, ca. 15 % sind reine Handelshäuser, die restlichen 35 % hauptsächlich Hardwareanbieter sowie vereinzelt Soft-
warehäuser.
20 % der Firmen arbeiten seit 1985 oder früher in der Bildverarbeitung, über 30 %
sind jünger als 2 Jahre.
Nur ca. 20 % der Anbieter sind Tochterunternehmen ausländischer Firmen oder ausschließlich auf den Vertrieb ausländischer Produkte spezialisiert.
Diese Zahlen bergen eine gewisse Unschärfe, da sie nicht durch direkte Befragung der
Firmen gewonnen wurden.
Bildverarbeitung ist ein nach wie vor entwicklungsintensives Arbeitsgebiet. Der Aka-
demikeranteil innerhalb der Systemhäuser wird auf etwa 30 % geschätzt.

4. Produkte:
Neben den Hardwarehäusern, die elektronische Komponenten für die Bildverarbeitung
herstellen, treten in letzter Zeit verstärkt Hersteller von Spezialkomponenten
(spezielle Optiken, Beleuchtungseinrichtungen und Aufnahmeverfahren) für die Bildver-
arbeitungs-Systemhäuser an den Markt. Die Systemhäuser sind noch relativ wenig spezialisiert, das Produktspektrum ist typischerweise breit. Einige wenige Systemhäuser
haben sich auf eine oder wenige Branchen spezialisiert und ihre gesamte Produktpa-
lette auf diese Branche ausgerichtet, während der Großteil der Bildverarbeitungsanbieter nur wenig branchenspezifische Produkte anbietet. Jedoch zeichnet sich hier in
letzter Zeit eine deutliche Trendwende zur Spezialisierung sowohl in der Verfahrens-
seite als auch in der Branche ab, die durch den Wunsch der Kunden nach Referenzanla-
gen beschleunigt wird.

Systeme zur Inspektion (Vollständigkeit, Oberflächenbeschaffenheit, Druckbildkontrolle etc.) und zwei- und dreidimensionale optische Meßsysteme bilden mit jeweils 1/3 Marktanteil die Schwerpukte der industriellen Bildverarbeitung. Robot-Vision-Anwendungen, Identifikationssysteme (Klarschrift, Teileidentifikation) und optische Führungssysteme (Nahtverfolgung, Fahrzeugführung) teilen sich neben einigen Spezialanwendungen das restliche Drittel dieses Marktes.

Diese Verteilung der Aufgaben dürfte sich auch in den kommenden Jahren nur unwesentlich ändern.

Nach wie vor ist ein Großteil der realisierten Applikationen innerhalb der einzelnen Produktlinien eine Sonderapplikation mit wenigen Installationen. Serien baugleicher Systeme von mehr als 10 Stück sind selten, Serien von über 100 Stück die Ausnahme. So ist die industrielle Bildverarbeitung nach wie vor sehr applikationsspezifisch und damit in seinem Wesen dem Sondermaschinenbau nahe verwandt.

5. Auftragsvolumina:

Entsprechend den unterschiedlichen Applikationen, die vom Erkennen einfacher geometrischer Formen bis zur Inspektion bei hohen Arbeitsgeschwindigkeiten gehen, liegen die Systemkosten in der Bildverarbeitung innerhalb eines Spektrums von wenigen 10.000 DM bis zu über 1 Mio. DM pro System.

Standardisierte Systeme (Preiskategorie bis ca. 200.000,- DM incl. Mechanik) sind hauptsächlich in dem Marktsegment "optisches Messen" zu finden, weiterhin bei Identifikationsaufgaben (Codierungen oder Klarschriftlesen) und vereinzelt in der Oberflächenprüfung. Im Bereich der messenden Systeme sind hier vor allem Off-line Prüfplätze zu nennen, die herkömmliche Profilprojektoren oder tastende Meßmaschinen ersetzen. Durch die Gleichartigkeit der Aufgabe sind Standardisierungen hier am einfachsten möglich.

In allen anderen Gebieten überwiegen die In-line-Systeme, da hier für die Kunden auch die größte Wirtschaftlichkeit gegeben ist.

Der Return of Investment kann speziell bei Inspektionssystemen und In-line messenden Systemen sowie in der automatischen Identifikation schnell erreicht werden. Komplexe Prüfaufgaben, wie Vollständigkeitskontrollen und Maßhaltigkeitskontrollen, können mit hoher Arbeitsgeschwindigkeit und großer Präzision durchgeführt werden, so daß hier ein Return of Investment innerhalb von wenigen Monaten nicht selten ist.

Im Vordergrund steht jedoch mit zunehmenden Maße die Qualitätssicherung, bei der unter anderem die Automobilindustrie mit ihrem Trend, die Fertigungstiefe im eigenen Haus immer weiter zu reduzieren, die treibende Kraft darstellt. Zulieferer werden zu 100 %-Kontrolle verpflichtet, die bei visueller Prüfung in den meisten Fällen nicht durchführbar ist, so daß die Wirtschaftlichkeitsrechnung keinen Vergleich mit der herkömmlichen Prüfmethode herstellen kann. Komplexe Qualitätskontrollsysteme (Oberflächenprüfung etc.) bilden auch den oberen Teil des Preisgefüges.

6. Verwendete Technologien:

Während auf dem Bildverarbeitungs-Forschungssektor heute Schwerpunkte im Bereich der selbstlernenden Systeme wie z.B. neuronale Netze oder im Bereich der 3D-Verarbeitung in der Stereoanalyse gesetzt werden, sind diese Verfahren im industriellen Bereich nur in wenigen Einzelfällen vertreten. Hier dominieren Systeme auf der Basis von bildvergleichenden und merkmalsextrahierenden Verfahren mit oder ohne lernende Klassifikatoren. Diese Verfahren haben jedoch in den verschiedenen Firmen große Abwandlungen gefunden, so daß für viele Aufgaben pfiffige Einzellösungen zur Verfügung stehen. Speziell im Bereich des dreidimensionalen Sehens ist ein großer Variantenreichtum festzustellen: Neben verschiedenen Verfahren des Einsatzes von strukturierter Beleuchtung (Einsatz von Linienprojektoren, Moirégittern etc.) werden das Lichtschnittverfahren, der "Shape from Shading" Ansatz und fotogrammetrische Verfahren eingesetzt. Diese Verfahren haben sich außerhalb des Labors in der industriellen Produktion als robust erwiesen. Sie tragen den Anforderungen der Anwender nach hohen Prüfraten (bis über 1000 Teile/min.) bei geringen Kosten Rechnung.

Grauwertbildverarbeitende Systeme sind bei nahezu allen Anbietern zu finden, wenngleich auch nach wie vor ein hoher Anteil an Binärbildverarbeitung vorhanden ist. Farbverarbeitende Systeme sind immer noch die Ausnahme, dies betrifft nicht nur die Applikation, sondern auch die Anfragen zur Farbverarbeitung aus der Industrie. Nimmt man einfache binärbildverarbeitende Systeme aus, dominiert in den industriellen Anwendungen bei In-line-Anwendungen der VME-Bus, gefolgt vom PC, der häufiger bei Off-line-Prüfplätzen zu finden ist. Vereinzelt werden Transputerlösungen angeboten, sind jedoch in einem Gesamtumsatz nur marginal vertreten.

7. Kunden der Bildverarbeitungshersteller:
Wie in der wissenschaftlichen Bildverarbeitung, existieren auch in der Industrie nur wenige Bereiche, in denen Bilverarbeitung nicht potentiell eingesetzt werden könnte. Schon in der Frühphase der Bildverarbeitung wurden vereinzelt Bildverarbeitungssysteme im Automobilbau eingesetzt. Nach einigen Rückschlägen in dieser Anfangszeit mit einer starken Marktbereinigung stellt die Automobilindustrie und deren Zulieferer heute das größte Martkpotential innerhalb der verschiedenen Branchen Deutschlands für industrielle Bildverarbeitungsanwendungen dar. Weitere Schwerpunkte sind im Bereich der elektronischen Industrie, dem Maschinenbau, der metallverarbeitenden Industrie und in der chemischen Industrie zu finden.
Jedoch sind heute in nahezu allen Branchen Bildverarbeitungssysteme im Einsatz.
Etwa 50 % der Applikationen werden nicht von Endanwendern, sondern von Systemanbieter in Auftrag gegeben. Hier ist die Automatisierungsbranche im Maschinenbau (Roboterhersteller, Lieferanten von Fertigungslinien und Materialflußsystemen) dominierend, jedoch auch die Hersteller von Meßmaschinen oder andere Gerätebauer.

8. Vision Club Deutschland e.V., Interessengemeinschaft Bildverarbeitung:
Der Vision Club Deutschland e.V. wurde 1989 mit dem Ziel gegründet, die Möglichkeiten der industriellen Bildverarbeitung einem weiten Anwenderkreis nahezubringen. Die über 60 Mitglieder des Vision Clubs sind hauptsächlich Unternehmen der industriellen Bildverarbeitung, vereinzelt Institute und Provatpersonen. Um seine Ziele zu erreichen, koordiniert er allgemeine Werbeaktivitäten der Bildverarbeitungsanbieter in Form von

Gemeinschaftsständen auf Messen, einer kontinuierlichen Öffentlichkeitsarbeit aber auch durch Veranstaltungen von Seminaren zur Bildverarbeitung.
Darüber hinaus werden in verschiedenen Arbeitsgruppen des Vision Clubs Standardisierungen und eine Marktdurchsetzung eingeleitet. Als Beispiel ist hier der DVL (Deachvill-Video-Link) zu nennen, ein serieller Video-Echtzeit-Bus, der herstellerunabhängig Echtzeitkomponenten miteinander verbinden kann.
Vertreter des Vision Clubs e.V. arbeiten in internationalen Kremien mit, um die Normierung in der Bildverarbeitung weiterzutreiben und Kontakte zu weiteren nationalen Verbänden im Bereich der Bildverarbeitungsindustrie aufzubauen.

9. Beispielhafte Applikationen der industriellen Bildverarbeitung:
9.1 Dreidimensionale Parallel-, Echtzeit- und Profilvermessung:
Aluminiumbarren, von der Aluminiumschmelze kommend, werden in Walzwerken zu Aluminiumfolien kalt gewalzt. Die Aluminiumbarren, deren Größe je nach Herkunftswerk und Walzstraße variiert, (Länge: ca. 4 - 6,5 m, Breite: ca. 1 - 2,2 m, Höhe: ca. 0,4 - 0,8 m) müssen vor dem Walzen allseits befräßt werden, um eine glatte Oberfläche zu erreichen und um Lunker- und Schlackerückstände an der Oberfläche zu beseitigen. Um möglichst wenig von dem teuren Material abzufräßen, erhält das Fräßwerk als Stellgrößen die lokalen Minima und Maxima aller Seiten des Barrens. Als weitere Meßgrößen müssen die Verbiegungen der Barren bestimmt werden, da zu stark verbogene Barren für das Walzen ungeeignet sind. Zum dreidimensionalen Vermessen dieser Aluminiumbarren wurde vom Bildverarbeitungssystemhaus ein komplettes Meßportal geliefert, das in einem Arbeitsgang alle Seiten- und Oberflächen des Barrens vermißt.

Als Meßprinzip wurde das Lichtschnittverfahren gewählt, bei dem eine Höhenvermessung derart erfolgt, daß ein Lichtstrich, der von einem Laser mit vorgesetzter Zylinderoptik erzeugt wird, auf das Objekt gerichtet wird. In einem definierten Winkel hierzu ist eine Matrixkamera angeordnet. Die Position des Lichtstriches auf dem Objekt gibt unter Berücksichtigung des Winkels zwischen Lichtquelle und Kamera die Höhe des Objektes in diesem Punkt an.
Nach diesem Prinzip wurde der Fahrbalken des Meßportals an 3 Seiten mit insgesamt 20 Laser-/Kamerakombinationen bestückt, deren Meßbereiche drei bzw. 5 Seiten des Barrens (Oberseite, zwei bzw. je nach Barrenform, 4 Seitenflächen) bestreichen. Durch die gewählte Anordnung der Sensoren können sämtliche Barrentypen und -größen ohne Umbau der Meßeinrichtung vermessen werden. Da für die Vermessung des gesamten Barrens nur 14 Sek. Taktzeit zur Verfügung stehen, werden alle Laser-/Kamerakombinationen parallel in Video-Echtzeit betrieben, so daß in der 14 Sek. dauernden Meßzeit 600 Profilschnitte mit jeweils 6000 Meßwerten pro Schnitt, d.h. insgesamt ca. 3,6 Mio. 3D-Meßpunkte erzeugt werden. Die dabei zu bewältigende Bilddatenmenge beträgt ca. 3,4 Gigapixel, die ausgewertet und transformiert werden, um aus diesen Daten die Meßergebnisse abzuleiten. Um dies zu erreichen, haben wir eine Spezial-Hardware entwickelt, bei der 4 Echtzeit-Karten mit jeweils 5 Videokanälen in einem VME-Bus-System integriert sind und von einem Host-Rechner verwaltet werden. Die CPU verwaltet die Echtzeitkarten und berechnet Qualitätsmerkmale der Barren. Sie steuert die Ausgabe von

Fräßinformationen sowie von Qualitätsprotokollen, die in Form von Diagrammen ausgedruckt werden.

Die Kundenforderung einer Meßgenauigkeit von 0,25 mm im genannten Meßraum von 6,5 m x 2,2 m x 0,8 m konnte sogar übertroffen werden, so daß das Ziel des Betreibers der Anlage erreicht wurde, durch den Einsatz dieses Verfahrens zum einen die Taktzeit der Fräßmaschine zu verringern (da dieser durch die genaue Bestimmung aller tiefsten und höchsten Punkte auf dem Barren, den Barren in einem Zug abfräßen kann) und zum anderen Rohmaterial einzusparen. Da bereits 1 mm zuviel Materialabhub im Jahr einen Verlust von ca. 1 Mio. Dollar in diesem australischen Werk verursacht, durch Einsparung von Taktzeit und eine geringer beanspruchten Fräßmaschine, konnte eine Amortisationszeit von weniger als einem Jahr realisiert werden.

Bild 1: Meßportal mit den 20 Kamera-/Laserkombinationen bei der 3D-Vermessung eines Aluminiumrohbarrens. Rechts sind auch die Seitenkameras bzw. -Laser zu sehen.

9.2 Optische 3D-Oberflächenprüfung mit Bildverarbeitung:
Spanlos gefertige Kupplungslamellen für PKW-Automatikgetriebe müssen vor der Montage beidseitig auf Kratzer und Vertiefungen untersucht werden. Durch die Materialverdrängung erzeugt jede Eindrückung auch eine Überhöhung. Aufgrund der Anwendung (beidseits der Kupplungslamelle befindet sich die Kupplungsscheibe, die sich bei einer Überhöhung der Kupplungslamelle sehr schnell abnutzen würde) sind Erhöhungen > 5 μ kritisch, Vertiefungen aber in Grenzen tolerierbar. Die Teile erhalten ein Oberflächenfinish mit feinstem Schleifpapier. Dadurch können Fehler, die teils schon im angelieferten Blech vorhanden sind, teils durch Maschinenfehler entstehen, nicht beseitigt werden und müssen deshalb vom Prüfsystem zuverlässig erkannt werden. Die geforderte

Differenzierung zwischen dreidimensionalen Fehlern einerseits sowie Schleifspuren und oberflächlichen Störungen andererseits, setzt eine quantitative 3D-Auswertung voraus. Betrachtet man die Strategie, die der Mensch bei der Sichtprüfung von glänzenden Oberflächen anwendet, so fällt auf, daß der Prüfling im Sichtfeld bewegt, insbesondere um alle Achsen gedreht bzw. gekippt wird. Dabei wird die Oberfläche unter verschiedenen Beleuchtungs- und Aspektwinkeln betrachtet. Diese intuitive Hand-/Augen-Koordination wird bei der automatischen Prüfung durch eine flexibel steuerbare, verzögerungsfrei schaltbare Beleuchtung ersetzt.

Unterdrückung des Schleifmusters:
Wie bereits kurz erwähnt, wurde für die Prüfaufgabe eine Beleuchtungseinrichtung entwickelt, die nicht nur eine Hellfeld- und Dunkelfeldbeleuchtung, sondern darüber hinaus eine gerichtete Beleuchtung der Oberfläche ermöglicht. Werden alle Leuchtkörper gleichzeitig angesteuert, so lassen die feinen, gleichgerichteten Oberflächenfacetten des Schleifmusters fast die gesamte Fläche total reflektieren, so daß die Kontraste der Oberflächenfehler nahezu verschwinden. Jedoch ist aus dem Reflexionsbild die Richtung des Schleifmusters bestimmbar. Für alle weiteren Untersuchungsschritte werden nun alle Leuchtkörper, die zu einer Totalreflexion des Schleifmusters führen, ausgeblendet.

Detektion potentieller Fehler:
Nach der Unterdrückung der von der Schleifstruktur herrührenden Totalreflexion wird nun in Video-Echtzeit ein Bild der Oberfläche mit Hell- und Dunkelfeldbeleuchtung in Einzelbereichen akquiriert. In diesen Bildern heben sich die gesuchten Fehler kontrastierend von ihrem Umfeld ab.

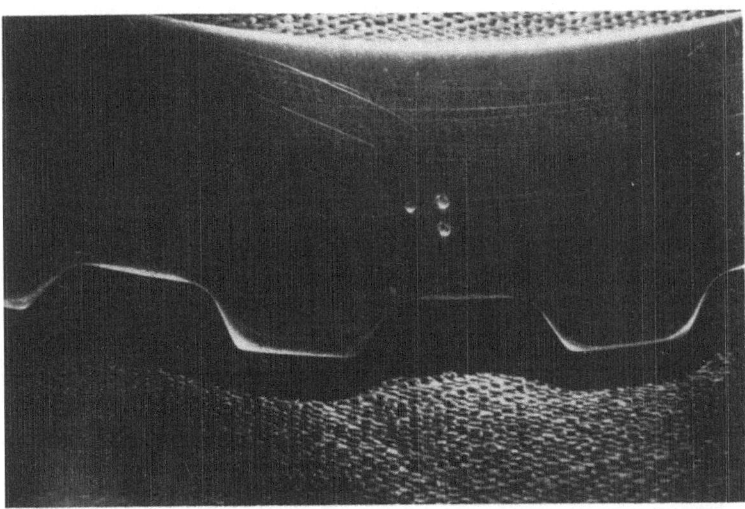

Bild 2: Kontrastreiche Fehlerdarstellung durch gezielte Beleuchtung des Fehlers.

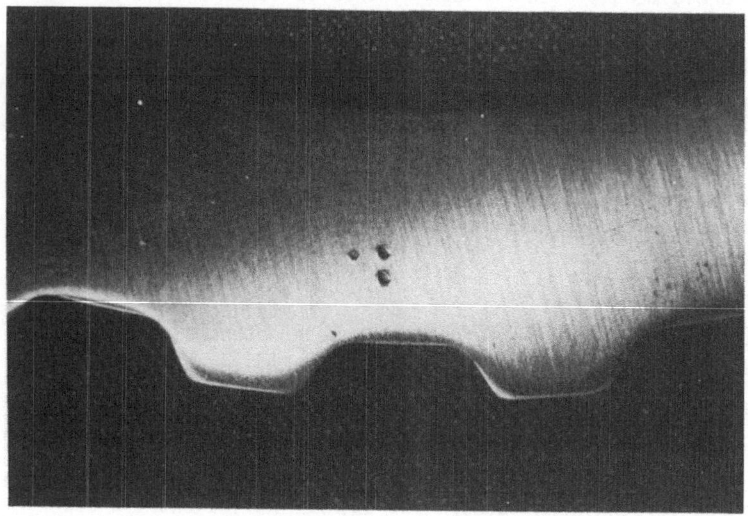

Bild 3: Kontrastreiche Fehlerdarstellung durch gezielte Beleuchtung des Fehlers.

Anschließend erfolgt eine Segmentierung der potentiellen Fehler und eine Regionalisierung von Fehlerarten nach dem "Splitt and Merge"-Verfahren. Im Anschluß erfolgt eine Klassifikation der Fehlstellen in die beiden Fehlerklassen grober Fehler, (führt sofort zum Ausschluß), oder potentieller Fehler.

Oberflächenrekonstruktion:

Handelt es sich um einen potentiellen Fehler, d.h. seine Fläche ist zu klein, als das die Lamelle sofort als Ausschluß deklariert wird, wird die 3D-Information aus dem Bildsignal einer stationär montierten 2D-Kamera gewonnen. Die Technologie baut auf einem Reflexionsmodell der Oberfläche auf, bei der eine Rekonstruktion der Oberflächengestalt durch Variation der Beleuchtung erreicht wird. Hierzu wird eine Bildsequenz akquiriert, wobei die einzelnen Bilder aus unterschiedlichen Richtungs- und Neigungswinkeln beleuchtet werden. Aus der Grauwertverteilung dieser Bilder wird die optimale Übereinstimmung von Grauwertprofil und Reflexionsfunktion errechnet.
Ergebnis dieser Messungen sind zunächst zwei Gradientenbilder, welche die Richtungsableitungen der Oberfläche über den beiden Ortskoordinaten beinhalten. In einem Relaxationsverfahren, das die Randbedingungen lokaler Stetigkeit der Oberfläche beinhaltet, wird die 3DForm der Oberfläche im Bereich des Fehlers iterativ rekonstruiert.
Mit diesem Verfahren konnte erreicht werden, daß bei einer Bildfeldgröße von 10 mm x 10 mm, Fehler mit einer Höhe > 5 μ in jedem Fall erkannt werden. Die minimal zu detektierende Fehlerfläche betrug 0,05 mm².

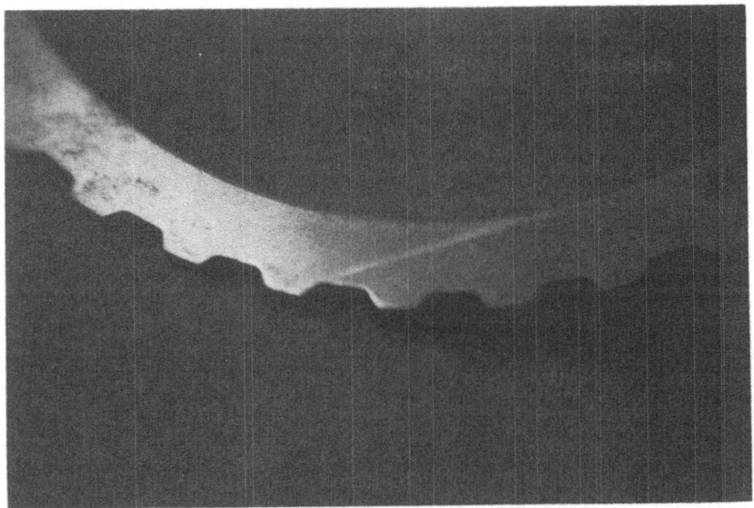

Bild 4: Ausschnitt einer Kupplungslamelle.

Identifikation mit Bildverarbeitung:

In einer vollautomatischen Fertigungslinie von Holztreppen/-stufen werden die einzelnen Treppenstufen individuell in chaotischer Abfolge bearbeitet. Hierzu ist es notwendig, daß die Stufen selbst den jeweiligen Bearbeitungsinseln ihre Identität mitteilen. Diese Identität besteht aus einer 20stelligen Ziffernfolge, in der die Kommissionsnummer, die Holzart, die Kantenzahl, die Stufennummer etc. codiert ist. Diese Ziffernfolge muß automatisch im Materialfluß gelesen und an das jeweilige Bearbeitungszentrum weitergeleitet werden. Da die Stufe während des Bearbeitungsprozesses oberflächenbehandelt wird, scheidet ein Aufbringen der Beschriftung mittels Etikett oder Tintenspritzer aus. Es wurde eine Beschriftung mittels Laser-Einbrennverfahren gewählt, bei dem die Beschriftung um ein Montageloch gruppiert wird, so daß sie beim späteren Einbau durch Montageelemente verdeckt ist. Die Stufen werden auf Rollenbahnen gefördert, sie sind nicht ausgerichtet. Die Bahnbreite der Fördereinrichtung ist 1 m, die Zifferngröße 4 mm x 7 mm mit einer Strichstärke von 1 mm. Die Transportgeschwindigkeit beträgt 30 m/min.

Als Sensor wurde eine CCD-Zeilenkamera mit 2048 Bildelementen gewählt, die über der Rollenbahn angeordnet ist. Die Bildaufnahme wird von der Vorschubgeschwindigkeit der Rollenbahn geregelt, so daß unabhängig von der tatsächlichen Geschwindigkeit verzerrungsfreie Bilder aufgenommen werden können. Das Bildverarbeitungssystem digitalisiert die Daten der Zeilenkamera und legt sie in einem Umlaufbildspeicher ab. Hierbei wird On-line geprüft, wann eine Stufe ins Bild einläuft. Da die Position der Beschriftung auf der Stufe unbekannt ist, wird die Schriftposition in einem permanenten Suchprozeß ermittelt. Wurde die Position gefunden, endet die Bildaufnahme, nachdem sich die komplette Schrift im Umlaufspeicher befindet. Unabhängig von der verwendeten

Holzart (es werden alle einheimischen und tropischen Hölzer verarbeitet) und unabhängig davon, ob die Stufe im Rohzustand oder bereits geschliffen bzw. lackiert ist,
wird die Beschriftung omnidirektional gelesen und mit dieser Information in interpre-
tierter Form an das jeweilige Bearbeitungszentrum weitergeleitet.
In diesem Werk sind neben den beschriebenen Klarschriftlesesystemen mehrere Robot-Vi-
sion-Systeme im Einsatz, die es ermöglichen, daß der Roboter ohne Kenntnis der Stu-
fenform die Stufen greifen und mit hoher Präzision in die verschiedenen Bearbeitungs-
maschinen einlegen kann.

Bild 5: Identpunkt Klarschriftlesesystem.

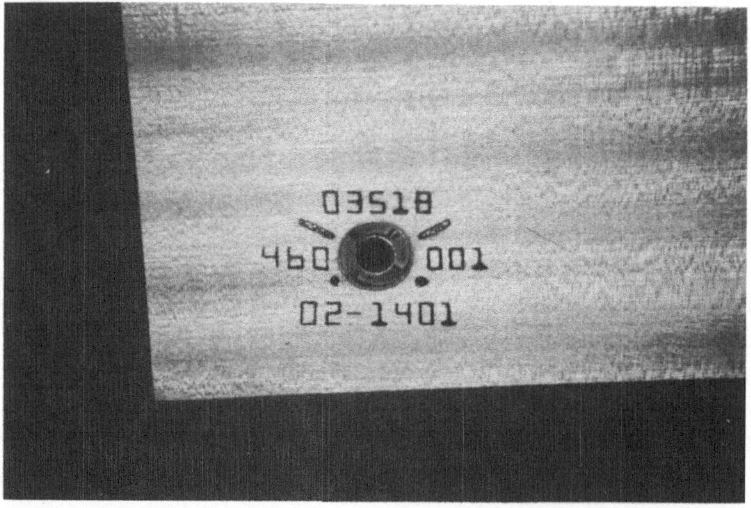

Bild 6: Klarschrift mittels Laser auf Treppenstufe eingebrannt.

Robot-Vision:
Das automatische Entpalletieren setzt bei nicht sichtgeführten Robotern oftmals den
Einsatz von Formpaletten voraus. Dies führt neben der Verteuerung der Paletten, die
oft in großer Stückzahl gefertigt werden müssen, zu einer geringen Packdichte, so daß
auch der Transport der Teile teurer wird.

In einem Automobilwerk werden Zylinderköpfe mehrlagig als Halbprodukte in DB-Gitter-
boxen angeliefert. Der Einsatz eines Robot-Vision-Systems ist notwendig, um Formpaletten zu vermeiden. Die CCD-Matrix-Kamera des Robot-Vision-Systems wurde stationär
über der Entpalletierstation angebracht. Das Bildfeld umfaßt eine Größe von ca. 1500
mm x 1000 mm, der Schärfentiefebereich umfaßt die gesamte Gitterboxhöhe, da die Teile
bis zu 5lagig angeliefert werden. Das Packmuster ist variabel, die Packlage unbekannt. Die Gesamttaktzeit ist so eng bemessen, daß für die Bildverarbeitung keine zusätzliche Taktzeit zur Verfügung steht, d.h. die Identifikation, Lagebestimmung, Orientierungsbestimmung und Packlagenbestimmung eines neuen Teiles muß durchgeführt werden, während der Roboter das vorherige Teil abtransportiert. Da der Roboter in die
Zündkerzenlöcher eingreift, muß eine hohe Positionsgenauigkeit ($< \pm 1$ mm, $0,5°$ Ver-
drehung) gewährleistet sein. Darüber hinaus muß eine Verbiegung der Gitterbox ebenso
erkannt werden wie die Position der Zwischenlagen. Typisch für eine solche Aufgabe in
Verbindung mit einem großen Portalroboter ist, daß die Beleuchtungsbedingungen nur
wenig beeinflußt werden können.
Das Robot-Vision-System prüft in einem ersten Schritt, ob die Berandungen der Gitterbox verbogen sind. Im nächsten Schritt wird geprüft, welches Teil greifbar ist. Hierbei muß das System flexibel auf Änderungen der Kulturen reagieren, da die Teile als
Halbprodukte nur oberflächlich gehont sind und deshalb sowohl glänzende als auch
matte Stellen in nicht vorhersehbarer Reihenfolge haben können. Ferner verändern sich
im Tagesablauf die Licht-/Schattenverhältnisse infolge der Umfeldbeleuchtung in der
Halle.

Das System vermißt die Position der zuverlässigen Konturteile der 4- bzw. 6-Zylinder-
köpfe und teilt dem Roboter die jeweilige Greifposition mit. In der untersten Lage
prüft das System ferner die Greifbarkeit der Teile, die in den Ecken der Gitterbox
liegen. Ist die Greifbarkeit nicht gegeben, wird dem Roboter die Position der Seiten-
berandung des Zylinderkopfes übergeben, so daß er das Teil aus der Ecke herausziehen
kann und in einem zweiten Schritt, ebenfalls unter Einsatz des Robot-Vision-Systems
das Teil greift.

10. Lokomotive oder Labormaus ?
Bei den vorgestellten Beispielen wurden absichtlich Applikationen gewählt, die eine
starke Verkettung des Produktions- oder Förderprozesses mit der Bildverarbeitung beinhalten. Diese Verkettung ist bei In-line-Anwendungen zwangsläufig und geht bei
vielen Systemen soweit, daß gesamte Produktionsstraßen nicht funktionieren, wenn die
Bildverarbeitung versagt. In diesem Fall sind ganze Konzepte, die mit Millionenauf-
wand realisiert wurden, teilweise irreparabel gefährdet. Andererseits werden große

wirtschaftliche Vorteile erzielt, wenn die Systeme sicher arbeiten. So würde im letztgenannten Fall der gesamte Roboter stillgelegt werden müssen, wenn die Fehlerrate der Bildverarbeitung zu hoch wäre. Somit kommt der Bildverarbeitung oftmals eine zentrale Bedeutung zu, die zu einem hohen wirtschaftlichen Vorteil für den Anwender führen kann. Dies haben vor allem die innovativen Branchen schnell erkannt. Hier kann man sicher von einer Lokomotivenfunktion sprechen, da speziell in verteilten Fertigungskonzepten mit hoher Teilevarianz ein bis dahin nicht möglicher Automatisierungsgrad erreicht werden kann. Die Lokomotive hat aber sicherlich noch nicht das Format eines ICE, kann jedoch auch nicht mehr als Labormaus betrachtet werden.

Es sollte jedoch auch nicht außer Acht gelassen werden, daß Bildverarbeitung anspruchsvolle Ingenieurleistungen verlangt. Ein System, das unter Laborbedingungen funktioniert, hat seine Industrietauglichkeit noch lange nicht bewiesen. Leider wurde man nicht nur in der Vergangenheit, sondern wird auch noch heute vereinzelt mit unzuverlässig arbeitenden Systemen konfrontiert, die hohe wirtschaftliche Schäden verursachen können. Es obliegt deshalb zum einen dem Anwender, mit wachem Auge den richtigen Partner zu finden, wobei besonderes Augenmerk auf bisher realisierte Lösungen des Systemhauses geworfen werden sollte. Entwickler sollten davon ausgehen, daß Bildverarbeitungssysteme in der rauhen Industrieumgebung nur dann zu 100 % erfolgreich arbeiten, wenn das System nicht an der Grenze des machbaren entwickelt wird, sondern genügend Sicherheitsreserven für nicht vorausgesehene "Vor-Ort-Bedingungen" hat. Denn nur durch kontinuierliche und erfolgreiche Arbeit wird es der industriellen Bildverarbeitung gelingen, das gesamte Markpotential, das zur Verfügung steht, im Laufe der Jahre zu erobern.

Vision for a 3-D Object Manipulation System

F. Ade, M. Peter, M. Rutishauser, M. Trobina, A. Ylä-Jääski

Image Science Group
Institute for Communication Technology
Swiss Federal Institute of Technology (ETH)
CH-8092 Zürich, Switzerland

1   Introduction

This contribution describes the vision module of a 3-D object manipulation system, which was implemented in the framework of the so-called COR project[1]. This large interdisciplinary project was promoted by the Mechatronics working group of the Swiss Federal Institute of Technology. The Mechatronics group comprises the Institutes of Robotics, Electronics, Control Theory, Communication Technology and the Chair for Electrotechnical Constructions.

In order to focus the work and to be able to monitor and demonstrate progress, it was decided to define a concrete and challenging task which consisted in building a complete system for clearing cafeteria trays. The vision system was to analyze the constellation of dishes and cutlery pieces on a tray so that it could communicate to the robot the information necessary to grasp a piece and put it aside. When a sequence of these operations had cleared a tray, it was moved away, and the next tray to be cleared moved into position.

The vision system used three CCD cameras to get the necessary visual data, and the interpretation of the scene relied fully on the object model based approach. The decision procedure used can be briefly characterized as rule-based evidence accumulation. The project extended over four years, and completed with a successful demonstration of the full system at the exhibition "Industrial Handling 92" in Zürich.

2   Overview

At first the procedure to determine the position and orientation of the three CCD cameras is explained. Then the kind of visual data which are acquired, namely two lateral silhouettes and an image from vertically above, will be described and a justification for this choice is given. Heuristics are introduced and the analysis of the silhouette contours is described. The analysis of the gray-value image taken from above is described next. It consists of a Hough transform to detect circles of a limited set of radii corresponding to the admitted object models. The image from above is analyzed a second time to find all contour segments which then are approximated by polygonal sequences. Then "ribbons" are introduced. They are found by grouping and they are useful for detecting cutlery pieces. Then it is described how the next object is identified by evidence accumulation. It is shown how information from two or three images is combined to infer position and orientation of the object to be taken.

The next thing to be explained is the derivation of gripping points and a good approach direction for the gripper of the robot. For cups and soup bowls the angular position of the handles are also determined. A short description of the computing hardware and of the software system follow. Finally, an assessment of the achieved results is given.

This contribution is limited to the discussion of the vision part of the system. For other aspects of the COR project like the safety system with speech input, the three-fingered smart hand with a multitude of sensors as well as the robot control system, see [7].

---

[1]Cooperating robot with visual and tactile skills

3   Automatic camera orientation

In photogrammetry the term "calibration" means the determination of the interior camera parameters, whereas "orientation" refers to the determination of the pose of a camera with respect to a chosen coordinate system. In [2] it was shown how to find the orientation by showing a set of 3-D "control points" to the camera. Usually, the control points (e.g. the centers of white squares on black background) are positioned on a plate, which has to be aligned with the robot coordinate system. This alignment has to be done manually which is very cumbersome.

We have developed an "automatic camera orientation procedure". Each camera is modeled by a perspective matrix T which we determined by this procedure. We use the robot arm as a positioning device for the control points. The virtual control point is the center of a white sphere which is attached to a finger of the robot gripper. The sphere is moved sequentially to 12 predetermined positions inside a volume of interest of 500 x 300 x 150 mm^3 which later is occupied by the scenes. In each camera image, the circle corresponding to the sphere is found with the help of a Hough transform. The center of the circle is the image of the control point. This method proved to be very robust and enabled us to perform the camera orientations automatically and fast ($\approx$ 1min). For the COR project we always "oriented" all three cameras simultaneously. Knowing the perspective matrices $T1$, $T2$ and $T3$ for cameras 1, 2 and 3, it is possible to calculate the 3-D position of an arbitrary object point from at least two corresponding image points from two different images.

4   Experimental Setup and Data Acquisition

In every robot vision task with an "industrial flavor" it is mandatory to simplify the images used as much as possible in order to keep the algorithms simple and thus computer costs affordable (this explains the continuing popularity of binary computer vision in industry).

The main challenge of our benchmark is that it is a true 3-D problem. One cannot get away with 2-D representations and algorithms. The location and orientation of the parts are not known beforehand. This knowledge has to be inferred from the input images. By the successful operation of the COR system we have shown that in this case it is sufficient to take two lateral silhouettes of the dish scene on the tray and a grey-value image from vertically above. Fig.1 shows this setup. The optical axes of camera1 and camera2 are approximately orthogonal to each other and lie in a horizontal plane which touches the upper rim of the tray. The focal length of all cameras was 25 mm, their distance to the tray 2.5 m. The tray being cleared is lifted off the conveyor belt so that the taking of the images be not disturbed by the other trays. The left part of the curved background reflector is lit by a flash from strobe1 in the moment when camera1 takes an image. The right part is similarly lit by a flash from strobe2 when camera2 takes an image. The use of flashes leads to a pronounced suppression of ambient light effects so that very neat silhouette images are generated. For the image taken from above by camera3 we use a permanent, diffuse illumination (not shown). Fig.2 shows an example of such an image triplet.

The benchmark problem was delimited by admitting a set of 11 objects only, namely 4 porcelain and 3 glass dishes and 4 cutlery pieces. Food rests and unknown objects were excluded.

5   Analysis of the silhouette contours

The first step of the analysis is to extract the silhouette from the raw image data. This is done by applying the Canny edge detector [3] with $\sigma = 1.0$. The contour string is then found by simply following the "silhouette edge" (Fig.3 a).

An essential point of our strategy is to remove *one* object at a time. The object chosen for removal is normally the one which is highest in both silhouettes (e.g. the glass in Fig.2). We analyze only that

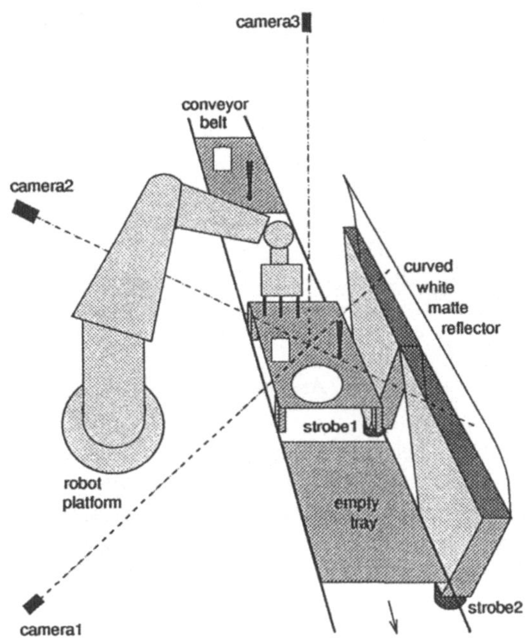

Figure 1: *Experimental setup*

left image *right image*

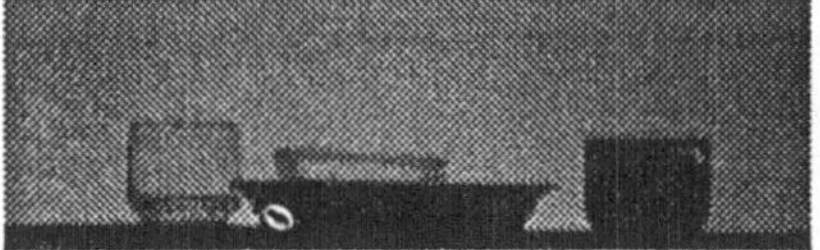

top image

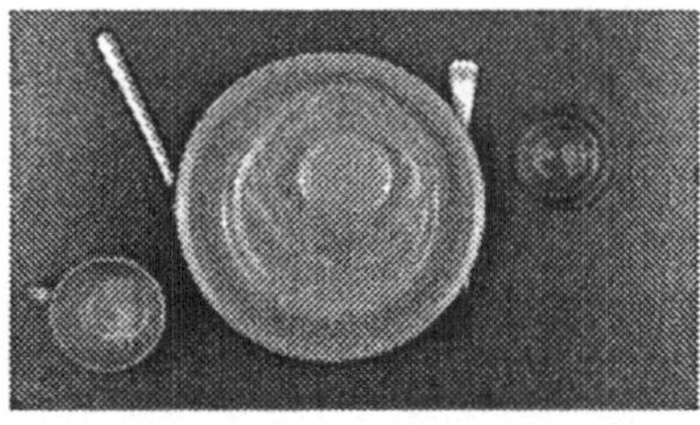

Figure 2: *Images as seen by the three CCD cameras*

a) Silhouette of right image   b) Features of ROI of right image

 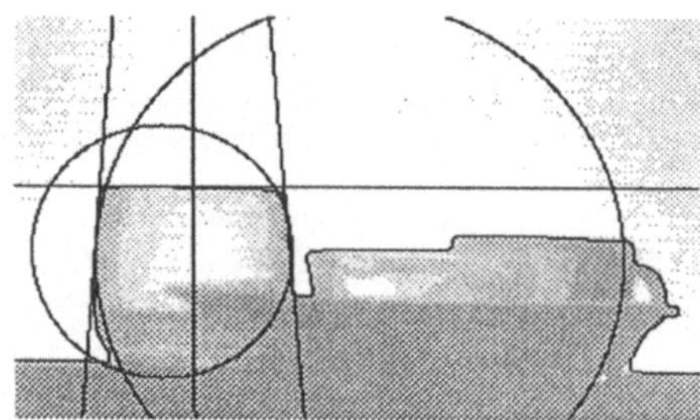

Figure 3: Analysis of silhouette

part of the contour which probably belongs to this object. This "region of interest" (ROI) is delimited by concave corners on both sides which very often are indicative of the begin of a different object. The ROI is then partitioned by (convex) corner points. The contour segments thus generated are approximated by straight line pieces and circular arcs. A symmetry axis [1] for the object described by the ROI is also found (see Fig.3 b).

Features extracted from the silhouette image are: curve type, radius, corner angles, transparency (from greyvalue image), height etc. This computation is done independently for both silhouettes. In a next step, we combine the symmetry axes of the two images to get the 3-D symmetry axis and thus the 3-D position of the object, making it possible to calculate the distance of the object to the cameras and thus two scaling factors (one for each object image). We then convert the two radii measured in pixels to one "real" radius measured in millimeters. If in both images the same object is analyzed, the deviation of the calculated "real" radius from the model radius is less than ±5%.

6 Analysis of the image from above

The gray-value image from above (Fig. 2) is analyzed differently. The Canny edge image [3] typically consists of imperfect object contours. Shadows and specular reflections induce numerous phantom edges which do not represent object boundaries or intrinsic object features. In order to cope with this imprecise or false edge information, model guided grouping of edge data is introduced.

6.1 The Hough Transform

The Hough Transform is a robust method to recognize parametrized curves in edge images. In our case, rotationally symmetric objects like plates, cups and glasses generate circular features in the edge map. The radii of the circular features are approximately known in advance. Thus, the thresholded gradient image is subjected to the Hough Transform to find all circles, i.e. their radii and center positions, sequentially for each model radius in a 2-D Hough space.

A straightforward implementation of the Hough Transform resulted in a computing time of the order of 20-40 seconds for circle detection. This time was cut down to 1-2 seconds without any significant quality loss. The three concepts contributing to this 20-fold speed-up are discussed below.

The number of computations in the Hough Transform depends on the size of the data set. The probabilistic Hough Transform [6] makes use of only a small part of the available edge data, thus the execution time can be considerably shortened. In our case, we finally used only 10-12% of the edge data for the largest objects (plates, soup bowl) 16-25% of the data for the medium sized objects (dessert glass, cup, glass) and 50% of the data for the smallest circles (handle of the soup bowl).

The second crucial concept for the speed-up is the use of Gerig's peak detection procedure for the detection of the maxima in Hough space [4]. This method not only saves computation time, but it also performs better than traditional methods in finding the correct maxima. Due to this superior maximum detection, the number of required edge data could be further reduced. The third essential concept for the speed-up is again associated with Gerig's peak detection procedure. Only rough estimates of the object circles are needed and a coarse quantization of Hough space is sufficient. All edge pixels contributing to a maximum in Hough space are collected to compute a better estimate of the actual position and radius of the maximum in Hough space. This implies, that the bin size of the Hough space has influence only on the separability of two different maxima.

Applying the Hough transform to the gray-value image in Fig.2, the cup, plate, glass and salad bowl are all correctly recognized, see Fig.4a.

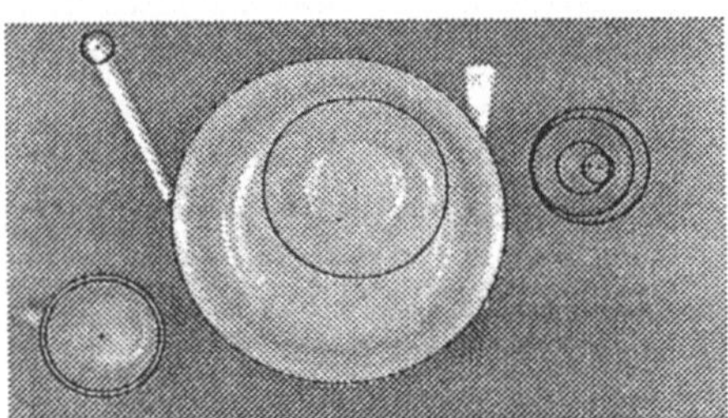 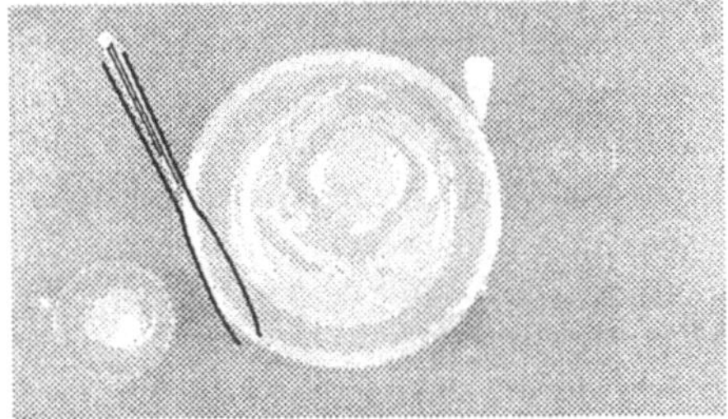

Figure 4: a) The circles detected by Hough Transform are plotted over an image of a dish scene. b) The analysis by ribbons identifies the knife and its position correctly.

6.2 Finding ribbons

Axial representations of planar shape, i.e. ribbons, are useful in image segmentation and object recognition. Loosely speaking, a ribbon is a pair of curves which "belong together". The form of the ribbon is described by its width as a function of the position on its axis. In most works considering ribbons, edge maps have been used to directly derive the symmetry description. Therefore, the computational demand has been very high. We use a less local approach to shape description, with less sensitivity to local errors in the edge map and with reduced execution time [8].

We begin with polygonal approximations of the contour pieces obtained by gradient thresholding of the gray-level image. The axial shape representation is then computed by finding line segment pairs which "belong together". We call the obtained symmetry description a "Line Segment Ribbon" (LSR). In a further step, the LSR's which have been found to conform to the selection criteria are examined to see if they can be grouped. In the first grouping phase, two LSR's are linked together. This process is controlled by symbolic and geometric attributes. In the second grouping phase, pairs of LSR pairs are grouped by means of logical rules. Several LSR's can be combined into a global LSR structure. The result of this analysis is a global description of shape of some object part or object. It then can be used for object recognition. The shape description resulting from the LSR grouping is a vector defining widths of the shape along the symmetry axis. It can efficiently be compared to stored object models, see the detected knife in Fig.4b.

7 Evidence accumulation

Our recognition scheme uses a rather unstructured accumulation of evidence. We do not compare structures but build the decision for an object on a set of local features which are used in the condition part of rules. This scheme was introduced in [5] for recognizing objects in range data scenes. It is attractive because the decision is taken without search and without backtracking. The main differences in our application of it are different data, segments, attributes and scenes which may consist of many objects.

The recognition system has two parts, a domain specific **rule base** and a general **inference engine.**

The **rule base** stores knowledge about the problem domain in the form of a set of production rules. Each rule contains a condition part and an action part. In the condition part, we find statements on the occurence of a feature, or on an attribute value being in a certain range or a combination of such expressions. The action part contains a list of weights expressing positive or negative evidence to be distributed over the set of hypotheses for objects. Weights are in the range [-1,1] and their ordering in the list corresponds to the ordering in the list of admitted objects. There are 46 rules in the rule base which are grouped into 5 classes. As an example, two rules are explained below:

Rule for the highest point in the ROI: The height of an individual object was measured from the images of the lateral views. Because the objects can have a certain range of distances to the cameras, each object has a range of possible silhouette height values. Objects having similar sizes may have overlapping height ranges. The highest point of the ROI can be used to exclude an object i from the set of possible interpretations as soon as it is smaller than the lower limit of object i's silhouette height range. Since objects may be stacked, it is not possible to state anything about an object i if the highest ROI point is higher than the upper limit of objects i's height range. But the smaller the value of the ROI height gets, the more negative evidence can be assigned to larger objects. Below an example of such a rule is given: this rule refers to the feature *roi-height*, the value range is 0..30. The weights are implicitly ordered for soup spoon, tea spoon, knife, fork, cup, glass, soup bowl, salad bowl, plate, soup plate and dessert bowl. If the ROI's highest point is in the range of 0..30 pixel, it is impossible that the objects cup, glas, soup bowl, salad bowl or dessert bowl are present in the scene. These objects therefore get the maximal negative evidence weight. Nothing can be inferred for the other objects.

```
((roi-height any btwn (0 30)) (0 0 0 0 -1 -1 -1 -1 0 0 -1))
```

Miscellaneous rules: The feature "transparency" is very useful. When there is no transparency, nothing can be said since a transparent object may be occluded, but if there is transparency, we are pretty sure that there must be a glass or a salad bowl or a dessert bowl. These objects therefore get positive evidence. The others get negative evidence except the cutlery pieces. Their silhouette can be very narrow so that it is possible that the extraction of the transparency feature fails. Nothing can be said about these objects; they get an evidence weight of 0.

```
((sym-axis any material (1 1))   (0 0 0 0 -1 .5 -1 .5 -1 -1 0.5))
```

The **inference engine** evaluates the rules which were triggered by features observed in the scene. A similarity measure compares the vectors formed by the evidence weights corresponding to features observed in the scene with the vector representing the model evidences for the different object hypotheses. The object model with the highest similarity value is considered as being identified in the scene.

8   Gripping Information

Knowing the identity of the object to be removed next and the features that led to that decision, the position of it and the appropriate grasping strategy can be computed. Gripping points and grasping strategies are stored in a data base for each object beeing in a normal position. Each feature has some contribution to the object's position in space and many of them contain redundant information. A circle in the top view for example can be used to compute the centrum point of a object, but that can also be done with the 3-D symmetry axis computed from the two 2-D symmetry axes in the silhouettes. This is an example of built-in redundancy which contributes to the robustness of the system.

9 Implementation Details

All algorithms of the COR vision module have been implemented on a Stardent 3000 computer, a UNIX machine equipped with 4 processors and a total of 128MByte of shared memory. An ANDROX ICS400 frame grabber has been used to capture the images. It is configured to deliver square pixels. The communication with the robot is done via a RS232 serial link, running at 9600 Baud.

The programming language C was used throughout. In order to simplify the implementation of the software, a special toolkit named "XroboToolKit" has been developed. It provides an object oriented programming environment to the user.

Objects are typically gray level images, edge images, silhouettes, etc., but also hardware devices like the frame grabber. Even the robot is described by this means. The camera data like focus, position in world coordinates, perspective matrix, are all contained in the gray level image object.

All these objects are hierarchically ordered, starting from a "generic object", followed by gray level images, edge images, and so on. In this way, children objects always inherit automatically all information from their parent. For example, the highest point in a silhouette is tightly coupled with the camera data through the following hierarchical chain:

- highest point $\rightarrow$ silhouette $\rightarrow$ edge image $\rightarrow$ gray level image(camera data)

This association is essential for the calculation of 3-D positions. Because of the hierarchical structure, this data retrieval can be coded by one simple call to function call.

Another important feature of the toolkit is the fact that it supports shared objects. This is especially useful in a multiprocessor environment like the one we used. Message passing and methods for synchronization of processes are also supported.

Figure 5 shows a flow diagram of the vision algorithm.

Each box represents a major step in the analysis of the scene. Execution of the three branches is started independently of each other, as soon as the robot arm has moved out of the corresponding image. Calculations represented by boxes located within the same row are performed in parallel, e.g. edge detection in all images, or silhouette calculations, Hough transform and ribbon detection. The most time consuming parts are the detection of edges, Hough circles and ribbons. Typically, edge detection needs 4, ribbons 3 and Hough 2 seconds. An average of 17MFLOPS has been achieved during edge detection. Totally, it takes between 5 and 10 seconds to analyze a scene, depending on the complexity and the size of the region of interest.

10 Conclusion

As achievements of the project we see the following: The system solves a true 3-D problem. It is able to handle a fair number of objects with substantial mutual occlusion. The objects can be transparent, and they can have specularly reflecting surfaces. The system shows robustness through the use of redundant information. System integration which took about 6 weeks turned out to be without major problems due to well-structured software. During the exhibition "Industrial Handling 92" the system operated through one week about 5 hours a day and analyzed successfully several hundred scenes. Of course it was possible to conceive scenes which the system could not analyze. It is therefore difficult to give a precise figure for recognition failure rate. However, when the scenes corresponded to typical tray configurations as they come out of a true cafeteria (without food remains, of course), the failure rate was about 5%. In the case of failure, the system was instructed to ask for operator intervention.

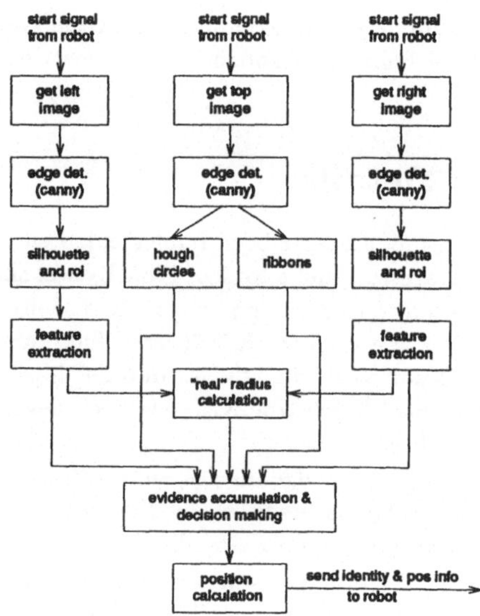

Figure 5: *Flow diagram of vision algorithm*

The COR project for which the vision module described in this paper was developed was an invaluable exercise in building a vertically integrated system which allowed to identify sensitive areas which would not have been found with a mere laboratory vision system.

References

[1] F. Ade, M. Peter, M. Ilg, *Gripping Information for a Robot from Silhouettes*, Proc. Conf. on Computer Vision and Pattern Recognition, CVPR'91, pp. 716-717, Maui, (1991).

[2] N. Ayache *Artificial Vision for mobile Robots*, MIT Press, (1990).

[3] J. Canny, *A Computational Approach to Edge Detection*, IEEE Trans. Pattern Anal. Machine Intell., 8(6), pp. 679-697, (1986).

[4] G. Gerig, *Linking image-space and accumulator space: a new approach for object recognition*, Proc. 1st Int. Conf. Comput. Vision (ICCV), pp. 112-117, London (1987).

[5] A.K. Jain, R. Hoffman, *Evidence-based Recognition of 3-D Objects*, IEEE Trans. Pattern Anal. Machine Intell., 10(6), pp. 783-802, (1988).

[6] N. Kiryati, Y. Eldar and A.M. Bruckstein, *A probabilistic Hough Transform*, Pattern Recognition, Vol.24, No.4, pp. 303-316, (1991).

[7] D. Vischer, *Cooperating Robot with visual and tactile skills*, Proc. 1992 IEEE Intern. Conf. on Robotics and Automation, Nice, pp. 2018-2025 (1992).

[8] A. Ylä-Jääski and F. Ade, *Line segment ribbons and their grouping*, Proc. 11th Int. Conf. on Pattern Recognition, The Hague (1992).

Mehrkanalige Bewegungsbestimmung mit Korrelationsmethoden

Alexander Eggerer, Wolfgang Eckstein

Technische Universität München
Institut für Informatik, Lehrstuhl Prof. Radig

Für die Bestimmung des optischen Flusses in Bildfolgen kennt man verschiedene Verfahren. Die robustesten davon sind die Korrelationsmethoden. In der Praxis zeigt sich allerdings, daß die Verschiebungsvektoren nicht an allen Stellen berechenbar sind. Mit einem mehrkanaligen Korrelationsansatz kann aus mehreren Merkmalen der optische Fluß nun genauer und kontinuierlicher bestimmt werden.

Einleitung

Mit Hilfe des optischen Flusses — berechnet aus Bildfolgen — kann wichtige Information wie Tiefeninformation, Bewegungsparameter usw. (siehe [Nagel 85]) aus Bildfolgen gewonnen werden. Dazu ist die Genauigkeit des errechneten Verschiebungsvektorfeldes von entscheidender Bedeutung ([Barron et al. 87]).

Grundsätzlich werden drei verschiedene Ansätze zur Bewegungsschätzung unterschieden: Die differentiellen Verfahren, die durch Bewegung im Grauwertverlauf hervorgerufene Änderungen mit Hilfe von differentialgeometrischen Mitteln beschreiben und daraus den optischen Fluß berechnen.

Mit den sogenannten Raum–Zeit–Filterverfahren wird der zweidimensionale Bildraum auf drei Dimensionen erweitert. Aus dreidimensionalen Geschwindigkeitsfilterantworten wird die Bewegung ermittelt.

Beide Verfahrensklassen stellen allerdings gewisse Anforderungen an das Bildmaterial wie konstante Beleuchtungsverhältnisse (differentielle Verfahren) oder das Vorhandensein von Texturen (Quadraturfilterverfahren); daher sind sie nur in speziellen Situationen einsetzbar. Die Korrelationsmethoden zur Berechnung des optischen Flusses unterliegen dagegen diesen Beschränkungen nicht.

Korrelationsmethoden zur Bewegungsbestimmung

Die Berechnung von Verschiebungsvektoren bei dieser Verfahrensklasse kann in zwei Schritte unterteilt werden: Im ersten Schritt werden geeignete Merkmale (zum Beispiel Grauwertecken, siehe [Nagel 85]) aus den Grauwertbildern mit Hilfe von Operatoren extrahiert. Anschließend wird jedem Merkmal aus dem ersten Bild $\mathbf{P}_1$ ein

Merkmal aus dem zweiten $\mathbf{P}_2$ zugeordnet. Man betrachtet in diesem Merkmals-suchprozeß nur noch lokale Bereiche B der Grauwertverläufe $g_{\mathbf{P}_1}$ bzw. $g_{\mathbf{P}_2}$ (also keine einzelnen Pixel mehr), um eine möglichst eindeutige Zuordnung zu finden. Je kleiner der Bildausschnitt ist, desto größer ist auch die Wahrscheinlichkeit, daß ein weiteres ähnliches Merkmal im Bild existiert. Der Zuordnungsprozeß muß dann das Korrespondenzproblem lösen. Umgekehrt führen zu große Referenzfenster zu Problemen bei der Erkennung von Bewegungsgrenzen. Ebenso kann die Bewegung von sich deformierenden Objekten wegen fehlender Ähnlichkeit der Vergleichsfenster nicht mehr erkannt werden.

Ein Verschiebungsvektor $\mathbf{u}$ an der Stelle $\mathbf{x}$ wird ermittelt, indem zu einem Bildausschnitt (Referenzfenster) im Folgemerkmalsbild ein passender Ausschnitt (Korrelationsfenster) gesucht wird. Dazu verschiebt man das Korrelationsfenster auf geeignete Weise im Bild und berechnet an jeder Position mit einer Funktion R die Ähnlichkeit beider Bildausschnitte:

$$R(\mathbf{x}_{\mathbf{P}_1}, \mathbf{x}_{\mathbf{P}_2} + \mathbf{u}) = R(\mathbf{u}). \tag{1}$$

Aus der Position des ähnlichsten Ausschnitts ergibt sich gleichzeitig, sofern dort die Korrelation genügend groß ist, der Verschiebungsvektor $\mathbf{u}$.

Um Korrespondenzprobleme zu umgehen und die Laufzeit klein zu halten, wird man die Vergleiche der Korrelationsfenster mit dem Referenzfenster auf einen Suchbereich S beschränken. Damit gilt nun: $\mathbf{u} \in S$ und $B \subset S$.

Als Maß für die Korrespondenz wird gewöhnlich die Kreuzkorrelation verwendet [Burt et al. 82]:

$$R_{KD}(\mathbf{u}) = \sum_B g_{\mathbf{P}_1}(\mathbf{x}) g_{\mathbf{P}_2}(\mathbf{x} + \mathbf{u}) \quad \text{mit } \mathbf{x} \in B, \mathbf{u} \in S. \tag{2}$$

Je größer der Funktionswert bei einer Verschiebung $\mathbf{u}$ ist, desto größer ist die Wahrscheinlichkeit, daß die beiden Ausschnitte miteinander korrelieren. Somit kann die Suche nach einem Verschiebungsvektor als Bestimmung eines Maximums der direkten Kreuzkorrelationsfunktion R_{KD} verstanden werden; allerdings wird — bedingt durch die Einschränkung des Summationsbereichs auf B — ein lokales Maximum und nicht das absolute gesucht ([Burt et al. 82]).

Daher muß das Maximum vorab geschätzt werden (siehe [Eggerer 91]) oder es muß die normalisierte Mittelwertkorrelationsfunktion

$$R_{KM}(\mathbf{u}) = \sum_B \left(g_{\mathbf{P}_1}(\mathbf{x}) - \overline{g_{\mathbf{P}_1}}(\mathbf{x})\right) \left(g_{\mathbf{P}_2}(\mathbf{x} + \mathbf{u}) - \overline{g_{\mathbf{P}_2}}(\mathbf{x} + \mathbf{u})\right)$$

$$\text{mit } \overline{g_{\mathbf{P}_i}}(\mathbf{x}) = \frac{1}{|B|} \sum_B g_{\mathbf{P}_i}(\mathbf{x}), i \in \{1, 2\} \tag{3}$$

bzw. die normalisierte Varianzkorrelationsfunktion ([Lawton et al. 87])

$$R_{KV}(\mathbf{u}) = \frac{\sum_B \left(g_{\mathbf{P}_1}(\mathbf{x}) - \overline{g_{\mathbf{P}_1}}(\mathbf{x})\right) \left(g_{\mathbf{P}_2}(\mathbf{x} + \mathbf{u}) - \overline{g_{\mathbf{P}_2}}(\mathbf{x} + \mathbf{u})\right)}{\sqrt{\sigma_1^2(\mathbf{x}) \sigma_2^2(\mathbf{x} + \mathbf{u})}}$$

$$\text{mit } \sigma_i^2(\mathbf{x}) = \frac{1}{|B|} \sum_B \left(g_{\mathbf{P}_i}(\mathbf{x}) - \overline{g_{\mathbf{P}_i}}(\mathbf{x})\right)^2, i \in \{1, 2\}. \tag{4}$$

verwendet werden. Durch geeignetes Umformen kann der Normierungsprozeß schon vor dem Korrelationsprozeß durchgeführt werden; so werden wiederholte und damit unnötige Berechnungen vermieden.

In der Literatur ([Barnea et al. 72, Anandan et al. 86]) finden sich noch die sogenannten Normfunktionen zur Bestimmung der Ähnlichkeit zwischen Referenzfenster und Korrelationsfenster:

$$R_{EA}(\mathbf{u}) = \sum_B \|g_{\mathbf{P}_1}(\mathbf{x}) - g_{\mathbf{P}_2}(\mathbf{x} + \mathbf{u})\| \tag{5}$$

mit $\mathbf{x} \in B, \mathbf{u} \in S$ und einer geeigneten Norm $\| \cdot \|$. Diese Funktionenklasse ist, bedingt durch die Konstruktion, rauschinvarianter als die der Kreuzkorrelationsfunktionen (2) – (4). Gesucht ist hier nicht mehr ein Maximum, sondern das absolute Minimum.

Es zeigt sich in der Praxis, daß das Laufzeitverhalten zur Bestimmung der Verschiebungsvektoren stark von der Größe des Suchbereichs bzw. des Referenzfensters abhängt (Abbildung 1). Mit verschiedenen Heuristiken kann dieser Ermittlungspro-

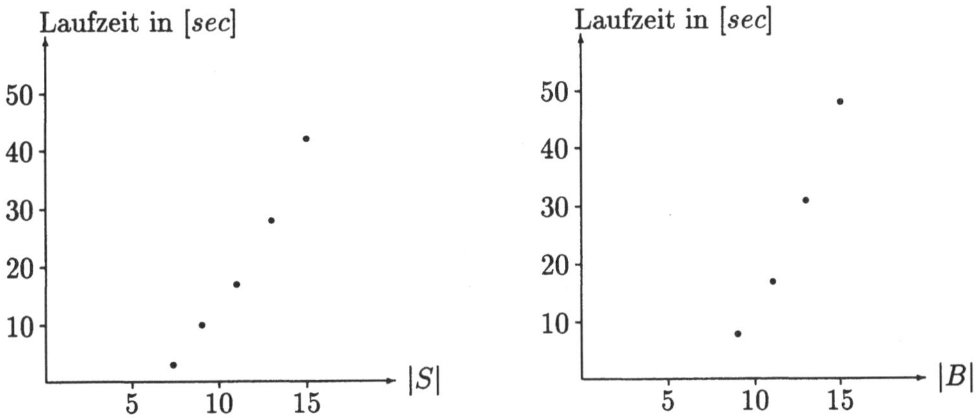

Abbildung 1: Laufzeitverhalten in Abhängigkeit von der Größe des Suchfensters (links) bzw. Korrelationsfensters (rechts) (vgl. [Eggerer 91])

zeß nach dem Extremwert beschleunigt werden. Das bekannteste Verfahren ist der SSD–Algorithmus von [Barnea et al. 72]; mit einer speziellen Suchstrategie wird das absolute Maximum schneller gefunden.

Mehrkanalige Ansätze

Bei der Merkmalsberechnung zeigt sich der große Nachteil in der Vorgehensweise der oben aufgeführten Verfahren zur Bestimmung von Verschiebungsvektoren: Die Verschiebungsvektoren können wegen des Korrespondenzproblems nur an den Stellen im Bild berechnet werden, an denen ein Merkmal (zum Beispiel Kante) erkannt wurde.

Bei allen anderen Bildteilen bleibt das gewünschte Geschwindigkeitsfeld unbestimmbar. Zwar können mit Hilfe von Glattheitsforderungen ([Anandan et al. 86]) die fehlenden Verschiebungen aus den berechneten interpoliert werden, aber die Qualität der Verschiebungsvektoren hängt stark von den Eingabedaten ab. Also muß das für den Interpolationsprozeß initiale Verschiebungsvektorfeld möglichst dicht und genau sein.

Nun läßt sich aber ein Ansatz von [Sprengel et al. 88] zur Bestimmung des optischen Flusses in Farbbildfolgen mit Hilfe differentieller Verfahren auf die Korrelationsverfahren übertragen und so erweitern, daß man sich nicht nur auf Farbbildfolgen beschränken muß. Dazu wird ein Paar von Merkmalsvektoren $\mathbf{m}_1$ und $\mathbf{m}_2$ mit n verschiedenen Komponenten auf Ähnlichkeit untersucht; jede Komponente entspricht einem Merkmal. Diese werden paarweise ($\mathbf{m}_{1_i}$ bzw. $\mathbf{m}_{2_i}$) mit einer Ähnlichkeitsfunktion $R(\mathbf{m}_{1_i}, \mathbf{m}_{2_i}) = R(\mathbf{x}_{\mathbf{P}_1}, \mathbf{x}_{\mathbf{P}_2} + \mathbf{u})$ bewertet. Der berechnete Ergebnisvektor wird anschließend mit Hilfe einer Norm auf eine Maßzahl abgebildet. Insgesamt ergibt sich so nun folgende neue Bewertungsfunktion:

$$\acute{R}(\mathbf{m}_1, \mathbf{m}_2) = \|\mathbf{e}\| \quad \text{mit } \mathbf{e} = \sum_{i=1}^{n} \mathbf{e}_i w_i R_i(\mathbf{m}_1 \cdot \mathbf{e}_i, \mathbf{m}_2 \cdot \mathbf{e}_i),$$

$$\mathbf{e}_i^T = (\,e_1 \quad e_2 \quad \cdots \quad e_n\,) \text{ und } e_j = \begin{cases} 1 & j = i \\ 0 & \text{sonst} \end{cases}, \; j \in \{1, 2, \ldots n\}. \tag{6}$$

Die Maximum– bzw. Minimumbestimmung der neuen Bewertungsfunktion $\acute{R}$ bleibt identisch mit der bei den alten Verfahren; das heißt, alle bekannten Heuristiken zur Extremstellensuche (zum Beispiel SSDA–Verfahren) können weiterhin verwendet werden. Ist in einem lokalen Grauwertbereich nur ein einzelnes Merkmal vorhanden, so liefern die neue und die alte Bewertungsfunktion den selben Verschiebungsvektor:

$$\acute{R}(\mathbf{m}_1, \mathbf{m}_2) = \|\mathbf{e}_1 w_1 R_1(\mathbf{m}_1 \cdot \mathbf{e}_1, \mathbf{m}_2 \cdot \mathbf{e}_1)\| \sim \|R_1(\mathbf{m}_{1_1}, \mathbf{m}_{2_1})\| \equiv R(\mathbf{m}_{1_1}, \mathbf{m}_{2_1}). \tag{7}$$

Andernfalls wird ein optimaler Verschiebungsvektor bezüglich der vorhandenen Merkmale und einer Norm berechnet, ähnlich der Ermittlung des „optimalen" Schnittpunktes der „constraint lines" bei den differentiellen Verfahren. Als Norm wird — sofern alle $R_i(\mathbf{u})$ derselben Klasse von Korrelationsfunktionen angehören — gewöhnlich die Betragsnorm oder die euklidische Norm benützt. Sonst muß eine spezielle Norm konstruiert werden, die berücksichtigt, daß einerseits ein Minimum (Normfunktionen) und gleichzeitig ein Maximum (Kreuzkorrelationsfunktionen) gesucht ist. Wenn starkes Vertrauen in die Merkmale gesetzt werden kann und alle Vergleichsfunktionen $R_i(\mathbf{u})$ vom selben Typ sind, wird man die Minimumsnorm bzw. Maximumsnorm (je nach Art der Vergleichsfunktion $R_i(\mathbf{u})$) verwenden.

Der Merkmalsvektor kann aus beliebigen Merkmalen zusammengesetzt sein: Es eignen sich Kanten– sowie Grauwertbilder unterschiedlicher Spektralbereiche (zum Beispiel RGB–Bildsequenzen) mit den daraus extrahierten Merkmalen, die zum Beispiel mit Texturfiltern, Laplace– oder Monotonieoperatoren (siehe [Kories et al. 84]) usw. berechnet wurden. Bei Merkmalen wie Farbwert oder Kantenorientierung muß die Periodizität beachtet werden.

Findet als Bewertungsfunktion R eine Normfunktion Verwendung, so können die einzelnen Spektralbilder einer Bildsequenz direkt als Merkmale für einen mehrkanaligen Korrelationsprozeß dienen. Es ist dann wahrscheinlich, daß die Kantenrichtungen der Kanäle voneinander unabhängig sind. Wenn mindestens zwei unterschiedliche Orientierungen an einer Stelle existieren, kann dort dann das Blendenproblem gelöst werden.

Die Gewichte w_i sowie die individuellen Vergleichsfunktionen $R_i(\mathbf{u})$ lassen eine selektive Bewertung einzelner Merkmale zu. So wird der Tatsache Rechnung getragen, daß einzelne Merkmalsoperatoren von Bild zu Bild stabilere Ergebnisse liefern.

Auf einem Einprozessorsystem vervielfacht sich die Laufzeit des Verfahrens gegenüber den vergleichbaren einkanaligen Ansätzen wegen der Betrachtung mehrerer Merkmale um den Faktor n. Der Algorithmus läßt sich allerdings gut parallelisieren.

Testergebnisse

Abbildung 2 zeigt zwei Bilder einer realen Straßenszene. Die Bildfolge wurde aus ei-

Abbildung 2: Reale Straßenszene

nem fahrenden Auto heraus aufgenommen. Die Kamera bewegt sich dabei mit einer relativ konstanten Geschwindigkeit auf das vorausfahrende Auto zu. Die Probleme, die sich bei der Bestimmung des optischen Flusses ergeben, resultieren aus dem Erzeugungsprozeß der Bildfolge: Jedes Bild der Sequenz wurde aus zwei Halbbildern zusammengesetzt. Genauere Analysen des Bildmaterials zeigen, daß es dadurch mit Rauschen überlagert ist.

In Abbildung 3 und 4 sind die Ergebnisse eines normalen Korrelationsprozesses, gewonnen aus dem Merkmal Textur mit Hilfe eines Texturfilters bzw. dem Merkmal Kantenbild, zu sehen. Alle Berechnungen wurden mit dem Bildverarbeitungssystem HORUS (siehe [Eckstein 88]) durchgeführt. Als Funktion zur Bewertung der Ähnlichkeit zweier Bildausschnitte diente die Funktion $R_{EA}(\mathbf{u})$ mit der Norm $|\cdot|$.

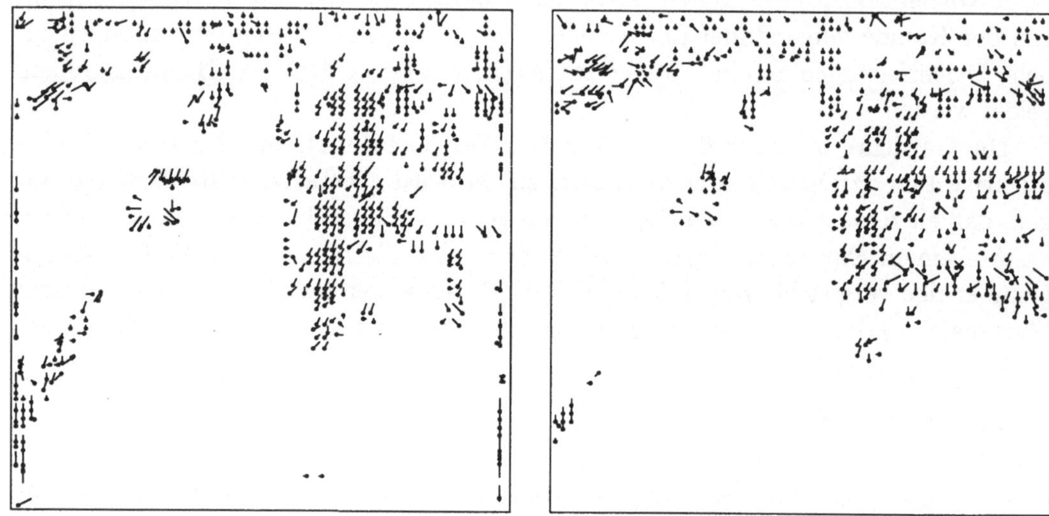

Abbildung 3: (links) Verschiebungsvektorfeld entstanden aus einem Texturmerkmal zur Abbildung 2

Abbildung 4: (rechts) Verschiebungsvektorfeld aus dem Kantenbild berechnet

Werden beide Merkmale verwendet, so sind fast alle „weißen" Stellen aus dem Verschiebungsvektorfeld verschwunden (siehe Abbildung 5). Gegenüber den Verschiebungsvektoren, die nur anhand eines Merkmals berechnet wurden, zeigt sich, daß 71 Prozent (Kantenbild) bzw. 45 Prozent (Textur) mehr Vektoren unter Verwendung beider Merkmale gewonnen werden konnten. Die Bewegung der Fahrbahn gegenüber dem Beobachter kann wegen des Blendenproblems nicht ermittelt werden.

Ein Verschiebungsvektorfeld (Abbildung 8), das aus einer künstlichen Farbbildfolge (Abbildung 6) gewonnen wurde, zeigt, daß sich das Blendenproblem mit Hilfe der Farbinformation teilweise lösen läßt. Ist die Farbinformation verloren gegangen, so kann nur jeweils eine Komponente eines Geschwindigkeitsvektors bestimmt werden (Abbildung 7).

Danksagung

Wir möchten uns bei der Firma BMW und dem Bayerischen Forschungszentrum für Wissensbasierte Systeme (FORWISS) für das zur Verfügung gestellte Bildmaterial bedanken (Abbildung 2).

Abbildung 5: (links) Ergebnis des Zuordnungsprozesses mit den zu einem Vektor kombinierten Merkmalen

Abbildung 6: (rechts) Künstlich erzeugte Farbbildfolge (pro Bild wurde der farbige quadratische Ausschnitt vier Pixel nach unten und zwei Pixel nach rechts verschoben)

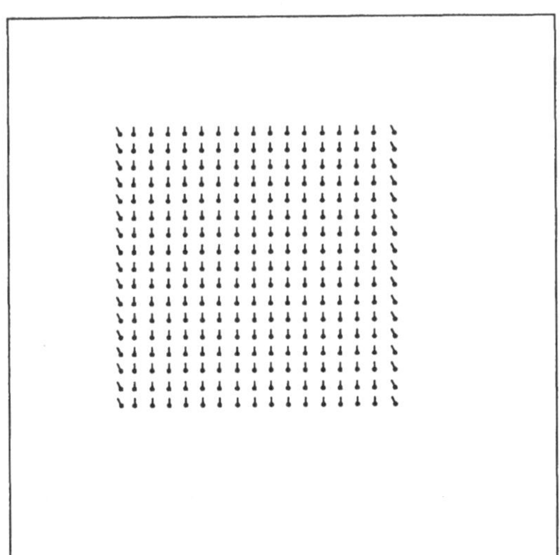
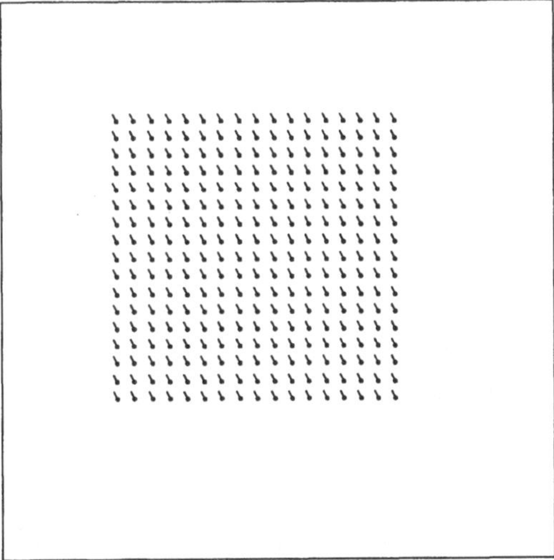

Abbildung 7: (links) Optischer Fluß aus dem Schwarz–Weiß–Bild von Abbildung 6 berechnet

Abbildung 8: (rechts) Verschiebungsvektorfeld aus drei Farbkanälen berechnet

Literatur

[Anandan et al. 86] Anandan P. and Weiss Richard: INTRODUCING A SMOOTH-
NESS CONSTRAINT IN A MATCHING APPROACH FOR THE COMPUTATION OF
OPTICAL FLOW FIELDS, IEEE: Workshop on Conputer Vision: Representation
and Control, Bellaire 1986, Page 186 – 194

[Barnea et al. 72] Barnea Daniel I., Silverman Harvey F.: A CLASS OF ALGO-
RITHMS FOR FAST DIGITAL IMAGE REGISTRATION, IEEE Transactions on
Computers, Volume C–21, No. 2, February 1972, Page 179 – 186

[Barron et al. 87] Barron John L., Jepson Allan D., Tsotsos John K.: THE SENSI-
TIVITY OF MOTION AND STRUCTURE COMPUTATIONS, AIII: National Conference on Artificial Intelligence, Volume 2, Los Altos 1987, Page 700 – 705

[Burt et al. 82] Burt Peter J., Yen Chihsung, Xu Xinping: LOCAL CORRELATION
MEASURES FOR MOTION ANALYSIS, A COMPARATIVE STUDY, Proceedings
IEEE Computer Society: Conference on Pattern Recognition and Image Pro-
cessing, IEEE 1982, Page 269 – 274

[Eggerer 91] Eggerer Alexander: VERGLEICH VERSCHIEDENER VERFAHREN ZUR
BESTIMMUNG DES OPTISCHEN FLUSSES, Diplomarbeit, Forschungs- und Lehreinheit Informatik IX, Technische Universität München, 1991

[Eckstein 88] Eckstein Wolfgang: DAS GANZHEITLICHE BILDVERARBEITUNGSSY-
STEM HORUS, Bunke H., Kübler O., Stucki P.: Mustererkennung 1988,
Informatik–Fachberichte, Band 180, Seite 53 – 59, Springer Verlag, Berlin 1988

[Kories et al. 84] Kories Ralf, Zimmermann Georg: MOTION DETECTION IN
IMAGE SEQUENCES: AN EVALUATION OF FEATURE DETECTORS, Internatio-
nal Conference on Pattern Recognition, Page 778 – 781, North–Holland 1984,
Montreal Canada

[Lawton et al. 87] Lawton Daryl T., Rieger Joachim, Stennstrup Martha: COMPU-
TATIONAL TECHNIQUES IN MOTION PROCESSING, Arbib Michael A., Hanson
Allen R.: Vision, Brain and Cooperative Computation, Page 419 – 488, MIT
Press, Cambridge USA 1987

[Nagel 85] Nagel Hans–Hellmut: ANALYSE UND INTERPRETATION VON BILDFOL-
GEN, Informatik Spektrum, Band 8, Seite 178 – 200 & 312 – 327, Springer
Verlag, Berlin 1985

[Sprengel et al. 88] Sprengel Rainer, Dreschler–Fischer Leonie: DIFFERENTIELLE
VERFAHREN ZUR BESTIMMUNG DES OPTISCHEN FLUSSES IN FARBBILDFOL-
GEN, Bunke H., Kübler O., Stucki P.: Mustererkennung 1988, Informatik–
Fachberichte, Band 180, Seite 83 – 90, Springer Verlag, Berlin 1988

Binocular Vergence Control and Depth Reconstruction Using a Phase Method[1]

Wolfgang M. Theimer and Hanspeter A. Mallot

Institut für Neuroinformatik, Ruhr–Universität, W-4630 Bochum
e-mail: wolfi@neuroinformatik.ruhr-uni-bochum.de

Abstract

We present a technique to guide vergence movements for an active stereo camera system and to construct dense disparity maps. Both processes are described in the same theoretical framework based on phase differences in complex Gabor filter responses modelling receptive field properties in the visual cortex. Vergence is interpreted as a mechanism to minimize *global disparity*, thereby setting a 3D region of interest for subsequent disparity detection. Additionally it produces a scalar distance measure via vergence angles and camera base. The disparity map represents smaller *local disparities* as an important cue for depth perception. A discussion of quantitative results from experiments concludes the paper.

1 Introduction

Stereoscopic vision is one important cue for human and machine depth perception. A major problem to be solved in this field is the detection of disparities between corresponding parts in the left and right views. In technical realizations most approaches try to solve the correspondence problem either by finding features in both views resulting from the same origin in the 3D world (matching algorithms) or by computing the shift between areas of the two views via cross–correlation [7]. These methods have in common that they require a search process returning the displacement between best matching features or the coordinates of the maximum cross–correlation value.

During the last years concepts have been developed which determine corresponding points or regions without explicitly searching for the correct shift beween the views. In this second category phase-based approaches have attracted attention because of biological motivation [6, 11, 12] and robustness [5]: Only in a small range around zero disparity (Panums area) humans can perceive objects as a single or fused image, otherwise double images are seen. This observation suggests a local mechanism detecting small disparities. On the other hand, with freely moving cameras or eyes, disparities of several degrees can occur both horizontally and vertically due to inadequate camera alignment. Therefore, a vergence control system must be able to detect these larger disparities.

We describe the phase-based approach as a computational framework for both guiding vergence movements and detection of small disparities thereby presenting a unified theory for both processes.

2 Biological Motivation

The geometric configuration of human stereoscopic vision consists of the two eyes binocularly fixating a point with finite precision. The same setup holds for the active stereo camera system used to acquire

---

[1]Supported by the German Federal Department of Research and Technology (BMFT), Grant No. 413-5839-01IN101A6

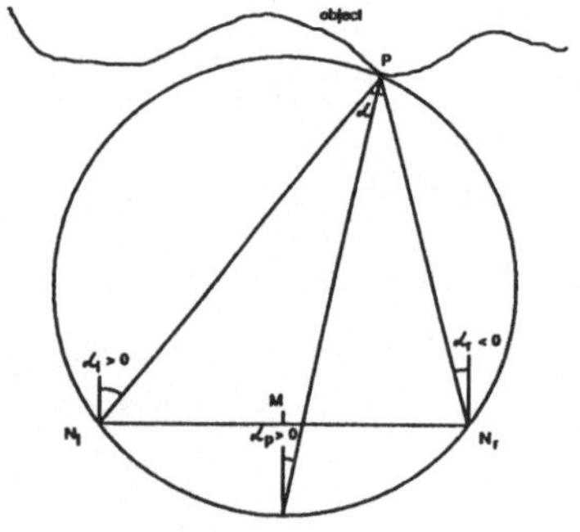

Figure 1: Geometry of stereo camera system. The two cameras with nodal points N_l and N_r binocularly fixate point P under the angles α_l and α_r, the nodal points and P determine the Vieth-Müller circle of zero disparity. Also drawn are the Hering's angles of version α_p and vergence α

images and to perform "eye movements". Vergence movements adjust the focused zone around the fixation point of zero disparity (Panums area) in depth d and direction α_p (fig. 1).

Two aspects of vergence should be mentioned [1]: The vergence angle is a potential distance cue for objects at the fixation point. Given a camera base b with midpoint M, the vergence angle $\alpha = \alpha_l - \alpha_r$ and the version angle $\alpha_p = \frac{1}{2}(\alpha_l + \alpha_r)$ to the fixation point P, the length $\overline{MP}$ can be calculated by triangulation. The smaller the distance $\overline{MP}$, the higher is its accuracy for a finite angular resolution in a technical camera system.

Vergence movements are used to reduce the amount of disparity in the entire stereo pair. Geometrically speaking the overlap between the two views increases. The ultimate goal of vergence in this paper is to zero the *global horizontal and vertical disparity*, defined as the mean of all disparity values in a stereo image. An implementation on an active stereo camera system is investigated at the moment. Psychophysical measurements of vergence movements evoked with complex stereograms are also under way in our lab [8].

A lot of biological findings indicate that early visual processing uses different frequency channels [3]. This has been incorporated in coarse to fine approaches for the localization of features starting with the lowest spatial frequencies [9]. For the rest of the paper these channels are modelled as a set of local bandpass filters with different spatial frequency bands and orientations [2]. Although complex Gabor filters are used for the theoretical description and the implementation, any quadrature pair of bandpass, constant-phase filters will suffice. A possible extension of the Gabor framework toward temporal properties and motion detection [4] is not pursued in this paper.

3 Two–Dimensional Phase Difference Method

The main problem of stereoscopic vision is to find corresponding parts of the left view $l(\mathbf{x})$ and the right view $r(\mathbf{x})$ where $\mathbf{x}$ denotes the vector of image coordinates $(x, y)^\mathsf{T}$. The norm $|\mathbf{x}|$ is written as x. This notation is used throughout the text for spatial and frequency coordinates.

The phase difference approach tries to solve the correspondence problem implicitly for sufficiently small disparities. We generalize the 1D description [5, 13] to the 2D case. The main idea of the method is a consequence of the Fourier shift property. For a given signal $f(\mathbf{x})$ and its spectrum $F(\mathbf{k})$ the following relation holds:

$$f(\mathbf{x} + \mathbf{x_0}) \circ\!\!-\!\!\bullet F(\mathbf{k})\, e^{i\mathbf{k}^\mathsf{T}\mathbf{x_0}} \tag{1}$$

A spatial shift $\mathbf{x_0}$ can be detected as a phase shift (scalar product) $\mathbf{k}^\mathsf{T}\mathbf{x_0}$ in the spectrum. The Fourier transform is a global operation on the entire signal, it can reflect uniform global shifts only. The task of computing disparities for each image point (a disparity map) requires a local mechanism since disparity is not necessarily constant over the image. Filtering the left and right image with a complex Gabor function leads to the desired local phase shifts containing the information about spatial shifts.

A set of complex Gabor functions $g_{k\vartheta}(\mathbf{x})$ with different mean frequencies $\mathbf{k_0} = (k_0 \cos \vartheta_0, k_0 \sin \vartheta_0)^\mathsf{T}$

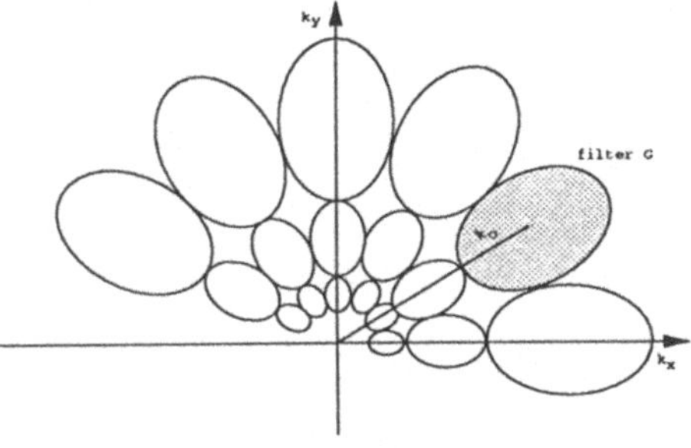

Figure 2: Layout of frequency space with Gabor filters. The aspect ratio σ_x/σ_y and the number of peaks within the Gaussian window $\sigma_x = \frac{1}{tk_0}$ is constant over all spatial scales k. The filter mean frequencies are generated recursively from the sequence $k_0' = k_0\frac{1+t}{1-t}$.

and orientations $\vartheta_0 = \arg(k_0)$ is defined via a quadratic form as

$$g_{k\vartheta}(\mathbf{x}) = n_{k\vartheta}\,\exp\left(-\frac{1}{2}\mathbf{x}^{\mathsf{T}}\mathbf{A}\mathbf{x}\right)e^{i\mathbf{k}_0^{\mathsf{T}}\mathbf{x}} \tag{2}$$

where the matrix $\mathbf{A}$ can be derived from a diagonal matrix $\mathbf{D}$ (Gabor filter at orientation $\vartheta_0 = 0$) by multiplication with a rotation matrix $\mathbf{C}$:

$$\mathbf{A} = \mathbf{CDC}^{\mathsf{T}} = \begin{pmatrix} \cos\vartheta_0 & -\sin\vartheta_0 \\ \sin\vartheta_0 & \cos\vartheta_0 \end{pmatrix}\begin{pmatrix} \frac{1}{\sigma_x^2} & 0 \\ 0 & \frac{1}{\sigma_y^2} \end{pmatrix}\begin{pmatrix} \cos\vartheta_0 & \sin\vartheta_0 \\ -\sin\vartheta_0 & \cos\vartheta_0 \end{pmatrix} \tag{3}$$

The index k denotes the scale (mean spatial frequency $|k_0|$ of the filter) and ϑ is a specified orientation ϑ_0. Gabor functions are optimal solutions of the uncertainty relation minimizing the product of spatial extent and frequency bandwidth.

The constant $n_{k\vartheta}$ is chosen so that the energy of $g_{k\vartheta}(\mathbf{x})$ is unity:

$$\int_{-\infty}^{\infty}\int_{-\infty}^{\infty}|g_{k\vartheta}(\mathbf{x})|^2\,d\mathbf{x} = 1 \tag{4}$$

Each filter (k,ϑ) has a preferred orientation ϑ_0 and collects information in a frequency band around k_0 with the shape of a rotated ellipse (fig. 2). The bandwidth in ϑ_0–direction is $\sigma_x^{-1} = t|k_0|$ and in the perpendicular direction σ_y^{-1}, where t is a bandwidth factor between 0 and 1. They are linked by the aspect ratio $\frac{\sigma_x}{\sigma_y}$ normally having values between $\frac{1}{4}$ and 1. The relationship between a mean frequency k_0 and the next higher one (k_0') is given by $k_0' = k_0\frac{1+t}{1-t}$. Complex convolution of the left and right image with filter (k,ϑ) results in

$$l_{k\vartheta}(\mathbf{x}) = g_{k\vartheta}(\mathbf{x}) * l(\mathbf{x}) = |l_{k\vartheta}(\mathbf{x})|\exp(i\varphi_{lk\vartheta}(\mathbf{x})) \tag{5}$$

$$r_{k\vartheta}(\mathbf{x}) = g_{k\vartheta}(\mathbf{x}) * r(\mathbf{x}) = |r_{k\vartheta}(\mathbf{x})|\exp(i\varphi_{rk\vartheta}(\mathbf{x})) \tag{6}$$

$l_{k\vartheta}(\mathbf{x})$ is most sensitive to translations of $l(\mathbf{x})$ in direction ϑ_0 and least sensitive in direction $\vartheta_0 \pm \frac{\pi}{2}$. Shifting the input signal $l(\mathbf{x})$ locally by $\mathbf{x}_0$ results in a phase shift of the complex filter output:

$$g_{k\vartheta}(\mathbf{x}) * l(\mathbf{x} + \mathbf{x}_0) = \mathcal{F}^{-1}\left\{G_{k\vartheta}(\mathbf{k})L(\mathbf{k})e^{i\mathbf{k}^{\mathsf{T}}\mathbf{x}_0}\right\} \tag{7}$$

For a filter with infinitesimal bandwidth and mean frequency k_0 the convolution can be simplified

$$g_{k\vartheta}(\mathbf{x}) * l(\mathbf{x} + \mathbf{x}_0) = e^{i\mathbf{k}_0^{\mathsf{T}}\mathbf{x}_0}g_{k\vartheta}(\mathbf{x}) * l(\mathbf{x}) \tag{8}$$

A similar solution can be obtained for a sinusoidal signal with frequency $\mathbf{k}_1 = (k_1\cos\vartheta_1, k_1\sin\vartheta_1)^{\mathsf{T}}$ and sufficiently small filter bandwidth so that $G_{k\vartheta}(-\mathbf{k}_1) \approx 0$.

$$g_{k\vartheta}(\mathbf{x}) * l(\mathbf{x} + \mathbf{x}_0) = e^{i\mathbf{k}_1^{\mathsf{T}}\mathbf{x}_0}g_{k\vartheta}(\mathbf{x}) * l(\mathbf{x}) \tag{9}$$

For larger bandwidths of $g_{k\vartheta}(\mathbf{x})$ or $l(\mathbf{x})$ the last two equations are only valid approximately. A detailed discussion can be found in [13]. If a sinusoid with frequency $\mathbf{k_1}$ falls into the transmission band of filter (k,ϑ), the aperture problem restricts detectable spatial shifts to be in direction ϑ_1:

$$\mathbf{x_0} = \Delta\mathbf{x}_{k\vartheta}(\mathbf{x}) = \Delta x_{k\vartheta}(\mathbf{x})\frac{\mathbf{k_1}}{k_1} \tag{10}$$

The corresponding phase shift in the filter response is

$$\Delta\varphi_{k\vartheta}(\mathbf{x}) = \varphi_{rk\vartheta}(\mathbf{x}) - \varphi_{lk\vartheta}(\mathbf{x}) = k_1\Delta x_{k\vartheta}(\mathbf{x}) \tag{11}$$

The remaining task is to estimate k_1 to get $\Delta x_{k\vartheta}(\mathbf{x})$. Two different solutions are sketched below.

Constant Frequency Model

A rough estimate for $\mathbf{k_1}$ is $\mathbf{k_0}$, the filter mean frequency, especially good for smaller bandwidths of the filters. Since the angle ϑ_1 is unknown, it could be approximated by ϑ_0, a realistic assumption for small orientation bandwidths in the filter set. We suggest to determine disparity projections onto x– and y–axis by

$$\Delta\mathbf{x}_{k\vartheta}(\mathbf{x}) = \Delta\varphi_{k\vartheta}(\mathbf{x})\frac{\mathbf{k_0}}{k_0^2} \tag{12}$$

Local Frequency Model

A more precise approximation for $\mathbf{k_1}$ comes from a local frequency estimate [5]. In the 1D case local frequency is defined as the phase derivative. For the above mentioned sinusoid local frequency and coincides with the standard meaning of frequency. In the 2D case we have extended this concept to a phase gradient

$$\mathbf{k_1} = \mathrm{grad}\ \varphi_{k\vartheta}(\mathbf{x}) = \left(\frac{\partial\varphi_{k\vartheta}(x,y)}{\partial x}, \frac{\partial\varphi_{k\vartheta}(x,y)}{\partial y}\right)^{\mathsf{T}} \tag{13}$$

where the partial phase derivatives are taken over the mean of the phases of the complex filter responses in the left and right image:

$$\varphi_{k\vartheta}(\mathbf{x}) = \frac{1}{2}(\varphi_{lk\vartheta}(\mathbf{x}) + \varphi_{rk\vartheta}(\mathbf{x})) \tag{14}$$

Calculating x– and y–disparities with a filter (k,ϑ) can be summarized as

$$\Delta\mathbf{x}_{k\vartheta}(\mathbf{x}) = \Delta\varphi_{k\vartheta}(\mathbf{x})\frac{\mathbf{k_1}}{k_1^2} \tag{15}$$

4 Combination of Disparity Estimates in Scale Space

A single filter (k,ϑ) would not yield reliable information about local disparities since it gathers information in a small area of the frequency space only. A mechanism is required that combines the estimates of the different filters to produce one disparity value. The results presented here are a synthesis of the work of [5, 13] and our own investigations. Some minor modifications necessary in the implementation will be discussed with the results.

After computing the phase difference for each filter (k,ϑ) at a point $\mathbf{x}$

$$\Delta\varphi_{k\vartheta}(\mathbf{x}) = \arg(r_{k\vartheta}(\mathbf{x})) - \arg(l_{k\vartheta}(\mathbf{x})) + 2n\pi \tag{16}$$

where n is chosen such that $\Delta\varphi_{k\vartheta}(\mathbf{x}) \in [-\pi,\pi)$, a confidence value $c_{k\vartheta}(\mathbf{x})$ is assigned to $\Delta\varphi_{k\vartheta}(\mathbf{x})$. If $r(\mathbf{x})$ and $l(\mathbf{x})$ are projections of the same 3D patch (that means points with sufficiently small disparity) the amplitude responses $|r_{k\vartheta}(\mathbf{x})|$ and $|l_{k\vartheta}(\mathbf{x})|$ are assumed to be similar. The confidence measure $c_{k\vartheta}(\mathbf{x})$ can thus be defined as

$$c_{k\vartheta}(\mathbf{x}) = \min\left(\frac{|l_{k\vartheta}(\mathbf{x})|}{|r_{k\vartheta}(\mathbf{x})|}, \frac{|r_{k\vartheta}(\mathbf{x})|}{|l_{k\vartheta}(\mathbf{x})|}\right) \in [0,1] \tag{17}$$

A low confidence value ($c_{k\vartheta}(\mathbf{x}) \approx 0$) is assigned to filter responses whose absolute values differ very much whereas a confidence value of 1 reflects equal amplitudes. A minimum amplitude is necessary to calculate reliable phase differences. If the arithmetic mean of $|l_{k\vartheta}(\mathbf{x})|$ and $|r_{k\vartheta}(\mathbf{x})|$ is smaller than a threshold, the confidence value $c_{k\vartheta}(\mathbf{x})$ is reduced by a factor of $\frac{|l_{k\vartheta}(\mathbf{x})|+|r_{k\vartheta}(\mathbf{x})|}{2\,\text{threshold}}$, zeroing $c_{k\vartheta}(\mathbf{x})$ if no input signal is present. For the remainder of this section the constant frequency model and the local frequency model must be treated differently.

Constant Frequency Model

Calculation in the scale space begins with the subset of filters with lowest spatial frequency. Once their phase differences $\Delta\varphi_{k\vartheta}(\mathbf{x})$ and confidence values $c_{k\vartheta}(\mathbf{x})$ are calculated, $\Delta\varphi_{k\vartheta}(\mathbf{x})$ is examined: In the next scale with higher spatial frequency, the new mean frequency $\mathbf{k}_0'$ can be derived from the old one via the bandwidth factor t

$$\mathbf{k}_0' = \mathbf{k}_0\frac{1+t}{1-t} \;;\; 0 < t < 1 \tag{18}$$

Consequently it follows with $\Delta\varphi_{k'\vartheta}(\mathbf{x}) = k_0'\Delta d$

$$\Delta\varphi_{k'\vartheta}(\mathbf{x}) = \Delta\varphi_{k\vartheta}(\mathbf{x})\frac{1+t}{1-t} \tag{19}$$

The phase difference increases and can leave the range $[-\pi, \pi)$ of detection. If the condition

$$|\Delta\varphi_{k\vartheta}(\mathbf{x})|\frac{1+t}{1-t} < \pi \tag{20}$$

is satisfied, however, the next higher scale k' can be examined, otherwise all higher scales are discarted. Smaller disparities are determined more precisely than larger ones leading to constant relative accuracy.

Local Frequency Model

Computing a monocular phase gradient, say in the left image grad $\varphi_{lk\vartheta}(\mathbf{x})$ requires differentiations. It is difficult to differentiate $\varphi_{lk\vartheta}(\mathbf{x})$ directly because of phase wrap around producing phase jumps of 2π. Alternatively it is feasible to differentiate the complex signal $l_{k\vartheta}(\mathbf{x}) = |l_{k\vartheta}(\mathbf{x})|e^{i\varphi_{lk\vartheta}(\mathbf{x})}$. Then grad $\varphi_{lk\vartheta}(\mathbf{x})$ is expressed as

$$\frac{\partial\varphi_{lk\vartheta}(x,y)}{\partial x} = \frac{\text{Im}\left\{l_{k\vartheta}^*(x,y)\frac{\partial l_{k\vartheta}(x,y)}{\partial x}\right\}}{|l_{k\vartheta}(x,y)|^2} \;,\; \frac{\partial\varphi_{lk\vartheta}(x,y)}{\partial y} = \frac{\text{Im}\left\{l_{k\vartheta}^*(x,y)\frac{\partial l_{k\vartheta}(x,y)}{\partial y}\right\}}{|l_{k\vartheta}(x,y)|^2} \tag{21}$$

If the local frequency $\mathbf{k}_1$ does not fall within the elliptic transmission band of filter (k,ϑ), the confidence value $c_{k\vartheta}(\mathbf{x})$ is set to zero. The transmission band has the same shape as a filter in fig. 2, but is wider by a factor of τ_k. It can be described using the Fourier similarity theorem $f(\mathbf{Mx}) \circ\!\!-\!\!\bullet \frac{1}{|\det\mathbf{M}|}F(\mathbf{M^{-1}}^\mathsf{T}\mathbf{k})$ and equation (3)

$$c_{k\vartheta}(\mathbf{x}) = 0 \,,\; \text{if} \;\; \frac{1}{2}(\mathbf{k} - \mathbf{k_0})^\mathsf{T}\mathbf{B}(\mathbf{k} - \mathbf{k_0}) > \tau_k \tag{22}$$

$$\text{with } \mathbf{B} = \mathbf{CD^{-1}C^\mathsf{T}} = \begin{pmatrix} \cos\vartheta_0 & -\sin\vartheta_0 \\ \sin\vartheta_0 & \cos\vartheta_0 \end{pmatrix}\begin{pmatrix} \sigma_x^2 & 0 \\ 0 & \sigma_y^2 \end{pmatrix}\begin{pmatrix} \cos\vartheta_0 & \sin\vartheta_0 \\ -\sin\vartheta_0 & \cos\vartheta_0 \end{pmatrix} \tag{23}$$

For both models, the single disparity estimates are linearly combined:

$$\Delta \mathbf{x}(\mathbf{x}) = \left(\frac{\sum_k \sum_\vartheta c_{k\vartheta}(\mathbf{x}) \Delta x_{k\vartheta}(\mathbf{x}) |\cos\vartheta_0|}{\sum_k \sum_\vartheta c_{k\vartheta}(\mathbf{x}) |\cos\vartheta_0|}, \frac{\sum_k \sum_\vartheta c_{k\vartheta}(\mathbf{x}) \Delta y_{k\vartheta}(\mathbf{x}) |\sin\vartheta_0|}{\sum_k \sum_\vartheta c_{k\vartheta}(\mathbf{x}) |\sin\vartheta_0|} \right)^\top \tag{24}$$

Each contribution is weighted by the confidence value multiplied by a projection factor. A filter (k, ϑ) with $\vartheta_0 = 0$ can best detect x–shifts while a filter in direction $\vartheta_0 = \frac{\pi}{2}$ optimally represents y–shifts.

5 Application to Vergence Control and Construction of a Disparity Map

Vergence control should have small response times to disparate input images. Furthermore larger disparities have to be discriminated than in a disparity map. Therefore the simpler constant frequency model is chosen for the implementation. Since only global disparities Δx_{global} and Δy_{global} are needed, the algorithm operates on a lowpass filtered and subsampled version of the original stereo image. The filter kernel and the subsampled image are of equal size, resulting in a set of filter responses at only one position. The maximum detectable disparity in the original image is $\frac{\pi}{k_0^{min}}$ multiplied with the subsampling factor. These global disparities are used to shift the images, realized as vergence movements in an active stereo camera system in order to increase the overlap of the left and the right view. Measurements are iterated so that the vergence control behaves like a negative feedback system zeroing the global disparity. Comparable algorithms based on the cepstrum method exist [10].

For the dense disparity map a 1D specialization of the general local frequency model is employed. After binocular fixation is obtained, horizontal disparities are more important than vertical ones since the eyes are spaced horizontally resulting in larger x– than y–disparities. The experimental results are restricted to x–disparity maps. A set of filters with three scales and orientation $\vartheta_0 = 0$ is used. The filter parameters are the same for vergence movements and the construction of the disparity map.

6 Discussion of Results

Vergence movements are demonstrated with two real scenes. The original 256^2 pixel images have ± 32 pixel disparity in both directions. For evaluation purposes the two views of the stereo image are cut from a larger monocular image with x– and y–disparity being the difference of the starting positions of the frames in the larger image (fig. 3). This stimulus configuration corresponds to a poster showing the presented image at an isodisparity surface in the 3D world. Vergence was simulated by cutting new frames out of the monocular image after each iteration shifting the starting position of the left / right view by $(\frac{\Delta x}{2}) / (-\frac{\Delta x}{2})$ in x–direction and $(\frac{\Delta y}{2}) / (-\frac{\Delta y}{2})$ in y–direction. There the brackets indicate a rounding operation to integers.

The tables show estimated disparities versus true disparities for each iteration. The estimates could be improved by increasing the *gain* of the feedback loop which now is unity: Global disparity should not be reduced by Δx or Δy, but by $c\Delta x$ and $c\Delta y$ with $c > 1$ in order to minimize the number of iterations until the global disparity falls below a threshold.

Disparity maps are produced for a lab scene and an image of the globe (256^2 pixel images). As in the case of vergence a constant disparity over the whole image was introduced between the two views (multiple of a pixel) so that all values not lying in the constant disparity plane are easily identified as errors. In the lab scene x–disparity should be $1, 2$ or 4 pixels respectively and for the globe 1 or 2 pixels (fig. 4). For better visualization the number of disparity samples is reduced to 128^2 by pixel averaging. The disparity maps show dense and usually constant estimates. But with growing image disparity the number of (punctual) large errors increases because the number of filters responding to

Iteration	Δx_{true}	Δy_{true}	Δx	Δy
lab 1	32	-32	29.453	-24.098
lab 2	2	-8	2.373	-5.674
lab 3	0	-2	0.384	-1.190
lab 4	0	0	0.0	0.0
hand 1	-32	-32	-17.634	-15.505
hand 2	-14	-16	-8.089	-5.135
hand 3	-6	-10	-3.310	-5.779
hand 4	-2	-4	-0.946	-2.134
hand 5	-2	-2	-1.040	-0.891
hand 6	0	-2	0.097	-1.112
hand 7	0	0	0.000	0.000

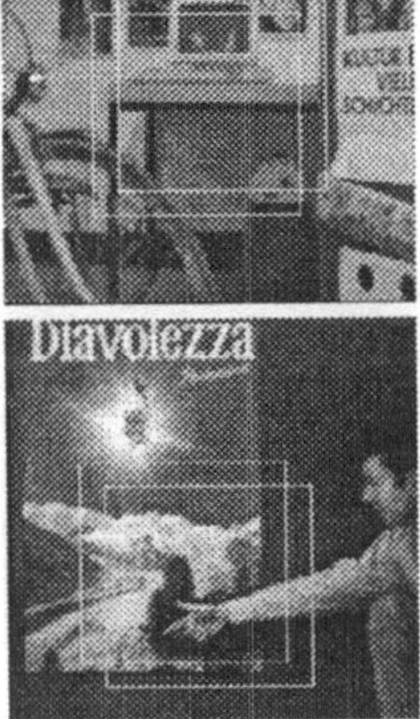

Figure 3: **Left:** True and estimated global disparity values for two natural images. **Right:** Left and right view of stereo images for first iteration marked with white frames

that disparity decreases. A lot of errors could be eliminated by median filtering without sacrifying resolution since the error peaks are sharp and isolated. Small y–disparities in comparison to the x–disparities do not influence the performance in x–direction very much.

In real world scenes there exists a significant dc-offset f_0 changing the filter responses $\mathrm{Re}\{f_{k\vartheta}(\mathbf{x})\}$, where f stands for l or r:

$$f_0 * g_{k\vartheta}(\mathbf{x}) = G_{k\vartheta}(\mathbf{0})f_0 \qquad (25)$$

The error caused by the dc-component is significant for filters with small k_0 and large bandwidths tk_0. It results in wrong phase angles $\varphi_{fk\vartheta}(\mathbf{x}) = \arg(f_{k\vartheta}(\mathbf{x}))$ since the Real-part is shifted by $G_{k\vartheta}(\mathbf{0})f_0$. This disturbance is largely reduced in the implementation by first estimating the dc-offset $\hat{f}_0$ locally via a Gaussian low pass filter and then subtracting $G_{k\vartheta}(\mathbf{0})\hat{f}_0$ from $f_{k\vartheta}(\mathbf{x})$.

The algorithm is well suited for a parallel implementation. The local Gabor convolutions can be parallelized geometrically transferring overlapping image slices to the parallel filter processes. Once the complex convolutions are done and the local frequencies are determined the combination of disparity estimates at a certain location utilizes the filter responses at that spot in the left and right view only. No spatial neighbourhood information is necessary. Theoretically the combination process can be done in parallel for each pixel (fine grain parallelism). For most of the existing parallel computers a coarser grain parallelism is more adequate: Identical stripes from the left and right image similar to the human ocular dominance columns can be used for a single process. The number of parallel processes equals the number of stripes in one view.

References

[1] Han Collewijn and Casper J. Erkelens. Binocular eye movements and the perception of depth. In E. Kowler, editor, *Eye movements and their role in visual and cognitive processes*, pages 213 – 261. Elsevier Science Publishers BV, Amsterdam, 1990.

[2] John G. Daugman. Uncertainty relation for resolution in space, spatial frequency, and orientation optimized by two–dimensional visual cortical filters. *J. Opt. Soc. Am. A*, 2:1160 – 1169, 1985.

[3] R. L. De Valois and De Valois K. K. *Spatial Vision*. Oxford Psychology Series No. 14. Oxford University Press, Oxford, 1988.

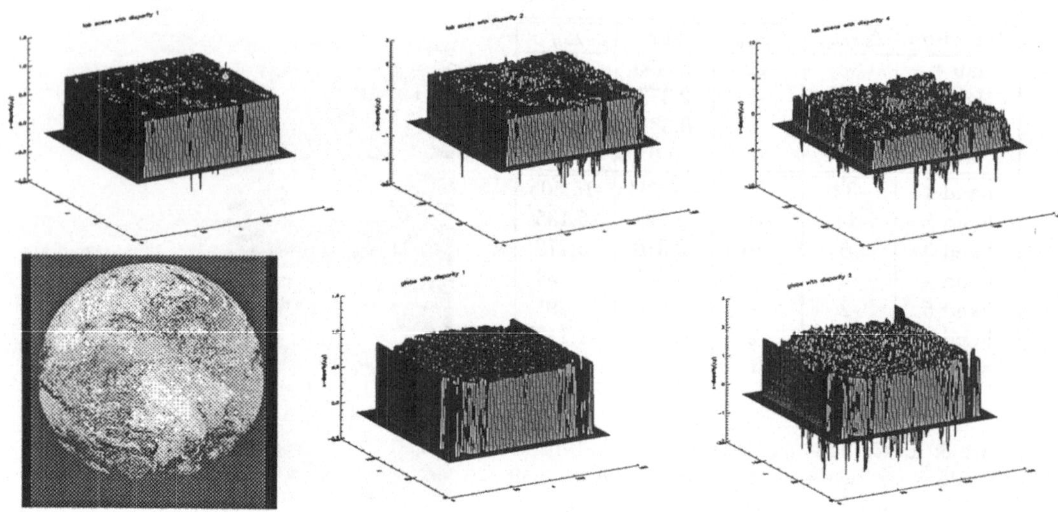

Figure 4: **Top:** Disparity maps for lab scene, true disparities 1, 2 and 4 pixels. **Bottom:** Image of globe and corresponding disparity maps, true disparities 1 and 2 pixels

[4] David J. Fleet and Allan D. Jepson. Computation of Component Image Velocity from Local Phase Information. *Intl. J. Computer Vision*, 5:77 – 104, 1990.

[5] David J. Fleet, Allan D. Jepson, and Michael R. M. Jenkin. Phase–Based Disparity Measurement. *Computer Vision, Graphics and Image Processing*, 53:198 – 210, 1991.

[6] Ralph D. Freeman and Izumi Ohzawa. On the Neurophysiological Organization of Binocular Vision. *Vision Research*, 30:1661 – 1676, 1990.

[7] Michael R. M. Jenkin, Allen D. Jepson, and John K. Tsotsos. Techniques for Disparity Measurement. *Computer Vision, Graphics and Image Processing*, 53:14 – 30, 1991.

[8] Hanspeter A. Mallot and Petra A. Arndt. Disparity-evoked vergence is directed towards average depth. In *Invest. Ophth. and Vis. Sc. Suppl 33*. Association for Research in Vision and Ophthalmology, 1992.

[9] D. Marr. *Vision*. W. H. Freeman, San Francisco, 1982.

[10] Thomas J. Olson and Robert D. Potter. Real–Time Vergence Control. Technical Report 264, Computer Science Department, University of Rochester, 1988.

[11] Daniel A. Pollen and Steven F. Ronner. Phase Relationships Between Adjacent Simple Cells in the Visual Cortex. *Science*, 212:1409 – 1411, 1981.

[12] Moshe Porat and Yehoshua Y. Zeevi. The Generalized Gabor Scheme of Image Representation in Biological and Machine Vision. *IEEE Trans. Pattern Analysis and Machine Intell.*, 10:452 – 468, 1988.

[13] T. D. Sanger. Stereo Disparity Computation Using Gabor Filters. *Biol. Cybern.*, 59:405 – 418, 1988.

Eine Methode zur schnellen Segmentierung von Tiefenbildern in planare Regionen

X. Y. Jiang, H. Bunke
Institut für Informatik und angewandte Mathematik
Universität Bern, Länggass-Strasse 51, 3012 Bern, Schweiz

Zusammenfassung

In diesem Beitrag wird eine neue Methode zur schnellen Segmentierung von Tiefenbildern in planare Regionen vorgestellt. Im wesentlichen besteht sie aus einer Approximation der Zeilen eines Tiefenbildes durch Geradenstücke und einem anschließenden Ausdehnungsprozess (region growing), in dem, anstatt von einzelnen Pixeln, die Geradenstücke als Grundelement verwendet werden. Die Schnelligkeit der neuen Methode rührt von der wesentlich geringeren Datenmenge der Liniensegmente im Vergleich zu den ursprünglich vorhandenen Pixeln her sowie der Tatsache, daß die Liniensegmente genauso leicht wie die Pixel zu handhaben sind.

1 Einleitung

In den letzten Jahren hat die Verarbeitung von Tiefendaten immer mehr an Bedeutung gewonnen. Diese Entwicklung hat in zwei Bereichen viele Fortschritte gebracht, nämlich den Techniken zur Gewinnung und den Algorithmen zur Auswertung von Tiefendaten. Einen wichtigen Schritt bei der Auswertung stellt die Segmentierung von Tiefendaten in für die Weiterverarbeitung (z.B. Objekterkennung) sinnvolle Flächen dar. Dieses Problem steht auch im Mittelpunkt des Interesses in unserer Arbeit.

Die in der Literatur vorgeschlagenen Segmentierungsalgorithmen lassen sich grob in zwei Kategorien einteilen. Die einen sind von genereller Natur und benutzen lediglich allgemein gültiges Wissen zur Berechnung einer vollständigen Segmentierung und Rekonstruktion. Ein Beispiel hierfür ist die Arbeit von Besl [1]. Im Gegensatz dazu suchen die anderen Algorithmen nach bestimmten Strukturen, wie planaren Flächen, Zylindern, Kegeln oder Rotationskörpern [2, 7, 13, 16]. Dabei kann man von den Eigenschaften der gesuchten Struktur Gebrauch machen und effizientere Algorithmen konstruieren. In dieser Arbeit beschäftigen wir uns mit der Segmentierung von Tiefenbildern in planare Regionen. Für diese Aufgabe sind verschiedene Ansätze aus der Literatur bekannt. Die verwendeten Paradigmen reichen von Split-and-Merge [10, 15, 12], Clustering [5, 6] bis hin zu Relaxation [8]. Obwohl die Betrachtung ausschließlich planarer Regionen eine klare Einschränkung darstellt, sind viele der in der Literatur beschriebenen Segmentierungsverfahren immer noch sehr zeitaufwendig. So werden z.B. folgende Rechenzeiten berichtet:

- 79, 104 und 125 Sekunden für die Segmentierung von drei 256×256 Bildern auf einem VAX 8555 Rechner [12],

- ca. 2 Minuten für ein 128×128 Bild auf einem HP9000 Rechner [5],

- 70 Sekunden für ein 200×200 Bild auf einer Sun Sparcstation [6],

- 10 Minuten für ein 256×256 Bild auf einem μVAX 3400 Rechner [8].

In unserer Arbeit stellen wir ein sehr schnelles Verfahren für die Segmentierung von Tiefenbildern in planare Regionen vor. Die Methode wurde auf einer Sun Sparcstation 2 implementiert und ist in der Lage, Tiefenbilder der Dimension 256×256 in weniger als drei Sekunden zu verarbeiten (einschließlich der Vorverarbeitung). Die Zuverlässigkeit der Methode wurde anhand einer Reihe von Testbildern untersucht. Dank einer automatischen Wahl von Schwellwerten ist das Verfahren in der Lage, Bildmaterial, das mit unterschiedlichen Sensortypen gewonnen wurde, mit dem gleichen Satz vorgewählter Parameter zu verarbeiten.

2 Zerlegung der Bildzeilen

Die Eingabe für unseren Algorithmus ist ein $N \times N$ Tiefenbild $z(x,y), x,y \in I_N = \{1,2,\ldots,N\}$, bestehend aus N Bildzeilen $z(x,y_0), y_0 \in I_N$. Wegen der Einfachheit der Darstellung und ohne Einschränkung der Allgemeinheit setzen wir voraus, daß das Abtastintervall sowohl in X- als auch in Y-Richtung den Wert 1 besitzt.

Eine planare Fläche S kann mit einem Polynom erster Ordnung

$$z = Ax + By + C \qquad (1)$$

beschrieben werden. In einer Bildzeile $z(x,y_0), y_0 \in I_N$, bilden die Punkte von S ein Geradenstück in der $X - Z$ Ebene

$$z = Ax + By_0 + C = Ax + B_0. \qquad (2)$$

Die Geradenstücke von S in verschiedenen Bildzeilen haben immer die gleiche Steigung, aber je nach y_0 unterschiedliche Schnittpunkte B_0 mit der Z-Achse. Andererseits gehören die Punkte auf einem Geradenstück in der $X - Z$ Ebene zu derselben planaren Fläche. Somit kann so ein Geradenstück als eine Einheit betrachtet und ein Tiefenbild auf einer höheren Abstraktionsebene als eine Menge von Geradenstücken aufgefaßt werden. Nun besteht die Aufgabe der Segmentierung darin, planare Flächen aus den Geradenstücken zu extrahieren.

Diese Idee der Zerlegung der Abtastlinien ist an sich nicht neu. Pavlidis hat einen ähnlichen Ansatz vorgeschlagen und ihn zur Segmentierung von Rastermikroskop-Bildern angewendet [11]. In seinem Algorithmus wird jede Abtastlinie $z(x,y_0)$ in J Geradenstücke zerlegt, wobei die Endpunkte der Geradenstücke so ausgewählt werden, daß der Approximationsfehler von $z(x,y_0)$ durch eine Menge linearer Funktionen minimiert wird. Diese Zerlegung benötigt jedoch eine gute Abschätzung der Position der Endpunkte. Außerdem muß die Anzahl J der Geradenstücke, zumindest für einige Abtastlinien, ebenfalls abgeschätzt werden. Dies wird in [11] experimentell ermittelt. Der Zerlegungsphase folgt dann ein Verschmelzungsprozeß, in dem die Geradenstücke zu größeren Regionen zusammengefaßt werden. Dabei werden zwei Geradenstücke verschmolzen, wenn die absolute Differenz zwischen ihren Steigungen genügend klein ist.

Unser Segmentierungsalgorithmus ist eine stark verbesserte Version des Algorithmus von Pavlidis. Er unterscheidet sich in einigen wesentlichen Punkten von seiner Methode. Erstens verwenden wir für die Zerlegung der Abtastlinien ein viel einfacheres Verfahren. Zweitens suchen wir nach einer optimalen Kernregion als Startpunkt für den Ausdehnungsprozeß. Weiterhin arbeiten wir mit einer gegenüber [11] verbesserten Version des Ähnlichkeitskriteriums. Schließlich führen wir noch einen Nachverarbeitungsschritt zur Verbesserung der Kanten zwischen Regionen ein.

3 Der Algorithmus im Überblick

Ein Überblick unseres Algorithmus ist in Abb. 1 gegeben. Als Vorverarbeitungsschritt führen wir eine 3×3 Median-Filterung durch. Der Median-Filter hat den Vorteil, Rauschen zu unterdrücken, zugleich aber Kanten aufrechtzuerhalten. Hier haben wir die von Paeth entwickelte schnelle Methode zur Medianfindung in einer 3×3 Umgebung implementiert [9]. Der erste Schritt des Algorithmus ist die Zerlegung der Abtastlinien in Geradenstücke. Die eigentliche Segmentierung ist iterativer

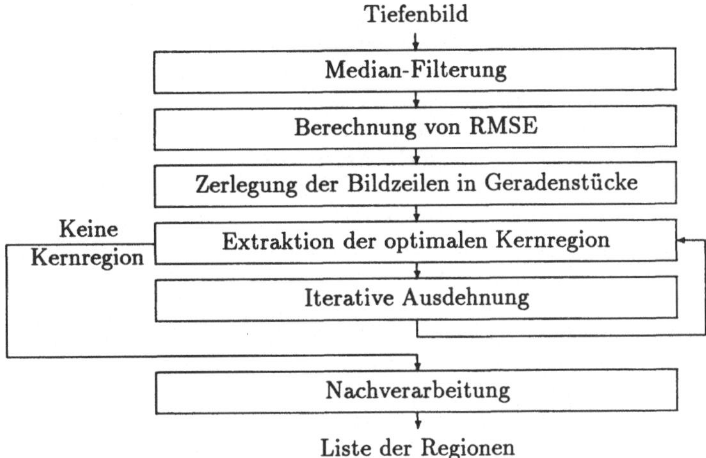

Abbildung 1: Überblick des Algorithmus.

Natur. In jeder Iteration wird nach einer optimalen Kernregion gesucht, die sukzessive solange ausgedehnt wird, bis kein weiteres Geradenstück mehr hinzugenommen werden kann. Die Iteration wird solange fortgesetzt, bis sich keine weitere Kernregion mehr finden läßt. In der Nachverarbeitung wird versucht, die Kanten zwischen benachbarten Regionen zu verbessern.

4 Automatische Wahl der Schwellwerte

Der Segmentierungsalgorithmus benötigt einige Schwellwerte. Diese sollten aber nicht statisch festgelegt, sondern vielmehr dynamisch von der Genauigkeit der Tiefendaten abhängig gemacht werden. Wir ermitteln durch lokale Ebenenapproximation in einer 3×3 Umgebung W_3 die Störungsvarianz σ^2_{img}. Dabei werden diejenigen Bildpunkte ausgeschlossen, welche sich in der Nähe einer Sprungdiskontinuität befinden. Solche Bildpunkte werden dadurch erkannt, daß die Differenz zwischen dem maximalen und minimalen Tiefenwert in W_3 einen Schwellwert (10 in unseren Experimenten) überschreitet. Die Störungsvarianz wird mit

$$\sigma^2_{img} = \frac{1}{|I'|} \sum_{p \in I'} \sigma^2_{W_3}(p) \tag{3}$$

berechnet, wobei I' die Menge der nicht ausgeschlossenen Bildpunkte darstellt. Bei $\sigma^2_{W_3}(p)$ handelt es sich um den quadratischen mittleren Fehler (root-mean-square-error, RMSE) der Ebenenapproximation in W_3 um den Bildpunkt p

$$\sigma^2_{W_3}(p) = \frac{1}{9} \sum_{(x,y) \in W_3} (z(x,y) - (Ax + By + C))^2 \tag{4}$$

wobei $z = Ax + By + C$ die lokale Ausgleichsebene für W_3 ist. Da σ_{img} als eine quantitative Messung der Bildqualität aufgefaßt werden kann, erlaubt es uns, einige der Schwellwerte automatisch zu bestimmen.

5 Zerlegung der Bildzeilen in Geradenstücke

Als Vorbereitung für die eigentliche Segmentierung werden die Bildzeilen in Geradenstücke zerlegt. Zu diesem Zweck verwenden wir den klassischen Algorithmus von Duda und Hart [3]. Hierbei wird eine Kurve in zwei Teile zerlegt, und zwar am Punkt mit dem größten Approximationsfehler. Dieser Vorgang wird fortgesetzt, bis der Approximationsfehler kleiner als ein Schwellwert ist. In unseren Experimenten wird dieser Schwellwert in Abhängigkeit von σ_{img} als $1.0 + 0.5\sigma_{img}$ festgelegt.

Da ein Regionenwachsen immer in der Nachbarschaft der bereits ausgedehnten Region stattfindet, ist ein effizienter Zugriff auf die Nachbarschaft von immenser Bedeutung. In der Gitterstruktur eines Rasterbildes wird dies auf eine natürliche Art gewährleistet. Durch die Verwendung der Geradenstücke als elementare Objekte geht diese natürliche Nachbarschaftsbeziehung leider verloren. Mit einer einfachen Zeiger-basierten Datenstruktur kann ein effizienter Zugriff auf die Nachbarschaft aber dennoch erzielt werden. Zwei Geradenstücke s and s' sind benachbart, wenn $p \in s$ und $p' \in s'$ existieren, so daß p und p' Nachbarn in einer 4-Nachbarschaft sind. Alle Geradenstücke einer Abtastlinie $z(x, y_0)$ werden in einer verketteten Liste abgespeichert. Für jedes Geradenstück sind u.a. folgende Informationen enthalten: (1) Zeiger auf den linken und rechten Nachbarn derselben Abtastlinie, (2) Zeiger auf den ersten (links) und letzten Nachbarn (rechts) der Abtastlinie $z(x, y_0 \pm 1)$. In einem Array werden dann Zeiger auf das jeweilige erste Geradenstück einer jeden Abtastlinie abgelegt. Mit dieser Datenstruktur ist ein schneller Zugriff auf alle Geradenstücke einer Bildzeile und alle Nachbarn eines Geradenstücks durch einfache Zeigeroperationen möglich.

6 Extraktion optimaler Kernregion

Als Startpunkt für den Ausdehnungsprozess wählen wir eine Kernregion bestehend aus drei benachbarten Geradenstücken auf drei benachbarten Abtastlinien. Da kurze Geradensegmente generell nicht zuverlässig sind, verlangen wir noch eine Mindestlänge (10 in unseren Experimenten). Wenn nur eines der drei Geradenstücke nicht die Mindestlänge hat, wird der Kandidat ignoriert. Kandidaten für die Kernregion sind in großer Zahl vorhanden. Aufgrund eines Optimalitätskriteriums werden alle Kandidaten bewertet und derjenige mit der besten Bewertung wird als optimale Kernregion ausgewählt.

Für eine planare Fläche

$$z = Ax + By + C \tag{5}$$

sind die drei Geradenstücke in den Abtastlinien $z(x, y_0)$, $z(x, y_0 + 1)$ und $z(x, y_0 + 2)$

$$
\begin{aligned}
z(x, y_0): \qquad z &= Ax + By_0 + C = Ax + B_0, && (6)\\
z(x, y_0 + 1): \quad z &= Ax + B(y_0 + 1) + C = Ax + B_0 + B = Ax + B_1, && (7)\\
z(x, y_0 + 2): \quad z &= Ax + B(y_0 + 2) + C = Ax + B_1 + B = Ax + B_2. && (8)
\end{aligned}
$$

Sie haben also alle die gleiche Steigung, aber unterschiedliche Schnittpunkte mit der Z-Achse. Der Abstand der Schnittpunkte mit der Z-Achse beträgt immer B für zwei benachbarte Geradenstücke.

Bei einem Kanidaten bestehend aus drei Geradenstücken

$$s_i: \ z = a_i x + b_i, \quad i = 0, 1, 2 \tag{9}$$

gilt also im Idealfall

$$a_0 = a_1 = a_2 = A, \quad b_2 - b_1 = b_1 - b_0 = \frac{b_2 - b_0}{2} = B \tag{10}$$

wenn s_0, s_1 und s_2 effektiv zu derselben planaren Fläche gehören. Da in der Praxis immer Störungen in den Daten auftreten, ist das Kriterium in (10) nicht sehr nützlich. Wir leiten stattdessen eine Gütefunktion ab, mit deren Hilfe wir Kandidaten für die Kernregion, d.h. Tripel von benachbarten Liniensegmenten, bewerten können. Die Bewertung für einen Kandidaten ist umso höher, je größer die Evidenz dafür ist, daß die drei Linienstücke tatsächlich zur gleichen Ebene gehören.

Ein einfacher Test wie

$$\sum_{i \neq j} (a_i - a_j)^2 + \sum_{i \neq j} (b_i^* - b_j^*)^2 \tag{11}$$

mit $b_0^* = b_2 - b_1$, $b_1^* = b_1 - b_0$ und $b_2^* = \frac{b_2 - b_0}{2}$ ist nicht zufriedenstellend, weil die Parameter a_i und b_i^* für einen direkten Vergleich nicht geeignet sind. Dies kann am deutlichsten an einem Beispiel im 2-D Raum eingesehen werden, wo der Winkel θ zwischen zwei Geraden der Steigungen m_1 und m_2

$$\theta = tan^{-1}(m_1) - tan^{-1}(m_2) \tag{12}$$

eine nichtlineare Funktion der Steigungen ist.

In der $X - Z$ Ebene haben die Geraden s_i und s_j die Normalenvektoren $\mathbf{m}_i = (a_i, -1)$ bzw. $\mathbf{m}_j = (a_j, -1)$. Ein guter Test für die Gleichheit der Steigungen von s_i und s_j ist $\frac{\mathbf{m}_i \cdot \mathbf{m}_j}{|\mathbf{m}_i||\mathbf{m}_j|}$, was dem Kosinus des Winkels zwischen $\mathbf{m}_i$ und $\mathbf{m}_j$ entspricht. Wenn wir weiterhin anstatt von $z(x, y_0), y_0 \in I_N$, die Abtastlinien als $z(x_0, y), x_0 \in I_N$, definieren, dann sind alle Überlegungen für den Vergleich von a_i ebenfalls gültig für b_i^*. So können wir $\mathbf{n}_i = (b_i^*, -1)$ und $\mathbf{n}_j = (b_j^*, -1)$ definieren und die Gleichheit von b_i^* und b_j^* mit $\frac{\mathbf{n}_i \cdot \mathbf{n}_j}{|\mathbf{n}_i||\mathbf{n}_j|}$ messen. Aus beidem zusammen erhalten wir die Gütefunktion

$$\frac{1}{12}\left[\sum_{i \neq j} \frac{\mathbf{m}_i \cdot \mathbf{m}_j}{|\mathbf{m}_i||\mathbf{m}_j|} + \sum_{i \neq j} \frac{\mathbf{n}_i \cdot \mathbf{n}_j}{|\mathbf{n}_i||\mathbf{n}_j|}\right] + 0.5, \tag{13}$$

deren Werte im Bereich $[0, 1]$ liegen. Alle Kandidaten werden mit (13) bewertet und derjenige mit der besten Bewertung wird als optimale Kernregion ausgewählt.

Hier sind einige Kommentare zum Algorithmus von Pavlidis [11] angebracht. Dort werden zwei benachbarte Geradenstücke verschmolzen, wenn die absolute Differenz ihrer Steigungen genügend klein ist. Wie wir oben erläutert haben, ist die Steigung aber nicht geeignet für den direkten Vergleich. Außerdem haben verschiedene Geradenstücke derselben Fläche nicht nur die gleiche Steigung, sondern ihre Schnittpunkte mit der Z-Achse müssen auch die Bedingung $\frac{b_i - b_j}{y_i - y_j} = B$ erfüllen. Somit reicht die Steigung allein nicht aus. Vielmehr muß auch der Schnittpunkt mit der Z-Achse miteinbezogen werden, um zu garantieren, daß die Geradenstücke wirklich zu derselben Fläche gehören. Dies ist in unserem Optimalitätskriterium (13) der Fall.

7 Iterative Ausdehnung

Nachdem die optimale Kernregion R^0 gefunden ist, beginnt der Ausdehnungsprozess. Wir bezeichnen die Region nach der $k$ten Iteration als R^K und verwenden eine Liste L zur Registrierung aller Geradenstücke in R^k. Jede Region R^k wird durch eine Ebene $P^k : z = A^k x + B^k y + C^k$ im Sinne der kleinsten quadratischen Fehler approximiert. In der $(k + 1)$ten Iteration gehen wir die Liste L einmal durch. Für jedes Geradenstück $s \in R^k$ untersuchen wir alle benachbarten Geradenstücke von s. Gehört so ein Geradenstück s' noch nicht zu einer der bereits gefundenen Regionen, dann wird mit

$$|z(x, y) - (A^k x + B^k y + C^k)| \leq \theta, \quad \text{für alle } (x, y) \in s' \tag{14}$$

getestet, ob s' zu R^k paßt. Dabei ist der Schwellwert θ in unseren Experimenten mit $1.5 + 1.75\sigma_{img}$ festgelegt. Man beachte, daß der größte Approximationsfehler nur an den beiden Endpunkten von s', d.h. an (x_l, y_0) und (x_r, y_0), möglich ist. Somit ist der einfache Test

$$|z(x_l, y_0) - (A^k x_l + B^k y_0 + C^k)| \leq \theta \ \wedge \ |z(x_r, y_0) - (A^k x_r + B^k y_0 + C^k)| \leq \theta \tag{15}$$

ausreichend. Gegenüber (14) stellt (15) einen großen Gewinn dar, weil der Approximationsfehler anstatt an allen Punkten von s' nur an den beiden Endpunkten überprüft werden muß. Besteht s' diesen Test, so wird s' in die aktuelle Region, d.h. in die Liste L, aufgenommen. Die Ausdehnung wird solange fortgesetzt, bis $R^k = R^{k+1}$ gilt.

Anschließend wird erneut nach einer optimalen Kernregion für die nächste Region gesucht und der oben beschriebene iterative Ausdehnungsprozess wiederholt sich. Die Segmentierung terminiert, wenn sich keine weitere Kernregion mehr finden läßt.

8 Nachverarbeitung zur Verbesserung der Kanten

Oftmals generiert die Segmentierung unsaubere Kanten zwischen benachbarten Regionen. Dies hängt mit der Reihenfolge der Ausdehnung zusammen. Wird ein Geradenstück s in eine Region R aufgenommen, so ist lediglich garantiert, daß der Approximationsfehler von s durch R unter der vorgegebenen Schwelle liegt. Es kann aber durchaus eine andere Region R' existieren, welche s besser approximiert. Generell stellt die geeignete Wahl der Reihenfolge ein schwieriges Problem bei allen Regionenwachstumsverfahren dar. Im Gegensatz zu Grauwertbildern sind jedoch die Segmentierungsergebnisse bei Tiefenbildern wesentlich robuster bezüglich der Reihenfolge, in der die atomaren Gebiete verarbeitet werden. Die Erfahrung bei der Segmentierung von Tiefenbildern hat gezeigt, daß eine ungünstige Reihenfolge zwar zu unsauberen Kanten, nicht jedoch zu grundsätzlich falschen Ergebnissen führen kann.

Wir begegnen dem Problem der unsauberen Kanten mit einer iterativen Verfeinerungstechnik. Für jedes Geradenstück s wird getestet, ob der erste (letzte) Punkt von s durch den linken (rechten) Nachbarn besser approximiert werden kann. Trifft dies zu, dann wird der betrachtete Punkt von s entfernt und zum jeweiligen Nachbarn hinzugenommen. Diese einfache Strategie wird wiederholt, bis eine stabile Lösung erreicht ist. In unseren Experimenten konnten wir feststellen, daß der Verfeinerungsprozess nach wenigen Iterationen konvergiert.

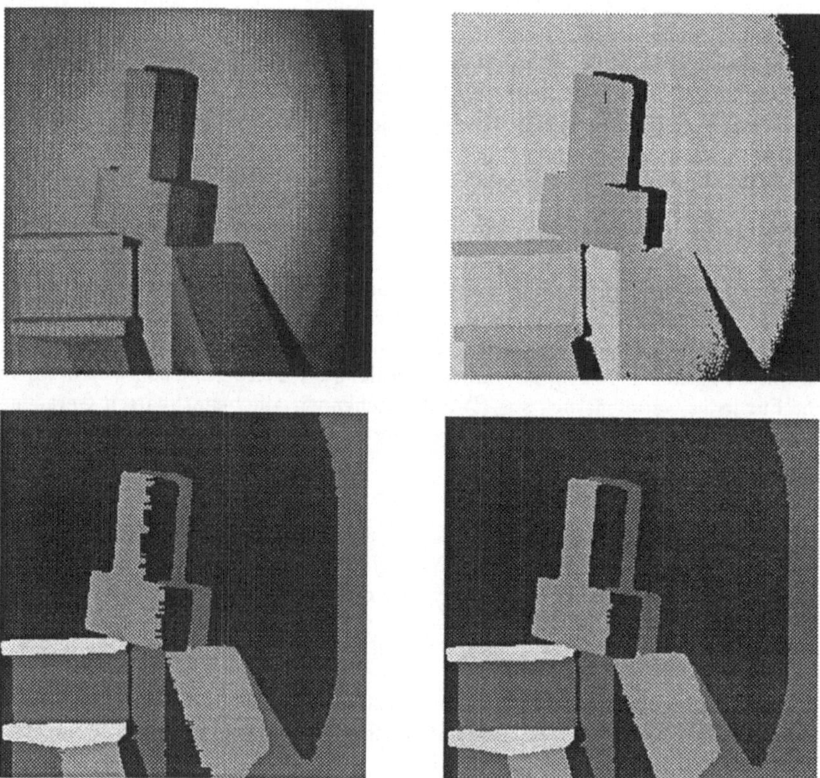

Abbildung 2: Die Testszene bloc.

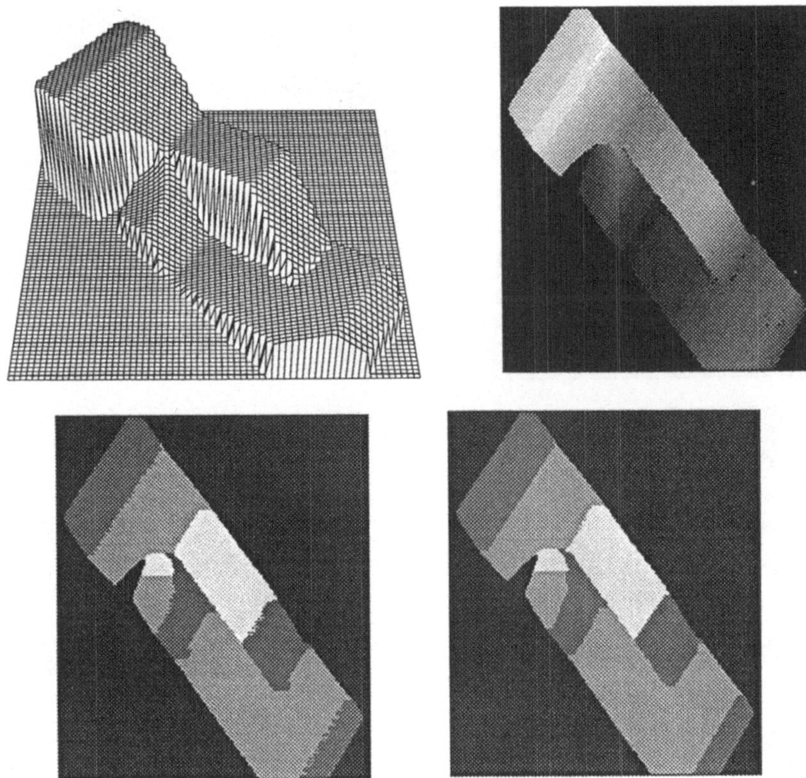

Abbildung 3: Die Testszene curvblock-3.

9 Experimentelle Ergebisse und Diskussion

Der beschriebene Algorithmus wurde auf einer Sun Sparcstation 2 in Pascal (Median-Filterung in C) implementiert und an ca. 50 Tiefenbildern, die von zwei unterschiedlichen Typen von Sensoren stammen, getestet. Aus Platzgründen geben wir hier nur die Ergebnisse für drei Testszenen an.

Der erste Sensor basiert auf dem Prinzip der aktiven Beleuchtung mit binär codierten Lichtstreifen [14]. Das Grauwertbild und Tiefenbild einer Testszene bloc sind im oberen Teil der Abb. 2 gezeigt. Das Ergebnis vor (nach) der Nachverarbeitung zeigt sich unten links (rechts), wobei die Regionen so mit Graustufen gefärbt sind, daß zwei benachbarte Regionen immer unterschiedliche Farben aufweisen.

Die anderen Testbilder wurden an der Michigan State University mit dem Technical Arts Scanner aufgenommen. Eine Testszene curvblock-3 ist in Abb. 3 gezeigt. Da hier kein Grauwertbild vorhanden ist, wird stattdessen eine 3-D Darstellung der Szene gezeigt. Die Ergebnisse für eine weitere Szene propane-5 werden in Abb. 4 gezeigt. Neben der planaren Hintergrundebene enthält diese Szene auch einen Zylinder. Er wird in einige parallele Flächen segmentiert, was genau unseren Erwartungen entspricht.

Einige Statistiken für die drei Testszenen sind in Tabelle 1 gegeben. Unser Algorithmus ist sehr schnell. Eine genaue Analyse der Tabelle zeigt, daß ein großer Anteil (60% oder noch mehr) der Laufzeit von der Median-Filterung und der Berechnung von RMSE beansprucht werden. Die eigentliche Segmentierung benötigt nur etwa eine Sekunde. Dies ist sicherlich eine enorme Beschleunigung gegenüber den im Abschnitt 1 angegebenen Methoden. Aus der Tabelle ist weiterhin ersichtlich, daß die Nachverarbeitung nach wenigen Iterationen konvergiert. Die Verbesserung der

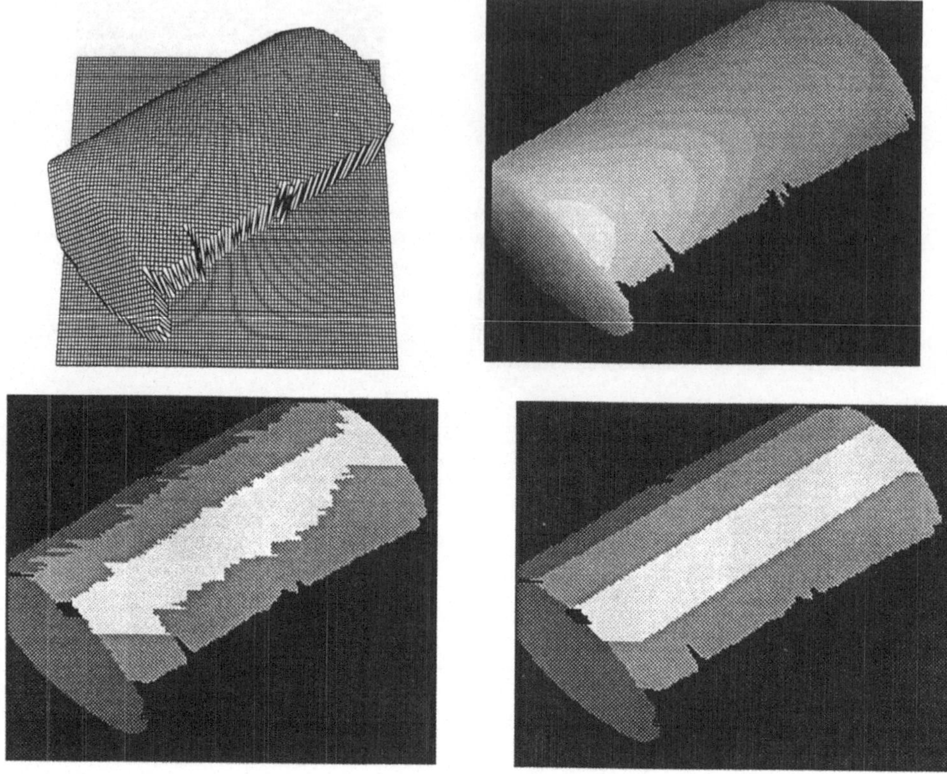

Abbildung 4: Die Textszene propane-5.

Kanten ist deutlich in den Endergebnisbildern zu sehen.

Die Schnelligkeit des Algorithmus ist auf die Approximation der Abtastlinien zurückzuführen. Durch die Verwendung von Geradenstücken wird die Datenmenge für den Ausdehnungsprozess stark reduziert. Im Beispiel von bloc haben wir anstatt von 65556 Pixeln nur noch 2882 Geradenstücke zu bearbeiten. Auf der anderen Seite sind aber Geradenstücke dank der im Abschnitt 5 beschriebenen Datenstruktur fast genauso leicht wie die Pixel zu handhaben. Überdies erlauben Geradensegmente die Formulierung einfacher Kriterien für die Optimalität von Kernregionen (siehe (13)) sowie das Regionenwachstum (siehe (15)).

Alle in unseren Experimenten verwendeten Schwellwerte haben entweder feste Werte oder sind Funktionen von σ_{img}, wobei die Koeffizienten immer feste Werte haben. Die Abhängigkeit von σ_{img} erlaubt dem Algorithmus, sich an die Qualität der Tiefenbilder anzupassen. Derselbe Satz von Schwellwerten konnte für alle 50 Testbilder verwendet werden, obwohl die Bilder von zwei unterschiedlichen Typen von Sensoren stammen. Dies belegt die Robustheit des Algorithmus.

Danksagung

Der erste Autor wurde vom Schweizerischen Nationalfonds im Rahmen des NFP-23 Forschungsprogramms, Gesuch 4023-027026, gefördert. Wir danken F. M. Wahl und T. G. Stahs von der TU Braunschweig sowie the Pattern Recognition and Image Processing Lab of Michigan State University dafür, daß sie uns Testbilder zur Verfügung gestellt haben. Weiterer Dank geht an U. Meier für die Anfertigung der 3-D Darstellungen und R. Robmann für hilfreiche Diskussionen.

Tabelle 1: Statistiken für die Testszenen (alle Zeitangaben in Sekunden)

Tiefenbild	bloc	curvblock-3	propane-5
Auflösung	256×256	240×203	174×204
Median-Filterung	0.43	0.36	0.28
Berechnung von RMSE	1.10	0.83	0.60
Extraktion der Geradenstücke	0.40	0.21	0.17
Extraktion der Kernregionen	0.37	0.20	0.13
Ausdehnungsprozess	0.25	0.16	0.13
Nachverarbeitung	0.05	0.03	0.05
Gesamtrechenzeit (s)	2.60	1.79	1.36
σ_{img}	1.41	0.50	0.40
Anzahl Geradenstücke	2882	1333	1000
Anzahl Iterationen	6	6	21

Literaturverzeichnis

[1] P. J. Besl, Surfaces in range image understanding, Springer-Verlag, 1988.

[2] R. C. Bolles, M. A. Fischler, A RANSAC-based approach to model fitting and its application to finding cylinders in range data, Proc. of 7th Int. Conf. on Artificial Intelligence, Vancouver, 637–643, 1981.

[3] R. O. Duda, P. E. Hart, Pattern classification and scene analysis, Wiley, New York, 1972.

[4] X. Y. Jiang, H. Bunke, Fast Segmentation of Range Images into Planar Regions by Scan Line Grouping, Technical Report, IAM-92-006, 1992.

[5] J.-M. Jolion, P. Meer, S. Bataouche, Robust clustering with applications in computer vision, IEEE Trans. on PAMI, Vol. 13, No. 8, 791–802, 1991.

[6] R. Krishnapuram, C.-P. Freg, Fitting an unknown number of lines and planes to image data through compatible cluster merging, Pattern Recognition, Vol. 25, No. 4, 385–400, 1992.

[7] T. Lozano-Pérez, W. E. L. Grimson, S. J. White, Finding cylinders in range data, Proc. of IEEE Conf. on Robotics and Automation, 202–207, 1987.

[8] G. Maître, H. Hügli, F. Tièche, J. P. Amann, Range image segmantion based on function approximation, Proc. of ISPRS-Conference, SPIE Vol. 1395, Zurich, 275–282, 1990.

[9] A. W. Paeth, Median finding on a 3×3 grid, in Graphics Gems, A. S. Glassner (Ed.), Academic Press Inc., 171–175, 1990.

[10] B. Parvin, G. Medioni, Segmentation of range images into planar surfaces by split and merge, Proc. of Computer Society Conf. on Computer Vision and Pattern Recognition, 415–417, 1986.

[11] T. Pavlidis, Segmentation of pictures and maps through functional approximation, Computer Graphics and Image Processing, Vol. 1, 360–372, 1976.

[12] F. Schmitt, X. Chen, Fast segmentation of range images into planar regions, Proc. of CVPR'91, 710–711, 1991.

[13] L. Shao, R. Volz, Finding cones from multi-scan range images, SPIE Vol. 1608, Intelligent Robots and Computer Vision X: Neural, Biological and 3-D Methods, 378–384, 1991.

[14] T. G. Stahs, F. M. Wahl, Fast and robust range data acquisition in a low-cost environment, Proc. of ISPRS-Conference, SPIE Vol. 1395, Zurich, 496–503, 1990.

[15] R. W. Taylor, M. Savini, A. P. Reeves, Fast segmentation of range imagery into planar regions, Computer Vision, Graphics, and Image Processing, Vol. 45, 42–60, 1989.

[16] N. Yokoya, M. D. Levine, Volumetric description of solids of revolution in a range image, Proc. of 10th Int. Conf. on Pattern Recognition, 303–307, 1990.

: # Dreidimensionale Messung turbulenter Strömung mit Bildverarbeitung

T. Netzsch

BASF AG, Abt.ZXT/T
D-6700 Ludwigshafen

B.Jähne

Scripps Institution of Oceanography, La Jolla, CA 92093-0230, USA und
Interdisziplinäres Zentrum für Wissenschaftliches Rechnen der
Universität Heidelberg
D-6900 Heidelberg

D. Wierzimok

Institut für Umweltphysik
Ruprecht-Karls-Universität
D-6900 Heidelberg

Zusammenfassung

Es wird eine Methode zur dreidimensionalen Strömungsmessung beschrieben, die auf der
Bearbeitung von Bildsequenzen basiert. Nach Einbringen eines Tracers in das strömende
Medium und geeigneter Beleuchtung werden mit Stereokameras Bildsequenzen aufgezeichnet. Um dreidimensionale Informationen zu erhalten muß das Stereokorrespondenzproblem
gelöst werden. Dies ist für Einzelbilder bei größeren Tracerdichten nicht durchführbar, da
keine Merkmale zur Unterscheidung einzelner Tracerpartikel existieren. Aus diesem Grund
werden Bildsequenzen bearbeitet, so daß die Stereokorrespondenz für *Spuren*, nicht für
einzelne Partikel zu lösen ist. Durch die Einführung von geeigneten Korrespondenzmerk-
malen kann die Anzahl durchzuführender Operationen, die bei n Spuren i.a. n-Fakultät beträgt, auf $\sim$ n reduziert werden.

1. Einleitung

In vielen Bereichen, sowohl in der industriellen Meßtechnik, als auch in der Grundlagen-
forschung, werden Verfahren zur dreidimensionalen Strömungsmessung eingesetzt. Zur
Untersuchung von Stofftransport und Mischungsvorgängen, zur Erstellung von Strömungs-
profilen, aber auch zur Beschreibung des Gasaustauschs zwischen Ozeanen und Welt-
meeren [Jä-85, Wk-90] werden räumlich ausgedehnte Meßdaten benötigt. Bisher verwendete
hochauflösende klassische Punktmeßverfahren haben den Nachteil nur die Momentange-
schwindigkeit von **einem** in der Regel festen Ort zu erfassen. Zudem ist die Verwendung
dieser Verfahren in der Nähe der Wasseroberfläche problematisch. Der Einsatz eines Bildverarbeitungssystems mit Stereokameras ermöglicht den Zugang zu einer volumenhaften
Information und erlaubt zudem eine optische Kontrolle der Meßergebnisse.

2. Prinzip

Die exakte Rekonstruktion dreidimensionaler Szenen ist mit tomographischen Abbildungs-
verfahren möglich. Dabei wird das Objekt Schicht für Schicht aus unterschiedlichen
Richtungen durchstrahlt und mittels komplexer Rekonstruktionsverfahren werden dann
die dreidimensionale Struktur des Objektes rekonstruiert werden. Im medizinischen Bereich
hat die Tomographie in den letzten Jahren zunehmend an Bedeutung gewonnen. Aufgrund
der Komplexität sind diese Verfahren jedoch nicht sinnvoll zur Strömungsmessung
einsetzbar.

In dem hier beschriebenen Verfahren wird die Strömung durch Tracer visualisiert und
anschließend werden Bildsequenzen mit zwei Kameras aus verschiedenen Blickrichtungen
aufgenommen. Um die Tiefeninformation zu erhalten, muß das Stereokorrespondenzproblem gelöst werden. Da sich die Tracerpartikel prinzipiell nicht voneinander unterscheiden, ist die Lösung des Stereokorrespondenzproblems für Einzelbilder äußerst
schwierig, wenn nicht unmöglich. In der Literatur [Ad-88] wird eine Methode mit orthogonal angeordneten Kameras und definierten Belichtungszeiten beschrieben, die jedoch
Mehrdeutigkeiten, insbesondere bei steigender Tracerdichte nicht vermeiden kann.

Deshalb wird hier die Stereokorrespondenz durch Vergleich von Bildsequenzen bei
kontinuierlicher Beleuchtung gelöst, wobei die Korrespondenz nicht für einzelne Teilchen
im Einzelbild, sondern für *Spuren* in einer *Bildsequenz* hergestellt wird. Zusätzlich werden
Korrespondenzmerkmale eingeführt, die die Anzahl durchzuführender Spurvergleiche
deutlich reduzieren. Folgende Schritte sind also erforderlich:

- Visualisierung
- Aufnahme der Bildsequenzen (incl. Tetsbilder zur Kalibrierung)
- Kalibrierung der Stereokamera
- Bestimmung der epipolaren Linien
- 2D - Particle Tracking
- Lösung des Stereokorrespondenzproblems für *Spuren*
- Bestimmung der Strömungsparameter

Schwerpunkt dieser Arbeit sind Kalibrierung und Stereokorrespondenz. Das 2D-Particle-
tracking wird ausführlich in der Arbeit von D. Wierzimok behandelt.

3. Visualisierung

Die Visualisierung erfolgt durch Einbringen eines Tracers in das strömende Medium
(hier: Wasser). Ausführliche Untersuchungen [Wk-90] zeigten, daß Polystyrolpartikel der
Größe 50 µm bis 150 µm und mit einem Dichteverhältnis von σ = 1.05 gegenüber Wasser
hierfür geeignet sind.

Als Beleuchtungssystem wurde eine 1000 Watt Halogenlampe mit Linsensystem
(-> Homogenität) und Blendenschlitz (-> Leuchtvolumen) verwendet.

4. Bildaufnahme

Testbildaufnahmen wurden am kreisförmigen Wind-/Wasserkanal des Instituts für Umweltphysik der Universität Heidelberg durchgeführt.

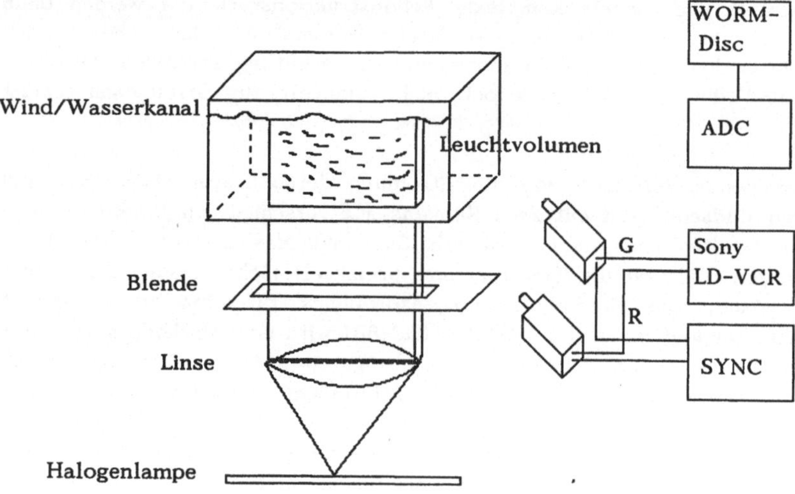

Bild 1. Schematische Darstellung der Bildaufnahme

Das Beleuchtungssystem wurde unter dem Kanalboden angebracht (Bild 1).

Die Bildaufnahme erfolgte durch zwei extern synchronisierte CCD-Videokameras nach NTSC-Norm (30-Hz, interlaced). Die Signale beider Kameras (Kamera 1: Rot-Signal, Kamera 2: Grün-Signal) wurden überlagert und in Echtzeit analog auf einen Sony-Laserdisc-Viderecorder (YUV-Signal) aufgezeichnet, der trotz analoger Aufzeichnung Zugriff auf definierte Einzelbilder erlaubt.

Die Trennung von Rot- und Grün-Signal erfolgte bei der Digitalisierung. Die digitalisierten Bilder wurden auf WORM-Disk abgespeichert. Hier zeigte sich, daß ein Übersprechen vom Rot- auf das Grün-Signal (und umgekehrt) nicht zu verhindern war.

Es wurden Messungen mit vier Kamerapositionen durchgeführt:

- horizontale und
- vertikale Kameraanordnung
- jeweils parallele optische Achsen und
- geneigte optische Achsen

Bei jeder Kameraposition wurde ein 3D-Testgitter zur Kalibrierung aufgenommen. Die Länge der Sequenzen betrug 15 s.

5. Kalibrierung der Stereokamera

Abhänig von der Anordnung der Stereokamera sollen durch die Kalibrierung die *internen* und *externen* Parameter der Stereokamera bestimmt werden. Die *internen* Parameter beschreiben die Abbildungseigenschaften der Kamera, während die *externen* Parameter die relative Lage beider Kameras zueinander beschreiben.

Es sind verschiedene Methoden zur Kalibrierung eines Stereokamerasystems bekannt [CH-91, Po-90, Ts-86, Le-87, Ho-86]. Hier wurde der Weg von [Po-90] verwendet, der auf den Arbeiten von [Ts-86] und [Le-87] beruht. Im folgenden soll nur das prinzipielle Vorgehen für die Kameraanordnung mit parallelen optischen Achsen skizziert werden. Details können den Originalarbeiten entnommen werden.

5.1. Koordinatensysteme

Es treten folgende Koordinatensysteme (Bild 2) auf:

- Das (frei wählbare) Weltkoordinatensystem. In ihm werden die Koordinaten der Testpunkte definiert
- Die Kamerakoordinatensysteme
- Das zweidimensionale Rechnerkoordinatensystem

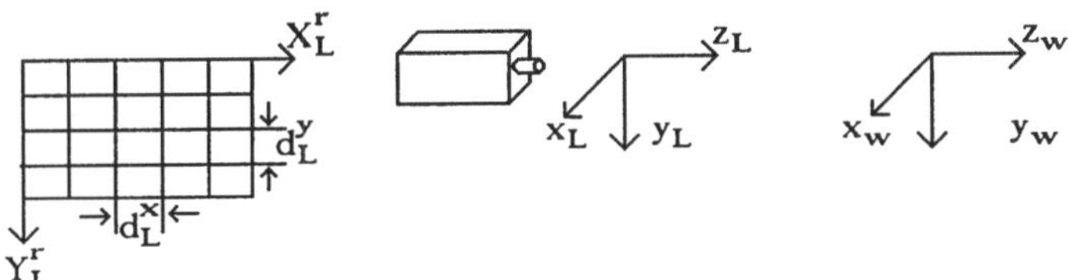

Bild 2. Koordinatensysteme der linken Kamera (rechte Kamera entsprechend)

Es gibt also folgende Koordinaten für einen Objektpunkt:

- Weltkoordinaten (x_W, y_W, z_W)
- die jeweiligen Kamerakoordinaten (x_L, y_L, z_L) und (x_R, y_R, z_R)

Für die Projektion eines Objektpunktes erhält man unter Verwendung des Lochkameramodells folgende Koordinaten:

- ideale Lochkamerakoordinaten (X_L^l, Y_L^l) und (X_R^l, Y_R^l)
- verzerrte Lochkamerakoordinaten (X_L^v, Y_L^v) und (X_R^v, Y_R^v)
- Rechnerkoordinaten (X_L^r, Y_L^r) und (X_R^r, Y_R^r)

Ein Objektpunkt wird durch folgende Transformation von Welt- in Kamerakoordinaten transformiert:

$$\begin{pmatrix} x_L \\ y_L \\ z_L \end{pmatrix} = R_L \begin{pmatrix} x_W \\ y_W \\ z_W \end{pmatrix} + T_L$$

Für die Projektion eines Objektpunktes mit Kamerakoordinaten (x_L, y_L, z_L) in die idealen Lochkamerakoordinaten gilt:

$$\begin{pmatrix} X_L^l \\ Y_L^l \end{pmatrix} = \frac{f_L}{z_L} \begin{pmatrix} x_L \\ y_L \end{pmatrix}$$

Berücksichtigt man reale Linsen (-> radiale Verzerrungen) so erhält man:

$$\begin{pmatrix} X_L^v \\ Y_L^v \end{pmatrix} = \left(1 + \varkappa_1^L r^2 + \varkappa_2^L r^4\right) \begin{pmatrix} X_L^l \\ Y_L^l \end{pmatrix}$$

Dabei ist r der Abstand des Bildpunktes von der optischen Achse und $\varkappa_1^L$ und $\varkappa_2^L$ sind die Verzerrungskoeffizienten.

5.2. Prinzip des Kalibrierens

Unter Berücksichtigung der genannten Abbildungseigenschaften erhält man ein lineares Gleichungssystem mit folgenden Unbekannten:

- die neun Elemente der orthnormalen Rotationsmatrix
- die drei Komponenten des Translationsvektors T
- die Verzerrungskoeffizienten $\varkappa_1$ und $\varkappa_2$ der Linse
- der Abstand f der Bildebene vom optischen Zentrum

In einem zweistufigen Verfahren [Po-90] kann das bei Vorliegen von mehr als 5 Testpunkten überbestimmte Gleichungssystem nach der Methode des minimalen quadratischen Fehlers gelöst werden.

Zur Bestimmung der Testpunkte wurden zwei Gitter im Abstand von 1 cm in den Windkanal eingbracht.

Damit sind alle internen und externen Parameter bekannt und es können für korrespondierende Punkte die Weltkoordinaten bestimmt werden.

6. 2D-Particle - Tracking

Ziel des Particle-Tracking ist es, nach erfolgreicher Segmentierung im Einzelbild, die korrespondierenden Objekte im Folgebild zuzuordnen und so aus den Objekten Spuren zu erzeugen. Folgende Anforderungen sind dabei zu erfüllen:

- Rauschbefreiung
- Beseitigung der Wasseroberfläche und des Übersprechens
- Segmentierung im Einzelbild
- Richtungs- und Geschwindigkeitsbestimmung im Einzelbild
- Korrespondenz zu Folgebild (Partikel -> Spur)

Der erste Schritt in der Einzelbildbearbeitung ist eine zeilenweise Pseudo-Lauflängenkodierung. Dabei wird die Lauflänge der Pixel bestimmt, deren Grauwert über einer globalen Schwelle liegt. Hierbei wird das Bild zuverlässig von Rauschen befreit. Anschließend werden berührende Lauflängen zu Objekten zusammengesetzt. Durch die

Wahl von geeigneten Parametern (Größe, Intensität) werden dann 'schlechte' Objekte (Wasseroberfläche, Übersprechen) eliminiert (Bild 3. und Bild 4.).

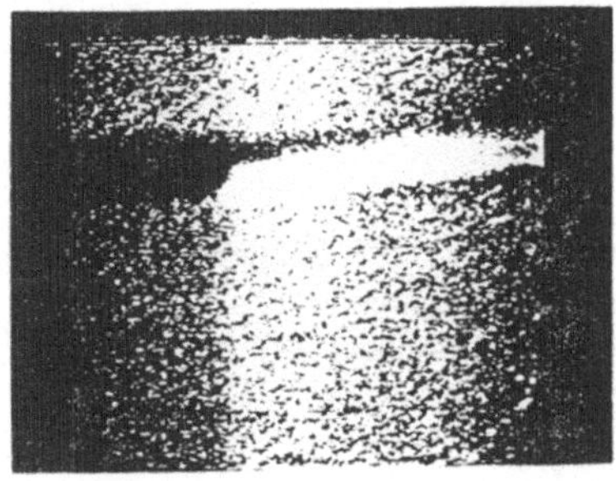

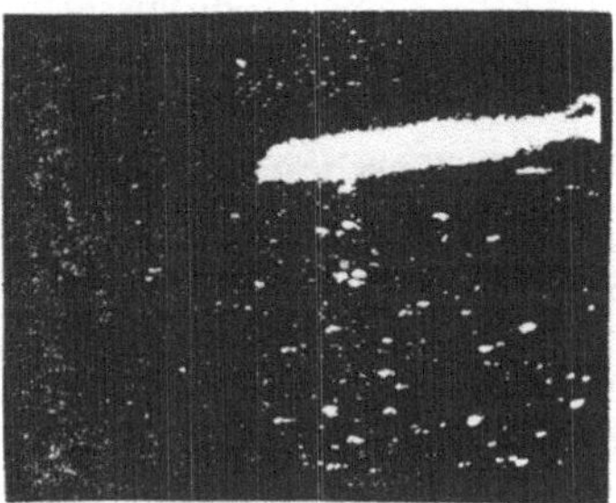

Bild 3. Originalbild mit konst. LUT   Bild4. nach Laufl.-Kodierung

Bedingt durch die endliche Belichtungszeit kann aus der Form der segmentierten Objekte deren Bewegungsrichtung bestimmt werden. Dazu wird für jedes Objekt eine Hauptachsentransformation [Go-85, Jä-90] gerechnet und daraus Anfangs- und Endpunkt, sowie die Bewegungsrichtung ermittelt.

Um das korrespondierende Objekt im Folgebild aufzufinden, werden die Lauflängen aller Objekte im Bild (i) mit denen im Bild (i + 1) verglichen und berührende Objekte zu Spuren zusammengesetzt. Zusätzliche empirische Kriterien zur Überprüfung der Korrespondenz sind Betrag und Richtung der Objektgeschwindigkeit und -beschleunigung, die aus der Schwerpunktdifferenz korrepondierender Objekte gewonnen werden können [Wk-90] (Bild 5).

Bild 5. Ergebnis des 2D-Particle-Tracking

7. Stereokorrespondenz

Das Stereokorrespondenzproblem besteht bei dem hier geschilderten Verfahren darin, die zu einer Spur im linken (rechten) Kamerakoordinatensystem korrespondierende Spur im rechten (linken) Kamerakoordinatensystem zu finden. Daher müssen geeignete Merkmale gefunden werden um die Spuren einander zuzuordnen.

Es gelten folgende Einschränkungen:

- Korrespondenz muß eindeutig sein (jedes Partikel existiert nur einmal)
- Überdeckungen über einen längeren Zeitraum sind ausgeschlossen
- zu jedem einzelnen Spurpunkt liegt der korrespondierende Punkt auf der entsprechenden epipolaren Linie

Unter Berücksichtigung dieser Einschränkungen erhält man folgende Korrespondenzerkmale:

- Spurlage (Lage bezüglich der epipiolaren Linie)
- Spurform (Δx bzw. Δy, Anzahl lokaler Minima bzw. Maxima)
- Intensitätsverlauf (Grauwertänderung)

Im Fall paralleler optischer Achsen und horizontaler Kameraanordnung sind die epipolaren Linien parallel zur y-Achse. Daher müssen bei korrespondierenden Spuren die y-Bildkoordinaten aller Spurpunkte innerhalb der Meßgenauigkeit übereinstimmen. Zusätzlich muß noch die Spurform übereinstimmen. Ein weiteres, nur teilweise anwendbares Kriterium ist die Änderung des Grauwertes. Spuren mit großer z-Geschwindigkeit bewegen sich aus dem Schärfebereich der Kameras, wodurch die Intensität abnimmt.

Unter Berücksichtigung der beiden erstgenannten Kriterien wurden zwei Sequenzen bei horizontaler Kameraanordnung mit parallelen optischen Achsen ausgewertet.

Länge der ersten Sequenz: 40 Halbbilder
Länge der zweiten Sequenz: 140 Halbbilder

	Sequenz 1		Sequenz 2	
	r. Kamera	l. Kamera	r. Kamera	l. Kamera
Anzahl Spuren	38	22	158	64
Korrespondenzen	21	21	86	63
nicht korrespon.	17	1	72	1
davon X-Kor. zu groß	16	0	70	0
ungelöste Kor.	1	1	2	1

Die Ergebnisse zeigen, daß die Stereokorrespondenz bei der Bearbeitung von Bildfolgen unter Wahl geeigneter Korrespondenzmerkmale gelöst werden kann. Berücksichtigt man nur Partikel, die über einen Zeitraum $t > 0.5$ s verfolgt wurden, so konnte bei beiden untersuchten **realen** Bildequenzen, die Stereokorrespondenz mit Ausnahme jeweils einer bzw. zwei Spuren gelöst werden.

Die Bestimmung der Strömungparameter kann nun gemäß [Wk-90] erfolgen.

Literatur

[Ad-88]   A.A. Adamczyk, L. Rimai; Reconstruction of a 3-dimensional flow-field from orthogonal views of seed track video images, Experiments in Fluids, 6, S. 380 - 386

[Ch-91]   W. Chen, B.C. Jiang; 3-D camera calibration using vanishing point concept, Pattern Recognition, Vol.24, No.1, S. 57-67, 1991

[Ho-86]   B.K.P. Horn; Robot Vision, MIT Press, Cambridge 1986

[Go-85]   H. Goldstein; klassische Mechanik, 8.Aufl., Wiesbaden: Aula 1985

[Jä-85]   B. Jähne; Transfer processes acrcoss the air-water interface, Habilitationsschrift, Unviversität Heidelberg, 1985

[Jä-90]   B. Jähne; Digitale Bildverarbeitung, Heidelberg: Springer 1989

[Le-87]   R. Lenz; Linsenfehlerkorrigierte Eichung von Halbleiterkameras mit Standardobjektiven für hochgenaue 3D-Messungen in Echtzeit. Proc. 9. DAGM-Symp. Mustererkennung 1987. Informatik-Fachberichte 149, S. 212-216. Berlin: Springer 1987

[Po-90]   S. Posch; Automatische Tiefenbestimmung aus Grauwertstereobildern, Wiesbaden: Dt. Univ. Verlag 1990

[Ts-86]   R. Tsai; An efficient and accurate camera calibration technique for 3D machine vision, Proc. Computer Vision and Pattern Recognition, S. 364-374, IEEE, Miami Beach 1986

[Wk-90]   D. Wierzimok; Messung turbulenter Strömungen unterhalb der wind-wellenbewegten Wasseroberfläche mittels Bildfolgenanalyse, Dissertation, Universität Heidelberg 1990

Tracking in Strömungsbildfolgen

Dietmar Wierzimok, Frank Hering und Frank Brunswig

Institut für Umweltphysik und
Interdisziplinäres Zentrum für Wissenschaftliches Rechnen (IWR), Universität Heidelberg
Im Neuenheimer Feld 366, 6900 Heidelberg
Tel: 06221-563401 Fax: 06221-563405

Es wird ein zweidimensionales Tracking Verfahren zur Bestimmung der Lagrangeschen Geschwindig-keiten und Bahnkurven von Strömungspartikeln in Wasser vorgestellt. Bei der Korrespondenzanalyse wird eine modellgestützte Methode mit einem schnellen bildpaarorientierten Algorithmus kombiniert, der die Koinzidenz der Integrationsdauern zweier Halbbilder nutzt. Der Grad der Grauwerterhal-tung zweier aufeinanderfolgender Teilchenspuren wird als ein Konfidenzmaß bzw. Abbruchkriterium verwendet. Untersucht wurde die Strömung in Wind-Wasserwellen anhand von Videosequenzen, die in zwei verschiedenen Wind-Wasserkanälen aufgenommen worden sind.

1   Einführung

Die Untersuchung turbulenter Strömungen gehört zu den schwierigsten Aufgaben auf dem Weg zum Verständnis der Physik unserer Umwelt. Mit klassischen Meßverfahren, wie der Laser Doppler Anemometrie lassen sich punktuelle Messungen mehrer Geschwindigkeitskomponenten gleichzeitig durchführen. Die Rekonstruktion instationärer Strömungsfelder, wie sie in der Natur häufig vorkom-men, ist jedoch damit nicht möglich. Die Suche nach geeigneten Methoden der digitalen Bildanalyse zur Entwicklung neuer mehrdimensionaler Meßverfahren, basierend auf der Strömungssichtbarma-chung mit kleinen Teilchen, ist daher ein aktuelles Arbeitsgebiet in der Strömungsforschung.

Einen umfangreichen Überblick über die aktuellen 2D-Strömungsmeßverfahren findet man bei Hes-selink (1988). Es kann zwischen regionenorientierten und traceroriertierten Ansätzen unterschieden werden. Bei ersteren wird als Eulersche Strömungsgeschwindigkeit der Verschiebungsvektor einer lokal begrenzten Umgebung bestimmt. Die Verschiebung wird entweder mit einem Kreuzkorrela-tionsverfahren bei Bildpaaren (z.B. Particle Imaging Velocimetry, siehe (Willert and Gharrib 1991)) oder mittels Verfahren zur Autokorrelation bzw. lokaler Fourier Transformation (Laser Speckle Ve-locimetry, siehe (Adrian 1986)) bei einem einzelnen mehrfachbelichteten Bild bestimmt.

Bei traceroriertierten Verfahren wird die Bewegung individueller Strömungstracer getrennt voneinan-der betrachtet. Diese Verfahren werden als Particle Tracking Velocimetry (PTV) bezeichnet, weil die Geschwindigkeit durch Verfolgung der Teilchenbewegung in einer Bildsequenz bestimmt wird. Es ist die einzige Methode, die eine Untersuchung der Strömung anhand Lagrangescher Bahngeschwin-digkeiten erlaubt und eignet sich daher besonders zur Untersuchung von Transportprozessen. In Wasserwellen, wie sie mit der hier beschriebenen PTV-Technik untersucht wurden, gibt es beispiels-weise das Phänomen der Stokesschen Drift. Auch bei rein mechanisch erzeugten Wellen findet ein Transport von Wassermasse in Richtung der Wellenausbreitung statt wegen der im oberen Teil der orbitalen Bahn größeren Vorwärtskomponente. Diese Prozesse, insbesondere in Windwellen, und ihre Kopplung mit winderzeugten Scherströmungen sind heute von großem Interesse, da sie die horizontale Ausbreitung von oberflächennahen Schadstoffen bestimmen.

2   Bildaufnahme

Das verwendete Bildmaterial stammt von zwei verschiedenartigen Wind-Wellenkanälen, einem zirku-laren Kanal (12 m Umfang, 0.3 m Breite) mit hohen Driftgeschwindigkeiten und einem linearen Kanal

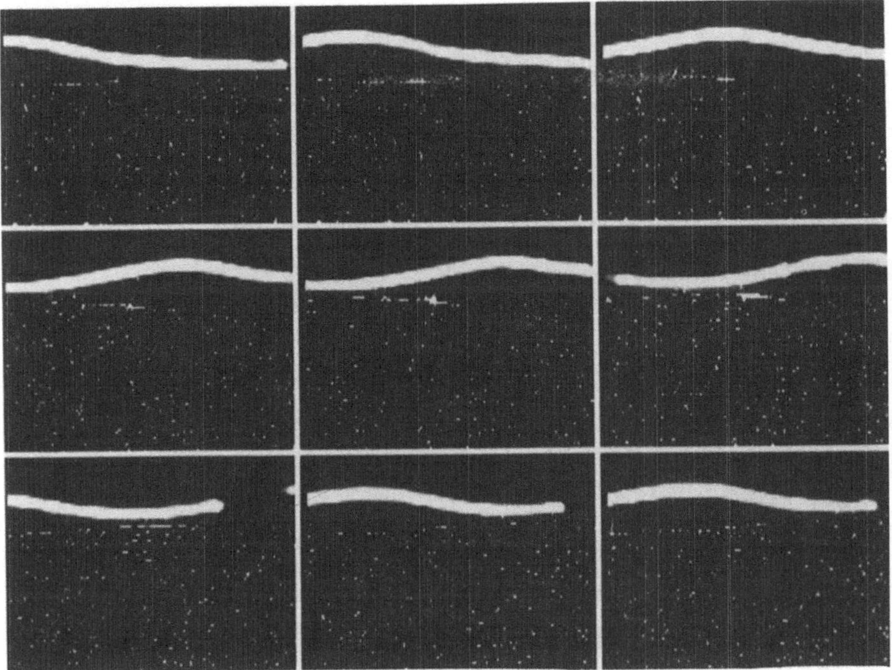

Abb. 1: Sequenz mit 9 aufeinanderfolgenden Bildern aus einer Bildfolge bei 3.7 m/s Windgeschwindigkeit. Der beobachtete Ausschnitt beträgt 12.6 cm horizontal und 8.5 cm vertikal.

(100 m Länge und 8 m Breite) mit niedrigeren Driftgeschwindigkeiten (Wierzimok und Hering 1992). Zur Strömungssichtbarmachung wurden Polystyrol-Teilchen (Latex 1.04 g/cm^3, d=50 - 150 μm) verwendet. Als Beleuchtung dient ein Hologen-Lichtschnitt, der parallel zur Hauptströmungsrichtung, bzw. zur Richtung der Wellenausbreitung und des Windes orientiert ist. Obwohl die Strömung näherungsweise als zweidimensional betrachtet werden kann, ist dennoch stets eine in erster Linie periodische Bewegungskomponente senkrecht zur Lichtschnittebene vorhanden. Tracking Verfahren benötigen daher „dicke" Lichtschnitte (typisch 1-5 cm) anstelle der bei anderen Verfahren sonst üblichen Laser-Lichtschnittbeleuchtung. So können die Strömungsteilchen über längere Sequenzen verfolgt werden (Wierzimok 90).

Die Lichtschnittebene wird mit einer Video CCD-Kamera (S/W) beobachtet, die ohne Shutter betrieben wird. Die Kalibrierung erfolgt durch ein Paßpunktverfahren mittels eines Gitters in der Fokusebene des Lichtschnitts (Wierzimok 90). Bei einer charakteristischen Teilchengeschwindigkeit von 10 cm/s werden in einem Beobachtungsfenster von 10 x 10 cm ca. 8 Pixel pro Halbbild vom bewegten Teilchen überstrichen. Dadurch erhält man die in der Strömungsmeßtechnik als Streifen- oder Spurbilder bezeichneten Ausgangsbilder (Abb. 1). Die Speicherung der Bildfolgen erfolgt mit einem Laser Video Rekorder (LVR) auf einer einmal beschreibbaren analogen Bildplatte. Die einzelnen Bilder werden bei der Auswertung vom Rechner über die RS-232 Schnittstelle angesteuert und danach digitalisiert.

3   Segmentierung

Zunächst erfolgt eine Segmentierung der Partikel bzw. Streifen im einzelnen Bild. Dabei sind Reflexe von der Wasseroberfläche oder von brechenden Wellen im Hintergrund und Verunreinigungen zu beseitigen. Streifenbilder zeigen in der Regel keine bimodale Grauwertverteilung, da sich die Variation der Teilchengeschwindigkeit aufgrund der Grauwerterhaltung im Intensitätsverlauf der Spur invers wiederfindet. Mit einem globalen Schwellwertverfahren lassen sich daher nur in wenigen Fällen befriedigende Ergebnisse erzielen (Wierzimok 90).

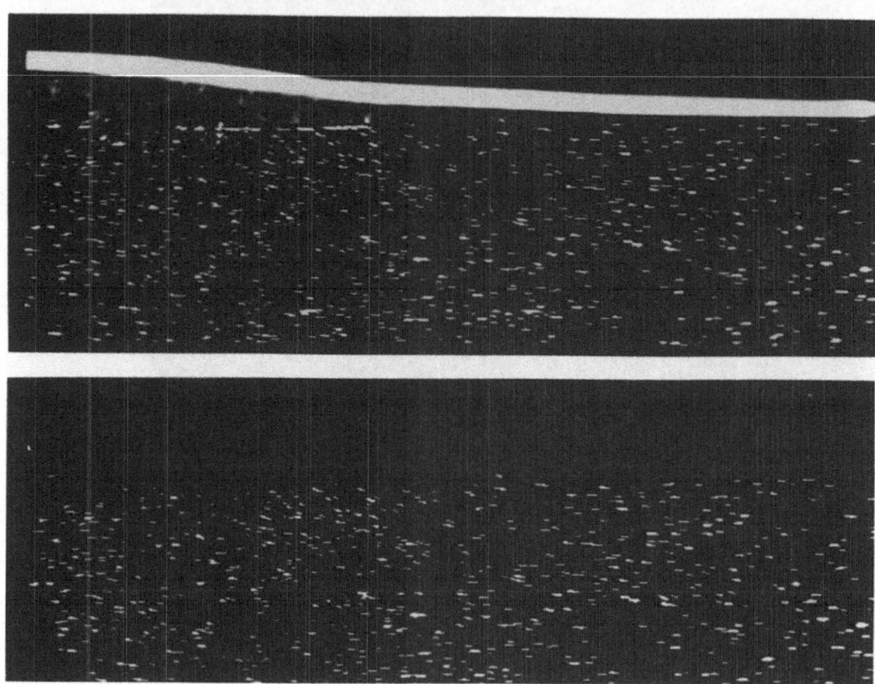

Abb. 2: Originalbild (oben) und segmentiertes Bild mit Reginalen Wachstumsverfahren. Die segmentierten Objekte sind mit dem tatsächlichen Grauwert dargestellt.

Zur Segmentierung der Spuren wird daher ein Algorithmus verwendet, der auf einem regionalen Wachstumsverfahren basiert. Das Verfahren gliedert sich in vier Abschnitte:

Lokale Grauwertmaxima Die Bildszene wird linienweise durchlaufen und nach lokalen Grauwertmaxima g_{max} im Grauwertzeilenprofil durchsucht, die Kandidaten für einen Objektbildpunkt darstellen.

Lokale Merkmale Für jeden Kandidaten werden die 4 korrespondierenden Minima $g_{min,i}$ am Ort $x_{min,i}$ in horizontaler und vertikaler Richtung bestimmt, sowie daraus die Breite b des Grauwertpeaks und der Grauwertkontrast $\Delta g = \min(g_{max} - g_{min,i})$. Die Breite wird in der Höhe $\max(g_{min,i}) + \eta \cdot \Delta g$ gemessen, wobei b für $\eta = 0.5$ der Halbwertsbreite entsprechen würde.

Objekterkennnung Ein Kandidat wird als Objektpixel erkannt, wenn ein vorgegebener Mindestkontrast überschritten wird, der im wesentlichen vom Rauschanteil der Bildszene abhängt, und wenn die Breite in einem vorgegebenen Intervall liegt.

Regionenwachstum Die Umgebung um diesen Objektpixel wird solange vergrößert, bis im Rand der Umgebung kein neues Objektpixel detektiert wird. Für die Objektzugehörigkeit ist der

Grauwert des betrachteten Bildpunktes entscheidend:

$$g'(x+k, y+l) = \begin{cases} g(x,y), & \text{wenn} \quad g(x+k, y+l) \geq g_{Min} + \Delta g \cdot \eta \\ 0, & \text{wenn} \quad g(x+k, y+l) < g_{Min} + \Delta g \cdot \eta \end{cases},$$

wobei g' den Grauwert im segmentierten Bild darstellt und $k,l = \pm 1, \pm 2, \ldots$. Ein Bildpunkt wird nur als Objektbildpunkt akzeptiert, wenn er zusammenhängend ist, d.h. wenn in seiner 8er-Nachbarschaft bereits ein Objektbildpunkt detektiert worden ist. Dieses Kriterium verhindert das Verschmelzen von eng beeinander liegenden Spuren.

4 Bildfolgenanalyse

4.1 Korrespondenzanalyse

Video-Kameras sind standardisiert hinsichtlich der Frequenzen ihrer Voll- und Halbbilder, mit 30 Hz bzw. 60 Hz bei NTSC (Nord Amerika und Japan) und 25 Hz bzw. 50 Hz bei PAL (Europa). Die effektive Dauer und Phasenlage der Zeilenintegration variiert zwischen verschiedenen Kameratypen oder deren Modus. Bei ausgeschaltetem Shutter zeigen die Halbbildbelichtungszeiten Δt bei einer Reihe von Kameras eine Überschneidung θ von bis zu $\theta = \Delta t/2$. Die daraus und aus der Partikelgröße r resultierende räumliche Überdeckung A zweier Spuren

$$A = \pi r^2 + 2r \int_{t_0 + \Delta t - \theta}^{t_0 + \Delta t} \mathbf{u}(t) \, dt \tag{1}$$

beträgt bei konstanter Verschiebungsgeschwindigkeit u des Teilchens:

$$A = \pi r^2 + 2ru\theta \quad, \tag{2}$$

wenn der räumliche Abstand benachbarter Zeilen aufgrund der Teilchenunschärfe vernachlässigt wird.

Die räumliche Überschneidung wird zur Analyse der Teilchenkorrespondenz zweier aufeinanderfolgender Halbbilder genutzt. Dazu wird dort, wo die mit dem logischen UND-Operator verknüpften Halbbilder $g'_1(x,y) = g'(x, 2y)$ und $g'_2(x,y) = g'(x, 2y+1)$ des segmentierten Bildes $g'_{i,j}$ ungleich Null sind, die Grauwertdifferenz gebildet:

$$d(x,y) = |g'_1(x,y) - g'_2(x,y)| \qquad \forall \quad g'_1(x,y) \wedge g'_1(x,y) \neq 0 \quad. \tag{3}$$

Der kleinste bzw. größte Teilchenradius sowie die minimale und maximale Teilchengeschwindigkeit definieren das Intervall $[A_{min}, A_{max}]$ gemäß Gl. 2. Als erste Korrespondenzbedingung wird daher gefordert, daß die Anzahl benachbarter überlappender Pixel N mit $N = A/A_0$ (A_0: Grundfläche eines Pixels) im Differenzbild $d(x,y)$ in diesem Intervall liegt

$$N \in \frac{1}{A_0} [A_{min}, A_{max}] \quad, \tag{4}$$

und daß die Übereinstimmung der Grauwerte in den überlappenden Spurpixeln der Bedingung

$$D > \frac{1}{N} \sum_{i=1}^{N} d(x,y) \tag{5}$$

genügt, wobei D eine vorgegebene Schwelle ist, die von der Größe und Schärfe der abgebildeten Teilchen abhängt und empirisch bestimmt wurde.

4.2 Grauwertsummenkriterium

Zu einen wird mit der Halogen-Lichtschnittbeleuchtung im Bereich hinreichender Schärfentiefe ein gut homogenes Beleuchtungsfeld hergestellt. Zum anderen ist die Änderung der Streuintensität in Abhängigkeit vom eingeschlossenen Winkel zwischen Beobachter, Partikel und Beleuchtung wegen des geringen Öffnungswinkels der Kamera vernachlässigbar gering. Die Teilchen können daher in guter Näherung als selbstleuchtende, isotrope Objekte aufgefaßt werden, für die eine Kontinuität des optischen Flusses (Horn und Schunck 1981) in sehr guter Weise gegeben ist.

Durch Betrachtung des optischen Flusses kann daher ein Konfidenzmaß für die Zuordnung korrespondierender Teilchespuren definiert werden (Wierzimok 90), da dann im Idealfall gilt: Die Summe G aller Grauwerte einer jeden Spur des selben Partikels bleibt entlang seiner Bahnkurve von Bild zu Bild konstant.

$$ G_n = \sum_{i=1}^{N} g_n(x_i, y_i) = \text{const} \tag{6} $$

Von digitalisierungs- und segmentierungsbedingten Abweichungen abgesehen, ist die Abweichung von der Konstanz der Grauwertsumme ein Hinweis auf eine Fehlkorrespondenz. Es wird daher ein relatives Konfidenzmaß k eingeführt

$$ k = \frac{G_n - G_{n+1}}{G_n + G_{n+1}} \ , \tag{7} $$

daß die Zuverlässigkeit der gefundenen Korrespondenz zwischen zwei aufeinanderfolgenden Spuren im Halbbild n und $n+1$ beschreibt.

4.3 Schwerpunktverschiebung und Bewegungsmodell

Es kann gezeigt werden, daß der Grauwertschwerpunkt einer Spur den zeitlich gemittelten zweidimensionalen Aufenthaltsort des Teilchens während der Belichtung representiert (Wierzimok und Hering 92).

$$ \hat{\mathbf{x}}_s = \left(\frac{\sum_{i=1}^{n} x_i g(x_i, y_i)}{\sum_{i=1}^{n} g(x_i, y_i)} \ , \ \frac{\sum_{i=1}^{n} y_i g(x_i, y_i)}{\sum_{i=1}^{n} g(x_i, y_i)} \right) \tag{8} $$

Da n segmentierte Spurpixel zur Lage des Schwerpunktes beitragen wird diese mit der Subpixelgenauigkeit $\sim 1/\sqrt{n}$ bestimmt. Die verwendeten Segmentierungsparameter haben dabei nur geringen Einfluß, beobachtet wurde eine maximale Schwerpunktverschiebungen von ± 0.05 Pixeln.

Die Schwerpunktverschiebung eignet sich daher zur Beschreibung der mittleren Teilchengeschwindigkeit zwischen zwei Halbbildern:

$$ <\mathbf{u}> = \frac{\hat{\mathbf{x}}_2 - \hat{\mathbf{x}}_1}{\Delta T} \ , \tag{9} $$

wobei $\Delta T = \Delta t - \theta$ den zeitlichen Abstand zwischen zwei Bildern, bzw. der Startzeitpunkte ihrer Belichtung angibt und die zeitliche Auflösung definiert. Die Bewegung eines Teilchen von Bild zu Bild läßt sich stückweise mit Hilfe eines Lagrangeschen Bewegungsmodells beschreiben. Je nach Grad m des Modells, benötigt die Modellfunktion $f^{(m)}$ m Bilder zur Bestimmung der erwarteten Position $\tilde{\mathbf{x}}_0$ im nachfolgenden Bild:

$$ \tilde{\mathbf{x}}_0(t+1) = f^{(m)}(\mathbf{x}_0(t), \ldots \mathbf{x}_0(t - m + 1)) \ . \tag{10} $$

Zwei einfache Modelle wurden verwendet. Das erste ($m = 1$) geht von einer stückweise konstanten Teilchengeschwindigkeit $u(t) = (x_0(t) - x_0(t - 1))/\Delta T$ aus, das zweite ($m = 2$) berücksichtigt zusätzlich einen Term konstanter Beschleunigung $a(t) = (u(t) - u(t-1))/\Delta T$. Dies läßt sich als Faltung mit dem Kern h separiert in x- und y-Richtung formulieren:

$$f^{(1)} = h^{(1)} \star \mathbf{x}_0 \quad \text{mit} \quad h^{(1)} = \{2, -1\} \tag{11}$$

$$f^{(2)} = h^{(2)} \star \mathbf{x}_0 \quad \text{mit} \quad h^{(2)} = \frac{1}{2}\{5, -4, 1\} \ \ . \tag{12}$$

Die erwartet Position $\tilde{\mathbf{x}}_0(t+1)$ dient im Folgebild als Ausgangsort für den regionaleen Wachstumsprozess, wie in Abschnitt 3 beschrieben.

4.4 Implementierung

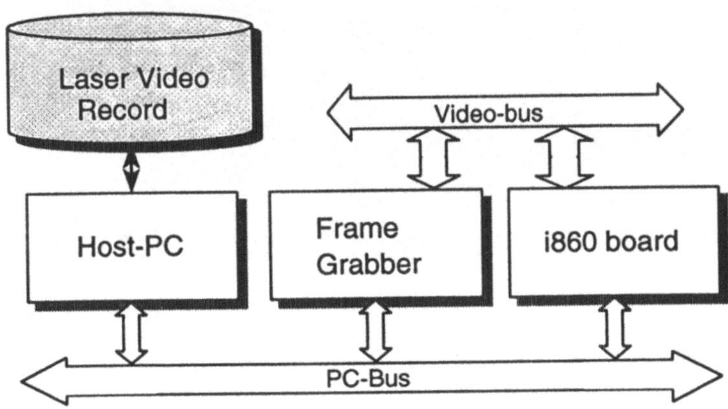

Abb. 3: Beschreibung des Auswertesystems.

Die Segmentierungs- und Modellalgorithmen sind in ANSI-C geschrieben und in die interaktive Bildverarbeitungsumgebung PPM-Image (Wierzimok 92) eingebunden. Durch die vollständige Portabilität des PPM-Image Kernels fand die Entwicklung der Algorithmen auf verschiedenen Plattformen (PC, T-800 Transputer, NeXT) statt, und die Auswertung erfolgte auf einer i860-Prozessor-Karte mit integriertem Video-Bus (Abb. 3).

Bei der gegenwärtigen Implementierung des Verfahrens wurde die modellgestützte Vorhersage zwischen dem zweiten Halbbild eines Videobildes und dem ersten Halbbildes des darauf folgenden verwendet und die Überdeckungskorrespondenz zwischen den Halbbildern desselben Videobildes, da nur dort bei der verwendeten Kamera eine Überschneidung der Belichtungszeiten gegeben war.

5 Ergebnis

Die vorgestellten Verfahren wurden zur Untersuchung von von Bildfolgen mit 400 Halbbildern der beiden Wind-Wellenkanäle erprobt. Bei einem beobachteten Bildausschnitt von 9 cm x 13 cm wurden Konzentrationen von bis zu 10 Teilchen pro cm^2 mit Korrespondenzfehlern von unter 1 % bei einer Geschwindigkeit von ca. 5 cm/s segmentiert.

Die gemessene Bulkgeschwindigkeit im zirkularen Kanal war etwa 4 mal so hoch wie im linearen Kanal. Bei der Untersuchung der Lagrangeschen Driftgeschwindigkeiten fiel besonders auf, daß die Drift im linearen Kanal nicht mit ansteigender Windgeschwindigkeit zunimmt (Abb. 4). Die Teilchen zeigten dort sogar bei größeren Windgeschwindigkeiten eine Abnahme der Driftgeschwindigkeit, was

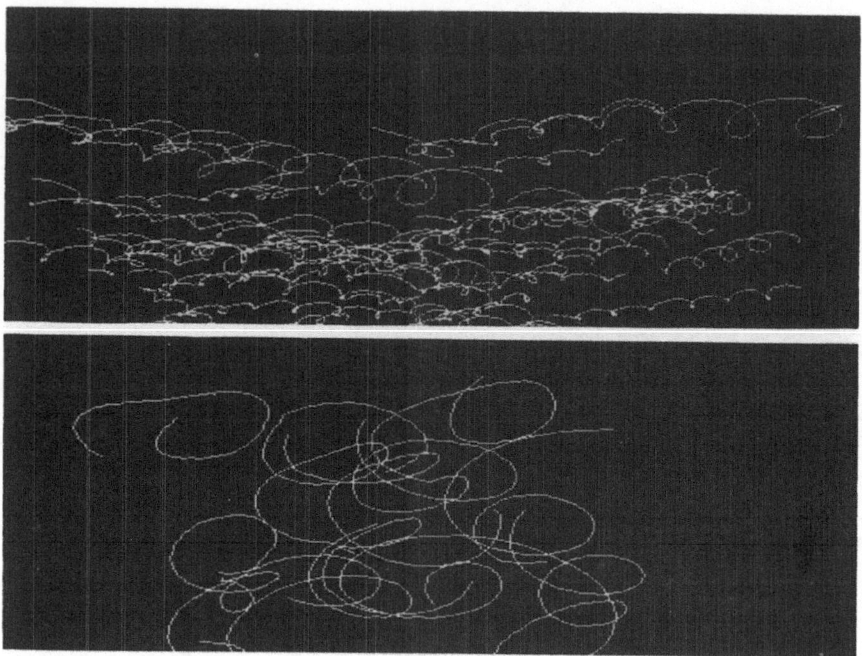

Abb. 4: Gemessene Trajektorien am linearen 100 m langen Wind-Wasserkanal in Delft, Niederlande. Dargestellt sind die Bahnkurven der Teilchen, die über mindestens 100 Halbbilder verfolgt wurden. (Windgeschwindigkeit 2.9 m/s (oben), 8.0 m/s)

darauf schließen läßt, das bei höhern Windgeschwindigkeiten die orbitale Bewegung mehr Energie absorbiert.

6 Ausblick

Tracking Techniken stellen eine Methode zur Bestimmung Lagrangescher Strömungsfelder dar, die in einigen Bereichen einer Eulerschen Darstellung vorzuziehen sind. Bei der Analyse von Videosequenzen können jedoch nur Strömungen mit relativ niedrigen Teilchengeschwindigkeiten untersucht werden, wie sie bei den hierzu untersuchten Wind-Wasserwellen mit maximal beobachteten Geschwindigkeiten von 0.5 m/s vorlagen. Zur Untersuchung von schnellen Strömungen, beispielsweise einem Freistrahl, Verbrennungsvorgängen oder explosionsartigen Prozessen, müssen Hochgeschwindigkeitskameras verwendet und die Digitalisierung nach der Aufnahme z.B. mit einer hochauflösenden Kamera durchgeführt werden.

Literaturverzeichnis

Adrian,R.J., 1986, 'Multi-point optical measurements of simultaneous vectors in unsteady flow – a review', *Int. J. Heat Fluid Flow*, 7(2), 127–145.

Hesselink, Lambertus, 1988, 'Digital image processing in flow visualization', *Ann. Rev. Fluid Mech.*, 20, 421–485.

Horn,B.K.P., B.B.Schunck, 1981, 'Determining optical flux', *Artificial Intelligence 17*, 185-204

Willert, C.E., M.Gharrib, 1991, 'Digital particle image velocimetry', *Experiments in Fluids*, 10, 181-193

Wierzimok, D., 1990, 'Messung turbulenter Strömungen unterhalb der wind-wellenbewegten Wasser-oberfläche mittels Bildfolgenanalyse', *Dissertation, Universität Heidelberg,*
Fakultät Physik

Wierzimok, D., 1992, 'PPM-Image: An interactive programming environment for image processing tasks', *Technical Report,* Institut für Umweltphysik, University of Heidelberg, in Vorbereitung

Wierzimok,D., F.Hering, 1992, 'Quantitative Imaging of Transport in Fluids with Digital Particle Tracking', *Proceedings Int. Seminar on Imaging in Transport Processes*, May 25-29, 1992, Athens, Greece

NEURAL NET APPLICATIONS IN MEDICINE
– EXPLORATION OF DYNAMICAL THERMOPROFILES –

J. Paul, E. von Goldammer, and R. van Leendert [1]
Institut für Kybernetik und Systemtheorie
an der Technischen Universität Dresden
[1] Tagesklinik für kombinierte Tumortherapie – Ackerstraße, Düsseldorf

SUMMARY

The possibility of automatical or semi-automatical judgement and exploration
of thermoprofiles from thermoregulation diagnostics developed by Schwamm
& Rost /1/ with the aid of computer-simulated so-called neural nets, which
work as pattern classifiers, will be presented and discussed. The simulation
algorithm which encodes and sorts patterns due to its similarities into a two-
dimensional layer of neurons will be presented with examples of thermoregulation diagnostic diagrams. With a few limitations it is possible to use the
self-organizing feature map algorithm developed by Kohonen as an investigation tool to unlock the problem of mapping onto each other between thermoregulation diagnostic classes and clinical diagnostic classes.

INTRODUCTION

In general, one can say that any neural net algorithm is nothing more like an adaptive filter
algorithm. After finishing a so-called ´learning phase´ neural nets behave like static filters.
Among a few other characteristics, neural nets can be divided into two classes: supervised
and unsupervised nets. In the latter case the net creates a classification of a presented set
of input patterns by feedback algorithms. During the ´learning phase´ an adequate transformation matrix $\underline{T}^{m,n}$ is created in order to map the input and output vector spaces, viz.,

$$\underline{v}^{m}_{o} = \underline{T}^{m,n} \underline{v}^{n}_{i} \tag{1}$$

The process of ´unsupervised learning´ is also designated as ´self organization´. The most
distinguishing characteristics of a neural net model is the neuron interconnection pattern,
the network topology between the neurons (or processor elements, PE´s). The most
developed models are given by the supervised algorithms such as the ´Boltzmann machine´,
a physically oriented model based on statistics; the ´Backpropagation algorithm´ with its
feed-backward connections for backpropagating the error through the net in order to
change the connection strengths between the PE´s; the Neocognitron, a self-organizing
model and Kohonen´s ´Self-Organizing Feature Map´ /2/.

2. SELF-ORGANIZING MAP

Kohonen´s model is the attempt to construct an artificial system, that shows a similar behavior as the organized body surface mappings of the verebrates onto the cortex in both the motor and somatosensory areas /3/. The structure of the model normally is a two-dimensional neuron layer. The algorithm, however, includes the possibility of constructing nets with higher dimensionality. The two-dimensional layer receives its input from a certain number of input links. Each neuron possesses weighted synaptic connections to each of the input links - in case of the thermoregulation data sets there are 120 synaptic connections corresponding to the 120-dimensional input pattern (120 temperature values). The connections can be as well on inhibitory as on excitatory character. With certain conditions and assumptions the excitation of the neurons is limited to a spatial localized area on the layer. The position of this excitation area is described by the two-dimensional coordinates of the neurons, which show the strongest excitation. The neuron layer works as a topograhic feature map, if the position of excitation area is correlated with a few features of the input signal, i.e. neighbored excitation areas correspond to input signals with similar features.

In the following some relations which are necessary to get topographic feature maps by ´self organization´ will be described. An incoming signal $\underline{v}_i$ is determined by the activities of all input axons $\underline{v}_l$ averaged over a certain time interval. The neurons are characterized by their coordinates in the layer. Within its dentrite tree each neuron creates a weighted sum $\Sigma_l \underline{w}_{rl} \underline{v}_l$ of the incoming activities. $\underline{w}$ stands for the synaptic weight (vector) between neuron r and input link l and is positive for an excitatory connection and negative for an inhibiting one. The resulting excitation of neuron r is determined by its averaged spike frequency:

$$f_r^O = \sigma \, [\, \Sigma_l \, \underline{w}_{rl} \underline{v}_l \; - \Theta \,] \qquad\qquad (\,2\,)$$

$\sigma(x)$ is a monotone increasing sigmoidal function, which approaches to the asymptotic values 0 or 1, when x approaches infinity. Θ shifts the zero point of excitation and behaves like a threshold. Besides the coupling to the input links, all neurons are synaptically coupled with each other but not with themselves. The layer is ´feedbacked´ onto itself, therefore an additional term contributing to a single neurons´s excitation, has to be introduced. The new activity of the neuron is given by:

$$f_r = \sigma [\, \Sigma_l \underline{w}_{rl} \underline{v}_l + \Sigma_{r´} \, g_{rr´} \, f_{r´} - \Theta \,] \qquad\qquad (\,3\,)$$

$g_{rr´}$ corresponds to the pair-correlation function well known from statistical physics. It depends on the distance $r - r´$ between the neurons r and r´ with a maximum for $r = r´$ and vanishing values for increasing distances. For short spatial distances between activated neurons, this connection model works excitatory and inhibitory for long distances. In other words, neighbored neurons support each other, and distant neurons inhibit each other.

The nonlinear equation (3) cannot be solved analytically without some simplifying assumptions. In case of small lateral inhibition g compared to the external input, it is possible to determine the location of the excited area only by the external input. Assuming that both the weight vector $\underline{w}_r$ and the input vector $\underline{v}$ are normalized due to the euclidic vector norm, a relation for the ´winning neuron´ results which easily can be handled:

$$\| \underline{w}_r - \underline{v} \| = \min_r \| \underline{w}_r - \underline{v} \| \qquad (4)$$

A ´winnig neuron´ is the one with smallest difference between its weight vector and the input vector. For constant, i.e. already ´learned´ synaptic strengths, the relation (4) defines a nonlinear projection of the input space onto the two- dimensional neuron layer. If the input vector is of the same dimension as the net, there is no ´information loss´, if its dimension is higher, than a reduced projection takes place. This reduction is not necessarily trivial but can extract some important features form the input data set and cluster them onto the lower-dimensined layer /3/.

The algorithm can be implemented as follows: The adaption rule for changes of the weights after the presentation of an input pattern is given as

$$\underline{w}_r^{new} = \underline{w}_r^{old} + \varepsilon h_{rr´} (\underline{v} - \underline{w}_r^{old}) \qquad (5)$$

With every learning step, the weights of all neurons are updated in proportion to the difference between the input and the weight vector. The updating is superposed with a function h depending on the distance between the winnig neuron and the neuron, which weights should be updated. For example, h may be a Gaussian or a mexican hat function with its maximum at the location of the neuron winning the competition. The adaption step width and the width of the Gaussian should both be exponentially decreasing functions of the learning steps, so that with increasing step number the step width and the region of updating around the winner neuron becomes smaller. This corresponds to a ´freezing´ of detected features into cluster areas on the neuron layer.

THERMOREGULATION DIAGNOSTIC

Since the last ten years a non-invasive method, the so-called thermoregulation diagnosis, has been practiced /1/. The method was developed from the hypothesis that the temperature of certain points on the skin-surface and its variation by cold stress can be correlated to diseasis of underlying inner organs connected to vegetative nerve fibres from the same spinal root as the corresponding skin area. A few typical anatomically determined points on the skin are the middle of the forehead, the nose root, the solarplexus, the lymph nodes, the mastoids, and so on.

The temperature is measured at 60 points with a fast reacting contact thermoelement in a well defined sequence. The values are directly digitalized and stored by a personal computer. The patient then stays unclothed in a climate room at 18°C and 60% humidity. After a period of ten minutes the temperature sequence is measured again and normally all temperature values are shifted by the cold stress; their values are in the range between 28°C and 35°C. For a healthy person the face values are higher and the body values are lower than before. One or more body points warmer than before are considered as a hint on a certain disease.

4. DATA PROCESSING and RESULTS

A 10x10-Kohonen network was implemented on a self-constructed transputer board (hosted to a 386-AT computer) as research tool on the thermoregulation behavior of different classes of clinical and histological determined diseases. A program run of 100.000 learning steps on the 120-dimensional input vectors (120 temperature values) of about 100 different data sets belonging to nine classes of disease takes about 3.5 hours if only one T800-transputer (20 MHz) is used. Each further transputer shortens the calculation time by a factor of about 1.9. For comparison, an AT with a 80286/287 (12.5 MHz) processor couple needs about 40 days for the calculation of the same data sets.

All input vectors have been normalized in an adequate way, as described elsewhere /4/. Fine tuning of the internal net parameters and the determination of the starting values for σ and ε was achieved using the standard thermogram defined by Rost /1/ from which 99 further thermogram data sets were produced each one differing only in one of the 120 temperature values by 0.1K from the standard thermogram. At the end of fine tuning the resolution and the filter discrimination of the net was sufficiently high in order for each of the 10x10 neurons to correspond to one and only one of the hundred extremly similar but still different thermogram patterns.

For further adaption of the net thermogerulation data sets were used where the clinically confirmed diagnosis, the resulting therapy and/or medication was registered. The total data set was divided in two classes, with each class containing only one clinically determined pathological class, one (subjectively) healthy control group, and the standard thermogram.

Figure 1 shows a classification which results after 93.000 learning steps. Each position in the 10x10-net diagram of fig.1 is marked by a capital letter corresponding to the medical diagnosis and one of the net-adapted (thermogram) pattern. considering the neighborhood of first and second order, different classes can be marked out. Fig.1 demonstrates that nearly all anorectical thermograms are clustered together in the right upper part of the net-diagram.

FIGURE 1:

A 10x10-net diagram from a data set of 93 thermograms with no overlap, i.e. each neuron adapted only to one thermogram.
The overall success rate with trained data sets is 100%.
A: anorexia nervosa (from 18 female patients-youth psychatry, Herdecke)
H: subjectively healthy female probands (from 74 thermograms)
. : unoccupied neurons
N: standard thermogram

H	H	H	H	A	A	A	A	A	H
H	H	.	A	H	H	H	A	.	A
H	H	H	H	.	H	.	A	A	A
H	H	H	H	H	H	A	A	A	A
H	H	H	H	H	H	H	H	H	H
H	H	A	H	H	H	H	.	H	H
N	A	H	H	H	H	H	H	H	H
H	H	H	H	H	H	H	H	A	.
H	H	.	H	H	H	H	H	H	H
H	H	H	H	H	H	H	H	H	H

H	H	C	H	C	H	H	C	H	H	H	C	C	H	C
H	.	C	.	H	H	H	H	H	.	H	.	C	C	C
H	C	C	C	H	H	H	H	H	H	H	C	C	C	C
H	H	C	C	H	H	H	H	C	C	.	C	.	C	H
H	H	C	H	H	C	C	H	H	.	C	C	H	C	.
.	H	.	H	H	C	H	H	H	C	H	H	H	H	H
C	.	C	H	H	H	C	C	C	C	H	H	C	H	C
C	.	C	H	H	H	C	H	H	H	H	C	C	C	.
C	H	C	C	H	C	H	H	H	H	H	H	C	C	C
C	H	H	H	C	H	H	H	H	H	C	C	H	C	C
C	N	H	H	C	H	H	H	H	H	H	H	H	H	H
C	H	H	H	H	C	C	H	H	C	H	H	H	H	C
C	C	H	H	H	H	H	H	H	C	H	C	H	C	C
.	C	H	H	H	C	C	H	H	H	H	H	H	H	H
C	H	C	H	C	C	C	C	H	H	H	H	C	H	H

FIGURE 2: A 15x15-net diagram from a data set of 222 thermograms.
N: standard thermogram
H: subjectively healthy probands (139);
C: cancer, m & f, all kinds (83).

Figure 2 depicts all data sets of malignant diseases together with a healthy control group as studied in the present investigation. Here again different clusters emerge.

TABLE 1:   ´Degenerated Neurons´

overlap at neuron row 5, column 14:	sex f, age 28, healty
	sex f, age 28. MACA left
overlap at neuron row 7, column 1 :	sex f, age 63, MACA right
	sex f, age 45, MACA right
overlap at neuron row 7, column 7 :	sex f, age 44, MACA right
	sex f, age 43, healthy
overlap ar neuron row 7, column 5 :	sex f, age 25, healthy
	sex m, age 27, healthy
overlap at neuron row 10,column 9 :	sex m, age 27, healthy
	sex m, age 27, healthy
	sex m, age 24, healthy
overlap at neuron row 10, column 10:	5 healthy probands, sex m/f
	age between 20-27
overlap at neuron row 11,column 9 :	2 healthy probands, sex m
	age 24, 29

Although the number of neurons (225) is higher than the number of data sets (222) an overlap at different neurons ("neuron degeneracy") occurs. In Table 1 the overlapping positions in the net have been collected together with the corresponding medical cases. From the statistical prediction security which is better than 99.1% it follows, that all neurons, which have adapted to a thermogram of cancer patient belong to the so-called cancer class even if there exits an overlap with one or more data sets of healthy probands.

5. CONCLUSIONS

Apart from the fact, that the composition of the data set (malignant disease) in the present study was relatively inhomogeneous, the clustering characteristics of the net was better than expected. The degeneracy of several neurons for data sets belonging to healthy probands leads to the assumption that one has to consider different thermoregulation types amongst the group of healthy probands. A result which is corroberated by the homogeneity of the small distribution of age of the probands contributing to degenerated neurons. This and the thermoregulation data sets from malignant diseases belong to the topic of an investigation already in progress.

Unsupervised neural net algorithms create their own classification within a given context. Therefore, they are an excellent tool for research and practice analyzing data sets with scarcely visible changes in a complicated pattern. For a controversially discussed method such as with thermoregulation diagnostics these tool offer the opportunity for a scientific clarification, especially if one considers that an adapted net is able to work as an efficient discriminator in real time on any ordinary personal computer.

<u>FIGURE 3:</u>

Why unsupervised algorithms?

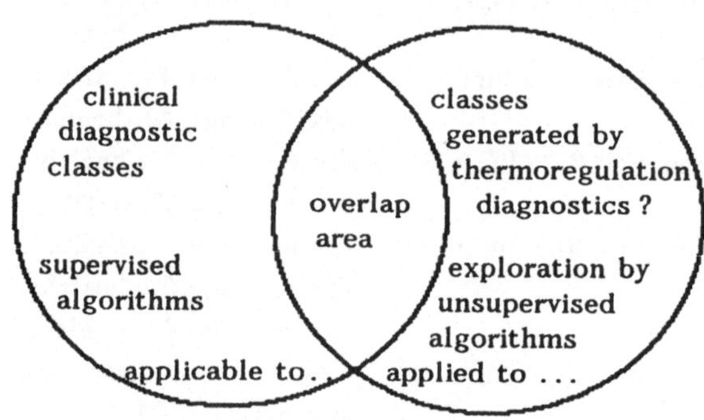

...well known territory   ...unknown territory

From a medical point of view, ´supervised learning´ is very well suited for pattern recognition in the field of conventional diagnostics with an already known relation between the classes of pattern and the clinical diagnostic classes (cf. fig. 3). ´Unsupervised learning´, however, is of potential use if new diagnostical methods are concerned, viz.

- Thermoregulation has to create its own classification criteria like ´hyperregulative´, ´hyporegulative´, ´chaotic´, and so on, which do not necessarily map in a one-to-one way on conventional clinical diagnostic classes.
- New and so far not realized questions may arise; for example, are there separable classes corresponding to sex, age, or individual anatomies within the group of subjectively healthy persons? Are there significant differences in the thermal regulation behavior between vagotonic and sympathicotonic persons ?

These questions have not been considered yet. The results of our studies demonstrate, that the method is of clinical relevance. They also show, however, that several controversially discussed points have to be reconsidered in a slightly different (medical) context.

REFERENCES

1/ Rost, A.
'Regulationsthermographie', Hippokrates Verlag, Stuttgart, 1987.

2/ Maren, J.A., C.T.Harston & R.M.Pap
'Handbook of Neural Computing Applications' Academic Press, N.Y., 1990.

3/ Kohonen, T.
'Self-organized formation of topologically correct feature maps',
Biol. Cybernetics 43 (1982) 59–69.

4/ Paul, J., E. von Goldammer, M.P.Pfotenhauer & E.David
'Exploration thermoregulationsdiagnostischer Daten mit Hilfe von computersimulierten neuronalen Netzen' ThermMed, Mai 1991.

Leistungsvergleich moderner Klassifikationsstrategien in der abdominalsonographischen Mustererkennung

R. Linder[1], E. Rinast[1], H.-D. Weiss[1] und S. J. Pöppl[2]

Institut für Radiologie[1] (Direktor: Prof. Dr. med. habil. H.-D. Weiss), Medizinische Universität zu Lübeck, und Institut für medizinische Informatik[2] (Direktor: Prof. Dr.-Ing Dr. med. habil. S. J. Pöppl), Medizinische Universität zu Lübeck, Ratzeburger Allee 160, 2400 Lübeck

Zusammenfassung

90 ultrasonographische Multiformatbilder mit den Klassen "Cholecystolithiasis", "Gallenblasensludge", "Gallenblasenhydrops" und "unauffällige Gallenblase" wurden via Scanner digitalisiert, um nach mausgeführter Selektionierung des Gallenblaseninhaltes 90 texturanalytische Merkmalsvektoren zu gewinnen. Darauf wurden sowohl konventionelle Klassierungsansätze (NN, LDA) als auch moderne Klassifizierungsstrategien (neuronale Netze, FU) angewendet. Es resultieren folgende Hold-out-Schätzungen: Nächster-Nachbar-Klassifikation (64.4%), lineare Diskriminanzanalyse mit Jackknife (96.7%), selbstorganisierende Netzwerke nach Kohonen (86.7%) und Backpropagation-Netzwerk (98.9%). Fuzzy-Logik erkennt 89/90 Bildern, ist jedoch regelbasiert und somit nicht direkt vergleichbar.
Die Arbeit ermöglicht den Vergleich aktueller Klassifikationsalgorithmen und spricht für den Einsatz konnektionistischer Systeme in der Radiodiagnostik.

Einleitung

Ein Texturmuster kann unmerklich für das menschliche Auge über weite Bereiche variiert werden. Eine Computeranalyse dieser Texturvariationen ist um ein Vielfaches sensitiver (6). Grund dafür ist die Tatsache, daß die menschlichen Leistungen in der Formerkennung zwar unerreichbar groß sind, jedoch evolutionsbedingt eher kläglich auf dem Gebiet der Hintergrunderkennung. In der sonographischen Diagnostik spielen ebensolche Texturmerkmale eine wichtige Rolle, eine computergestützte Mustererkennung müßte demnach erfolgversprechend sein. Tatsächlich wurden bislang nur wenige Versuche in diese Richtung unternommen (7, 8). Daher sollen im folgenden die konventionellen Klassierungsansätze Nächster-Nachbar-Methode (NN) und lineare Diskriminanzanalyse (LDA) sowie die modernen Klassifikationsstrategien des neueren Konnektionismus und der in Japan populären Fuzzy-Logik kurz vorgestellt und anhand eines verhältnismäßig einfachen abdominalen Aspektes - der Gallenblase - ein Leistungsvergleich ermöglicht werden.

<u>Methodik</u>

Es wurden 90 ultrasonographische Multiformatbilder der Gallenblase mit den Klassen "Cholecysto-lithiasis" (56 Bilder), "Gallenblasensludge" (20), "Gallenblasenhydrops" (5) und "unauffällige Gallenblase" (9) als Filmfolien via Flachbettscanner digitalisiert, um nach mausgeführter Selektionierung des Gallenblaseninhaltes 90 texturanalytische Merkmalsvektoren (Muster) à 19 Merkmalen zu gewinnen.

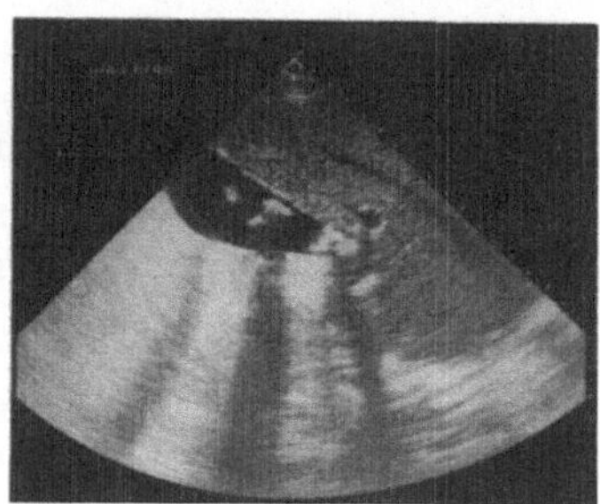

Abb. 1   Cholecystolithiasis

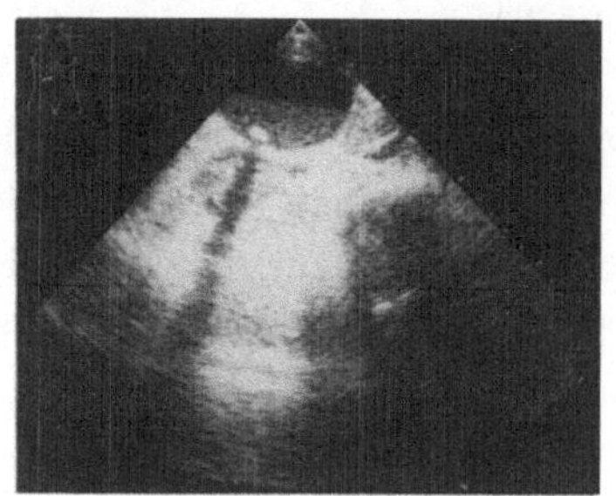

Abb. 2   Gallenblasensludge

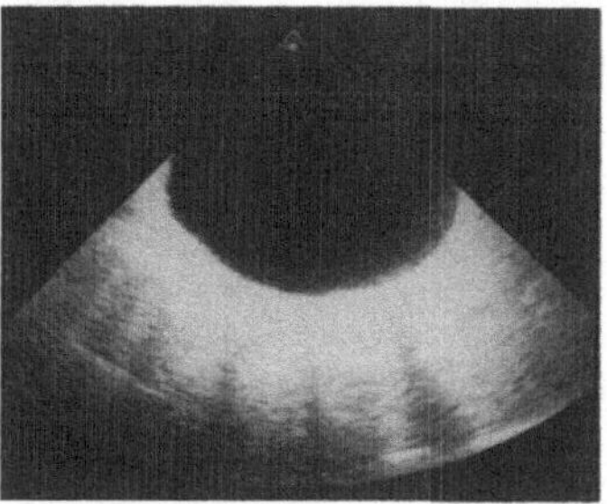

Abb. 3   Gallenblasenhydrops

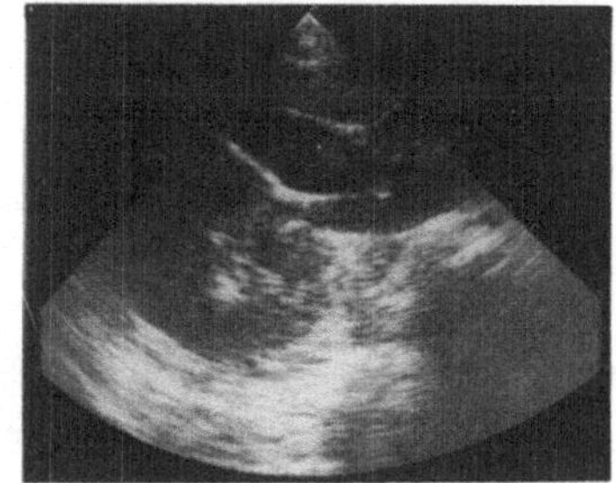

Abb. 4   unauffällige, physiologische
Gallenblase

Dabei beschreibt Merkmal 1 die Summe aller Pixel des Gallenblaseninhaltes, die Merkmale 2-10 geben die Summen aller äquidensitischen Pixel an. Die Merkmale 11-19 ergeben sich als Division der Summe aller 2-Nachbarschaften[1] äquidensitischer Pixels durch die Summe aller Pixels desselben Äquidensiten und stellen damit ein Maß für die Homogenität der Äquidensiten dar.

---

[1] 2-Nachbarn zu dem Pixel (x,y) sind die Pixel (x+1,y) und (x,y+1).

$$H = \frac{N_H + N_V}{P_{ges}} \qquad \text{mit} \quad 0 \leq H < 2$$

H	:	Homogenität der Pixels mit dem Äquidensiten X
N_H	:	Anzahl der horizontalen Nachbarschaften zwischen Pixels mit dem Äquidensiten X
N_V	:	Anzahl der vertikalen Nachbarschaften zwischen Pixels mit dem Äquidensiten X
P_{ges}	:	Anzahl aller Pixels mit dem Äquidensiten X

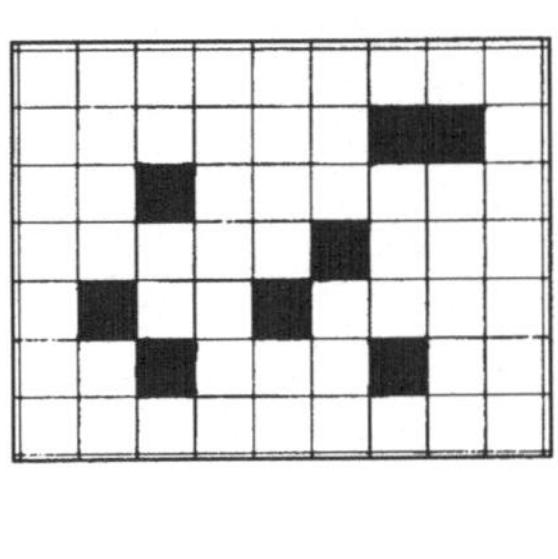

$$H = \frac{1 + 0}{8} = 0.13$$

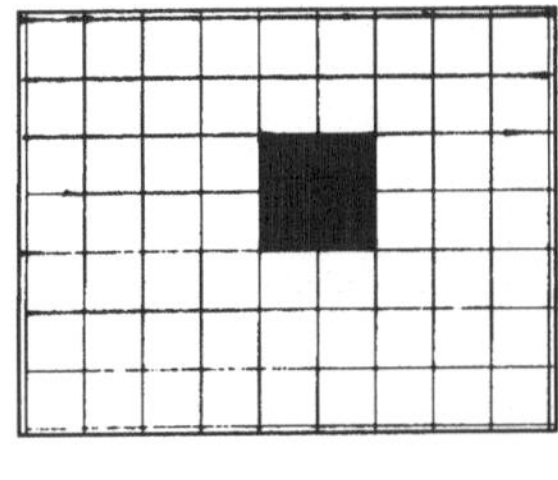

$$H = \frac{2 + 2}{4} = 1.00$$

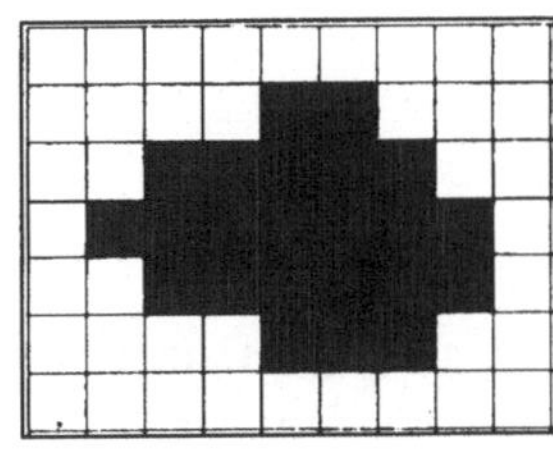

$$H = \frac{18 + 16}{23} = 1.4$$

Abb. 5 - 7   Beispiele zur Berechnung der Homogenität

Die solchermaßen ermittelten 90 Muster werden in 2 randomisierte Stichproben à 45 Bilder unterteilt. Mittels der Lernstichprobe wird der betreffende Klassifikationsalgorithmus trainiert, über die Teststichprobe eine Fehlerratenschätzung vorgenommen (Hold-out-Methode). Die Klassifikationsrate ergibt sich als Division der Zahl richtig klassierter Muster durch die Gesamtzahl der klassifizierten Muster. Eine zweite Klassifikation mit vertauschten Stichproben erhöht die Aussagekraft. Die Leistung einer Klassifikationsstrategie wird letztlich als arithmetisches Mittel beider Klassifikationsraten beschrieben.

Neben den bekannten Klassifikationsalgorithmen von *Nächster-Nachbar-Methode* und *linearer Diskriminanzanalyse* wurden konnektionistische Systeme und Fuzzy-Logik zur Mustererkennung eingesetzt.

Neuronale Netze sind der Versuch, Erkenntnisse aus der Neurophysiologie des Gehirns für KI-Aufgaben nutzbar zu machen. Derzeit gibt es über 25 verschiedene Netzwerktypen, in denen nervenzellähnliche Prozessorelemente (PEs) zusammengeschlossen sind. Das leistungsstärkste und zugleich populärste unter ihnen ist das 1985 von Rumelhart und Hinton (12) entwickelte *Backpropagation-Netzwerk*. Es besteht aus drei Nervenzellschichten: einer Eingabeschicht für die sensorischen Signale, einer oder mehreren verdeckten Schichten für "Zwischenergebnisse" und einer Ausgabeschicht für das Klassierungsergebnis.

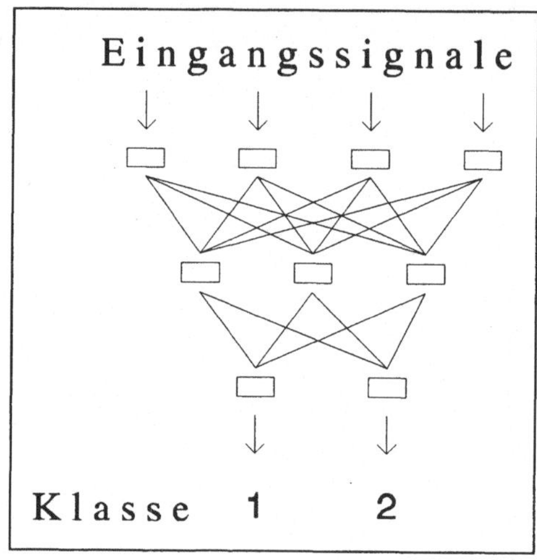

Abb. 8   Backpropagation - Netzwerk

Aufgabe jedes PEs ist es, alle seiner Eingänge durch Multiplikation mit sogenannten "*weights*" zu gewichten, aufzusummieren, eine "Transfer-Funktion" auf die Summe anzuwenden und bei "vollständiger Verknüpfung" den so errechneten Output an alle PEs der Folgeschicht weiterzuleiten. Jedes PE der Ausgabeschicht repräsentiert eine mögliche Klassenzugehörigkeit. Ein Eingangssignal wird nach dem Ausgabeelement mit dem höchsten Output klassiert. In einer Lernphase mit Mustern bekannter Klassenzugehörigkeiten werden die Differenzen zwischen Ist- und Sollwerten der Ausgabeelemente als Fehler ermittelt und für eine Optimierung der *weights* genutzt. Das Lernen erfolgt damit über eine iterative Einstellung der Gewichte. Die Leistungsfähigkeit konnektionistischer Systeme wird gut durch ein Verteidigungsprojekt der Firma Allied-Signal illustriert, bei dem Unterwasserziele aufgrund der von ihnen reflektierten Sonarsignale erkannt werden sollten. Nach einer nur dreistündigen Trainingszeit übertraf die Leistung des Netzwerks die Fähigkeiten von Menschen und eines konventionellen Computerprogramms, dessen Ausarbeitung mehr als zehn Monate gedauert hatte (1).

Die *selbstorganisierende topographische Merkmalskarte nach Kohonen* besteht aus einem zweischichtigen neuronalen Netzwerk, dessen Ausgabeneuronen in einem quadratischen Gitter positioniert sind. Diese PEs sollen während der Lernphase ihre Empfindlichkeit auf Eingangssignale so aufeinander abstimmen können, daß ihr Ansprechverhalten auf Signalmerkmale aus der Eingabeschicht in gesetzmäßiger Weise mit ihrem Ort in der Ausgabeschicht variiert. Die Outputschicht wirkt dann als topographische Merkmalskarte, wenn die Lage der am stärksten erregten Neuronen in gesetzmäßiger und stetiger Weise mit einigen wenigen, wichtigen Signalmerkmalen korreliert ist. Benachbarten Erregungsorten in der Ausgabeschicht entsprechen dann Eingabemuster mit ähnlichen Merkmalen. Den Erfahrungen von Bertsch und Dengler zufolge können damit im Vergleich zur linearen Diskriminanzanalyse gute Ergebnisse erzielt werden (2).

Fuzzy-Logik ist eine Systemkonfigurationsmethodik, die der menschlichen Logik und Ausdrucksweise sehr nahe kommt. Im Gegensatz zur Booleschen Algebra gibt es nicht nur falsch und wahr, 0 und 1, sondern eine Vielzahl anderer Beschreibungen: wenig wahrscheinlich (0.2), ziemlich sicher (0.9) usw.. Ähnliches gilt für die Verknüpfungsoperatoren und Fuzzy-Regeln, ein Beispiel: "WENN eine Gallenblase recht groß ist UND weitgehend echoarm ist, DANN ist dies ein ziemlich sicherer Hinweis auf einen Gallenblasenhydrops." Bei der Fuzzy-Klassifikation erfolgt zunächst eine Transformation der Merkmalsvektoren in linguistische Variablen (Fuzzifikation), danach Berechnungen mittels empirisch gefundener Fuzzy-Regeln und schließlich eine Konkretisierung des Ergebnisses mit Angabe der Klassenzugehörigkeit (Defuzzifikation).

Ergebnisse

Klassifikations-Algorithmus	Klassifikationsrate
Nächster-Nachbar-Methode	64.4 %
lineare Diskriminanzanalyse mit Jackknife	96.7 %
Backpropagation-Netzwerk	98.9 %
selbstorganisierende Kohonen-Karte	86.7 %
Fuzzy-Logik *	89/90

* Dieses Ergebnis darf nicht vorbehaltlos mit den Hold-out-Schätzungen der vorhergehenden Klassifikations-Algorithmen verglichen werden, da die Bildung der Fuzzy-Regeln auf der Kenntnis aller 90 Sonogramme beruht.

Diskussion

Bei der Beurteilung der Ergebnisse gilt es zu berücksichtigen, daß die verwendeten Merkmalsätze für die NN-Klassifikation wie für die LDA jeweils optimiert wurden, für die neuronalen Netze aber der Merkmalsatz der LDA aus Gründen der leichteren Vergleichbarkeit übernommen wurde.

Die NN-Klassifikation (64.4%) als Standardmethode (3) mag ein guter, weil v.a. einfach zu berechnender Algorithmus sein. Für die Klassifikation der Sonogramme hat sie sich als vergleichsweise wenig hilfreich erwiesen.

Die selbstorganisierende Karte nach Kohonen (86,7%) zeigt ein respektables Ergebnis, kann jedoch den Erwartungen von Bertsch und Dengler (2) nicht gerecht werden.

Die beiden Verfahren, die eine erstaunlich hohe Klassifikationsrate erzielten, sind die lineare Diskriminanzanalyse mit Jackknife (96.7%) und das Backpropagation-Netzwerk (98.9%). Sicherlich wäre es voreilig, aus dem etwas besseren Klassifikationsergebnis für Backpropagation zu schließen, daß konnektionistische Systeme den konventionellen Rechenansätzen überlegen seien. Meine Arbeit zeigt jedoch, daß letztere mit dem neueren Konnektionismus eine ernstzunehmende Konkurrenz bekommen haben. Dabei fällt auf, daß die LDA trotz optimalem Merkmalset große Mühe mit der Klassifikation von Gallenblasenhydrops und unauffälligen Gallenblasen hat. Es kommt also bei solchen Musterklassen zu Fehlinterpretationen, deren Klassifikation für den Menschen keine Herausforderung darstellt. Bei gleichem Merkmalsatz erkennt Backpropagation alle Muster dieser beiden Klassen, fehlinterpretiert dafür aber eine sedimentgefüllte Gallenblase als steinhaltig, eine auch für den Menschen wesentlich diffizilere Aufgabe. Demnach ließe sich Backpropagation-Netzwerken eher ein "Klassieren nach Menschenart" zuschreiben.

Konnektionistische Modelle haben indessen die Forschungsphase verlassen (4) und werden bereits erfolgreich für radiologische Fragestellungen in Kernspin- und Computertomographie (10), Thoraxröntgen (9) sowie Ultrasonographie (7) eingesetzt. Die modernen Parallelrechnersysteme lassen sich erst durch neuronale Netze optimal nutzen. Die Aachener Parsytec bietet heute massiv parallele Supercomputer mit über 16000 Prozessoren und einer Gesamtleistung von 400 GFlops[2] an (11). Analoge Neuro-Chips versprechen nochmals um den Faktor 1000 schnellere Rechengeschwindigkeiten (5). Somit stellt auch die Rechenzeit kein Hindernis für den Einsatz konnektionistischer Systeme dar.

Ein mit 98.9% richtig klassierter Sonogramme ebenfalls hervorragendes, jedoch mit den vorangegangenen Algorithmen nicht direkt vergleichbares Ergebnis liefert die regelbasierte Fuzzy-Logik. Für sie gilt die Grundregel: Was der Mensch nicht erkennen kann, das kann auch kein Fuzzy-System. *Ein Neuronales Netz hingegen kann relevante Abhängigkeiten und Einflußgrößen bei geschicktem Training und Design **selbständig** erkennen. Daher kann es eventuell Zusammenhänge herauskristallisieren und bei der Prognose verwenden, die zuvor noch niemand berücksichtigt hat* (13). Beide Ansätze lassen sich auch vorteilhaft kombinieren. So nutzt die Togai InfraLogic bereits neuronale Netze, um Fuzzy-Regeln zu generieren (14). Unseres Erachtens forciert insbesondere der Einsatz konnektionistischer Systeme - in Verbindung mit den verbesserten Hardware-Voraussetzungen - die Entwicklung einer neuen Generation computergestützter Mustererkennung. Die Medizin sollte nicht versäumen, sich dieses enorme Potential im interdisziplinären Verbund nutzbar zu machen.

---

[2] 1 GigaFlop heißt 1 Milliarde Fließkommaberechnungen pro Sekunde. Zum Vergleich: Der Cray-2 als bislang schnellster klassischer Vektor-Superrechner kommt auf eine Leistung von rund 2 GFlops.

<u>Literatur</u>

1 *Allman, W. F.:* Menschliches Denken - Künstliche Intelligenz. Droemer Knaur, München 1990
2 *Bertsch, H. und Dengler, J.:* Klassifizierung und Segmentierung medizinischer Bilder mit Hilfe der selbstlernenden topologischen Karte. Springer Informatik Fachberichte 149 (1987) 166-70
3 *Coomans, D. et al:* Potential Methods in Pattern Recognition Part 1. Classification Aspects of the Supervised Method ALLOC. Analytica Chimica Acta 133 (1981) 215-24
4 *Dorffner, G. (Hrsg.):* Konnektionismus in Artifcial Intelligence und Kognitionsforschung. 6. Österreichische Artificial-Intelligence-Tagung (KONNAI). Springer, Berlin u.a. 1990
5 *Geiger, H.:* Neuronale Netzmodelle - Wettstreit zwischen Biologie und Physik. Elektronik 25 (1990) 66-74
6 *Julesz, B.:* Experiments in the Visual Perception of Texture. Scientific American 4 (1975) 34-43
7 *Magnisalis, X. und Strintzis, M. G.:* A Neural Network for Ultrasound Image Lesion Recognition. In: *Lembke, H. U. et al (Hrsg.):* Computer Assisted Radiology. Springer, Berlin u.a. 1991
8 *Needleman, L.:* Sonography of diffuse benign liver disease: accuracy of pattern recognition and grading. American Journal of Roentgenology 146 (1986) 1011-5
9 *Penedo, M. G. et al:* A Multilayered Neural Network for the Recognition of Lung Nodules on Digital Chest Radiographs. In: *Lembke, H. U. et al (Hrsg.):* Computer Assisted Radiology. Springer, Berlin u.a. 1991
10 *Poli, R. et al:* A Neural Network Approach to MR and CT Image Understanding. In: *Lembke, H. U. et al (Hrsg.):* Computer Assisted Radiology. Springer, Berlin u.a. 1991
11 *Rose, B.:* Supercomputing scheinbar grenzenlos. VDI nachrichten 29 (1991) 13
12 *Rumelhart, D. E., Hinton, G. E. und Williams, R. J.:* Learning Representations by Back-Propagating Errors. Nature 323 (1986) 533-6
13 *Schöneburg, E., Hansen, N. und Gawelczyk, A.:* Neuronale Netzwerke. Markt und Technik, Haar bei München 1990
14 *Trautzl, G.:* Mit Fuzzy-Logik näher zur Natur? Elekronik 26 (1991) 50-7

Neuronale Netze zur Segmentierung und Clusterung von bio-magnetischen Signalen

Martin F. Schlang[1], Volker Tresp
Siemens AG, Zentralbereich Forschung und Entwicklung
Otto-Hahn-Ring 6, W-8000 München 83

Klaus Abraham-Fuchs, Wolfgang Härer
Siemens AG, Bereich Medizintechnik
W-8520 Erlangen

P. Weismüller
Kardiologisches Institut der Univ. Ulm
W-7900 Ulm

Inhalt

Bei der Messung von biomagnetischen Signalen fallen dank modernen, vielkanaligen Sensorarrays große Mengen an gemessenen Daten an. Am Beispiel von Magnetokardiogrammen wird gezeigt, wie diese Datenmengen mit Hilfe von neuronalen Algorithmen automatisch segmentiert und geclustert werden können. Selbstorganisierende Karten sind hierfür aufgrund der statistischen Zusammensetzung der Meßwerte nicht geeignet. Deshalb wird mit Hilfe eines speziellen neuronalen Netzes eine Datenkompression durchgeführt. In der Trainingsphase wird ein sehr schneller Lernalgorithmus verwendet, der konventionellen Verfahren bezüglich Rechenzeit deutlich überlegen ist. In Verbindung mit einem hierarchischen Clusterverfahren wurde an Hand von 2000 Herzschlagzyklen von vier verschiedenen Patienten eine Erkennungssicherheit von 100 % gemessen.

1. Einleitung

Innerhalb des menschlichen Körpers werden Reize in den Nervenbahnen durch elektrische Ströme übertragen. Diese Ströme induzieren ein Magnetfeld, das auch außerhalb des Körpers nachweisbar ist. Mit hochempfindlichen Magnetometern, sogenannten SQUIDs (Superconducting Quantum Interference Devices), können diese auserordentlich kleinen Magnetfelder, die der menschliche Körper aussendet, passiv gemessen werden. Die Felder sind um 6 bis 8 Größenordnungen kleiner als das Erdmagnetfeld. Mit dem KRENI-KON[2] /SHR 90/, einem Meßgerät für biomagnetische Signale, das sich bereits im klinischen Einsatz befindet, lassen sich die vom Menschen emitierten Magnetfelder an bis zu 37 verschiedenen Aufpunkten gleichzeitig messen. Durch die große Anzahl an Meßaufnehmern und hohe Abtastraten im Kiloherzbereich ergibt sich eine sehr große Menge an gemessenen Daten.

Diese Arbeit zeigt, wie mit Hilfe von neuronalen Netzen diese Datenflut beherrscht werden kann. Beispielhaft werden hier gemessene Signale von krankhaften menschlichen Herzen verwendet (Magnetokardiogramm MKG). Diese Signale zeichnen sich dadurch aus, daß sie neben normalen Herzschlägen auch pathologische, sogenannte Extrasystolen, beinhalten.

Das hier vorgestellte Verfahren soll den Arzt bei der Auswertung von gemessenen Daten unterstützen, indem es die Meßwerte entsprechend aufbereitet /STA 92/. Es ist kein Algorithmus, der automatisch eine Diagnose erzeugt. Vielmehr soll der Arzt bei der Erstellung seiner Diagnose so weit wie möglich von einer zeitaufwendigen Segmentierung und Clusterung entlastet werden.

A priori liegt keine Information über den Signalverlauf, den Zeitpunkt und die Häufigkeit der Extrasystolen vor. Deshalb werden hier neuronale Netze verwendet, die sich mit unüberwachten Trainingsverfahren trainieren lassen. Der Algorithmus analysiert zunächst alle Herzschläge und sortiert sie anschließend entsprechend ihrer Ähnlichkeit in einzelne Cluster (Schubladen). Der Arzt erhält dann als Ergebnis die

---

1. Tel.: +49/89/636-49408, FAX: +49/89/636/2329, e-mail: ms@leonce.zfe.siemens.de
2. KRENIKON ist ein registriertes Warenzeichen der Siemens AG

Anzahl und die zeitliche Lage der Herzschläge in den einzelnen Clustern. Des weiteren wird für jedes Cluster ein typischer Repräsentant berechnet, anhand dessen der Arzt seinen Befund erstellen kann.

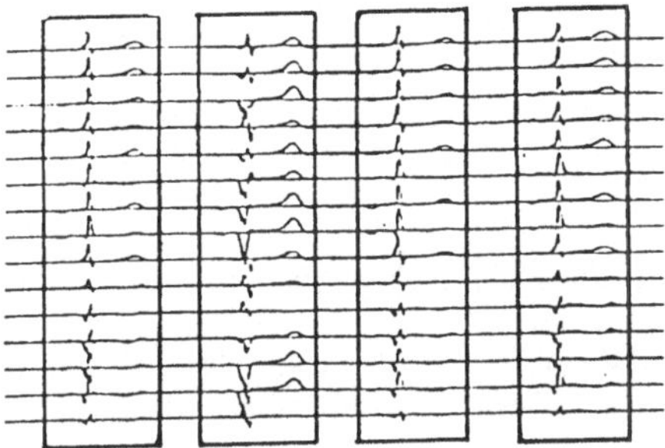

Abb. 1: Das zeitabhängige MKG-Signal wird in einzelne Muster (Patterns) segmentiert: jedes Rechteck entspricht einem Muster mit 150*30 Abtastwerten.

2. Vorverarbeitung

Bevor die gemessen Daten von einem neuronalen Netz bearbeitet werden, erfolgt eine konventionelle Vorverarbeitung. So kann problemlos Vorwissen über die gemessenen Signale eingearbeitet werden. Durch eine Senkung der Abtastrate auf 250 Hz werden die Daten von der für die Clusterung vorhandenen Redundanz befreit. Im Anschluß erfolgt eine Unterdrückung von niederfrequenten Artefakten wie Nullinienschwankungen durch eine Hochpaßfilterung. Aufgrund der rhythmischen Aktivität des Herzens lassen sich die Herzschläge mit Hilfe eines konventionellen Algorithmus zur Detektion von QRS-Komplexen /HT 86/ in einzelne Muster segmentieren (Abb. 1). Dieser Algorithmus berücksichtigt empirisches Vorwissen über die Eigenschaften von QRS-Komplexen. In der vorliegenden Anwendung ließen sich sicherlich auch einfachere Verfahren wie z.B. ein Schwellwertkriterium für die Amplitude des zugehörigen Elektrokardiogrammes bzw. seiner Ableitung verwenden.

3. Selbstorganisierende Karten

Da das Training eines Netzwerkes aus den oben angegebenen Gründen unüberwacht durchgeführt werden muß, bietet sich als Lösung der gestellten Aufgabe eine selbstorganisierende Karte nach Kohonen /Koh 84/ an. Im allgemeinen kommen in einem Datensatz nicht mehr als fünf verschiedene Klassen von Herzschlägen vor. Deshalb wurde als topographische Karte ein eindimensionaler Vektor verwendet, der zehn Elemente besitzt. Eine höhere Dimensionalität ist wegen der geringen Anzahl an zu bildenden Clustern nicht sinnvoll.
Durch manuelle Optimierung der freien Parameter kann verhindert werden, daß der Trainingsalgorithmus in ein lokales Minimum konvergiert. Dennoch werden selten auftretende Muster in der trainierten Karte nicht repräsentiert: Entweder werden viele Variationen der häufig auftretenden Muster gelernt oder manche Elemente der Karte nur unzureichend trainiert. In dem zu clusternden Datensatz finden sich jedoch auch Muster, die eine sehr geringe Auftrittswahrscheinlichkeit haben. Sie werden in der Karte somit nur unzureichend repräsentiert. Deshalb wurde die Clusterung mit Hilfe eines neuronalen Gases /MS 91/ versucht. Da für die gestellte Aufgabe eine lokale Repräsentation der Merkmalskarte nicht benötigt wird, wurde auf die Berechnung derselben verzichtet.

Obwohl die Reduktion der Dimensionalität durch das neuronale Gas deutlich geringer ist (von 150 Dimensionen auf 10) als bei einer zweidimensionalen Karte nach Kohonen, zeigt sich am austrainierten Netzwerk dasselbe Problem: In den Trainingsdaten selten auftretende Muster werden vom Algorithmus nicht gelernt. Der Grund hierfür ist also nicht in einem zu großen Kompressionsfaktor zu suchen. Vielmehr wird beim Training des Netzwerkes mit N Mustern der Erwartungswert $E(w)$ des quadratischen Fehlers minimi-

$$E(w) = \sum_{i=1}^{N} P(v_i) \| v_i - w_{nv_i} \|^2$$

ert /DHS 91/. $P(v_i)$ ist die Auftrittswahrscheinlichkeit des i-ten Musters v_i und w_{nvi} ist der v_i am nächsten liegende Gewichtsvektor des Netzwerkes.

Wenn nun einzelne Muster sehr selten auftreten, $P(v_i)$ also sehr klein ist, so werden diese Muster nur mit geringer Gewichtung in $E(w)$ eingehen. Deshalb wird für diese Muster w_{nvi} nur selten und damit nur sehr schwach adaptiert.

Versuchsweise wurde deshalb $P(v_i)$ für selten auftretende Muster erhöht. Die Modifikation der Auftrittswahrscheinlichkeit durch häufigeres Trainieren von sehr seltenen Mustern führt zu der gewünschten Repräsentation dieser Muster in der Merkmalskarte. Nur ist eine solche Modifikation in realen Anwendungen natürlich nicht praktikabel, da diese Muster ja nicht bekannt sind.

4. Zweistufiges Verfahren

Die Clusterung der Extrasystolen mit Hilfe von selbstorganisierenden Karten führt hier nicht zum gewünschten Erfolg. Deshalb wird ein Verfahren vorgestellt, das zunächst mit Hilfe eines neuronalen Netzwerkes eine Datenreduktion durchführt. Anschließend folgt die Aufteilung der komprimierten Daten in einzelne Cluster.

4.1 Datenkompression mit neuronalem Netz

Die Datenkompression erfolgt mit einem sogenannten Flaschenhalsnetzwerk /HKP 91/. Es ist ein zweischichtiges Netz mit gleich vielen Eingangs- und Ausgangsknoten (Abb. 2). Jeder dieser Knoten entspricht einem Abtastwert der gemessenen und vorverarbeiteten biomagnetischen Signale. Die Anzahl der Knoten in der versteckten Schicht ist relativ klein. Das Netzwerk wird nun dergestalt trainiert, daß am Eingang und Ausgang jeweils dasselbe Muster angelegt wird. Somit lernen die versteckten Knoten eine Optimalkodierung der Trainingsdaten. Der Encoder wird dabei von den Gewichten zwischen den Eingangsneuronen und den verdeckten, der Decoder von den Gewichten zwischen verdeckten und den Ausgangsneuronen gebildet. Der Kompressionsfaktor des Netzwerkes ergibt sich aus dem Verhältnis der Anzahl Eingangs- zu versteckten Neuronen.

Das Netzwerk kann durch normale "Error-Backpropagation" trainiert werden. Für die Datenkompression wird aber nur der Encoderteil benötigt. Somit ist es wenig effektiv, alle Gewichte des Netzwerkes zu trainieren.

Die zu verarbeitenden Daten unterliegen aufgrund ihrer biologischen Herkunft und des verwendeten Aufnahmegerätes sehr starken Schwankungen. Deshalb muß das Kompressionsnetzwerk für jede Messung neu trainiert werden. Im Regelfall ist somit die Anzahl der Gewichte des Netzwerkes größer als die der zum Training vorhandenen Muster.

Werden für die Übertragungsfunktionen der Neuronen nichtlineare Funktionen verwendet, so lernt das Netzwerk die Daten nur unzureichend. Dies zeigt Abb. 3 für ein Netzwerk mit drei Neuronen in der verdeckten Schicht. Dabei wurde das Netzwerk mit nur einem Kanal des MKG trainiert. Links sind die Gewichtsvektoren des Encoders, rechts diejenigen des Dekoders dargestellt. Für den Decoder wurden in diesem Beispiel lineare Neuronen verwendet. Der Netzausgang wird damit aus einer Linearkombination

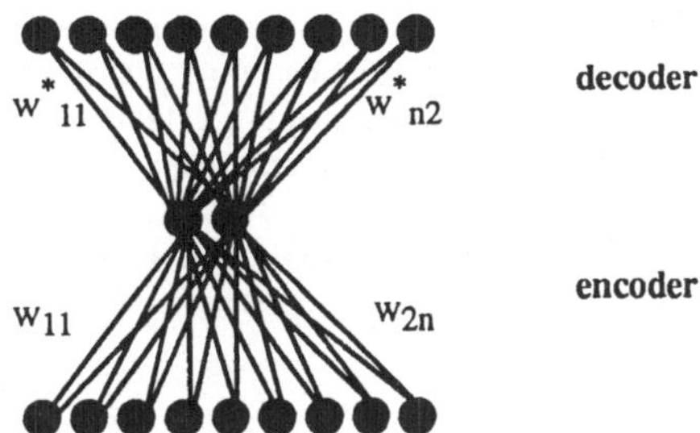

Abb. 2: Ein zweischichtiges Flaschenhalsnetzwerk zur Datenkompression.

der einzelnen Gewichtsvektoren gebildet. Jeder dieser Vektoren (in Abb. 3 rechts) beinhaltet eine typische Klasse des Eingangssignales. Die Neuronen im Encoder, also diejenigen in der verdeckten Schicht, haben in diesem Beispiel nichtlineare Übertragungsfunktionen (Sigmoide). Die zugehörigen Gewichtsvektoren sind in Abb. 3 links abgebildet. Sie zeigen im Gegensatz zu denjenigen des (linearen) Dekoders eine wesentlich stärker rauschartige Struktur. Der Grund hierfür liegt zum einen an dem sehr kleinen Verhältnis von Trainingsbeispielen zu Gewichten, zum anderen geben die verwendeten Nichtlinearitäten dem Netzwerk einen entsprechend höheren Freiheitsgrad bei der Festlegung der Gewichte.

Abb. 3: Gewichtsvektoren für nichtlineare Neuronen im Encoder und lineare Neuronen im Decoder.

Ähnliche Eigenschaften wie die in Abb. 3 rechts gezeigten Gewichtsvektoren weisen die Eingangsgewichte auf, wenn die Neuronen des Encoders lineare Übertragungsfunktionen erhalten. In diesem Fall kann gezeigt werden, daß der Encoder eine "singular value decomposition" (SVD) der Daten durchführt. Diese Zerlegung läßt sich aber mit Hilfe von neuronalen Algorithmen wesentlich schneller berechnen als mit konventionellen. Hier wird eine modifizierte Hebb'sche Lernregel verwendet /San 89/.

$$\Delta w_{ij} = \eta O_i \left(\zeta_j - \sum_{k=1}^{i} O_k w_{kj} \right)$$

Die Gewichtsvektoren w_{ij} werden, mit dem Lernfaktor η gewichtet, in Richtung des zu trainierenden Patterns ζ_j adaptiert. Zusätzlich sorgt der in der Summe gebildete Dämpfungsterm dafür, daß das trainierte Netzwerk einen Eingangsvektor ζ_j am Ausgang O_i auf den Raum der ersten N principal components projeziert. N entspricht der Anzahl der Ausgangsknoten des Encoders und kann der Komplexität der Daten entsprechend festgelegt werden.

Bei vielen konventionellen Verfahren müssen grundsätzlich alle Singulärwerte berechnet werden. Im Gegensatz dazu können mit dem neuronalen Algorithmus auch nur eine begrenzte Anzahl der wichtigsten Singulärwerte berechnet werden. Außerdem kann in der vorliegenden Anwendung das Training bereits nach 5 bis 10 maligem Anbieten des kompletten Datensatzes abgebrochen werden. Besonders aber die hohe Dimensionalität des Eingangsraumes macht das neuronale Netz bezüglich Rechenaufwand den konventionellen Verfahren deutlich überlegen.

In Abb. 4 ist die Aktivität der verdeckten Knoten eines trainierten Netzwerkes und damit das Ergebnis einer Datenkompression auf zwei Dimensionen ($N=2$) dargestellt. Die örtliche Lage jedes Patterns wurde durch seine Identitätsnummer im Diagramm eingezeichnet. Insgesamt befanden sich in dem für dieses Experiment verwendeten Datensatz nur 78 Herzschläge.

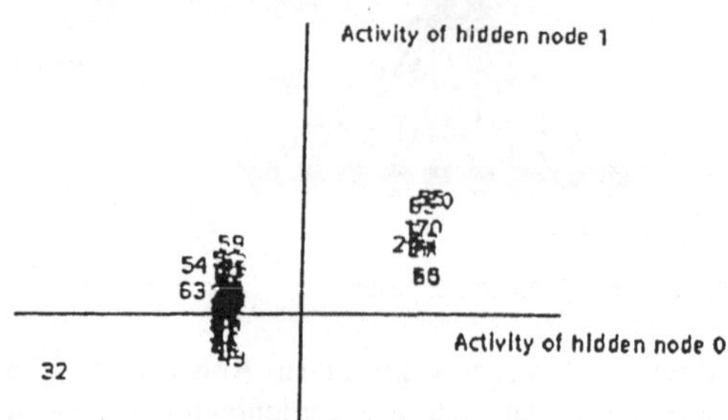

Abb. 4: Die Verteilung der einzelnen Patterns im zweidimensionalen Merkmalsraum.

4.2 Clusterung

Im nächsten Schritt werden die dimensionsreduzierten Daten in einzelne Cluster zusammengefaßt. Bei Versuchen mit k-means Clusterverfahren ergab sich, daß, ähnlich wie bei den selbstorganisierenden Netzen, vereinzelt oder selten auftretende Muster keiner eigenen Klasse zugewiesen wurden. Dank des least-mean-squares Kriteriums werden solche Muster anderen Klassen zugeordnet und dafür Cluster mit vielen Elementen in mehrere kleinere aufgesplittet.

Deshalb wird hier ein hierarchisches Clusterverfahren, ein Tree-Verfahren mit der L_2 Norm als Abstandsmaß, verwendet. Im ersten Schritt wird jedem der N Muster ein eigenes Cluster zugewiesen. Dann werden sämtliche (N^2 - N) / 2 Abstände zwischen den Clustern berechnet und in eine Abstandsmatrix eingetragen. Im Anschluß werden sukzessive die beiden Cluster mit dem minimalen Abstand zueinander zusammengefaßt. Beim Verschmelzen müssen keine neuen Abstände mehr berechnet werden. Vielmehr werden in der Abstandsmatrix die zu den beiden Clustern zugehörigen Zeilen bzw. Spalten durch jeweils eine neue ersetzt. Darin steht dann jeweils elementeweise das Minimum der zugehörigen ersetzten Matrixelemente. Als Abbruchkriterium kann zu Beginn eine feste Anzahl von Clustern vorgegeben werden, bei denen der Algorithmus stoppt. Soll die Anzahl der resultierenden Cluster jedoch abhängig von den Eingangsdaten festgelegt werden, so kann das Verfahren auch dann abgebrochen werden, wenn der minimale Abstand der sich am nächsten stehenden Cluster einen fest eingestellten Schwellwert unterschreitet.

5. Evaluierung

Anhand von acht verschiedenen gemessenen und von Experten durchgesehenen Datensätzen von vier Patienten wurde das Verfahren überprüft. Die Dauer der einzelnen Messungen betrug durchschnittlich fünf Minuten. Durchweg alle in diesen Daten vorhandenen Extrasystolen wurden in eigene Cluster eingetragen. Somit kann für diese Daten eine Erkennungssicherheit von 100 % gewährleistet werden. Werden bei der Vorverarbeitung einzelne Herzschläge nicht genau segmentiert, so werden diese Schläge eigenen Clustern zugeordnet. Die Datenreduktion mit Hilfe des neuronalen Netzes und die anschließende Clusterung kann von einer RISC Workstation nahezu in Echtzeit bewältigt werden.

6. Schlußfolgerungen

Der direkte Weg zur Erkennung von Events in biomedizinischen Datensätzen wäre eine direkte Klassifikation dieser Ereignisse. Hierfür müßten aber entweder die Regeln aus der Medizin bekannt sein, wie solche Events zusammengesetzt sind, oder eine große Menge an Trainingsdaten müßte für das Training eines Klassifikators in etikettierter Form vorliegen.
Deshalb wird hier ein Verfahren vorgeschlagen, das mit unüberwachtem Training arbeitet. Aufgrund der a priori nicht bekannten Statistik der Eingangssignale eignen sich aber selbstorganisierende Karten zur Datenreduktion und Clusterung der Daten nicht. Besser geeignet ist ein zweistufiges Verfahren, das aus einer Datenreduktion mit Hilfe eines neuronalen Netzwerkes und anschließender Clusterung besteht.
Dank der besonderen Architektur und einer geeigneten Lernregel ist das Training des Netzwerkes deutlich schneller als konventionelle Verfahren zur Datenreduktion. Die von Redundanz befreiten Daten werden durch ein hierarchisches Verfahren geclustert. Das hierarchische Verfahren ist bei selten auftretenden Mustern einem k-means Clusterverfahren überlegen. Eine spezielle Strategie bei der Verschmelzung der einzelnen Cluster macht die Anzahl der notwendigen Abstandberechnungen zur Clusterung minimal.

Literatur

/DHS 91/ Ritter, H.; Obermayer, K.; Schulten, K.; Rubner, J.: "Self-organizing Maps and Adaptive Filters" in Domany et al. (Eds.): "Models of Neural Networks", Springer Verlag, Heidelberg, 1991.

/HKP 91/ Herz, J.; Krogh, A.; Palmer, R.G.: "Introduction to the Theory of Neural Computation", Addison Wesley, Redwood City, 1991.

/HT 86/ Hamilton, P.S.; Tompkins, W.J.: "Quantitative Investigation of QRS-Detection-Rules Using the MIT/BIH Arrhytmia Database", IEEE Trans. Biom. Eng. 33, No.12, Dec.1986.

/Koh 84/ Kohonen, T.: "Self-Organization and Associative Memory", Springer Series in Information Sciences 8, Heidelberg, 1984.

/MS 91/ Martinetz, T.; Schulten, K.: "A "Neural-Gas" Network Learns Topologies", in Kohonen, T. et al. (Eds.): "Artifical neural networks", Elsevier, North-Holland, 1991.

/San 89/ Sanger, T.D.: "Optimal Unsupervised Learning in a Single-Layer Linear Feedforward Neural Network", Neural Networks 2, 459 - 473, 1989.

/STA 92/ Schlang, M.F.; Tresp, V.; Abraham-Fuchs, K.; Härer, W.; Weismüller, P.: "Neural Networks for Segmentation and Clustering of Biomagnetic Signals", to appear in Proc. IEEE Workshop on Neural Networks for Signal Processing, Copenhagen, 1992.

/SHR 90/ Schneider, S.; Hoenig, E.; Reichenberger, H.; Abraham-Fuchs, K.; Daalmans, G.; Moshage, W.; Oppelt, A.; Röhrlein, G. Stefan, H.; Vieth, J.; Weikl, A.; Wirth, A.:" A Multichannel Biomagnetic System for High Resolution Functional Studies of Brain and Heart", Radiology, Vol. 176, pp 825 - 830, 1990.

INTEGRATION OF DIGITAL IMAGE MATCHING AND MULTI IMAGE SHAPE FROM SHADING [*]

C. Heipke

Chair for Photogrammetry and Remote Sensing
Technical University Munich
Arcisstr. 21, D-8000 Munich 2, Germany
Tel: +49-89-2105 2671; Fax: +49-89-280 95 73; Telex: 522854 tumue d
E-mail: heipke@photo.verm.tu-muenchen.de

Abstract:

Classical shape from shading (SFS) is based on the analysis of the intensity values of a single digital image in order to derive three dimensional information of the depicted scene. It involves the orthographic projection for the transformation from object to image space and has been successfully applied to weakly textured images. In general the illumination conditions must be known, Lambertian reflection and constant albedo must be assumed for the object surface, and only surface slopes can be determined. Digital image matching on the other hand needs at least two images of the same scene, which must be well textured. Therefore, the two methods are complementary to each other, and a combined model should yield better results than any of the two separate ones.

In this paper a new global approach is presented integrating digital image matching and multi image SFS in object space. In a least squares adjustment the unknowns (geometric and radiometric parameters of the object surface) are estimated from the pixel intensity values and control information. The perspective projection is used for the transformation from object to image space.

The approach is investigated using synthetic images. The main results of this study are the following:
- Heights of a digital terrain model (DTM) or a digital surface model (DSM) instead of surface slopes can be calculated directly using multi image SFS alone or the combined approach (in this paper the term "DTM" stands for both, DTM and DSM).
- There is no need for conjugate points in the multi image SFS approach. This is especially important, since in weakly textured images the correspondence problem is extremely hard to solve due to the lack of large image intensity gradients.
- If variable albedo is present in parts of the object surface only the combined approach yields correct results. Multi image SFS and digital image matching alone fail in this case.

---

[*] Updated version of a paper published in the International Archives of Photogrammetry and Remote Sensing, Vol (29), Part 3, 1992.

1. Introduction

One of the main difficulties of digital photogrammetry presents the automatic measurement of image coordinates of conjugate points for the computation of object space coordinates. This problem is referred to as "digital image matching". It has been a focus of research for nearly thirty years. Early work goes back to Sharp et al. /1965/. During the years many algorithms have been suggested for this task. The state-of-the-art of digital image matching is the use of a global, multi image, object based approach incorporating a hierarchical procedure to provide initial values for the unknown parameters. While feature based matching is faster and seems to be more robust, least squares matching has been found to be more accurate. However, it can be observed, that all algorithms, regardless of their origin in detail, heavily rely on the presence of image texture. In the absence of sufficient image intensity gradients, every matching algorithm will fail to produce correct results.

The rarity of high resolution stereoscopic images of planetary surfaces as well as research in computer vision have prompted interest in developing algorithms for translating single digital images into three dimensional information of the object surface. These algorithms directly relate an image intensity value to the inclination of the corresponding surface patch relative to the direction of illumination. Such methods are called 'shape from shading' or 'photoclinometry' and have been pioneered by Rindfleisch /1966/ and Horn /1970/. While photoclinometry has been developed for astro-geological research and most applications deal with the reconstruction of planetary terrain profiles, SFS is a research direction within computer vision and focuses on the reconstruction of surfaces. Both methods are referred to together in this paper and are abbreviated with SFS. As a consequence of being extremely sensitive to changes in inclination, SFS can detect small terrain undulations that are far below the sensitivity of photogrammetry. On the other hand, SFS relies on the correctness of various assumptions concerning the illumination and the light reflection of the object surface. Furthermore, in classical SFS, only surface slopes instead of heights can be derived. A collection of papers on this topic and an excellent bibliography are contained in Horn, Brooks /1989/.

Since the requirements for digital imagery, in order to be used for digital image matching or for SFS, are more or less complementary to each other, a combination of the two methods should yield reliable results also in image regions, where one of the two methods employed independently fails. Such a combination was already suggested by Barnard, Fischler /1982/. It is also in line with the 'cooperative methods paradigm' of computer vision /McKeown 1991/, which basically states that the combined use of different methods for the same aim improves the results. In this context it is interesting to note that SFS also has its role in the human capability of depth perception. Following the work of Julesz /1971/ and Marr /1982/ it was commonly believed that humans rely only on image features, especially on zero crossings of the second derivative of the image intensity function, for binocular depth perception. Only recently it was shown that binocular SFS alone provides unambiguous depth clues as well /Mallot 1991/.

In this paper a new global approach is presented and investigated integrating digital image matching and multi image SFS in object space. In a least squares adjustment the unknowns (geometric and radiometric parameters of the object surface) are estimated from the pixel intensity values and control information. The perspective projection is used for the transformation from object to image space. Chapter 2 describes a simple model for the generation of a digital image. In chapter 3 a multi image object based least squares matching approach developed over the last years is shortly reviewed. Chapter 4 contains an introduction to SFS. In chapter 5 the integration of digital image matching and multi image SFS is presented. Experimental results using synthetic images are reported in chapter 6. In the last chapter conclusions and an outlook for further research are given.

2. A simple model for the generation of a digital image

In this chapter a model for the generation of a digital image taken with an optical sensor is shortly reviewed, since the resulting equations will be needed in the remaining part of the paper (see Horn /1986/ and Kraus, Schneider /1988/ for more details).

The image irradiance $E_i(x,y)$ at point $P'(x,y)$ in the image plane is formed by light reflected at a point $P(X,Y,Z)$ on the object surface. For this imaging process the well known camera equation (1) holds (for the following derivations see also figure 1):

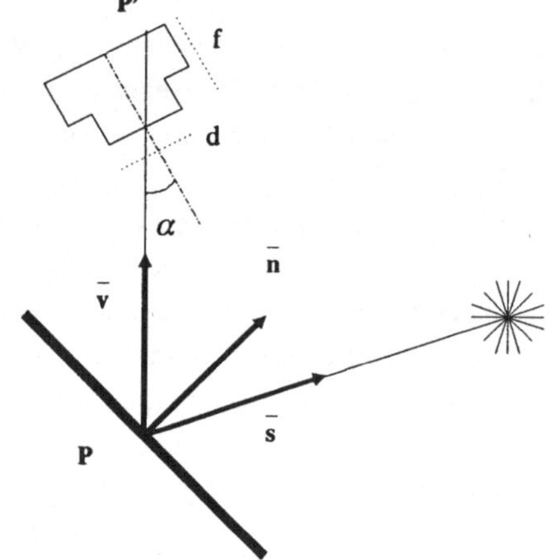

Figure 1: Generation of a digital image

$$E_i(x,y) = \frac{\pi}{4} \left(\frac{d}{f}\right)^2 \cos^4\alpha \; \tau \; L(X,Y)$$

(1)

x,y	image coordinates
X,Y,Z	object coordinates
$E_i(x,y)$	image irradiance
d	diameter of optical lens
f	focal length of optical lens
α	angle between optical axis and the ray through P and P'
τ	degree of atmospheric transmission (assumed constant)
$\bar{v}$	unit vector in the viewing direction at $P(X,Y,Z)$
$\bar{n}$	normal vector of the object surface at $P(X,Y,Z)$
$\bar{s}$	unit vector in the direction of illumination at $P(X,Y,Z)$
$L(X,Y)$	scene radiance in the viewing direction $\bar{v}$

In general, L depends on the illumination (number and size of light sources, direction and radiance of illumination) and on the properties of surface reflection, which in turn depend on the surface material, its microstructure, the existing moisture and other factors. The illumination properties can be expressed in terms of the scene irradiance $E_s(X,Y)$. The surface reflectance properties are normally expressed in the so called bidirectional reflectance distribution function (BRDF).

In this chapter for reasons of simplicity one distant point light source illuminating the object surface with constant radiance from the direction $\bar{s}$ is considered only, and hence E_s is a constant value for the whole scene. Also, the object surface is assumed to look equally bright from every viewing direction. This assumption is equivalent to Lambertian reflection, except that light absorption at the object surface is allowed here. The ratio between incoming and reflected radiant flux - a value between 0 and 1 - is called the albedo and is denoted by $\rho\,(X,Y)$. In this case L can be written as

$$L = \frac{1}{\pi}\,E_s\,\rho\,(X,Y)\,\frac{\bar{n}\,\bar{s}}{|\bar{n}|} \tag{2}$$

$\qquad E_s\,(X,Y)$ $\qquad\qquad\qquad\qquad$ scene irradiance

$\qquad \rho\,(X,Y)$ $\qquad\qquad\qquad\qquad$ albedo of the object surface

Combining equations (1) and (2) yields:

$$E_i\,(x,y) = \frac{\cos^4\alpha}{4}\,(\frac{d}{f})^2\,\tau\,E_s\,\rho\,(X,Y)\,\frac{\bar{n}\,\bar{s}}{|\bar{n}|} \tag{3}$$

In the sensor an image intensity value $g\,(x,y)$ - in general an integer value between 0 and 255 - is recorded rather than the image irradiance $E_i\,(x,y)$. $g\,(x,y)$ is proportional to $E_i\,(x,y)$:

$$g\,(x,y) = k\,E_i\,(x,y) \tag{4}$$

$\qquad g\,(x,y)$ $\qquad\qquad\qquad\qquad$ image intensity value at $P'\,(x,y)$

$\qquad k$ $\qquad\qquad\qquad\qquad\qquad$ rescaling constant

All constants of equations (3) and (4) can be combined with the albedo into the so called object intensity value $G\,(X,Y)$: [*]

$$G\,(X,Y) = k\,\frac{\cos^4\alpha}{4}\,(\frac{d}{f})^2\,\tau\,E_s\,\rho\,(X,Y) \tag{5}$$

$\qquad G\,(X,Y)$ $\qquad\qquad\qquad\qquad$ object intensity value at $P\,(X,Y,Z)$

Substituting equations (3) and (5) into (4) yields

$$g\,(x,y) = G\,(X,Y)\,\frac{\bar{n}\,\bar{s}}{|\bar{n}|}\; . \tag{6}$$

---

[*] α does vary from point to point in image space, but its influnce has become nearly insignificant due to improvements in the manufacturing of optical lenses. Therefore α can be combined with the constant values.

3. Digital image matching

The algorithms for digital image matching are usually classified into three groups:
- image matching using signal processing algorithms (also called area based image matching),
- feature based image matching,
- relational image matching.

In the first group a function of the intensity value differences between selected windows of the different images is minimized. The maximization of the well known cross correlation coefficient /Hannah 1989/ as well as the least squares matching algorithms /Förstner 1982; Grün 1985; Rosenholm 1986/ and phase shift methods /Ehlers 1983/ all belong to this first group. The algorithms of the second group search for predefined features (points, edges, lines, regions) independently in the images /Barnard, Thompson 1980/. Low level image processing algorithms are employed for the selection of the features. Based on the output of these algorithms a list of possibly corresponding features is established. This list still contains a number of gross errors and ambiguities and is thinned out using for instance robust estimation or dynamic programming. The famous zero-crossing algorithm /Marr, Poggio 1979/ is one of the most well known examples of this group, others can be found in Förstner /1986/ and Ackermann, Hahn /1991/. The third group consists of approaches which, besides the features mentioned above, use relations between these features ("parallel to", "to the right of", etc.; for more details see Shapiro, Haralick /1987/ and Boyer, Kak /1988/).

Following the line of thought of chapter 2, equation (6) can be employed to design an object based multi image matching algorithm. This algorithm has been developed as a generalization of the least squares matching methods in the last years /Ebner et al. 1987; Ebner, Heipke 1988/. Similar concepts have been published independently /Wrobel 1987; Helava 1988/. A detailed description of this matching algorithm and an evaluation using synthetic and real imagery can be found in Heipke /1990, 1991/. The outline of this algorithm is shortly reviewed here.

First, a geometric and a radiometric model in object space are introduced (see also figure 2). The geometric model consists of a grid DTM. The grid is defined in the XY-plane of the object surface with grid nodes X_k, Y_l and grid heights $Z(X_k, Y_l) = Z_{k,l}$. The mesh size depends on the roughness of the terrain. A height $Z(X, Y)$ at an arbitrary point is interpolated from the neighbouring grid heights, eg by bilinear interpolation. In the radiometric model object surface elements of constant size are defined within each grid mesh. The size is chosen approximately equal to the pixel size multiplied by the average image scale factor. An object intensity value $G(X, Y)$ is assigned to each object surface element. The centre P of each object surface element is projected into the different images using the well known collinearity equations /eg Kraus

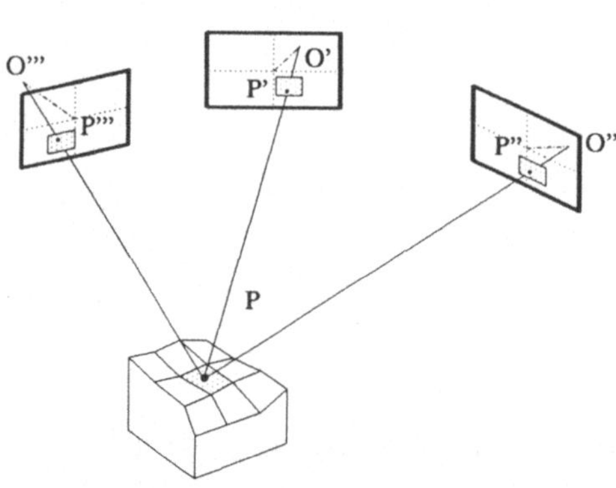

Figure 2: Transformation from object to image space

1982/. Subsequently image intensity values at the corresponding locations in pixel space can be resampled from the original pixel intensity values.

In the following, the grid heights $Z_{k,l}$, the parameters p for the exterior orientation of the images, and the object intensity values $G(X,Y)$ of the object surface elements are treated as unknowns. They are estimated directly from the observations $g(x,y)$ and control information in a least squares adjustment. Thus, $g(x,y)$ depends on $Z_{k,l}$ and on p. The surface normal vector $\bar{n}$ is a function of the object surface inclination, and therefore also a function of $Z_{k,l}$. The direction of illumination $\bar{s}$ is allowed to vary from image to image. For each object surface element, as many values $g(x,y)$ can be computed as there are images, and as many equations of the following type can be formulated (compare with equation (6)):

$$g_j(x_j(Z_{k,l},p_j),y_j(Z_{k,l},p_j)) = G(X,Y)\frac{\bar{n}(Z_{k,l})\,\bar{s}_j}{|\bar{n}(Z_{k,l})|} \quad ; \qquad j = 1,...,n \tag{7}$$

$$\begin{array}{ll}
g_j(x_j(Z_{k,l},p_j),y_j(Z_{k,l},p_j)) & \text{image intensity value, observation from image j} \\
j & \text{image index} \\
Z_{k,l} & \text{unknown grid heights used to interpolate } Z(X,Y) \\
p_j & \text{unknown parameters of exterior orientation of image j} \\
G(X,Y) & \text{unknown object intensity value} \\
\bar{n}(Z_{k,l}) & \text{vector in the direction of the object surface normal} \\
\bar{s}_j & \text{unit vector in the direction of illumination for image j} \\
n & \text{number of available images}
\end{array}$$

For one object surface element the object intensity value G, and thus the product of all values influencing G (see equation (5)), must remain constant. In order to partly overcome this limitation, as well as to compensate for surface reflectance properties different from the assumed model, a linear radiometric function accounting for brightness and contrast differences of the various images can be introduced. The resulting system of equations (7) is then completed by adding equations for control information with appropriate standard deviations and rewritten as a system of observation equations. In the most simple case the weight matrix for the intensity value observations is represented by the identity matrix. Since the observation equations are nonlinear in the unknowns, the solution of the least squares adjustment is found iteratively.

4. Shape from shading

Classical SFS refers to the problem of reconstructing the surface of an object, given a single digital image by relating the image intensity values directly to surface inclinations relative to the direction of illumination. These inclinations are then integrated to produce a geometric model of the object surface. For the transformation from object to image space the orthographic projection is used. The parameters of exterior orientation are assumed to be known.

The basic equation of SFS is derived from equation (6) by assigning a constant object intensity value G to the object surface. Looking at equation (5) this is equivalent to assuming a constant albedo ρ if the other parameters have calibrated values. Throughout the rest of this paper G is assumed to be proportional to ρ.

The surface normal vector $\bar{n}$ can be expressed in terms of the object surface inclination:

$$\bar{n}^T = [\,-\partial Z/\partial X, -\partial Z/\partial Y, 1\,] = [\,-Z_X, -Z_Y, 1\,] \tag{8}$$

Substituting the unit vector in the direction of illumination as $\bar{s}^T = [s_1, s_2, s_3]$, (6) can be written as

$$g(x,y) = G\,\frac{-Z_X\,s_1 - Z_Y\,s_2 + s_3}{\sqrt{Z_X^2 + Z_Y^2 + 1}} \tag{9}$$

There are two unknowns, namely Z_X and Z_Y, but only one observation, namely $g(x,y)$, for each point in object space. Therefore, there exists an infinitive number of solutions to equation (9). This is the fundamental indeterminability of SFS. It can be overcome by working in surface profiles /Horn 1970; Davis, Sonderblom 1984/ or by introducing smoothness terms for the object surface /Strat 1979; Ikeuchi, Horn 1981; Horn, Brooks 1986/. The object intensity value G can be considered as a scale factor for the resulting inclinations and heights. Thus, if G is unknown, the results have to be scaled using additional information.

Some of the rather strong assumptions of SFS can be dropped, if more than one image is used simultaneously. In binocular or in multi image SFS /Grimson 1984/ images taken from different positions are analyzed. The correspondence problem of image matching (there is in general a need for conjugate points) must be overcome. This is particularly complicated for constant albedo due to the lack of intensity gradients. A solution for the estimation of the parameters of exterior orientation from multiple images is given in de Graaf et al. /1990/.

In the method of photometric stereo /Woodham 1978; Lee, Brady 1991/ images taken from the same position under varying illumination directions are used. Thus, the correspondence problem becomes trivial. Using two images a unique determination of Z_X and Z_Y is possible, the use of three images allows in addition for the elimination of the object intensity value G independently for each object surface element. Therefore this method can deal with variable and unknown G and albedo.

There are also ways to compute object surface heights directly using SFS. Wrobel /1989/ suggests to introduce a discrete geometric model in object space similar to the one described in chapter 3 and to solve for the DTM heights directly. Leclerc, Bobick /1991/ present a solution along the same lines. Horn /1990/ and Shao et al. /1991/ solve for surface inclination and height simultaneously using coupled partial differential equations. An implementation of this approach is described in Szelinski /1991/. Thomas et al. /1991/ investigate an approach combining SFS and stereo radargrammetry to produce DTM from multiple radar images. Kim, Burger /1991/ use a point light source located near the object surface. The resulting variations of the scene irradiance are used to compute surface heights.

5. Integration of digital image matching and shape from shading

An algorithm for the synthesis of digital image matching and SFS is presented in this chapter. It combines digital image matching as outlined in chapter 3 and multi image SFS from the previous chapter. Object heights instead of slopes are calculated from two or more images with different illumination in a least squares adjustment. The problem of correspondence is circumvented in this approach.

Looking again at equation (7), but introducing known exterior orientation parameters, the image intensity value $g(x,y)$ can be written as

$$g_j(x_j(Z_{k,l}),y_j(Z_{k,l})) = G(X,Y) \frac{\bar{n}(Z_{k,l})\,\bar{s}_j}{|\bar{n}(Z_{k,l})|} \tag{10}$$

The $Z_{k,l}$ and the object surface intensity $G(X,Y)$ are the only unknowns in equation (10).
If for the whole object surface the assumption of constant albedo is fulfilled, equation (10) describes multi image SFS using the perspective instead of the orthographic projection for the transformation from object to image space. However, it is not necessary to use corresponding points, because all the object surface elements are constrained to lie on the surface defined by the neighbouring grid heights $Z_{k,l}$.

If on the other hand variable albedo (texture) is present on the object surface, equation (10) is equivalent to equation (7) and digital image matching as outlined in chapter 3 can be used.

Let us now assume, that it is known a priori which parts of the object surface have constant and which parts have variable albedo. This knowledge can come from image preprocessing or from surface cover information. The related DTM meshes can then be processed accordingly. In equations (11) and (12) A denotes a constant, and $G(X,Y)$ a variable object intensity value. Two groups of observation equations follow:

$$v_j(x_j,y_j) = A \frac{\bar{n}(Z_{k,l})\,\bar{s}_j}{|\bar{n}(Z_{k,l})|} - g_j(x_j(Z_{k,l}),y_j(Z_{k,l})) \tag{11}$$

$$\begin{aligned}
&v_j(x_j,y_j) && \text{residual of observation equation resulting from image j}\\
&A && \text{constant object intensity value}
\end{aligned}$$

for DTM meshes with constant albedo and

$$v_j(x_j,y_j) = G(X,Y) \frac{\bar{n}(Z_{k,l})\,\bar{s}_j}{|\bar{n}(Z_{k,l})|} - g_j(x_j(Z_{k,l}),y_j(Z_{k,l})) \tag{12}$$

for DTM meshes with variable albedo.

In a least squares adjustment the unknown grid heights $Z_{k,l}$ and the unknown object intensity values A and $G(X, Y)$ can be computed from the observed image intensity values $g(x, y)$. Since the observation equations are nonlinear in the unknowns, the solution must be found iteratively.

6. Experimental results

Some experimental results for the integration of digital image matching and multi image SFS are presented in this chapter in order to demonstrate the potential of the described approach. They have been conducted using two synthetic images of a sphere taken from different positions and under different illumination directions. A horizontal plane is introduced as an initial DTM and the sphere is reconstructed from the two images. The idea is to show that multi image SFS yields good results, if the assumption of constant albedo is correct. If this assumption is violated in parts of the object surface, there are three possibilities to proceed:

- regard the variable unknown albedo in these parts as noise and still use a SFS approach assuming constant albedo,
- perform digital image matching instead under the possibly wrong assumption, that enough large intensity gradients are present,
- use the combined approach described in the previous chapter.

It is shown that only the last possibility yields correct results under the given circumstances.

6.1. Input images

The upper part of a sphere with a radius of 36 m was approximated with a DTM of 64 * 64 meshes by interpolating the grid heights at a mesh size of 1 m from the sphere. From this DTM two shaded relief images were generated using two distant point light sources with identical radiance, illumination directions with equal zenith distance and 90 degrees difference in azimuth, Lambertian reflection, a constant predefined albedo at the object surface, and 8 * 8 object surface elements for each DTM mesh. These images are called OP1 and OP2 respectively. In order to simulate variable albedo for some parts of the object surface, a small number of randomly distributed DTM meshes was chosen and the intensity values inside these meshes were replaced by random noise. The same noise was applied to OP1 and OP2. The two resulting images are called OP3 and OP4. All four images can be seen in figure 3.

Next, two camera stations were defined (for the position of the sphere relative to these stations see figure 4). Using a ray tracing algorithm, OP1 and OP3 were projected into the image plane of station 1, while OP2 and OP4 were projected into that of

Figure 3: From left to right, top to bottom: OP1 to OP4

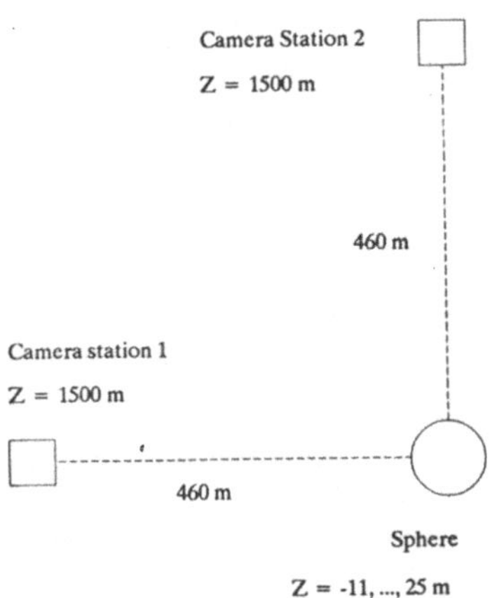

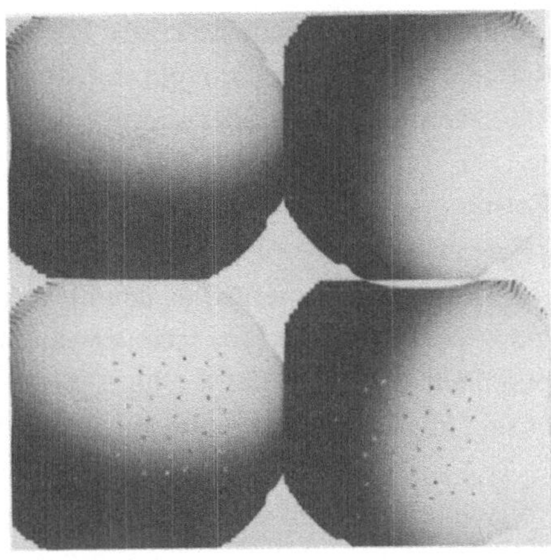

Figure 4: Setup for the generation of IMA1 to IMA4

Figure 5: From left to right, top to bottom: IMA1 to IMA4

station 2, always taking the DTM into account for the third dimension. The resulting images are called IMA1, IMA2, IMA3, and IMA4 respectively. They can be seen in figure 5. Thus two sets of synthetic images were generated from the sphere, one set (IMA1 and IMA2) with constant known albedo, the other one (IMA3 and IMA4) with areas of constant known and of variable unknown albedo.

6.2. The experiments

A number of experiments was conducted using two synthetic images at each run. The inner 32 * 32 DTM meshes were processed only in order to avoid occlusions. In the meshes of constant albedo, the known albedo value was introduced. The directions of illumination used for the creation of OP1 to OP4 were considered as constant values, as well as the parameters of exterior orientation chosen for IMA1 to IMA4. A horizontal plane situated tangentially to the sphere was used to provide initial values for the DTM heights. The maximum difference between true and initial height values, which can be found in the corners of the 32 * 32 DTM meshes, amounts to 8 m, equivalent to approximately 20 pixels in image space. All experiments were stopped when the changes to the unknown heights from one iteration to the next fell below a predefined threshold of 0.01 m (0.025 pixels in image space).

The following experiments were conducted:

1) Multi image SFS for the whole object surface with the correct assumption of constant known albedo and the corresponding images IMA1 and IMA2.
2) ditto, but in contrast to experiment 1 without using conjugate points. Each object surface element was projected into one image only, alternately into IMA1 or IMA2.
3) Multi image SFS for the whole object surface with the assumption of constant known albedo, but using the images IMA3 and IMA4 corrupted by noise.
4) Digital image matching for the whole object surface using the images IMA3 and IMA4 corrupted by noise.

5) The combined approach described in chapter 5 using the images IMA3 and IMA4 corrupted by noise. Correct albedo assumptions (variable unknown albedo for the DTM meshes corrupted by noise, constant known albedo for the rest of the object surface) were introduced.

6.3. Results

The results of the 5 experiments can be seen in table 1. The experiment number, the number of iterations for convergence, the mean deviation d and the RMS error μ of the differences between the computed and the true DTM heights is given. According to the nature of the experiments the shown values should rather be interpreted as trends. They are not meant to be accuracy measures as such.

The following conclusions can be drawn from these results:

No. of experiment	No. of iterations	d	μ
-	-	m	m
1	20	0.01	0.02
2	20	0.00	0.02
3	28	-1.2	1.3
4	no convergence		
5	30	0.01	0.03

Table 1: Results of the experiments

- multi image SFS is useful to compute directly height values of the object surface, if the assumption of constant known albedo is correct (experiment 1),
- in this case there is no need for conjugate points, if the described geometric object model is introduced (experiment 2),
- multi image SFS can converge to local minima and produces incorrect results, if variable unknown albedo is present in parts of the object surface (experiment 3),
- in this case digital image matching does not yield correct results either, because the intensity gradients are too small in most meshes (experiment 4),
- if variable unknown albedo is present in parts of the object surface, only using the combined approach a correct result is obtained (experiment 5 as compared to experiments 3 and 4).

7. Conclusions and outlook

The presented approach for the integration of digital image matching and multi image SFS in object space has been shown to yield superior results than any of the two methods employed alone. However, only synthetic images have been used, and a number of implicitly or explicitly stated assumptions have to be fulfilled. Also, the question of existence and uniqueness - a wide field of investigation especially in SFS - has not been touched. Therefore, the reported results must be verified, and the approach robustified in order to be used in practical environments.

Some directions for further research shall be pointed out:
- Point light sources near the object rather than far away /Kim, Burger 1991/ or extended light sources can be introduced.
- The direction of illumination does not have to be known, but may be estimated in the least squares adjustment /Leclerc, Bobick 1991/. In the linearisation of equations (11) and (12) the corresponding terms have to be taken into account.

- More than one light source can be present for one image. The scene irradiance is then simply a combination of the individual irradiances.
- A BRDF more complicated than Lambertian reflection can be incorporated /de Graaf et al. 1990/. However, the BRDF must be analytically given.
- Also the parameters of exterior orientation of the images can be considered unknown and can be estimated in the least squares adjustment, if an appropriate BRDF is introduced.

Other generalisations, for example time variable scene irradiance and BRDF for multi image acquisition, non-opaque object surfaces, occlusions, mutual reflection, and breaklines in the object surface are more difficult to model.

Practical applications of the presented approach are possible in close range and in natural environments. However, care has to be taken for the latter case to ensure that the necessary variations in the direction of illumination can be matched with those available from the sun.

8. References

ACSM   American Congress on Surveying and Mapping
ASPRS   American Society of Photogrammetry and Remote Sensing
BuL   Bildmessung und Luftbildwesen (now Zeitschrift für Photogrammetrie und Fernerkundung)
CVGIP   Computer Vision, Graphics and Image Processing
DAGM   Deutsche Arbeitsgemeinschaft für Mustererkennung
IEEE-PAMI Institute of Electrical and Electronical Engineers, Transactions on Pattern Analysis and Machine Intelligence
IJCV   International Journal of Computer Vision
IntArchPhRS International Archives for Photogrammetry and Remote Sensing
PE&RS   Photogrammetric Engineering and Remote Sensing

Ackermann F., Hahn M., 1991: Image pyramids for digital photogrammetry, in: Ebner H., Fritsch D., Heipke C. (Eds.), Digital Photogrammetric Systems, Wichmann, Karlsruhe, 43-58.

Barnard S.T., Fischler M.A., 1982: Computational stereo, Association for Computing Machinery Computing Surveys (14) 4, 553-571.

Barnard S.T., Thompson W.B., 1980: Disparity analysis of images, IEEE-PAMI (2) 4, 333-340.

Boyer K.L., Kak A.C., 1988: Structural stereopsis for 3-D vision, IEEE-PAMI (10) 2, 144-166.

Davis P.A., Sonderblom L.A., 1984: Modelling crater topography and albedo from monoscopic Viking orbiter images, Journal of Geophysical Research (89), 9449-9457.

Ebner H., Fritsch D., Gillessen W., Heipke C., 1987: Integration von Bildzuordnung und Objektrekonstruktion innerhalb der digitalen Photogrammetrie, BuL (55) 5, 194-203.

Ebner H., Heipke C., 1988: Integration of digital image matching and object surface reconstruction, IntArchPhRS (27) B11, III-534-545.

Ehlers M., 1983: Untersuchungen von digitalen Korrelationsverfahren zur Entzerrung von Fernerkundungsaufnahmen, Wissenschaftliche Arbeiten der Fachrichtung Vermessung der Universität Hannover 121.

Förstner W., 1982: On the geometric precision of digital correlation, IntArchPhRS (24) 3, 176-189.

Förstner W., 1986: A feature based correspondence algorithm for image matching, IntArchPhRS (26) 3/3, 150-166.

de Graaf A.J., Korsten M.J., Houkes Z., 1990: Estimation of position and orientation of objects from stereo images, in: Großkopf R. (Ed.), Mustererkennung 1990, Proceedings, 12. DAGM-Symposium Aalen, Springer, Berlin, 348-355.

Grimson W.E.L., 1984: Binocular shading and visual surface reconstruction, CVGIP (28) 1, 19-43.

Grün A., 1985: Adaptive least squares correlation: a powerful image matching technique, South African Journal of Photogrammetry, Remote Sensing and Cartography (14) 3, 175-187.

Hannah M.J., 1989: A system for digital stereo image matching, PE&RS (55) 12, 1765-1770.

Heipke C., 1990: Integration von digitaler Bildzuordnung, Punktbestimmung, Oberflächenrekonstruktion und Orthoprojektion in der digitalen Photogrammetrie, DGK, Reihe C, 366.

Heipke C., 1991: A global approach for least squares image matching and surface reconstruction in object space, ACSM-ASPRS Auto Carto 10 Annual Convention, Technical Papers (5), 161-171; also in press, PE&RS (58).

Helava U.V., 1988: Object-space least-squares correlation, PE&RS (54) 6, 711-714.

Horn B.K.P., 1970: Shape from shading: a method for obtaining the shape of a smooth opaque object from one view, Ph. D. thesis, Department of Electrical Engineering, MIT.

Horn B.K.P., 1986: Robot Vision, The MIT Press, Cambridge.

Horn B.K.P., 1990: Height and gradient from shading, IJCV (5) 1, 37-75.

Horn B.K.P., Brooks M.J., 1986: The variational approach to shape from shading, CVGIP (33) 2, 174-208.

Horn B.K.P., Brooks M.J. (Eds.), 1989: Shape from shading, The MIT Press, Cambridge.

Ikeuchi K., Horn B.K.P., 1981: Numerical shape from shading and occluding boundaries, Artificial Intelligence (17) 1-3, 141-184.

Julesz B., 1971: Foundation of cyclopean perception, University of Chicago Press, Chicago.

Kim B., Burger P., 1991: Depth and shape from shading using the photometric stereo method, CVGIP - Image Understanding (54) 3, 416-427.

Kraus K., 1982: Photogrammetrie Band 1 - Grundlagen und Standardverfahrem, Dümmler, Bonn.

Kraus K., Schneider W., 1988: Fernerkundung Band 1 - Physikalische Grundlagen und Aufnahmetechniken, Dümmler, Bonn.

Leclerc Y.G., Bobick A.F., 1991: The direct computation of height from shading, Proceedings, IEEE Computer Society Conference on Computer Vision and Pattern Recognition, 552-558.

Lee S., Brady M., 1991: Integrating stereo and photometric stereo to monitor the development of glaucoma, Image and Vision Computing (9) 1, 39-44.

Mallot H., 1991: Frühe Bildverarbeitung in neuronaler Architektur, in: Radig B. (Ed.), Mustererkennung 1991, Proceedings, 13. DAGM-Symposium München, Springer, Berlin, 19-34.

Marr D., 1982: Vision, Freeman, New York.

Marr D., Poggio T., 1979: A computational theory of human stereo vision, Proceedings of the Royal Society London B. 204, 301-328.

McKeown D.M., 1991: Information fusion in cartographic feature extraction, in: Ebner H., Fritsch D., Heipke C. (Eds.), Digital Photogrammetric Systems, Wichmann, Karlsruhe, 103-110.

Rindfleisch T., 1966: Photometric method for lunar topography, Photogrammetric Engineering (32) 2, 262-277.

Rosenholm D., 1986: Accuracy improvement of digital matching for evaluation of digital terrain models, IntArchPhRS (26) 3/2, 573-587.

Shapiro L.G., Haralick R.M., 1987: Relational matching, Applied Optics (26) 10, 1845-1851.

Shao M., Chellappa R., Simchony T., 1991: Reconstructing a 3-D depth map from one or more images, CVGIP - Image Understanding (53) 2, 219-226.

Sharp J.V., Christensen R.L., Gilman W.L., Schulman F.D., 1965: Automatic map compilation using digital techniques, PE&RS (31) 3, 223-239.

Strat T.M., 1979: A numerical method for shape from shading from single images, S.M. thesis, Department of Electrical Engineering and Computer Science, MIT.

Szelinski R., 1991: Fast shape from shading, CVGIP - Image Understanding (53) 2, 129-153.

Thomas J., Kober W., Leberl F., 1991: Multiple image SAR shape from shading, PE&RS (57) 1, 51-59.

Woodham R.J., 1980: Photometric method for determining surface orientation from multiple images, Optical Engineering (19) 1, 139-144.

Wrobel B., 1987: Digitale Bildzuordnung durch Facetten mit Hilfe von Objektraummodellen, BuL (55) 3, 93-101.

Wrobel B., 1989: Geometrisch-physikalische Grundlagen der digitalen Bildmessung, Schriftenreihe Institut für Photogrammetrie, Universität Stuttgart (13), 223-242.

Exact Shape from Shading and Integrability[1]

Bert Janfeld and Hanspeter A. Mallot

Institut für Neuroinformatik, Ruhr–Universität–Bochum
W-4630 Bochum, FRG

Abstract

We propose a new method for solving the image irradiance equation for the reconstruction of shape from shading. This partial differential equation is reduced to a nonlinear algebraic equation if the surface is represented in gradient space. Since the solution in gradient space is underconstrained, we enforce the integrability of the computed vector field by means of finite elements. This amounts to the obvious assumption that the solution be a 2D surface. In contrast, regularization approaches assuming smoothness of the gradient field cannot garantee its integrability and will, in general, lead to ambigous results.
The integrability assumption can be formulated only for differentiable vector fields. Thus, the computations cannot be carried out on the pixel grid since both image irradiance and the field of surface normals are discontinuous at pixel resolution. In the finite elements technique, the grid can be choosen independent from the image pixels.

1 Introduction

In the analysis of shape from shading, it as usually assumed that the brightness at a given point in an image depends only on the reflectance map R, i.e. the inclination of the imaged surface with respect to the light source and the observer directions. That is, mutual illumination and cast shadows are excluded. In this case, an appropriate model is provided by the image irradiance equation, i.e. the first order non–linear partial differential equation

$$R(p, q) = I(x, y) \quad \text{where} \quad p := \frac{\partial g(x, y)}{\partial x}, \quad q := \frac{\partial g(x, y)}{\partial y} \tag{1}$$

where $g(x, y)$ is a surface patch in Monge representation [3].

One important constraint in the reconstruction of shape from shading which has not been fully exploided in earlier approaches [2, 6, 7] is the integrability of the surface orientation field. For reasons of numerical instability, Ikeuchi & Horn [5] and Horn & Brooks [4] replaced it by a smoothness constraint. However, if integrability is not obtained, the resulting "solution", however smooth, will not correspond to any 2D surface and is therefore of little use. Frankot & Chellappa [1] have studied the use of the integrability constraint by means of parametric surface modells. However, a complete replacement of

[1] Supported by the Deutsche Forschungsgemeinschaft, Grant Ma 1038/3-1.

the smoothness constraint by integrability is not achieved. The situation is summarized in Fig. 1. Mathematical formulations for the various constraints used are summarized in Table 1.

The basic problem in implementing the integrability constraint is the digitization of the image irradiance. On the pixel level, this leads to discontinuous brightness functions and, via the irradiance equation, to discontinuous vector fields as well. In order to incorporate the integrability constraint, it is necessary to interpolate the surface orientation field in a differentiable way.

In this paper, we derive numerically exact solutions of the image irradiance equation based on the methods of finite elements. The advantage of this approach is that the surface can be approximated by piecewise continuous patches in an arbitrary grid. In this way, two times differentiability of the surface $g(x, y)$, which is necessary for the formulation of the integrability constraint, can be satisfied. The grid can be choosen independent from the pixel size in a wide range.

An analysis of boundary conditions required by global approaches to shape from shading (such as the one presented here) shows that occluding boundaries are not sufficient. While surface orientation is in fact completely specified along occluding boundaries, 3D position of the surface points is not. In fact, the 3D curve corresponding to an occluding contour (considered as a curve in the image plane) need not even be plane. Another disadvantage of occluding contours is the singularity in gradient space (p, q) which can, however, be resolved by an appropriate coordinate transform [5]. Sufficient boundary conditions are surface orientation and depth along any closed curve within the surface patch.

Table 1. Three approaches to the solution of the 2D image irradiance equation. (Cf. text and Fig. 1.)

author	subspace	constraint
Ikeuchi & Horn (1981)	V_s: smooth vector fields	$\displaystyle\int\int (\hat{p}_x^2 + \hat{p}_y^2) + (\hat{q}_x^2 + \hat{q}_y^2) \longrightarrow min$ where $\hat{p}, \hat{q}$ denote the stereographic transformation of p, q.
Frankot & Chellappa (1988)	V_p: gradients of Fourier surfaces	$g(x, y) = \displaystyle\sum_n \tilde{g}(u_n, v_n) \exp\{i(u_n x + v_n y)\}$
this paper	V_g: gradient fields	$p_{,y} - q_{,x} \equiv 0$

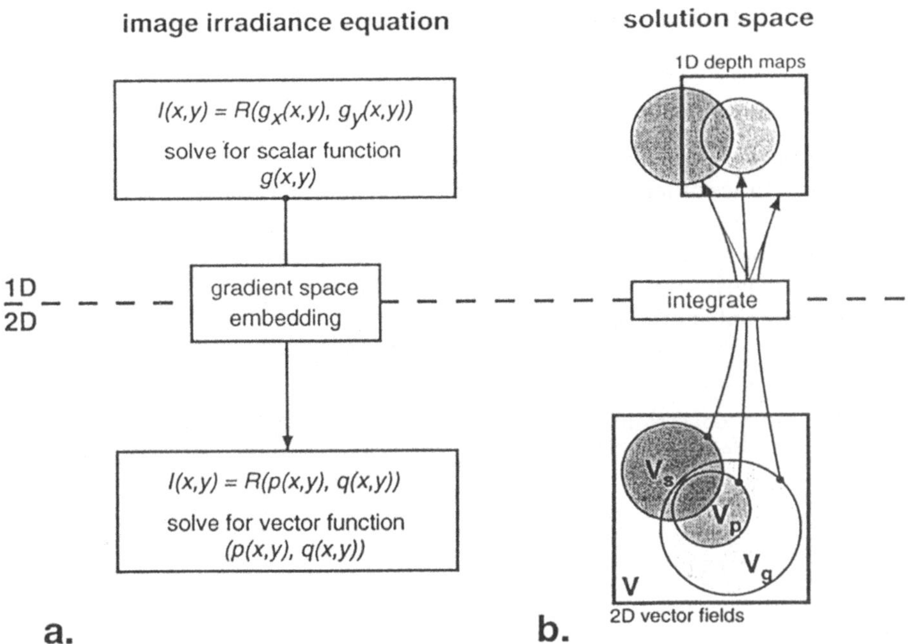

Fig. 1. The image irradiance equation approach to shape from shading. **a.** The original 1D equation for the Monge surface $g(x, y)$ cannot be solved directly although it is not underconstrained. The embedding in gradient space generates a 2D equation for the mutually independend variables p, q which is easier to cope with. **b.** The solution space for the 2D version of the irradiance equation is the set of (differentiable) functions $(p, q) : \mathbf{R}^2 \to \mathbf{R}^2$, denoted by $\mathbf{V}$. This space, however, is far to large, containing vectorfields that do not correspond to any surface at all. Three subsets of $\mathbf{V}$ have been proposed to further constraint the image irradiance equation: $\mathbf{V_s}$ the set of smooth vector fields (Ikeuchi & Horn [5]) contains fields that are not integrable and excludes other that are. $\mathbf{V_p}$ the set of vectorfields corresponding to a parametrized class of surfaces (Frankot & Chellappa [1]) misses some integrable fields. $\mathbf{V_g}$ the set of actual *gradient* fields transforms exactly into the solution space of the original 1D–version of the irradiance equation. In this paper, the integrability constraint is implemented by the method of finite elements.

2 The Gradient Space Embedding

In the reflectance map (cf. Eq. 1), surface orientation is represented by the gradient $\nabla g(x, y) = (p, q)$. It is useful to adopt this representation for the surface as well. This gradient space representation is unique up to an additive constant z_0 specifying the 3D position of the surface. However, not all possible vector fields correspond to a surface function since the gradient space ($\mathbf{R}^2 \to \mathbf{R}^2$) has a higher cardinality than the space of surface functions ($\mathbf{R}^2 \to \mathbf{R}$). Vector fields corresponding to two-times differentiable surface functions satisfy the integrability constraint

$$\frac{\partial^2 g(x,y)}{\partial x \partial y} = \frac{\partial^2 g(x,y)}{\partial y \partial x} \Leftrightarrow p_{,y} - q_{,x} \equiv 0. \tag{2}$$

The space of the solutions of the partial differential equation (2) is identical to the space of the two–times differentiable surfaces in 3D euclidian space. The basic difference of our approach to earlier ones is that we use this space of two–times differentiable surfaces to constrain the image irradiance equation (1). This space is different from both, the space of band–limited Fourier polynomials used by [1] and the space of surfaces reconstructed from smooth gradient fields [5].

The shape from shading problem can now be formulated as the simultaneous solution of two equations, namely

- the integrability constraint (2), i.e. a simple partial differential equation and
- the image irradiance equation (1), i.e. a non–linear algebraic equation in gradient space.

3 The Algorithm

Integrability constraint. We first consider the numerical formulation of the integrability constraint in a way compatible with the image irradiance constraint. This cannot be achieved on the pixel raster since on this scale both the image irradiance and the sought surface–orientation are step–functions, i.e. they are neither continuous nor differentiable. Also, the use of differentiating filters leads to numerical problems.

These problems can be overcome by the method of finite elements. First, the surface is discretized by a grid of local elements comprising L nodes. Within each element, the gradient (p,q) is approximated by sums of the form $\tilde{p}(x,y) = \sum_{i=1}^{l} \Phi_i(x,y)p_i$, $\tilde{q}(x,y) = \sum_{i=1}^{l} \Phi_i(x,y)q_i$, where l is the number of nodes of the current element and Φ_i is a suitable system of polynomials in the local coordinates x,y. Instead of the functions p,q, we now have the set of unknown numbers p_i, q_i. Using the method of Galerkin, the integrability constraint $p_{,y} - q_{,x} \equiv 0$ within each element can now be rewritten as

$$\int_{\Omega} (\tilde{p}_{,y} - \tilde{q}_{,x})\Phi_j \, d\Omega = 0 \tag{3}$$

Applying the Gauß–Green integration theorem and substituting the sums for $\tilde{p}$ and $\tilde{q}$ we obtain the system of l linear equations

$$\sum_j a_{ij} p_j - \sum_j b_{ij} q_j = c_i - d_i \quad i,j = 1, ..., l \tag{4}$$

where

$$a_{ij} := \int_{\Omega} \frac{\partial \Phi_i}{\partial y} \Phi_j \, d\Omega \qquad c_i := \int_{\partial \Omega} p \Phi_i \, d\tau$$

$$b_{ij} := \int_{\Omega} \frac{\partial \Phi_i}{\partial x} \Phi_j \, d\Omega \qquad d_i := \int_{\partial \Omega} q \Phi_i \, d\tau$$

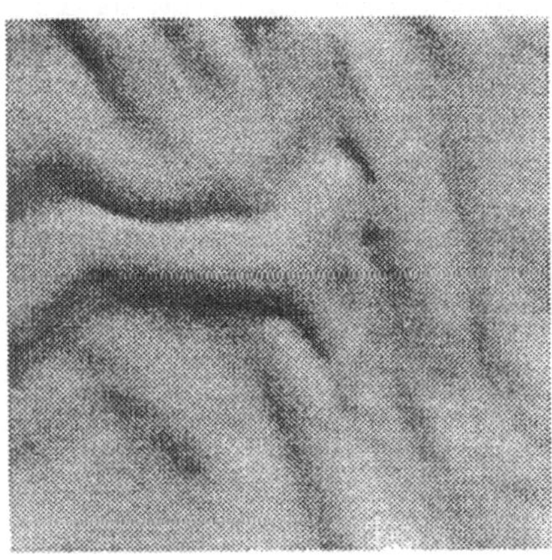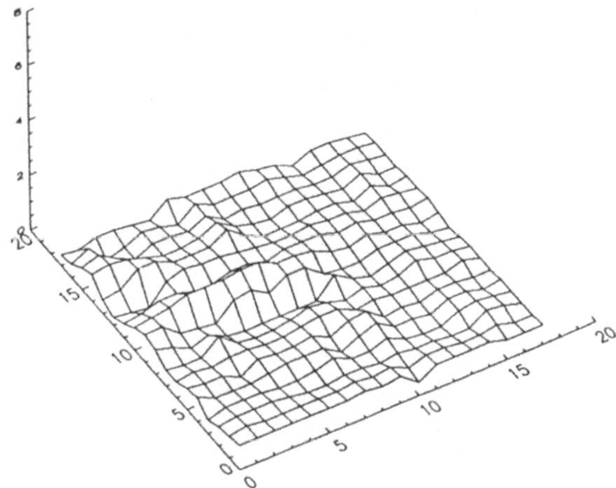

Fig. 3. a. Natural image depicting folds of a white piece of cotton. Light source direction $p_s = -0.14$, $q_s = -0.72$. b. Surface function found by the algorithm

4 Experiments

The algorithm was tested with both synthetic and natural images. In all cases, we used the reflectance map $R(p, q)$ of a Lambertian surface and an infinite point source (parallel illumination). The artifical image used in Figure 2 was generated from a surface of the form $g(x, y) = \cos x \cos y$, $x, y \in [-1, 1]$ and the boundary–conditions where inserted directly from this function. The initial conditions for the orientation field used in Fig. 2a do not exactly satisfy the integrability constraint. In the figure, this is illustrated by two surfaces, corresponding to integrations along x– and y–direction, respectively. In the applications, it is advantageous to use initial values satisfying the integrability constraint (at least approximative). Also, the initial conditions contain the boundary conditions.

The natural images (Fig. 3) were taken with a CCD camera from a piece of cotton illuminated by a hand–held flashlight. Thus, the assumed reflectance map (Lambertian shading, parallel illumination) was only approximately correct. Shape from shading was computed in the entire image region. Boundary conditions were obtained by assuming that the surface is roughly plane and that the partial derivative normal to the boundary is zero.

5 Conclusion

The reconstruction of shape from shading is often considered an ill–posed problem. Locally, however, the basic relation is given by the image irradiance equation, which is

These local equations can now be put together to the global system of L equations. The derivation of the global indices (upper case letters) from the local indices (lower case letters), is done with standard finite elements methods (e.g. Zienkiewicz [8]).

$$\sum_M A_{NM} p_M - \sum_M B_{NM} q_M = C_N - D_N \quad N, M = 1, ..., L \tag{5}$$

Here, the boundary integrals c_i, d_i have been eliminated for all inner boundaries between adjacent elements. C_N and D_N represent to remaining boundary conditions.

Image irradiance constraint. The system (5) contains L equations for the $2L$ unknowns p_N, q_N. The remaining L equations are obtained from the image irradiance equation evaluated at the nodes of the finite–element–grid. If information from more data points is to be included, a finer grid for the finite–elements has to be chosen in the first place.

Solution of the set of equations. In our algorithm, the resulting system of equations is solved by a combination of the Newton–Raphson method and gradient descent. As long as the error is large, gradient descent is used to coarsely approach the solution. Once a criterion is met, the algorithm switches to the Newton–Raphson method for the final approximation.

It should be noted that the integrability constraint is *not* used to regularize an ill-posed problem. Rather, it is a natural requirement for any sensible solution. Our algorithm therefore produces exact solutions up to possible numerical problems (which we have not encountered so far). Of course, exactness is subject to correct boundary conditions and reflectance maps.

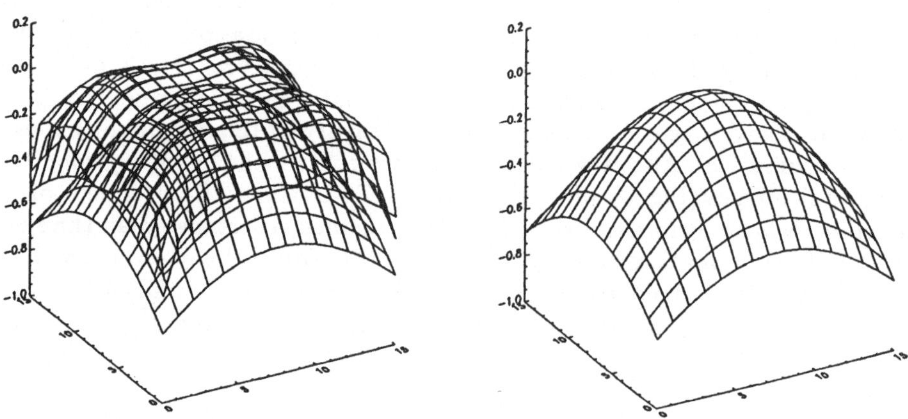

Fig. 2. Experiment with a synthetic image. **a.** Initial values for the depth estimate (upper two surfaces) and origial shape (lower surface). **b.** Solution found by the algorithm

a 1D constraint for a (locally) 1D problem, i.e. the estimation of surface depth. Thus, the situation is much better than for instance in local motion detection, where local measurement of intensity change gives only a 1D constraint for the 2D motion vector ("aperture problem"). The alleged ill–posedness of shape from shading results from a transformation applied to the irradiance equation, namely the gradient space representation. Here, the advantage of transforming a partial differential equation into an (algebraic) non–differential equation, is payed for by augmenting the dimensionallity of the sought surface description (that is: 2D surface gradient instead of 1D surface depth).

Since we know, where the ill–posedness of shape from shading (in the gradient space representation) comes from, we need not rely on general–purpose regularization methods, such as smoothness constraints. Exact solutions can be based on the integrability constraint which in a sense inverts the grandient space transformation. We have shown in this paper how numerically stable implementations of the integrability constraint can be derived from the finite element method. Smooth approximations of the involved functions, as are provided by finite elements are a necessary prerequisite for exploiding the integrability constraint, since otherwise the partial derivatives $p_{,y}$ and q_x, could not be computed in a numerically meaningful way.

References

1. R.T. Frankot and R. Chellappa. A Method for Enforcing Integrability in Shape from Shading Algorithms. *IEEE Transactions on Pattern Analysis and Machine Intelligence*, 10(4):439–451, July 1988.
2. B. K. P. Horn and M. J. Brooks, editors. *Shape from Shading*. The MIT Press, Cambridge, Ma., 1989.
3. B.K.P. Horn. Understanding Image Intensities. *Artifical Inteligence*, 8(2):201–231, April 1977.
4. B.K.P. Horn and M.J. Brooks. The Variational Approach to Shape from Shading. *Computer Vision, Graphics and Image Processing*, 33(2):174–208, February 1986.
5. K. Ikeuchi and B. K. P. Horn. Numerical shape from shading and occluding boundaries. *Artifical Intelligence*, 17:141 – 184, 1981.
6. H. Neumann. *Theoretische Untersuchungen zur Extraktion monokularer Tiefenhinweise (Konturen und Schattierung) und ihre partielle methodische Evaluierung in einem rechnergestützten Perzeptionslabor*. PhD thesis, Fachbereich Informatik der Universität Hamburg, 1988.
7. J. Oliensis. Uniqueness in shape from shading. *Intl. J. Computer Vision*, 6:75 – 104, 1991.
8. O.C. Zienkiewicz. *Methoden der finiten Elemente*. R. Oldenbourg Verlag, München, 1975.

Ein approximationstheoretischer Ansatz zur effizienten Texturanalyse

André Kaup und Til Aach

Institut für Elektrische Nachrichtentechnik
Rheinisch-Westfälische Technische Hochschule Aachen
Melatener Straße 23, W–5100 Aachen
Tel.: (0241) 80-7679, Fax: (0241) 80-7669

Zusammenfassung

Der vorliegende Beitrag beschäftigt sich mit der Beschreibung der Textur beliebig berandeter zweidimensionaler Bildsegmente. Es wird dazu ein iteratives Verfahren vorgestellt, das mit Hilfe von zweidimensionalen Basisfunktionen die Textur des gegebenen Bildausschnittes sukzessiv approximiert. Dominante Basisfunktionen werden hierbei effizient und zuverlässig herausgearbeitet. Die resultierenden Wichtungsparameter sind von der Form des Segmentes weitgehend unabhängig und daher erfolgversprechend in der Texturanalyse und -klassifikation einsetzbar.

1 Einleitung

Zur Charakterisierung von Texturen gibt es eine Vielzahl möglicher Ansätze, die in der Literatur auf unterschiedliches Interesse gestoßen sind. Sie lassen sich im wesentlichen in zwei Hauptgruppen unterteilen, deren Modellannahmen sich grundlegend unterscheiden. Die *stochastischen* Ansätze interpretieren das beobachtete Signal als Musterfunktion eines zweidimensionalen ergodischen Prozesses und konzentrieren sich auf eine Beschreibung mittels statistischer Kenngrößen wie z.B. Autokovarianzfunktion oder Verteilungs- bzw. Verbundverteilungsdichtefunktionen [1]. Die *strukturellen* oder auch *deterministischen* Ansätze fassen eine Textur als regelmäßige Anordnung von sogenannten Texturprimitiven auf, die sich sehr häufig aus periodischen Grundfunktionen zusammensetzen [2]. Ein ausführlicher Überblick über grundlegende Ansätze zur Texturmodellierung findet sich z.B. in [3].

Im Rahmen einer stochastischen Texturanalyse ist es zur Gewinnung von aussagefähigen, möglichst unkorrelierten Merkmalen oft vorteilhaft, das gegebene Ortssignal zunächst einer diskreten Transformation zu unterwerfen. Die L Grauwerte eines Texturausschnittes werden dabei als L-dimensionaler Vektor aufgefaßt, der durch die Anwendung einer linearen Transformation in ein neues Koordinatensystem überführt wird. Wählt man als Basisvektoren für eine solche Transformation geeignete Funktionsmengen, z.B. Sinus- und Cosinus-Funktionen im Fall der Fourier-Transformation oder Walsh-Funktionen im Fall der Hadamard-Transformation, so lassen sich aus der transformierten Vektordarstellung unmittelbar wesentliche Texturmerkmale wie Ortsfrequenz oder Sequenz [1] ablesen. Kann die gewählte Transformation als gute Näherung der Karhunen-Loève Transformation aufgefaßt werden, so sind die so erhaltenen Merkmale außerdem nur gering miteinander korreliert. Dies ist der

---

[1] Für nicht-trigonometrische Basisfunktionen wurde analog zur Frequenz der Ausdruck *Sequenz* geprägt. Man bezeichnet damit die halbe Zahl der Nulldurchgänge pro Einheit des Ortsbereichs.

Grund, warum Transformationsansätze zur Charakterisierung von Texturen in der Literatur große Beachtung gefunden haben [4, 5, 6].

Ein wesentliches Problem bei der Gewinnung solcher spektralen Merkmale stellt allerdings die Tatsache dar, daß für die Analyse oft nur ein kleines Segment $f(m, n)$ mit beliebiger Form der Berandung zur Verfügung steht. Betrachtet man die gegebenen Grauwerte $f(m, n)$ als Ausschnitt einer auf einem größeren, rechteckigen Gebiet definierten Textur $t(m, n)$ in der Form

$$f(m, n) = w(m, n) \cdot t(m, n) \qquad m = 0, \ldots, M-1, \quad n = 0, \ldots, N-1, \tag{1}$$

wobei $w(m, n)$ eine binärwertige, zweidimensionale Fensterfunktion darstellt, und wendet hierauf die Fourier-Transformation an

$$F(k, l) = W(k, l) \ast\!\ast\, T(k, l) \qquad k = 0, \ldots, M-1, \quad l = 0, \ldots, N-1, \tag{2}$$

so wird deutlich, daß das so erhaltene Fourier-Spektrum $F(k, l)$ durch Faltung des eigentlichen Texturspektrums $T(k, l)$ mit dem Spektrum der Fensterfunktion in der Regel stark verfälscht ist. Um auch für solche beliebig berandeten Gebiete aussagefähige Texturmerkmale gewinnen zu können, wird in [7] ein Algorithmus zur selektiven Entfaltung des verfälschten Spektrums $F(k, l)$ vorgeschlagen. Das Verfahren ist jedoch äußerst rechenintensiv und wegen des vorausgesetzten Faltungstheorems ebenso wie der effizientere Vorschlag in [8] generell auf die Spektralanalyse im Fourier-Bereich beschränkt.

Im folgenden wird ein Konzept dargelegt, das diese Nachteile vermeidet und die spektrale Analyse beliebig berandeter Texturausschnitte bei freier Wahl der Transformation zuläßt. Der Ansatz ist vollständig im Spektralbereich implementierbar und weist im Vergleich zu bekannten Verfahren eine wesentlich geringere Rechenkomplexität auf.

2 Texturbeschreibung mittels Basisbildern

Grundlage der nachfolgenden Ausführungen ist die Überlegung, daß sich jede Transformation prinzipiell als Reihenentwicklung des Ortssignals nach den (orthogonalen) Basisfunktionen der angewendeten Transformation auffassen läßt. Die resultierenden Transformationskoeffizienten geben dabei an, mit welchem Anteil die zugehörigen Basisfunktionen im Ortssignal enthalten sind. Sie sind somit ein Maß für die Ähnlichkeit des Signals mit den jeweiligen Basisbildern. Bei der Bestimmung der Koeffizienten muß zwischen zwei grundlegend verschiedenen Fällen differenziert werden:

1. Die Zahl der Abtastwerte des Signals (der Textur) ist größer oder gleich der Zahl der verwendeten Basisfunktionen. Unter der Voraussetzung, daß die Basisfunktionen linear unabhängig sind, lassen sich in diesem Fall die Wichtungsfaktoren für die einzelnen Basisfunktionen direkt entsprechend dem Kriterium des minimalen quadratischen Fehlers mit Hilfe der diskreten linearen Approximation bestimmen [9]. Bei orthogonalen Basisfunktionen vereinfacht sich diese Berechnung; die Koeffizienten ergeben sich dann unmittelbar durch Anwendung der entsprechenden Transformation auf das Ortssignal.

2. Es stehen mehr Basisfunktionen als Abtastwerte zur Verfügung. Dies ist z.B. dann der Fall, wenn man versucht, ein beliebig geformtes Textursegment mittels einer Menge von formunabhängigen Basisfunktionen zu beschreiben, die auf einem größeren, das gegebene Segment umschreibenden Rechteck definiert sind. In diesem Fall liefert die diskrete lineare Approximation in der Regel keine eindeutige Lösung für die gesuchten Wichtungsfaktoren. Dieser Punkt ist von besonderer Bedeutung und soll im folgenden näher betrachtet werden.

Wir beschränken uns bei der Darstellung aus Gründen der Übersichtlichkeit auf eine eindimensionale Notation. Faßt man das Textursignal $t(n)$, $n = 0, \ldots, N-1$, formal zu einem Vektor $\vec{t}$

mit $\vec{t} = (t(0), t(1), \ldots, t(N-1))^T$ und das gefensterte Signal $f(n)$ entsprechend zu einem Vektor $\vec{f}$ zusammen, dann läßt sich Gleichung (1) in Vektorform als

$$\vec{f} = W\vec{t} \tag{3}$$

darstellen, wobei W eine $N \times N$ Matrix der Gestalt

$$W = \begin{pmatrix} w(0) & 0 & \cdots & 0 \\ 0 & w(1) & \cdots & \vdots \\ \vdots & \vdots & \ddots & 0 \\ 0 & 0 & \cdots & w(N-1) \end{pmatrix} \tag{4}$$

ist. Diese Matrix enthält also auf ihrer Diagonalen die Abtastwerte der (binären) Fensterfunktion $w(n)$, von denen im nicht-trivialen Fall einige Elemente identisch Null sind. Für die Determinante von W gilt daher $\det W = 0$. Bezeichnet man die auf einem das gegebene Segment umschreibenden Rechteck definierten, von der Form dieses Segmentes unabhängigen Basisfunktionen mit $\vec{\varphi}_k$, $k = 0, \ldots, N-1$, und die korrespondierenden Wichtungsfaktoren mit c_k, so läßt sich die gesuchte Texturfunktion $t(n)$ in vektorieller Schreibweise darstellen als

$$\vec{t} = \sum_{k=0}^{N-1} c_k \vec{\varphi}_k. \tag{5}$$

Einsetzen von (5) in (3) führt auf ein lineares Gleichungssystem der Form

$$\vec{f} = \sum_{k=0}^{N-1} c_k W \vec{\varphi}_k. \tag{6}$$

Dieses Gleichungssystem ist wegen $\det W = 0$ unterbestimmt und liefert somit keine eindeutige Lösung für die gesuchten Koeffizienten c_k. Aus der Vielzahl der möglichen Lösungen ist nun diejenige auszuwählen, die am besten für eine effiziente Texturbeschreibung geeignet ist. Dies ist Gegenstand des folgenden Kapitels.

3 Das Verfahren der sukzessiven Approximation

Die Idee der sukzessiven Approximation ist, die beste Approximation in dem durch alle Basisfunktionen aufgespannten N-dimensionalen Lösungsraum schrittweise durch die wiederholte Bestimmung bester Approximationen in niedrig-dimensionalen Teilräumen anzunähern. Diese Teilräume werden jeweils von einer ausgewählten Untermenge $\Phi_m = \{\vec{\varphi}_k | k \in K_m\}$ aller zur Verfügung stehenden Basisfunktionen aufgespannt. Der einfacheren Darstellung wegen soll die Dimension dieser Teilräume im folgenden zu eins angenommen werden, jeder Unterraum besteht also nur aus einer Basisfunktion $\Phi_m = \{\vec{\varphi}_{k_m}\}$. Für den allgemeinen Fall beliebiger Teilraumdimensionen beziehe man sich auf [10].

Wir definieren nun für den Vektorraum $\mathbb{C}^N$ ein auf die Fensterfunktion $w(n)$ bezogenes Skalarprodukt zwischen zwei beliebigen (komplexen) Vektoren $\vec{r}$ und $\vec{s}$ in der Form

$$(\vec{r}, \vec{s})_W = \sum_{n=0}^{N-1} w(n)\, r^*(n) s(n) = (\vec{r}^T)^* W \vec{s}, \tag{7}$$

mit der induzierten Seminorm

$$\| \vec{r} \|_W = \sqrt{(\vec{r}, \vec{r})_W} = \left(\sum_{n=0}^{N-1} w(n) |r(n)|^2 \right)^{\frac{1}{2}}. \tag{8}$$

Mit $r^*(n)$ sei hierbei das konjugiert komplexe Element zu $r(n)$ bezeichnet. Anschaulich betrachtet wird also bei der Bildung des Skalarproduktes und der entsprechenden Seminorm nur der bekannte Signalausschnitt innerhalb des gegebenen Fensters ausgewertet.

Startpunkt der Iteration ist eine beliebige Approximation $\vec{g}^{\,(m)}$ des gegebenen Texturausschnittes $\vec{f}$ mit

$$\vec{g}^{\,(m)} = W\vec{t}^{\,(m)}, \qquad \vec{t}^{\,(m)} = \sum_{k=0}^{N-1} c_k^{(m)}\vec{\varphi}_k. \tag{9}$$

Das verbleibende Differenzsignal zwischen dem bekannten Texturausschnitt und dessen Approximation wird dann durch den korrespondierenden Restvektor $\vec{r}^{\,(m)} = \vec{f} - \vec{g}^{\,(m)}$ beschrieben. Es wird nun die beste Approximation dieses Restvektors $\vec{r}^{\,(m)}$ im Unterraum Φ_m gesucht, so daß der resultierende neue Fehlervektor

$$\vec{r}^{\,(m+1)} = \vec{r}^{\,(m)} - u^{(m)}W\vec{\varphi}_{k_m}. \tag{10}$$

einen möglichst kleinen Betrag $\| \vec{r}^{\,(m+1)} \|_W$ aufweist.

Im unitären Raum erhält man den unbekannten Koeffizienten $u^{(m)}$ der besten Approximation des Residuums $\vec{r}^{\,(m)}$ durch Projektion auf den entsprechenden Unterraum Φ_m, also auf die betrachtete Basisfunktion $\vec{\varphi}_{k_m}$, mittels der Orthogonalitätsbedingung

$$\left(\vec{r}^{\,(m+1)}, \vec{\varphi}_{k_m}\right)_W = \left(\vec{r}^{\,(m)} - u^{(m)}W\vec{\varphi}_{k_m}, \vec{\varphi}_{k_m}\right)_W \overset{!}{=} 0. \tag{11}$$

Dies führt zu einer einfachen Bestimmungsgleichung für den unbekannten Wichtungsfaktor $u^{(m)}$ der Form

$$u^{(m)} = \frac{(\vec{r}^{\,(m)}, \vec{\varphi}_{k_m})_W}{(\vec{\varphi}_{k_m}, \vec{\varphi}_{k_m})_W}. \tag{12}$$

Die so bestimmte Teilapproximation im Unterraum Φ_m wird nun zu der bereits vorhandenen Näherung des Textursignals $\vec{t}^{\,(m)}$ addiert:

$$\vec{t}^{\,(m+1)} = \vec{t}^{\,(m)} + u^{(m)}\vec{\varphi}_{k_m}. \tag{13}$$

Die Gleichungen (10), (12) und (13) bilden damit ein vollständiges Iterationsverfahren zur sukzessiven Approximation des gegebenen Textursignals. Da der Restvektor $\vec{r}^{\,(m+1)}$ senkrecht auf dem betrachteten Unterraum Φ_m steht, folgt aus (10) unmittelbar

$$\|\vec{r}^{\,(m+1)}\|_W = \|\vec{r}^{\,(m)}\|_W - \|u^{(m)}\vec{\varphi}_{k_m}\|_W. \tag{14}$$

Die Beträge der Restvektoren bilden also eine monoton fallende Folge, weshalb die Konvergenz der Iteration gesichert ist. Es kann darüber hinaus gezeigt werden, daß für $m \to \infty$ der Betrag des Restfehlers $\|\vec{r}^{\,(m)}\|_W$ gegen Null strebt. Somit stellt die resultierende Texturapproximation $\lim_{m\to\infty} \vec{t}^{\,(m)}$ tatsächlich eine Lösung von (6) dar.

Nun soll die so erhaltene Approximationsfunktion auch der eingangs gestellten Forderung nach einer möglichst kompakten Texturbeschreibung in Form weniger, aussagefähiger Merkmale genügen. Aus diesem Grunde fällt der Frage, welcher Unterraum Φ_m, d.h. welche Basisfunktion $\vec{\varphi}_{k_m}$ vorteilhafterweise im m-ten Iterationsschritt gewählt werden sollte, eine besondere Bedeutung zu. Da als Merkmale hier die Ähnlichkeiten mit den vorgegebenen Basisbildern, also die Spektralkoeffizienten c_k dienen, sollte sich der größte Teil der Signalenergie in möglichst wenigen dieser Koeffizienten konzentrieren. Dieser Forderung wird dadurch Rechnung getragen, daß in jedem Schritt der Iteration genau die Basisfunktion zur Approximation ausgewählt wird, die zu einer maximalen Reduktion der noch verbleibenden Fehlerenergie des Residuums führt [10]. Mit (12) und (14) folgt dann

$$\vec{\varphi}_{k_m} = \left\{ \vec{\varphi}_k \;\middle|\; \frac{|(\vec{r}^{\,(m)}, \vec{\varphi}_{k_m})_W|^2}{(\vec{\varphi}_{k_m}, \vec{\varphi}_{k_m})_W} = \max_{i=0,\dots,N-1} \frac{|(\vec{r}^{\,(m)}, \vec{\varphi}_i)_W|^2}{(\vec{\varphi}_i, \vec{\varphi}_i)_W} \right\}. \tag{15}$$

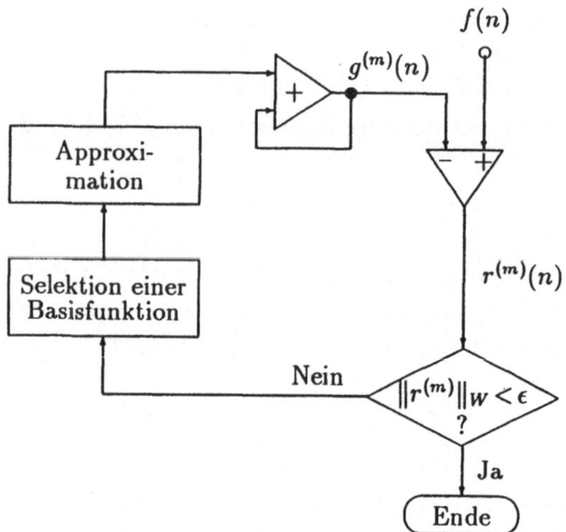

Abbildung 1: Flußdiagramm der sukzessiven Approximation.

Abbildung 1 zeigt das vollständige Flußdiagramm der sukzessiven Approximation. Als Startwert kann prinzipiell jede beliebige Approximation $\vec{t}^{\,(0)} = W\vec{g}^{\,(0)}$ des gegebenen Texturausschnittes dienen, sofern sie bereits über die gewünschte Eigenschaft einer möglichst kompakten Texturbeschreibung im Spektralbereich verfügt. In der Regel wird man jedoch kein solches Vorwissen zur Verfügung haben, so daß die Iteration mit dem Startwert $\vec{t}^{\,(0)} = \vec{0}$ beginnt. Als Abbruchkriterium kann das Unterschreiten eines Maximalbetrages für den zulässigen Approximationsfehler $\|\vec{r}^{\,(m)}\|_W < \epsilon$ verwendet werden.

4 Realisierung im Spektralbereich

Für die Implementierung der sukzessiven Approximation ist von großer Bedeutung, daß alle Berechnungen sehr einfach direkt im Spektralbereich durchgeführt werden können. Dadurch kann die rechentechnisch aufwendige Auswertung der Skalarprodukte in (12) und (15) und die numerische Bestimmung der Basisfunktionen in (10) und (13) vollständig umgangen werden. Um dies zu sehen, ist es vorteilhaft, die Basisfunktionen $\vec{\varphi}_k$, $k = 0, \ldots, N - 1$, der verwendeten Transformation spaltenweise zu einer Matrix der Form

$$A = \{\vec{\varphi}_0, \vec{\varphi}_1, \ldots, \vec{\varphi}_{N-1}\} \tag{16}$$

zusammenzufassen. Ist die Transformation orthonormal, erhält man die Spektraldarstellung eines gefensterten Vektors $W\vec{s}$ durch Multiplikation mit der Transformationsmatrix A^T, die einzelnen Spektralkoeffizienten mithin durch Bildung der Skalarprodukte $(\vec{\varphi}_k, \vec{s}\,)_W$ [11].

Transformiert man nun (10) durch Multiplikation mit A^T in den Spektralbereich, so erhält man einen Satz von N Gleichungen

$$(\vec{\varphi}_k, \vec{r}^{\,(m+1)})_W = (\vec{\varphi}_k, \vec{r}^{\,(m)})_W - u^{(m)}(\vec{\varphi}_k, \vec{\varphi}_{k_m})_W \qquad k = 0, \ldots, N - 1. \tag{17}$$

Die dabei auftretenden Skalarprodukte $(\vec{\varphi}_k, \vec{r}^{\,(m)})_W$ und $(\vec{\varphi}_k, \vec{r}^{\,(m+1)})_W$ können unmittelbar als Koeffizienten der entsprechenden Spektraldarstellung von $\vec{r}^{\,(m)}$ und $\vec{r}^{\,(m+1)}$ an der Stelle k interpretiert werden. Gleiches gilt für den Zähler in (12). Da die Spektraldarstellung der gesuchten Texturfunktion $\vec{t}$ laut (5) genau dem Koeffizientenvektor $\vec{c}$ entspricht, läßt sich Gleichung (13) durch Transformation in die analoge, aber rechentechnisch einfachere Beziehung

$$c_k^{(m+1)} = \begin{cases} c_k^{(m)} + u^{(m)} & \text{für} \quad k = k_m \\ c_k^{(m)} & \text{für} \quad k \neq k_m \end{cases}. \tag{18}$$

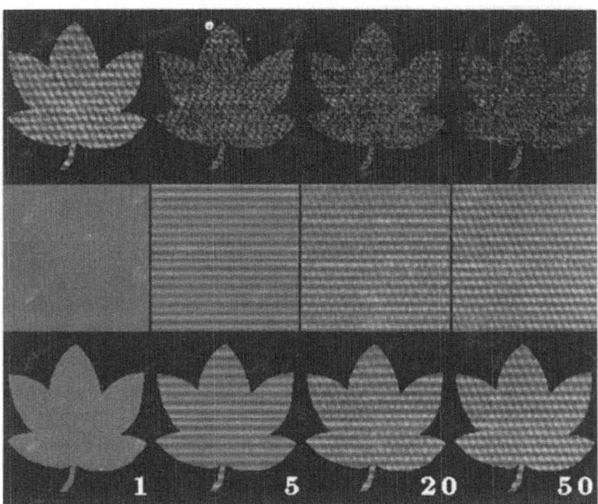

Abbildung 2: Sukzessive Approximation eines beliebig berandeten Textursegmentes mit 1, 5, 20 und 50 Walsh-Basisfunktionen. Obere Reihe: Originalsegment $\vec{f}$ bzw. Fehlerbild $\vec{r}$, mittlere Reihe: Approximation $\vec{t}$, untere Reihe: gefensterte Approximation $\vec{g}$.

überführen.

Die anderen in (12), (15) und (17) auftretenden Skalarprodukte $(\vec{\varphi}_k, \vec{\varphi}_{k_m})_W$ zwischen einer beliebigen Basisfunktion $\vec{\varphi}_k$ und der im m-ten Iterationsschritt selektierten Basisfunktion $\vec{\varphi}_{k_m}$ lassen sich ebenfalls vereinfacht im Frequenzbereich bestimmen. So gilt z.B. im Fall der Walsh-Basisfunktionen

$$(\vec{\varphi}_k, \vec{\varphi}_{k_m})_W = (\vec{\varphi}_{k \oplus k_m}, \vec{w})_W, \tag{19}$$

d.h. das Skalarprodukt zweier Basisfunktionen läßt sich als Abtastwert der Walsh-Transformierten der Fensterfunktion $w(n)$ an der Stelle $k \oplus k_m$ darstellen. Der Operator $\oplus$ bezeichnet dabei die exklusiv-oder Verknüpfung der beiden Indizes k und k_m. Ähnliche Beziehungen lassen sich auch für andere Basisfunktionssysteme ableiten.

Im Gegensatz zu dem Verfahren in [7], in dem pro Iterationsschritt zwei Transformationen erforderlich sind, benötigt die sukzessive Approximation also nur die Transformierten des Texturausschnittes $f(n)$ und der binären Fensterfunktion $w(n)$ einmal zu Beginn der Iteration. Da kein Faltungstheorem vorausgesetzt wird, lassen sich im Gegensatz zu [8] alle in der Bildverarbeitung bekannten Transformationen zur Signalbeschreibung verwenden, so daß auch schnelle Texturanalysen mittels einfach zu berechnender binärer Basisfunktionen (z.B. Walsh-Hadamard) möglich sind.

5 Anwendungsbeispiele

Der beschriebene Ansatz zur sukzessiven Approximation ist wegen der effizienten Implementierungsmöglichkeit im Spektralbereich sowohl in der ein- wie auch in der mehrdimensionalen digitalen Signalverarbeitung vielseitig anwendbar. Neben dem Einsatz zur Spektralanalyse und Bildcodierung bietet sich auch eine Verwendung im Rahmen der Texturdiskrimination und Klassifikation an. Dazu sollen im folgenden zwei Beispiele der Texturapproximation mit zwei unterschiedlichen Sätzen von Basisfunktionen gegeben werden.

Das texturierte Segment in Abbildung 2 links oben besteht aus 8803 Bildpunkten und wurde unter Verwendung von Walsh-Basisfunktionen sukzessiv approximiert. Startwert der Iteration war $\vec{t}^{(0)} = \vec{0}$, d.h. $c_k^{(0)} = 0$ für $k = 0, \ldots, N - 1$. Pro Iteration wurde eine Basisfunktion selektiert. Die

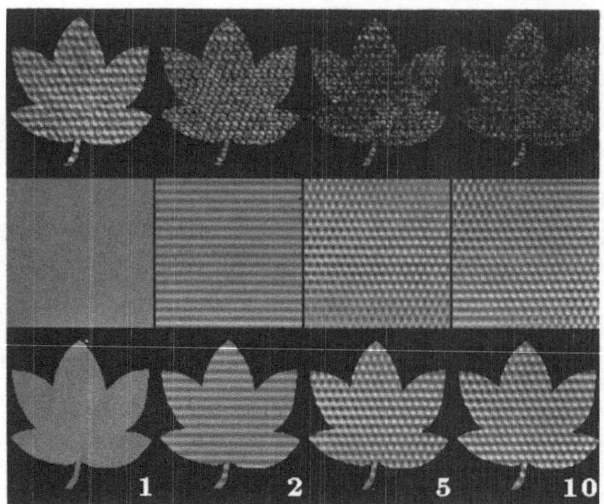

Abbildung 3: Sukzessive Approximation eines beliebig berandeten Textursegmentes mit 1, 2, 5 und 10 Cosinus-Basisfunktionen (vgl. Abb. 2).

obere Reihe zeigt das Differenzbild (Residuum) $\vec{r}$ und die mittlere bzw. untere Reihe die Approximation nach 1, 10, 20 und 50 Iterationen. Derselbe Texturausschnitt wurde in Abbildung 3 mit den Basisfunktionen der diskreten Cosinus-Transformation [12] approximiert, hier liegt die Zahl der verwendeten Basisfunktionen bei 1, 2, 5 bzw. 10. Man sieht sehr deutlich, daß schon wenige spektrale Koeffizienten ausreichen, die charakteristischen Eigenschaften der gegebenen Textur herauszuarbeiten.

Literatur

[1] L. Sukissian, A. Tirakis und S. Kollias, "Adaptive classification of textured images using moments and autoregressive models," in *Proceedings Visual Communications and Image Processing*, S. 1296–1306, SPIE-1360, 1990.

[2] S. W. Zucker, "Toward a model of texture," *Computer Graphics and Image Processing* **5**, S. 190–202, Juni 1976.

[3] R. M. Haralick, "Statistical and structural approaches to texture," *Proceedings of the IEEE* **67**, S. 786–804, Mai 1979.

[4] R. A. Hummel, "Feature detection using basis functions," *Computer Graphics and Image Processing* **9**, S. 40–55, Januar 1979.

[5] F. Ade, "Characterization of textures by 'eigenfilters'," *Signal Processing* **5**, S. 451–457, September 1983.

[6] M. Unser, "Local linear transforms for texture measurements," *Signal Processing* **11**, S. 61–79, Juli 1986.

[7] U. Franke, "Ein leistungsfähiger Algorithmus zur Gewinnung spektraler Texturmerkmale," in *Proceedings 8. DAGM-Symposium Mustererkennung (Informatik Fachberichte 125)*, G. Hartmann (Hrsg.), (Berlin, Heidelberg, New York, London, Paris, Tokyo), S. 99–103, Springer Verlag, 1986.

[8] R. Sottek, K. Illgner und T. Aach, "An efficient approach to extrapolation and spectral analysis of discrete signals," in *Proceedings ASST'90, 7. Aachener Symposium für Signaltheorie (Informatik Fachberichte 253)*, W. Ameling (Hrsg.), (Berlin, Heidelberg, New York), S. 103–108, Springer Verlag, 1990.

[9] N. I. Achieser, *Vorlesungen über Approximationstheorie*. Berlin: Akademie-Verlag, 2., verbesserte Auflage, 1967.

[10] A. Kaup und T. Aach, "A new approach towards description of arbitrarily shaped image segments," in *Proceedings International Workshop on Intelligent Signal Processing and Communication Systems*, (Taipei, Taiwan), S. 543–553, 1992.

[11] P. W. Besslich und T. Lu, *Diskrete Orthogonaltransformationen: Algorithmen und Flußgraphen für die Signalverarbeitung*. Berlin, Heidelberg, New York: Springer-Verlag, 1990.

[12] N. Ahmed, T. Natarajan und K. R. Rao, "Discrete cosine transform," *IEEE Transactions on Computers* **23**, S. 90–93, Januar 1974.

Ansätze zur Entfernung des strukturierten Hintergrunds in schwarz-weißen und farbigen Funktions-Diagrammen

J.M. Gloger   W. Ritter
Daimler Benz AG
Forschungszentrum Ulm
Institut für Informationsverarbeitung
Wilhelm-Runge-Str. 11, D-W-7900 Ulm
email: {gloger,ritter}@dbulm1.uucp

Kurzfassung

Im vorliegenden Beitrag werden Ansätze zur Extraktion relevanter Vordergrundinformation aus technischen Diagrammen untersucht. Dabei müssen, je nach Art der Diagramme (schwarz-weiß oder Farbe), unterschiedliche Techniken angewendet werden. Für schwarz-weiß (SW) Diagramme mit strukturiertem, rasterhaftem Hintergrund wird eine Methode vorgestellt, die auf einer symbolischen Variante der Hough-Transformation basiert. Ist der zu extrahierende Vordergrund (in der Regel Funktionsgraphen) farblich vom Hintergrund abgehoben, bietet sich eine Ausnutzung dieser Farbinformation an. Die zweite vorgestellte Technik beschreibt Verfahrensschritte zur Ermittlung der farbigen Funktionsgraphen über die Detektion der Farbkanten.

1. Einleitung

Diagramme gehören zum technischen Alltag. Viele Zusammenhänge lassen sich mittels Funktionsgraphen beschreiben. Aus den meisten Datenblättern sind Kennlinien, usw. nicht wegzudenken. Sie stellen einen wichtigen Bestandteil der Produktbeschreibung dar. Für viele der auf Papier vorliegenden Diagramme sind jedoch die erzeugenden Verfahren mit allen relevanten Parametern nicht mehr rekonstruierbar. Es ist daher notwendig aus den Papier-Diagrammen die Information zurückzugewinnen.

In der Regel werden Plots von Kurven in ein vorher festgelegtes Raster gedruckt, um dem menschlichen Beobachter die Auswertung zu erleichtern. Für eine Umsetzung in ein rechner-internes Format stellt dieses Raster jedoch ein großes Hindernis dar. Im abgetasteten Binärbild kann der Hintergrund nicht mehr von der interssierenden Kurvenbeschreibung getrennt werden. Das Scannen eines Leerdiagramms mit anschließender Subtraktion vom Kurvendiagramm auf der Ebene des Binärbilds bringt hier keine Abhilfe. Da nicht gewährleistet werden kann, daß Leerdiagramm und Kurvendiagramm durch das Scannen nicht gegeneinander versetzt oder verdreht wurden, ist diese Methode unbrauchbar. Der Einsatz von Modellen zur Beschreibung des Hintergrundrasters, ähnlich wie er für Formulare von [Maderlechner] vorgeschlagen wurde, scheidet aus Aufwandsgründen aus. Die zum Abgleich der Modelldaten mit den Bilddaten eingesetzten Verfahren haben im allgemeinen einen zu stark anwachsenden Rechenbedarf.

In diesem Aufsatz werden zwei Verfahren vorgestellt, die zur Extraktion der Kurveninformation eingesetzt werden können. Dabei wird grundsätzlich unterschieden, ob ein SW- oder ein Farbdiagramm vorliegt. Bei SW-Diagrammen kommt eine modifizierte, symbolische Variante der Hough-Transformation zum Tragen. Aufbauend auf einer Analyse der Zusammenhangsobjekte, werden die geschlossenen Konturen geglättet. Die bereinigten Konturen werden mittels eines schnellen Scan-along Algorithmus linear approximiert. Für jedes resultierene Geradensegment wird die Hesse Normalform berechnet. Die Parameter Entfernung d und Drehwinkel Φ stellen die orthogonalen Achsen des Hough Raumes dar, in den jedes Geradensegment als ein Eintrag, gewichtet mit seiner Länge, eingeht. Verglichen mit der vektorisierten Kontur des Funktionsgraphen besteht das Hintergrundraster aus erheblich mehr Geradensegmenten gleicher Orientierung und Entfernung vom Ursprung. Daher weisen Ballungen im Hough Raum auf das Vorhandensein von Hintergrund hin. Wenn auch die Ermittlung des Hintergrundrasters im Hough-Raum der Geradensegmente erfolgt, so ist diese Beschreibungsstufe des

Diagramms für eine Rekonstruktion der Kurve zu grob gewählt. Die eigentliche Entfernung des Rasters wird daher wieder auf der Ebene der Zusammenhangsgebiete durchgeführt.

Bei Farbdiagrammen kommt ein Kantendetektionsverfahren im Farbraum zum Tragen, bei dem bereits in der ikonischen Verarbeitungsstufe eine Trennung zwischen den interessierenden Graphen und dem Bildhintergrund erfolgt. Das Verfahren orientiert sich an dem von A.Korn publizierten Kantendetektionsansatz [Korn], der für die Anwendung auf Farbbilder so erweitert wurde, daß eine Bewertung der Kanten nach der Art ihres Farbübergangs (reine Farbänderung (Buntheitsänderung), reine Bunttonänderung unabhängig von der Farbsättigungsänderung) möglich ist.

Da für die Graphen in diesen Diagrammen i.a. Farben verwendet werden, die sich farblich deutlich vom Hintergrund hervorheben, die Raster aber entweder mit farblosen (z.B. Schwarz auf Weiß) oder nur mit schwach kontrastierenden Pastellfarben gezeichnet werden, läßt sich eine Trennung aufgrund der stark unterschiedlichen Buntheitsänderungen bzw. Bunttonänderungen einfach durchführen.

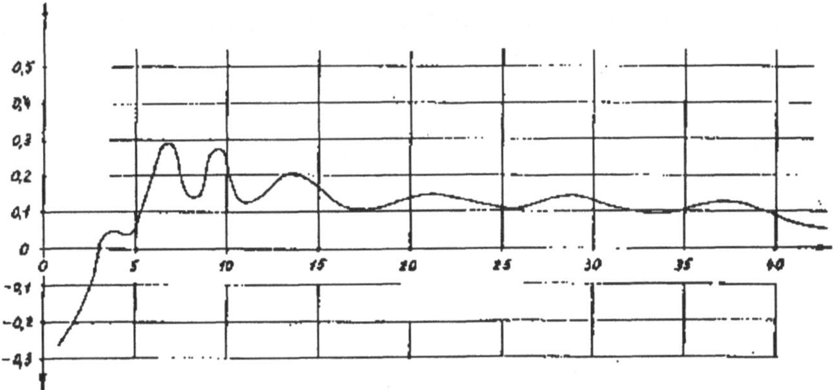

Abbildung 1: Diagramm mit Funktionsgraph.

2. SW-Diagramme

2.1 Vorverarbeitung

Nach dem Einscannen wird das resultierende Rasterbild einer Zusammenhangsanalyse unterzogen. Diese Analyse [Bartneck] liefert den Konturcode jedes Gebiets basierend auf einer 4er-Nachbarschaft der schwarzen Pixel. Zusätzlich werden Merkmale wie Fläche, Umfang, umschreibendes Rechteck, usw. zur Verfügung gestellt. Diese erste symbolische Beschreibung des Diagramms stellt den Ausgangspunkt für die weitere Verarbeitung dar. Zusammenhangsgebiete, die isolierten Zeichen entsprechen, werden auf dieser Ebene durch Höhen/Breite-Verhältnis-Filter entfernt.

Durch unsaubere Vorlagen und Abtastfehler beim Scannen enthält das Rasterbild zahlreiche Störungen, die sich *lokal* in einem ungeraden Konturverlauf bemerkbar machen. Der Konturcode wird daher einer regel-basierten Glättung unterzogen, die diese Störungen beseitigt.

Ziel aller Segmentierungsschritte ist eine es, signifikante Strukturen herauszuarbeiten und die Anzahl der Daten zu reduzieren. Der Konturcode wird linear approximiert, um Geradensegmente zu erhalten, die besser die globale Ausrichtung der Hintergrundlinien wiedergeben als der Original-Konturcode. Das hier verwendete Verfahren basiert auf einem Scan-along Algorithmus, der von [Wall] eingeführt wurde.

Ist das Diagramm durch Störungen verunreinigt, die *globaleren* Charakter besitzen und sich nicht mittels obiger Glättungsregeln beseitigen lassen, kann der Algorithmus iterativ angewendet werden. Die Ausgangsdaten der i-ten Anwendung dienen dann als Eingangsdaten der (i+1)-ten Anwendung. Das Resultat ist eine global geglättete Liniendarstellung der Kontur jedes Zusammenhangsgebiets. Abb. 1 zeigt ein Beispiel eines Diagramms und Abb. 2 einen Ausschnitt der geglätteten, linear approximierten Konturen der dazugehörigen Zusammenhangsgebiete.

2.2 Modifizierte Hough Transformation

Die klassische Hough Transformation [Ballard, Brown] braucht ein Eingangsbild, das so vorverarbeitet wurde, daß nur die Punkte im Urbild erhalten worden sind, die als Kandidaten für die Kontur in Frage kommen (üblicherweise Kantenoperatoren für Grauwert-Bilder). Die Idee dabei ist, die Suche nach den Geradensegmenten nicht im ursprünglichen Bild, sondern im Parameterraum durchzuführen. Durch jeden der Kandidaten-Punkte wird eine Schar von Geraden durchgelegt. Legt man die übliche Notation für Geraden (y=mx+c) zu Grunde, so wird für jedes dieser Geradensegmente die beiden Parameter der Geradengleichung m und c berechnet. Die Parameter m und c werden als Indices eines zweidimensionalen Feldes aufgefaßt (der *Hough-Raum*). An den Stellen in diesem Feld, die den errechneten Werten entsprechen, wird ein Zähler um eins erhöht. Alle Punkte, die auf einer gemeinsamen Gerade liegen, erhöhen den gleichen Zähler. Das Vorhandensein von Peaks in diesem Parameterraum deutet daher auf Geradensegmente im Bild hin. Durch Fehler der Vorverarbeitung und Verunreinigungen im Bild liegen die Punkte nicht genau auf einem Geradensegment. Daher sind im Hough-Raum eher Häufungsgebiete als eindeutige Peaks zu finden. In der Praxis wird meist die Hesse-Normalform als Repräsentationsform der Gerade benutzt, um den Parameterraum endlich zu halten. Da für jeden Punkt die Parameter einer Geradenschar berechnet werden müssen, ist der Aufwand entsprechend hoch, wenn es viele Kontur-Kandidatenpunkte gibt.

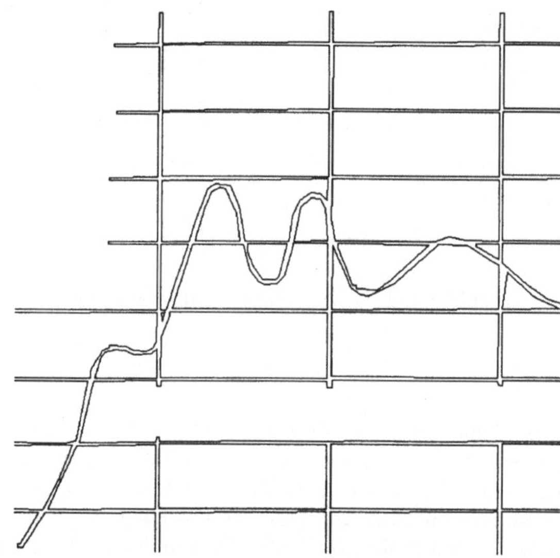

Abbildung 2: Geglättete, linear approximierte Konturen.

Dieser Aufwand kann vermieden werden, wenn man die Hough-Transformation etwas modifiziert. Eine naheliegende Methode ist die Reduzierung der Anzahl der Elemente, die in den Hough-Raum abbgebildet werden sollen. Das kann hier erreicht werden, indem man nicht Pixel als Eingangsinformation für die Transformation verwendet, sondern bereits die berechneten Geradensegmente, deren Anzahl wesentlich geringer ist.

Zusätzlich entfällt die Berechnung der Parameter einer ganzen Geradenschar. Zwar müssen ebenfalls die Parameter der Hesse-Normalform bestimmt werden, aber nur einmal für jedes Geradensegment. Die Geradensegmente werden dann gewichtet mit ihrer Länge in den Hough-Raum eingetragen. Im Vergleich zu der approximierten Kontur des Funktionsgraphen besteht das Hintergrundraster aus wesentlich mehr Geradensegmenten mit gleichen Abstand vom Ursprung und gleicher Orientierung. Außerdem enthält das

Hintergrundraster in der Regel die längeren Geradensegmente, so daß sich die entsprechenden Peaks deutlich abheben (Abb. 3).

2.3 Hintergrundentfernung

Für die Entfernung des Hintergrundrasters ist die Darstellung des Diagramms mittels Geradensegmenten zu grob. Aus diesem Grund wurde zur Repräsentierung eine Datenstruktur gewählt, die von jedem Geradensegment erlaubt festzustellen, welchem Teilstück der Kontur eines Zusammenhangsgebiets es zugeordnet werden kann. Damit ist es möglich die Entfernung des Hintergrundraster auf der Ebene der Konturen der Zusammenhangsgebiete vorzunehmen, sodaß eine wesentlich feinere Auflösung des resultierenden Funktionsgraphen erhalten werden kann. Abb. 4 zeigt die erhaltenen Fragmente des Konturcodes (zusammen mit ihren umschreibenden Rechtecken), die dem Funktionsgraphen entsprechen.

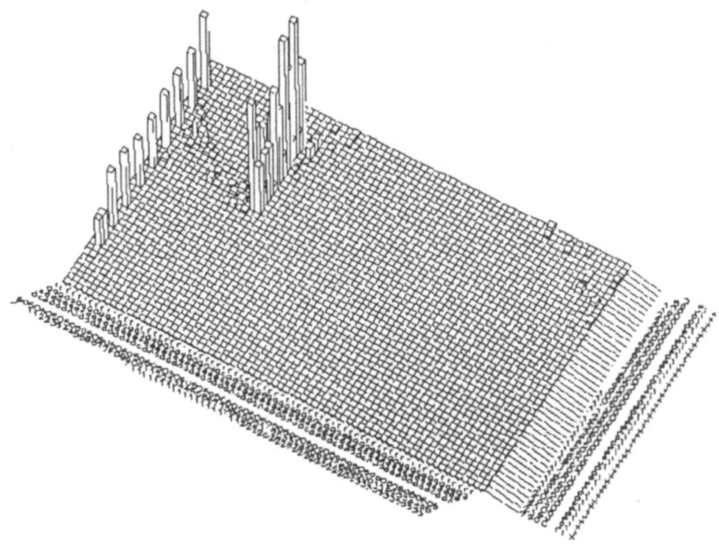

Abbildung 3: Hough-Raum mit Clustern des Hintergrundrasters.

Um aus den Fragmenten wieder den ursprünglichen Kurvenverlauf zu rekonstruieren, müssen die Fragmente verschmolzen werden. Über die umschreibenden Rechtecke der Konturfragmente lassen sich parallele Konturfragmente ermitteln (bei Überlappung). Die Endpunkte der so ermittelten Fragmente werden untersucht, ob sich in Richtung der Tangentensteigung ($\pm\ \delta$) Fortsetzungen finden lassen. Die parallelen Fragmente werden auf diese Weise so lang wie möglich gemacht. Fragmente, die nicht zugeordnet werden konnten, werden markiert. Von den verlängerten, parallelen Fragmenten wird die Mittellinie berechnet. Auf deren Basis werden dann die noch nicht zugeordneten, einzelnen Fragmente mit der Mittellinie verschmolzen. Am Ende steht der weitgehend rekonstruierte Funktionsgraph als Polygonzug sehr feiner Auflösung zur Verfügung. Um einen glatten Kurvenverlauf zu erhalten kann der Polygonzug beispielsweise mittels kubischer B-Splines approximiert werden.

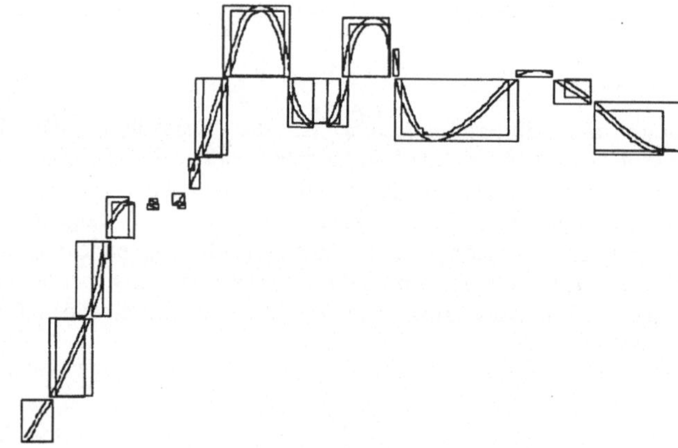

Abbildung 4: Ausschnitt der Konturfragmente des Funktionsgraphen.

3. Farbdiagramme

Bei Farbdiagrammen kann durch Nutzung der Farbinformation bereits während der ikonischen Bildverarbeitung eine Trennung der Objektteile in Hintergrundobjekte (Raster, Beschriftung) und die interessierenden Graphen erfolgen. Da die Farbe der Graphen a priori nicht bekannt ist, scheiden Klassifikationsverfahren (unsupervised classification [Duda], [BartRitt]) für diese Aufgabe aus. Da die Graphen (aufgrund der geringen Strichdicke) nur einen kleinen Teil der Bildfläche belegen, können für die Trennung von Graphen und Hintergrund in dieser Verarbeitungsstufe auch keine Histogramm-verfahren (z.B. Ballungsanalyse [Späth]) angewendet werden. Die interessierenden Bildobjekte müssen deshalb mit Kantendetektionsverfahren lokalisiert und vom Hintergrund getrennt werden.

3.1 Farbraum

Der wohl bekannteste Farbraum ist aufgrund der vielfachen Verwendung in technischen Geräten der RGB-Farbraum. In diesem Farbraum wird eine Farbe durch den Farbwertetripel (R,G,B) eindeutig identifiziert. Der Farbwertetripel gibt dabei die Intensitäten der drei Grundfarben oder Primärvalenzen Rot, Grün und Blau an, mit denen sie gemischt werden müssen, um zu dem (eben) definierten Farbeindruck beim Menschen zu führen.

Es gibt eine Reihe von anderen Repräsentationsmöglichkeiten der Farbe (siehe z.B. [Wyszecki]), die durch lineare bzw. nicht lineare Transformation aus dem RGB-Farbraum gewonnen werden können und in bestimmten Anwendungsgebieten ihre Bedeutung haben. Für unsere Applikation wollen wir einen Farbraum benutzen, in dem die von uns benötigten Farbmerkmale Helligkeit ('lightness'), Crominanz ('croma') und Buntton ('hue') (siehe z.B. [Col]) direkt ableitbar sind.

Unter Helligkeit einer Farbe versteht man dabei die Strahlungsintensität, in der eine Farbe von einem Objekt abgegeben wird. Die Crominanz gibt die eigentliche Farbe eines Objektes, unabhängig von der Strahlungsintensität wieder. (Ein roter Apfel erscheint uns rot, egal ob wir ihn mit einer starken oder schwachen Lichtquelle beleuchten.) Schließlich bezeichnen wir mit dem Bunt- oder Farbton die 'Basisfarbe' eines Objektes, unabhängig von seiner Farbsättigung, d.h. unabhängig von dem tatsächlich enthaltenen Weißanteil der Farbe.

Ein Farbraum aus dem diese Farbmerkmale direkt ableitbar sind, stellt der Yuv-Farbraum dar, der aus dem RGB-Farbraum über die Zwischentransformation YUV wie folgt gewonnen wird:

$$\begin{pmatrix} Y \\ U \\ V \end{pmatrix} = \begin{bmatrix} \frac{1}{3} & \frac{1}{3} & \frac{1}{3} \\ \frac{1}{2} & 0 & -\frac{1}{2} \\ -\frac{1}{2\sqrt{3}} & \frac{1}{\sqrt{3}} & -\frac{1}{2\sqrt{3}} \end{bmatrix} \begin{pmatrix} R \\ G \\ B \end{pmatrix}$$

$$Y = \frac{R+G+B}{3}$$

$$u = \frac{U}{R+G+B}$$

$$v = \frac{V}{R+G+B}$$

Im Zwischenergebnis YUV stellt Y die Intensität oder Helligkeit und U und V die Farbdifferenzsignale (Rot-Blau) und (Grün-Magenta) dar. Anschließend erfolgt eine Helligkeitsnormierung der Farbdifferenzsignale (U,V), so daß man mit (u,v) eine helligkeitsunabhängige Darstellung der 'reinen' Farbe und somit eine Darstellung der von uns gewünschten Crominanz erhält.

In dieser Repräsentationsform (u,v) der 'reinen' Farbe (siehe Abb.5) wird der Ursprung (u=0, v=0) als Unbuntpunkt bezeichnet. Alle sogenannten unbunten Farben (von Schwarz über Grau nach Weiß) werden in diesen Punkt abgebildet. Je weiter man sich von diesem Unbuntpunkt entfernt, desto gesättiger werden die durch diesen Punkt referenzierten Farben. Auf einer im Urprung beginnenden Geraden gelangt man so von einer ungesättigten Farbe bis zu der voll gesättigten Farbe, die hier durch den Schnittpunkt der Geraden und des Dreiecks referenziert wird. Alle Farben auf dieser Geraden (z.B. Pastellrot) haben denselben Buntton (z.B. Rot) und können von der durch den Buntton gekennzeichneten Farbe durch beigeben von Weiß ermischt werden. Für die Repräsentation des Bunttons wird in diesen Farbräumen der Winkel zwischen einer Referenzachse (hier die u-Achse) und der Geraden, die den Farbort (u,v) mit dem Ursprung verbindet, verwendet.

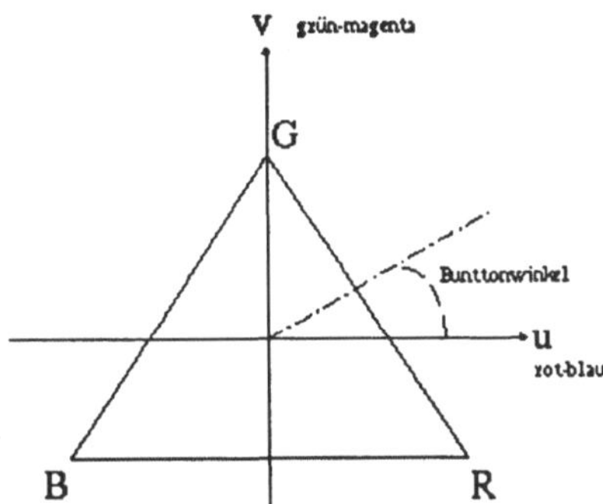

Abbildung 5: Die (u,v)-Ebene des Yuv-Farbraumes.

3.2 Realisierung des Kantendetektionsverfahrens

Mit zunehmend leistungsfähiger und dabei preiswerter werdenden Hardware hat das Interesse an der Farbbildanalyse in den letzten Jahren deutlich zugenommen. So ist auch die Anzahl der Puplikationen zum Thema Kantendetektion im Farbraum in den letzten Jahren angewachsen. Die Autoren beschränken sich in ihren Arbeiten zu diesem Thema meist darauf, die Detektierbarkeit von Kanten in Farbbildern zu erhöhen (siehe z.B. die Übersicht in [Drewniok]), d.h. auch die sichere Detektion von Kanten zu ermöglichen, die mit Verfahren in Grauwertbildern nicht oder nur sehr unsicher detektiert werden können.

Für unsere Aufgabe, der Extraktion der Graphen aus dem Diagramm, führen diese Ansätze nicht zum Erfolg, vielmehr werden, wie in Abb.7 gezeigt wird, mit diesen Ansätzen die unserem Fall nicht relevanten Strukturen (z.B. das Hintergrundraster) gegenüber den Graphen verstärkt.

Neben der Detektierbarkeit kann die Farbinformation auch zur Separierbarkeit der Kanten beitragen, indem man je nach Art des Farbübergangs zwischen folgenden Kantentypen unterscheidet:

Farbintensitätskanten

Bewertet wird jede Änderung des Farbsignals, d.h. die Änderung der Helligkeit, des Bunttons und der Farbsättigung. Das Bewertungsmaß entspricht dabei dem in der CIE definierten Farbabstand [Col].

Crominanzkanten

Bewertet wird nur die Farbänderung (Buntton und Sättigung), nicht aber die Änderung der Helligkeit. Ein Übergang von Schwarz nach Weiß stellt keine Änderung der Crominanz dar und wird deshalb ignoriert. Dagegen wird eine Änderung von Unbunt zu Bunt (z.B. von Grau nach Rot) als Farbübergang bewertet.

Bunttonkanten

Bewertet wird nur die Änderung des Bunttons, unabhängig von der Änderung der Farbsättigung. Das bedeutet, daß z.B. der Übergang von einem hellen Orange zu einem dunklen Orange ignoriert wird.

Die Farbattribute Intensität, Crominanz und Buntton sind, wie wir im vorhergehenden Kapitel bereits gezeigt haben, unmittelbar aus der Yuv-Repräsentation abzuleiten. Für die Bewertung einer Kante sind jedoch die Änderungen maßgebend, die beim Übergang von einem Objekt auf das andere auftreten.

Zur Berechnung dieser Änderungen wenden wir das in [Korn] angegebene Verfahren zur Bestimmung des lokalen Grauwertgradienten an. Korn ermittelt in seinem Verfahren durch Faltung des Grauwertbildes mit Gauß'schen Faltungskernen für jeden Punkt des Bildes einen Gradienten, bestehend aus der ersten Ableitung in x- und y-Richtung. Der Betrag dieses Gradienten gibt dabei die erwartete Änderung des Grauwertes an, wenn man sich in der Richtung des Gradienten fortbewegt.

Für die Anwendung dieses Verfahrens auf Farbbilder definieren wir für jeden Bildpunkt mit

$$\vec{F_{Yuv}} = \begin{pmatrix} Y \\ u \\ v \end{pmatrix}$$

einen Farbvektor. Durch die Anwendung des Korn'schen Verfahrens zur Berechnung des Gradientens auf jede Komponente des Farbvektors erhalten wir für jeden Bildpunkt den Gradienten des Farbvektors wie folgt:

$$\vec{n} = \begin{pmatrix} x \\ y \end{pmatrix}$$

$$\nabla \vec{F}_{Yuv}(\vec{n}) = \frac{\partial F_{Yuv}}{\partial \vec{n}} = \begin{pmatrix} \frac{\partial Y(x)}{\partial x} & \frac{\partial Y(y)}{\partial y} \\ \frac{\partial u(x)}{\partial x} & \frac{\partial u(y)}{\partial y} \\ \frac{\partial v(x)}{\partial x} & \frac{\partial v(y)}{\partial y} \end{pmatrix} = \begin{pmatrix} Y_x Y_y \\ u_x u_y \\ v_x v_y \end{pmatrix} = \begin{pmatrix} \nabla Y \\ \nabla u \\ \nabla v \end{pmatrix}$$

Als Maß für die Änderung einer Komponente definieren wir den Betrag einer Komponente, also:

$$|\nabla Y| = \sqrt{Y_x^2 + Y_y^2}$$

$$|\nabla u| = \sqrt{u_x^2 + u_y^2}$$

$$|\nabla v| = \sqrt{v_x^2 + v_y^2}$$

Damit läßt sich nun die Änderung der Farbintensität dE definieren, die in Anlehnung an CIE-Norm [Col] als der euklidischen Abstand zweier Punkte im Yuv-Raum wie folgt berechnet wird:

$$dE = \sqrt{|\nabla Y|^2 + |\nabla u|^2 + |\nabla v|^2}$$

Als Maß für die Änderung der Crominanz dC definieren wir in Anlehnung an CIE-Norm [Col] den euklidischen Abstand zweier Punkte in der (u,v)-Ebene, der sich wie folgt ergibt:

$$dC = \sqrt{|\nabla u|^2 + |\nabla v|^2}$$

Als Maß für die Änderung des Bunttons (Hue) dH definieren wir in Anlehnung an CIE-Norm [Col] die Winkeldifferenz zweier Punkte in der (u,v)-Ebene. Diese erhalten wir als Winkel zwischen den beiden Vektoren ∇u und ∇v wie folgt:

$$dH = \arccos(\theta)$$

mit

$$\theta = \cos(\nabla u, \nabla v) = \frac{\nabla u * \nabla v}{|\nabla u| * |\nabla v|}$$

In Abb.7 bis Abb.9 werden die Ergebnisse zu den einzelnen Kantentypen dargestellt. Das Verfahren von [Drewniok] (s. Abb. 7 *Farbintensitätskanten*) läßt das Hintergrundraster noch stärker hervortreten. In Abb.8 wurde der Farbkontrast (*Buntheitskanten*) bewertet. Die Graphen treten nun deutlich stärker hervor als der Hintergrund. Durch die Gewichtung der *Bunttonkanten* (Abb.9) mit der Buntheit (Hue) fällt der Hintergrund jetzt fast vollständig weg.

Da für das das Hintergrundraster i.A. entweder eine unbunte Darstellung, d.h. Schwarz auf Weiß gewählt wird, oder aber nur Pastelltöne (z.B. ungesättige orange Linien) verwendet werden, wird es durch Farbintensitätskanten repräsentiert, die stärker als die Crominanzkanten bewertet werden. Da für den Hintergrund und das Raster oft sehr ähnliche Farben gewählt werden, erfahren die Rasterlinien i.A. die geringste Bewertung durch Bunttonkanten. Dem gegenüber werden für die Graphen i.A. stark gesättigte Farben verwendet, die im Vergleich zu den Farbintensitätskanten zu einer 'starken' Crominanz- und Bunttonbewertung gelangen. Eine Trennung von Hintergrund und den interessierenden Graphen ist aufgrund dieser Farbmerkmale leicht möglich.

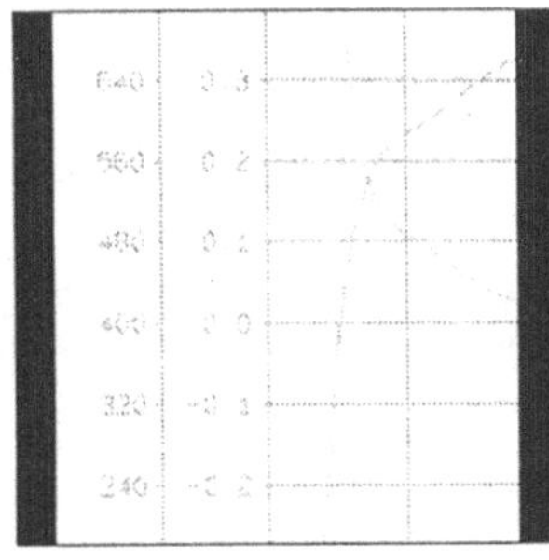

Abbildung 6: Original.

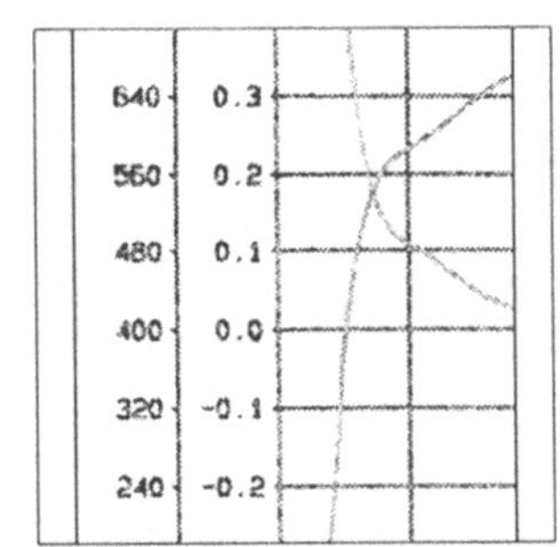

Abbildung 7: Farbintensitätskanten.

4. Zusammenfassung

In diesem Beitrag wurden verschiedene Techniken zur Extraktion des Hintergrunds aus Diagrammen vorgestellt. Dabei müssen grundsätzlich verschiedene Methoden für SW- und Farbdiagramme angewendet werden.

Für *SW-Diagramme*, die meist durch ein Binärbild dargestellt werden, wurde ein Verfahren, das auf einer *symbolischen* Beschreibung des Diagramms mittels Geradensegmenten beruht, angegeben. Durch eine modifizierte Version der Hough-Transformation konnte der strukturierte Hintergrund ohne Einsatz von a priori Wissen aus dem Diagramm entfernt werden.

Für *Farbdiagramme* konnte erfolgreich eine Technik eingesetzt werden, die bereits im *ikonischen* Bereich durch Auswertung der Bunttonkanten eine Trennung zwischen Graphen und Hintergrund ermöglicht. Auch hier wird kein Wissen über die im Diagramm verwendeten Farben vorausgesetzt. Die Annahme, daß der Hintergrund i.a. nur schwach eingefärbt oder unbunt ist, ist praxisnah.

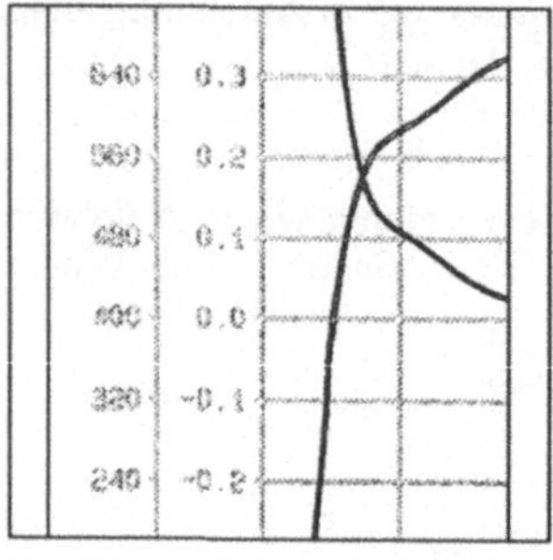

Abbildung 8: Buntheitskanten.

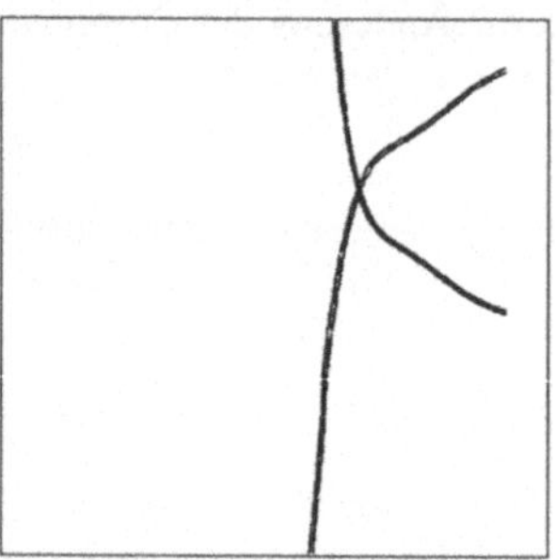

Abbildung 9: Bunttonkanten.

5. Literatur

[Ballard, Brown] D. H. Ballard, C. M. Brown: *Computer Vision.* Prentice-Hall, Inc., Englewood Cliffs, New Jersey, 1982

[Bartneck] N. Bartneck: *A general data structure for image analysis based on a description of connected components.* Computing 42, 17-34, 1989

[BartRitt] N.Bartneck, W.Ritter: *Colour Segmentation with Polyomial classification.* To be published in: 11th International Conference on Pattern Recognition (ICPR), The Hague, The Netherlands, 1992.

[Col] *Colorimetry, second edition.* Publication CIE (Commission Internationale de l'Eclairage) No. 15.2 (1986), Vienna.

[Drewniok] C. Drewniok: *Untersuchungen zur Detektion von Kanten in digitalen Farbbildern.* Diplomarbeit, Universität Hamburg, Okt.1988.

[Duda] R.O.Duda & P.E.Hart: *Pattern Classification and Scene Analysis.* Wiley & Sons, Inc., New York, 1973.

[Korn] A.F.Korn: *Toward a symbolic representation of intesity changes in images.* IEEE Transactions on Pattern Analysis und Machine Intelligence (PAMI), 10(5):610-625, 1988

[Maderlechner] G. Maderlechner: *Symbolic subtraction of fixed formatted graphics and text from filled in forms.* Proc. of MVA 90, IAPR Workshop on Machine Vision Applications, Nov. 28-30, 1990, Tokyo

[Späth] H.Späth: *Cluster-Formation und -Analyse.* Oldenburg Verlag, München Wien, 1983.

[Wall] K. Wall, P.-E. Danielsson: *A New Method for Polygonal Approximation of Digitized Curves.* Proc. of the 3rd Scandinavian Conf. on Image Analysis, 1983

[Wyszecki] G. Wyszecki, W.S. Stiles: *Color Science: Concepts and Methods, Quantitative Data and Formulae.* John Wiley and Sons, New York, 1982

Sprachspezifisches Wissen in Spracherkennungssystemen

Otto Schmidbauer

Siemens AG, Systeminteraktion und -ergonomie

Otto Hahn Ring 6, 8000 München 83

1. Einleitung

Das Erkennen und Verstehen von gesprochener, natürlicher Sprache mit dem Computer ist für viele Forscher seit Jahrzehnten eine Herausforderung. Für viele stellt die Lösung dieses Problems einen wichtigen Schlüssel zum Verständnis der menschlichen Kommunikation dar. Aber Spracherkennung ist nicht nur ein provozierendes Forschungsthema, sondern ist auch eine Technologie geworden, auf die man in Zukunft im Rahmen einer verbesserten Interaktion des Menschen mit dem Computer (*Mensch-Maschine Dialog*) nicht mehr verzichten kann. Schon heute sind Computer in den westlichen Informationsgesellschaften nicht mehr wegzudenken. Die Rechenleistung und der Bedienkomfort der Anwenderprogramme hat erheblich zugenommen, wie allerdings auch im gleichen Maße die Komplexität der Softwaresysteme. So ist die Interaktion trotz graphischer Bedienoberflächen und Maus nicht gerade einfacher geworden. Eine noch stärkere Verbreitung von Computern wird nach Ansicht von Fachleuten dadurch verhindert, daß die Interaktion mit Computern aus menschlicher Sicht immer noch relativ unnatürlich und nicht intuitiv genug ist .

Aufgrund von Fortschritten in der Computertechnologie und Sprachtechnologie hat sich in jüngerer Zeit die Leistungsfähigkeit von Spracherkennungssystemen deutlich verbessert. Mit ständig weiterentwickelten Rechnern und Algorithmen scheint der Mensch-Maschine Dialog mit gesprochener Sprache bereits in wenigen Jahren realisierbar. Einige Spracherkennungssysteme sind heute schon kommerziell verfügbar und werden in einfachen Applikationen eingesetzt. *Informationsabfrage* über Telephon ist eine mögliche Anwendung; z.B. zur Abfrage des Kontostandes, des Kino- oder Theaterprogramms genügen Erkenner mit kleinem bis mittlerem Wortschatz (ca. 10 - 50 Wörter). Eine andere Anwendung ist die *Dateneingabe* mit gesprochener Sprache, vor allem in Situationen, wo Hände und Augen als Eingabemedium nicht verfügbar sind (z.B. Qualitätskontrolle, medizinische Diagnose).

Während diese noch relativ einfachen Einzelworterkennungssysteme die Produktivität und den Bedienkomfort für die Benutzer erhöhen, werden leistungsfähigere und weitergehende Systeme auf lange Sicht sogar unsere Gesellschaft ändern. Die *hörende Schreibmaschine* zum Beispiel wird beliebig gesprochene Äußerungen in Text transkribieren können. Eine noch futuristischer anmutende Anwendung wird die automatische Übersetzung von gesprochener Sprache sein. Wenn es zu einem Durchbruch kommt, könnten im Fernsehen Untertitel in anderer Sprache angezeigt werden. Als *übersetzendes Telephon* könnte diese Technologie eines Tages als Service bei Hotel- oder Konferenzbuchungen oder beim Katalogeinkauf eingeführt werden. Außerhalb des Telephonbereichs gibt es Anwendungen in vielsprachigen Verhandlungssituationen oder bei Videokonferenzen.

Während Systeme zur Erkennung von Einzelwörtern meist auf leistungsfähige Mustererkennungsverfahren ohne sprachspezifisches Wissen vertrauen, - das zu erkennende Muster wird lediglich als *Wort* interpretiert -, wäre eine Realisierung eines Systems für fließende Sprache ohne Zuhilfenahme von sprachspezifischen Wissensquellen, wie *Phonetik* und *Linguistik*, nicht möglich. Intuitiv erscheint es jedem von uns plausibel, daß man fließende Sprache nicht in Einheiten von ganzen Sätzen erkennt (was im Prinzip zwar möglich wäre), sondern als Folge von Wörtern, die ihrerseits wieder aus einer Reihe von elementaren Sprachlauten, den *Phonemen*[1], zusammengesetzt sind. Die Wörter einer Sprachäußerung werden schließlich mit Hilfe einer Grammatik, welche die Syntax und Semantik der Äußerung beschreibt, zu ganzen Sätzen kombiniert. Die *Phonetik* liefert uns dabei grundlegendes Wissen über den strukturellen Aufbau von gesprochener Sprache; sie definiert das mögliche Inventar von Sprachlauten und beschreibt deren artikulatorischen und akustischen Eigenschaften. Die *Phonologie* liefert einen Regelapparat über den lautlichen Aufbau von Bedeutungselementen (z.B. Wörter), der es ermöglicht, eine Folge von Sprachlauten auf Sinneinheiten (Wörter) abzubilden. Die *Syntax* und *Semantik* vermitteln Wissen über den strukturellen bzw. inhaltlichen Aufbau von ganzen Sätzen, während die *Pragmatik* Wissen über die Begriffswelt der sprachlichen Äußerung.

Wir werden sehen, daß unser Wissen über Sprache die Architektur, die Algorithmen und interne Modellbildung in Spracherkennungssystemen erheblich beeinflußt. Für das Problem der Spracherkennung, mit dem wir uns in dieser Arbeit ausschließlich befassen, sind vor allem phonetische und phonologische Wissensquellen von Interesse. Syntax, Semantik und Pragmatik spielen bei der Spracherkennung selbst eine etwas geringere Rolle, im Gegensatz zum *Sprachverstehen*, bei dem zusätzlich die inhaltliche Bedeutung der gesprochenen Außerung analysiert wird. Auf das Problem des Sprachverstehens wird hier nicht weiter eingegangen.

Wir befassen uns zunächst etwas ausführlicher mit dem komplexen Problem der Spracherkennung und werden die Grundstruktur eines dem Stand der Technik entsprechenden Erkennungssystems für fließende Sprache beschreiben. Im weiteren Verlauf des Artikels schildern wir einige konkrete Beispiele, wie die strukturellen Eigenschaften von gesprochener Sprache in Komponenten aktueller Systeme berücksichtigt werden.

---

[1] Ein Phonem ist die kleinste bedeutungstragende Lauteinheit in Sprache. Wörter die sich in einem Phonem unterscheiden, haben unterschiedliche Bedeutung. Z.B. die Wörter "galt" (gelten) und "kalt".

2. Kriterien für die Schwierigkeit einer Spracherkennungsaufgabe

Zieht man den immensen Forschungsaufwand der letzten Jahrzehnte und die kommerzielle Verfügbarkeit von Spracherkennern in Betracht, mag man sich wundern, warum Spracherkennung immer noch als ungelöstes Problem angesehen wird. Der Grund ist, wie bereits oben erwähnt, daß die Technologien, die in diesen Systemen verwendet werden, nicht ohne weiteres auf kompliziertere Systeme für fließend gesprochene Sprache zu übertragen sind. Im folgenden beschreiben wir die wichtigsten bekannten *sprachspezifischen Variablen*, welche entweder den Entwurf eines Erkennungssystems erschweren oder die Erkennungsgenauigkeit negativ beeinflussen; im einzelnen sind das:

- Variabilität, Vieldeutigkeit und Verwechselbarkeit
- Wortschatzgröße
- linguistische Einschränkungen
- Sprecherzielgruppen
- Umgebungseinflüße

Variabilität: Das zentrale Problem der Spracherkennung besteht in der Variabilität gesprochener Sprache. Beim Codierungsprozess während der Spracherzeugung wird viel mehr Information gesendet als die rein linguistische: so etwa auch Information über den Sprecher selbst (Geschlecht, Alter, Dialekt, Sprachstil), über dessen Stimmung und die Kommunikationssituation. Deswegen kann in vielen Situationen - insbesondere bei fließender, natürlicher Sprache - bestimmte Information wegfallen, ohne die Kommunikation zu stören. Z.B. braucht ein Mensch nicht immer deutlich zu sprechen und wählt deshalb oft auch aus Gründen der Bequemlichkeit eine sparsamere Artikultion, insbesondere wenn er weiß, daß der Zuhörer den weiteren Kontext seiner Äußerungen kennt.

Eine wichtige Ursache für diese Variabilität liegt in der natürlichen Trägheit der Artikulationsorgane. Dadurch wird die Realisierung eines Lautes stets abhängig von dessen Lautumgebung. Diese gegenseitige Beeinflussung benachbarter Laute nennt man *Koartikulation*. Ein Beispiel dafür, wie sich phonetische Information im Sprachsignal manifestiert, ist in Abbildung 1 als Spektrogramm der Äußerung "Die Sonne lacht" dargestellt. Ein Spektrogramm beschreibt die quantitative Fequenzzusammensetzung (Y-Achse) des Sprachsignals über der Zeit (X-Achse). Die Sprachäußerung ist in eine Folge von Sprachlauten zerlegt. Die typische, teilweise stationäre spektrale Struktur einzelner Laute, z.B. /z/, /i/ oder /o/, ermöglicht eine plausible zeitliche Abgrenzung (vertikale Linien). An den Randbereichen der Lautsegmente sind, abhängig von den jeweils benachbarten Lauten (siehe /i/-/z/-/o/), deutliche koartikulationsbedingte Übergänge zwischen den Lauten zu erkennen. Bei Plosivlauten, wie z.B. /t/, sind diese Übergänge im allgemeinen sehr abrupt. Zu ersehen ist auch, daß Wortgrenzen in fließender Sprache nicht detektierbar sind und Koartikulationseffekte an Wortgrenzen ebenso auftreten. Wegen dieser zusätzlichen Quellen für

Variabilität ist die Erkennung von fließender Sprache wesentlich schwieriger als die Erkennung von Einzelwörtern.

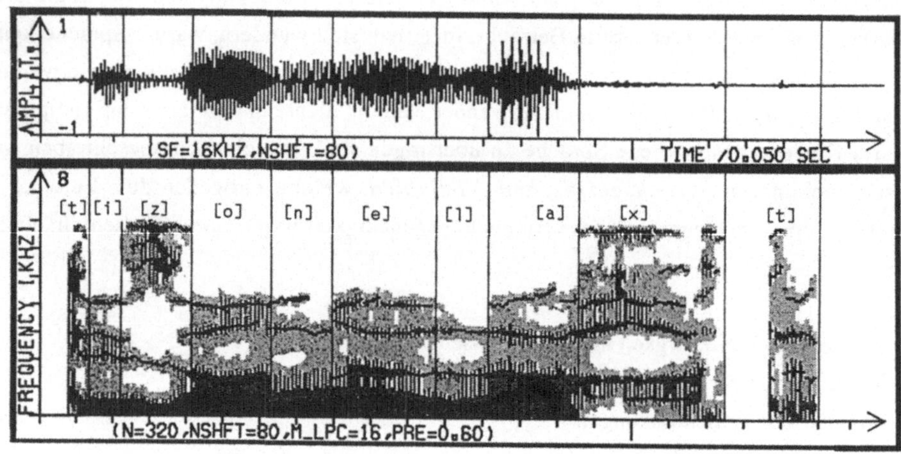

Abbildung 1: Spektrogramm der Äußerung "Die Sonne lacht".

Wortschatzgröße, linguistische Einschränkungen: Von erheblicher Bedeutung ist die Wortschatzgröße, d.h. die Anzahl der Wörter, die vom System erkannt werden können. Je mehr Wörter zulässig sind, um so schwieriger wird prinzipiell deren Unterscheidung bzw. Erkennung und desto mehr Rechenzeit wird für deren Erkennung benötigt. Die Länge der Wörter und deren phonetische Ähnlichkeiten sind zusätzlich beeinflussende Faktoren. Aber die Größe des Lexikons allein ist kein geeignetes Maß zur Messung des Schwierigkeitsgrades der Erkennungsaufgabe, denn bei fast allen Anwendungen mit fließend gesprochener Sprache sind nicht alle Wörter des Lexikons an einer gegebenen Stelle im Satz erlaubt. Sätze wie *"Zu spreche ich ihm."* oder *"Ein Elephant schreibt ein Frühstück."* brauchen in einem Erkennungssystem als Hypothesen erst gar nicht untersucht zu werden, da sie im Deutschen weder syntaktisch noch semantisch erlaubte Konstruktionen sind. Da linguistische Wissensquellen (z.B. Sprachgrammtik) stark einschränken welche Wörter aufeinanderfolgen können, vereinfachen sie die zunächst unmöglich erscheinende Aufgabe der Spracherkennung in hohem Maße; andererseits aber schränken sie genauso die Freiheit beim Sprechen stark ein. Die Herausforderung beim Entwurf von Sprachgrammatiken liegt darin, für den Erkenner die Zahl der Wörter, die aufeinander folgen können, einzuschränken, ohne wesentlich die Freiheit beim Sprechen zu unterbinden.

Sprecherzielgruppe: Spracherkennungssysteme lassen sich aufgrund der Zielgruppe von Sprechern einteilen, für die sie akzeptable Erkennungsleistung bringen. Ein *sprecherabhängiges* System ist nur von einem bestimmten Sprecher oder von einer kleinen Gruppe von Sprechern mit ähnlichen Stimm- und Sprechcharakteristiken benutzbar. Diese Strategie führt zu sehr guten Erkennungsraten, aber das System muß für jeden Sprecher neu trainiert werden. *Sprecherunabhängige* Systeme werden einmal trainiert und können von jedem Sprecher benutzt werden. Da solche Systeme eine Vielzahl von Sprechertypen und Sprechstilen abdecken müssen, sind sie sprecherabhängigen Systemen meist unterlegen. Die Herausforderung besteht darin, die Leistungsfähigkeit eines sprecherunabhängigen Systems durch Anpassung an die Stimm- und Sprechcharakteristiken des Benutzers, unbemerkt von diesem, zu verbessern. Systeme dieser Art werden als *sprecheradaptiv* bezeichnet.

Störeinflüße: Störeinflüße wie Umgebungs- und Hintergrundgeräusche (Türschlagen, Druckergeräusch, sprechende Personen), Lippenschmatzen und unterschiedliche Mikrophoncharakteristiken (z.B. verschiedene Telephonkanäle) können ebenfalls die Erkennungsgenauigkeit eines Systems beeinflussen.

Bei so vielen Variablen, die die Komplexität und den Schwierigkeitsgrad eines Spracherkennungsproblems beeinflusen, gibt es für Systeme ein weites Spektrum der Leistungsfähigkeit. Zum Beispiel kann ein System, das vorgelesene Kreditkartennummern erkennen soll, eine Worterkennungsrate von 99.9% erzielen. Am anderen Ende des Spektrums, würde die Erkennung von spontaner, ungrammatikalischer Sprache über Telephonfernleitungen mit sehr großem Vokabular (50 000 Wörter) bei weitem die Leistungsfähigkeit eines jeden heutigen Spracherkenners überschreiten. Um dieses hochgesteckte Ziel zu erreichen, sind noch Jahrzehnte weiterer Forschung notwendig; im mittleren Bereich des Spektrums aber gibt es viele nützliche Anwendungen, die den Schwierigkeitsgrad der Erkennungsaufgabe einschränken und den Bau von Prototypen ermöglichen.

3. Basistechnologien für die Erkennung fließender Sprache

Die Aufgabe eines Erkenners ist zunächst, das kontinuierliche akustische Signal auf eine Folge von diskreten Lautsymbolen abzubilden (*akustisch-phonetische Dekodierung*). Nach weiterer lexikalischer, syntaktischer und semantischer Analyse werden die Sprachlaute in eine Folge von Sinneinheiten (Wörter) umgesetzt, aus denen nach weiterer linguistischer Analyse, wie z.B. in sprachverstehenden Systemen die Bedeutung der gesprochenen Äußerung ermittelt werden kann.

Die in Abbildung 2 gezeigte Grundstruktur eines Spracherkennungssystems ist typisch für jedes System, das dem heutigen Stand der Technik entspricht. Sie besteht im wesentlichen aus drei von außen sichtbaren Wissensquellen, den *Sprachlautreferenzmodellen* für das gesamte Sprachlautinventar, dem *Wortaussprachelexikon* und der *Sprachgrammatik*. Auch der funktionale Teil des Erkenners besteht im wesentlichen aus drei Modulen, der *Merkmalsextraktion*, der *akustisch-phonetische Dekodierung* und der *Wortsuche*. Zu ersehen ist, daß die Grundstruktur eines Erkennungssystems die hierarchische Gliederung von Sprache in *Phonem-*, *Wort-* und *Satzebene* widerspiegelt. State-of-the-art Erkenner basieren heute meistens auf statistischen Mustererkennungsansätzen. Wir werden zeigen, daß entgegen der Meinung vieler in statistischen Erkennern an vielen Stellen implizit Wissen über gesprochene Sprache eingesetzt wird, auch wenn das Wissen nicht explizit als phonetisch oder phonologisch deklariert ist. Im folgenden werden wir kurz die Aufgabe der 3 Hauptfunktionsblöcke *Merkmalsextraktion, akustisch-phonetische Dekodierung* und *Wortsuche* beschreiben.

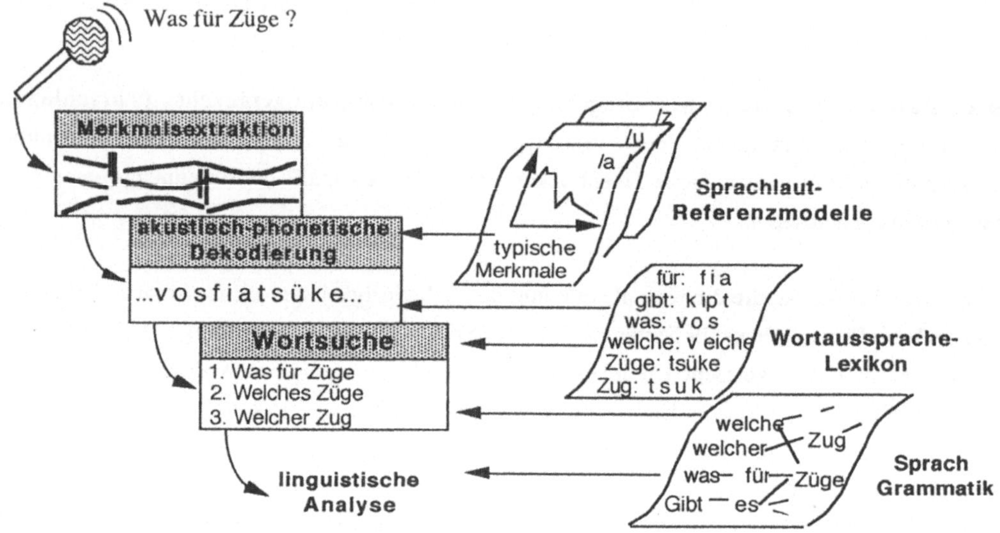

Abbildung 2: Module und Wissensquellen eines Spracherkennungssytems

Merkmalsextraktion: Die erste wichtige Aufgabe eines Spracherkennungssystems ist die möglichst gute Trennung der im Sprachsignal enthaltenen wichtigen linguistischen Information von für die Spracherkennung irrelevanter Information. Es soll aus dem Sprachsignal möglichst nur diejenige Information gewonnen werden, die nötig ist, um zu wissen, was gesprochen wurde und beispielsweise nicht, wer gesprochen hat oder wie es gesprochen wurde. Diese Aufgabe erfüllt die Vorverarbeitung des Sprachsignals als ersten von drei grundsätzlichen Verarbeitungsschritten in einem Spracherkennungssystem. Die Merkmalsextraktion transformiert also das gemessene Sprachsignal in einen für die Spracherkennung geeigneten Merkmalsraum, typischerweise in einen spektralen Merkmalsraum.

Akustisch-phonetische Dekodierung: Das zentrale Problem hierbei ist, wie bereits erwähnt, daß die akustische Realisierung der Sprachlaute äußerst variabel ist. Zur Dekodierung der gesprochenen Sprachlaute aus dem Sprachsignal verwendet man einen Set von Sprachlautreferenz-Modellen (meist Phoneme), welche die typischen akustischen Eigenschaften dieser repräsentieren. Während der Erkennungsphase werden die ankommenden Merkmalsvektoren mit den Sprachlautreferenzen verglichen und Hypothesen für die gesprochenen Sprachlaute erzeugt. Ein sehr erfolgreicher und verbreiteter statistischer Ansatz zur akustisch-phonetischen Dekodierung sind die *Hidden Markov Modelle (HMM),* die die zeitliche und spektrale Variabilität von Sprachlauten gut modellieren können. In Abschnitt 4.2 werden wir etwas genauer auf die Eigenschaften von Hidden

Markov Modellen eingehen. Neuerdings werden auch vermehrt *Neuronale Netze*, z.B. [Waibel89], [Tebel91], erfolgreich zur akustisch-phonetischen Dekodierung eingesetzt.

Wortsuche: Die akustische Information aus dem Sprachsignal alleine würde nicht ausreichen, um gute Erkennungsraten in fließender Sprache zu erreichen. Die *Sprachgrammatik* stellt linguistisches Wissen über Syntax, Semantik und Pragmatik für den Spracherkennungsprozess in geeigneter Form zur Verfügung. Erst die Benutzung von linguistischen Wissensquellen macht die Erkennung von fließender Sprache möglich. Heute werden meist statistische Sprachgrammatiken eingesetzt, z.B. stochastische Bigramm-Grammatiken [Jelinek91]; sie enthalten Wahrscheinlichkeiten mit der ein Wort auf ein anderes folgen kann. Um den gesprochenen Satz zu erkennen, verarbeitet das Modul für die *Wortsuche* die Sprachlauthypothesen, die vom akustisch-phonetischen Prozessor alle 10 ms produziert werden, mit Hilfe des Wortaussprachelexikons und der Sprachgrammatik zu gültigen Wortfolgen. Da die Einschränkungen, gegeben durch das Wortaussprachelexikon und der Sprachgrammatik, bis auf die Phonemebene wirksam sind, wird diese Art von Wortsuche auch *integrierte Suche* [Ney92] genannt. Das System entscheidet sich schließlich für den wahrscheinlichsten Satz.

4. Integration sprachspezifischen Wissens in existierende Systeme

Forscher haben über Sprache meist erheblich mehr Wissen, als sie heute in ihre Erkennungssysteme einbauen. Jedoch zeigen einige Spracherkennungssysteme trotz ihrer Unwissenheit über Sprache respektable Erkennnungsleistungen. Das liegt an ihrer überlegenen Fähigkeit, das wenige Wissen fein zu quantisieren und für Einschränkungen des Suchraums zu verwenden.

Daher erscheint es normal, wenn man versucht, mehr menschliches Wissen über Sprache in die Erkenner einzubauen. Viele befürworten deshalb einen *wissensbasierten* Ansatz zur Spracherkennung [Haton84], [Zue85], Cole[86]. Beim wissensbasierten Ansatz wird während der Trainingsphase menschlich induziertes "a priori" Wissen über akustisch-phonetische Zusammenhänge in den Erkenner "hineinprogrammiert", während dies bei Hidden Markov Modellen oder Neuronalen Netzen, wenn Modellstruktur und Algorithmen vorgegeben sind, automatisch geschieht. Die Erkennung wird beim wissensbasierten Ansatz durch Heuristik gesteuert, bei HMMs zum Beispiel läuft die Erkennung datengesteuert. Praktische Erfahrungen haben gezeigt, daß rein wissensbasierte Ansätze für spezielle, abgeschlossene Probleme, wie z.B. Plosivlauterkennung, sehr gute Ergebnisse erzielen können, aber für ein so komplexes Problem wie die Erkennung fließender Sprache problematisch sind. In der Diskussion über diese Thematik wird vor allem eines klar: erfolgreicher ist immer der Ansatz, der auch die "Unwissenheit" des Systems über Sprache berücksichtigt; in diesem Punkt scheinen z.B. statistische Ansätze eindeutig im Vorteil zu sein.

Da aktuelle Systeme meist auf einem statistischen Ansatz mit integrierter Wortsuche basieren, werden wir uns bei den folgenden Beispielen meist auf diesen Ansatz beschränken. Ohne einen Anspruch auf Vollständigkeit zu erheben, zeigen wir exemplarisch einige Beispiele, wie sprachspezifisches Wissen in bestehende Verfahren und Algorithmen integriert werden kann und wie dadurch entweder die Erkennungsleistung des Systems oder die Effizienz verbessert wird (z.B. Reduzierung des Rechenaufwandes). Wir decken dabei alle Ebenen eines Spracherkennungssystems ab, die Merkmalsextraktion, die akustisch-phonetische Dekodierung inklusive den Sprachlautreferenz-modellen und die Wortsuche mit Aussprachelexikon und Sprachgrammatik.

4.1 Merkmalsebene

Viele Systeme verwenden eine relativ einfache Merkmalsrepräsentation, meist FFT (Fast Fourier Transform) Kanalenergien, Cepstrum- oder LPC (Linear Predictive Coding) Koeffizienten. Waibel /Waibel86/ zeigte, daß prosodische Parameter, wie Lautdauer, -intensität und -betonung die Worterkennungsrate verbessern können. Nachfolgend stellen wir 3 verschiedene Arten von Merkmalen für die Spracherkennung vor, die spezielles Wissen über Sprache berücksichtigen; es sind dies *gehörbezogene Parameter, zeitlich differenzierte Merkmale* und *Formanten.*

Gehörbezogene Vorverarbeitung

Die Melfilterung wird im Prinzip durch Addition der FFT-Kanalenergien in bestimmten Frequenzbereichen erzielt. Diese Frequenzbereiche werden durch das Tonhöhenempfinden des menschlichen Ohres bestimmt [Zwicker61]. Der Zusammenhang zwischen Frequenz der linearen und der Mel-Skala ist wie folgt gefunden worden:

$$f_{mel} = \frac{26.81 \cdot * f_{Hz}}{1960 + f_{Hz}} - 0.5$$

Gehörbezogene Parameter bieten bei tieferen Frequenzen eine bessere Auflösung, wodurch vor allem eine bessere Charakterisierung von Vokalen und damit bessere Erkennung möglich ist.

Zeitlich differenzierte Merkmale

Wie in Bild 1 exemplarisch gezeigt, überwiegen in Sprache stationäre Lautsegmente, die typischerweise von Vokalen stammen. Um die zeitliche dynamische Struktur des Sprachsignals über die Merkmale besser zu erfassen, werden zusätzlich noch die zeitlichen Ableitungen erster und zweiter Ordnung verwendet. In den Ableitungen wird die Differenz der Merkmalsvektoren des aktuellen zum jeweils um δ verschobenen Merkmalsvektor benutzt. Der m-te differenzierte Merkmalskoeffizient $d_m(t)$ zur Zeit t berechnet sich aus den um δ verschobenen m-ten Merkmalskoeffizienten $c_m(t)$ mit folgender Gleichung:

$$d_m(t) = c_m(t+\delta) - c_m(t-\delta)$$

Furui [Furui86] zeigte, daß die Erweiterung des Merkmalsvektors mit differenzierten Koeffizienten und Signalenergie die Fehlerrate bei einem sprecherunabhängigen System von 6.4% auf 2.4% reduziert. Dies erscheint plausibel, da durch die zeitliche Differenzierung der Merkmale der Gleichanteil der Merkmale, d.h. der sprecherspezifische Anteil, signigikant reduziert wird. Andererseits zeigen Experimente mit sprecherabhängigen Systemen, daß differenzierte Merkmale keine Verbesserung bringen.

Formanten

Formanten, als die charakteristischen Resonanzen des Vokaltrakts definiert, bieten sich wegen ihres direkten Bezugs zur Stellung der Artikulationsorgane als Parameter für die Spracherkennung geradezu an. In Sprachspektren manifestieren sich Formanten als Energiemaxima, bis zu 8 Formanten existieren im Frequenzbereich von 8 kHz. Üblicherweise werden Formanten nach aufsteigender Resonanzfrequenz geordnet. In das Spektrogramm von Bild 1 sind Formantverläufe als meist horizontal verlaufende schwarze Linien eingezeichnet. In der Phonetik haben sie sich vor allem wegen ihrer Anschaulichkeit und kompakten Darstellungsmöglichkeit (lediglich 8 + 8 Werte für Formantmittenfreqeunz und Formantbandbreite) zum Standard für die Charakterisierung von Vokalen oder Vokal-Konsonant Lautübergängen herausgebildet. Leider existiert kein analytisches Berechnungsverfahren für Formanten; die automatische Extraktion von Formanten aus dem Sprachsignal ist deshalb nach wie vor ein vielbeachtetes, aber noch ungelöstes Problem . In [Schmid90] wird ein robuster Formantextraktionsalgorithmus beschrieben, der in fließender Sprache on-line Formanten aus dem Sprachsignal extrahiert. Tabelle 1 zeigt einen Vergleich verschiedener Merkmalsextraktionsverfahren anhand von Erkennungsexperimenten in fließender Sprache.

	Formant (16) [%]	Cepstrum (16) [%]	Mel-Spektrum(64) [%]
Sprecher 1	84.9	80.3	86.7
Sprecher 2	84.1	79.5	86.7
Sprecher 3	86.0	81.1	87.9

Tabelle 1: Frame-Erkennungsraten für verschiedene Sprecher und Merkmale

Aus Tabelle 1 ist ersichtlich, daß nur 16 Formantmerkmale ähnlich gute Ergebnisse wie ein 64 dimensionaler Merkmalsvektor [Ney92] ergeben. Bei einem Vergleich mit 16 Cepstralen Parametern schneiden Formanten besser ab.

Artikulatorische orientierte Merkmale

Die Motivation für einen artikulatorisch basierten Ansatz läßt sich wie folgt zusammenfassen: artikulatorische Merkmale sind phonetisch motiviert und bieten eine engere Verbindung zur linguistischen Ebene als z.B. spektrale Merkmale. Außerdem kann wegen ihrer phonetischen

Orientierung leichter explizites Wissen über Sprache eingebracht werden. Außerdem ist eine Mehrzahl von zunächst beliebig erscheinenden akustischen Variabilitäten, z.B. Kontextabhängigkeit der Phoneme, von einem artikulatorischen Standpunkt aus als systematisch anzusehen. So können systematische, artikulatorisch bedingte Variabilitäten selbst zu einer wichtigen Informationsquelle für die akustisch-phonetische Dekodierung werden.

In [Schmid89] wurde eine artikulatorische Repräsentation des Sprachsignals mit Hilfe des sog. *Artikulatorischen Merkmalsvektorrs (AMV)* vorgeschlagen. Der AMV beschreibt das Sprachsignal im 10 ms Raster mit Hilfe von Wahrscheinlichkeiten für das Auftreten bestimmter artikulatorischer Parameter (Kategorien der *Artikulationsstelle* und der *Artikulationsweise*). Im Idealfall beschreibt der AMV die Stellung der Artikulationsorgane. Die Genauigkeit der artikulatorischen Beschreibung ist auf die in der folgenden Tabelle 2 aufgeführten Kategorien beschränkt. Die Wahrscheinlichkeiten für das Auftreten der artikulatorischen Kategorien sind im AMV zusammengefaßt:

$$AMV^T = \{\ P(SI),P(WF),P(SF),P(VB),P(NA),P(SO),P(VO),$$
$$P(GL),P(VE),P(PA),P(AL),P(DA),P(LD),P(LA),$$
$$P(V1),P(V2),P(V3),P(V4),P(V5),P(V6)\ \}$$

Kategorien der Artikulationsweise:			
	SI	Sprech-, Plosiv Pause	/si/, /t/, /p/, /k/
	WF	schwacher Frikativ	/h/, /v/, /z/, /f/, /p/, /t/, /k/
	SF	starker Frikativ	/s/, /x/, /ch/, /sch/
	VB	stimmhaftes Bindeglied	/b/, /d/, /g/
	NA	Nasal	/m/, /n/, /ng/
	SO	Sonorant	/l/, /r/, /j/
	VO	Vokale	(siehe unten)
Kategorien der Artikulationsstelle: (Konsonanten)	LA	bilabial	/b/, /p/, /m/
	LD	labio-dental	/v/, /f/
	DA	dental	/z/, /s/, /d/, /t/
	AL	alveolar	/l/, /r/, /n/
	PA	palatal	/j/, /ch/, /sch/
	VE	velar	/ng/, /x/, /g/, /k/
	GL	glottal	/h/
Kategorien der Artikulationsstelle: (Vokale)	V1		/u/, /u:/, /o/, /o:/
	V2		/a/, /a:/, /r:/
	V3		/e/, /ae/
	V4		/ü/, /ü:/, /ö/, /ö:/
	V5		/i/, /i:/, /e./

Tabelle 2: Artikulatorische Kategorien im AMV und Zuordnung zu Phonemen

Mit dem AMV läßt sich das Sprachsignal mit einer relativ geringen Anzahl von Komponenten (= Kategorien im AMV) beschreiben. Typischerweise wird der AMV mit Hilfe von kontextabhängigen Hidden Markov Modellen aus einer Formantdarstellung des Sprachsignals generiert. Die Prozedur ist detailliert in [Schmid89] dargelegt. Folgende Beispiele zeigen, wie der AMV das Sprachsignal beschreibt. Das Phonem /s/ , ein dentaler Frikativ, wird im Idealfall durch hohe Werte für den Koeffizient P(SF) und P(DA) angezeigt, der Laut /i/ durch hohe Werte for P(VO) und P(V6). Es konnte gezeigt werden, daß artikulatorische Merkmale sich hervorragend für kontextabhängige Modellierung eignen (siehe Abschnit 4.2) und eine gute Basis für sprecher-adpative Systeme bilden.

4.2 Akustisch-phonetische Strukturmodelle

In diesem Abschnitt gehen wir vor allem auf die Anpassung der Parametern von Hidden Markov Modellen an sprachspezifische Bedürfnisse ein. Je feiner und genauer die Struktur von Sprache mit HMMs modelliert werden kann, desto höher ist die zu erwartende Worterkennungsrate.

Hidden Markov Modelle als phonetische Strukturmodelle

Wie bereits erwähnt, sind *Hidden Markov Modelle* ein sehr erfolgreicher und verbreiteter Ansatz zur akustisch-phonetischen Dekodierung. Ein Hidden Markov Modell ist hauptsächlich durch zwei Elemente charakterisiert, durch *Zustände*, die von links nach rechts mit gerichteten Kanten verbunden sind (Übergänge), und durch zustandsspezifische Wahrscheinlichkeitsverteilungen, den sog. *Emissionswahrscheinlichkeiten*. Ein typisches HMM mit 6 Zuständen ist in Abbildung 3 gezeigt. Die zeitliche Entwicklung eines Phonems im Merkmalsbereich wird dadurch modelliert, daß man von einem Zustand in den anderen übergeht, einen Zustand überspringt oder in einem Zustand verweilt. Jeder Zustand charakterisiert mit Hilfe von Wahrscheinlichkeitsverteilungen auf Merkmalsebene typische segmentale Eigenschaften eines Phonems, die Übergangsphase aus dem vorausgehende Phonem (Zustand 1 und 2), die stationäre Phase (Zustand 3 und 4) und die Transitionsphase zum nächsten Phonem (Zustand 5 und 6). Die Übergangswahrscheinlichkeiten a_{ij} zwischen den Zuständen erlauben so die Modellierung von zeitlicher Variabilität, während Merkmalsverteilungen b_i in den Zuständen die Variabilität der Sprachlaute modellieren. Ein HMM ist ein bezeichnendes Beispiel dafür, wie gut ein stochastisches Modell an sprachspezifische Bedürfnisse angepaßt sein kann.

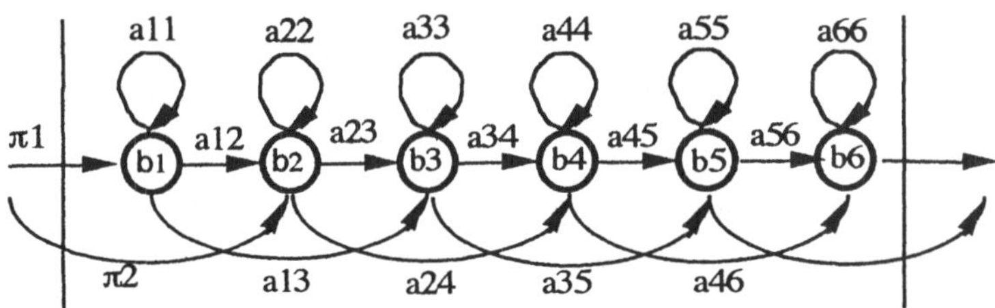

Abbildung 3: Modellstruktur eines Links-Rechts-Hidden Markov Modells. Die Kreise bezeichnen die Zustände mit den Emissionswahrscheinlichkeiten b_j. Sie sind durch Übergänge mit den Übergangswahrscheinlichkeiten a_{ij} bzw. den Aufenthaltswahrscheinlichkeiten a_{ii} miteinander verbunden. Die Einsprungwahrscheinlichkeit ist mit π_i bezeichnet. In dem dargestellten Modell sind nur Sprünge in den gleichen, in den nächsten oder übernächsten Zustand erlaubt.

Für eine gegebene Zustandsfolge S der Länge T, S = s_1, s_2...s_T, läßt sich die Wahrscheinlichkeit für eine beobachtete Folge von akustischen Merkmalsvektoren $O = O_1, O_2...O_T$ bei gegebenem Model λ wie folgt angeben:

$$P(O \mid S \lambda) = b_{s1}(O_1)\, b_{s2}(O_1)... b_{sT}(O_T)$$

Die Wahrscheinlichkeit $P(S \mid \lambda)$ für eine Zustandssequenz S, gegeben Model λ ist:

$$P(S \mid \lambda) = a_{s0s1}\ a_{s1s2} \cdots a_{sT\text{-}1sT}$$

Da eine gegebene Beobachtungsfolge akustischer Merkmalsvektoren von vielen möglichen Zustandsfolgen erzeugt werden kann, errechnet sich die Wahrscheinlichkeit $P(O \mid \lambda)$ für eine gegebenene Beobachtungsfolge O aus der Verbundwahrscheinlichkeit einer möglichen Zustandsfolgen S und der gegebenen Beobachtungsfolge O, summiert über alle möglichen Zustandsfolgen S:

$$P(O \mid \lambda) = \sum_{\text{alle } S} P(O \mid S \lambda)\ P(S \mid \lambda)$$

Während der Erkennungsphase werden die zu erkennenden Wörter gemäß Wortaussprachelexikon und Sprachgrammtik zu einem großen Hidden Markov Modell aus Phonem HMMs zusammengesetzt. $P(O \mid \lambda)$ ist somit für jede mögliche Wortfolge zu bestimmen. Die erkannte Wortfolge ist die Wortfolge mit der höchsten Wahrscheinlichkeit. In der Praxis wird meist das sog. *Viterbi* Suchverfahren [Ney92] eingesetzt, das die Wahrscheinlichkeiten für alle mögliche Wortfolgen gleichzeitig zu bestimmen erlaubt.

Für das Training von Hidden Markov Modellen benötigt man sehr viel Sprachdaten; für sprecherabhängige Systeme typischerweise ca. 30 Minuten und für sprecherunabhängige mehrere Stunden Sprachdaten von mindestens 100 Sprechern.

Anhand der Emissionswahrscheinlichkeiten lassen sich Hidden Markov Modelle in zwei Typen einteilen, in diskrete und kontinuierliche Modelle:

• Bei diskreten Modellen wird das Sprachsignal nach der Berechnung der akustischen Merkmalsvektoren mit Hilfe der Vektorquantisierung in einen Strom der jeweils ähnlichsten Codebuchvektoren umgewandelt. Dieses Verfahren hat den Vorteil, daß die Emissionswahrscheinlichkeiten der Merkmalsvektoren nicht berechnet werden müssen, da sie als Modellparameter direkt vorliegen.

• Bei kontinuierlichen Modellen entfällt die Einschränkung des festen Vektorvorrats. Die Emissionswahrscheinlichkeiten der Merkmalsvektoren wird aus zustandsspezifischen Verteilungsdichtefunktionen berechnet.

Zeitliche Modellierung

In erster Linie wird die Aufenthaltsdauer in den Modellzuständen durch die Aufenthalts- und Übergangswahrscheinlichkeiten modelliert. Für die Aufenthaltswahrscheinlichkeit $P(i)$ bei τ Selbstübergängen im Zustand i mit der Wahrscheinlichkeit a_{ii} für den Selbstübergang gilt:

$$P(i) = (1-a_{ii})\, a^{\tau}_{ii}$$

Die Formel zeigt, daß die Aufenthaltsdauer von $P(i=1)$ ein Maximum hat und für Dauern größer oder kleiner als 1 einen exponentiellen Abfall aufweist (siehe Abbildung 4). Die Möglichkeiten für die Modellierung der Zustandsaufenthaltswahrscheinlichkeiten sind daher stark begrenzt.

Eine sehr einfache Möglichkeit, die HMM Modelle an die Lautdauer anzupassen, ist, die Zahl der Zustände eines HMMs an die mittleren Lautdauern anzugleichen. Allerdings wäre dann die Schätzung der Emissionswahrscheinlichkeiten wegen der begrenzten Trainingsdaten unsicherer. Den gleichen Effekt für die Zeitmodellierung bringt eine Aufteilung von Zuständen in eine variable Zahl von Unterzuständen mit gleichen Emissionswahrscheinlichkeiten; ein aus mehreren Unterzuständen bestehender Zustand wird dann als *Segment* bezeichnet. Diese Methode hat folgende Vorteile:

- Die Anzahl der Zustände pro Segment kann durch Mittelung der Aufenthaltsdauern während der Trainingsphase bestimmt werden.
- Für die neu eingeführten Zustände müssen keine neuen Emissionswahrscheinlichkeiten geschätzt werden.

Der Einfluß der Zustandsaufspaltung auf die Aufenthaltswahrscheinlichkeit in einem Segment in Abhängigkeit von der Aufenthaltsdauer ist in Abbildung 4 dargestellt (nach [Zünkler91]).

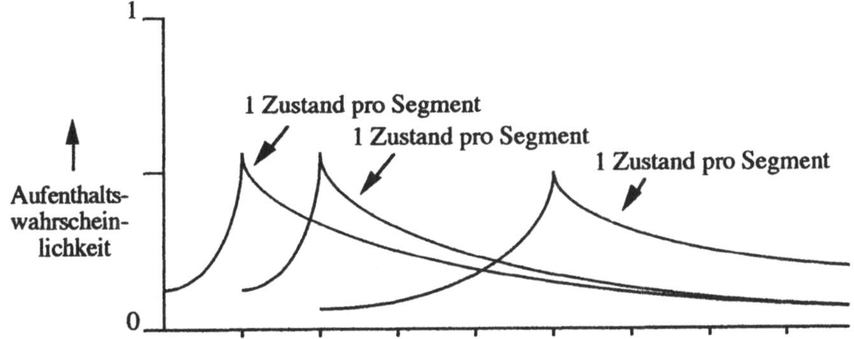

Abbildung 4: Aufenthaltswahrscheinlichkeit in einem Segment für unterschiedlich viele Zustände

Spektrale Modellierung

Wie bereits beschrieben, können Emissionswahrscheinlichkeiten diskret mit Hilfe einer Vektorquantisierung oder auch kontinuierlich mit Verteilungsdichtefunktionen dargestellt werden. Letztere werden meist als Gaußverteilungen modelliert. Die Wahrscheinlichkeitsdichtefuntion für die multi-variate Gauß'sche Normalverteilungen ist:

$$p(x) = N(x, \mu, C) = \frac{1}{\sqrt{2\pi}} \frac{1}{|C|^{1/2}} e^{-\frac{1}{2}(x-\mu)C^{-1}(x-\mu)}$$

Hierbei ist x der Merkmalsvektor, C die Kovarianzmatrix und μ der Mittelwertsvektor der Wahrscheinlichkeitsdichte. Unimodale Wahrscheinlichkeitsverteilungen setzen voraus, daß sich die zu der Verteilung gehörigen Merkmalsvektoren mit einer einzige Mode (= "Gaußglocke") darstellen lassen. Im Fall von Sprache kann dies aber nicht vorausgesetzt werden, da die Merkmalsvektoren infolge ihres dynamischen Charakters stark von benachbarten Phonemen geprägt werden (Koartikulation). Außerdem werden Aussprachevarianten eines Phonems (*Allophone*) mit einer einzigen Verteilungs-Mode nicht berücksichtigt. Allophone treten z.B. bei dem Phonem /r/ auf: je nach Kontext wird es stimmhaft (wie in "Rabe") oder stimmlos (wie in "Kraft") ausgesprochen.

Um nun Allophone und verschiedene Phonemübergänge modellieren zu können, verwendet man eine Überlagerung von mehreren unimodalen Verteilungen. Diese überlagerten Verteilungen werden multi-modale Verteilungen genannt. Jede einzelne Mode wird mit einem Gewichtsfaktor c_m versehen, der den Anteil dieser Mode an der Gesamtdichtefuntion bestimmt. Die Wahrscheinlichkeitsdichtefunktion für multivariate und multimodale Gaußdichteverteilungen lautet nun:

$$p(x) = \sum_{m=1}^{M} c_m \, N(x,\mu,C) \qquad\qquad \text{mit} \sum_{m=1}^{M} c_m = 1$$

Kontextabhängige akustisch-phonetische Modellierung

Eine Längenmodellierung von kontextfreien Phonemen zeigt oft nicht die erhofften Verbesserungen der Erkennungsrate [Zünkler91]. Dies ist darin begründet, daß auch die Länge eines Phonems stark von seinem Kontext abhängt. Wenn Phoneme für jeden Kontext getrennt trainiert werden, erhält man die sog. *kontextabhängigen* Phonem-Modelle. Sie berücksichtigen als Kontext meist das vorhergehende und das nachfolgende Phonem. Das Wort "seit" mit der Phonemfolge /s ai t/ wird in der kontextabhängigen Schreibweise als / ^{si}s^{ai} ^{s}ai^t ^{ai}t^{si} / notiert, wobei /si/ die Sprachpausen vor und nach einem Wort bezeichnet.

Bei der Verwendung kontextabhängiger Modelle tritt jedoch ein grundsätzliches Problem auf: je mehr kontextabhängige Phonem-Modelle aus dem vorhandenen Trainingsmaterial gewonnen werden, desto weniger kann hiervon für die Schätzung der Modelle herangezogen werden. Der Vorteil der Berücksichtigung von Kontext-Information konkurriert mit dem Nachteil der schlechteren Schätzbarkeit . Schwartz [Schwartz85] fand als Ausweg eine Kombination von gut trainierten kontextabhängigen Modellen mit verschiedenen Abstufungen kontextabhängiger Modelle (Links-Kontext, Rechts-Kontext, Links-Rechts-Kontext). Jedes Modell wurde so gut trainiert, wie die Menge der Trainingsmaterials es zuließ. So konnte eine deutliche Erhöhung der Erkennungsrate gemessen werden. Der Nachteil dieses Verfahrens ist, daß es mit viel Aufwand beim Training und auch bei der Erkennung verbunden ist.

K.F. Lee [Lee88] stellte daher einen anderen Ansatz vor. Er trainierte zunächst alle möglichen Modelle mit Links-Rechts-Kontext. Die Anzahl der Modelle wird anschließend schrittweise reduziert, bis die Entropiedifferenz - also der Informationsverslust - eine bestimmte Schwelle überschreitet. Auf diese Art kann man ein ausreichendes Training der Modelle erreichen. Es ist allerdings nicht festgelegt, welche Modelle nach dem Training noch vorhanden sind. Das kann zu erheblichen Problemen führen, wenn die Trainingsdatenbasis und die Testdatenbasis auf stark unterschiedlichen Wörtern basieren und im Testkorpus benötigte kontextabhängige Phoneme einfach fehlen.

Kontextabhängigkeit: Ein artikulatorisch basierter Ansatz
Die oben genannten Ansätze [Schwartz85] und [Lee88] zur Modellierung von Kontextabhängigkeit zeigten beachtliche Ergebnisse, wenn das Vokabular für den Trainings- und Testkorpus identisch waren. Von [Hon90] wurde gezeigt, daß sich selbst bei 5000 Trainingssätzen die Erkennungsrate von 95% auf ca. 65% verschlechtert, wenn sich nur mehr 44% der im Training vorkommenden Wörter im Testkorpus befinden.

Der AMV eignet sich, weil er Phoneme in Klassen mit näherungsweise gleichen artikulatorischen Eigenschaften einteilt, in hervorragender Weise zur Berücksichtigung und Modellierung von Kontext. Mit einem Trainingskorpus von nur 100 Sätzen (Berliner Sätze von Sotschek [Sotschek84]) wurden insgesamt 137 vom Links-Kontext abhängige HMMs für die artikulatoischen Kategorien des AMV trainiert, auf Phonemebene wären dies insgesamt 552 Modelle gewesen. Die Modellierung von Kontext auf Phonemebene wäre bei dieser geringen Menge an Trainingsmaterial unmöglich gewesen. Bei einem unabhängigen Test mit dem SPICOS Korpus ([Höge90], [Littel91]) konnte die Erkennungsrate bei sprecherabhängigen Tests im Mittel um 5% absolut verbessert werden. Nur 10% der Wörter kamen sowohl im Test- als auch im Trainingskorpus vor. Das bedeutet, daß die kontextabhängige Modellierung auf artikulatorischer Ebene konstistente statistische Modelle generiert, die gut trainierbar sind und exzellent generalisieren. Allgemein wurde festgestellt, daß sich bei kontextunabhängigem Training eine ca. 3 -fach bessere Ausnutzung, bei einseitigem Kontext eine ca. 10-fache und bei zweiseitigem Kontext eine ca. 30-fach bessere Ausnutzung des Trainingsmaterials ergibt.

4.3 Wortsuche

Aussprachelexikon

Vereinfachend wird meist angenommen, daß im Aussprachelexikon nur eine mögliche Aussprache
pro Wort angegeben ist. Die Phonologie legt im Allgemeinen diese Aussprache fest. Mögliche
Aussprachevarianten werden auf Ebene der Phonem Hidden Markov Modelle berücksicht. Bei einem
Beispiel wird deutlich, daß diese Annahme sehr vereinfachend ist und nicht der Realität entspricht.
Das Wort "haben" kann in fließender Sprache auf folgende Weisen ausgesprochen werden:

1. /h/ /a:/ /b/ /e/ /n/	Grundform
2. /h/ /a:/ /b/ /n/	Auslassung von /e/
1. /h/ /a:/ /b/ /m/	Assimilation /n/ -> /m/
1. /h/ /a/ /m/	Auslassung von /m/

Normalerweise steht nur die Grundform im Wortaussprachelexikon, das heißt wenn "haben" als
"/h/ /a/ /m/" gesprochen wird, muß es auf die Referenzaussprache "/h/ /a:/ /b/ /e/ /n/" abgebildet
werden.

Um diesen offensichtlichen Mangel zu umgehen, gibt es zwei Möglichkeiten. Zum einen können
alternative Aussprachen ins Aussprachelexikon aufgenommen werden, oder man konstruiert einen
Aussprachegraph, bei dem basierend auf phonologischen Regeln Phoneme ausgelassen, eingefügt
oder durch andere ersetzt werden können. Ein möglicher Aussprachegraph für das Wort "haben" ist
in Abbildung 6 gezeigt.

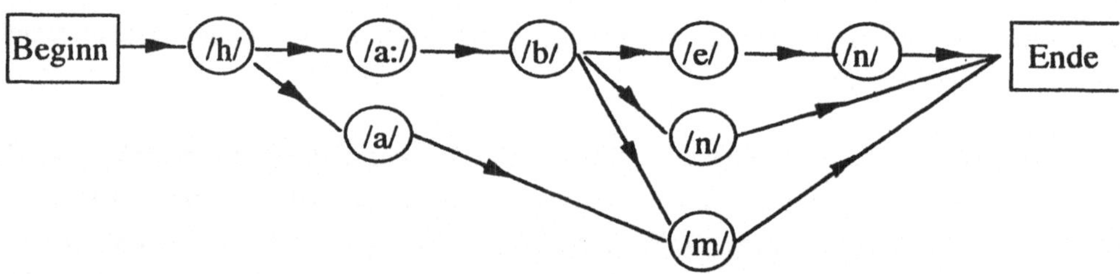

Abbildung 6: Aussprachegraph für das Wort "haben".

Leider zeigt sich in der Praxis, daß weder die eine noch die andere Methode die Worterkennungsrate
signifikant verbessert. Trotz der aufgezeigten Unzulänglichkeiten erreicht man mit den einfachen
Grundformen-Ansatz die besten Ergebnisse. Der Grund dafür ist, daß zum einen zusätzliche ähnliche
Wörter (Aussprachevarianten sind sich ja ähnlich) die Verwechselbarkeit bei der Erkennung erhöhen,
zum anderen können die Wortaussprachegraphen meist nur unzureichend trainiert werden, da nicht
genügend Trainingsmaterial für Aussprachevarianten vorhanden ist.

Phonotaktische Einschränkungen

Auch für Phoneme läßt sich eine Art Micro-Syntax entwerfen, mit der die Regelhaftigkeit ausgedrückt werden kann, welche Phoneme aufeinanderfolgen können und welche nicht. Die *Phonotaktik* ist eine Wissenschaft über die Syntax von Phonemen. Die Gewichtung von Übergängen zwischen Phonemen mit trainierten Wahrscheinlichkeiten erlaubt eine signifikante Einschränkung des vorhandenen Suchraums und resultiert in einer Erhöhung der Erkennungsrate. Der Effekt wird einerseits durch die Reduzierung auf erlaubte Lautübergänge bewirkt, wobei durch die Phonotaktik akustisch ähnliche, aber im Deutschen nicht vorkommende Lautübergänge ausgeschlossen werden. Andererseits wird der Effekt dadurch erzeugt, daß häufig vorkommende Phonemübergänge a priori mit höherer Lautübergangswahrscheinlichkeit erhalten, und somit wahrscheinlicher erkannt werden. Schmidbauer [Schmid89] zeigte, daß durch Verwendung von phonotaktischen Bigramm-Modellen die Erkennungsrate auf Phonemebene um 5% absolut verbessert werden konnte.

Ein ebenfalls geeigneter Ansatz zur Berücksichtigung der phonotaktischen Struktur von Sprache ist der *silbenorientierte Ansatz* [Ruske81]. Bei diesem Ansatz wird das Sprachsignal zunächst anhand eines gehörbezogenen Energieverlaufs [Zwicker61] explizit in Silben segmentiert. Um das Inventar an Erkennungseinheiten zu reduzieren (ca. 5000 Silben im Deutschen), wird zur Erkennung jede Silbe in zwei Teile aufgespalten, wobei eine Anfangs- und Endhalbsilbe entstehen; das Inventar läßt sich dadurch auf insgesamt ca. 1500 Erkennungseinheiten reduzieren. Der silbenorientierte Ansatz hat auch den Vorteil, daß Koartikulationseffekte von Sprachlauten innerhalb der Halbsilben berücksichtigt werden. Die Probleme des Silbenansatzes liegen in der expliziten Segmentierung des Sprachsignals und in der Bereitstellung einer ausreichenden Menge an Trainingsdaten für die große Anzahl von Erkennungseinheiten.

6. Zusammenfassung

Spracherkennungssysteme für fließende Sprache, die dem heutigen Stand der Technik entsprechen, können durch die Integration sprachspezifischen Wissens auch nachträglich in ihrer Leistungsfähigkeit verbessert werden. Typischerweise ist das verwendete Wissen nicht immer explizit phonetisch, phonologisch oder linguistisch motiviert, wie es z.B. die Einführung von multi-modalen Gaußverteilungen zur besseren Modellierung von Variabilität zeigt. Ein Beispiel, daß phonetisches a priori Wissen nützlich sein kann, ist der sog. *Artikulatorische Merkmalsvektor*. Bezugnehmend auf unsere geschilderten Beispiele, kann man zusammenfassen, daß die Integration heuristischen Wissens über Sprache einen mitbestimmenden Einfluß hat auf

- die Architektur und Komplexität eines Spracherkennungssystems,
- die Art der verwendeten Merkmale,
- die Modellierung von Sprachlauten (z.B. Kontextabhängigkeit),

- die Effizienz der Erkennungs- und Trainingsverfahren (weniger Trainingsdaten, höhere Erkennungsgeschwindigkeit),
- die Größe des Suchraums.

Die Leistung beim Bau eines Spracherkenners besteht also darin, zuerst vom Prinzip her geeignete Verfahren für die Merkmalsextraktion bzw. Mustererkennung auszuwählen, um sie dann durch möglichst gute Anpassung an sprachspezifische Bedürfnisse zu verbessern. Explizites a priori Wissen über den Aufbau der Sprache reduziert außerdem die Zahl der *variablen Systemparameter* und ermöglicht deren Voreinstellung.

Literatur

[Cole86]   R.A.Cole,"The C-MU Phonetik Classification System", Proc. ICASSP, S. 2255-2257, Tokyo, April 1986

[Furui 86]   S. Furui, "Speaker-Independent Isolated Word Recognition Using Dynamic Features of Spectrum", IEEE Transactions von Acoustics, Speech and Signal Processing, ASSP-34(1):52-59, February 1986

[Haton84]   J.P. Haton, "Knowledge-based and Expert Systems in Automatic Speech Recognition", in DeMori (Editor) *New Systems and Architectures for Automatic Speech* Recognition, Dordrecht, Reidel, Netherlands, 1984

[Höge90]   H. Höge, " SPICOS II - A speech understanding dialogue system", Proc. of the Int. Conf. on Spoken Language Processing, pp. 1319-1316, Kobe, 1990

[Hon90]   H.-W. Hon, K.F. Lee. "On Vocabulary-Independent Speech Modeling", Proc. ICASSP, Albuquerque, April, 1990

[Jelinek91]   F. Jelinek. "Self-Organized Language Modeling for Speech Recognition", *Readings in Speech Recognition*, pp. 450-506, edited by A. Waibel and K.F. Lee, Morgan Kaufmann Publishers, San Mateo CA, 1990

[Lee88]   K.F. Lee. "Large-Vocabulary Speaker-Independent Continuous Speech Recognition: The SPHINX System", Technical Report CMU-CS-88-148, Carnegie Mellon University, Pittsburgh, PA, 1988

[Littel91]   B. Littel, G. Bakenecker and H. Höge. "Evaluierung des sprachverstehenden Systems SPICOS II", Fortschritte der Akustik - DAGA´91, Darmstadt,1991

[Ney88]   H. Ney and A. Noll. "Phoneme modeling using continuous mixture densities", Proc. ICASSP´88, pp.437-440, New York, 1988

[Ney92]   H. Ney, A. Paeseler and A. Noll. "Data Driven Search Organization for Continuous Speech", IEEE Trans. on Signal Processing, Vol.40, No.2, Feb. 1992

[Ruske81]   G.Ruske, T.Schotola. "The Efficiency of Demisyllable Segmentation in the Recognition of spoken Words", Proc. ICASSP, S.971-974, Atlanta, 1981

[Schmid89]   O. Schmidbauer. "Ein System zur Lauterkennung in fließender Sprache auf der Basis artikulatorischer Merkmale", Dissertation, Fakultät für Elektrotechnik und Informationstechnik der TU München, 1989

[Schmid90]   O.Schmidbauer, "An Algorithm for automatic Formant-Extraction in Continuous Speech", Proc. EUSIPCO, Barcelona, September 1990

[Schmid92]   O. Schmidbauer and J. Tebelskis. "An LVQ based Reference Model for Speaker-Adaptive Speech Recognition", IEEE International Conference on Acoustics, Speech and Signal Processing, San Francisco, 1992

[Sotschek84] J. Sotschek. "Sätze für Sprachgütemessungen und ihre phonologische Anpassung an die Deutsche Sprache", pp. 873-876, Fortschritte der Akustik - DAGA´84, DPG GmbH, Darmstadt,1984

[Schwartz85] R. Schwartz, Y.Chow, O.Kimball, L.Roucos, M.Krasner,J.Makhoul. "Context-Dependent Modeling for Acoustic-Phonetic Recognition of Continuous Speech", Proc. ICASSP, S. 1205-1208, Tampa, 1985

[Tebel91]   J.Tebelskis, A.Waibel, B.Petek, O.Schmidbauer. "Continuous Speech Recognition using Linked Predictive Neural Networks", Proc. ICASSP91, Toronto, 1991

[Waib90]   A.Waibel, T.Hanazawa, G.Hinton, K.Shikano, K.Lang. "Phoneme Recognition Using Time-Delay Neural Networks", IEEE Transactions on Acoustics, Speech and Signal Processing, March 1989

[Waib90]   A. Waibel, K.F. Lee. *Readings in Speech Recognition.* Morgan Kaufmann Publishers, San Mateo CA, 1990

[Zünkler91]   K.Zünkler. "Spracherkennung mit Hidden-Markov-Modellen unter Nutzung von unterscheidungsrelevanten Merkmalen", Dissertation, Fakultät für Elektortechnik und Informationstechnik der TU München, 1991

[Zue85]   V.W.Zue, "The Use of Speech Knowledge in Automatic Speech Recognition", Proc. IEEE 73(11):1602-1615, November,1985

[Zwicker61]   E. Zwicker, "Subdivision of the Audible Frequency Range into Critical Bands", Journal of the Acoustical Society of America 33:248, February 1961

DER ZEITHORIZONT DER SPRECHSILBE ALS SCHNITTSTELLE ZWISCHEN SIGNALANALYTISCHER UND SYMBOLISCHER SPRACHVERARBEITUNG

D. Langmann

Philips Forschungslaboratorium GmbH Aachen*
Weißhausstr. 2, Postfach 1980
W–5100 Aachen
email: langmann@pfa.philips.de

1.　　Ansinnen

Die Frage nach den Minimalsegmenten der Erkennung ist von essentieller Bedeutung für das Zusammenwirken von Akustik–Phonetik mit dominant signalbezogener und Linguistik mit dominant symbolischer Verarbeitung. Ausgehend von der Grundüberlegung, das menschliche sprachfunktionale System als Entwicklungsprodukt der Koevolution von Artikulation–Perzeption–Kognition anzusehen, sollen im folgenden einige Befunde diskutiert werden, die die Sprechsilbe als Pendant zum humanen Verarbeitungstakt favorisieren.

2.　　Die Silbe im Brennpunkt von Artikulation, Perzeption und Kognition
2.1.　　Die Silbe als rhythmische Einheit

Für den Sprechbewegungsablauf ist kennzeichnend, daß sich miteinander durchdrungene und zeitlich überlappende Teilbewegungen der Artikulationsorgane im Zusammenwirken mit Atmung und Stimmgebung zu einem <u>Bewegungskomplex</u> verflechten [Lin75], der als <u>Folge</u> von elementaren Hörereignissen wahrnehmbar ist. Dieses "Paradoxon" ist nicht aus der akustischen Signalstruktur allein aufzulösen, sondern vor allem zu begreifen als Interaktion komplexer Perzeptions– und Wahrnehmungsprozesse innerhalb einer bestimmten Kommunikationssituation.

Die Wirksamkeit der Silbe als rhythmische Einheit beruht unmittelbar auf der <u>unbedingt geschlossenen artikulatorischen Realisierung</u> [Lin75], [Tsch68], [Ess79] einer Folge von Öffnungs– und Schließbewegungen. Dieser liegt eine Zeitkonstante des auditiven Kontrollkreises von etwa 180 ms zugrunde (LEE–Effekt, nach [Len72]). Sprechpausen innerhalb der Silbenbindung können nicht ohne Störung der Kommunikationsabsicht eingelegt werden [Fry64], [Lin69]. Die unbedingte Geschlossenheit der artikulatorischen Umsetzung innerhalb der Sprechsilbe führt im Rahmen der anatomisch–physiologischen Gegebenheiten auf den bevorzugten Gebrauch bestimmter Silbentypen. Nach ESSER und MENZERATH werden in der Gebrauchshäufigkeit Silben zu 80% als KVK–, KV und VK–Folgen im Deutschen realisiert /Mei82/.

Aus dieser phonetischen Struktur ergibt sich, daß

1. zumeist vokalische Silbenkerne (seltener Nasale oder /l/) maximaler Sonorität (Schalldruck, Stimmhaftigkeit, Tonhöhe, Zeitdauer)

2. durch ein oder mehrere Konsonanten (minimaler Sonorität) voneinander geschieden werden.

Diese Eigenschaften finden in der bekannten Tatsache, daß die Anzahl prosodisch relevanter Schalldruckgipfel innerhalb eines Sprechtaktes mit der Anzahl perzipierter Silben übereinstimmt, ihren Ausdruck [Ess79], [Lin69], [Köh84].

KÖHLMANN hat mit deutschen, englischen und französischen Testsätzen den engen <u>Zusammenhang zwischen Rhythmusperzeption und Silbenanzahl</u> experimentell belegt [Köh84]. Unabhängig von der unterschiedlichen Betonung der einzelnen Silben im Satz und ohne daß auf einen möglichen Zusammenhang zur Silbenstruktur der Sätze hingewiesen wurde, ergab sich eine Übereinstimmung zwischen der Silbenanzahl des Satzes und der getasteten Ereigniszeitpunkte. Das die getasteten Ereigniszeitpunkte in erster Näherung auf dem Vokalanfang der Silbe liegen, hatte bereits SCHÜTTE festgestellt [Schü77]. Konsonanten werden demnach nicht primär als Silbenereignis akzeptiert, wobei jedoch harte vorvokalische Konsonanteneinsätze den Ereigniszeitpunkt näher oder sogar etwas vor den Vokalanfang verschieben. Demgegenüber wird der Ereigniszeitpunkt weiter in das Vokalinnere verlegt, je weicher der Vokal einschwingt. Dies trifft gleichfalls für länger gesprochene gegenüber kurzen Silben zu.Die Detektion der Silbenkerne nach Schalldruck– und Tonhöhenkontur (vgl. [Tsch68] unter Beachtung nicht unterschreitbarer Zeitintervalle scheint unabhängig von der jeweiligen Sprache direkt aus dem Signal möglich zu sein. Vorherrschende Silbentypen aus anderen Sprachfamilien stützen diese perzeptiv begründete Annahme. So bestehen arabische Silben ausschließlich aus KV– und KVK–Verbindungen [Ali87]; im Japanischen werden grundsätzlich offene Silben der Struktur V, V^HV, KV, KV^HV, N (V^H... Halbvokale /ŭ/ und /ĭ/, N... Nasal /n/) verwendet (V und N werden jeweils in voller Silbenlänge artikuliert) [Sai84]. In [Cai82] wird die allgemeine Übereinstimmung konstatiert, daß der Silbenkern (Rhyme) die einzige obligatorische Silbenkonstituente in den Sprachen darstellt.

Die aufgeführten Befunde könnten ein Hinweis dafür sein, daß die Intervalle der Rhythmusdetektion unabhängig von der semantischen Sprachverständlichkeit etwa zum Zeithorizont der Sprechsilbe korrespondieren. Es ist anzunehmen, daß die zeitlich rhythmische Durchgliederung der Umwelt durch den frühen Menschen sowohl phylogenetisch (primitiver Arbeitsrhythmus des Stampfens, Mahlens, Schabens usw., vgl. [Ess79]) als auch ontogenetisch (Saug–Atem–Rhythmus, "Lalien") eine vorsprachliche Produktions– und Perzeptionsleistung im gegebenen anatomisch–physiologischen Rahmen darstellt. Diese hat wahrscheinlich die kleinste rhythmische Einheit der Sprache, die Sprechsilbe, fundiert.

2.2. Korrespondenzen zum Zeithorizont der Silbe

Im Zusammenhang zum zeitlichen Verarbeitungshorizont der Sprechsilbe ergibt sich eine interessante Korrespondenz zur Schwankungsempfindung. Es ist eine weitgehende Übereinstimmung der maximalen Ausprägung der

– empfundenen Schwankungsstärke von amplitudenmoduliertem Breitbandrauschen [Fas82]
– Spektralverteilung der Hüllkurvenschwankung fließender Sprache [Fas82]
– eben wahrnehmbaren Rhythmusänderung [Köh84]
– Wahrscheinlichkeitsdichte von Zeitintervallen aus Rhythmusreproduktionen fließender Sprache [Köh84]

mit der Silbenfolgefrequenz von zwei bis fünf Silben/s in fließender Sprache festzustellen.Gleichzeitig ist dies der Optimalbereich eben wahrnehmbarer Rhythmusänderungen [Köh84]. Die aufgeführten Befunde bekräftigen die These von Zwicker, der auf Grundlage von Ruhe– und Mithörschwellenmessungen [Zwi67] 200 ms als Grenzdauer des Gehörs angibt, innerhalb der es Reizdarbietungen zu Gesamtempfindungen zusammenfassen kann. "Das Gehör kann Einzeldarbietungen bis zu dieser Grenzdauer integrieren. Sie hängt offensichtlich mit einer vielschichtigen Auswertung der Reize zusammen und muß als 'zentral' entstehend angesehen werden." [Zwi74]

Der Zeithorizont von etwa 200–300 ms stimmt überraschend genau mit der Zeit für kognitive Elementaroperationen, auf die die Transformationen zur Symmetrie, Transitivität, Komplementarität rückgeführt werden können [Hof82], überein ("kognitiver Takt"). KLIX zieht aus Experimenten zur Analogieentscheidung zwischen Begriffspaaren nach dem Muster "A:A' = B:(B') ?" den Schluß: "Es gibt Relationen zwischen Begriffen, die durch Vergleiche zwischen ihren Eigenschaften (die wir Merkmale nennen), erkannt werden können. Die zugrunde liegenden Vergleichsprozesse scheinen auf einer Taktung zu beruhen, deren Zeitkonstante (wenigstens ?) 220 ms beträgt" [Kli84].

MARSLEN–WILSON und TYLER untersuchten die Identifikationszeit vorgegebener Zielworte, die im letzten Satz eines gesprochenen Doppelsatzangebotes eingebettet waren [Mar80]. Sie fanden eine mittlere Reaktionszeit von 273 ms ab Zielworteinsatz. Diese Reaktionszeit lag um 94 ms unter der mittleren Zielwortlänge. Unter Berücksichtigung einer Laufzeit von ca. 50–75 ms bis zur Auslösung einer motorischen Reaktion (Morsetaste) kommen die Autoren zum Schluß, daß die Versuchspersonen bereits nach ca. 200 ms Hörzeit beginnen, die Antwort auszuführen. Für syntaktisch richtige, aber sinnfreie Sätze wurden 331 ms und für Sätze mit zufälliger Wortanordnung 358 ms mittlere Reaktionszeit gemessen. Demnach können bereits 200–300 ms nach Worteinsatz Kontexteinflüsse den weiteren Erkennungsprozeß fokussieren. Dieser Prozeß wird unsicher bei zunehmender "Unordnung" der Wortfolge und führt zu erhöhtem Verarbeitungsaufwand. Ebenso erfordert die Identifikation vorgegebener Phoneme zusätzliche Operationen, die sich in erheblich längeren Reaktionszeiten von ca. 450–500 ms widerspiegeln. Wichtige Hinweise also für die Annahme des erwähnten kognitiven Grundtaktes.

2.3.   Ansatz zur zeitlichen Verarbeitungshierarchie

Die aufgeführten Korrespondenzen belegen die feine biorhythmische Abstimmung von Perzeption–Kognition–Artikulation auf der Basis des als kognitiven Grundtakt bezeichneten Zeithorizontes im Bereich von 200 – 300 ms. Eben jener Zeitbereich, in der die Dauer der Sprechsilbe eingebettet werden kann.

Auf Signalebene dominiert vermutlich ein relativ festes Verarbeitungsfenster von 200–300 ms, das in Interaktion mit silbenbasierten Erkennungsprozessen auf detektierte Silben(–Kerne?) synchronisiert wird. Der u.a. von TSCHESCHNER und BLUTNER [Tsch68], [Blu75], [Tsch76] formulierte Systemtakt von ca. 30 ms bei der Perzeption von Konsonant–Vokal–Folgen wird in diesem Zusammenhang als Fortsetzrate der oben genannten Verarbeitungseinheit bis zur nächsten Silbensynchronisation interpretiert. Diese Annahme wird durch EEG–Befunde und Rhythmusreproduktionen zu Sprach– und Musiksignalen gestützt.

Die hypothetisch angenommene Fortsetzrate (biologischer Systemtakt) scheint adaptive Eigenschaften aufzuweisen. Aus Experimenten zur Veränderung des EEG bei der Perzeption stark rhythmisch strukturierter Musikstücke (nach [Böt78], [Koh87]) ist eine Desynchronisation des α–Rhythmus' mit Musikbeginn und bei jeder markanten musikalischen Passage zu verzeichnen. Alpha–Wellen (ca. 120–80 ms Periode) hoher Amplitude verschwinden und es treten Beta–Wellen (ca. 80–30 ms Periode) auf. Sie verschwinden am Musikende und bei wiederholter Dabietung desselben Musikstückes (Gewöhnung). Nun ist bekannt, daß mit der α–Desynchronisation die Unterscheidungsfähigkeit für dargebotene Reize zunimmt (vgl. [Kli80]). Da die Zeitverhältnisse aufeinanderfolgender Intervalle bei der Rhythmusreproduktion sowohl von Sprache als auch Musik [Köh84] sich hauptsächlich zwischen 0.5 und 1.0 verteilen, kann der Mechanismus der Desynchronisation an Ereigniszeitpunkten auf die Verarbeitung von Sprachsignalen übertragen werden. Demzufolge wird die Fortsetzrate des Verarbeitungszeitfensters von ca. 120 – 80ms (Ruhe–EEG) für sicher vorhersagbare Sprachsegmente auf bis zu 30 ms desynchronisiert bei Auftreten entsprechender Ereigniszeitpunkte hoher Informationsdichte. Ein analoges Verhalten ist in der visuellen Signalverarbeitung des Menschen festzustellen. Bei freien Blickbewegungen werden Umweltausschnitte für die Dauer von etwa 200 ms fixiert und innerhalb von 20...50 ms der Fixationspunkt gewechselt (BREITMEYER und GANZ 1976 nach [Hof82]).

Auf der Ebene des kognitiven Grundtaktes werden bereits symbolische Verarbeitungsoperationen ausgeführt, die noch eine relativ enge Bindung zum Signal aufweisen. Die Ergebnisse dieser Operationen können bei syntaktischen oder semantischen Widersprüchlichkeiten hypothetisch zu einer erneuten fokussierenden Analyse innerhalb eines "Echogedächtnisses" von ca. zwei bis vier Sekunden (nach [Dar72], [Völ88]) führen.

3.   Aufwandsabschätzung für die Silbenanzahl in der deutschen Sprache

Bei der Diskussion von Minimalsegmenten für das Referenzwissen automatischer Sprachverarbeitungssysteme werden häufig die Vorzüge der Sprechsilbe zugunsten kleinerer Einheiten mit dem Argument vergeben, daß hierfür eine unvertretbare Anzahl von Referenzeinheiten notwendig wäre. So gibt z.B. YANNAKOUDAKIS ca. 4000 – 10 000 Silben für das Englische an [Yan87] und GEYWITZ vermutet 5000 Silben im Deutschen [Gey83]. Aufgrund ausstehender phonologischer Untersuchungen dieser Frage wurde in [Lan90] versucht, eine grobe Abschätzung zu treffen.

Ausgangspunkt der Überlegungen bildet die Grundaussage des ZIPFschen Gesetzes, daß wenige Sprachelemente sehr häufig gebraucht werden und demgegenüber eine Vielzahl von Sprachelementen existiert, die relativ selten vorkommen [Zip32]. Die zweite Grundaussage des ZIPFschen Gesetzes postuliert innerhalb einer bestimmten Auftrittshäufigkeit den in Näherung festen Zusammenhang zwischen Häufigkeitsrang r und relativer Gebrauchshäufigkeit P des Sprachelementes $P= K/\sqrt{r}$ (K...Normierungsfaktor).In doppelt–logarithmischer Darstellung drückt sich diese Aussage in einem quasiparallelen Verlauf der Kurven kumulativer Gebrauchshäufigkeit für die nach ihrer Häufigkeit geordneten Laute, 2–Lautfolgen und Worte aus. Hieraus wurde eine geometrische Abschätzung der Silbenabdeckungsgrades getroffen, die besagt, daß bereits 500 bis 1600 Sprechsilben 50% und 800 bis 2700 Sprechsilben 80% des Vorkommens in der deutschen Sprache abdecken. Bei einem Gesamtumfang der deutschen Sprache von 300 000 bis 500 000 Worten ließen sich nach diesem Ansatz bereits Spracherkennung und –synthese mit einem erheblichen Diskursbereich realisieren. Die Kurve kumulativer Gebrauchshäufigkeit könnte also gleichzeitig die Leitlinie für die technische Evolution automatischer Sprachverarbeitungssysteme bilden.

4.   Literatur

[Ali87] Ali, H.: Statistische Untersuchungen zur Dauer arabischsprachiger Einheiten. In: Studientexte zur Sprachkommunikation. – Dresden, Techn. Univ., Sektion Informationstechnik (1987)4. – S. 91 – 96
[Bar86] Barthelmes, H.: Ein Algorithmus zur automatischen graphischen Worttrennung im Deutschen. – München, Techn. Univ., Diss.
[Blu75] Blutner, F.: Modell zur organischen Sprachverarbeitung. – 1975. – Dresden, Techn. Univ., Diss. A
[Böt78] Böttcher, H.; Kerner, U.: Methoden in der Musikpsychologie. – Leipzig: Edition Peters, 1978
[Cai82] Cairns, Ch. E.; Feinstein, M. H.: Markedness and the Theory of Syllable Structure.
In: Linguistic Inquiry 13(1982)2. – S. 193ff.
[Dar72] Darwin, C. J.; Turvey, M. T.; Crowder, R. G.: An Auditory Analogue of the Sperling Partial Report Procedure: Evidence for Brief Auditory Storage.
In: Cognitive Psychology (1972)3. – S. 255 – 267
[Ess79] Essen, O. von: Allgemeine und angewandte Phonetik. – Berlin: Akademie–Verlag, 1979
[Fas82] Fastl, H.: Beschreibung dynamischer Hörempfindungen anhand von Mithörschwellen–Mustern. – Freiburg: Hochschul– Verlag, 1982
[Fry64] Fry, D. B.: The Function of Syllable. In: Zeitschrift für Phonetik, Sprachwissenschaft und Kommunikationsforschung. – Berlin (1964)2–4. – S. 215 – 222
[Gey83] Geywitz, H.–J.: Automatische Erkennung fließender Sprache mit silbenorientierten Einheiten. – 1983. – München, Techn. Univ., Diss.
[Hof82] Hoffmann, J.: Das aktive Gedächtnis. – Berlin: Deutscher Verlag der Wissenschaften, 1982
[Kli80] Klix, F.: Information und Verhalten. – Berlin: VEB Deutscher Verlag der Wissenschaften, 1980
[Kli84] Klix, F.: Über Wissensrepräsentation im menschlichen Gedächtnis.
In: Klix, F.: Gedächtnis Wissen Wissensnutzung. – Berlin: VEB Deutscher Verlag der Wissenschaften, 1984.
– S. 9 – 73
[Köh84] Köhlmann, M.: Rhythmische Segmentierung von Schallsignalen und ihre Anwendung auf die Analyse von Sprache und Musik. – 1984. – München, Techn. Univ., Diss.
[Koh87] Kohler, M; Böttcher, H. F.; Kohler, C.; Roth, N.; Schwabe, C.: Physiologische und psychologische Untersuchungen zur rezeptiven Einzelmusiktherapie.
In: Kohler, C.: Musiktherapie. Theorie und Methodik. – Jena: Gustav–Fischer–Verlag, 1987. – S. 57 – 71

[Lan90]Langmann, D.: EXA 1630 – Einsatz einer Experttechnologie zur Auswertung von Sprachsignalen mit unscharfem Zugang. – 1990. – Dresden, Techn. Univ., Diss. A

[Len72] Lenneberg, E.H.: Biologische Grundlagen der Sprache. – Frankfurt a.M.: Suhrkamp Verlag, 1972

[Lin69] Lindner, G.: Einführung in die experimentelle Phonetik. – Berlin: Akademie–Verlag, 1969

[Lin75] Lindner, G.: Der Sprechbewegungsablauf. Eine phonetische Studie des Deutschen. – Berlin: Akademie–Verlag, 1975

[Mar80] Marslen–Wilson, W.; Tyler, L. K.: The Temporal Structure of Spoken Language Understanding. In: Cognition 8(1980). – S. 1 – 71

[Sai84] Saito, E.; Silberstein, H: Grundkurs der modernen japanischen Sprache. – Leipzig: VEB Verlag Enzyklopädie, 1984

[Schü77] Schütte, H.: Bestimmung der subjektiven Ereigniszeitpunkte aufeinanderfolgender Schallimpulse durch psychoakustische Messungen. – 1977. – München, Techn. Univ., Diss.

[Tsch68] Tscheschner, W.: Die Sprache und ihre Erkennung. – 1968. – Dresden, Techn. Univ., Habilitationsschrift

[Tsch76] Tscheschner, W.; Adam, N.; Blutner, F.: Ein Perzeptionsmodell für die Sprachverarbeitung. In: Wiss. Zeitschrift der TU Dresden 25(1976) 1/ 2. – S. 209 – 212

[Völ88] Völz,H.: Informationstechnik und Kunst. In: rechentechnik, datenverarbeitung. – Berlin 25(1988)1. – S. 12 – 14

[Yan87] Yannakoudakis, E. J.; Hutton, P. J.: Speech Synthesis and Recognition Systems. – New York, Chichester: John Wiley & Sons, 1987

[Zip32] Zipf, G.K.: Selected Studies of the Principle of Relative Frequency in Language. – Cambridge, Mass.: Harvard University Press, 1932

[Zwi67] Zwicker, E.; Feldtkeller, R.: Das Ohr als Nachrichtenempfänger. – Stuttgart: Hirzel Verlag, 1967

[Zwi74] Zwicker, E.: Die Zeitkonstanten (Grenzdauern) des Gehörs. In: Zeitschrift für Hörgeräte–Akustik. – Heidelberg (1974)13. – S. 82 – 102

[Zwi82] Zwicker, E.: Psychoakustik. – Berlin, Heidelberg: Springer– Verlag, 1982

Diese Arbeit entstand während der Tätigkeit des Autors an der Technischen Universität Dresden.

Das diesem Bericht zugrundeliegende Vorhaben wurde mit den Mitteln des Bundesministers für Forschung und Technologie unter dem Förderkennzeichen 01 IV 102 K gefördert. Die Verantwortung für den Inhalt dieser Veröffentlichung liegt beim Autor.

Kontextabhängige Phonemmodelle bei der Erkennung kontinuierlicher Sprache in verschiedenen Szenarien

Martin Oerder

Philips GmbH Forschungslaboratorien
Postfach 1980
5100 Aachen

1 Einführung

Der Gebrauch von Triphonen für die kontextabhängige akustische Modellierung ist zu einer etablierten Methode für die Erkennung kontinuierlicher Sprache bei großem Vokabular geworden. Deutliche Reduzierungen der Wortfehlerrate sind berichtet worden [3] [1]. Wir werden hier jedoch zeigen, daß diese Ergebnisse sehr von der für die Messung der Fehlerrate verwendeten Datenbasis abhängen. Für unser Erkennungssystem (12000 Wörter) und eine Datenbasis mit deutschen Geschäftsbriefen konnte nur eine geringfügige Verringerung der Fehlerrate beobachtet werden.

2 Das Erkennungssystem

Unser Erkennungssystem ist phonem-basiert, sprecherabhängig, für kontinuierliche Sprache und derzeit 12000 Wörter Vokabular ausgelegt. Grundlage der Erkennung ist eine statistische Modellierung des Sprachsignals, die im folgenden kurz beschrieben werden soll.

2.1 Modellierung

Aus dem Sprachsignal wird alle 10 ms ein Merkmalvektor extrahiert, der aus geeigneten Abtastwerten des cepstral geglätteten Kurzzeitsprektrums des Signals und deren zeitlicher Ableitung besteht. Die Modellierung bezieht sich nun nur noch auf diese Folge von Merkmalvektoren. Ziel der Modellierung ist es, für jede Äußerung (Wortfolge) und jede Folge von Merkmalvektoren eine Wahrscheinlichkeit(sdichte) angeben zu können, mit der die Äußerung die Merkmale erzeugt.

Dazu werden zunächst die im Erkennungsvokabular vorkommenden Phoneme durch Hidden-Markov-Modelle wie in Abb. 1 modelliert. Für jedes Phonem existieren sechs Zustände, die von links nach rechts durchlaufen werden, wobei einzelne Zustände übersprungen oder auch wiederholt werden können. Jedem Austritt aus einem Zustand ist eine *Übergangswahrscheinlichkeit* zugeordnet und jedem Eintritt in einen Zustand eine *Emissionswahrscheinlichkeitsdichte*.

Fig. 1. Phonem-Modell

Für die Übergangswahrscheinlichkeiten unterscheiden wir nur zwischen Sprüngen, Wiederholungen und einfachen Übergängen und ordnen diesen feste Wahrscheinlichkeiten so zu, daß sie sich für die möglichen Übergänge von einem Zustand aus auf eins aufsummieren. Mit der Wahl der Wahrscheinlichkeiten kann man in einem gewissen Rahmen die möglichen Sprechgeschwindigkeiten modellieren.

Für die Emissionsdichten teilen wir das Phonemmodell in drei Segmente zu je zwei Zuständen. Die beiden Zustände eines Segmentes erhalten jeweils die gleiche Emissionsdichte. Die Emissionsdichte ist die bedingte Wahrscheinlichkeitsdichte für den Merkmalvektor zu einem Zeitpunkt, gegeben den betreffenden Zustand. Die Emissionsdichten werden automatisch aufgrund einer Trainings-Sprachprobe bestimmt. Darauf soll weiter unten noch eingegangen werden.

Wörter werden nun durch Aneinanderreihung von Phonemmodellen und Wortfolgen durch Aneinanderreihung von Wortmodellen modelliert. Die Wahrscheinlichkeitsdichte $p(M|W)$ für eine Merkmalvektorfolge M, gegeben eine Wortfolge W ergibt sich nun durch Aufsummieren der Wahrscheinlichkeitsdichten für alle möglichen Wege durch das Modell der Wortfolge. Die Dichten für diese Wege wiederum ergeben sich als Produkt aller Übergangswahrscheinlichkeiten und Emissionsdichten an den durchlaufenen Zuständen. Das gewünschte Modell ist damit bis auf die Emissionsdichten gegeben.

2.2 Erkennung

Die Erkennungsaufgabe besteht nun darin, zu einer gegebenen Merkmalvektorfolge die wahrscheinlichste Wortfolge zu finden, also diejenige, für die die Wahrscheinlichkeit $P(W|M)$ am größten ist. Ohne deutliche Verringerung der Erkennungsleistung kann der Aufwand stark dadurch reduziert werden, daß statt der wahrscheinlichsten Wortfolge die Wortfolge mit der wahrscheinlichsten Zustandsfolge gesucht wird. Die Aufsummierung über alle möglichen Zustandsfolgen für jede Wortfolge entfällt dann. Die Suche nach der wahrscheinlichsten Zustandsfolge kann sehr effizient durch dynamische Programmierung ausgeführt werden [2].

2.3 Training

Die Emissionsdichten werden in unserem System als gewichtete Summen (Mischdichten) von Gauß- oder Laplace-Verteilungen modelliert. Durch diese Mischdichten können durch entsprechende Plazierung der Einzelverteilungen im Merkmalraum die in der Praxis wichtigen Dichten recht gut approximiert werden.

Das Training hat nun die Aufgabe, die Parameter dieser Mischdichten zu bestimmen, also die o.a. Gewichte, die Mittelwertvektoren der Einzelverteilungen und deren Kovarianzmatrix. Es zeigt sich, daß die Kovarianzmatrix durch eine Diagonalmatrix approximiert oder sogar durch eine Konstante ersetzt werden kann, so daß nur noch für jede

Einzelverteilung ein skalares Gewicht und ein Mittelwertvektor (von der Dimension der Merkmalvektoren) geschätzt werden muß.

Diese Schätzung wird nun nach dem EM-Prinzip (Estimation-Maximization) vorgenommen. Dabei werden abwechselnd die beiden Schritte "Estimation" und "Maximization" durchgeführt:

- *Estimation*: Bei gegebener Zuordnung aller Merkmalvektoren zu je einer Emissionsdichte werden aus dieser Stichprobe die Parameter der Emissionsdichten geschätzt.
- *Maximization*: Mit gegebenen Emissionsdichten wird (per dynamischer Programmierung) die beste durch das der gegebenen Äußerung zugrundeliegende Modell führende Zustandsfolge gesucht. Durch diese Zustandsfolge ergibt sich dann wieder eine neue Zuordnung der Merkmalvektoren zu den Emissionsdichten.

Das Training wird initialisiert entweder durch vorhandene Emissionsdichten (z.B. eines anderen Sprechers) oder durch eine gegebene Segmentierung (hier reicht eine ganz einfache lineare Aufteilung des Signals auf die Zustände schon aus).

Man kann zeigen, daß die Folge von EM-Schritten dann zu einem (lokalen) Optimum führt.

3 Kontextabhängige Phonemmodelle

Unser Basissystem arbeitet mit 40 bis 50 Phonemmodellen, die die Phoneme des Deutschen bzw. Englischen beschreiben. Für jedes Wort des Vokabulars liegt eine phonetische Transkription mit diesen Phonemen vor:

```
Aachen a:x@n
Abend a:bnt
Abfahrt apfa:rt
...
```

Da nun allein schon durch die physikalischen Möglichkeiten des Spracherzeugungsapparates klar ist, daß die Phoneme in unterschiedlichem Kontext unterschiedlich ausgesprochen werden, versucht man, die Modellierung durch *kontextabhängige* Phonemmodelle zu verbessern. Man wählt als Kontext meist das rechte und linke Nachbarphonem und nennt daher die kontextabhängigen Modelle "Triphone". Für das Erkennungssystem bedeutet das, daß man die Wörter nicht mehr aus den Phonemen, sondern aus den Triphonen zusammensetzt:

```
Aachen ./a:\x a:/x\@ x/@\n @/n\.
...
```

In der hier gewählten Schreibweise steht zwischen den Schrägstrichen das eigentliche Phonem und davor und dahinter der Kontext. Der Punkt bedeutet "Kontext Wortanfang/ende".

Damit alle Modelle ausreichend trainiert wurden, haben wir nur solche Kontexte modelliert, die ausreichend oft im Trainingskorpus vorkamen. Es wurde dazu ein weiterer Kontext "beliebiger rechter/linker Kontext" eingeführt. Dann wurden zunächst alle häufig genug vorkommenden Triphone festgestellt. Von den übrigen Kontexten wurden dann diejenigen festgestellt, die mit beliebigem rechten Kontext häufig genug vorkamen, dann die mit beliebigem linken Kontext und schließlich die übrigen mit beliebigem rechten und linken Kontext.

"Häufig genug" waren bei uns ca. zehn Vorkommen. Hier ergab sich die größte Verbesserung der Erkennung.

Das Training wurde dann so vorgenommen, daß der "Estimation"-Schritt jeweils parallel und unabhängig voneinander für die 40 bis 50 "Monophon"-Modelle und für die neuen Triphon-Modelle durchgeführt wurde. Der "Maximization"-Schritt wurde dann für beide gemeinsam durchgeführt, wobei es sich herausstellte, daß es unerheblich war, ob die Suche der besten Zustandsfolge mit den Monophonen oder mit den Triphonen oder mit einer Kombination der beiden durchgeführt wurde.

Bei der Erkennung wurden dann entweder die Triphon-Emissionsdichten benutzt oder eine Kombination aus Triphon- und Monophon-Emissionsdichten benutzt. Diese Kombination bestand einfach darin, jeweils die Dichte mit dem größeren Wert auszusuchen (Maximumbildung, [X. Aubert]). Bei der DARPA-Datensammlung zeigten beide Verfahren etwa gleiche Ergebnisse. Bei der deutschen Datensammlung waren die Ergebnisse mit Triphonen ohne Kombination deutlich schlechter als die Monophon-Ergebnisse. Die unten vorgestellten Ergebnisse beziehen sich alle auf die Kombinations-Methode.

4 Die Datensammlungen

Die deutsche Datenbasis besteht aus einem Erkennungsvokabular von 12000 Wörtern, 300 Trainingssätzen (2735 Wörter) und 50 Testsätzen (1099 Wörter). Zwischen Trainings- und Testvokabular besteht nur eine geringe Überlappung. Alle Sätze wurden von vier Sprechern aufgenommen. Für die Erkennung wurde eine Bigramm-Sprachmodell mit Perplexität 1050 auf den Testdaten eingesetzt.

Die englischsprachige Datenbasis ist der sprecherabhängige Teil der bekannten DARPA "resource management task" mit einem Vokabular von 992 Wörtern. Unsere Ergebnisse wurden auf dem 100-Sätze "development set" ohne Grammatik gewonnen.

5 Ergebnisse

Mit der deutschen Datensammlung konnten wir mit kontextabhängigen Phonemmodellen keine signifikante Verbesserung erzielen. Wie aus Tabelle 1 zu ersehen ist, wurden bei zwei der vier Sprecher die Ergebnisse besser, während bei den beiden anderen die Fehlerrate anstieg. Die mittlere Fehlerrate unterschied sich nur um 0.8% von der Erkennung mit Monophonen.

Da diese Ergebnisse ganz im Gegensatz zu den in der Literatur berichteten standen, verifizierten wir unser System an der DARPA Datensammlung. Wie man Tabelle 2 entnehmen kann, konnten wir dort durch Einsatz der Triphone die Fehlerrate von 14.7 auf 9.8% senken.

Die Fehlerrate von 9.8% entspricht für ein System ohne Inter-Wort-Triphone und ohne Sonderbehandlung von "short function words" durchaus dem Stand der Technik.

Es ist daher davon auszugehen, daß der fehlende Erfolg mit Triphonen bei der deutschen Datensammlung nicht durch Probleme im Erkennungssystem, sondern durch die Eigenschaften der Datensammlung bedingt ist.

Speaker	Mono	Triph.
	41 phones	41+384 phones
	11k Dens.	3k+9k Dens.
M021	12.0	10.2
M022	12.6	14.2
M024	19.6	19.7
M025	13.5	10.5
average	14.4	13.6

Table 1. Wortfehlerraten für die deutsche Datensammlung

Speaker	Mono	Triph.
	47 phones	47+858 phones
	13k Dens.	4k+26k Dens.
bef0	20.4	13.4
cmr0	14.1	9.3
das1	11.8	7.3
dms0	9.9	6.9
dtb0	16.9	10.8
dtd0	15.4	10.6
ers0	20.7	13.8
hxs0	9.0	5.4
jws0	11.9	10.4
pgh0	12.8	8.0
rkm0	21.6	14.1
tab0	12.2	7.6
average	14.7	9.8

Table 2. Wortfehlerraten für die DARPA RM Datensammlung

6 Zusammenfassung

Die Verwendung von Triphonen zur kontextabhängigen akustischen Modellierung wird weithin für eine unerläßliche Maßnahme bei der Erkennung kontinuierlicher Sprache gehalten. Unsere Untersuchungen zeigen jedoch, daß der Erfolg dieser Maßnahme sehr von der Datensammlung abhängt, auf der sie getestet wird. Während bei der DARPA RM task die Fehlerrate um ein Drittel gesenkt werden kann, erreicht man bei unserer deutschen Datensammlung fast keine Verbesserung.

Für diese Diskrepanz kommen zwei Ursachen in Frage.

- Die Überlappung zwischen Trainings- und Testvokabular ist in der deutschen Datensammlung klein, bei DARPA RM jedoch sehr groß.
- Die Auswirkungen der Koartikulation sind im Amerikanischen ausgeprägter als im Deutschen.

Welche dieser Ursachen die wichtigere ist, wird zur Zeit noch untersucht.

References

1. Hsiao-Wuen Hon and Kai-Fu Lee. On vocabulary-independent speech modeling. In *IEEE ICASSP 1990 Conf. Record, vol 2*, pages S14.2, 725–728, 1990.
2. H. Ney. The use of a one-stage dynamic programming algorithm for connected word recognition. *IEEE Trans. Acoust. Speech and Signal Processing*, 32(2):263–271, Apr. 1984.
3. R. Schwartz, Y. Chow, O. Kimball, S. Roucos, M. Krasner, and J. Makhoul. Context-dependent modeling for acoustic-phonetic recognition of continuous speech. In *IEEE Int. Conf. on Acoustics, Speech, and Signal Processing*, April 1985.

Ein gehörorientierter Spracherkenner, der robust ist gegen zeitliche Schwankungen im Silben– und Phonembereich

M. Paping, H. W. Strube

Drittes Physikalisches Institut der Universität Göttingen
Abt. Sprache und Neuronale Netzwerke
Bürgerstraße 42–44; W–3400 Göttingen
Tel: 0551–397731; Fax: 0551–397720
e–mail: paping@up3spr1.gwdg.de

Zusammenfassung

Bei der automatischen Erkennung von Sprache führt es häufig zu Problemen, wenn der verwendete Wortschatz eine zu hohe Varianz in der Aussprachegeschwindigkeit aufweist. Diese natürlichen Schwankungen betreffen sowohl die gesamte Länge einer Äußerung als auch lokale Übergänge im Silben- und Phonembereich. In einer früheren Veröffentlichung wurde ein gehörorientiertes Sprachverarbeitungsmodell vorgestellt, das ein kurzes isoliert gesprochenes Wort unabhängig von seiner exakten Dauer auf einen Merkmalsvektor fester Länge abbildet [3]. Ein wesentliches Merkmal dieses Modells ist die Transformation des Zeitsignals in den Modulationsfrequenzbereich, eine Darstellung, wie sie auch entlang der Hörbahn im auditorischen System von Säugetieren und Vögeln nachgewiesen wurde. Das konstante Format des Merkmalsvektors wird erreicht durch eine zeitliche Integration der miteinander korrelierten Kanäle des Modulationsspektrogramms. Diese Methode kann unter Umständen zum Verlust der Eindeutigkeit eines Wortes führen, etwa wenn sich zwei Äußerungen lediglich in der Reihenfolge ihrer Phoneme unterscheiden.

In der folgenden Untersuchung wird anhand eines speziellen Wortschatzes gezeigt, daß das Modell robust ist gegen Vertauschung von Silben, Vokalen und Konsonanten. In drei Erkennungsexperimenten mit sechzehn Wörtern, die lediglich aus drei Vokalen und drei Konsonanten zusammengesetzt sind, wurde jeweils nur ein Wort falsch erkannt.

1. Einleitung

Die Effizienz und Leistungsfähigkeit eines automatischen Spracherkennungssystems wird nicht allein durch den verwendeten Erkennungsalgorithmus bestimmt. Eine wesentliche Vorstufe ist vielmehr die Realisierung der internen Darstellung der Sprachsignale. Diese Vorverarbeitung (Codierung) entscheidet erst über die Grenzen der Erkennungsfähigkeit, unabhängig davon, ob ein klassischer Erkenner verwendet wird (HMM, DTW) oder ein künstliches neuronales Netzwerk.

Als eine gängige Codierung hat sich die Transformation des Zeitsignals in den Frequenzbereich etabliert. Eine sprachliche Äußerung wird dann dargestellt durch zeitlich aufeinanderfolgende Vektoren mit spektralen oder cepstralen Koeffizienten. In Anlehnung an die Vorgänge auf der Basilarmembran im menschlichen Innenohr kann die Frequenzachse zusätzlich logarithmisch verzerrt werden. Der Vorteil einer spektralen Darstellung ist ganz offenbar ersichtlich durch die gewonnene Robustheit gegenüber Variationen in der Grundfrequenz und der Formantlage. Gerade die Formanten, die für die Sprachperzeption wesentlich sind, werden in der spektralen Form besonders deutlich dargestellt.

In einem neuen Sprachverarbeitungsmodell [3] wird über die spektrale Ebene hinaus eine Darstellung des Sprachsignals im Modulationsfrequenzbereich vorgeschlagen. Mathematisch bedeutet dies eine erneute Fouriertransformation jedes Frequenzkanals des Spektrogramms einer Äußerung.

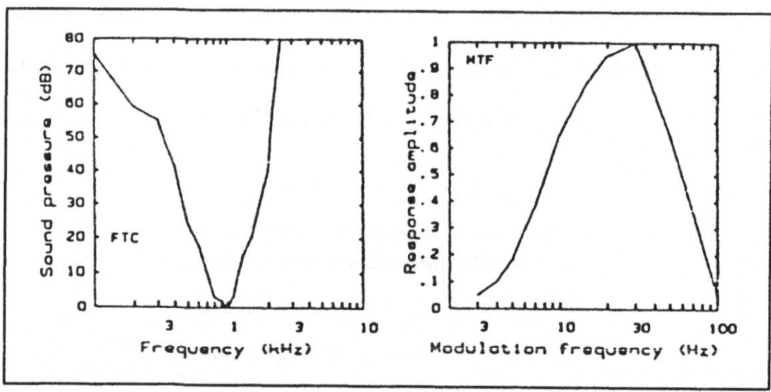

Abbildung 1: *Frequenztuningkurve und Modulationstransferfunktion einer Nerven-zelle im* Corpus geniculatum mediale *des Meerschweinchens bei Stimulierung durch arteigenen Ruf (aus [6])*

Motiviert wird dieser Schritt einerseits durch neurophysiologische Messungen im auditorischen System von Säugetieren und Vögeln. In verschiedenen Untersuchungen ([4] [5] [6]) wird festgestellt, daß sich die auditorische Analyse von wahrgenommenen Schallreizen nicht auf den spektralen Bereich beschränkt. Vielmehr gibt es entlang des Hörpfads Nervenzellen, die sensitiv sind für Modulationen des Zeitsignals. Experimentell verwendet man als Stimuli zum Beispiel amplitudenmoduliertes Breitbandrauschen oder ein moduliertes Trägersignal. Die Antwortcharakteristik bestimmter Nervenzellen zeigt eine hohe Selektivität bezüglich der Träger– und Modulationsfrequenz (Abb. 1). Besonders ausgeprägt ist diese Verarbeitungsstruktur im *Colliculus inferior*. Die Nervenzellen sind hier in besonderer Weise tonotopisch angeordnet. Zusätzlich zu einer räumlichen Anordnung nach Trägerfrequenzen bildet sich dabei in orthogonaler Richtung die Modulationsfrequenz ab [6]. Rees und Møller [4] haben gezeigt, daß diese Neuronen keine statischen Detektoren sind, sondern in ihrer Charakteristik vom Reizsignal selbst abhängen. So verschiebt sich die Form der Modulationstransferfunktion einer Nervenzelle von einer Bandpaßcharakteristik bei hohen Reizpegeln zu der einer Tiefpaßcharakteristik bei tiefen Pegeln. Dieser adaptive Zusammenhang zwischen der Intensität des eintreffenden Schalls und den Verarbeitungsparametern wurde mit linearen Filtern zweiter Ordnung in das Modell integriert.

Aber auch signaltheoretisch erweist sich eine Transformation der Frequenzsignale als vorteilhaft. Viele Experimente und Modelle zur Sprachverständlichkeit lassen sich durch den Übergang in den Modulationsfrequenzbereich besser deuten. In einer Untersuchung von Steeneken und Houtgast [7] wird beispielsweise die Verminderung der Verständlichkeit eines rauschmaskierten Signals durch die verringerte Modulation erklärt. Haggard [1] weist auf die Entwicklung des sakralen Gesangs in Kathedralen hin: die eintönigen Litaneien verbessern im Gegensatz zu kunstvoll verzierten Melodien die Sprachverständlichkeit, weil der störende Nachhall lediglich Modulationsfrequenzen außerhalb des für die Sprachperzeption relevanten Fensters beeinflußt.

2. Ein Modell zur Extraktion von Modulationsfrequenzen

Ein schematischer Überblick des gesamten Sprachverarbeitungsmodells zeigt Abb. 2. Als Eingabedaten wird einerseits der DPI–Wortschatz verwendet; er besteht aus vierzig Einzelwörtern zur Robotersteuerung, gesprochen von fünf Frauen und fünf Männern in je zehn Versionen. Die Äußerungen wurden im reflexionsfreien Raum mit einem DAT–Recorder aufgenommen, anschließend analog differenziert, bei 5 kHz tiefpaßgefiltert und mit einer Abtastrate von 10 kHz digitalisiert.

Der Wortschatz für die vorliegende Untersuchung wurde jedoch mit einem Echtzeit–AD–System in einem Büroraum* aufgenommen und dann off–line weiterverarbeitet.

Im ersten Teil des Modells werden die Vorgänge im menschlichen Innenohr simuliert. Ein hydrodynamisches Basilarmembranmodell von Strube [8] führt in 85 Kanälen eine Frequenzanalyse des Zeitsignals durch. Der zeitliche Verlauf eines Kanals spiegelt die Erregung am entsprechenden Ort auf der Basilarmembran (BM) wider. Im Gegensatz zur exakten Verteilung der Frequenzen auf der BM (sog. Barkskala) realisiert das Modell eine streng logarithmische Verzerrung der Frequenzachse. Die Erregungsmuster der BM werden über die inneren und äußeren Haarzellen in elektrische Signale umgewandelt und über den VIII. Nerv in höhere auditorische Bereiche weitergeleitet. Die Schwingungsamplituden der Membran werden durch die zeitliche Dichte der *spike–trains* codiert. Die Haarzellen sind nicht in der Lage, den Änderungen der BM beliebig schnell zu folgen und senden die Information mit einer reduzierten Zeitauflösung weiter. Im Modell wird der Übergang zur neuronalen Ebene durch ein einfaches Haarzellenmodell simuliert, welches auf den Signalen der Filterausgänge eine Halbwellengleichrichtung durchführt und die Signale mit einem Filter 2. Ordnung tiefpaßfiltert ($\alpha_0 = \alpha_2 = 1/16$, $\alpha_1 = \beta_2 = 1/8$, $\beta_1 = 5/8$). Die Grenzfrequenz liegt bei ungefähr 400 Hz. Auf eine Modellierung der *spike–trains*, wie sie etwa in der Theorie der impulscodierten neuronalen Netzwerke angestrebt wird, wurde im Modell bewußt verzichtet. Die Codierung der Amplitude eines Signals durch eine Impulsdichte ist primär eine technische Eigenschaft der Nervenzellen, deren Simulation für die untersuchten Zusammenhänge keinen direkten Vorteil bietet.

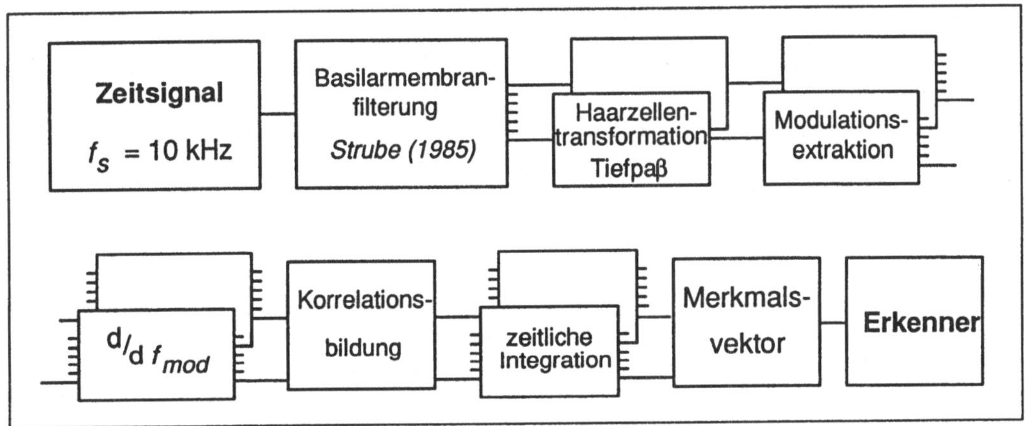

Abbildung 2: *Das Sprachverarbeitungsmodell im Überblick*

Die Signale haben in diesem Stadium noch ihre ursprüngliche Abtastrate von 10 kHz und tragen somit sehr viel redundante Information, etwa die Grundfrequenz mit ihren Harmonischen, mit sich. Die später zu extrahierenden Modulationsfrequenzen, die für die Wahrnehmung von Sprache relevant sind, liegen sehr viel tiefer, etwa im Bereich zwischen 4–30 Hz. Wir beschränken uns auf einen unteren Bereich durch eine weitere Tiefpaßfilterung bei 50 Hz mit gleichzeitiger Herabsetzung der Abtastrate auf 100 Hz. Der Tiefpaß wird realisiert durch Faltung mit einer *Hamming*-gefensterten sinc–Funktion. Eine stetige Abnahme der zeitlichen Auflösung beobachtet man übrigens auch entlang des Hörnerven bei den untersuchten Tieren. Systemtheoretisch wird das zuweilen erklärt durch die Zunahme der synaptischen Verbindungen, die das Signal auf dem Weg zum auditorischen Cortex passiert [5]. Jede Synapse trägt mit ihrer Antwortcharakteristik zur zeitlichen Verschmierung

---

*Die Störgeräuschkulisse wurde überwiegend durch gedämpften Straßenlärm und die Gebläse elektrischer Geräte bestimmt.

des Signals bei. Die Tatsache, daß im Cortex selbst lediglich in grober zeitlicher Auflösung codiert wird, macht deutlich, daß eine wesentliche Merkmalsextraktion schon vorher entlang der Hörbahn stattfinden muß.

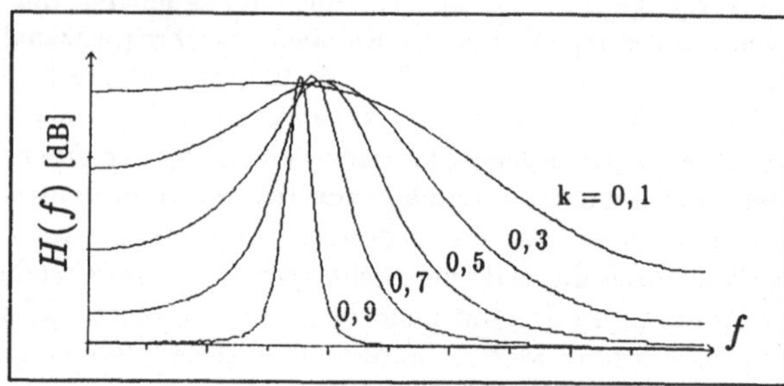

Abbildung 3: *Übertragungsfunktionen einer Modulationszelle bei verschiedenen Werten des Abstimmparameters* k

Die wesentliche Einheit des Modells extrahiert nun aus jedem der 85 Frequenzkanäle die Modulationsfrequenzen. Dazu spaltet sich jeder Kanal in ein Modulationsband von 17 Zweigen auf, jeder dieser Zweige trifft auf eine Zelleinheit, die auf eine feste Modulationsmittenfrequenz eingestellt ist. In einer Untersuchung von Nervenzellen im *Colliculus inferior* der Ratte wird festgestellt [4], daß die Modulationstransferfunktion einer Nervenzelle bei hohem mittleren Reizpegel eine Bandpaßcharakteristik darstellt, die bei Pegelabsenkung in eine Tiefpaßcharakteristik übergeht. Die Filtereigenschaften dieser Zellen sind also keine invarianten Funktionen, sie passen sich vielmehr dem Signal dynamisch an. Dieses Merkmal wird in das Extraktionsmodell integriert durch die Konstruktion eines Filters 2. Ordnung, das seine Charakteristik in der oben beschriebenen Weise bei Variation lediglich eines Parameters ändert; durch einen weiteren Parameter wurde zuvor die Best–Modulationsfrequenz (BMF) eingestellt, also die Modulationsfrequenz, bei der die Zelle die höchste Feuerrate aufweist. Das Grundgerüst der Zelleinheit ist gegeben durch ein Filter mit den Koeffizienten

$$\alpha_0 = f(k), \quad \alpha_1 = 2f(k), \quad \beta_1 = -\beta_2 = k;$$

$$f(k) = 0,0538 + 0,0548\, k^{0,9}; \quad k \in (0,1).$$

Abb. 3 zeigt die Übertragungsfunktionen $H(z)$ dieses Filters für verschiedene Werte von k. Die Steigung der unteren Filterflanke ist eine Funktion der mittleren Reizschallintensität $\bar{I}$. $\bar{I}$ wird zu jedem Zeitpunkt durch ein gleitendes Fenster über die vergangenen 100 ms berechnet. Für den Abstimmparameter k, der die Durchlaßcharakteristik der Zelleinheit im Modell definiert, wird eine lineare Abhängigkeit vom Pegel des Reizes angenommen,

$$k = 0,92 + \tfrac{1}{10}\log(\bar{I}).$$

Die Mittenfrequenz des Filters läßt sich variieren durch eine anschließende Transformation von $H(z)$:

$$z^{-1} \mapsto (z^{-1} - a)/(1 - az^{-1}); \quad a \in (-1,1).$$

Der Parameter a gibt also die BMF der Zelleinheit an; die 17 Zweige eines Modulationsbandes werden linear so aufgeteilt, daß sie einen Modulationsfrequenzbereich von 2 Hz bis 45 Hz abdecken. Das Design der Modulationsfilter ist in hohem Maße abhängig von der Zielrichtung der gewünschten Verarbeitung. So liegt es etwa nahe, die Bandbreite der Modulationsfrequenzen nach oben zu erweitern, falls die Sprachaufnahme unter extremen Störgeräuschbedingungen entstanden ist. Im Fall eines Sprechergemisches bietet z.B. der Verlauf der Grundfrequenz und ihrer Harmonischen Ansätze zur Sprechertrennung. Koch et al. verwenden Modulationsspektren in Hörgerätealgorithmen zur Unterdrückung von Störschallquellen (Cocktail–Party–Effekt) [2]. In der vorliegenden Untersuchung betrachten wir jedoch Modulationsbänder weit unterhalb der Grundfrequenz.

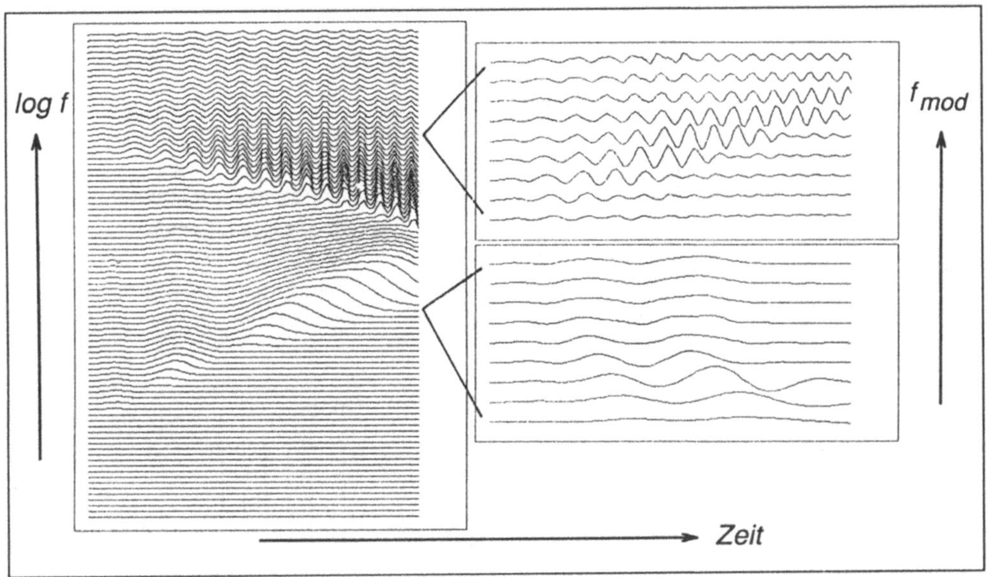

Abbildung 4: *Basilarmembranfilterung* (rechts) *und zwei Modulationsbänder* (links) *eines künstlichen Zeitsignals: die* chirp–artige *Struktur wird sowohl im Frequenz– wie auch im Modulationsfrequenzbereich sichtbar*

Die Eigenschaften des Modells bis zu dieser Stufe werden anhand eines künstlich erzeugten Signals in Abb. 4 verdeutlicht. Das Signal besteht aus der Überlagerung zweier gegenläufiger *chirps* der Frequenzen 200–400 Hz und 2000–1400 Hz. Beide Teilsignale sind weiterhin *chirp*–artig amplitudenmoduliert, das eine von 6–2 Hz, das andere von 8–15 Hz. Die Gesamtamplitude des Signals wächst zudem linear an. Es ist zu erkennen, daß neben den querverlaufenden Modulationsmaxima das Tuning mit fortlaufender Zeit, also mit wachsender mittlerer Amplitude, schärfer wird.

Im zweiten Teil des Modells wird eine Vernetzung des nunmehr dreidimensionalen Signals (Zeit, Frequenz, Modulationsfrequenz) vorgeschlagen, die jedoch nicht mehr direkt neurophysiologischen Ursprungs ist. Neben einer Kontrastverstärkung durch Differentiation in Richtung der Modulationsfrequenz besteht der wesentliche Kern in einer Korrelation benachbarter Frequenzkanäle. Eine Verbindung in dieser Richtung ist wichtig für die Detektion der Formantübergänge. Um die Dimension des Darstellungsraums nicht noch weiter zu erhöhen, wird eine Kurzzeitkorrelation ohne zeitliche Verschiebung der Fenster durchgeführt. Abb. 5 verdeutlicht das Verfahren. Mit einem Vorschub von 10 ms werden zeitlich synchrone Fenster benachbarter Frequenzkanäle skalarmultipliziert. Die Länge der Fenster beträgt 100 ms. In früheren Erkennungsexperimenten wurde gezeigt, daß eine anschließende Integration der Muster über die Zeit möglich ist, ohne den Kontext der Äußerungen zu zerstören [3]. Die Darstellung eines Wortes reduziert sich dann auf einen Merkmalsvektor, dessen Länge l lediglich bestimmt ist durch das Produkt aus Anzahl der Frequenzkanäle und Anzahl der Modulationskanäle (hier: $l = 85 \cdot 17 = 1445$).

3. Robustheit des Modells

Die vorliegende Studie untersucht an einem speziellen Wortschatz die Robustheit des Sprachverarbeitungsmodells gegen Uneindeutigkeiten bei Vertauschung von Silben, Vokalen und Konsonanten.

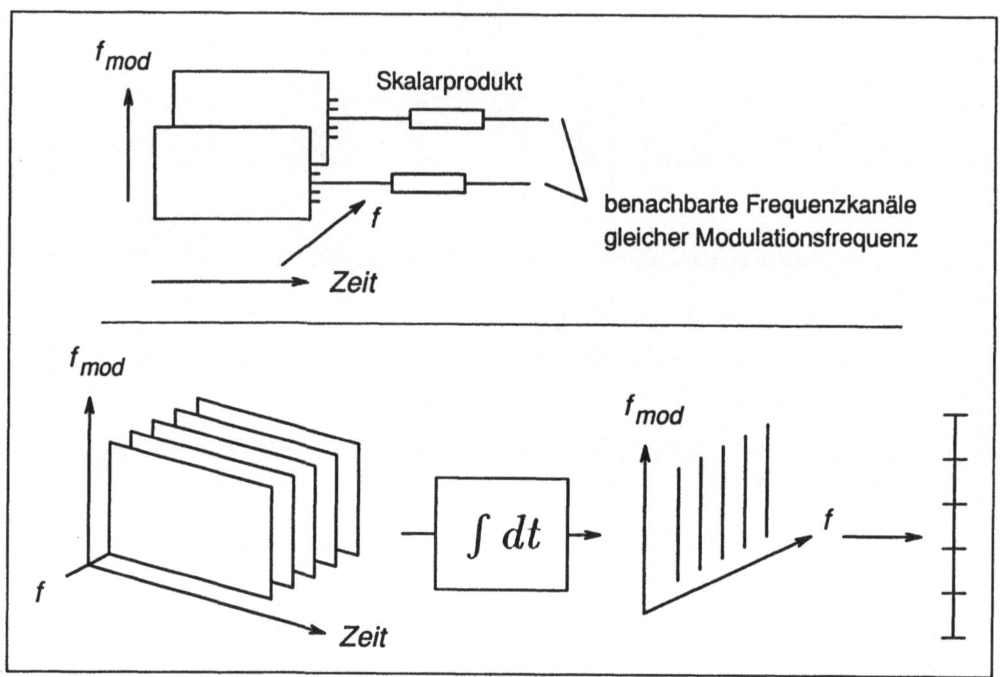

Abbildung 5: *Korrelationsprinzip zur Detektion von Formantübergangen* (oben); *Methode der zeitlichen Integration* (unten)

Die für das Erkennungsexperiment verwendeten Wörter bestehen aus drei Silben, gebildet aus den Vokalen /a/, /i/ und /o/ und den Konsonanten /s/, /l/ und /n/ (siehe Tabelle 1). Pro Wort wurden drei Versionen eines Sprechers aufgenommen. Der Wortschatz läßt sich in drei Bereiche aufteilen:

A: Permutation der Silben **sa, li** und **no**

B: Permutation der Konsonanten unter Beibehaltung der Vokale

C: Permutation der Vokale unter Beibehaltung der Konsonanten

Abb. 6 zeigt je zwei Versionen einiger Merkmalsvektoren aus dem Wortschatz. Als Erkennungsalgorithmus diente ein lineares Perzeptron, welches unter Verwendung der einfachen δ-Regel trainiert wurde. Von den verfügbaren Aufnahmeversionen wurden jeweils zwei zum Training und eine zum Testen verwendet. In den drei möglichen Testdurchläufen gab es jeweils eine falsche Zuordnung (laniso $\mapsto$ nasilo (2x) und sanilo $\mapsto$ nasilo). Ansonsten wurden alle Äußerungen richtig erkannt.

A	B	C
salino		
sanoli	sanilo	saloni
lisano	lasino	silano
linosa	laniso	silona
nosali	nasilo	solani
nolisa	naliso	solina

Tabelle 1: *Der Wortschatz, gruppiert nach Teilbereichen*

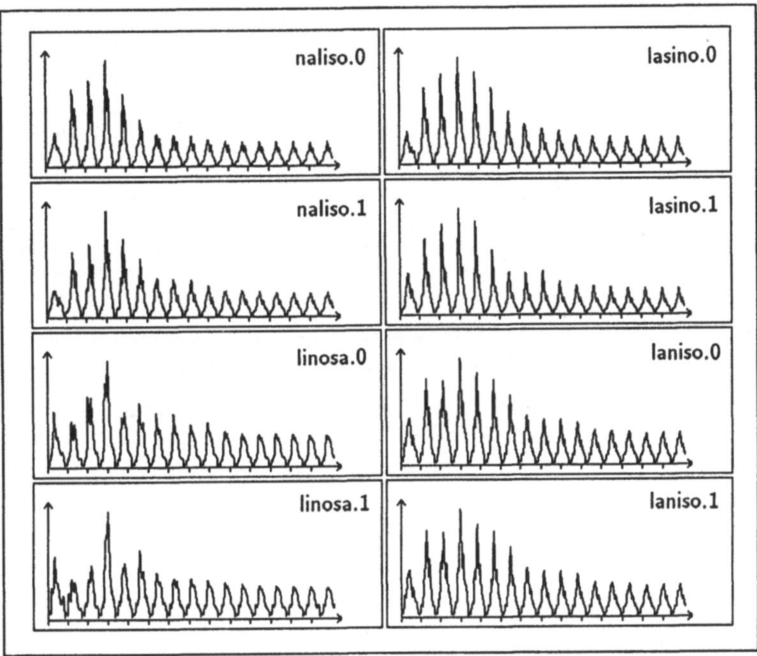

Abbildung 6: *Darstellung einiger Merkmalsvektoren des verwendeten Wortschatzes*

4. Zusammenfassung

Es wurde ein Sprachverarbeitungsmodell vorgestellt, das Sprachsignale in Analogie zur Darstellungsweise in natürlichen auditorischen Systemen in den Modulationsfrequenzbereich transformiert. Diese Art der Codierung betont gegenüber anderen Methoden, etwa einer rein spektralen Darstellung, den zeitlichen Verlauf eines Signals. Lokale Geschwindigkeitsvariationen im Silben- und Phonembereich können durch diese *Fouriertransformation 2. Ordnung* robuster ausgeglichen werden. Die implizite Codierung des zeitlichen Verlaufs eines Signals durch eine Modulationsfrequenzanalyse erlaubt zudem eine zeitliche Integration der Spektrogramme, ohne daß der Kontext einer Äußerung zerstört wird. Insbesondere werden zwei Wörter auch dann genügend unterschiedlich abgebildet, wenn sie sich nur in der Anordnung ihrer Phoneme unterscheiden.

Insgesamt erzeugt das Modell aus einem kurzen isoliert gesprochenen Wort einen Vektor konstanter Länge, was für viele Erkennungsalgorithmen wünschenswert, wenn nicht sogar Voraussetzung ist. Die Darstellung von Sprache im Modulationsfrequenzbereich ist auch für *word–spotting*-Probleme zur Erkennung fließender Sprache von Bedeutung.

Diese Arbeit wurde im Rahmen des Verbundprojekts *Sprachverstehen in neuronaler Architektur* des Bundesministeriums für Forschung und Technologie finanziert (Förderkennzeichen: 01 IN 108 A/2). Die Verantwortung für den Inhalt liegt bei den Autoren.

Literatur:

[1] Haggard M. (1985) „Temporal patterning in speech: the implications of temporal resolution and signal–processing" in: Time resolution in auditory systems, Hrsg. A. Michelsen, Springer, Berlin: 215–237

[2] Koch R., Püschel D., Kollmeier B. (1991) „Simulation des Cocktail-Party-Effekts: Störgeräuschreduktion in räumlichen Hörsituationen mit Hilfe binauraler Modulations-Spektren" in: Fortschritte der Akustik – DAGA 1991, DPG–GmbH, Bad Honnef: 797–800

[3] Paping M. (1992) „Verwendung von Modulationsmerkmalen bei der automatischen Spracher-kennung" in: Fortschritte der Akustik – DAGA 1992, DPG–GmbH, Bad Honnef (im Druck)

[4] Rees A., Møller A. (1987) „Stimulus properties influencing the responses of inferior colliculus neurons to amplitude–modulated sounds", Hearing Research **27**: 129–143

[5] Rees A., Palmer A.R. (1989) „Neuronal responses to amplitude–modulated and pure–tone stimuli in the guinea pig inferior colliculus, and their modification by broadband noise", J. Acoust. Soc. Am. **85**: 1987–1994

[6] Schreiner C.E., Langner G. (1988) „Coding of temporal patterns in the central auditory nervous system" in: Auditory functions, Hrsg. Edelman, Gall, Cowan; Wiley, New York: 337–361

[7] Steeneken H.J., Houtgast T. (1980) „A physical method for measuring speech–transmission quality", J. Acoust. Soc. Am. **67**: 318–326

[8] Strube H.W. (1985) „A computationally efficient basilar–membrane model", Acustica **58**: 207–214

Neuronale Netze zur Detektion von Silbenkernen

W.Reichl
Lehrstuhl für Datenverarbeitung
Technische Universität München
Franz-Joseph-Str. 38
8000 München 40

1. Einleitung

Ein großes Problem in der automatischen Spracherkennung ist die *Segmentierung* fließender
Sprache. Eine wesentliche Rolle spielen hierbei die verwendeten Entscheidungseinheiten.
Deren Anzahl soll für die praktische Anwendung einerseits klein sein, andererseits sind die
wesentlichen Koartikulationseffekte zu berücksichtigen, was wiederum zu einer Vielzahl von
Klassen führt. Als eine Möglichkeit zur Festlegung von Entscheidungseinheiten bietet sich
die Verwendung der Silbenstruktur der Sprache an, von der natürliche Einheiten für die
Sprachverarbeitung abgeleitet werden [Rus88]. Durch eine Detektion der Silbenkerne (Vokale oder Diphthonge) entsteht eine Segmentierung, die das Zeitraster für die nachfolgende
Erkennung der silbenorientierten Einheiten bildet. Diese werden durch silbenorientierte,
semi-kontinuierliche Hidden-Markov-Modelle repräsentiert, die die Grenzen zwischen den
silbenauslautenden und silbenanlautenden Konsonantenfolgen zwischen 2 Silbenkernen implizit festlegen. Die so klassifizierten Vokale und Konsonantenfolgen werden in der Satzerkennungsstufe mit Hilfe von Wortmodellen zur besten Wortfolge verknüpft. Auf die Einzelheiten der Erkennung, sowie auf die Satzerkennungsstufe wird hier nicht weiter eingegangen;
näheres wird z.B. in [Pla92],[Sch91] beschrieben.

Bisherige Verfahren zur Silbenkerndetektion werten den Lautstärkeanstieg im Zentrum einer
Silbe aus. Dazu wird die *modifizierte Lautheit*, welche sich aus einer gewichteten Summe
der Komponenten des Lautheitsspektrums im Bereich von 300-2700 Hz berechnet und somit
besonders den Frequenzbereich der Vokale auswertet, verwendet. Die Silbenkerne werden
anhand der Maximalwerte der - durch einen Tiefpass geglätteten - modifizierten Lautheit gefunden. Eine weitere Möglichkeit zur Detektion von Silbenkernen besteht in einem Vergleich
der Testmusterspektren mit bekannten Vokal- und Diphthongspektren (*Pattern-Matching*).
Eine Kombination beider Methoden wird in [Wei90] beschrieben und liefert gute, aber sprecherabhängige Ergebnisse.

Die Detektion der Silbenkerne soll in Zunkunft sprecherunabhängig durch ein Neuronales
Netz erfolgen. Es werden verschiedene Multilayer-Perceptrons untersucht, welchen alle 10
ms verschiedene Merkmale und ein Zielwert für die Aktivierung des Ausgangsknotens zu-
geführt werden (*Supervised-Training*). Während des Trainings werden nur die Positionen
der Silbenkerne vorgegeben, die das Neuronale Netz dann in der Erkennungsphase robust

anzeigen soll. Die Klassifikation der silbenorientierten Einheiten erfolgt durch den HMM-Erkenner, der die exakten Grenzen zwischen den Erkennungseinheiten selbst festlegt. Eine genaue Lokalisierung der Silbenkernposition ist daher nicht notwendig. Zur Festlegung des Verarbeitungsrasters genügt eine Anzeige des Silbenkerns innerhalb des Zeitraums des gesprochenen Vokals oder Diphthongs.

2. Neuronale Netze zur Anzeige von Silbenkernen

In der Sprachverarbeitung wurden in den letzten Jahren vielfältige Versuche unternommen, Neuronale Netze für die Mustererkennung zu verwenden. Mit einem *Multilayer-Perceptron*, einer Struktur aus in Schichten angeordneten Neuronen, ist im Prinzip eine allgemeine Klassifikation von Mustern möglich. Ein solches Netz besteht aus einer Eingangsschicht, einer oder mehreren versteckten Schichten, sowie aus einer Ausgangsschicht, an deren Neuronen oder Knoten das Klassifikationsergebnis anliegt. Jedes Neuron ist mit allen Neuronen der Vorgängerschicht über einstellbare Gewichte, welche mit Hilfe eines Gradientenverfahrens trainiert werden können, vollständig verbunden. Der *Backpropagation-Algorithmus* [Rum86] ist ein überwachtes Lernverfahren bei dem die Verbindungsgewichte zwischen den Neuronen in Richtung des negativen Gradienten einer Fehlerfunktion, meist der mittlere quadratische Fehler, verändert werden. Bei jedem Trainingsdurchgang durch die Lernstichprobe vermindert sich so der vom Netz gemachte Fehler. Es wurde gezeigt, daß mit einer versteckten Schicht von Neuronen die Approximation einer stetigen Entscheidungsfunktion erreichbar ist. Sollen beliebige, nicht zusammenhängende Gebiete klassifiziert werden, so ist eine weitere Schicht mit versteckten Neuronen notwendig [Lip87].

In den hier beschriebenen Versuchen wurden verschiedene vollverdrahtete Multilayer- Perceptrons verwendet. An die Eingangsschicht wurden zu jedem Zeitpunkt t die aus der Vorverarbeitung gewonnenen Merkmalsvektoren der Zeitpunkte $t\text{-}N,...,t\text{-}1,t,t\text{+}1,...t\text{+}N$ *(N=0,1,2,3)* angelegt. Dies entspricht einem Zeitfenster von *2N+1* Frames mit einem symmetrischen zeitlichen Kontext. Die Anzahl der Knoten in der versteckten Schicht der 3-lagigen Multilayer-Perceptrons (1 versteckte Schicht) lag bei 5, 10 und 20. Weiterhin wurden Netze mit 2 versteckten Schichten aus 10 und 4 Neuronen trainiert. Aus der Aktivierung des einzigen Ausgangsknotens wird das Klassifikationsergebnis gebildet. Die Zielwerte des Ausgangsknotens betrug für die Silbenkerne *0.95* und für die Restklasse *0.05*. Um eine unterschiedliche Häufigkeit der unterschiedlichen Klassen auszugleichen, werden die Gradienten der einzelnen Muster entsprechend gewichtet. Die Netze sind mit einer festen Lernrate nach dem Verfahren der *stochastischen Approximation* ("one-at-a-time") und ohne die Verwendung eines Momententerms trainiert worden.

3. Sprachmaterial und Vorverarbeitung

Das Training der Neuronalen Netze wurde mit dem Sprachmaterial des Forschungsinstitutes der Deutschen Bundespost am FTZ durchgeführt. Es besteht aus 21 Wörtern (Ziffern und Kommandos) , gesprochen von 30 verschiedenen Sprechern, wobei nur die Sprachäußerungen der 15 männlichen Sprecher verwendet wurden. Das Sprachmaterial ist telefonbandbegrenzt, mit 8kHz abgetastet und mit 12 Bit quantisiert. Die Vorverarbeitung liefert alle 10 ms folgende Merkmale : ein Bark-skaliertes Lautheitsspektrum mit 16 Werten, die Nulldurchgangsrate des Zeitsignals, die modifizierte Lautheit und die Summenlautheit (Signalenergie). Mit den so trainierten Netzen wurden außerdem kontextunabhängige Tests mit fließend gesprochener Sprache vorgenommmen. Hierzu wurde das sog. "Sotschek"Phondat-Material mit jeweils 100 Sätzen in mehreren Versionen, gesprochen von verschiedenen Sprechern verwendet. Diese Sprachaufnahmen sind mit 16 kHz abgetastet und mit 16 Bit quantisiert. Die Vorverarbeitung erzeugt wiederum alle 10 ms die obigen Merkmale, wobei zur Erzeugung des Lautheitsspektrums nur der Frequenzbereich von 0-4 kHz genutzt wird (Telefon-Bandbegrenzung).

4. Experimente

Anhand von Experimenten mit Trainingsdaten von 1, 4 oder 9 Sprechern wurde der Einfluß des zeitlichen Kontextes, die Anzahl der Neuronen in der versteckten Schicht und die Anzahl der versteckten Schichten untersucht. Die Aktivierung des Ausgangsknotens eines Netzes über einer bestimmten Schwelle wird als Anzeige eines Silbenkernes interpretiert. Die Auszählung der dabei entstehenden Fehler erfolgt frameweise und ist für 2000 Lernzyklen durch die Trainingsdaten eines Sprechers in Tab. 1 dargestellt (Schwelle = 0.5). Die obere Zeile eines Tabelleneintrags (*Training*) enthält die *Frame-Erkennungsraten* für das Trainingsmaterial und die untere die Erkennungsergebnisse für die Sprachdaten der anderen Sprecher (*Test*).

| Netz: | | | Frame-Erk.rate: | |
Zeitfenster	Neuronen	Gewichte		
1 Frame	10,1	200	83,8%	Training
			81,4%	Test
3 Frames	10,1	580	89,4%	Training
			81,9%	Test
5 Frames	5,1	480	90,8%	Training
			81,6%	Test
5 Frames	10,1	960	90,8%	Training
			81,1%	Test
5 Frames	20,1	1920	90,8%	Training
			81,2%	Test
7 Frames	10,1	1340	91,6%	Training
			80,6%	Test
5 Frames	10,4,1	994	91,6%	Training
			80,6%	Test

Tab. 1. Frame-Erkennungsraten für verschiedene Netze; Erklärungen siehe Text.

Die Multilayer-Perceptrons konnten die gelernten Muster mit einem Fehler von ca. 10 % richtig klassifizieren. Beim Test dieser Netze mit dem Sprachmaterial der fremden Sprecher zeigt sich erwartungsgemäß eine deutliche Verschlechterung. Durch die Verwendung von zeitlichem Kontext verringern sich die Fehlerraten vor allem für die Trainingsdaten. Die notwendige Anzahl der Neuronen in der Eingangsschicht und somit die Anzahl der Verbindungsgewichte zur ersten versteckten Schicht steigt proportional mit der Größe des Zeitfensters an. Die Netze besitzen zwischen 200 Gewichten bei einem Zeitfenster von 1 Frame und 1920 Gewichten bei einem Netz mit einem 5 Frames breiten Zeitfenster und 20 Neuronen in der versteckten Schicht. Sowohl durch die Verwendung von Netzen mit mehr Neuronen in der versteckten Schicht als auch durch Einführung einer zweiten versteckten Schicht ergaben sich keine wesentlichen Verbesserungen. In Tab. 1 erkennt man eine deutliche Zunahme der Differenz der Frame-Erkennungsraten zwischen Trainings- und Testmaterial mit der wachsenden Anzahl der Gewichte. Dies weist auf auf eine Überadaption der Netze auf die Trainingsdaten hin. Um die Erkennungsergebnisse für unbekannte Sprecher zu verbessern, wurden im weiteren die Sprachäußerungen von 4 bzw. 9 Sprechern zum Training verwendet. Die verbleibenden 11 bzw. 6 Sprecher wurden zum Testen verwendet. Die Ergebnisse dieser Versuche für Netze mit einem 5 Frames breitem Zeitfenster und unterschiedlichen versteckten Schichten nach 1000 Trainingszyklen sind in Tab. 2 aufgeführt.

Netz: Neuronen	4 Trainingssprecher			9 Trainingssprecher			
	Fr.Erk.	Erk.rate	Einf.rate	Fr.Erk.	Erk.rate	Einf.rate	
5,1	85,1	81,7 (87,3)	7,1	88,7	88,1 (91,7)	13,3	Training
	82,2	67,3 (75,7)	5,4	86,8	79,2 (87,6)	8,9	Test
10,1	86,6	83,3 (87,3)	4,8	86,7	82,7 (85,6)	6,8	Training
	85,5	70,9 (77,8)	6,6	87,3	73,3 (80,3)	6,2	Test
20,1	86,7	81,0 (84,9)	2,4	88,3	86,7 (90,3)	7,6	Training
	85,4	71,5 (78,8)	6,9	86,5	79,2 (88,2)	8,9	Test
10,4,1	86,0	79,4 (81,0)	3,2	88,6	86,7 (89,9)	6,5	Training
	85,9	73,2 (79,1)	6,9	86,9	76,9 (87,1)	5,6	Test

Tab. 2. Erkennungsergebnisse der Silbenkernlokalisierung für das FTZ-Material von verschiedenen Netzen; alle Angaben in Prozent; Erklärungen siehe Text.

Da zur Festlegung des Verarbeitungsrasters eine Anzeige des Silbenkerns an einer beliebigen Position innerhalb des Vokals oder Diphthongs ausreicht, wird für diese die Mitte des überschwelligen Bereichs gewählt. Liegt die so gefundene Silbenkernposition innerhalb des vorgegebenen, handsegmentierten Vokalkerns oder Diphthongs, so wird dieser als richtig bzw. anderenfalls als falsch erkannt deklariert. Die *Erkennungsrate* in Tab. 2 gibt die relative Anzahl der richtig angezeigten und lokalisierten Silbenkerne an. Zusätzlich zu den falsch angezeigten Silbenkernpositionen existieren noch Einfügungen, meist hervorgerufen durch vokalähnliche Laute. Die *Einfügerate* (Anzahl der Einfügungen bezogen auf die Anzahl der vorhandenen Silbenkerne) ist ebenfalls aus Tab. 2 zu entnehmen. Einfügungen von

Silbenkernen sind für das Silbenraster des Erkennungssystems besonders störend, da sie -
im Gegensatz zu Silbenkernauslassungen - nicht von den HMMs toleriert werden. Die Anzahl von Silbenkerneinfügungen kann durch Erhöhung der Schwelle oder einer Glättung des
Verlaufs der Ausgangsaktivierung auf Kosten von Silbenkernauslassungen reduziert werden.
Einige vom Netz ermittelte Silbenkernpositionen befinden sich unmittelbar neben den erwarteten, was zu leichten, aber noch zulässigen, Segmentierungsfehlern führt. Bei den in
Tab. 2 in Klammern stehenden Werten wurde bei der Auszählung ein Bereich von 2 Frames
(20 ms) um einen transkribierten Silbenkern zur Anzeige zugelassen. Dies führt zu einer
duchschnittlichen Erhöhung der Erkennungsrate um 3,6% für das Trainings- und 7,9% für
das Testmaterial.

Die mit 9 Sprechern trainierten Netze zeigen ca. 90% der gelernten und 87% der unbekannten Silbenkerne und die mit 4 Sprechern trainierten Netze ca. 85 und 78% der Silbenkerne
innerhalb eines Toleranzbereichs von 20 ms richtig lokalisiert an. Durch die Verwendung
von mehr Trainingssprechern zeigt sich dabei eine Verbesserung der Erkennungsraten vor
allem für die Testmuster der unbekannten Sprecher. Wiederum sind die erzielten Ergebnisse
relativ unabhängig von der Größe der verwendeten Netze. Durch das vermehrte Trainingsmaterial verbessert sich die Möglichkeit der Neuronalen Netze wichtige, sprecherunabhängige
Merkmale zur Erkennung der Silbenkerne zu finden. Diese Fähigkeit zur Generalisierung
zeigt sich auch durch eine geringere Differenz der Erkennungsraten zwischen Trainings- und
Testmaterial. Ein Beispiel für den Verlauf der Aktivierung des Ausgangsneurons und die
tatsächlichen Positionen der Silbenkerne im Wort *"Information"* befindet sich in Bild 1.

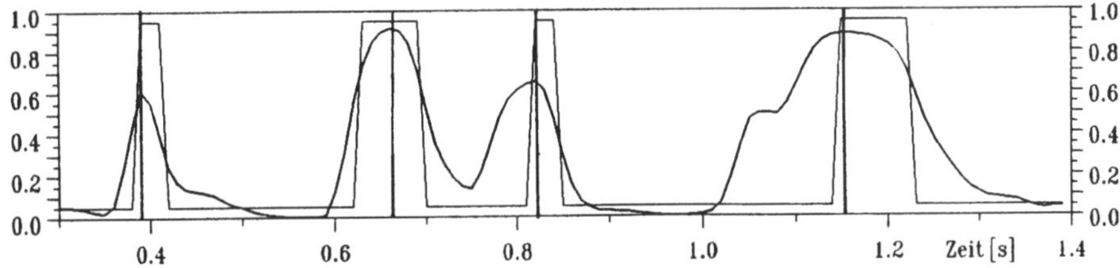

Bild 1. Aktivierung des Ausgangsneurons und Silbenkernpositionen für das Wort
"Information".

Innerhalb des Übergangsbereichs bei Diphthongen und Vokalclustern fällt die Ausgangsaktivierung oftmals stark ab und kann gegebenenfalls die Entscheidungsschwelle kurzzeitig
unterschreiten. Dies führt zu zwei Anzeigen von Silbenkernen innerhalb eines Diphthongs
oder Vokalclusters, was aber vom Erkennungssystem durch die Verwendung entsprechender
Einheiten bei den Vokalclustern ausgeglichen werden kann.

Eine Verbesserung der Lokalisierung von Silbenkernen läßt sich durch die Auswertung der relativen Maxima der geglätteten Aktivierung des Ausgangsneurons erzielen. Ein ausreichend
ausgeprägtes Maximum wird nur dann als Silbenkern angezeigt, wenn es von benachbarten
Maxima durch ein deutliches Minimum getrennt ist. Weiterhin muß zwischen 2 Silbenker-

nen ein Mindestabstand von 100 ms bestehen. In Tab. 3 befinden sich die Ergebnisse dieses Verfahrens (*FTZ-Test*), sowie die Auswertung der kontextunabhängigen Versuche mit dem "Sotschek"-Phondat-Material. Die mit dem FTZ-Material trainierten Netze wurden dabei mit jeweils 100 fließend gesprochenen Sätzen von 2 Sprechern getestet (*SOT-Test*).

Netz: Neuronen	4 Trainingssprecher		9 Trainingssprecher		
	Erk.rate	Einf.rate	Erk.rate	Einf.rate	
5,1	82,5 (89,7)	7,1	89,2 (93,5)	7,6	Training
	81,8 (88,2)	3,9	83,7 (92,1)	6,7	FTZ-Test
	67,3 (79,5)	12,3	63,4 (78,2)	9,9	SOT-Test
10,1	84,1 (88,9)	4,0	88,5 (92,4)	6,1	Training
	85,8 (92,7)	5,4	79,8 (85,4)	6,7	FTZ-Test
	66,6 (81,0)	12,3	61,4 (75,8)	8,5	SOT-Test
20,1	84,1 (88,9)	4,0	89,2 (92,1)	6,1	Training
	86,4 (93,3)	6,0	84,3 (93,3)	5,6	FTZ-Test
	68,2 (80,1)	13,8	68,8 (79,9)	9,7	SOT-Test
10,4,1	84,9 (88,1)	2,4	87,1 (89,9)	4,7	Training
	83,0 (90,6)	7,3	80,3 (90,4)	4,5	FTZTest
	62,0 (75,6)	14,2	64,2 (75,5)	6,9	SOT-Test

Tab. 3. Erkennungsergebnisse der Silbenkernlokalisierung nach dem Verfahren der relativen Maxima für unterschiedliches Sprachmaterial; alle Angaben in Prozent; Erklärungen siehe Text.

Bei der Ermittlung der Silbenkernposition durch das Verfahren der relativen Maxima ergibt sich eine deutliche Verbesserung der Erkennungsraten für das unbekannte FTZ-Material von durchschnittlich 15% für 4 und 4,5% für 9 Trainingssprecher bei gleichzeitiger Reduzierung der Einfügerate. Eine robuste Anzeige der Silbenkerne mit mehr als 90% Trefferquote und einer Einfügerate von ca. 6% ist bei diesem Sprachmaterial möglich. Der Test mit dem kontextunabhängigen, fließend gesprochenen "Sotschek"-Phondat-Material zeigt eine deutliche Verschlechterung der Erkennungsergebnisse, was auf die unterschiedlichen Aufnahmebedingungen, eine andere Vorverarbeitung oder den stärkeren Koartikulationseinflüssen in fließender Sprache zurückzuführen sein kann. Auch das Training mit nicht normierten Lautheitsspektren aus dem gleichmäßig gut ausgesteuerten FTZ-Material hat einen wesentlichen Einfluß auf das Resultat der Segmentierung des sehr unterschiedlich ausgesteuerten "Sotschek"-Phondat-Materials. Da der Grad der Aktivierung des Ausgangsneurons stark sprecherabhängig schwankt, ist eine Silbenkernanzeige durch eine Schwellenwertentscheidung bei diesem Sprachmaterial nicht sinnvoll. Es werden deshalb zur Zeit Versuche durchgeführt, bei denen Multilayer-Perceptrons mit normierten Spektren aus dem "Sotschek"-Phondat-Materials trainiert werden. In Bild 2 sind die nach dem Verfahren der relativen Maxima ermittelten Silbenkernpositionen für den Satz "*Heute ist schönes Frühlingswetter*" zu sehen.

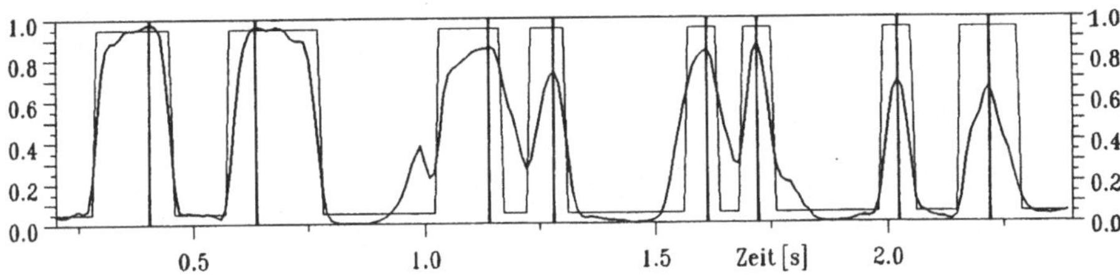

Bild 2. Durch das Verfahren der relativen Maxima aus dem Verlauf der Aktivierung ermittelte Silbenkernpositionen für den Satz *"Heute ist schönes Frühlingswetter"*.

Die meisten Fehlklassifikationen treten bei vokal-ähnlichen Konsonanten /l/, /r/ und /j/ auf. Die Netze sind nicht in der Lage, anhand der angebotenen Merkmale diese Phoneme von Vokalen zu unterscheiden. Bei einem Verzicht auf die Verwendung der Nulldurchgangsrate zeigt sich eine Verschlechterung des Klassifikationsergebnisses vor allem bei der Unterscheidung von Frikativlauten und Vokalen. Die modifizierte Lautheit kann dagegen von einem Multilayer-Perceptron selbst durch gewichtete Addition der spektralen Kanäle gebildet werden und liefert somit keine neue Information. Durch die Einführung neuer Merkmale, wie Differenzspektren oder Energieverhältnisse in spektralen Bändern, wird erhofft, vor allem die Anzahl der Einfügungen zu reduzieren.

5. Zusammenfassung und Ausblick

Die bisher erzielten Ergebnisse zeigen, daß eine Segmentierung von Sprache durch eine Anzeige von Silbenkernen mit einem Multilayer-Perceptron erreichen läßt, die den bisherigen Verfahren in Bezug auf Robustheit und Sprecherunabhängigkeit überlegen ist. Eine Verbesserung der Silbenkernlokalisierung für das fließend gesprochene Material wird durch die Verwendung von normierten Spektren des gesamten Frequenzbereiches bis 8 kHz und durch die Berücksichtigung von neuen Merkmalen erwartet. Durch die Kombination aus Neuronalem Netz und regelbasierter Auswertung scheinen sich grundsätzliche Probleme des konnektionistischen Modells - nämlich schlechte Zeitmodellierung und viele Einfügungen - handhaben zu lassen. Im weiteren werden zur Lösung des Silbenkernproblems andere neuronale Ansätze, wie radiale Basisfunktionen und Time-Delay Neural Networks, untersucht.

Teile dieser Arbeiten wurden im Rahmen des ASL-Projektes durchgeführt, das vom BMFT gefördert wird.

6. Literatur

Lip87   R.P.Lippmann,
An introduction to computing with neural nets, IEEE ASSP Magazine, Vol. 4-2, S. 4-22, April 1987.

Pla92   B.Plannerer, G.Ruske,
Recognition of Demisyllable Based Units Using Semicontinuous Hidden Markov Models, Proceedings of the ICASSP-92, im Druck.

Rum86   D.E.Rumelhart, J.L.McClelland,
Parallel distributed processing, Volume 1&2, MIT Press, 1986.

Rus88   G.Ruske,
Automatische Spracherkennung: Methoden der Klassifikation und Merkmalsextraktion, Oldenbourg Verlag, München Wien, 1988.

Sch91   F.Schiel,
Modifizierter A*-Algorithmus zur Erkennung fließend gesprochener Sätze, DAGM Symposium München 1991,S. 244-250, Springer Verlag.

Wei90   W.Weigel,
Silbenorientierte Erkennung fließender Sprache mittels diskreter stochastischer Modellierung, Dissertation, Lehrstuhl für Datenverarbeitung, Technische Universität München, 1990.

Robuste Verarbeitung fehlerhafter Segmentierungsergebnisse[1]

F. Kummert, G. A. Fink, G. Sagerer

Universität Bielefeld, AG Angewandte Informatik,
Postfach 100131, 4800 Bielefeld 1

1 Motivation

Ein Hauptproblem bei der Verarbeitung fehlerhafter Segmentierungsergebnisse ist die Entscheidung darüber, wann eine ausreichende Interpretation vorliegt und die Analyse abgebrochen werden kann. Ein solches Analyseergebnis soll einerseits einen möglichst großen Teil der Segmentierungsresultate interpretieren. Andererseits sollte keine vollständige und extrem zeitraubende Suche im Zustandsraum zur Erzeugung der gewünschten Interpretation nötig sein. Es ist praktisch unmöglich ein solches Verhalten mit à priori definierten, statischen Abbruchkriterien zu erreichen. Eine mögliches statisches Kriterium wäre z.B. zu fordern, daß nur ein gewisser Prozentsatz der Segmentierungsdaten interpretiert werden muß. Setzt man diese Schranke hoch an, so lassen sich bei nur wenig fehlerbehafteten Daten gute Ergebnisse erzielen, die in der Regel auch eine gute Ausnützung der bereitgestellten Information gewährleisten. Treten in den Basisdaten jedoch viele **nicht behebbare** Fehler auf, kann keine Interpretation mehr erzeugt werden, die den Anforderungen genügt. Wird der Schwellwert niedriger angesetzt, gewinnt der Analyseprozeß an Robustheit, verliert aber unter Umständen Teile der Interpretation, wenn strukturelle Restriktionen innerhalb der Analyseergebnisse eine Interpretation der Daten über den gewählten Prozentsatz hinaus nicht erfordern.

An einem Beispiel aus der Sprachverarbeitung soll diese Problematik veranschaulicht werden. In einem sprachverstehenden System, das Dialoge aus dem Bereich Zugauskunft führen kann [Nie92, Sag88], wird als Kriterium für eine erfolgreiche Interpretation neben der strukturellen Konsistenz eine ausreichende Übereckung des Sprachsignals durch interpretierte Worthypothesen gefordert. Betrachten wir die folgenden beiden Dialoge, bei denen als Segmentierungsergebnis die beste Wortkette der akustischen Analyse verwendet wird. Erkannte gesprochene Wörter sind fett gedruckt.

Dialog A:
> Benutzer: **ich möchte morgen früh nach Dresden fahren**
> System: *Sie möchten morgen früh von Bielefeld nach Dresden fahren?*
> Benutzer: wie **ja am**

---

[1] Diese Arbeit wurde vom Bundesministerium für Forschung und Technologie (BMFT) unter der Nummer 01IV102A0 gefördert.

Dialog B:

> Benutzer: **ich möchte** uns acht den Ulm **nach Nürnberg fahren**
> System: *Wann möchten sie fahren?*
> Benutzer: **um achtzehn Uhr** den
> System: ...

Fordert man eine hohe Überdeckung des Sprachsignals, so wird die erste Äußerung in Dialog A vollständig interpretiert. Bei der stark gestörten Bestätigung des Benutzers ist jedoch keine entsprechende Analyse möglich. Ebensowenig kann die erste Äußerung in Dialog B analysiert werden, da die Zeitangabe *"um achtzehn Uhr"* aus den Ergebnissen der Worterkennung nicht rekonstruiert werden kann. Eine gewählte niedrige Überdeckung erlaubt zwar in solchen Fällen eine Interpretation, es wird aber evtl. vorhandene Information nicht verarbeitet. Die Struktur der Interpretation einer Anfrage an das System fordert z.B. keine Zeitangabe, weshalb Dialog A um eine Rückfrage des Systems erweitert würde. Trotzdem stellt dieses Verfahren keineswegs immer einen Fortgang des Dialogs sicher. Extreme Störungen oder das Fehlen strukturell wichtiger Teile der Interpretation können auch hier zum Scheitern führen.

Um diesem Problem zu begegnen wurde ein Verfahren zur Verarbeitung partieller Interpretationen entwickelt, das mit einem dynamischen Kriterium arbeitet, um über die Vollständigkeit von Interpretationen zu entscheiden. Es erlaubt zum einen die vollständige Verarbeitung aller überhaupt interpretierbaren Segmentierungsergebnisse und stellt zum anderen sicher, daß Fehlersituationen erkannt werden und danach mit Teilinterpretationen unterschiedlichen Vollständigkeitsgrades weitergearbeitet werden kann.

2 Verarbeitung partieller Interpretationen

Um in einem Musteranalysesystem die Verarbeitung partieller Interpretationen zu ermöglichen, müssen die folgenden Probleme gelöst werden:

- Analyseabbruch: Wann kann aufgrund der Geschichte der bisherigen Analyse entschieden werden, daß keine bessere Interpretation gefunden werden kann?
- Wiederaufsetzen: Welche der gewonnenen Zwischenergebnisse kommen als mögliche partielle Interpretationen in Frage und welches davon ist das beste?

Für die Beurteilung des **Analyseabbruchs** ist es wichtig, von einer lokalen Bewertung von Teilergebnissen weg zu einer Bewertung des Fortgangs der Analyse zu kommen. Geht man davon aus, daß der Suchraum der Analyse als Baum vorliegt, so gilt es zu verhindern, daß extensive Tiefen- oder Breitensuche durchgeführt wird, ohne daß neue Information gewonnen wird.

Welche Zwischenergebnisse für ein **Wiederaufsetzen** in Betracht kommen ist natürlich stark vom Anwendungsbereich abhängig. Allgemein erscheint es jedoch sinnvoll folgende Eigenschaften von partiellen Interpretationen zu fordern:

- Vollständigkeit bei elementaren Strukturen: Dies ist wichtig, damit die Interpretation ein gewisses Maß an inhaltlicher Relevanz erlangt.
- Teilweise Beziehung zum Analyseziel: Kann eine solche - wenn auch schwache - Beziehung nicht hergestellt werden, so ist es kaum möglich, sie durch besondere Maßnahmen zu erzwingen.

- Weiterverarbeitbarkeit: Diese Forderung kann unter Umständen eine Konsequenz der beiden zuerst genannten sein, soll aber hier explizit erhoben werden, da es je nach Ziel der Analyse unterschiedliche Formen von Teilinterpretationen sein können die eine erfolgreiche Weiterverarbeitung ermöglichen oder auch nur erleichtern.

Für die Abwägung zwischen verschiedenen partiellen Interpretationen ist es wichtig ein Maß für die **Größe** einer Interpretation bereitzustellen. Dies kann z.B. über die Anzahl der verarbeiteten Segmentierungsergebnisse oder auch über die Komplexität der erzeugten Ergebnisstrukturen definiert sein. Bei ähnlich großen Interpretationen können zur weiteren Differenzierung Bewertungsmaße wie **Qualität, Sicherheit** oder **Relevanz** herangezogen werden.

3 Anwendung in der Sprachverarbeitung

3.1 linguistische Wissensbasis

Das semantische Netz, das das Wissen für das Erkennen und Verstehen von Äußerungen und für das Führen eines Auskunftsdialogs beinhaltet, umfaßt die folgenden vier Abstraktionsebenen [Kum91, Mas89]:

- Die *Syntaxebene* enthält Konzepte, die zum einen syntaktische Konstituenten wie Verbalgruppe oder Präpositionalgruppe und zum anderen spezielle Zeitangaben wie Datum oder Uhrzeit modellieren.
- Die *Semantikebene* beruht auf Fillmore's Tiefenkasus Theorie [Fil68]. Hierbei wird angenommen, daß ein Verb für eine gewisse Bedeutung Leerstellen eröffnet, denen eine funktionale Rolle (Tiefenkasus) zugeordnet wird. Diese Theorie kann auch auf Nomina übertragen werden, so daß in dieser Ebene Konzepte für die Bedeutung von Verben und Nomina und für deren funktionale Rollen existieren.
- Die Konzepte der *Pragmatikebene* repräsentieren zulässige Benutzeranfragen wie Fahrplanauskunft und anwendungsabhängige Begriffe wie Abfahrtsort (pragmatische Bestimmung) oder "mit einem Zug fahren".
- Die *Dialogebene*, die auf [Mas89] basiert, enthält Konzepte, die die Benutzer- und Systemdialogschritte definieren. Von Benutzerseite sind aktuell die Schritte Informationsfrage, Ergänzung, Korrektur und Bestätigung erlaubt. Das System kann Nachfragen, eine Fahrplanauskunft geben, sich eine Interpretation bestätigen lassen oder um die Wiederholung einer Äußerung bitten.

3.2 Verarbeitungsstrategie

Um die Vorerwartungen der linguistischen Wissensbasis möglichst umfassend zu nutzen, wird eine Hypothese nicht aufgrund einer sequentiellen Abarbeitung des Sprachsignals (Links-Rechts-Analyse) erweitert, sondern aufgrund von strukturellen Beziehungen. Dies bedeutet, daß für die Erweiterung einer Hypothese nicht die aktuelle Überdeckung des Sprachsignals mit Worthypothesen entscheidend ist, sondern die Analyse durch Vorerwartungen, die im semantischen Netz modelliert sind, gesteuert wird. Dadurch wird eine Worthypothese in jedem noch nicht überdeckten Abschnitt des Sprachsignals akzeptiert, sobald sie den Anforderungen der Wissensbasis genügt.

Ziel der linguistischen Analyse ist die Instantiierung eines Konzepts, das eine zulässige Benutzeranfrage repräsentiert, z.B. Informationsfrage, Korrektur. Wegen der unsicheren Worterkennung müssen dabei auch fehlerhafte Segmentierungsergebnisse verarbeitet werden. Wie in Abschnitt 1 dargelegt, ist dafür die Verwendung eines dynamischen Abbruchkriteriums wünschenswert. Zum einen wird die Anzahl der benötigten Dialogschritte gering gehalten, da im Erfolgsfall das gesamte Sprachsignal interpretiert wird, und somit Ergänzungsfragen sich erübrigen. Zum anderen vermeidet man ein Fehlschlagen des Dialogs, da auch sehr fehlerhafte Segmentierungsergebnisse toleriert werden.

Die bei der Verwendung eines dynamischen Abbruchs in Abschnitt 2 dargelegten Probleme (Analyseabbruch, Wiederaufsetzen) wurden folgendermaßen gelöst:

Eine (Teil-)Interpretation wird in dieser Anwendung als gültig für einen vorzeitigen Abbruch bezeichnet, falls

- sie mindestens auf einer Worthypothe basiert und
- nur vollständige syntaktische Konstituenten enthält.

Da während der linguistischen Analyse alle vollständigen Konstituenten einem Pragmatikkonzept zugeordnet werden, stellt die zweite Bedingung sicher, daß jede gültige Hypothese eindeutig interpretiert werden kann. So kann die Interpretation "muß ... nach Dresden" als Verbindungswunsch für eine Fahrt nach Dresden interpretiert werden. Die Hypothese "muß ... Hannover nach Dresden" jedoch ist nicht eindeutig interpretierbar, da sich die zwei Interpretationen "von Hannover nach Dresden" und "über Hannover nach Dresden" anbieten.

Eine gültige (Teil-)Interpretation I_1 ist besser als I_2, falls

- die akustische Qualität $Q(I_1)$ besser als $Q(I_2)$ ist (um statistische Schwankungen des Qualitätsmaßes aufzufangen, wird der Vergleich auf Intervallen durchgeführt) oder
- $Q(I_1)$ liegt im gleichen Intervall wie $Q(I_2)$ und I_1 überdeckt einen größeren Bereich des Sprachsignals.

Die Analyse einer Äußerung wird abgebrochen, falls

- zumindest eine gültige (Teil-)Interpretation existiert und
- nach dem Auffinden der aktuell optimalen (Teil-)Interpretation mehr als n unzulässige Suchbaumknoten erzeugt wurden.

Da ein Suchbaumknoten als unzulässig bewertet wird, falls die zugeordnete Teilinterpretation linguistisch sinnvoll nicht mehr erweitert werden kann, ist die Anzahl der unzulässigen Suchbaumknoten ohne neue gültige Teilinterpretation ein gutes Kriterium für den vorzeitigen Abbruch der Analyse.

4 Ergebnisse

Die dargestellten Ergebnisse wurden unter den folgenden Rahmenbedingungen erzielt.

- Für die Worterkennung wurde das ISADORA-System [Sch91] verwendet.
- Es wurde ohne Sprachmodell gearbeitet. Damit ist die Perplexität gleich der Lexikongröße von 1081.

- Für das Training des Akustik-Moduls wurden je 500 domänenspezifische Sätze von 4 männlichen Sprechern verwendet.
- Die Worterkennung erreicht bei diesem 4-Sprecher System eine Wortakkuratheit von 74.6% und eine Satzerkennungsrate von 35%.
- Die linguistische Analyse arbeitet mit den Worthypothesen, die sich aus den 10 besten Wortketten ergeben.
- Für jeden Dialog spricht der Testsprecher (einer der Trainingssprecher) die erste Äußerung ins Mikrophon und der Analyseprozeß beginnt. Gemäß der Interpretation des Systems und der daraus resultierenden Systemantwort wird eine weitere Äußerung gesprochen. Dies wird solange wiederholt bis der Dialog erfolgreich mit einer Fahrplanauskunft beendet ist oder fehlschlägt.
- Die Tests wurden auf einer DEC-Station 5200 mit 32MB Hauptspeicher und 25 Mips durchgeführt.

Um die Güte des dynamischen Abbruchkriteriums beurteilen zu können, wurden die 13 Dialoge (von insgesamt 50) verwendet, die in einer früheren Testreihe unter ansonsten identischen Bedingungen fehlschlugen. Nach der Integration des dynamischen Abbruchs konnten davon 7 Dialoge erfolgreich geführt werden. Die durchschnittliche Zahl der Benutzerdialogschritte liegt bei 2.3 und die linguistische Analyse benötigt 31.4 Sekunden je Äußerung für die linguistische Analyse. Damit ergibt sich, daß die Verwendung eines dynamischen Abbruchkriteriums und die Interpretation von Teilergebnissen die Robustheit beim Führen eines Auskunftsdialogs stark erhöht.

Literaturverzeichnis

[Fil68] C. Fillmore: *A Case for Case*, in E. Bach, R. T. Harms (Hrsg.): *Universals in Linguistic Theory*, Holt, Rinehart and Winston, New York, 1968, S. 1–88.

[Kum91] F. Kummert: *Flexible Steuerung eines sprachverstehenden Systems mit homogener Wissensbasis*, Dissertation, Technische Fakultät der Universität Erlangen-Nürnberg, 1991.

[Mas89] M. Mast: *Entwicklung und Realisierung eines Dialogmoduls für ein System zum Verstehen kontinuierlich gesprochener Sprache*, Arbeitsbericht der DFG, Lehrstuhl für Informatik 5 (Mustererkennung), Erlangen, 1989.

[Nie92] H. Niemann, G. Sagerer, U. Ehrlich, G. Schukat-Talamazzini, F. Kummert: *The Interaction of Word Recognition and Linguistic Processing in Speech Understanding*, in P. Laface, R. DeMori (Hrsg.): *Speech Recognition and Understanding*, NATO ASI Series F 75, Springer, Berlin, Heidelberg, 1992, S. 425–453.

[Sag88] G. Sagerer, F. Kummert: *Knowledge Based Systems for Speech Understanding*, in H. Niemann, M. Lang, G. Sagerer (Hrsg.): *Recent Advances in Speech Understanding and Dialog Systems*, NATO ASI Series F, Vol. 46, Springer-Verlag, Berlin, 1988, S. 421–458.

[Sch91] E. G. Schukat-Talamazzini, H. Niemann: *Das ISADORA-System – ein akustisch-phonetisches Netzwerk zur automatischen Spracherkennung*, in B. Radig (Hrsg.): *Mustererkennung 1991*, Bd. 290 von *Informatik Fachberichte*, Springer Verlag, Berlin, Heidelberg, New York, 1991, S. 251–258.

Kontursegmentierung durch Anpassung grafischer Elemente

K. Voss
Friedrich-Schiller-Universität Jena, Mathematische Fakultät
UHH - 14.OG, O-6900 Jena

1. Einleitung

Für Aufgaben der technischen Anwendung der Bildverarbeitung ist die Erkennung und Vermessung von Kurvensegmenten auf der Grundlage mathematisch vorgebener Modelle ein wichtiges Teilproblem [Wu90]. Sehr häufig werden Geradensegmente gesucht. Aber auch Kreisbögen und (bei nichtorthogonaler Projektion) Ellipsensegmente können als grafische Elemente von Interesse sein. Als Input entsprechender Algorithmen dienen zumeist Punktmengen, die entweder als Bild oder als Liste vorgegeben sind.

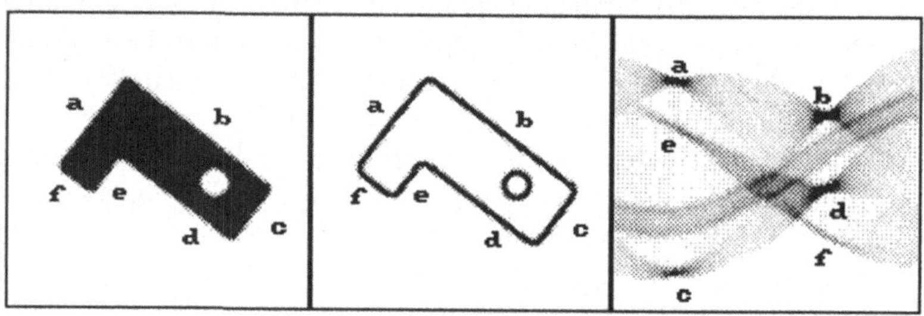

Abb.1: Grauwertbild (links), Gradientenbild (Mitte) und Houghbild (rechts)

Als klassische Methode für die genannte Aufgabenstellung wird die Hough-Transformation verwendet (Abb.1). Man beschreibt die als Modell verwendete geometrische Figur F durch Parametertupel (Geraden $G(p,\varphi)$ mit der Gleichung $x \cdot \cos\varphi + y \cdot \sin\varphi = p$ sind beispielsweise durch die Parameter p und φ bestimmt). Für jeden Punkt q des Bildes oder der Liste wird dann eine Menge $T(q) = \{t_1, t_2, \ldots\}$ von Parametertupeln t_i ermittelt, indem man fordert, daß der Punkt q als Punkt der entsprechenden Figuren $F(t_i)$ angesehen werden kann. Trägt man diese Tupel t_i als Punkte in den entsprechenden Parameterraum ein, so werden die gesuchten Figuren durch Punktcluster des Parameterraumes repräsentiert werden (Abb.1).

Die Houghtransformation hat trotz ihrer klaren Methodik und vieler Bemühungen um effektive Implementierung den Nachteil, daß sie sehr rechenaufwendig ist. So ist für die Ermittlung von Geradensegmenten $(p,\varphi,\lambda_1,\lambda_2)$ bzw. $((x_1,y_1),(x_2,y_2))$ ein vierdimensionaler Parameterraum erforderlich, und der entsprechende Parameterraum für Kreisbogensegmente $(xm,ym,radius,\alpha_1,\alpha_2)$ ist sogar fünfdimensional.

Die Segmentierung von Konturen und Kurven (d.h. nicht geschlossene Konturen) in einfache grafische Elemente geschieht meist durch Detektion der die Segmente trennenden Konturpunkte P_k als Stellen starker Konturkrümmung [Ch87, Te89, Li90]. Allerdings hat diese Methode den Nachteil, daß die zur Rauschminderung notwendige Konturglättung über größere Konturbereiche in Widerspruch steht zu der Forderung, auch kurze Kontursegmente erkennen zu müssen.

Bereits 1977 haben Freeman und Davis darauf hingewiesen, daß die Bedeutung eines Punktes P_k als "Diskontinuität" im Krümmungsverlauf proportional sein sollte zur Länge des vorangehenden und/oder nachfolgenden diskontinuitätsfreien Kontursegmentes [Fr77, Be87]. Die oft der Kontursegmentierung zugrundegelegte Hypothese, daß die Ecken die meiste Information tragen, könnte damit durch die Hypothese ersetzt werden, daß die eine Kontur aufbauenden grafischen Elemente den wesentlichen Erkennungsbeitrag liefern (Abb.2).

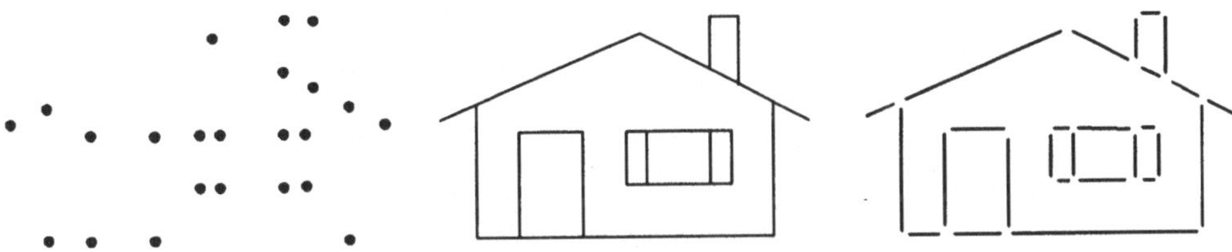

Abb.2: Erkennungsrelevante grafische Elemente

Die Umsetzung dieser alternativen Hypothese erfordert die optimale Anpassung grafischer Elemente an einen vorgegebenen Konturverlauf, d.h. die Zerlegung der Kontur in Geradensegmente, Kreisbogensegmente, Ellipsensegmente usw. Auch diese Problematik wurde in der Literatur bereits untersucht [Al74, Ch89, Ro89, Te89].

In der vorliegenden Arbeit soll für die Kontursegmentierung eine neue Methode vorgestellt werden, die als Input Konturpunktlisten $((x_1,y_1),\ldots(x_N,y_N))$ verwendet und als Output Listen optimal angepaßter Segmente liefert. Die mittlere Komplexität des Verfahrens ist von der Ordnung $O(N)$.

2. Anpassung grafischer Elemente

In diesem Abschnitt soll die Anpassung grafischer Elemente (Geradensegmente, Kreisbogensegmente) an die Punkte einer Punktliste $(x_1,y_1,\ldots,x_N,y_N)$ kurz diskutiert werden. Die Anpassung erfolgt mittels der Methode der kleinsten Quadrate [La91].

Die Gleichung der Geraden ist durch $x\cdot\cos\varphi + y\cdot\sin\varphi = p$ gegeben, so daß die Parameter aus der Bedingung

$$S(p,\varphi) = \sum_{i=1}^{N} (x_i\cdot\cos\varphi + y_i\cdot\sin\varphi - p)^2 \rightarrow Minimum .$$

folgen. Hierbei ist S die Summe der Abstandsquadrate der Punkte (x_i,y_i) von der Geraden. Dieser Ansatz steht im Gegensatz zur Regressionsanalyse, wo nur die Summe über die Δx_i^2 bzw. nur die Summe über die Δy_i^2 zum Minimum werden soll [Sh87].

Die Forderung $S(p,\varphi)\rightarrow\min$ führt mit $\partial S/\partial p=0$ und $\partial S/\partial\varphi=0$ auf die beiden Gleichungen

$$\frac{\partial S}{\partial p} = -2\sum_{i=1}^{N} (x_i\cdot\cos\varphi + y_i\cdot\sin\varphi - p) = 0 ,$$

$$\frac{\partial S}{\partial\varphi} = 2\sum_{i=1}^{N} (x_i\cdot\cos\varphi+y_i\cdot\sin\varphi-p)(-x_i\cdot\sin\varphi+y_i\cdot\cos\varphi) = 0 .$$

Daraus folgt

$$N \cdot p = \cos\varphi \sum_{i=0}^{N} x_i \ + \ \sin\varphi \sum_{i=1}^{N} y_i \ ,$$

$$\cos\varphi \cdot \sin\varphi \sum_{i=1}^{N} \left(-x_i^2 + y_i^2 \right) \ + \ (\cos^2\varphi - \sin^2\varphi) \sum_{i=1}^{N} x_i y_i \ =$$

$$= p \cdot \left(\cos\varphi \sum_{i=1}^{N} y_i \ - \ \sin\varphi \sum_{i=1}^{N} x_i \right) .$$

Unter Verwendung der Mittelwerte $\overline{x}$ usw. über die Koordinatenausdrücke erhalten wir

$$p = \overline{x} \cdot \cos\varphi \ + \ \overline{y} \cdot \sin\varphi \ ,$$

$$\cos\varphi \cdot \sin\varphi \, (-\overline{x^2} + \overline{y^2}) \ + \ (\cos^2\varphi - \sin^2\varphi) \cdot \overline{xy} = p \cdot (\overline{y} \cdot \cos\varphi - \overline{x} \cdot \sin\varphi) \ ,$$

so daß sich schließlich

$$\tan(2\varphi) \ = \ \frac{2\,(\overline{xy} - \overline{x} \cdot \overline{y})}{(\overline{x^2} - \overline{x}^2) \ - \ (\overline{y^2} - \overline{y}^2)}$$

ergibt und vier Lösungen

$$
\begin{aligned}
&\varphi_1 && p_1 \\
&\varphi_2 = \varphi_1 + 90^0 && p_2 \\
&\varphi_3 = \varphi_2 + 180^0 && p_3 = -p_1 \\
&\varphi_4 = \varphi_3 + 270^0 && p_4 = -p_2
\end{aligned}
$$

erhalten werden. Für jede dieser vier Lösungen können wir die Abweichungssumme S explizit durch

$$\frac{1}{N} S_{opt}(p,\varphi) \ = \ \frac{1}{N} \sum_{i=1}^{N} \left((x_i - \overline{x}) \cdot \cos\varphi \ + \ (y_i - \overline{y}) \cdot \sin\varphi \right)^2$$

$$= \delta_{xx} \cos^2\varphi \ + \ 2\,\delta_{xy} \cos\varphi \sin\varphi \ + \ \delta_{yy} \sin^2\varphi \ ,$$

$$\delta_{xx} = \overline{x^2} - \overline{x}^2 \ , \quad \delta_{xy} = \overline{xy} - \overline{x} \cdot \overline{y} \ , \quad \delta_{yy} = \overline{y^2} - \overline{y}^2 \ ,$$

berechnen. Es wird die Lösung (p_i, φ_i) mit minimaler Fehlerquadratsumme und positiven Punktabstand $p = p_k$ ausgewählt. Der zugehörige Winkel $\varphi = \varphi_k$ liegt im Bereich $0 \ldots 360^0$. Schließlich werden noch die Abstände $d_i(p, \varphi)$ der Punkte (x_i, y_i) von der optimal angepaßten Geraden ermittelt und

$$d_{\max}(p, \varphi) \ = \ \max_{i=1 \ldots N} \left(\left| x_i \cdot \cos\varphi \ + \ y_i \cdot \sin\varphi \ - \ p \right| \right)$$

berechnet.

Zur Anpassung eines Geradensegmentes an eine Punktmenge wird zuerst die optimale Gerade nach der eben beschriebenen Methode bestimmt. Wenn vom Punkt (x_i, y_i) das Lot auf die Gerade gefällt wird, so kann der Fußpunkt (x_i^*, y_i^*) durch

$$x_i^* = x_i + (p - x_i \cdot \cos\varphi - y_i \cdot \sin\varphi) \cdot \cos\varphi \ = \ p \cdot \cos\varphi - \lambda_i \cdot \sin\varphi$$

$$y_i^* = y_i + (p - x_i \cdot \cos\varphi - y_i \cdot \sin\varphi) \cdot \sin\varphi \ = \ p \cdot \sin\varphi + \lambda_i \cdot \cos\varphi$$

angegeben werden. Aus $-x_i^* \sin\varphi + y_i^* \cos\varphi = \lambda_i$ folgt

$$\lambda_i = -x_i \cdot \sin\varphi + y_i \cdot \cos\varphi \ .$$

als Parameter des Fußpunktes. Die Werte λ_i mit $1 \leq i \leq N$ liegen zwischen den beiden Extremwerten

$$\lambda_{min} = \min_i (\lambda_i) \quad , \quad \lambda_{max} = \max_i (\lambda_i) \quad ,$$

die gleichzeitig die extremalen Fußpunkte (x_{min}, y_{min}) und (x_{max}, y_{max}) als Endpunkte des gesuchten Segmentes anhand der Formeln

$$x_{min/max} = p \cdot \cos\varphi - \lambda_{min/max} \cdot \sin\varphi \ ,$$

$$y_{min/max} = p \cdot \sin\varphi + \lambda_{min/max} \cdot \cos\varphi \ .$$

bestimmen.

Zur optimalen Anpassung eines Kreises bzw. eines Kreisbogensegmentes an eine Punktmenge verwenden wir die Beschreibung $(x-xm)^2 + (y-ym)^2 = rad^2$ bzw.

$$a(x^2 + y^2) + bx + cy - 1 = 0 \ .$$

Die Lösung des Gleichungssystems

$$\begin{pmatrix} \overline{(x^2+y^2)^2} & \overline{(x^2+y^2)\cdot x} & \overline{(x^2+y^2)\cdot y} \\ \overline{(x^2+y^2)\cdot x} & \overline{x \cdot x} & \overline{x \cdot y} \\ \overline{(x^2+y^2)\cdot y} & \overline{x \cdot y} & \overline{y \cdot y} \end{pmatrix} \cdot \begin{pmatrix} a \\ b \\ c \end{pmatrix} = \begin{pmatrix} \overline{(x^2+y^2)} \\ \overline{x} \\ \overline{y} \end{pmatrix}$$

liefert a, b, c und damit die Parameter

$$xm = \frac{-b}{2a} \quad , \quad ym = \frac{-c}{2a} \quad ,$$

$$rad^2 = \frac{1}{a} + \left(\frac{b}{2a} \right)^2 + \left(\frac{c}{2a} \right)^2$$

des gesuchten Kreises. Auch hier kann die maximale Punktdistanz zur Charakterisierung der Güte der Anpassung verwendet werden:

$$d_{max}(xm, ym, rad) = \max_{i=1\ldots N} \left(\left| \sqrt{(x_i - xm)^2 + (y_i - ym)^2} - rad \right| \right) \ .$$

3. Bewertung von Kontursegmenten

Um eine Kontur (allgemeiner eine digitale Kurve) nach vorgegebenen Kriterien optimal segmentieren zu können, muß man Segmente bewerten können. Wir wollen unter S_{ij} dasjenige Segment verstehen, daß durch die Punktliste $((x_i, y_i), \ldots (x_j, y_j))$ charakterisiert ist. Die Anpassung einer (p, φ)-Geraden bzw. eines (xm, ym, rad)-Kreises an das Segment S_{ij} der Kontur liefert die beiden maximalen Abstände $d_G = dmax(p, \varphi)$ und $d_K = dmax(xm, ym, rad)$ als Funktionen von i und j.

In der Abbildung 3 sind für eine Kontur diese Funktionen dargestellt. Dabei läuft i von links nach rechts auf der Abzisse und j von oben nach unten auf der Ordinate (d.h. der Nullpunkt $(0,0)$ entspricht der linken oberen Ecke des Bildes). Die Funktionswerte $d_G(i,j)$ und $d_K(i,j)$ sind durch Grauwerte g symbolisiert, wobei

$$g = \max\left(0 , g_{max} - d_{G/K}(i, j) \right)$$

gilt. Es ist deutlich zu erkennen, daß die Segmente *ab*, *de* und *ef* bzw. auch Teile dieser Segmente gut durch Geradensegmente approximiert werden können. Andererseits ist eine gute optimale Anpassung bei den Segmenten *cd,gh* bzw. ihren Teilen nur durch Kreisbogensegmente möglich.

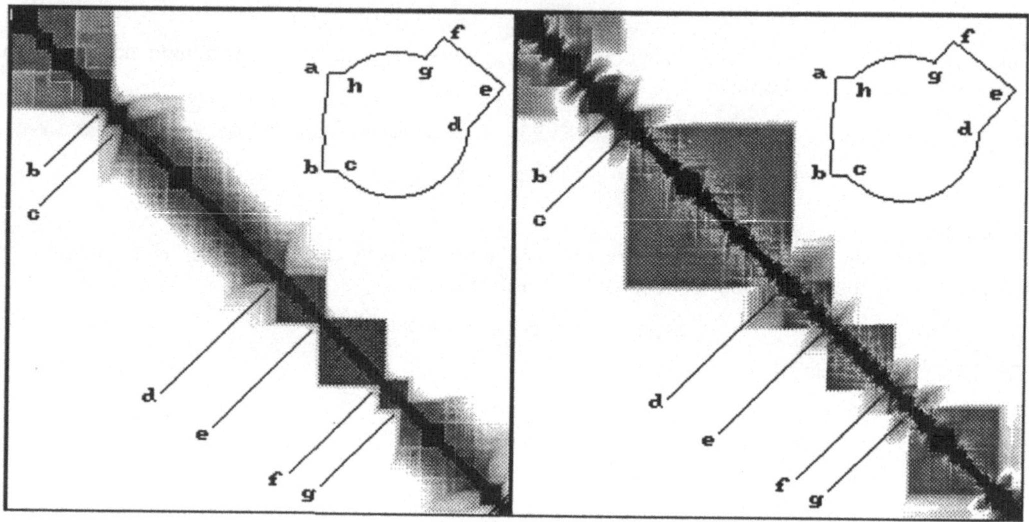

Abb.3: Bewertung von Segmenten einer Kontur als Geradensegment (links) und Kreisbogen (rechts)

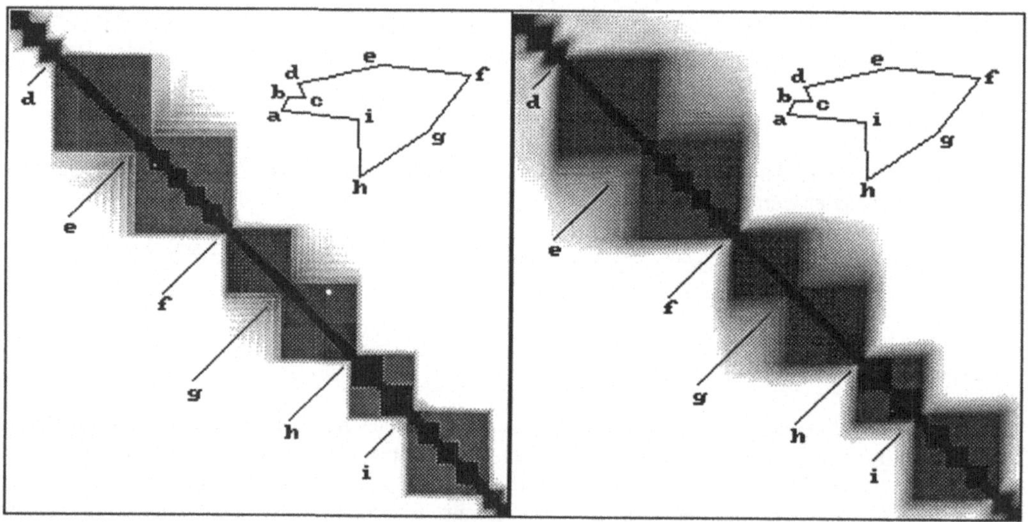

Abb. 4: Bewertung der Geradensegmente einer Kontur durch l_∞-Norm (links) und l_2-Norm (rechts)

Segmente *ij*, die bei möglichst großer Länge $|i\text{-}j|$ doch noch gut durch Geraden bzw. Kreise beschreibbar sind, liegen weit von den Diagonalen $i=j$ der Abbildung 3 entfernt (eine "Methode der längsten Segmente" wird auch in [Wi78, Sk80] beschrieben). Die Detektion solcher weit entfernt liegenden Punkte (i_{opt}, j_{opt}), die als linke untere bzw. rechte obere Eckpunkte dunkler Quadrate in der

Abbildung 3 beeindrucken, gestattet eine stabile Kontursegmentierung fast ohne weitere Verfahrensparameter. In Abhängigkeit davon, ob nun $d_K(i_{opt},j_{opt}) < d_G(i_{opt},j_{opt})$ oder $d_K(i_{opt},j_{opt}) \geq d_G(i_{opt},j_{opt})$ ist, wird ein Kreisbogen bzw. ein Geradensegment an die Punktfolge $((x_i,y_i),\ldots(x_j,y_j))$ angepaßt. Eventuell könnte man Kreise mit sehr kleinem Radius (Grenze zwischen zwei Geradensegmenten) und Kreise mit sehr großem Radius (auch als Geradensegmente beschreibbar) durch zwei Parameter r_{min} und r_{max} aus dem Verfahren ausschließen.

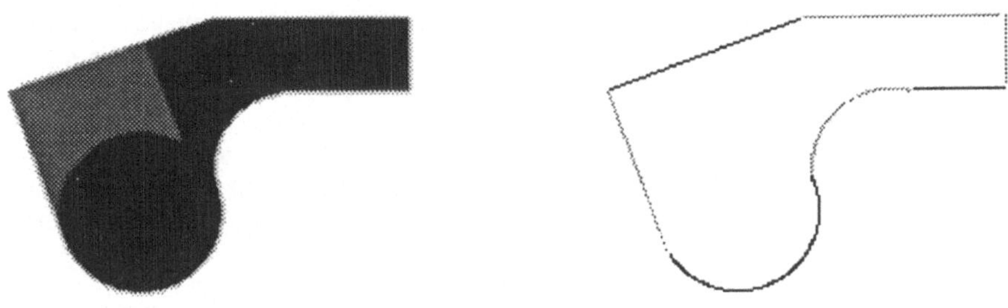

Abb.5: Kontursegmentierung bei "tangentialen" Übergängen

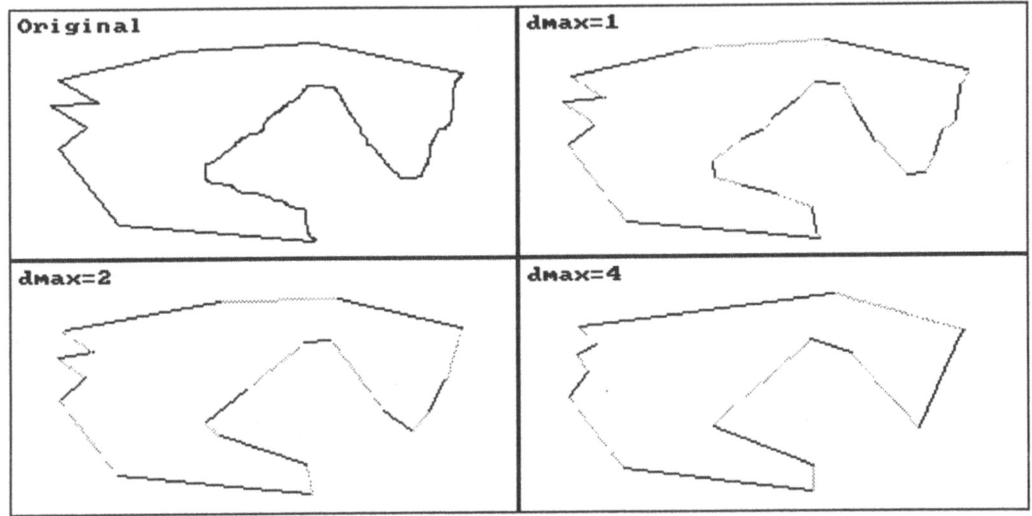

Abb.6: Kontur und Kontursegmentierung bei Verwendung unterschiedlicher Anpassungsparameter *dmax*

Es sei noch darauf hingewiesen, daß die Bewertung der Segmente durch den maximalen Punktabstand (l_∞-Norm) qualitativ bessere Resultate liefert als die Bewertung durch die Quadratwurzel aus dem mittleren Abstandsquadrat (l_2-Norm). In Abbildung 4 sind diese beiden Bewertungen einander gegenübergestellt. Die die optimalen Segmente charakterisierenden dunklen Quadrate sind bei Verwendung der l_2-Norm deutlich schlechter ausgeprägt als bei Verwendung der l_∞-Norm. Der Grund liegt darin, daß sich die stärkere Abweichung einzelner Punkte an den Enden der Segmente bei Verwendung der l_2-Norm kaum bemerkbar macht.

4. Experimentelle Ergebnisse

Als Beispiele sollen (nichtideale) Konturen mit dem hier vorgestellten Verfahren bearbeitet werden, die außer Störungen im (idealisierten glatten) Verlauf auch sehr schwach ausgeprägte Übergänge zwischen einzelnen Kontursegmenten besitzen. Während bei einer Kontursegmentierung unter Verwendung von Krümmungsmaßen solche schwach ausgeprägten Übergänge nur schwer zu detektieren sind, gibt es für die hier vorgestellte Methode keine prinzipiellen Schwierigkeiten, wie Abbildung 5 und Abbildung 6 zeigen.

Für die Anwendung wird noch gefordert, daß Kreisbögen oder Geradensegmente überhaupt nur dann zur Segmentierung zugelassen werden, wenn für die Bewertungen die Ungleichungen $d_G < dmax$ und $d_K < dmax$ erfüllt sind. Dadurch kann eine feinere bzw. gröbere Anpassung erreicht werden (siehe Abbildung 6).

Eine Testimplementierung des Verfahrens mit geeigneter Suchstrategie (Verdoppelung bzw. Halbierung der Suchintervalle auf der Kontur, Kreisanpassung nur bei Versagen der Geradenanpassung) ergab für die Segmentierung zufällig erzeugter bzw. manuell gezeichneter Konturen die in Abbildung 7 dargestellten Resultate.

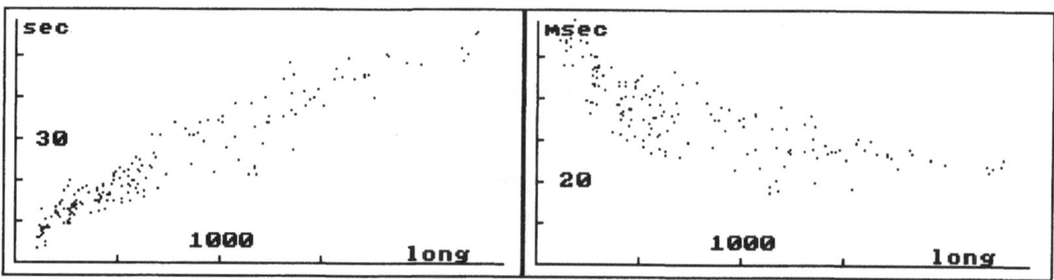

Abb.7: Gesamtzeit und Zeit pro Konturpunkt für die Segmentierung von Konturen der Länge *long*

Es zeigt sich, daß der Zeitaufwand zur Segmentierung einer Kontur etwa proportional zur Anzahl *long* der Konturpunkte ist (Komplexität $O(N)$ des Verfahrens). Der relative zeitliche Mehraufwand pro Konturpunkt bei kleineren Konturen resultiert aus der notwendigen algorithmischen Organisation. Die in den Abbildungen 5,6 und 7 wiedergegebenen Meßergebnisse zeigen, daß das vorgestellte Verfahren sowohl qualitativ als auch quantitativ zufriedenstellend arbeitet.

Im Softwaresystem DIAS [Vo91] wurde für dies Verfahren die Prozedur CSEGMENT implementiert, die durch vier Parameter gesteuert wird. Das Verfahren ist sehr unempfindlich gegen Veränderungen der Steuerparameter:

dmax obere Schranke für die zulässigen Punktabstände vom detektierten Segment ($0.7 < dmax < 1.3$)

rmin untere Schranke für den Radius eines zulässigen Kreisbogensegmentes ($3 < rmin < 9$)

rmax obere Schranke für den Radius eines zulässigen Kreisbogensegmentes ($100 < rmax < 1000$)

diff Konturpunktabstand mit $1 \leq diff \leq 4$ (d.h. es wird nur jeder *diff*-te Konturpunkt in die Ausgleichsrechnung mit einbezogen, so daß der Zeitaufwand auf den *diff*-ten Teil reduziert wird).

Als Input der Prozedur dient die Kettencode-Darstellung der Kontur, aus der die Konturpunktliste $((x_1,y_1),\ldots,(x_N,y_N))$ bestimmt wird. Das Ergebnis ist eine Segmentliste, die Geradensegmente mit den sechs Parametern $(p, \varphi, x_{min}, y_{min}, x_{max}, y_{max})$ bzw. Kreisbogensegmente mit den fünf Parametern $(xm, ym, rad, \varphi_{min}, \varphi_{max})$ enthält.

Messungen des Zeitaufwandes bei Anwendung der Prozedur lieferten für einen AT-286 (mit Gleitkommaprozessor, 12 MHz) ca. 15 msec pro Konturpunkt und für einen AT-486 (33 MHz) ca. 0.7 msec pro Konturpunkt. Damit ist es möglich, die Konturen technischer Objekte in 256^2-Bildern in einigen Zehntelsekunden optimal zu segmentieren.

5. Literatur

Al74   A.Albano: Representation of digitised contours in terms of conic arcs and straight-line segments. CVGIP 3 (1974) 23-33

Be87   H.L.Beus, S.S.H.Tiu: An improved corner detection algorithm based on chain-coded plane curves. Pattern Recognition 20 (1987) 291-296

Ch87   S.Y.Chen, M.Y.Chern: Flexible corner detection based on a single-parameter control. SPIE 848 Intelligent Robots and Computer Vision 1987, pp. 108-114

Ch89   D.S.Chen: A data-driven intermediate level feature extraction algorithm. IEEE Trans. PAMI-11 (1989) 749-758

Fr77   H.Freeman, L.S.Davis: A corner finding algorithm for chain-coded curves. IEEE Trans. C-26 (1977) 297-303

La91   M.Lange: Segmentierung von Konturen auf der Basis von Krümmungsberechnungen. Proc. 13.DAGM-Sympos., München Okt.1991, S. 167-173

Li90   H.C.Liu, M.D.Srinath: Corner detection from chain-code. Pattern Recognition 23 (1990) 51-68

Ro89   P.L.Rosin, G.A.W.West: Segmentation of edges into lines and arcs. Image and Vision Computing 7 (1989) 109-114

Sh87   Y.Shirai: Three-Dimensional Computer Vision. Springer-Verlag, Berlin/Heidelberg 1987, pp.79-83

Sk80   J.Sklansky, V.Gonzalez: Fast polygonal approximation of digitized curves. Pattern Recognition 12 (1980) 327-331

Te89   C.H.Teh, R.T.Chin: On the detection of dominant points on digital curves. IEEE Trans. PAMI-11 (1989) 859-872

Vo91   K.Voss, H.Süße: Praktische Bildverarbeitung. Carl-Hanser-Verlag, München 1991

Wi78   C.M.Williams: An efficient algorithm for the piecewise linear approximation of planar curves. CGIP 8 (1978) 286-293

Wu90   Q.M.Wu, M.G.Rodd: Boundary segmentation and parameter estimation for industrial inspection. IEE Proc. 137 (1990) 319-327

A Hybrid Algorithm for Finding Significant Points and Segments in Digital Curves

M. Peter, Frank Ade, William Cabrera and Walter Hohl

Image Science Group
Institute for Communication Technology
Swiss Federal Institute of Technology (ETH)
CH-8092 Zürich

1 Introduction

It is difficult to define what constitues a significant point of a contour unambiguously. Depending on purpose, vocabulary and data representation, different points can be selected. The localization of these points also is not clear. Many algorithms have been published but problems still exist e.g. with smooth transitions between contour parts and small regions with high curvature. For these reasons, we have developed a hybrid split-and-merge algorithm that uses local and global criteria. We introduce the concept of a "separator domain". Instead of pinpointing individual unreliable corner and inflection points, we mark small regions on the contour as "separator domains". As a consequence, the segments between the separator domains are much cleaner and can therefore be approximated more reliably with the help of a vocabulary of graphic primitives.
Output of the algorithm is a symbolic description of the contour in form of a list of line and arc segments. Each element of the list belongs either to the class of contour segments or to the class of separator domains and is characterized through various attributes. The algorithm was tested with a large number of examples from a real world application. The results of the segmentation correspond very closely to intuition.

2 Finding Significant Points in Digital Curves

Vision systems usually contain steps which work in a top down direction as well as others working bottom up. The same can hold true for subproblems in such a system e.g. curve partitioning by significant points. In bottom up algorithms one tries to detect significant points directly by analyzing small local group of curve points for certain properties like curvature or turning angle. Where these properties have extrema or discontinuities significant points are assumed. Problems of these approaches derive from the digital nature of the curves where noise and quantization effects make it hard to compute derivatives. Falsely determined points or wrong positions of them may result. Examples of algorithms that try various approaches to overcome these difficulties can be found in [RJ73], [TC89a]. All these algorithms are purely data driven, no a priori knowledge is used.

In contrast, the other main paradigm uses at least some rudimentary a priory knowledge to detect significant points. The curve is assumed to be composed of a finite set of primitives like straight line segments or arcs. Stated more generally, it is tried to approximate the curve in certain regions through various fits. Different measures of goodness of fit guide this procedure. Significant points are defined as points between adjacent segments. Choosing the vocabulary of the graphic primitives is critical and domain specific, these approaches therefore tend to be less general than pure bottom up approaches. Other problems lie in the dependency of the order in which the fits are applied and in the fits themselves which sometimes encounter hard limits when implemented digitally (see chapter 5.1). Representative examples of these algorithms can be found in [Dun86], [WD84], [Ima86].

3 A hybrid approach to detect significant points in digital curves

To overcome the problems of the local algorithms as well as those of the global approaches, we propose a hybrid split-and-merge algorithm that combines the advantages of both worlds. Before we come to the details of the algorithm, let's think a bit more fundamentally about segmentation.

> Segmentation partitions a contour into segments which are typically large structures. Different algorithm may find different positions of these segments, but compared to the size of the segments, the changes are small. Segment position can be computed reliably and uniquely. Corners separate segments. They are typically small structures down to one point. The position of that corner point is highly dependent of the segmentation algorithm and can therefore not be reliably determined.

To overcome that problem, we introduce the concept of the **separator domain**. Instead of computing imprecise individual corner or inflection points, small regions on the contour called "separator domains" are determined. Our segmentation algorithm comprises three stages:

1. In the first step, a first choice of significant points is localized with a maximum curvature criterion. To each point a separator domain (section 4.1) and a certainty factor is associated. As in all local methods we do not get inflection points and flat transitions between segments. On the other hand we do get some wrong points through the presence of noise. To correct these weaknesses and to get a symbolic description of the contour, we add a second, globally working step.
2. The segments between the found separator domains are approximated through primitives (section 5.1) which are straight line segments and circles in the current implementation. Certain criteria like the goodness of fit control the approximation and introduce new corner points when necessary (section 5). Besides that it is also possible to detect inflection points not seen in stage 1. The second step of the algorithm usually contributes to oversegmentation (like the first one).
3. A final step is necessary to clean up, i.e. to remove superfluous separators and to merge segments(section 6). We do that by computing for each weak corner domain a certainty factor using a heuristic evaluation function. Values like segment length and goodness of fit are used for that function. Corner points having values below a

certain limit are eliminated by merging the adjacent segments. As long as there are points with small certainty factors, this step is repeated.

The following sections explain in detail the three steps of the algorithm and how the separators are found.

4 Seed corner point detection

Seed points are used as initial guesses of corner points. We find them as points with curvature higher than a certain threshold. Since these points are used just as a first hypothesis which may be eliminated later, the threshold has not a large influence on the overall result. However, instead of using a fixed value, it is calculated with the help of a curvature histogram of the whole contour. Typical contours have large linear sections (straight lines). Their curvature contains no useful information and therefore their contribution to the histogram is discarded. The threshold κ_t for the curvature is computed based on the histogram according to one of the following two criteria:

1. κ_t is choosen such that a certain percentage ν_1 of points have a smaller curvature than κ_t.
2. κ_t is choosen such that the histogram values fall below a certain percentage ν_2 of the maximum value.

For curvature calculation, we compute first $\theta(s)$, the total turning angle versus the arc length of the contour. For each contour point p_i a straight line is fitted in a neighborhod of $2k+1$ points. The direction angle of the fit line is used as curve direction θ in point p_i. Problems with that method arise in very narrowly curved parts with radii smaller than $2k$. It can happen there that the fit locks orthogonally to the direction of the contour. To prevent that, we interpolate θ in these situations with the help of the neighbors. Finally, curvature $\kappa(p_i)$ is calculated from the difference $\theta(p_{i+1}) - \theta(p_{i-i})$.

Points p_i having a curvature $\kappa(p_i)$ greater than the threshold curvature κ_t are selected as seed points and handed over to the separator domain finder.

4.1 Delimiting separator domains

Initially, each separator domain consists only of the seed corner point. Then, it is enlarged by adding all points around the seed point having the same sign of the curvature. This leads to a domain which typically is too large. In an ideal corner for example, the resulting domain is about as large as the size of the kernel of the curvature computation. Also in the presence of noise the domain may get to large. As a final step, the domain is therefore shrunk as much as possible. Two criteria control this procedure. A first criterion prevents the domain from shrinking to less than 3 points. A second criterion makes sure that points with enough curvature change stay in the domain. The criteria are implemented with the help of line fits done symmetrically on both sides of the seed point. The line fits are done between both end points of the domain and the seed point. Then, the end points are moved closer to the seed point and the fits are made again. If the direction angle of a fitted line changes more than a certain amount, the shrinking procedure stops on that side. The procedure is repeated until on both sides one of the two criteria is fulfilled.

Fig. 1. Example contour of a plate with a fork, a glass and a soup bowl in it. The marked region is used to illustrate the algorithm

5 Approximation of segments

Regions on the contour between separators are now approximated with a set of primitives. Currently straight lines and circular arcs make up the vocabulary. A detailed description of the fit procedure can be found in section 5.1. Thanks to the separator domains, higher demands on the quality of the fits can be used leading to a more accurate description. Always, both line and arc fits are done delaying the decision which one to use to the merging step. If the fits are good enough the analyzed segment is called a segment hypothesis and the procedure is continued with the next candidate segment on the contour.

If a segment can't be fitted accurately enough, a new segmentation point is introduced. In contrast to the seed corner point detection where a local criterion is used, this time it is possible to distinguish between corner and inflection points since we use the global criterion of the fit. The new segmentation point is found by looking at the segment and the secant connecting start and endpoint. With the help of runs that we define as a sequence of contour points lying on one side of the secant we decide whether a new segmentation point has to be set and what kind it is. If a corner point is appropriate to set we should have just one run, whereas inflection points produce at least two runs. Problems arise with noise in which case many small runs are generated. To eliminate that we apply a minimum length criterion to the runs. Two additional criteria for inflection points are in effect: the difference of the maximum turning angle θ_{max} and the minimum turning angle θ_{min} of the segment points that has to be bigger than a certain threshold and the difference of the maximum turning angle to the angles on the start respectively the end point too have to be larger than a certain angle. As inflection point the one with the smallest angle is taken in right to left transitions and in left to right transitions it is the one with the biggest angle. Positions found with that procedure are not very precise. Formula 1 shows inflection points usually get a small certainty factor c_{inf}. Such a certainty factor assignment looks reasonable.

$$c_{inf} = \frac{\theta_{max} - \theta_{min}}{2\pi} \tag{1}$$

However, these inflection points are expanded into separator domains whereby their exact position looses importance.

When the criteria for inflection points fail, a corner point is assumed. It's position is found with a slightly modified criterion used already by [DP73]. Start and end point are connected with a straight line and the point with the maximum distance to that line is selected. To refine this determination, curvature is analyzed in a small neighborhood around this point and the point having maximal curvature is taken as the corner point. Again, as with the inflection points, these corner points are used as new seed points for separator domains.

Since all criteria applied are very tight, the procedure typically generates an oversegmentation, but that will be corrected in the final merge step (section 6).

5.1 Fit primitives for approximation

Two types of primitives are used for approximation the contours in stage 2 as well as in stage 3: a line fit and a circle fit. This vocabulary was choosen having in mind an application the segmentation algorithm is intended for. Our contours are generated from silhouettes from objects like glass, plate, cup etc. Most of them are composed mainly of straight lines or arc segments because they correspond to inherent geometric properties or are due to the perspective mapping (see fig. 1).

The line fit is implemented by finding the axis of the minimal moment of inertia. The criterion to be minimized is the sum of square distances from the contour points to the approximating line. As output, one gets the direction angle θ of the line, the center of gravity x_c, y_c and the standard deviation σ of the fit. A horizontal straight line having its points flipped up and down randomly by one pixel would yield a σ of 0.35. Considering this, we chose a σ value of 0.5 for acceptance, which means a rather tight constraint.

For the circle fit we use the non-iterative algorithm of Thomas and Chan [TC89b] who minimize the sum of the squares of

$$\pi\left((x_i - x_c)^2 + (y_i - y_c)^2\right) - \pi R^2 \tag{2}$$

x_c and y_c are the center coordinates of the sought-for circle, R its radius. With (2) also a standard deviation σ can be calculated, but care has to be take for setting the value for acceptance. σ is dependent on the opening angle of the circular arc as well as on the radius. Tests with radii in the range from a couple of pixels and small angles [HC92] showed that σ cannot be expected to be smaller than a value around 0.35.

6 Elimination of Oversegmentation

Unnecessary or badly set segmentation points (corner and inflection) are removed by iteratively merging adjacent segments. Criteria for merging are the already assigned certainty factor of the corner points, inflection points and approximated segments, the quality of the newly generated segment and the length of the segments. The basic idea is to get segments as long as possible but not to loose fit quality. Only segments pointed to by a weak segmentation point are tried to merge.

The algorithm works by always looking at three adjacent segments s_i, s_{i+1} and s_{i+2} and producing two new ones f_i and f_{i+1} out of them. Over s_i and s_{i+1} we get f_i^{arc} and f_i^{lin} with a line and an arc fit with their certainty factors c_i^{arc} and c_i^{lin}. The same is done

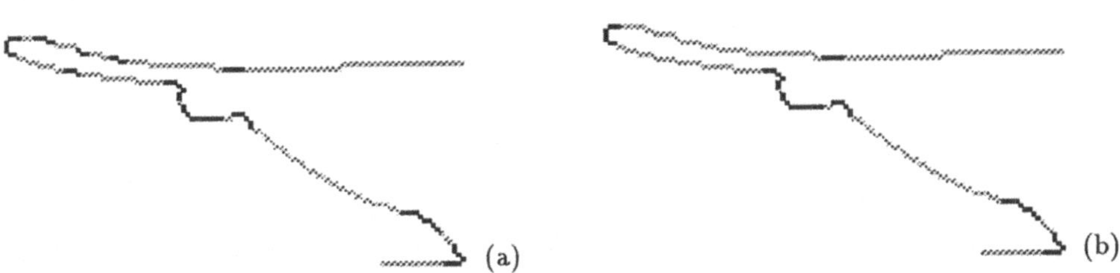

Fig. 2. Separator domains with oversegmentation before (a) and after (b) the clean-up step

for s_{i+1} and s_{i+2} which results in f_{i+1}^{arc} and f_{i+1}^{lin} with c_{i+1}^{arc} and c_{i+1}^{lin}. These values together with the lengths l_{f_i} and $l_{f_{i+1}}$ of the new segments f_i and f_{i+1} are fed separately into a heuristic evaluation function m (5) that evaluates for both segments to a value m_{f_i} and $m_{f_{i+1}}$. Values of m smaller than a heuristic threshold m_t are said to be acceptable for merging. If $m_{f_i} < m_{f_{i+1}}$ is true and $m_{f_i} < m_t$ the segmentation point between segment s_i and s_{i+1} is removed.

This procedure is repeated as long as there are segments to merge.

$$m_{f_i}^{arc} = \frac{c_i^{arc} l_{f_i} + l_{f_{i+1}}}{l_{f_i} + l_{f_{i+1}}} \tag{3}$$

$$m_{f_i}^{lin} = \frac{c_i^{lin} l_{f_i} + l_{f_{i+1}}}{l_{f_i} + l_{f_{i+1}}} \tag{4}$$

$$m_{f_i} = min(m_{f_i}^{arc}, m_{f_i}^{lin}) \tag{5}$$

Fig. 3. Parts of the contour approximated by straight line segments (bold) and arcs

7 Results

The output of the described algorithm is a description of the contour in the form of an attributed list. Elements belong either to the class of segments or to the class of separator domains. Each class is described through attributes like type of fit, goodness of fit, length,associated contour points etc. Separator domains are approximated by a

Fig. 4. The complete example contour approximated by straight line segments (bold) and arcs

linearly or by a circularly fitted segment. The algorithm was tested in a number of examples from a real world application [APR+92], a vision system for manipulating objects like cups,plates, forks etc. on a cafeteria tray. Figure 4 shows the segmented contour of an example from that application and figure 3 a part of it. As we can see, the segmentation is meaningful in the sense that round parts of the contour lead to approximation with circles. The handle of the fork for example is very nicely represented by two almost concentric arcs and the round bottom part of the soup plate gets two almost symmetric arcs. A contour segmented in such a manner is therefore very well suited for further processing like symmetry analysis or even object recognition. A first step in this direction would be the establishment of binary relations between segments like symmetry, parallelism, collinearity, concentricity, angle. The certainty factors could be used as weights for these relations. All relations should be incorporated into the graph representation of the contour.

8 Conclusion

A split-and-merge algorithm for finding significant points in digital curves was presented. In that scheme corner points and inflection points are described through separator domains, which are small regions on the contour approximated by a fit. Between these domains lie linearly or circularly fitted segments. Certainty factor are assigned to the segments as well as to the separator domains. The algorithm was tested on example contours of silhouette images from a real world application. Some results were discussed in this paper.

References

[APR+92] Frank Ade, Martin Peter, Martin Rutishauser, Marijan Trobina, and Antti Ylä Jääsky. Vision for a 3-D object manipulating system. *DAGM92*, 1992.

[DP73] D.H. Douglas and T.K. Peucker. Algorithms for the reduction of the number of points required to represent a digitized line or its caricature. *The Canadian Cartographer*, 10(2):112–122, December 1973.

[Dun86]   J. G. Dunham. Optimum uniform piecewise linear approximation of planar curves. *IEEE PAMI*, 8:67–75, January 1986.

[HC92]   Walter Hohl and William Cabrera. Analyse der Kontouren von Silhouetten. *Semesterarbeit IKT, Fachgruppe Bildwissenschaft*, 1992.

[Ima86]   H. Imai. Computational-geometric methods for polygonal approximations of a curve. *Computer Vision, Graphics and Image Processing*, 36:31–43, 1986.

[RJ73]   Azriel Rosenfeld and Emily Johnston. Angle detection on digital curves. *IEEE Trans. on Computers*, 22(8):875–878, September 1973.

[TC89a]   C. H. Teh and R. T. Chin. On the detection of dominant points on digital curves. *IEEE PAMI*, 11(8):859–872, August 1989.

[TC89b]   S. M. Thomas and Y.T. Chan. A simple approach for the estimation of circular arc centre and ist radius. *CVGIP*, 45:362–370, 1989.

[WD84]   K. Wall and P. E. Danielsson. A fast sequential method for polygonal approximation of digitized curves. *Computer Vision, Graphics and Image Processing*, 28:220–227, 1984.

Detektion von ein- und zwei-dimensionalen Bildstrukturen in komplexen Grauwertbildern [*]

L. Rosenthaler[1], F. Heitger[1], O. Kübler[1] and R. von der Heydt[2]

[1] Institut für Kommunikationstechnologie, ETH-Zürich, CH-8092 Zürich
   Email: rosenth@vision.ethz.ch
[2] Neurologische Klinik, Universitätsspital Zürich, CH-8091 Zürich

1 Einleitung

Bei unbewegten, monokularen Bildern ist die Bildinformation auf die örtliche Variation der Intensität beschränkt. Üblicherweise wird angenommen, dass Intensitätsänderungen mit physikalischen Ereignissen wie z.B. Änderung der Oberflächenorientierung, Reflektivität, Übergang Vordergrund zu Hintergrund etc., korrellieren. Oft werden solche Bildstrukturen unter dem Begriff "Kante" zusammengefasst, wobei jedoch meist das Intensitätsprofil einer realen Kante von dem einer idealen Kante abweicht und reale Kanten nicht immer geradlinig verlaufen. Ferner können viele wichtige Bildelemente wie z.B. Ecken, T-Verzweigungen, Keuzungen etc. nur durch zweidimensionale Intensitätsverteilungen adäquat beschrieben werden. Wegen der Vielfalt möglicher 2D Intensitätsverteilungen sind Modell-basierte Methoden zur Detektion dieser Bildelemente ungeignet.

Perona et al. [16] haben gezeigt, dass ein weitverbreiteter Kantendetektor (Canny [4]) Probleme mit der Lokalisation von Ecken und Verzweigungen hat, da an diesen Orten das angewandte Kantenmodell inadäquat ist. In dieser Arbeit präsentieren wir nun ein duales Verfahren zur Detektion und Lokalisation von 1D und 2D Intensitätsvariationen. Wir werden im folgenden den Begriff "generalisierte Kante" (G-Kante) für Regionen mit einer starken 1D Intensitätsvariation und den Begriff "Keypoint" für Punkte mit starker 2D Variation verwenden.

Unser Detektionsverfahren basiert auf einer Repräsentation *lokaler Energie*, welche durch die Quadratsummenbildung der Faltungsresultate eines Bildes mit gerade und ungerade symmetrischen Orientierungsfiltern gewonnen wird [6], [1], [13].

Üblicherweise werden eindimensionale Filterprofile auf zwei Dimensionen erweitert, indem das Filterprofil mit einer orthogonalen Gaussfunktion ausgedehnt wird. Wir folgen hier hingegen einem Vorschlag von Granlund [6], indem wir im Fourierraum polar separierbare Filterpaare verwenden. Das hier vorgestellte Verfahren beruht teilweise auf Erkenntnissen aus dem Bereich der biologischen Konturverarbeitung [20] [19] [17] [7]. Zwei neue Methoden werden eingeführt: (1) die Verwendung eines kontrastunabhängigen Masses, das die Abweichung von einer G-Kante angibt. Dies erlaubt uns, das Kantenmodell nur auf validen Punkten anzuwenden. (2) Die Detektion von "Keypoints" durch ein Verfahren, welches kein Modell einer spezifischen 2D Intensitätsverteilung voraussetzt.

2 Filter Design, lokale Energie und Kanten Detektion

Wir definieren generalisierte Kanten (G-Kanten) als beliebige Intensitätsvariation in einer Richtung und einer konstanten Intensität senkrecht dazu. Das Fourierspektrum von G-

[*] Wir danken dem Schweizerischen Nationalfond für die Unterstützung, Projekt no. 32-8968.86.

Kanten ist auf Geraden durch den Ursprung beschränkt [2]. Dies erlaubt, die Antwort polar separabler Filter in zwei Terme zu separieren, welche auf der einen Seite vom Profil der G-Kante und auf der anderen Seite vom Winkel zwischen Filter- und Kantenorientierung abhängen.

In Polarkoordinaten und unter Annahme einer Winkelabhängigkeit gegeben durch Ω_n (mit $\Omega_n(\psi) = \Omega_n(\psi + \pi)$) definieren wir die Filter im Fourierbereich als $F_n(\nu, \psi) = H(\nu)\Omega_n(\psi)$, wobei $H(\nu)$ der Radialanteil des Filter ist und die Bandpasscharakteristik festlegt. Die Winkelabhängigkeit Ω definiert Richtung und Orientierungsselektivität der Filter F_n, wobei F_n gedrehte Kopien von F_0 sind. Im folgenden habe $\Omega_n(\psi)$ die Form $\Omega_n(\psi) = \cos^{2p}\left(\psi - \theta_n - \frac{\pi}{2}\right)$. Die Faltung der polar separablen Filter f_n mit einer G-Kante s der Orientierung θ hat die Form $s(x, y) * f_n(x, y) = \Omega(\theta - \theta_n) \cdot g(\hat{y})$. In anderen Worten, $g(\hat{y})$ hängt nur vom Profil der G-Kante und der eindimensionalen Bandpasscharakteristik des Radialterms $H(\nu)$ ab.

Da G-Kanten ein beliebiges Profil aufweisen können, garantieren lineare Methoden ([11],[4]) keine eindeutige Lokalisation. Nicht-lineare Methoden, wie sie von [6], [13], [12],[15] vorgeschlagen wurden, weisen auf eine Lösungsmöglichkeit hin. Lokale Energie in der Form einer Quadratsumme gerader und ungerader Filterantworten erlaubt eine einheitliche Verarbeitung von Kanten, Linien sowie Hybridformen.

Als Radialfunktion der Filter verwenden wir modifizierte gerade und ungerade symmetrische Gaborfunktionen, die im Gegensatz zum "Original" beide zu Null integrieren [7]. Die Fouriertransformation dieser 1D Filterfunktionen definieren die Radialanteile $H_e(\nu)$ und $H_o(\nu)$ der 2D Filter.

3 Lokale Orientierung und Qualität

Unter der Voraussetztung einer genügenden Anzahl von Filterorientierungen ist die Orientierung einer G-Kante exakt bestimmbar: Wir definieren $E_{max}(x, y)$ als Orientierungskanal mit maximaler Antwort und $Q(\psi)$ als

$$Q(\psi) = \sum_{j=0}^{N-1} \left(\frac{E_j(\mathbf{r})}{E_{max}(\mathbf{r})} - \frac{\Omega\left(|\psi - \theta_j|\right)}{\Omega\left(\min_{k=0,\dots,N-1} |\psi - \theta_k|\right)} \right)^2 \tag{1}$$

Da die Filter polar separabel sind, ergibt sich $E_j = S \cdot \Omega(\theta - \theta_j)$ und $E_{max} = S \cdot \Omega\left(\min_{k=0,\dots,N-1} |\theta - \theta_k|\right)$. Daraus folgt $Q(\psi) = 0 \Leftrightarrow \psi = \theta$. Die Bestimmung der genauen Orientierung θ einer G-Kante besteht nun darin, $Q_{min} = Q(\psi_{min})$ zu finden.

Der Wert Q_{min} ist dabei ein gutes Mass für die Übereinstimmung einer Bildstruktur mit einer G-Kante ($Q_{min} = 0$ für eine G-Kante), wobei Q_{min} mit wachsender Abweichung von einer G-Kante grösser wird. Q_{min} erlaubt nun, (1) zu testen, ob eine Struktur einer G-Kante entspricht (z.B. falls $Q_{min} < Q_{th}$, Q_{th} Schwellwert), (2) die lokale Orientierung gegeben durch ψ_{min} zu bestimmen, falls $Q_{min} < Q_{th}$. Anderenfalls ist die Orientierung einer G-Kante nicht eindeutig definiert.

Abbildung 1 zeigt in der obersten Reihe vier Beispiele eine Verzweigung mit zunehmendem Rauschen. Die mittlere Reihe stellt die Werte für Q_{min} und ψ_{min} dar, wobei die Orientierung der Linien die lokale Richtung und deren Länge $L = (1 + Q_{min})^{-1}$ die Übereinstimmung mit dem generalisierten Kantenmodell wiedergibt. Abbildung 1 verdeutlicht die Abnahme der "Kantenqualität" in der Nachbarschaft einer 2D Intensitätsverteilung. Zunehmender Rauschpegel führt ebenfalls zu einer Reduktion der Kantenqualität. In der unteren Reihe sind Maxima der lokalen Energie dargestellt (falls $Q_{min} > Q_{th}$, d.h. Kantenmodell valide).

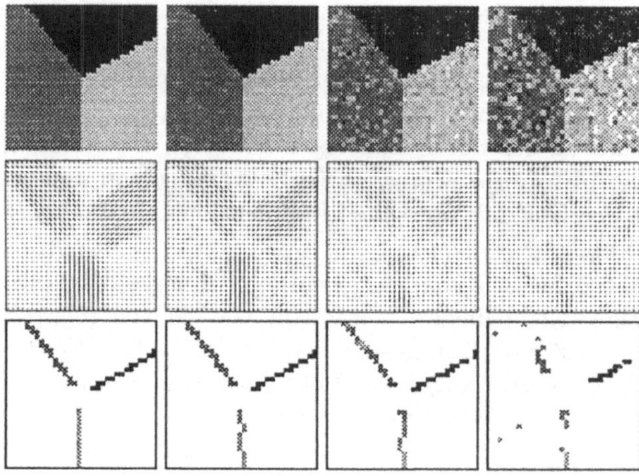

Abb. 1. Kanten Qualität. Die Oberste Reihe zeigt eine Verzweigung, mit von links nach rechts zunehmendem Rauschpegel (kein Rauschen, 20dB, 10dB und 5dB SNR). Die mittlere Reihe zeigt lokale Orientierung und Kanten-Qualität, die untere das Resultat der Kantendetektion (Berechnung auf 128x128 Pixel, gezeigt sind zentrale Ausschnitte 32x32 Pixel)

4 Keypoints

Eine vollständige Konturbeschreibung erfordert neben der Erfassung von 1D Strukturen auch die Detektion von 2D Intensitätsverteilungen, wie sie zum Beispiel an Eck-, End-Punkten, T- und Y-Verzweigungen etc. auftreten. Die folgende Methode beruht auf der Tatsache, dass sich die lokale Energie im Bereich einer 2D Intensitätsvariation *entlang einer Kontur* stark ändert.

Als "Keypoints" bezeichnen wir nun maximale Änderungen in einem Energiekanal entlang der jeweiligen Richtung. Deshalb erscheinen Richtungsableitungen *entlang der Kontur* geeignet, solche Änderungen zu erfassen, wobei die 1. Ableitung Linienenden, Ecken etc. und die 2. Ableitung Krümmung und Einzelpunkte adäquat wiedergibt. Da die Zuordnung einer eindeutigen Orientierung an "Keypoints" wenig Sinn macht (z.B. an Eckpunkten), schlagen wir vor, nicht nur in einer Richtung abzuleiten, sondern für jeden Energiekanal die entsprechenden Richtungsableitungen vorzunehmen. Das Konzept der Detektion von "Keypoints" geht davon aus, dass diese Ableitungswerte auf G-Kanten verschwinden. Dies gilt tatsächlich für den Fall, dass Ableitungsrichtung und Orientierung einer G-Kante übereinstimmen. Bei Nichtübereinstimmung der Orientierungen sind die Ableitungswerte nicht Null, folgen jedoch einem charakteristischen Muster. Wir werden zeigen, dass diese unerwünschten Signale durch einen Kompensationsmechanismus selektiv unterdrückt werden können. Das Kompensationsverfahren beruht auf Richtungsableitungen *orthogonal* zur jeweiligen Filterorientierung. Wir werden im folgdenden die Begriffe p-Ableitung (parallel) und o-Ableitung (othogonal) verwenden.

Unter der Annahme von N Filterorientierungen, gegeben durch $\theta_n = \frac{\pi n}{2}$ und einer G-Kante mit Orientierung θ, definieren wir θ_n und $\theta_{n\perp}$ als Einheitsvektor parallel und senkrecht zur Filterorientierung, und

$$P_n^{(1)}(\mathbf{r}) = \left| \frac{\partial E_n(\mathbf{r})}{\partial \theta_{\mathbf{n}}} \right| \quad \text{und} \quad P_n^{(2)}(\mathbf{r}) = \left[-\frac{\partial^2 E_n(\mathbf{r})}{\partial \theta_{\mathbf{n}}^2} \right]^+ \;, \; \text{mit } [\xi]^+ = \max(0, \xi) \quad (2)$$

als 1. und 2. p-Ableitung. Da wir nicht an lokalen Minima der Energie interessiert sind, ist $P_n^{(2)}(\mathbf{r})$ Null für positive Werte der 2. p-Ableitung. Abbildungen 2 zeigt die Energiekanäle E_n und deren p-Ableitungen am Beispiel einer Ecke, wobei jede Kolonne einen Orientierungskanal zeigt. In Analogie zur lokalen Energie können wir somit eine skalare "Keypoint"-Repäsentation $\hat{K}(\mathbf{r})$ definieren:

$$\hat{K}(\mathbf{r}) = \max_{n=0,N-1} \sqrt{P_n^{(1)}(\mathbf{r})^2 + P_n^{(2)}(\mathbf{r})^2}$$

Abbildung 3 zeigt $\hat{K}$ für einfache Beispiele. Die 1. und 2. p-Ableitung ist nur dann überall Null, falls $(\theta - \theta_n) = 0$. Sonst ist die 1. p-Ableitung nur am Ort der G-Kante Null, während die 2. p-Ableitung dort ein lokales Maximum hat. Abbildung 3 zeigt, dass diese systematischen Fehler eine selektive Detektion von "Keypoints" verhindern. Diese Fehler können durch das folgende Verfahren kompensiert werden. Wir definieren nun ein Kompensations-Signal $C(\mathbf{r})$:

$$K(\mathbf{r}) = \left[\hat{K}(\mathbf{r}) - C(\mathbf{r}) \right]^+$$

Unter Verwendung der polar separabler Filter (Orientierungsselektivität $\cos^{2p}(\theta - \theta_n)$) und den Eigenschaften von G-Kanten kann folgendes gezeigt werden:

$$P_n^{(1)}(\mathbf{r}) = s(\mathbf{r})\cos^{2p}(\theta - \theta_n)\sin(\theta - \theta_n) \quad \text{und} \quad P_n^{(2)}(\mathbf{r}) = s(\mathbf{r})\cos^{2p}(\theta - \theta_n)\sin^2(\theta - \theta_n)$$
$$(3)$$

wobei $s(\mathbf{r})$ nur vom Kantenprofil und von der Distanz zur G-Kante abhängt. Gleichung (3) legt nun nahe, o-Ableitungen als Kompensation des systematischen Fehler von $\hat{K}$ zu verwenden. Wir definieren die 1. und 2. o-Ableitung als:

$$O_n^{(1)}(\mathbf{r}) = \left| \frac{\partial E_n(\mathbf{r})}{\partial \theta_{\mathbf{n}_\perp}} \right| \quad \text{und} \quad O_n^{(2)}(\mathbf{r}) = \left[-\frac{\partial^2 E_n(\mathbf{r})}{\partial \theta_{\mathbf{n}_\perp}^2} \right]^+$$

Für eine G-Kante gilt

$$O_n^{(1)}(\mathbf{r}) = s(\mathbf{r})\cos^{2p+1}(\theta - \theta_n) \quad \text{und} \quad O_n^{(2)}(\mathbf{r}) = s(\mathbf{r})\cos^{2p+2}(\theta - \theta_n) \quad (4)$$

wobei leicht zu sehen ist, dass für alle θ das Maximum der 1. und 2. o-Ableitungen jeweils grösser ist als jenes der 1. und 2. p-Ableitungen (Gl. 4). Deshalb gilt ebenso

$$\sum_{k=0}^{N-1} \left(O_k^{(1)}(\mathbf{r}) + O_k^{(2)}(\mathbf{r}) \right) > \sqrt{\left(P_n^{(1)}(\mathbf{r}) \right)^2 + \left(P_n^{(2)}(\mathbf{r}) \right)^2} \quad n = 0, N-1 \;.$$

Im Rahmen einer diskreten Implementierung hat sich die Summe über alle Orientierungen als robuste Kompensationskomponente erwiesen:

$$\hat{C}(\mathbf{r}) = \sum_{k=1,N-1} \left(O_k^{(1)}(\mathbf{r}) + O_k^{(2)}(\mathbf{r}) \right) \quad \text{und} \quad K_c(\mathbf{r}) = \left[\hat{K}(\mathbf{r}) - \hat{C}(\mathbf{r}) \right]^+ \;.$$

Wie Abbildung 3 zeigt, ist die Kompensation $\hat{C}$ an "Keypoints" nicht Null. "Keypoints" sind jedoch dadurch ausgezeichnet, dass sich die Verteilung der lokalen Energie in den Einzelorientierungen erheblich von der einer G-Kante unterscheidet. Diese Tatsache erlaubt, einen adaptiven Schwellwertmechanismus zu konstruieren, der auf einer Kombination othogonaler Paare $O_k^{(2)}(\mathbf{r})$ und $O_{k\perp}^{(2)}(\mathbf{r})$ beruht:

$$\hat{R}(\mathbf{r}) = \sum_{k=0}^{N/2-1} \sqrt{O_k^{(2)}(\mathbf{r}) \cdot O_{k\perp}^{(2)}(\mathbf{r})} \tag{5}$$

Abbildung 3 zeigt $\hat{R}$ für die drei Beispiele. $\hat{R}$ ist > 0 auf G-Kanten, bleibt aber fast konstant bei variierendem θ (Gl. (4) in (5) einsetzen).

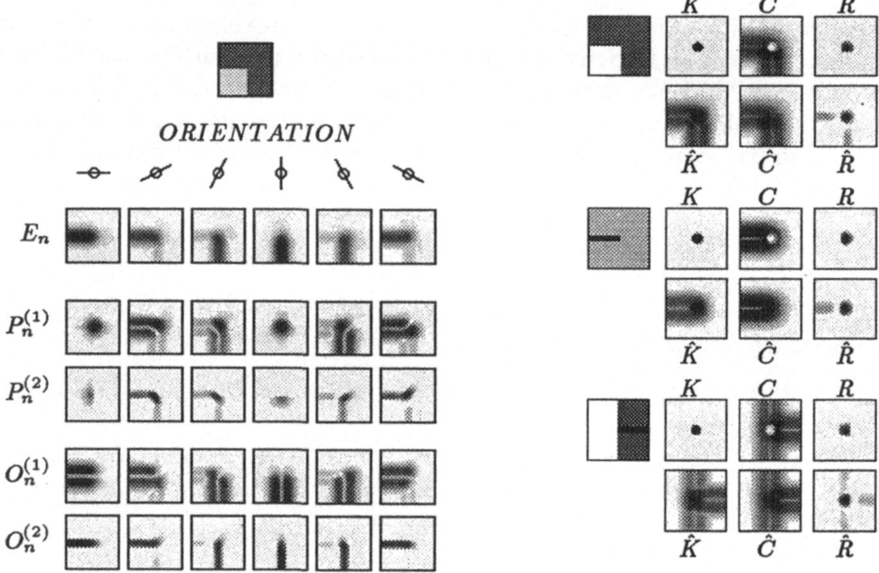

Abb. 2. Antworten auf eine 90^0 Ecke: lokale Energie E_n, 1. p-Ableitungen $P_n^{(1)}$, 2. p-Ableitungen $P_n^{(2)}$, 1. o-Ableitungen $O_n^{(1)}$ und 2. o-Ableitungen $O_n^{(2)}$. Abbildungsdimension 32x32 Pixel, Filter Parameter $p = 2, \sigma = 3$.

Abb. 3. Detektion von "Keypoints" (Ecke, Linien-Ende, T-Verzweigung, alle 32x32 Pixel). Obere Reihe: Originalbild, Keypoint Repräsentation (K), korrigierte Kompensation (C), korrigierte Kombination der o-Ableitungen (R). Untere Reihe: unkorrigierte Keypoint Repräsentation $(\hat{K})$, unkorrigierte Kompensation $(\hat{C})$ und korrigierte R Repräsentation $(\hat{R})$.

Die Extrema $\hat{R}_{\max}$ und $\hat{R}_{\min}$ sind fast gleich ($< 10\%$ mit Filtern $N = 6$ and $p = 2$), was erlaubt, den Fehler von $\hat{R}(\mathbf{r})$ auf G-Kanten durch die Summe aller o-Ableitungen abzuschätzen:

$$R(\mathbf{r}) = \left[\sum_{k=0}^{N/2-1} \sqrt{O_k^{(2)}(\mathbf{r}) \cdot O_{k\perp}^{(2)}(\mathbf{r})} - \gamma \cdot \sum_{k=0}^{N-1} O_k^{(2)}(\mathbf{r}) \right]^+ \tag{6}$$

Ein Schätzwert für γ kann leicht mit $\theta = 0$ gewonnen werden. Mit $R(\mathbf{r})$ kann nun das vollständige Kompensationssignal C definiert werden:

$$C(\mathbf{r}) = \sum_{k=0}^{N-1} \left(\left[O_k^{(1)}(\mathbf{r}) - R(\mathbf{r}) \right]^+ + \left[O_k^{(2)}(\mathbf{r}) - R(\mathbf{r}) \right]^+ \right)$$

Diese Kompensation erfüllt alle Anforderungen: (1) alle systematischen Fehler werden eliminiert, und (2) die Kompensation verschwindet an "Keypoints" (Abbildungen 3).

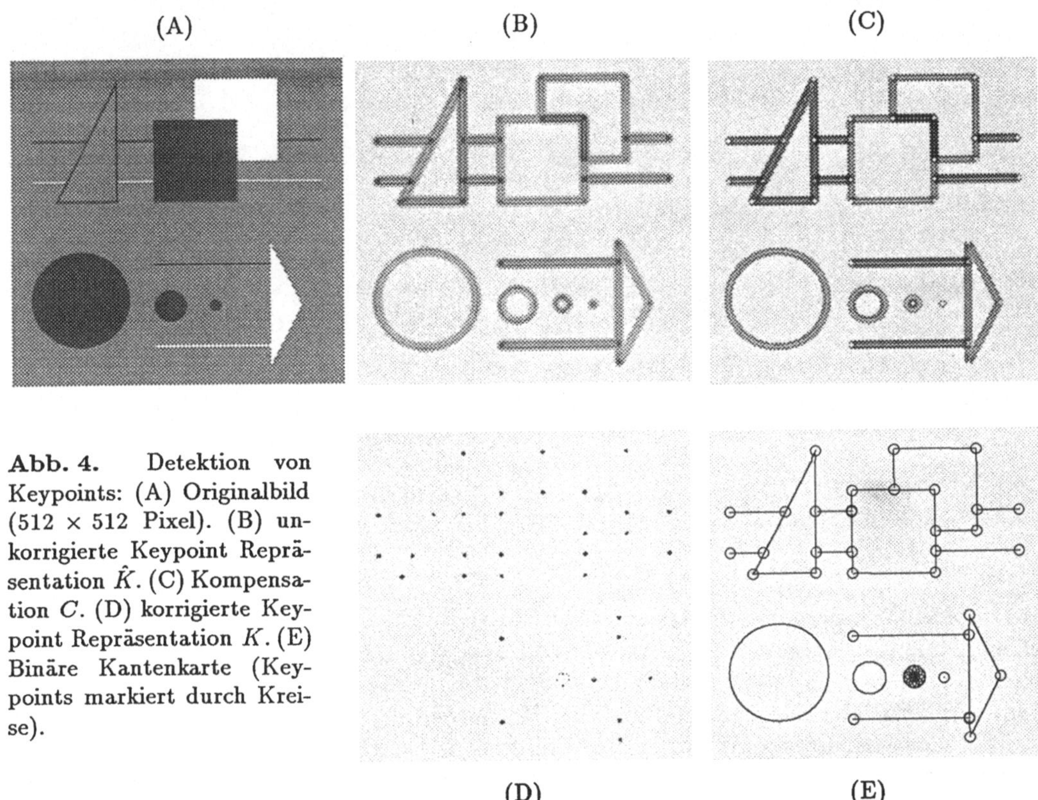

Abb. 4. Detektion von Keypoints: (A) Originalbild (512 × 512 Pixel). (B) unkorrigierte Keypoint Repräsentation $\hat{K}$. (C) Kompensation C. (D) korrigierte Keypoint Repräsentation K. (E) Binäre Kantenkarte (Keypoints markiert durch Kreise).

5 Experimentelle Resultate

Implementation: Die Faltung mit Filterkernen wurde im Fourierraum durchgeführt. Die lokale Energie wurde für 6 Orientierungen durch Bildung der Quadratsumme der gerade und ungerade symmetrischen Filterantworten berechnet. Um den Betrag der lokalen Energie mit demjeneigen der Einzelfilter kompatibel zu halten, wurde die lokale Energie als Quadratwurzel aus der Quadratsumme der Einzelfilter definiert. Binäre Kantenbilder wurden durch Markierung der lokalen Maxima orthogonal zum maximalen Energiekanal erzeugt. Um die Richtungsableitungen auf der lokalen Energie zu bestimmen, wurden die Pixelwerte in einem vorgegebenen Abstand vom Zentralpixel miteinander verrechnet. Die 1. Ableitung ist als Differenz zweier "Offsetpixel", die 2. Ableitung als Summe zweier "Offsetpixel" minus dem Zentralpixel gegeben.

Komplexe Szenen: Wir haben unsere Algorithmen zur Detektion von generalisierten Kanten und "Keypoints" auf Szenen von verschiedenem Komplexitätsgrad getestet. Ein

Beispiel, Abbildungen 5A, zeigt eine Aussenaufnahme, welche Ecken, Y- und T-Verzweigungen enthält. Einige "Keypoints" entstehen an Stellen, wo das Vordergrundobjekt Hintergrundstrukturen verdeckt. Das Resultat der "Keypoint"-Detektion wird in Abbildungen 5B gezeigt.

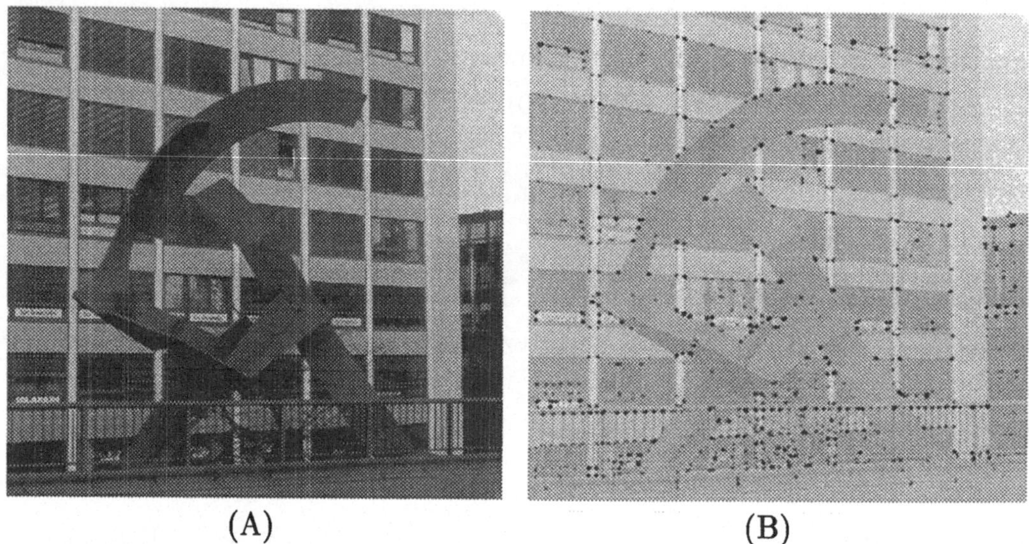

(A)   (B)

Abb. 5. Keypoint Detektion in einer komplexen Szene: (A) Originalbild (B) "Keypoint" Repräsentation (Bildgrösse 512 × 512 Pixel, Filter Parameter $p = 2$ und $\sigma = 2$).

Die dunklen Markierungen entsprechen den "Keypoints", welche dem kontrastreduzierten Originalbild überlagert sind. Die Stärke dieser Markierungen ist eine Funktion des lokalen Kontrastverlaufes und sagt deshalb nichts über die Bedeutung eines "Keypoints" aus. Es kommen keine Markierungen auf geraden Konturen vor, was auf die hohe Selektivität des Kompensationsschemas hinweist. Abbildung 6A zeigt die aus der lokalen Energie gewonnene Kantenkarte (Schwellwert von 8% der Maximalantwort auf dem Bild). Man kann sehen, dass geradlinig verlaufende Konturensegmente gut definiert sind, während in "Keypoint"-Regionen oft Verzerrungen oder Lücken auftreten. In Abbildung 6B ist die Position der "Keypoints" durch Kreuze markiert (Schwellwert ebenfalls bei 8% der maximalen "Keypoint"-Antwort). Beide Darstellungen sind kommensurabel, da beide Repräsentationen (G-Kanten und "Keypoints") direkt von der lokalen Energie hergeleitet werden.

6 Diskussion

Wir haben eine Methode zur Detektion von 1D (generalisierte Kanten) und 2D ("Keypoints") Intensitätsvariationen vorgestellt. Wir verwenden gerade und ungerade symmetrische Orientierungsfilter, deren Antworten paarweise zu lokaler Energie kombiniert werden und deren Fourierspektrum polar separabel ist. Die Repräsentation in Form lokaler Energie hat den Vorteil, dass Linien, Kanten und Mischformen einheitlich behandelt werden und ferner eine eindeutige Lokalisation gewährleistet ist [12], [15], [16]. Das

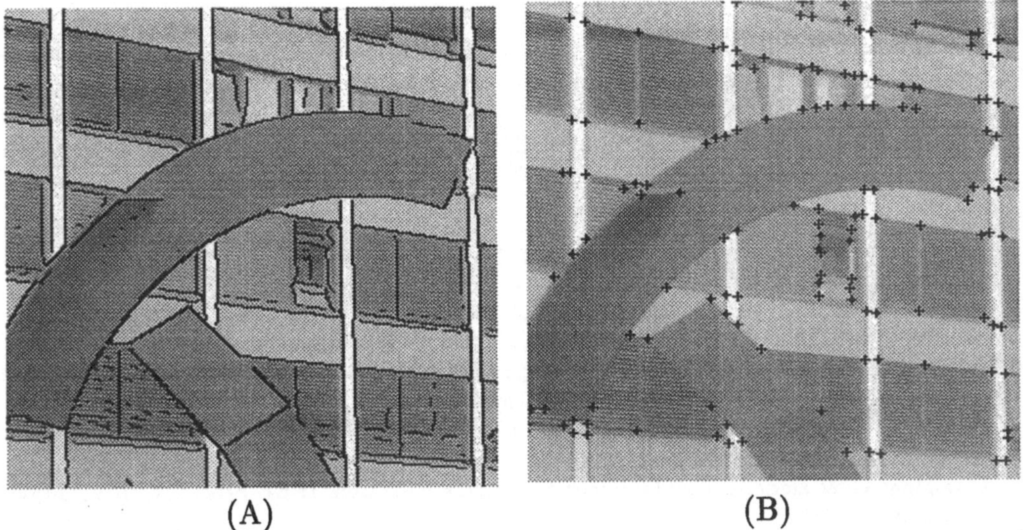

Abb. 6. (A) Kanten Repräsentation und (B) "Keypoint"-Lokalisation für einen Ausschnitt von Abbildung 5. Die "Keypoints" sind durch Kreuze markiert.

von uns abgeleitete Qualitätsmass erlaubt, die Kantendetektion auf Pixel zu beschränken, welche adäquat durch das Kantenmodell beschrieben werden können.

Die Methode zur Detektion von "Keypoints" repräsentiert einen neuartigen Beitrag zur Detektion und Lokalisation zweidimensionaler Bildstrukturen wie z.B. Ecken, Verzweigungen etc.. Die überaus grosse Variationsbreite von 2D Intensitätsverteilungen lässt modellbasierte Verfahren (z.B. [9], [14], [18], [5]), wie sie bei Kantendetektion üblich sind, als ungeeignet erscheinen. Unser Ansatz verwendet lokale Energie zur Repräsentation von Kontrast und erzeugt damit eine bezüglich Kontrasttyp (Kante, Linie) und Polarität invariante Darstellung. Erst diese Reduktion der Dimensionalität des Problems erlaubt es, ohne explizite Modelle spezifischer Intensitätsverteilungen sowohl ein- wie zweidimensionale Bildstrukturen zu detektieren.

2D Bildstrukturen erzeugen eine hohe Variation in Längsrichtung der Energiekanäle, was Richtungsableitungen parallel zur Filterorientierung als Methode der Wahl erscheinen lässt. Da jedoch diese Richtungsableitungen in der Umgebung von generalisierten Kanten nur verschwinden, wenn die Orientierung von Bildstruktur und Filter genau übereinstimmen, wurde ein Kompensationsschema entwickelt, das diese systematischen Fehler selektiv unterdrückt.

Die Verwendung von Richtungsableitungen zeigt die Verwandtschaft unserer Methode zu differentialgeometrischen Ansätzen zur Detektion von 2D Strukturen (z.B. [3], [10], [5]). Diese Verfahren operieren direkt auf geglätteten Grauwertbildern und müssen demzufolge die oben erwähnte Vielfalt der 2D Strukturen voll berücksichtigen. Bei der Verwendung von Differentialen auf orientierter Energie, wie von uns vorgeschlagen, besteht dieses Problem nicht.

Parallen zu biologischen Sehsystemen: Die hier vorgestellte Arbeit geht auf Forschung im Bereich der Simulation neuronaler Konturmechanismen zurück [7]. Die verschiedenen Stufen unseres Verfahrens weisen Parallelen mit der Verarbeitung von Reizen im visuellen Kortex auf. Gerade und ungerade symmetrische Orientierungsfilter entsprechen "simple cells", welche ebenfalls orientierungs- und phasenselektiv sind. Die bezüglich Polarität und Phase insensitiven "complex cells" können mit der lokalen Energie verglichen werden [12]. "Hypercomplex" oder "end-stopped cells" antworten selektiv auf kurze Balken, Linienenden und Ecken [8]. Ihr Verhalten hat also durchaus Ähnlichkeit mit dem Verhalten des hier vorgestellten "Keypoint"-Verfahrens.

Literatur

1. Adelson, E. H. & Bergen, J. R.: Spatio-temporal energy models for the perception of motion. Journal of the Optical Society of America A **2** (1985) 284-299
2. Barrett, H. B., & Swindell, W.: Analog Reconstruction for Transaxial Tomography. Proceeding of the IEEE **65** (1977) 89-107
3. Beaudet, P. R.: Rotationally invariant image operators. 4th International Joint Conference on Pattern Recognition, Kyoto, Japan (1978) 578-583
4. Canny, J.: A computational approach to edge detection. IEEE Transactions on Pattern Analysis and Machine Intelligence **8** (1986) 679-698
5. Giraudon, G. & Deriche, R.: On corner and vertex detection. IEEE Proc. CVPR'91, Maui, Hawai (1991) 650-655
6. Granlund, G. H.: In search of a general picture processing operator. Computer Graphics and Image Processing **8** (1978) 155-173
7. Heitger, F., Rosenthaler, L., von der Heydt, R. Peterhans, E. and Kübler, O.: Simulation of neural contour mechanisms: From simple to end-stopped cells. Vision Research **32** (1992) in press
8. Hubel, D. H. & Wiesel, T. N.: Receptive fields and functional architecture of monkey striate cortex. Journal of Physiology, London **195** (1968) 215-243
9. Kitchen, L. & Rosenfeld, A.: Gray level corner detection. Pattern Recognition Letters **1** (1982) 95-102
10. Koenderink, J. J. & van Doorn, A. J.: Representation of local geometry in the visual system. Biological Cybernetics **55** (1987) 367-376
11. Marr, D. & Hildreth, E.: Theory of edge detection. Proceedings of the Royal Society, London Series B **207** (1980) 181-217
12. Morrone, M. C. & Burr, D. C.: Feature detection in human vision: A phase-dependent energy model. Proceedings of the Royal Society, London Series B **235** (1988) 221-245
13. Morrone, M. C. & Owens, R. A.: Feature detection from local energy. Pattern Recognition Letters **6** (1987) 303-313
14. Noble, J. A.: Finding corners. Image Vision and Computing **6** (1988) 121-128
15. Owens, R., Venkatesh, S. & Ross, J.: Edge detection is a projection. Pattern Recognition Letters **9** (1989) 233-244
16. Perona, P. & Malik, J.: Detecting and localizing edges composed of steps, peaks and roofs. UCB Technical Report, UCB/CSD90/590 (1990)
17. Peterhans, E. & von der Heydt, R.: Mechanisms of contour perception in monkey visual cortex. II. Contours bridging gaps. Journal of Neuroscience **9** (1989) 1749-1763
18. Rangarajan, M., Shah & Brackle, D. V.: Optimal corner detector. Computer Vision Graphics and Image Processing **48** (1989) 230-245
19. von der Heydt, R. & Peterhans, E.: Mechanisms of contour perception in monkey visual cortex. I. Lines of pattern discontinuity. Journal of Neuroscience **9** (1989) 1731-1748
20. von der Heydt, R., Peterhans, E. & Baumgartner, G.: Illusory contours and cortical neuron responses. Science **224** (1984) 1260-1262

Linienerkennung mit einer modifizierten Hough-Transformation

Serge Dorkel
UGINE SAVOIE, Centre de Recherches
73403 Ugine Cedex, Frankreich

Dietwald Schuster
KONTRON Elektronik GmbH
Breslauerstr. 2, D-8057 Eching b. München

1. Einleitung

Die Hough-Transformation ist eine bekannte Methode zur Detektion von Geraden und Kurven in Bildern ([1], [3], [6]). Sie beruht auf einer Abbildung in den Parameterraum der gesuchten Strukturen. Die eigentliche Mustererkennung erfolgt durch Maximumsuche und Segmentierung des Hough-Raumes, was sich bei schlechter Bildqualität meist als besonders kritisch erweist. Es wurden spezielle Methoden entwickelt, um dieser Problematik zu begegnen ([4], [5]).

Wir stellen eine modifizierte Hough-Transformation vor, die in einem Binärbild auch die Hintergrundpixel berücksichtigt und besonders zur Detektion von verrauschten Geraden geeignet ist, die das ganze Bild überqueren. Dabei spielt nicht die absolute Anzahl der gesetzten Punkte auf der Geraden, sondern die Punktdichte die entscheidende Rolle.

Durch einen effizienten Algorithmus erreichen wir, daß sich der Rechenaufwand gegenüber der klassischen Hough-Transformation nur unwesentlich erhöht. Das Verfahren liefert auf EBSP-Bildern (Electron Backscatter Pattern) sehr gute Ergebnisse.

2. Modifizierte Hough-Transformation

Es sei $I : \mathbf{Z}^2 \to \mathbf{R}$ eine Bildfunktion. Wir setzen generell voraus, daß $I(x,y) = 0$ für $(x,y) \notin D$. Dabei ist $D := \{(x,y) \in \mathbf{Z}^2 : 0 \leq x < n_x, 0 \leq y < n_y\}$ ein rechteckiger Ausschnitt des Gitters. Wenn mit $L \subset \mathbf{Z}^2$ eine diskrete Linie bezeichnet wird, so ist die *Hough-Transformation* definiert durch

$$H(I)(L) := \sum_{(x,y) \in L} I(x,y) = \sum_{(x,y) \in L \cap D} I(x,y).$$

Die Gerade L wird durch 2 Parameter spezifiziert. $H(I)$ wird als zweidimensionales Feld behandelt und *Hough-Akkumulator* genannt. Falls I ein Zweipegelbild (Binärbild) ist, d.h. $I(x,y) \in \{0, g\}$ mit $g > 0$, so nennen wir (x,y) mit $I(x,y) = g$ ein "gesetztes Pixel". Die nicht gesetzten Pixel bilden den Hintergrund. Sei n_L die Anzahl der gesetzten Pixel auf $L \cap D$ und n_L^* die Anzahl der nicht gesetzten Pixel, dann gilt: $H(I)(L) = n_L g$.

Wir schlagen eine Verallgemeinerung der Hough-Transformation vor, die auch die nicht gesetzten Pixel auf $L \cap D$ berücksichtigt:

$$\tilde{H}(I)(L) := \alpha n_L g + \beta n_L^* g$$

mit $\alpha, \beta \in \mathbf{R}$. Die Werte $\alpha = 1$, $\beta = 0$ liefern die klassische Hough-Transformation. Wir definieren die *modifizierte Hough-Transformation* mit $\alpha > 0$, $\beta = -1$:

$$\hat{H}(I)(L) := (\alpha n_L - n_L^*)g.$$

Sei W das "weiße Bild", d.h. $W(x,y) = g$ für alle $(x,y) \in D$ und $W(x,y) = 0$ sonst. Zu einem Binärbild I betrachten wir das modifizierte Grauwertbild I^*:

$$I^*(x,y) = \begin{cases} \alpha g, & \text{falls} \quad I(x,y) = g, \quad (x,y) \in D \\ -g, & \text{falls} \quad I(x,y) = 0, \quad (x,y) \in D \\ 0, & \text{sonst.} \end{cases}$$

Es läßt sich leicht nachprüfen, daß

$$I^* = (\alpha + 1)I - W \qquad \text{und} \qquad \hat{H}(I) = H(I^*).$$

Die modifizierte Hough-Transformation von I ist also gleich der klassischen Hough-Transformation des modifizierten Bildes I^*, welches durch die Veränderung der Gewichte von gesetzten und nichtgesetzten Pixel aus I erzeugt wurde.

Beispiel: Wir betrachten ein Binärbild der Größe 20×20:

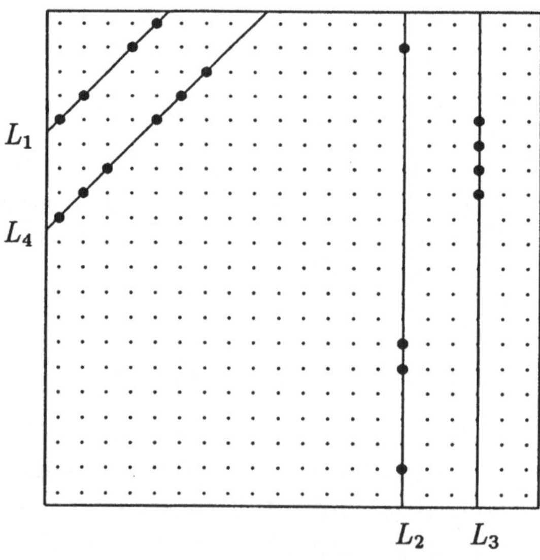

Es gilt:

$$H(I)(L_1) = H(I)(L_2) = H(I)(L_3) = 4g$$
$$\hat{H}(I)(L_1) = (4\alpha - 1)g \,, \qquad \hat{H}(I)(L_2) = \hat{H}(I)(L_3) = (4\alpha - 16)g$$

Mit der klassischen Hough-Transformation können L_1, L_2 nicht unterschieden werden. Will man L_1 als Gerade akzeptieren und L_2 nicht (Rauschen), da auf L_2 im Vergleich zu L_1 mehr Hintergrund-Pixel vorkommen, so ist $\hat{H}$ geeignet. Andererseits lassen sich L_2, L_3 weder mit H noch mit $\hat{H}$ unterscheiden.
Während also bei der klassischen Transformation die Hintergrund-Pixel keinen Einfluß auf den Wert des Hough-Akkumulators haben, berücksichtigt die modifizierte Transformation die Länge der Geraden innerhalb des Bildes, d.h. innerhalb des Rechteckes D. Damit können Geraden, die über das ganze Rechteck gehen, bevorzugt detektiert werden, auch wenn ihre Länge in D verhältnismäßig kurz ist.
Für zwei Geraden l_1 und l_2 erhält man leicht eine Bedingung, so daß sie mit $\hat{H}$ nicht unterscheidbar sind.

$$\hat{H}(I)(l_1) = \hat{H}(I)(l_2) \quad \Longleftrightarrow \quad (n_{l_1} - n_{l_2})\alpha = n_{l_1}^* - n_{l_2}^*.$$

Falls die Geraden achsenparallel sind, folgt aus $n_{l_1} = n_{l_2}$ immer $n_{l_1}^* = n_{l_2}^*$. Die Geraden sind also nicht unterscheidbar, undzwar unabhängig vom Wert α. Im Falle $n_{l_1} \neq n_{l_2}$ kann man immer ein α finden, so daß l_1, l_2 nicht unterscheidbar sind:

$$\alpha = (n_{l_1}^* - n_{l_2}^*)/(n_{l_1} - n_{l_2}).$$

Im vorhergehenden Beispiel erhält man aus $\hat{H}(I)(L_1) = \hat{H}(I)(L_4)$ den Wert $\alpha = 1$. Die Abweichung

$$\hat{d}(l_1, l_2) := |\hat{H}(I)(l_1) - \hat{H}(I)(l_2)| = |(n_{l_1} - n_{l_2})\alpha - (n_{l_1}^* - n_{l_2}^*)|$$

kann als Maß für die Unterscheidbarkeit betrachtet werden und ermöglicht die folgende Interpretation. Ist α groß, so wird der Unterschied in der Anzahl der gesetzten Pixel auf der Linie stärker berücksichtigt; für kleines α fällt der Unterschied in der Anzahl der Hintergrundpixel auf der Geraden stärker ins Gewicht.

3. Implementierungsfragen und Anwendungsbeispiel

Die direkte Implementierung der Beziehung $\hat{H}(I) = H(I^*)$ würde einen deutlichen Mehraufwand für die modifizierte Hough-Transformation bedeuten, da das modifizierte Bild I^* zu berechnen ist, und anschließend die Hough-Transformation eines Graubildes erfolgen muß, welches keine Nulleinträge hat.
Eine wesenlich effizientere Realisierung ergibt sich aus der Linearität von H:

$$\hat{H}(I) = H((\alpha + 1)I - W) = \lambda \left(H(I) - \frac{1}{\lambda} H(W) \right)$$

mit $\lambda = \alpha + 1$. Dies bedeutet, daß als Mehraufwand gegenüber der klassischen Hough-Transformation lediglich die Differenz mit der skalierten Transformation des "weißen

Bildes" durchzuführen ist, wobei $(1/\lambda)H(W)$ vorab berechnet und abgespeichert werden kann. Für die praktische Rechnung schlagen wir $\alpha = n_I^*/n_I$ vor, wobei mit n_I, n_I^* die Anzahl der gesetzten bzw. der nicht gesetzten Pixel von I bezeichnet werden. Für großes n_I, d.h. "viel Rauschen im Bild" wird α kleiner und nach Abschnitt 2 wirken die nicht gesetzten Pixel stärker auf den Akkumulator.

Die modifizierte Hough-Transformation kann zur Liniendetektion in Bilddaten aus der Elektronenmikroskopie angewendet werden, speziell bei EBSP-Bildern (Electron Backscatter Pattern). Bezüglich Aufnahme und Bedeutung von EBSP verweisen wir auf [2]. In diesen stark verrrauschten Bildern sollen alle Linien gefunden werden, die den gesamten rechteckigen Bildausschnitt überqueren, auch wenn die Länge des Durchschnittes mit dem Bild relativ klein ist. Während eine Segmentierung des klassischen Hough-Akkumulators mit Schwellen und lokaler Maximumsuche kaum möglich ist, liefert die modifizierte Hough-Transformation sehr gute Resultate.
In der Abbildung ist links oben das Originalbild dargestellt, recht oben das Ergebnis. Unten links sieht man die Transformation H und unten rechts $\hat{H}$.

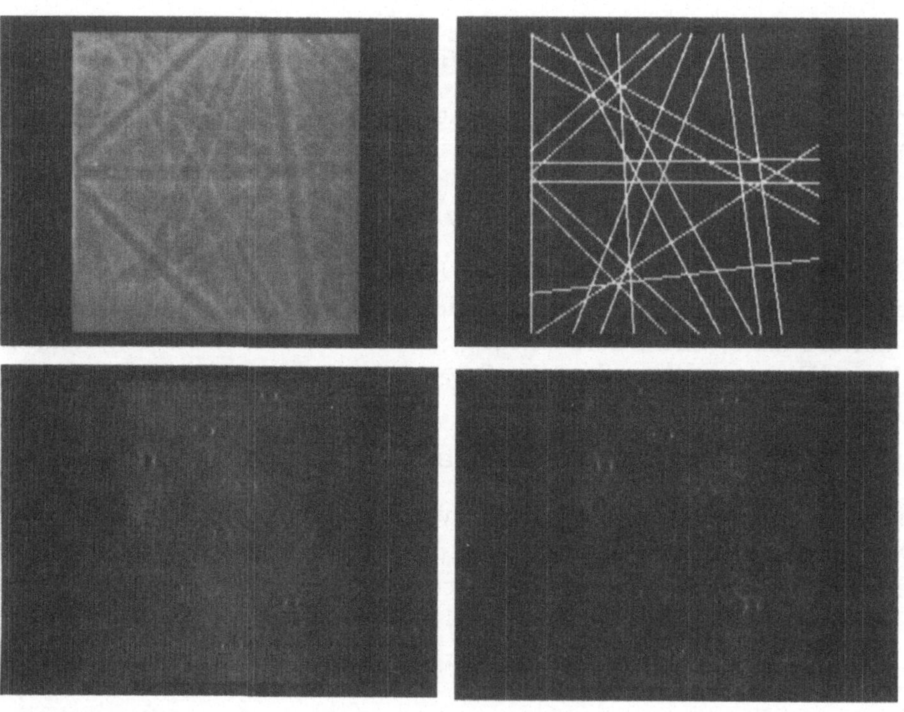

Abbildung 1: Beispiel EBSP

Literatur

1. Ballard, D. H.; Brown, C. M.:
   Computer Vision
   Prentice-Hall,Inc., 1982

2. Dingley, D. J. ; Baba-Kishi, K.:
   Electron Backscatter Diffraction in the Scanning Electron Microscope
   European Microscopy and Analysis, May 1990, 29-31

3. Duda, R. O. ; Hart, P. E.:
   Use of the Hough Transformation To Detect Lines and Curves in Pictures
   Comm. ACM 15, 1972, 11-15

4. Gerig, G.:
   Linking feature-space and accumulator-space: A new approach for object-recognition
   Proceedings ICCV'87, June 8-11 1987, London, England
   IAPR, 112-117

5. Lopez-Krahe, J. ; Pousset, P.:
   Transformée de Hough discrète et bornée
   Traitement du Signal, Vol. 5, No.4, 1988, 281-290

6. Russ, J. C. ; Bright, D. S. ; Russ, J. Christian, Hare, T. M.:
   Application of the Hough Transform to Electron Diffraction Patterns
   Journal of Computer-Assisted Microscopy, Vol. 1, No. 1, 1989, 3-37

3D-Vermessungen im Nahbereich mit Abbildungsfunktionen

K. Andresen - Mechanik-Zentrum
Technische Universität D-3300 Braunschweig

1 Einleitung

Im Nahbereich werden 3D-Messungen von Oberflächen mit Hilfe von photogrammetrischen Verfahren durch die nur wenige Millimeter betragende Schärfentiefe stark eingeschränkt. Sind die Aufnahmekameras zudem gegeneinander geneigt, um beim Strahlschnitt höhere Genauigkeiten in der Tiefenrichtung zu erreichen, dann reduziert sich der in allen Kameras gemeinsam scharf abgebildete Bereich noch einmal beträchtlich. Hat man überwiegend ebene Flächen zu untersuchen, wie z.B. bei der Verformungsanalyse oder bei der Qualitätskontrolle von Oberflächen, dann kann man die Bildebenen bzw. den CCD-Chip in den Kameras soweit neigen, daß in allen Bildern eine gleichgroße scharfe Zone abgebildet wird (Scheimpflug-Aufnahme). Dadurch ergibt sich andererseits eine kompliziertere Aufnahmegeometrie. Insbesondere sind die Linsenverzeichnungen nicht mehr radialsymmetrisch, was in den Standardprogrammen zur Orientierungsberechnung [1] üblicherweise vorausgesetzt wird. Wendet man sie dennoch an, weisen die Orientierungsparameter große Varianzen auf oder es tritt keine Konvergenz ein.

Hier soll deshalb ein numerisches Verfahren beschrieben werden, das nicht von den Gleichungen der geometrischen Optik ausgeht, sondern zweidimensionale Polynome als Abbildungsfunktionen zwischen den Raumkoordinaten und den dazugehörigen Bildkoordinaten benutzt. Die Parameter dieser Funktionen lassen sich aus den Koordinaten eines räumlichen Rasters und den dazugehörigen Bildkoordinaten mittels Ausgleichsverfahren berechnen. Die Abbildungsfunktionen berücksichtigen näherungsweise alle systematischen Abbildungsfehler. Mit diesen Funktionen kann man dann auch das inverse Problem lösen, nämlich zu bekannten Bildkoordinaten den zugehörigen Raumpunkt bestimmen. Mit simulierten Beispielen läßt sich zeigen, daß die erreichbare Genauigkeit unter $1\mu m$ liegt.

Praktisch wurden mit dem Verfahren die Verformungen an der Rißspitze einer Metallprobe analysiert. Dazu wurde ein Kreuzraster auf die Oberfläche fixiert und in mehreren Verformungsstufen photographiert. Aus den 3D- Rasterkoordinaten läßt sich dann die Verformung der Oberfläche ermitteln.

2 Abbildungsfunktionen

Jeder Raumpunkt P mit den Koordinaten (x, y, z) wird in der Bildebene der Kamera auf einem Punkt Q mit den lokalen Koordinaten (ξ, η) abgebildet, sofern der Raumpunkt im Tiefenschärfebereich der Kamera liegt.

In der Photogrammetrie werden die Parameter der zugehörigen Perspektiv-Transformation und der Linsenverzeichnung aus den nichtlinearen Gleichungen der geometrischen Optik [2] mit Ausgleichsverfahren hergeleitet. Dies führt im extremen Nahbereich, insbesondere wenn die Bildebene der Kamera geneigt ist (Scheimpflug-Aufnahme), zu Konvergenzproblemen.

Hier werden statt dessen je Kamera 2 Polynome $\xi = \xi(x, y, z), \eta = \eta(x, y, z)$ mit linearen Polynomkonstanten als Abbildungsfunktionen zwischen Raum- und Bildkoordinaten gewählt. Für ξ gelte z.B.

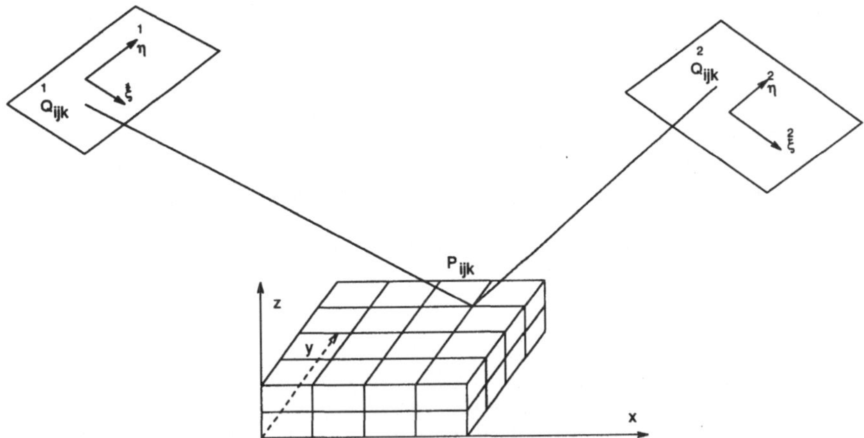

Abbildung 1: Referenz-Punktefeld im Raum und dessen Abbildungen

$$\begin{aligned}
\xi(x,y,z) \;=\;& a_0 + a_1 x + a_2 y + a_3 z + a_4 x^2 + a_5 xy + a_6 y^2 + a_7 xz \\
& + a_8 yz + a_9 z^2 + a_{10} x^3 + a_{11} x^2 y + a_{12} xy^2 + a_{13} y^3 \\
& + a_{14} x^2 z + a_{15} xz^2 + a_{16} y^2 z + a_{17} yz^2 + a_{18} z^3
\end{aligned} \tag{1}$$

Allgemein gilt für jede Kamera k

$$\overset{k}{\xi} = \xi(x,y,z,\overset{k}{a_i}); \qquad \overset{k}{\eta} = \eta(x,y,z,\overset{k}{b_i}) \tag{2}$$

Der Grad der Polynome richtet sich nach der erforderlichen Genauigkeit der Abbildung. Die Parameter dieser Polynome lassen sich nun aus einem linearen Ausgleichsproblem, d.h. aus einem linearen Normalgleichungssystem berechnen. Hierzu benötigt man ein vermessenes Punktefeld im Raum und dessen zugehörige Bildkoordinaten. Da sehr effiziente Algorithmen zur Ermittlung von Kreuzrasterkoordinaten zur Verfügung stehen [3], [4], wurde ein hochgenauer Referenzraster auf einer ebenen Platte mit einem genauen Schrittmotor senkrecht zur Plattenebene verschoben. In mehreren den Tiefenschärfebereich sinnvoll unterteilenden Stellungen wurde der Raster aufgenommen und dessen Bildkoordinaten bestimmt (siehe Abbildung 1).
Damit ergeben sich ein räumlicher Raster

$$x_{ijk} = i\Delta x; \quad y_{ijk} = j\Delta y; \quad z_{ijk} = z_k. \tag{3}$$

und dessen Bildkoordinaten $\overset{k}{\xi}_{ijk}, \overset{k}{\eta}_{ijk}$ in der Kamera k. $\Delta x, \Delta y$ sind die Linienabstände des Referenzrasters und z_k sind die mit dem Schrittmotor eingestellten z-Koordinaten. Mit diesen Informationen ist man nunmehr in der Lage, die Polynomparameter zu bestimmen.
Für die Bildkoordinate $\xi(x,y,z)$ sei dies im folgenden darstellt. Faßt man die unbekannten Parameter a_i in Gl. (1) und die Funktionen in je einem Vektor zusammen,

$$\left.\begin{aligned}
\mathbf{a}^T &= (a_0, a_1, \ldots, a_n) \\
\mathbf{f}^T &= (1, x, y, z, x^2, \ldots, z^3)
\end{aligned}\right\} \tag{4}$$

dann erhält man Gl. (1) in der Form

$$\xi(x,y,z) = \mathbf{f}^T(x,y,z) \cdot \mathbf{a}. \tag{5}$$

Damit läßt sich eine Differenz δ_{ijk} zwischen einem gemessenen Punkt ξ_{ijk} und dem dazugehörigen Funktionswert $\xi(x_{ijk}, y_{ijk}, z_{ijk})$ angeben

$$\delta_{ijk} = \xi_{ijk} - \mathbf{f}^T(x_{ijk}, y_{ijk}, z_{ijk}) \cdot \mathbf{a} = \xi_{ijk} - \mathbf{f}^T_{ijk} \cdot \mathbf{a} \tag{6}$$

Minimieren der Quadratsumme der Differenzen $\sum_{ijk}(\delta_{ijk})^2$ bezüglich **a** führt auf

$$\sum_{ijk}(\mathbf{f}_{ijk}\mathbf{f}_{ijk}^T)\cdot\mathbf{a} = \sum_{ijk}\xi_{ijk}\cdot\mathbf{f}_{ijk}. \tag{7}$$

Hierin stellt die Summe über den Klammerausdruck eine symmetrische Normalgleichungsmatrix $\mathbf{A} = \mathbf{A}^T$ und die zweite Summe die rechte Seite **r** eines linearen Gleichungssystems $\mathbf{Aa} = \mathbf{r}$ dar, das mit Standardverfahren nach den unbekannten Parametern **a** aufgelöst werden kann. Analoge Beziehungen gelten für die Konstanten **b** der Abbildungsfunktion $\eta(x,y,z)$. Als Ergebnis hat man damit die Transformationsbeziehungen zwischen den Koordinaten des scharf abgebildeten Volumens und den dazu gehörigen Bildkoordinaten für alle Kameras k.

Scheimpflugaufbau

Diese Abbildungsfunktionen beschreiben die perspektivische Abbildung einschließlich aller systematischen Kamera- und Linsenfehler näherungsweise, wobei der theoretische Restfehler der Approximation für praktische Anwendungen beliebig klein gehalten werden kann. Auch die Neigung der Bildebene, die zur Vergrößerung der in allen Kameras scharf abgebildeten Zone dient, muß nicht gesondert berücksichtigt werden. Dieser nach Scheimpflug benannte Aufbau ist für den Sonderfall zweier symmetrisch angeordneter Kameras in Abbildung 2 dargestellt.

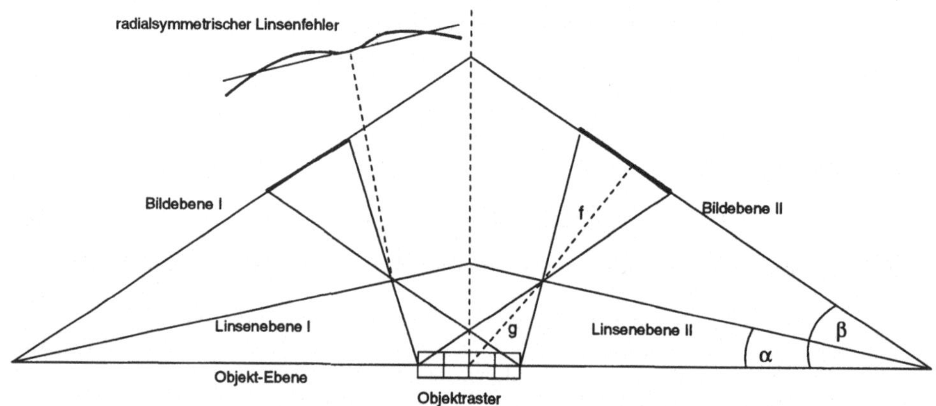

Abbildung 2: Optischer Aufbau mit Scheimpflug-Bedingung

Das überwiegend flache Volumen des betrachteten Objekts liegt in der Objektebene. Ihr gegenüber sind die Linsen- und die Bildebene der Kameras geneigt. Schneiden sich die genannten 3 Ebenen in je einer Linie, dann wird die Objektebene mit einer gewissen Tiefenschärfe in jeder Kamera scharf abgebildet, sofern für einen Punkt die Linsengleichung gilt.

3 Berechnung der Raumpunkte aus Bildpunkten

Ein Raumpunkt (x_p, y_p, z_p) läßt sich aus den Bildpunkten $(\overset{1}{\xi}_p, \overset{1}{\eta}_p)\,(\overset{2}{\xi}_p, \overset{2}{\eta}_p)\ldots(\overset{k}{\xi}_p, \overset{k}{\eta}_p)$ berechnen, wenn die zugehörigen Abbildungsfunktionen mit ihren Parametern bekannt sind. Man erhält dann 2k Gleichungen für die 3 unbekannten Raumkoordinaten

$$\left.\begin{aligned}\overset{1}{\xi}_p &= \overset{1}{\xi}(x_p, y_p, z_p); & \overset{1}{\eta}_p &= \overset{1}{\eta}(x_p, y_p, z_p)\\[1ex]&\ \ \vdots\\[1ex]\overset{k}{\xi}_p &= \overset{k}{\xi}(x_p, y_p, z_p); & \overset{k}{\eta}_p &= \overset{k}{\eta}(x_p, y_p, z_p)\end{aligned}\right\} \tag{8}$$

Die Terme $(\overset{k}{\xi_p}, \overset{k}{\eta_p})$ stellen die jeweils gemessenen Bildpunkte dar, während die rechten Seiten entsprechend Gl.(1) jetzt die bekannten Polynomparameter und die gesuchten Raumkoordinaten (x_p, y_p, z_p) enthalten. Da die Raumkoordinaten in Gln. (1,8) nichtlinear auftreten, muß das System iterativ mit geeigneten Anfangswerten für die Raumkoordinaten gelöst werden. Nun zeigt die Erfahrung, daß die ersten vier Polynomterme in praktischen Anwendungen weit überwiegen, d.h. man kann die erste Näherungslösung aus einem linearen Ausgleichsproblem berechnen.

Wenn man den Parameter- und den Funktionsvektor in einen linearen Teil (L) und einen nichtlinearen Teil (N) aufspaltet, dann gilt

$$\mathbf{a}_L^T = (a_1, a_2, a_3); \quad \mathbf{x}_p^T = (x_p, y_p, z_p) \tag{9}$$

$$\mathbf{a}_N^T = (a_4, a_5, \ldots, a_{18}); \quad \mathbf{f}_N^T = (x_p^2, x_p y_p, y_p^2, \ldots, z_p^3) \tag{10}$$

Damit erhält man

$$\mathbf{a}_L^T \cdot \mathbf{x}_p = \overset{1}{\xi_p} - a_0 - \mathbf{a}_N^T \cdot \mathbf{f}_N, \, \mathbf{b}_L^T \cdot \mathbf{x}_p = \overset{1}{\eta_p} - b_0 - \mathbf{b}_N^T \cdot \mathbf{f}_N, \tag{11}$$

Bildet man nun folgende Matrizen und Vektoren für die Kameras 1...k (hier k=2)

$$
\mathbf{B}_L = \begin{pmatrix} \overset{1}{\mathbf{a}_L}^T \\ \overset{1}{\mathbf{b}_L}^T \\ \overset{k}{\mathbf{a}_L}^T \\ \overset{k}{\mathbf{b}_L}^T \end{pmatrix} ; \;
\xi_p = \begin{pmatrix} \overset{1}{\xi_p} \\ \overset{1}{\eta_p} \\ \overset{k}{\xi_p} \\ \overset{k}{\eta_p} \end{pmatrix} ; \;
\mathbf{a}_0 = \begin{pmatrix} \overset{1}{a_0} \\ \overset{1}{b_0} \\ \overset{k}{a_0} \\ \overset{k}{b_0} \end{pmatrix} ; \;
\mathbf{B}_N = \begin{pmatrix} \overset{1}{\mathbf{a}_N}^T \\ \overset{1}{\mathbf{b}_N}^T \\ \overset{k}{\mathbf{a}_N}^T \\ \overset{k}{\mathbf{b}_N}^T \end{pmatrix}
$$

dann läßt sich Gl. (8) in Matrixform darstellen

$$\mathbf{B}_L \cdot \mathbf{x}_p = \xi_p - \mathbf{a}_0 - \mathbf{B}_N \cdot \mathbf{f}_N(\mathbf{x}_p) \tag{12}$$

Da der nichtlineare Term $\mathbf{B}_N \mathbf{f}_N(\mathbf{x}_p)$ klein gegenüber dem linearen Teil ist, löst man zunächst das überbestimmte lineare System

$$\mathbf{B}_L \cdot \mathbf{x}_p = \xi_p - \mathbf{a}_0 = \mathbf{r}_p \tag{13}$$

Die Gaußsche Fehlerquadratmethode führt auf

$$\mathbf{B}_L^T \mathbf{B}_L \mathbf{x}_p = \mathbf{B}_L^T \mathbf{r}_p. \tag{14}$$

Die Lösung dieses linearen Systems liefert schon einen recht genauen Anfangswert $\overset{0}{\mathbf{x}}_p$ für den gesuchten Raumpunkt. Dieser wird jetzt in den nichtlinearen Term von Gl. (12) eingesetzt, d.h. die rechte Seite $\mathbf{r}_p$ wird korrigiert und mit Gl. (14) erhält man einen verbesserten Wert $\overset{1}{\mathbf{x}}_p$. Dieser iterative Prozeß kann im allgemeinen nach 4 bis 5 Schritten abgebrochen werden, da die Verbesserung dann gegen Null konvergiert.

4 Simulation der Bilddaten

Da die Abbildungsfunktionen nur eine Näherung des wirklichen Strahlenganges beschreiben, soll zunächst die Abweichung der approximierten Lösung von der im fehlerfreien Strahlengang berechneten Lösung untersucht werden. Hierzu wird eine Kamera im Scheimpflugaufbau ohne und mit radialsymmetrischer Linsenverzeichnung simuliert. Die Kameradaten entsprechend Abbildung 2 sind wie folgt gegeben:
Format $60 \cdot 60mm^2$, $\alpha = 7.5°, \beta = 25°, f = 120mm, g = 60mm$, Vergrößerung $2:1$, Schärfentiefe ca.$1mm$. Ein radialer Linsenfehler wurde in der Form $\delta(r) = A_1 r(r^2 - R_0^2) + A_2 r(r^4 - R_0^4)$ mit $R_0 = 20mm, A_1 = 2 \cdot 10^{-6}, A_2 = 2 \cdot 10^{-10}$ angenommen.

Auf die Berechnung der Bildkoordinaten soll im einzelnen nicht eingegangen werden, da es für das hier vorgestellte Verfahren ohne Belang ist. Bestimmt man mit den simulierten Daten die Parameter der Abbildungspolynome und berechnet anschließend aus den simulierten, exakten Bildkoordinaten z.B. der Raumebene ($z = 0$) mit den Verfahren von Abschnitt 3 die zugehörigen Raumkoordinaten, dann geben die Höhenlinien der z-Koordinate über der x-y-Grundebene direkt ein Maß für den systematischen Approximationsfehler des Verfahrens an, da hier natürlich z=0 in allen Punkten gelten müßte. In Abbildung 3a ist der Fehler für ein verzeichnisfreies Objektiv für eine Objektfläche von $28 * 28 mm^2$ entsprechend einer ausgewerteten Bildfläche von $56 * 56 mm^2$ dargestellt. In diesem Fall kann man das gesamte Negativ von $60 * 60 mm^2$ auswerten, ohne daß der Fehler unzulässig groß wird.

In der Abbildung 3b ist der oben angeführte relativ große, radiale Linsenfehler berücksichtigt. Um hier eine ausreichende Genauigkeit zu erreichen, muß man das Bild in 4 Segmente unterteilen und für jedes Segment eine Abbildungsfunktion berechnen. Das entsprechende Ergebnis in Abbildung 3b zeigt, daß dann die Koordinatenfehler unter $1\mu m$ liegen.

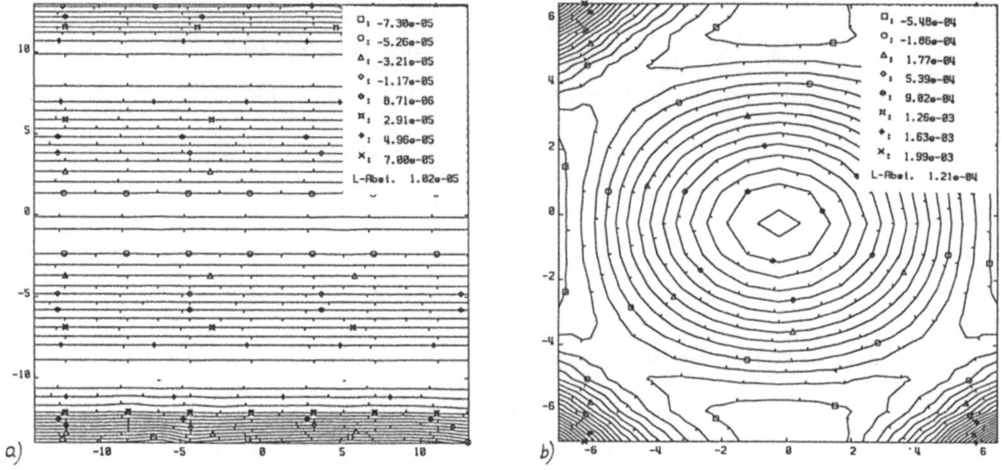

Abbildung 3: Approximationsfehler in der Raumebene z=0 a) ohne Linsenverzeichnung b) mit großer Linsenverzeichnung

Die theoriebedingten Fehler wachsen mit der Größe der Linsenverzeichnung und mit der Fläche bzw. dem Volumen, das von den Abbildungsfunktionen beschrieben wird. In jedem Fall kann man den Fehler durch Segmentieren auf das gewünschte Maß reduzieren.

5 Ergebnisse aus realen Messungen

Ein Referenz-Glasraster der Fa. Heidenhain mit 5 Linien/mm wurde mit einem Schrittmotor senkrecht zur Rasterebene mit einer Schrittweite von 0.200 mm verschoben und in 5 Positionen von 2 Kameras (Rollei 6000 mit geneigter Bildebene) aufgenommen. Von jeder Position wurde ein Ausschnitt der Negative mit einer Videk-Kamera (1350*1035 Pixel) digitalisiert. Die Bildkoordinaten dieser Raster wurden mit einer Genauigkeit von ca. 1/10 Pixel mit einem Korrelationsfilterverfahren [4] bestimmt und aus den Raum- und Bildpunktkoordinaten ergaben sich die Parameter der Abbildungspolynome.

Berechnet man nun zu den Raumpunkten des Rasters $(x_{ijk}, y_{ijk}, z_{ijk})$ mittels Gl. (2) die zugehörigen Bildpunkte, dann erhält man aus der Differenz der berechneten und der gemessenen Bildkoordinaten eine Standardabweichung von etwa $1.2\mu m$ für beide Koordinatenrichtungen ξ, η. Berechnet man aus den gemessenen Bildkoordinaten wiederum z.B. die Punkte für die Raumebene $z = 0$, dann ergeben sich Abweichungen, die vorwiegend im Bereich zwischen $-0,5\mu m$ und $+0.5\mu m$ liegen und damit ein Maß für den Fehler im Fall guter Rasterqualität liefern.

In Abbildung 4a ist ein Stereobild eines Objektrasters dargestellt, das von einer Metallprobe in der Umgebung eines verformten Risses aufgenommen wurde (vgl. [5]). Abbildung 4b zeigt die Verformung des Metalls vor der Rißspitze. Aus den Höhenlinien der z-Koordinate sieht man, daß die ursprünglich ebene Probe sich während der Verformung bis zu etwa $1/10\,mm$ eindellt.

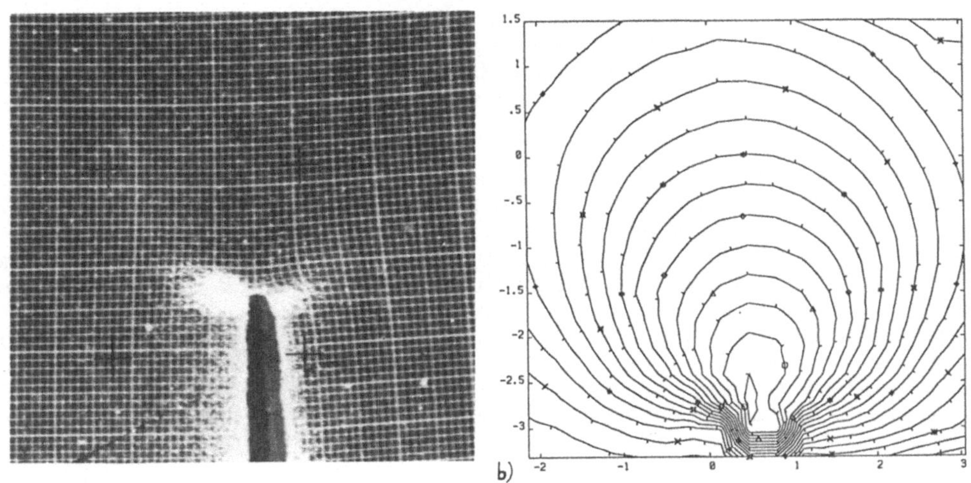

Abbildung 4: Umgebung einer Rißspitze a) Kreuzrasterbild b) Höhenlinien der Eindellung

6 Zusammenfassung

Mit dem Verfahren der Abbildungsfunktionen lassen sich Stereomessungen im Nahbereich mit Genauigkeiten im Bereich eines Mikrometers durchführen. Die mathematischen Grundlagen und die Programmierung der Methoden sind erheblich einfacher als die physikalisch begründeten Methoden der digitalen Photogrammetrie. Da die Abbildungsfunktionen nur aus den genau vermessenen Raumkoordinaten eines räumlichen Rasters und den dazugehörigen Bildkoordinaten bestimmt werden, brauchen die Art der Abbildung und die Eigenschaften und Fehler des Objektivs nicht berücksichtigt zu werden, da sie in den Parametern der Abbildung implizit enthalten sind. Das beschriebene Verfahren wird zukünftig auf ein Meßvolumen von ca. $300*300*50\ mm^3$ zur Qualitätskontrolle von Bauteilen erweitert werden.

Literatur

[1] CAP - Combined Adjustment Program, Users Manual, Fa. Rollei Braunschweig, FRG, 1989

[2] K.Kraus, Photogrammetrie, Vol. 2, Dümmler, Bonn 1984

[3] K. Andresen u. B. Morche, Die Ermittlung von Rasterkoordinaten und deren Genauigkeit, Mustererkennung 1988, p.277-283, 10. DAGM - Sympos. Zürich. Berlin, NewYork, Tokyo 1988.

[4] K. Andresen a. B. Hübner, Calculation of Strain from an Object Grating on a Reseau Film by a Correlation Method, to be published in Exp. Mechanics, 1992.

[5] K.Andresen, B.Kamp a. R.Ritter, 3D-Contour of Crack Tips Using a Grating Method. Second International Conference on Photomechanics and Speckle Metrology. San Diego 1991. SPIE Proceedings Vols. 1554A (1991), 93-100.

Ein schneller Codierungsprozessor für ein System zur echtzeitnahen Generierung des Hierarchischen Strukturcodes (HSC) mit Schnittstelle zum Erkennungssystem PANTER

Norbert Bilau, Jürgen Schnusenberg
Fachbereich Elektrotechnik, Universität - GH - Paderborn
Pohlweg 47-49, 4790 Paderborn

Es wird ein System zur echtzeitfähigen Generierung des Hierarchischen Strukturcodes vorgestellt. Für eine effiziente Entwicklung und Implementierung von Operationen zur Erkennung von Objekten im HSC ist eine entsprechende leistungsfähige Erzeugung des HSC erforderlich. Das System zur HSC-Generierung besteht aus der Bildaufnahme und Bildaufbereitung, der Detektion und der Verknüpfung. In der ersten Realisierungsphase wurde der Schwerpunkt auf die Entwicklung eines Spezialprozessors zur Detektion gelegt, der als Codierungsprozessor bezeichnet wird. Durch die Detektion werden Kontur- und Flächeninformationen aus den Grauwertbildern einer Bildpyramide auf eine Datenstruktur abgebildet, die den Bildkoordinaten Codeelemente der entsprechenden Strukturtypen (Kante, helle/dunkle Linie/Fläche) zuordnet. Mit einer diskreten Realisierung des Codierungsprozessors wurde eine beachtliche Beschleunigung der Detektion gegenüber den Softwareimplementierungen erreicht. Zum anderen wurde eine Prozessorarchitektur entwickelt, die mittlerweile als VLSI-Chipsatz vorliegt und somit erstmals eine Codierung in Echtzeit ermöglichen wird [1].

1. Beschreibung des Systems zur echtzeitfähigen Generierung des Hierarchischen Strukturcodes (HSC)

Das System zur Generierung des HSC kann in die drei Module *Bildaufnahme und Aufbereitung*, *Detektion* und *Verknüpfung* unterteilt werden. Dabei besteht zwischen der Verknüpfung und einigen Operationen des Erkennungssystems eine sehr enge Kopplung, da beide Module auf die Datenstruktur zugreifen (vgl. Abb. 1). Eine Übertragung der Daten zwischen den Modulen erscheint unter Berücksichtigung der Datenmenge (ca. 2-4 MByte je Bild) nicht sinnvoll. Die Verarbeitungskette des Systems beginnt mit dem Modul zur Bildaufnahme und Bildaufbereitung. Die Grundlage zur Generierung des HSC bildet eine Bildpyramide, deren Bildpunkte jeweils in einem hexagonalen Raster angeordnet sind. Aus diesem Grund ist die Abtastung des Bildes so zu steuern, daß die digitalisierten Bildpunkte korrekt auf das hexagonale Raster abgebildet werden. Dieses Grauwertbild $G|0>$ hat ein Format von 513 x 513 Bildpunkten, wobei jede ungerade Bildzeile um einen Bildpunkt kürzer ist als eine gerade Bildzeile. Vorteil dieses Bildformates ist das eindeutige Vorhandensein eines zentralen Bildpunktes, der den fixen Mittelpunkt des hierarchischen Bildsatzes bildet.

Die Berechnung des Bildes mit der nächst niedrigeren Auflösung, das mit $G|1>$ bezeichnet wird, erfolgt durch eine gewichtete überlappende Mittelung (Gaußfilter) /Bur84/. Dazu wird das Zentrum der Mittelungsmaske auf jeden zweiten Bildpunkt in jeder zweiten Bildzeile, der Abtastzeile, aufgesetzt. Um nun wieder ein Bild im hexagonalen Raster zu erhalten, muß bei jeder zweiten Abtastzeile das Zentrum der Mittelungsmaske um einen Bildpunkt nach rechts verschoben werden. Ein weiterer zu beachtender Punkt bei der Erzeugung der Bildpyramide ist der Randeffekt.

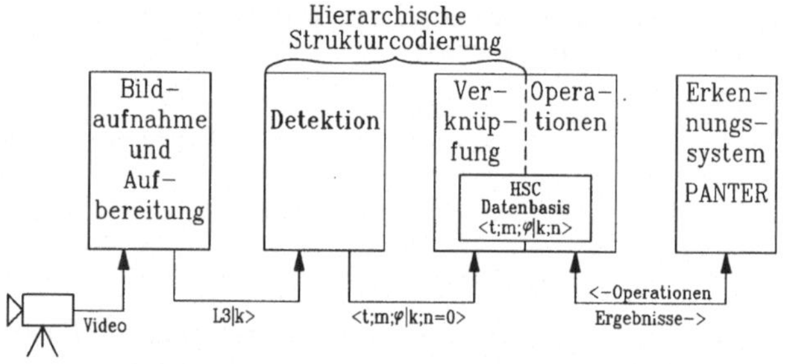

Abb. 1 Systemstruktur zur echtzeitfähigen HSC-Generierung

Dieser ensteht durch das Aufsetzen der Mittelungsmaske auf die Bildpunkte am Bildrand. Eine Reduzierung des Fehlers ist durch verschiedene Verfahren möglich /Jar85/, auf die hier aber nicht weiter eingegangen werden soll.

Die Berechnung der weiteren Grauwertbilder $G|2>$ bis $G|8>$ der Bildpyramide kann mit einer weiteren Einheit zur Auflösungsreduktion rekursiv erfolgen, ohne der Forderung nach Echtzeit zu widersprechen. Die so entstandene Bildpyramide besteht aus den Grauwertbildern $G|k>$ mit $k \in \{0..8\}$ und bildet den Eingabedatensatz

---

1. Diese Arbeiten werden durch die Daimler Benz AG, das Institut für Mikroelektronik Stuttgart und das BMFT gefördert.

für die nächste Stufe der Bildaufbereitung. In dieser Verarbeitungsstufe wird auf jedes Bild G|k> der Laplace-operator angewandt und damit eine Pyramide von Laplacebildern L|k> erzeugt. Zur Berechnung der Laplacebilder muß ein Rechenwerk mit hexagonaler Filtermaske implementiert werden, andernfalls sind zwei orthogonale Filtermasken vorzusehen. Diese Laplacebilder weisen Verteilungen unterschiedlich großer positiver und negativer Krümmungsmaße auf. Durch eine nachfolgende Schwellwertoperation und dem Entfernen der Wendepunktsnullen wird die Pyramide der dreiwertigen logischen Laplacebilder L3|k> erzeugt /Wes90/, die nur noch 87 KByte umfaßt, während die Pyramide der Grauwertbilder 343 KByte groß ist.

Durch diese Datenreduktion ist es nicht erforderlich, alle Bilder der Bildpyramide parallel weiter zu verarbeiten, sondern es ist sinnvoll, an dieser Stelle einen Wechselpuffer einzusetzen und auf eine blockweise Verarbeitung der Bildpyramiden überzugehen. Mit der sequentiellen Verarbeitung der Bilder einer Bildpyramide vereinfacht sich der Steuer- und Verwaltungsaufwand in den nachfolgenden Modulen beträchtlich.

Das Modul zur Detektion, der Codierungsprozessor, erhält aus einem der Puffer einen kontinuierlichen Pixelstrom als Eingabedaten, der um die Angabe der Bildebene $k \in \{0..8\}$ ergänzt wird. Aus diesem Pixelstrom der logischen dreiwertigen Laplacebilder erfolgt dann bei der Detektion die Extraktion von Strukturinformation. Im ersten Abschnitt wird dazu in einem 19 Pixel umfassenden Fenster für das zentrale Pixel eine Klassifikation vorgenommen, als deren Ergebnis man eine Einteilung in Linien-, Kanten- und Flächenpunkte erhält. Durch diese Klassifikation entstehen sogenannte "transformierte Laplacebilder".

Der zweite Abschnitt des Moduls hat die Aufgabe, aus diesen transformierten Laplacebildern die Codeeinträge für den HSC zu generieren. Dazu wird an jedem zweiten Pixel eine Siebenerinsel gebildet und aus dieser mittels Abbildungsvorschriften die Codeeinträge generiert. Eine Abbildungsvorschrift wird als Detektor bezeichnet und die Summe aller Abbildungsvorschriften als vollständiger Detektorsatz /Har87, Wes90/. Jeder der so für eine Insel generierten Codeeinträge wird durch die Koordinate des zentralen Bildpunktes der Insel, der Auflösungsebene k, und durch zusätzliche Einträge für den Aufbau der Datenstruktur ergänzt und als HSC-Codeelement <t;m;φ|k;n;z;s> bezeichnet /Mer91/. Die Datenstruktur wird auf zwei Arrays abgebildet. In einem Array stehen die Codeeinträge und im anderen die Zuordnung der Koordinaten |k;n;z;s> zu den Codeeinträgen.

Diese HSC-Codeelemente bilden die Eingangsdaten für das dritte Modul zur HSC-Generierung, dem Verknüpfungsmodul. Da beim Verknüpfen weitere Codeelemente gebildet werden, erfolgt neben der Einteilung in die Auflösungsebenen k noch die Unterscheidung in die Verknüpfungsebenen n. Im Verknüpfungsmodul werden die Codeelemente der Ebene |k;n=0> einer Siebenergruppe benachbarter Inseln daraufhin überprüft, ob darin enthaltene Codeelemente zusammenhängende Strukturen bilden. Um die Kontinuität der Codeelemente zu prüfen, muß jedes Codeelement mit jedem anderen der Siebenergruppe verglichen werden. Aus den Codeelementen, die eine zusammenhängende Struktur bilden, werden in einem weiteren Schritt neue Codeelemente der Ebene |k;n=1> gebildet. Da dieser Vorgang auch mit den Codeelementen der Ebene |k;n=1> und ebenso rekursiv mit allen weiteren Codeelementen erfolgt, repräsentiert nach der n-ten Verknüpfung ein einziges Codeelement eine kontinuierliche Struktur. Der Verknüpfungsprozeß wird auf allen Auflösungsebenen durchgeführt, wodurch eine doppelt hierarchische Datenstruktur ensteht. Das Verknüpfungsmodul erweitert so die bei der Detektion erzeugte, aus zwei Arrays bestehende, Datenstruktur. Die Abbildung von Objekten auf die Codebäume des HSC ermöglicht so einen effizienten Zugriff auf die Objekte des Bildes /Har87/. Diese zwei Arrays bilden die Schnittstelle zum Erkennungssystem, das mittels Operationen /Har90, Mer91/ den direkten Zugriff auf die Datenstruktur benötigt.

Die genannten Anforderungen an ein echtzeitfähiges System beziehen sich auf eine Bildfolgefrequenz von 25 Bildern pro Sekunde. Das im nächsten Kapitel vorgestellte und als Prototyp aufgebaute System benötigt zur Generierung einer Datenstruktur des HSC z.Z. noch zwischen 20 und 50 Sekunden.

2. Das realisierte System zur Generierung des HSC

Die im vorigen Kapitel genannte Bildfolgefrequenz ist der angestrebte Endzustand des Systems, der jedoch nicht für alle Applikationen erforderlich ist. So hat sich gezeigt, daß für die Erkennung von Verkehrszeichen eine Bildfolgefrequenz von ca. 10 Bildern pro Sekunde ausreichen kann. Diese Bildrate kann somit sicher auch als Echtzeit bezeichnet werden. Da für die Bildaufnahme und Bildaufbereitung mit kommerziellen Bildverarbeitungssystemen schon leistungsfähige Hard-

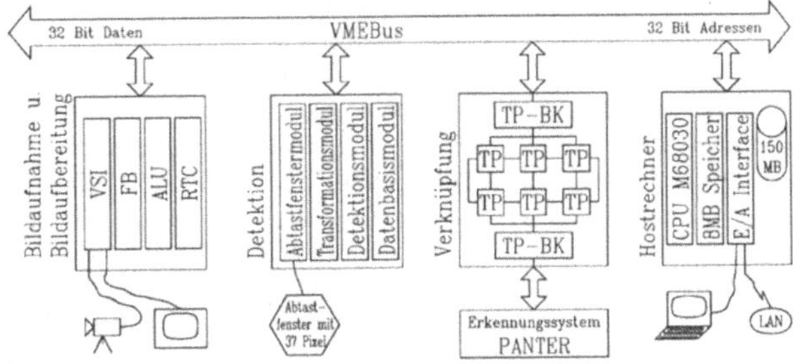

Abb. 2 Realisiertes System zur Generierung des HSC

warekomponenten zur Verfügung stehen, wurde dem Modul zur Detektion die höchste Priorität gegeben. Die Detektion ist zudem die erste ganz HSC-spezifische Komponente bei der Generierung des HSC, weshalb mit dieser Komponente die Realsierung des Systems begonnen wurde. Nachfolgend werden die Bildaufnahme und Aufbereitung und danach die Verknüpfung beschrieben, bevor dann im nächsten Kapitel die Beschreibung des realisierten Codierungsprozessors folgt.

2.1   Die Bildaufnahme und Bildaufbereitung

Die Bildaufnahme und -aufbereitung ist z.Z. mit einem System der Firma Imaging Technology realisiert. Das System besteht aus einem Variable Scan Interface (VSI), einem Frame Buffer (FB), einem Realtime Convolver (RTC) und einer ALU, die über einen speziellen Video-Pipeline-Bus miteinander verbunden sind. Obwohl das System in der Lage ist, 25 Vollbilder pro Sekunde zu verarbeiten, reicht die Leistungfähigkeit gerade aus, um alle 10 Sekunden eine Bildpyramide des dreiwertigen logischen Laplacebildes zu generieren. Die Leistungseinbußen liegen an der Größe des Frame Buffers, der mit 512 x 512 kleiner als das geforderte Bildformat ist und dadurch bedingt eine diskrete Behandlung des Bildrandes erforderlich macht. Die orthogonale Struktur des Systems reduziert bei der Convolution ebenfalls die Leistung, da zur Berechnung des Laplacebildes im hexagonalen Raster zwei Zyklen notwendig sind. Als weiterer entscheidender Faktor ist die Berechnung der Grauwertpyramide zu nennen, die mit diesem System nur rekursiv erfolgen kann. Alle zuvor genannten Operationen erfordern Eingriffe in die Verarbeitung durch einen Steuerrechner (vgl. Abb. 2), was zu diesem enormen Performanzverlust führt. Die oben genannten Probleme können weitgehend durch einen höheren Hardwareaufwand oder durch eine auf das System abgestimmte Vorverarbeitungshardware ganz gelöst werden.

2.2   Die Verknüpfung

Die Verknüpfung setzt auf den vom Codierungsprozessor generierten Daten auf und wurde aus diesem Grund als Softwaremodul weiterentwickelt. Das Ziel dieser Arbeit war die Beschleunigung der Verknüpfung, um eine Angleichung der   Verarbeitungszeiten zu erreichen. Zu diesem Zweck wurde die inhärente Parallelität der Verknüpfung mit dem Ziel untersucht /Pri89/, eine optimale Prozessortopologie für ein Transputernetzwerk zu entwickeln. Als Ergebnis der Untersuchungen wurde unter der Berücksichtigung der Struktur des darauf aufbauenden Erkennungssystems PANTER /Mer90/ die in Abb. 2 gezeigte Netzwerktopologie gewählt. Hierbei bildet ein Transputer die Wurzel eines ternären Baumes mit der Tiefe zwei. Der Wurzelprozessor verteilt die Codeelemente zum Verknüpfen an die Prozessoren der Transputerfarm und koordiniert den multiplen Aufbau der verknüpften Datenstruktur in den Prozessoren der Farm. Gleichzeitig verwalten diese Prozessoren auch einen Satz von merkmalsbestimmenden Operationen des Erkennungssystems, so daß die Farmprozessoren auch Bestandteil des Erkennungssystems sind /Har90/.

3.   Der Codierungsprozessor

Die vorherigen Kapitel behandelten das Gesamtsystem zur Generierung des HSC. Dieser Abschnitt befaßt sich eingehender mit der Architektur des Codierungsprozessors zur Generierung des HSC.

Die Abbildung des dreiwertigen Laplacebildes auf die Datenstruktur des HSC ist ein zweistufiger Prozeß, der auf vier Module aufgeteilt wurde. Über die Zwischenstufe des transformierten Laplacebildes werden aus dem L3|k> die Codeeinträge des HSC gebildet. Bei dem transformierten Laplacebild erhält man eine Einteilung der Bildpixel in Linien-, Kanten- und Flächenpunkte. Diese Zwischenabbildung ist anhand von einer 19 Pixel umfassende Untermenge, dem Subfenster, vom 37 Pixel großen Abtastfenster (Abb. 3) vorzunehmen.

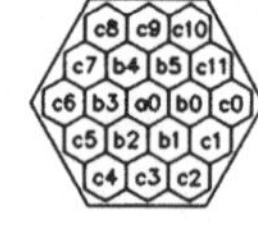

Abb. 3 Insel, Abtastfenster und Subfenster

Die Bildung der Subfenster vereinfacht und beschleunigt den Codierungprozeß. Eine Reduzierung der Abtastfenstergröße ist nicht möglich, da umfangreiche Nachbarschaftsprüfungen notwendig sind. Diese Einteilung der Bildpixel in die Klassen übernimmt das Transformationsmodul des Codierungsprozessors. Die nachfolgende

Detektion bestimmt den Codeeintrag $<t;m;\varphi|$. Aus diesen Randbedingungen zur Generierung des HSC wurde ein Hardwarekonzept entwickelt, das die Realisierung mit einem angemessenen Aufwand ermöglicht. Die Architektur des Systems ist so konzipiert, daß die überlappende Verarbeitung inselweise geschieht, und die Generierung des HSC in Echtzeit zuläßt.

Das Gesamtsystem der Detektion besteht aus dem Abtastfenstermodul **M1**, dem Transformationsmodul **M2**, dem Detektionsmodul **M3** und dem Datenbasismodul **M4**. Diese vier Module arbeiten alle asynchron und sind über Pipelineregister gekoppelt. Die Verarbeitungszeit eines Zyklusses wird

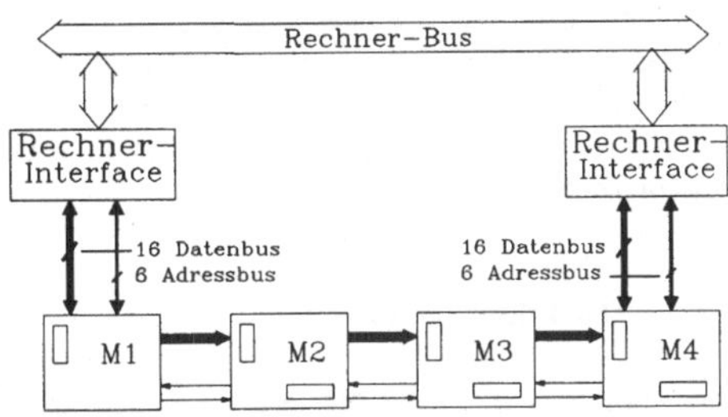

Abb. 4 Codierungsprozessor

von den Daten des dreiwertigen Laplacebildes $L3|k>$ gesteuert. Die Verarbeitungszeit für eine komplette Bildpyramide ist somit durch den Bildinhalt bestimmt. Abb. 4 zeigt die Koppelung des Codierungsprozessors an einen Rechnerbus, der in diesem Fall der VMEBus ist. Bedingt durch die Datenpuffer auf der Eingangs- und Ausgangsseite der Pipeline arbeitet das Gesamtsystem im Wechselpufferbetrieb und gewährleistet einen hohen Datendurchsatz.

3.1 Abtastfenstermodul

Das Abtastfenstermodul verarbeitet die Daten des dreiwertigen Laplacebildes $L3|k>$, die von diesem Modul zu einem 37 Pixel umfassenden Abtastfenster aufbereitet werden. Die Daten von $L3|k>$ lädt der Hostrechner via Interface in die Eingangspuffer des Abtastfenstermoduls. Der Hostrechner startet die Verarbeitung der gesamten Auflösungsebene. Die Verarbeitung einer kompletten Auflösungsebene von $L3|k>$ steuert der Controller des Moduls. Des weiteren übernimmt das Abtastfenstermodul die automatische Generierung von jeweils drei Randzeilen und -spalten. Die Randpixel von $L3|k>$ behandelt die nachfolgende Transformationsstufe mit

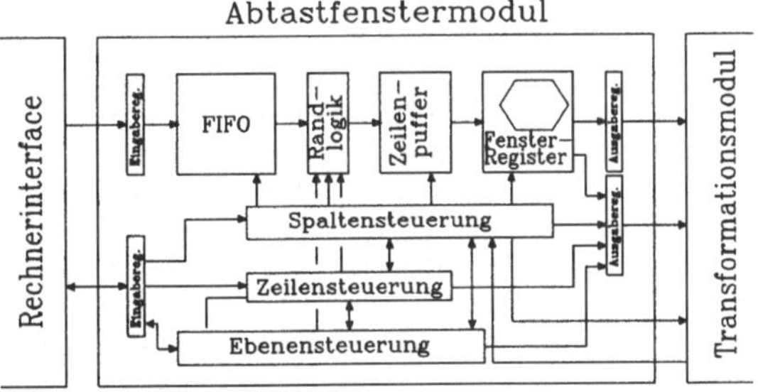

Abb. 5 Abtastfenstermodul

besonderen Regeln, so daß die Codierung von Strukturen, die bis an den Bildrand reichen, möglich ist. Ein generiertes Abtastfenster von $L3|k>$ steht für das sich anschließende Transformationsmodul in Pipelineregistern zur Weiterverarbeitung bereit. Die Anforderung des nächsten Abtastfensters durch das Transformationsmodul startet beim Abtastfenstermodul einen Prozeß zur Generierung des Abtastfensters für die nächste Koordinate. Das Abtastfenstermodul verfügt über eine eigene Verwaltung der Bildkoordinaten. Eine weitere Steuerung seitens des Hostrechners ist nicht mehr notwendig.

3.2 Transformationsmodul

Die erste Stufe der Abbildung bildet die Transformation. Um aus dem Abtastfenster des dreiwertigen Laplacebildes die Transformationsdaten $T|k>$ aller sieben Pixel der Insel $I|k>$ zu bilden, ist eine in /Wes90/ beschriebene mehrstufige hierarchische Prüfung für jedes Pixel einer Insel $I|k>$ erforderlich. Die hierarchische Prüfung eines Inselpixels erfolgt anhand der Daten eines 19 Pixel großen Subfensters des Abtastfensters. Das zu klassifizierende Pixel der Insel $I|k>$ bildet dabei das zentrale Pixel des Subfensters. Die Regeln für diese hierarchische Prüfung liegen in Form von PROM-Tabellen für ein Subfenster im Transformationsmodul vor. Aus dem Abtastfenster bildet eine Logik sequentiell die Subfenster, die dann für jedes Pixel der Insel $I|k>$ ein Ergebnis liefern, das

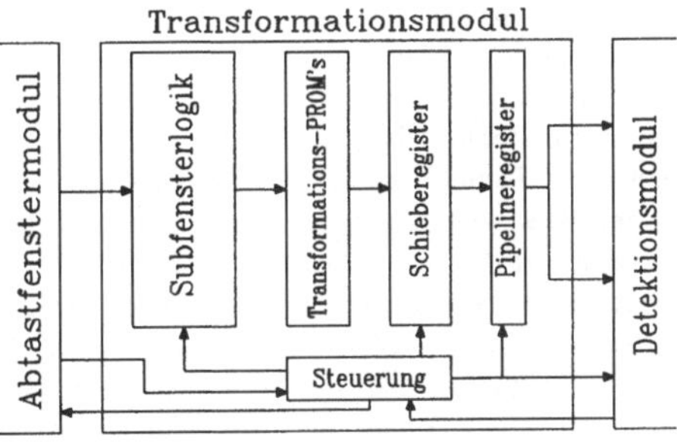

Abb. 6 Transformationsmodul

in einem Puffer zwischengespeichert wird. Liegen die Transformationsdaten für alle sieben Subfenster vor, so können die Daten für alle sieben Pixel an dem Detektionsmodul weitergereicht werden. Der Modulcontroller und die Zusatzlogik steuert die sequentielle Erzeugung der Subfenster und die Pufferung der Teildaten. Die generierten Daten T|k> des Abtastfensters stellt das Transformationsmodul der zweiten Abbildungsstufe, der Detektion, in Pipelineregistern bereit.

3.3 Detektionsmodul

Die Abbildung des transformierten Laplacebildes T|k> auf die Codeelemente des HSC übernimmt dieses Modul. Die Abbildungsregeln sind in /Wes90/ näher beschrieben. Die Abbildung der Transformationsdaten T|k> auf die Codeeinträge des HSC vom Strukturtyp Kante bzw. auf die Codeeinträge vom Strukturtyp Linie/Fleck ist vollständig unabhängig und kann daher parallel ausgeführt werden. In einer Insel können gleichzeitig drei unterschiedliche Kantentypen vorliegen. Für jeden Kantentyp existiert eine PROM-Tabelle, die für jeden Kantentyp einen Codeeintrag liefert, falls die Regeln dafür erfüllt sind.

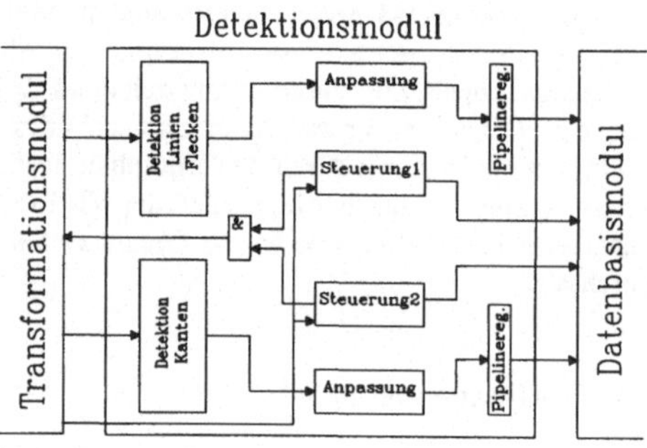

Abb. 7 Detektionsmodul

Liefert eine Tabelle ein gültiges Datum, so ist der generierte Codeeintrag in den Pipelineregistern zwischenzupuffern. Die Pipelineregister entkoppeln dabei das Generieren der Codeeinträge durch das Detektionsmodul und das Lesen der Codeeinträge durch das Datenbasismodul.

Beim Strukturtyp Linie/Fleck können insgesamt drei Bereiche innerhalb der Tabelle für Linie/Fleck gültige Codeeinträge liefern. Diese drei Bereiche sind für helle Linien/Flecken und für dunkle Linien/Flecken zu überprüfen. Beim Strukturtyp Linie/Fleck sind also insgesamt sechsmal sequentiell die Tabellendaten zu validieren. Das Umsetzen der sequentiellen Verarbeitung in eine parallele hätte auch hierbei einen erheblichen Mehraufwand für die sechsfache Realisierung der Tabellen zur Folge gehabt. Die gültigen Codeeinträge liegen auch in diesem Fall in Pipelineregistern für die nächste Verarbeitungsstufe bereit. Es existieren also bei dem Detektionmodul zwei getrennte Pipelineregister für die jeweiligen Codeeinträge. Der letzte gültige Codeeintrag für den Strukturtyp Kante und für den Strukturtyp Linie/Fleck einer Insel ist gesondert markiert, damit das Datenbasismodul die für den Aufbau einer HSC-Datenbasis notwendigen Adressen aktualisieren kann.

Da zwei parallele Prozesse die Detektion der Linien/Flecken und der Kanten überwachen, ist eine Synchronisation beider Prozesse zu Beginn eines neuen Zyklusses notwendig. Erst wenn beide Prozesse die Verarbeitung abgeschlossen haben, kann das Modul die Transformationsdaten der nächsten Insel I|k> verarbeiten.

3.4 Datenbasismodul

Damit das ganze System in Wechselpufferbetrieb arbeiten kann, besitzt das letzte Modul ebenfalls Zwischenpuffer zur Datenhaltung. Der 32 kByte große Zwischenpuffer enthält die Einträge der Datenstruktur, die von dem Hostrechner über das VMEBus-Interface ausgelesen werden. Ein eigens hierfür entwickelter Controller übernimmt die Verwaltung des Ausgangspuffers. Der Modulcontroller des Datenbasismoduls steuert die Reihenfolge, in der die Codeelemente vom Typ Kante bzw. Linie/Fleck aus den Pipelineregistern entnommen werden. Des weiteren sind noch zusätzliche Daten zum Aufbau einer HSC-Datenbasis in die Puffer einzutragen. Die Zusatzdaten sind Adressen, die eine eindeutige Zuordnung der Codeeinträge zu einer Bildkoordinate und der Auflösungsebene ermöglichen. Dies ist deswegen von Bedeutung, da nicht für jedem Abtastpunkt des Bildes HSC-Codeeinträge vorliegen. Die so aufbereiteten Einträge müssen von dem

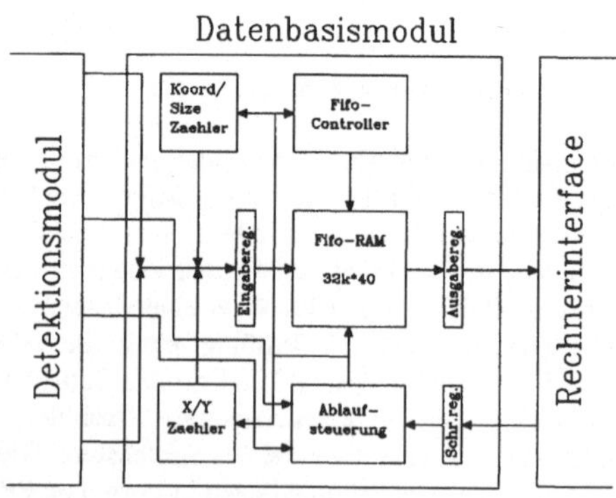

Abb. 8 Datenbasismodul

Hostrechner nur noch in dem "dualported memory" des Transputerbrückenkopfes (vgl. Abb. 2) auf die zwei

Arrays (Schlüssel- und Datenarray) abgebildet werden. Anschließend erfolgt die Verknüpfung dieser Daten in dem Transputernetzwerk.

4. VLSI Implementation der Detektion

Im Rahmen eines Prometheus-Projekts in Zusammenarbeit mit der Daimler Benz AG und dem Institut für Mikroelektronik Stuttgart (IMS) laufen Arbeiten zu Beschleunigung der Detektion und zur Reduzierung des Hardwareaufwandes. Der zentrale Punkt ist dabei die Umsetzung der PROM-Tabellen in eine minimierte kombinatorische Gatterlogik. Es gelang die Minimierung der gesamten Tabellen der Transformation und deren Implementation in VLSI. Die verwendete VLSI-Technologie am IMS sind Standard Gate Arrays. Durch die sequentielle Struktur der Transformation konnte der Platzbedarf minimiert und gleichzeitig die geringe interne Laufzeit bei der Gatterlogik genutzt werden. Diese Kombination erlaubte die Integration des gesamten Transformationsmoduls auf einem einzigen Chip. Das IMS hat bereits einen ersten Prototyp des Transformationschips produziert. Für das Detektionsmodul sind die Vorarbeiten, die Minimierbarkeit der Tabellen, abgeschlossen und es wird untersucht, ob die Integration der Transformation und Detektion auf einem VLSI-CHIP möglich ist.

5. Ergebnisse und Ausblick

Es wurde ein System entwickelt, mit dem die Generierung des Hierarchischen Strukturcodes in wenigen Sekunden möglich ist. Damit konnte eine erhebliche Beschleunigung gegenüber den Softwareimplementierungen erreicht werden. Gleichzeitig erfolgten erste Untersuchen über die Leistungsanforderungen, die ein System aufweisen muß, das den HSC in Echtzeit generieren soll. Mit dem Codierungsprozessor erfolgte die Entwicklung einer Architektur, die es ermöglicht, in einer zweiten Phase einen echtzeitfähigen Codierungsprozessor in VLSI-Technologie zu realisieren.

In weiteren Arbeiten soll ein Prozessor entwickelt werden, der die Verknüpfung in Echtzeit durchführt und gleichzeitig die bereits definierte Schnittstelle zu dem Erkennungssystem PANTER unterstützt. Diese Notwendigkeit ergibt sich aus den Untersuchungsergebnissen, die an verschiedenen Transputer basierten Netzwerktopologien gemacht wurden. Zusätzlich ist unter dem Systemaspekt eine Kopplung des Codierungsprozessors mit dem Verknüpfungsprozessor zu entwickeln, die eine ausreichende Übertragungsbandbreite besitzt (siehe Abschn. 1). Zur Beschleunigung der Bildaufnahme und Bildaufbereitung erfolgen zur Zeit Untersuchungen, inwieweit eine echtzeitfähige Lösung mit kommerziellen Komponenten erfolgen kann oder ob hierzu eine spezielle Hardware entwickelt werden muß. Eine Kombination beider Komponenten erscheint hier als eine sinnvolle Lösung.

Literatur

/Bur84/ P. J. Burt: The Pyramid as a Structure for Efficient Computation. In: Rosenfeld, A. u. a. (Hg.): Multiresolution Image Processing and Analysis. Berlin (Springer-Verlag) 1984, 6-35

/Har87/ G. Hartmann: Recognition of Hierarchically Encoded Images by Technical and Biological Systems. Biological Cybernetics 57, 1987, 73-84

/Har90/ G. Hartmann, N. Bilau: Merkmalsbestimmende Operationen. Bericht zum DFG-Projekt HA 1314/6-2 (unveröffentlicht). Paderborn 1990

/Jar85/ L. P. Jaroslawsky: Einführung in die Digitale Bildverarbeitung. VEB Deutscher Verlag der Wissenschaften Berlin 1985

/Mer91/ Mertsching, Bärbel: Lernfähiges wissensbasiertes Bilderkennungssystem auf der Grundlage des Hierarchischen Strukturcodes. Fortschr.-Ber. VDI Reihe 10 Nr. 191. Düsseldorf (VDI Verlag) 1991

/Pri89/ Lutz Priese, Volker Rehrmann, Ursula Schwolle: A Fast Generator for the Hierarchical Structure Code With Concurrent Implementation Techniques. In: Burckhardt, H. u. a. (Hg.): Mustererkennung 1989. Informatik Fachberichte 219. Berlin u. a. (Springer-Verlag) 1989, 416-419

/Wes90/ Westfechtel, August: Entwurf und Realisierung eines Prozessors zur hierarchischen Codierung von Flächen, Kanten und Linien. Fortschr.-Ber. VDI Reihe 10 Nr. 138. Düsseldorf (VDI Verlag) 1990

Closed loop autonomous vehicle path planning by dynamical systems[1]

Michael Dose and Gregor Schöner

Institut für Neuroinformatik, Ruhr–Universität, W-4630 Bochum
Universitätsstraße 150

Abstract

Autonomous systems with multiple sensory and effector modules face the problem of coordinating these components while fulfilling tasks such as moving towards a goal and avoiding sensed obstacles. We propose to solve this integration problem through a two-level planning dynamics. Through adequate choice of the planning variables this dynamics resides at an abstract task-related level. At the same time, stable control behavior in closed loop is granted by the stability properties of the dynamics. The capability of the system to perform stable planning, make planning decisions, and integrate redundant as well as complementary information is demonstrated by software simulations. These include the simulation of control errors on both the effector and the sensor side.

1   Introduction

There are two sets of ideas in the field of autonomous vehicle behavior that we seek to combine and contribute to: (a) Through the concepts of behavior-based robotics engineers seek to avoid overloaded central representations and to minimize AI overhead for decision making [3] (b) A variety of approaches have emerged that share the basic emphasis on dynamical systems on adequate levels of description to solve through a form of self-organization complex planning and control tasks [6, 7, 8]. Both ideas are in part motivated by analogies with organizational principles identified in biological motion systems (for review, see, e.g., [2, 12, 1]). Here we propose a strategy for dynamic task-level planning summarized in general terms as follows:

1. Planning variables, $\mathbf{x}$, are introduced capturing the planned behavior of the system at the level on which tasks are defined, so that behavioral constraints can be directly and clearly expressed in terms of these variables. A second set of variables, w_i, quantifies the relative strengths of the various contributions, enumerated by i, to the planning dynamics.

2. Planning dynamics generate time course of the planning variables representing the planned path. The dynamics is defined based on the following rules: (1) Desired behaviors are attractors of the dynamics. (2) Behaviors to be avoided are repellors of the dynamics. (3) The contributions of various task constraints to the total planning dynamics vector-field are treated additively. [This means that the individual contributions are defined such as to generate the adequate behavior of the planning dynamics in the absence of all other contributions.] (4) The extent to which different contributions to the planning dynamics cooperate or compete is determined by the shared support of the corresponding force functions and by their functional independence. In general, choosing linearly independent functions allows for expression of constraints that are incompatible, contradictory, or independently valid. Choosing linearly dependent functions leads through the additive procedure to averaging among the corresponding constraints. Contributions that have the same functional form may overlap to a characteristic degree thus sharing larger or smaller support area, which leads to various degrees of linear dependence. (5) The planning dynamics are augmented by stochastic forcing functions for conceptual reasons: Because some constraints are modelled as repellors, the escape from such unstable solutions must be garanteed.

---

[1]Supported through grants from the BMFT, Bonn (NAMOS Projekt), and the MWF Nordrhein-Westfalen.

3. Representation dynamics is defined in a second layer with the relative strengths of the various contributions as the variables. These dynamics are defined such that any two relative strengths compete whenever the corresponding behavioral requirements overlap sufficiently strongly. If the requirements do not overlap, the relative strengths do not compete. The time scale of this competitive dynamics must be chosen faster than that of the planning dynamics.

Rather than expand on these general concepts, we provide a worked-through example addressing the problem of path planning in two dimensions.

2 Two-dimensional path planning

Consider a mobile system that (a) may move in the plane, (b) senses obstacles estimating the direction from the heading direction and the distance of these obstacles as well as a linear size of such obstacles, and (c) is provided from higher system modules with either represented or sensed goals in terms of target coordinates. Both obstacles and target may be moving.

2.1 The planning variables

As a conceptual device we introduce a world coordinate system (upper index W) in the plane, described mathematically by cartesian coordinates, (x^W, y^W), with fixed origin (cf. Fig. 1). Because relevant objects may often rest with respect to each other, object parameters usually vary slowly in the world coordinate system. This enables design of the planning dynamics in which these object parameters can be treated as adiabatic variables. Furthermore, the world coordinate system may serve to integrate the obstacle avoidance module into a behavioral hierarchy (cf. Discussion). In the presence of sensory information the world coordinate system has no operational meaning, however, because planning takes place in a second coordinate system (upper index P) centered in the mobile robot. Angles are measured from the x^P-axis, which is assumed parallel to the x^W-axis. Because only differences between angles enter into the actual planning dynamics calibration of the x^P-axis is not necessary.

In closed loop implementations, sensed objects are represented by their distance from the system, r_{obj}, and the angle under which they are seen from the x^P-axis.

The movement path is given by the direction $\phi(t)$ measured from the x^W-axis and the orbital velocity, $v(t)$ in the W-system. This variables are chosen as planning variables. For the purpose of this short communication we keep velocity constant. This variable may be used to implement additional task constraints like stopping in front of targets, going slowly through bends, etc. Note that in this approximation we have reduced the the two-dimensional path planning task to a one-dimensional dynamic problem.

2.2 Targets

The most basic task from which we construct all other desired behaviors is to move in a given direction, ψ. The corresponding contribution to the planning dynamics of $\phi(t)$ is extremely simple. A single fixed point attractor for ϕ at $\phi = \psi$ defined by

$$\dot{\phi} = -a\sin(\phi - \psi) + noise \tag{1}$$

where a determines the time scale of the planning dynamics: $\tau_\phi = 1/a$. (Note that due to the angular character of ϕ the dynamics must be 2π-periodic. This equation is essentially the circular analog of linear dynamics having a single point attractor.) A gaussian white noise term is added to escape from unstable solutions. With this basic module, other behaviors can be constructed. For example, moving toward a sensed target takes just this form where ψ is chosen as the angle, ψ_{target}, under which the target is seen relative to the x^P-axis. Note that (a) only the difference $\phi(t) - \psi_{\text{target}}$ enters; (b) as the system moves with finite velocity, ψ_{target} becomes a function of time and a functional of $\phi(t)$. The planning dynamics must be sufficiently fast for a given vehicle velocity (choice of τ_ϕ) so that ψ_{target} varies much more slowly than $\phi(t)$. As another task consider toward and along a straight line path in W-coordinates. This task can be decomposed into (a) moving parallel to the straight line path, (b) moving toward the straight line path. Superposition of two target functions of the form of Eq. 1 defines the dynamics.

2.3 Obstacles

Sensory system components are assumed to provide the obstacle parameters: (a) ψ_{obst}: angle from the x^P-axis at which the obstacle center is seen; (b) r_{obst}: distance from the vehicle to the obstacle; and (c) R_{obst}: size of the obstacle as described by a radius. From this we determine the angle, $2\Delta\psi_{\text{obs}} = 2\arcsin(R_{\text{obst}}/r_{\text{obst}})$, subtended by the obstacle.

Obstacles specify the behavior of avoiding to head toward the obstacle, specifically, to avoid heading anywhere within the interval of directions, $[\psi_{\text{obst}} - \Delta\psi_{\text{obst}}, \psi_{\text{obst}} - \Delta\psi_{\text{obst}}]$. Dynamically, this constraint is expressed by defining a force-field contribution to the ϕ-dynamics that erects a repellor at ψ_{obst}. The repelling force must extend to the limits of the interval. A refinement is to specify the repelling direction interval with an adquately scaled vehicle size, d_{vehicle}, added to the obstacles size, so that $\Delta\psi_{\text{(total,obs)}} = \arcsin((R_{\text{obst}} + d_{\text{vehicle}})/r_{\text{obst}})/2$. We distinguish the following factors of this dynamic contribution: (a) The proper repelling force $f_{\text{obst}}(\phi, \psi_{\text{obst}}, r_{\text{obst}}, \Delta\psi_{\text{(total,obs)}})$; (b) a factor $\text{range}_{angular}(\phi, \psi_{\text{obst}}, \Delta\psi_{\text{(total,obs)}})$ defining a angular range such that outside this range, parametrized by δ as $[\psi_{\text{obst}} - \Delta\psi_{\text{(total,obs)}} - \delta, \psi_{\text{obst}} + \Delta\psi_{\text{(total,obs)}} + \delta]$, the repelling force is negligibly small; (c) a factor, $\text{range}_{\text{spatial}}(r_{\text{obst}}, R_{\text{obst}})$ limiting the spatial range, parametrized by d_{obst}, over which the force has appreciable strength; (d) the normalized relative strength factor, $|w(t)| \in [0, 1]$ resulting from competitive dynamics (see below). The mathematical details are given in the Appendix.

The complete ϕ-dynamics read:

$$\dot{\phi} = f_{\text{target}} + \sum_i |w_i| \; \text{range}_{\text{spatial}}(r_i, R_i) \; \text{range}_{\text{angular}}(\phi, \psi_i, \Delta\psi_{(total,i)}) \; f_{\text{obst}}(\phi, \psi_i, r_i, \Delta\psi_{(total,i)}) \qquad (2)$$

where f_{target} is one of the target forces discussed earlier.

2.4 Competitive dynamics

Two types of problems remain unsolved by the ϕ-dynamics defined up to now. (a) If multiple estimates of the same underlying obstacle are provided by multiple or a single sensory module, then the strengths of the corresponding contributions add up leading to much stronger repulsion from redundantly sensed obstacles than from sparsely sensed obstacles. Some form of normalization is needed for redundant information. (b) Local dynamic path planning strategies suffer from spurious solutions if obstacle environments become clustered. In biology the problems of avoiding collisions and of finding a path in a constricted space are behaviorally quite separate. Mathematically the problem can be eliminated but only at the cost of sacrificing the strict locality of the approach and enduring considerable computational expense [10, 4]. We propose to deal with both problems by weeding out the obstacle representation through competitive dynamics of the relative strength factors, $w(t)$. The idea is that obstacles with sufficient overlap compete and leading to activation of one representative, which is chosen in the most conservative manner, that is, as the one closest to the vehicle. Obstacle with little or no overlap do not compete and remain individually active with full strength. The mathematical form used to achieve such dynamics given in the appendix (cf. [11]). Because the relevant "design" attractors can be determined analytically as vectors with a given pattern of zeros and of $\pm$ ones, the complex nonlinear form of these dynamics is manageable.

3 Results

We simulated the planning dynamics in software by numerically solving the corresponding differential equations. The proposed planning dynamics is stable if operated in closed loop, i.e., when obstacle and target parameters are derived at each point in time from sensory input and movement commands

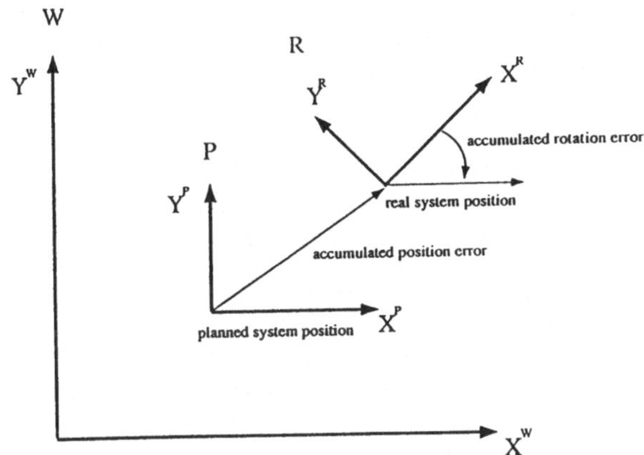

Fig. 1: The world coordinate system, (x^W, y^W), and the planning coordinate system, (x^P, y^P), are aligned, although this relative orientation need not be calibrated because only relative angles such as ψ_{object} matter. The R-coordinate system is centered at the real position of the system and is rotated against the W-system. The shift from P-system to R-system as well as the rotation simulate effector errors which accumulate over time. The planning dynamics is stable against such errors.

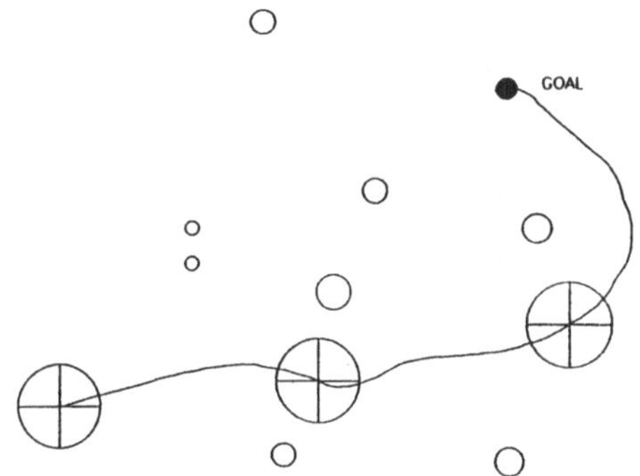

Fig. 2: Simulation of the planning dynamics: a target position is achieved while avoiding obstacles in spite of accumulating effector and random sensor errors. The vehicle is symbolized by a crossed circle, the size of which reflects the vehicle size, $d_{vehicle}$. The obstacles are open circles, the target is the filled circle.

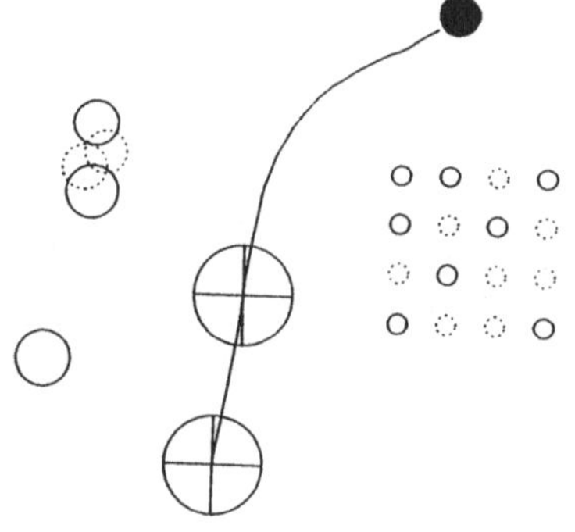

Fig. 4: The weight dynamics leads to weeding out of obstacle contributions that overlap sufficiently. Solid circles: obstacles with relative strength near one; Dashed circles: all other obstacles (which then have strength near zero). Note that, as the system moves, this representation may change.

take effect in the physical world (instantiated and situated system). To simulate this situation we store objects in world coordinates and determine the two planning parameters distance and angle by transforming into the P-system and using polar coordinates. Control errors on the effector side are introduced by allowing that at each point in time the system position may be translated and rotated against the planned position (cf. Fig. 1). These errors are assumed to be gaussian random variables with constant mean and variance per unit time (leading to linear drift of the mean and gaussian white noise for the random error in the continuous time limit). To keep track of the accumulating error we introduce a coordinate system (upper index R, cf. Fig. 1) centered at the real system position and rotated to represent real heading direction of the system. A second error with constant mean and variance is added to the object parameters distance and angle to simulate sensor errors, but this error is not accumulated over time. Note that the object parameters are determined in the R-system but are then fed without further transformation into the planning dynamics which operate at the level of the P-system. Fig. 2 illustrates that the system stably achieves its tasks in spite of accumulating and random effector and sensor error. For instance, in the simulated closed-loop operation an externally induced sudden shift of the vehicle position in the plane would be compensated successfully (although, if large enough, it may lead to a different path being followed toward the target).

Fig. 3 illustrates the capability of the planning dynamics to perform decisions: If two obstacles leave sufficient space for the vehicle to pass between them the system follows a direct path. If this space is reduced, the system decides to circumnavigate both obstacles. The change of path occurs discontinuously as a function of the distance between the obstacles. Essentially, the dynamics goes through an instability or bifurcation leading to qualitative change of the attractor layout. This is illustrated by plotting the right hand side of the ϕ-dynamics at the initial time: in one case, a single attractor exists, which bifurcates into two attractors (corresponding to the two ways to circumnavigate the obstacles) in the other case.

The effect of the representation dynamics, weeding out sensory obstacle information, is illustrated in Fig. 4. Which representatives are chosen may change as the system moves through the plane.

4 Discussion

We have demonstrated the first steps towards a task-level dynamics capable of planning paths in two dimensions with the task constraints of reaching targets while avoiding obstacles. The dynamics provides stability in the contol sense and can be operated in closed-loop. On the other hand, instabilities enable the system to make decisions as sensory information changes gradually. The representation dynamics yield some form of sensory integration at the task level.

Our formulation is based on a behavioral analysis starting with the task layout. In our view a technical advantage is the analytic accessibility of the resulting dynamics which is due to a careful choice of variables and to time scales hierarchies. At present, the approach is being implemented in hardware on a mobil robot system equipped with a vision-based obstacle detection sensory module [9]. In that set-up real-time closed loop behavior is aimed at.

The approach is part of a program in which we intend to build up an entire system integration hierarchy. In a next step, for instance, dynamics may be defined on the level of target parameters with the goal of identifying relevant targets on the basis of sensory and memory information about perceived objects. This layer of dynamics would act onto the present layer by changing parameters such as the target position. Behaviors at that higher level are, in particular, landmark navigation including calibration of the world coordinate system and exploratory behavior (moving targets into particular sections of the work space) guided by even higher "intentional" layers.

A Obstacles: mathematical details

The repelling function:

$$f_{\mathrm{obst}}(\phi, \psi_{\mathrm{obst}}, r_{\mathrm{obst}}, \Delta\psi_{(\mathrm{total,obs})}) = (\phi - \psi_{\mathrm{obst}}) \frac{1}{\Delta\psi_{(\mathrm{total,obs})}} \exp\left[1 - |\frac{\phi - \psi_{\mathrm{obst}}}{\Delta\psi_{(\mathrm{total,obs})}}|\right] \tag{3}$$

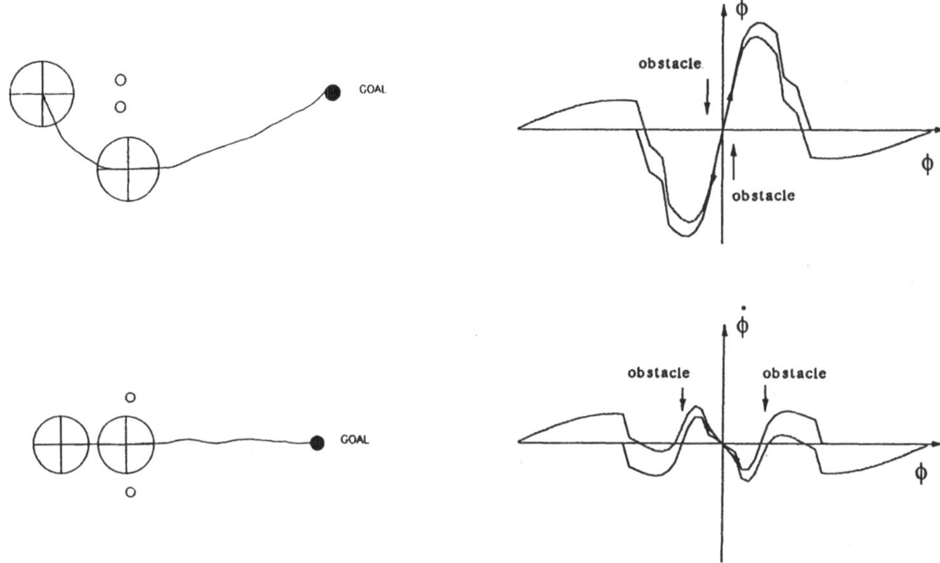

Fig. 3: Decisions in the planning dynamics: Both the realized path and the initial ϕ-dynamics are plotted. The superposed contribution of two obstacles is shown (solid line) jointly with the total dynamics containing also the attraction to the target. On top the obstacles are sufficiently close to each other (in angle) to superpose: the two repellors combine into one without creating an attractor inbetween and thus make passage between the two obstacles impossible. On bottom, the obstacles are further away (in angle) and therefore remain seperate repellors. Between the two repellors an attractor exists allowing for passage between the obstacles. This change of the dynamics as a function of the distance of the two obstacles is a bifurcation.

The angular range:

$$\text{range}_{\text{angular}}(\phi, \psi_{\text{obst}}, \Delta\psi_{(\text{total,obs})}) = \frac{1}{2}\left[\tanh(h_1\{\cos(\phi - \psi_{\text{obst}}) - \cos(2\Delta\psi_{(\text{total,obs})} + \delta)\}] + 1\right] \quad (4)$$

where h_1 determines the force cut-off's steepness. (In the simulations we always chose $h_1 = 4./(\cos(2\Delta\psi_{(\text{total,obs})}) - \cos(2\Delta\psi_{(\text{total,obs})} + \delta))$.)
The spatial range:

$$\text{range}_{\text{spatial}}(r_{\text{obst}}, R_{\text{obst}}) = \exp\left[-\frac{r_{\text{obst}} - R_{\text{obst}} - d_{\text{vehicle}}}{d_{\text{obst}}}\right] \quad (5)$$

where we scale according to the distance from the vehicle to the outer boundary of the obstacle.

B Competitive dynamics: mathematical details

The following functional form is a commonly used competitive dynamics [5]:

$$\dot{w}_i = \alpha(i)(w_i - w_i^3) - \sum_{j\neq i} \gamma(i,j)w_j^2 w_i + noise \quad (6)$$

where the positive function $\alpha(i)$ determines the competitive advantage of the i-th contribution, $\gamma(i,j)$ determines the overlap between contributions i and j and noise denotes a gaussian white noise term. Here the relative strengths are normalized to $[-1,1]$ with a redundant sign, so that the actual strength to be used is the modulus, $|w_i| \in [0,1]$. If the overlap with other obstacles is small, there is no effective competition and $w_i = \pm 1$ results. The two functions were choses as:

$$\alpha(i) = 1 + \exp\left(-\frac{r_i - R_i - d_{\text{vehicle}}}{d_\alpha}\right) \quad (7)$$

$$\gamma(i,j) = \frac{1}{2}t_h f[1 - \tanh(2.5(\frac{d(i,j) - \max(R_i, R_j) - d_\gamma}{\min(R_i, R_j) + d_\gamma}))] \quad (8)$$

where $d(i,j)$ is the distance between the centers of the two obstacles and $f = (R_j + d_\gamma)/(R_i + d_\gamma)$ for $R_i > R_j$ and $f = 1$ else. $\gamma(i,j)$ jointly with f defines an overlap measure of two obstacles that carefully deals with cases where one obstacle is contained in the other.

[1] T L Anderson and M Donath. *Robotics and Autonomous Systems*, 6:145–168, 1990.

[2] M A Arbib. In V B Brooks, editor, *Handbook of physiology. Sect. 1: The nervous system. Vol. II Motor Control. Part 2*, pages 1449–1480. American Physiological Society, Bethesda, Maryland, 1981.

[3] R A Brooks. *Science*, 253:1227–1232, 1991.

[4] C I Connolly, J B Burns, and R Weiss. *IEEE Robotics and Automation*, pages 2102–2106, 1990.

[5] M Eigen and P Schuster. *The Hypercycle-A principle of natural self-organization*. Springer Verlag, Berlin, 1979.

[6] N Hogan. In H Haken, editor, *Complex Systems-Operational Approaches*, pages 156–168. Springer Verlag, Berlin, 1985.

[7] O Khatib. *International Journal Robotics Research*, 5:90–98, 1986.

[8] T Lozano-Peres, J Jones, E Mazer, and P O'Donnell. *IEEE Computer*, 22:21–29, 1989.

[9] H Mallot, H Bülthoff, J J Little, and S Bohrer. *BiolCyb*, 64:172–185, 1991.

[10] E Rimon and D E Koditschek. *IEEE Robotics and Automation*, pages 1937–1942, 1990.

[11] G Schöner. *Biological Cybernetics*, 62:39–54, 1989.

[12] G Schöner and J A S Kelso. *Science*, 239:1513–1520, 1988.

Lokale Neuronale Filter

B. Flach[*]   H. Guth[¶]   R. Osterland[*]

1 Einführung

Für ein System zur automatischen Bildverarbeitung, das am KFK entwickelt wurde, sollte eine Komponente, die auf neuronalen Netzen basiert, entwickelt werden und mit der klassischen Lösung verglichen werden. Dabei ging es um einen speziellen Einsatzfall des Systems: Die automatische Auszählung von Teilcheneinschüssen auf CR-39 Filmen, die im Rahmen eines Beschleuniger-Experiments erhalten werden. Die Bilder werden mittels eines automatisierten Mikroskops und einer CCD-Kamera aufgenommen und digitalisiert (256×256 Pixel $\times 256$ Grauwerte). Für die Auswertung eines Films müssen ca 10^4 solcher Bilder aufgenommen und bearbeitet werden. Da dies automatisiert ist, die Filme aber nicht vollkommen plan sind, werden die Bilder in einigen Bereichen des Films defokussiert aufgenommen, wenn im System kein Software-Autofokus eingebaut ist (s. Bild A-1). Ein weiteres Problem stellt das systematische Shading in den aufgenommenen Bildern dar. Aus der Sicht der Bildverarbeitung kommt weiterhin hinzu, daß die Einschüsse sehr oft stark überlappen.

Aus diesen Problemen ergab sich die Frage, ob für diese Aufgabe ein geeignetes Modul zur Erkennung der Einschüsse entwickelt werden kann, das auf neuronalen Netzen basiert. Allgemeine Vorteile von neuronalen Netzen sind ihre Lernfähigkeit, Verallgemeinerungsfähigkeit und Fehlertoleranz.

2 Lösungsansatz

Das neuronale Netz soll zunächst, wie auch das klassische Verfahren, die Einschußstellen (eventuell nach ihrer Größe sortiert) in einem Output-Bild markieren. In einem zweiten Schritt werden dann die markierten Stellen gezählt. Da es von vornherein klar war, daß es nicht möglich ist, ein einfaches neuronales Netz zu entwerfen, welches ein ganzes Bild als Input erhält und dieses dann global bewertet, wurde folgender Ansatz gewählt:

Das Netz „sieht" einen quadratischen Bildausschnitt (Template) von einigen 10^2 Pixeln und soll bewerten, ob das zentrale Pixel des Templates sich mehr oder weniger im Zentrum eines Einschusses befindet oder nicht. Diese Wertung wird am Output des Netzes abgelesen (Das Netz hat im einfachsten Falle ein Output-Neuron). Es wird somit ein lokaler neuronaler Filter realisiert. Das Template wird nun Pixel für Pixel und Zeile für Zeile über das Input-Bild bewegt und erzeugt so ein Outputbild (siehe Abb.1). Die Outputs des Netzes werden hierbei als Grauwerte interpretiert. Das Netz soll vorher so angelernt werden, daß der Output des Netzes dann und nur dann groß ist, wenn sich das zentrale Pixel des Templates in etwa im Zentrum eines Einschusses befindet.

Die Auszählung der Einschüsse erfolgt dann in einem zweiten Schritt. Dazu wird das Resultatbild zunächst mittels eines Schwellwertes binarisiert. Dann muß die Zahl der zusammenhängenden Gebiete gezählt werden. Da die hierbei auftretenden Gebiete einfach zusammenhängend sein werden, stimmt die Eulersche Charakteristik des Bildes mit der Anzahl der Gebiete überein [1]. Die Eulersche

[*]Projektgruppe „Technische Kognition", WIP/HEP-KAI e.V.,
Sitz: Forschungszentrum Rossendorf, PF 19, O-8051 Dresden
[¶]Kernforschungszentrum Karlsruhe GmbH, Institut f. Datenverarbeitung in der Technik
PF 3640, W-7500 Karlsruhe, FRG

Charakteristik eines digitalisierten Binärbildes kann ihrerseits mittels eines einfachen lokalen Filters ermittelt werden.

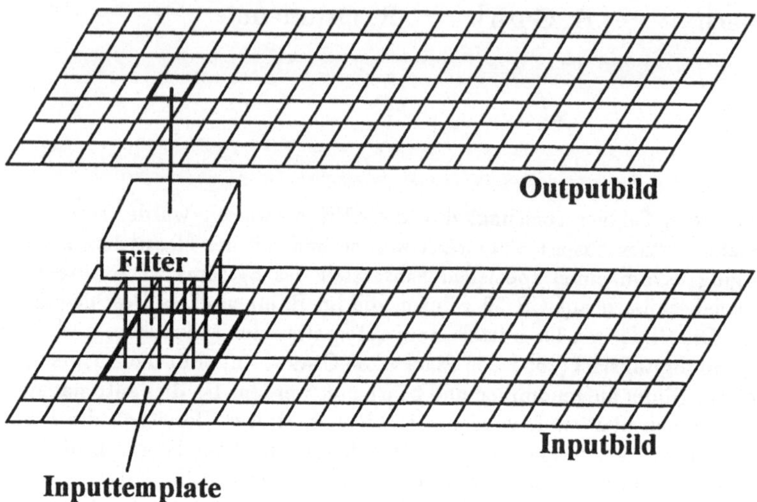

Abb.1: Lokaler neuronaler Filter

3 Neuronale Netze

Die Netze die hier betrachtet wurden, sind aus analogen Neuronen aufgebaut. Das Neuron ist ein Prozesselement mit n Eingängen und einem Ausgang.

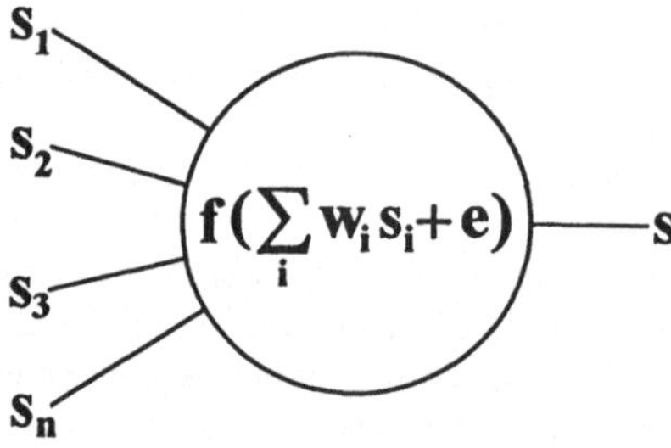

Abb.2: Modellneuron

Interne Parameter des Neurons sind seine Gewichte und die Schwelle:

$$s = f(\sum_i w_i s_i + e) = f(a); \; f(a) = \tanh(a) \tag{1}$$

Hierbei sind die s_i - die (analogen) Inputsignale, s - der Output, w_i - die Gewichte, e - die Schwelle und a - das Zellpotential, des Neurons (siehe Abb.2).

Diese Neuronen können nun zu beliebigen Netzen verschaltet werden. Für die betrachtete Aufgabe wurden Feed-Forward Netze (FF-Netze) untersucht. Bei diesem Netztyp sind die Neuronen in Schichten angeordnet und so verschaltet, daß alle Neuronen der nachfolgenden Schicht als Inputs alle Outputs der Neuronen der vorherigen empfangen. Die erste Schicht wird als Input-Schicht bezeichnet, die letzte - als Outputschicht. FF-Netze können insbesondere als Klassifikatoren eingesetzt werden.

4 Vorverarbeitung

Aus neurobiologischen Untersuchungen ist bekannt, daß in den ersten Stufen der Verarbeitung visueller Information, Merkmale wie Kanten und Balken in rezeptiven Feldern detektiert werden. Diese Merkmalsdetektoren bilden sich offensichtlich durch Selbstorganisation, wobei der postnatale visuelle Input dabei eine entscheidende Rolle spielt. In [2] wurde gezeigt, wie sich in einem einfachen zweischichtigen Netz mit lateraler Wechselwirkung durch Hebb'sches (bzw. anti-Hebb'sches) Lernen solche Merkmalsdetektoren bilden. Mathematisch ausgedrückt, entsprechen dann die Gewichte zwischen den Schichten den Eigenvektoren der Kovarianzmatrix der Inputbilder. Die Outputneuronen werden damit zu Detektoren von orthogonalen Merkmalen. Benutzt man als Input Bilder von Einschüssen und ein rezeptives Feld der Größe 3x3, so entstehen Detektoren, die Kanten, Kreuzungen und Balken detektieren (Abb.3). Der Filter (Abb.1) wird nun so aufgebaut, daß seine erste Schicht aus Neuronen mit überlappenden rezeptiven Feldern besteht, die diese Merkmale detektieren. In unseren Experimenten haben wir nur die Merkmale mit der größten Varianz bzw. Kombinationen aus ihnen betrachtet.

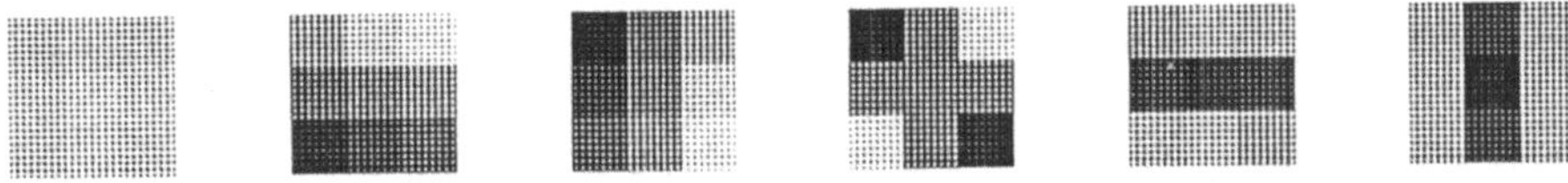

Abb.3: Orthogonale Merkmale nach Varianzstärke geordnet

5 Der Lernalgorithmus

Das betrachtete FF-Netz soll aus N Schichten bestehen. Wir bezeichnen mit s_i^n den Output des i-ten Neurons der n-ten Schicht, mit e_i^n seine Schwelle und mit w_{ij}^n seine Gewichte. Die adaptiven Parameter des Netzes, die während des Lernvorganges eingestellt werden, sind die Gewichte und Schwellen aller Neuronen.

Betrachtet man nun ein einfaches Netz, das nur aus einer Input- und Outputschicht besteht, so läßt sich zeigen, daß das Error-Back-Propagation-Verfahren [3] bezüglich der Lerngeschwindigkeit ungünstig ist [4]. Deswegen wurde ein modifiziertes Lernverfahren verwendet. Dazu wird ein Satz von Lernmuster-Paaren benötigt. Ein Lernmusterpaar besteht aus einem Inputmuster und einem gewünschten Outputmuster. Wir bezeichnen die Lernpaare mit $\{\xi_i^\mu, \sigma_j^\mu\}_{\mu=1,..,q}$. Das Ziel ist nun, durch den Lernvorgang zu erreichen, daß die Gewichte und Schwellen des Netzes so eingestellt werden, daß beim Anlegen eines Inputmusters am Output genau das gewünschte Outputmuster entsteht. Am Anfang werden alle Gewichte und Schwellen zufällig initialisiert. Während eines Lernzyklus werden an das Netz nacheinander alle Inputmuster des Lernsatzes angelegt. Für jedes Inputmuster wird das aktuelle Outputmuster mit dem gewünschten verglichen und der quadratische Fehler im Zellpotential betrachtet:

$$E_\mu = \sum_i (a_i^N - \alpha_i^\mu)^2 \tag{2}$$

Hierbei sind die α_i^μ – die gewünschten Zellpotentiale: $f(\alpha_i^\mu) = \sigma_i^\mu$. Der Fehler ist eine Funktion aller Gewichte und Schwellen des Netzes und soll durch deren Adaption verkleinert werden. Stellt man sich nun die Funktion E_μ als Fehlergebirge über dem Parameterraum vor, so ist heuristisch klar, daß man die Gewichte und Schwellen in Richtung des stärksten Abfalls von E_μ ändern muß:

$$\Delta w_{ij}^n = -\lambda \frac{\partial E_\mu}{\partial w_{ij}^n} \tag{3}$$

Hierbei ist λ ein empirisch zu wählender Faktor – die Lernstärke. Aus (1),(2) und (3) erhält man nach einigen Umformungen:

$$w_{ij}^n \longrightarrow w_{ij}^n - \lambda d_i^n s_j^{n-1}$$

$$e_i^n \longrightarrow e_i^n - \lambda d_i^n \tag{4}$$

Hierbei sind die d-s die Ableitungen der Fehlerfunktion nach den enstprechenden Zellpotentialen. Sie können rekursiv berechnet werden:

$$d_i^N = 2(a_i^N - \alpha_i^\mu)$$

$$d_i^{n-1} = \sum_j d_j^n w_{ji}^n f'(a_i^{n-1}) \tag{5}$$

Die Gewichte werden beim Anlegen eines Musters im Lernzyklus nur geändert, wenn der Fehler die vorgegebene Schranke überschreitet. Die Lernzyklen werden solange wiederholt, bis alle Fehler eine vorgegebene Schranke unterschritten haben. Diese Modifikation des Lernens führt zu einer Erhöhung der Lerngeschwindigkeit um etwa eine Größenordnung.

6 Implementierung des neuronalen Filters

Beim Anlernen des Systems sind die Gewichte und Schwellen aller Neuronen eines FF-Netzes so zu einzustellen, daß das FF-Netz die Aufgabe eines lokalen Filters bei der gewünschten Bildtransformation erfüllt. Die vom System geforderte Bildtransformation wird durch ein vorgegebenes Eingangsbild und das dazugehörende gewünschte Outputbild an einem Beispiel *beschrieben*. Der für das Angleichen benötigte Satz von Lernmusterpaaren wird aus diesem Bildpaar gewonnen: Für jede Pixelposition μ (ausgenommen eines Bildrandes) wird ein Lernmusterpaar $\{\xi^\mu, \sigma^\mu\}$ gebildet. Dabei werden die Komponenten des jeweiligen Inputmusters aus den Grauwerten gebildet, die sich innerhalb eines Templates im Eingangsbild befinden. Das Zentrum dieses Templates stimmt mit der Position des Pixels im Outputbild überein, dessen Grauwert die einzige Komponente des Outputmusters σ^μ bildet (vgl. Abb1). Die Breite des Bildrandes entspricht dem Abstand des zentralen Pixels des Inputtemplates zum Templaterand. Anhand dieses Lernbildpaares wird das System so angelernt, daß das System beim Anwenden auf andere Eingangsbilder die geforderte Bildtransformation möglichst gut realisiert. Die Güte, mit der die gewünschte Transformation vom angelernten System ausgeführt wird, hängt natürlich wesentlich von dem vorgegebenen Bildpaar ab. Das verwendete Lernbildpaar muß also die gewünschte Transformation möglichst gut „beschreiben". In dem betrachteten Fall heißt dies z.B., daß das Eingansbild eines Lernpaares Einschüsse verschiedener Fokussierung enthalten sollte. Weiterhin sollten in ihm keine schwer erkennbaren Einschüsse vorkommen. Im gewünschten Outputbild wurden die Einschüsse durch Grauwertpyramiden markiert.

Beim Anwenden des angelernten Netzes auf ein Eingangsbild werden die einzelnen Grauwerte des Outputbildes mit Hilfe des lokalen Filters ermittelt, dessen Verhalten durch das angelernte FF-Netz bestimmt wird. Erkannte Einschüsse sollen im entsprechenden Resultatbild als zusammenhängende helle Gebiete gekennzeichnet werden. Die hellen Zusammenhangsgebiete werden mit Hilfe eines Schwellwertkriteriums binarisiert und schließlich unter Anwendung der Eulerschen Charakteristik ausgezählt. Das Auszählen kann mit einem lokalen Filter erfolgen, dessen Inputtemplate in Abb.4 dargestellt ist. Dabei werden die Resultatwerte dieses lokalen Filters für alle Pixel des Bildes aufsummiert. Der Resultatwert für das zentrale Pixel a_5 kann nach der folgenden Formel bestimmt werden:

$$a_5' := a_5(1 - a_2)[(1 - a_1)(1 - \frac{1}{2}a_4) + (1 - a_3)(1 - \frac{1}{2}a_6) - 1]$$

Ein charakteristisches Erkennungsresultat des angelernten Netzes bei Anwendung auf ein reales Bild ist in Abb. A-2 zu sehen.

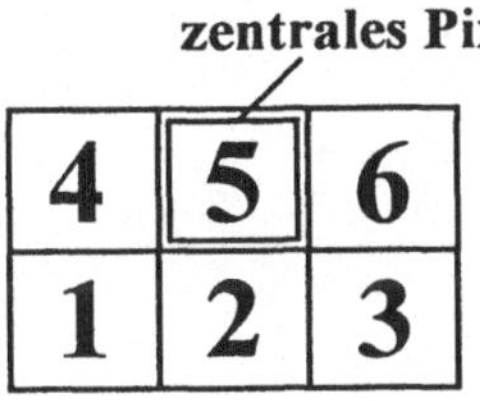

Abb.4: Inputtemplate des lokalen Filters zur Bestimmung der Eulerschen Charakteristik

7 Zusammenfassung

Mit der vorgestellten Lösung konnte gezeigt werden, daß einfache Bildtransformationen mittels lokaler neuronaler Filter realisiert werden können. Beim Entwurf von lokalen Filtern mit Methoden der klassischen Bildverarbeitung stellt die scharfe Formulierung der geforderten Bildtransformation in Form eines Algorithmus meist ein Problem dar. Der hier verwendete Lösungsansatz zeigt jedoch seine Vorteile besonders bei der Lösung von Bildverarbeitungsaufgaben, bei denen eine zu realisierende Bildtransformation nicht ohne weiteres in Form eines Algorithmus klar beschrieben werden kann. Mit dem verwendeten neuronalen Ansatz genügt es, eine geforderte Bildtransformation durch ein repräsentatives Beispiel in Form eines Eingangsbildes und des dazugehörigen gewünschten Outputbildes zu beschreiben. Mit Hilfe eines solchen Lernpaares kann die gewünschte Bildtransformation dem neuronalen System durch „Lernen" aufgeprägt werden. Wesentliche Nachteile des verfolgten Ansatzes sind die empirische Suche nach einer günstigen Netzstruktur und den geeignetsten Lernparametern.

Dank

Wir danken Prof. Dr. Baldeweg und Dr. Eggert für das Zustandekommen der Zusammenarbeit und die Anregung zur Aufgabenstellung.

Zwei von uns, (B.F, R.O.), bedanken sich beim Kernforschungszentrum Karlsruhe für die freundliche Unterstützung und partielle Finanzierung der Arbeit.

Literatur

[1] L.S.Pontrjagin, Grundlagen der kombinatorischen Topologie, Nauka, Moskau, 1976.

[2] J. Rubner, K. Schulten, Development of Feature Detectors by Self–Organization, Biol. Cybern. 62 (1990), S.193 - S.199

[3] D.E. Rumelhart,J.L. McClelland, Parallel Distributed Processing, Cambridge Massachusets: MIT-Press, 1984.

H. Ritter,K. Schulten,T. Martinetz, Neuronale Netze - Eine Einführung in die Neuroinformatik selbstorganisierender Netzwerke, Addison Wesley, Bonn 1990, S.38 - S.47.

B. Müller, J.Reinhardt, Neural Networks - An Introduction, Springer-Verlag, Berlin 1990, S.51 - S.61.

[4] B.Flach, Lernen mit analogen Neuronen, Wiss.Z. TH Ilmenau 37 (1991) Heft 1

Anhang

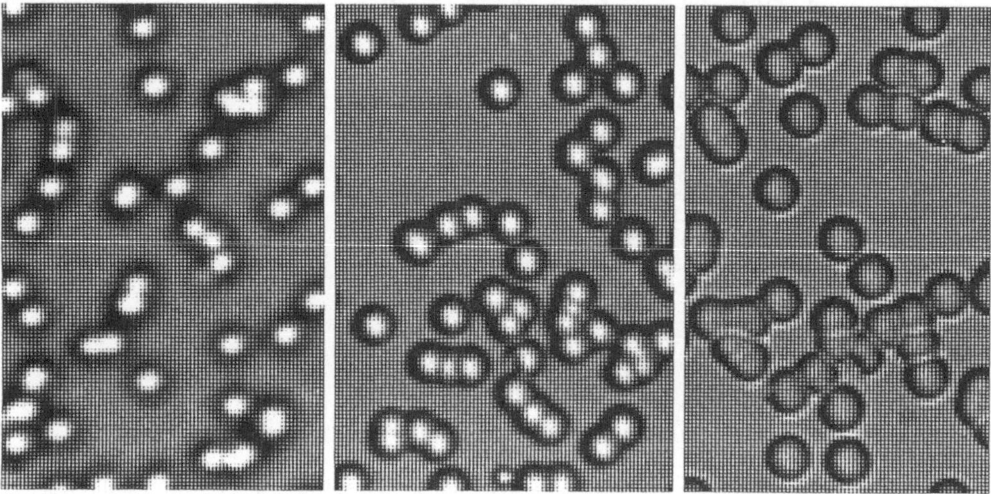

Bild A-1: Defokussierte Aufnahmen im Vergleich zu einer korrekt fokussierten Aufnahme in der Mitte.

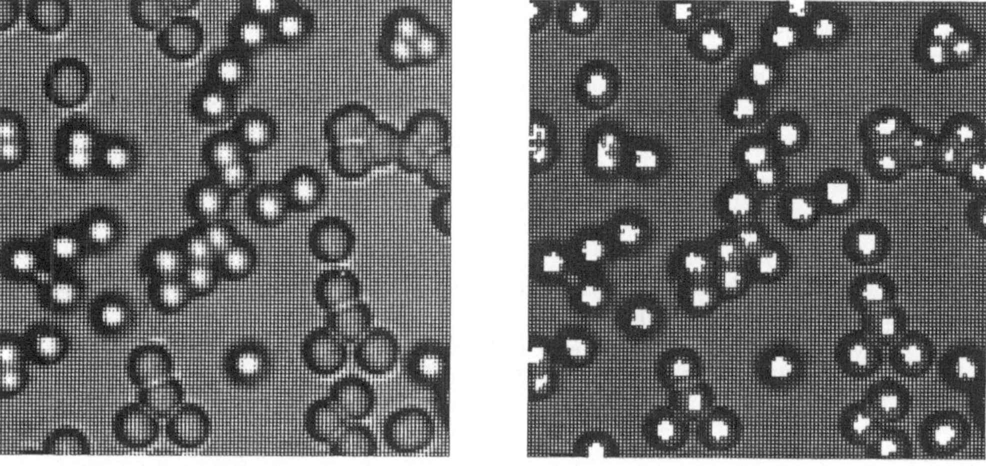

Bild A-2: Eingangsbild(links) und im Grauwertbereich gestauchtes Eingangsbild mit Markierungen aus dem Resultatbild. Als Schwelle wurde 120 gewählt.

Topologische Merkmalskarten zur automatischen Mustererkennung in medizinischen Bilddaten

Martin Franzke und Heinz Handels[*]

Institut für Medizinische Statistik und Dokumentation
RWTH Aachen, Pauwelsstraße 30, 5100 Aachen

Topologische Merkmalskarten sind selbstorganisierende, neuronale Netzwerke, die 1982 von T. Kohonen zur Datenanalyse und Mustererkennung entwickelt wurden. In der Praxis ist die Verwendung topologischer Merkmalskarten geprägt durch heuristische Strategien und Erfahrungswerte bei der Festlegung der Netzwerktopologie sowie bei der Beurteilung der Qualität der erhaltenen Ergebnisse. Innerhalb dieses Beitrages werden neben Visualisierungstechniken quantitative Maße vorgestellt, die die Beurteilung des Lernprozesses in seinen verschiedenen Stadien erleichtern. Desweiteren wurde zur Nachverarbeitung der nach dem Lernprozeß erhaltenen topologischen Merkmalskarten der Topologische Bildfilter entwickelt, der die Verbesserung der Segmentierung verschiedener Bildstrukturen in mehrdimensionalen, medizinischen Bilddaten zum Ziel hat. Darüber hinaus wird eine Methode zur automatischen, datenspezifischen Anpassung der Netzwerktopologie bei überwachten Lernprozessen durch dynamische, lokale Expansion der topologischen Karte vorgestellt [Franzke 1992].

1. Einleitung

Die topologische Merkmalskarte ist ein neuronales Netzwerk, bei dem den Nachbarschaftsbeziehungen zwischen den Neuronen im Netz besondere Bedeutung zukommt. Das topologische Netzwerk besteht aus zwei Layern, dem Input-Layer und dem Output-Layer. Die Neuronen des Output-Layers sind in der Regel in einem zweidimensionalen Gitter A angeordnet und werden jeweils durch einen n-dimensionalen *Kartenvektor* repräsentiert, wobei n gleich der Dimension des Merkmalsraumes der untersuchten Eingangssignalvektoren ist. In den einzelnen Dimensionen des Kartenvektors sind die Verbindungsgewichte des zugehörigen Neurons abgelegt. Die Eingangsreize, repräsentiert durch n-dimensionale *Merkmalsvektoren*, werden an den Output-Layer der Karte weitergeleitet, in dem die eigentliche Informationsverarbeitung stattfindet.

Der *Standardlernalgorithmus* der topologischen Merkmalskarte nach Kohonen gliedert sich in vier Schritte [Kohonen 1982a]. Nach der *Initialisierung* der Kartenvektoren durch Zufallszahlen wird ein Merkmalsvektor v aus der Lernstichprobe entsprechend seiner Wahrscheinlichkeitsdichte P(v) zufällig ausgewählt ('*Stimuluswahl*'). Anschließend wird dem Merkmalsvektor v ein Erregungszentrum z auf der Karte durch das *Similarity-Matching* zugeordnet ('*response*'). Hierbei ist das Erregungszentrum z gleich dem Kartenvektor, der die geringste euklidische Distanz zu dem betrachteten Merkmalsvektor v aufweist und somit diesem am ähnlichsten ist. Im anschließenden *Adaptionschritt* wird der Kartenvektor des Erregungszentrums und seine Umgebung über eine gaußgewichtete Funktion in Richtung des Eingangssignals v verändert. Nach dem Adaptionsschritt wird wieder mit der Stimuluswahl fortgefahren.

Innerhalb des Lernprozesses können zwei Phasen unterschieden werden. Während die erste Phase der Ausbildung einer *initialen Ordnung* auf der Karte dient, wird die zweite Phase als *Konvergenzphase* bezeichnet [Kohonen 1982a]. Die Konvergenzphase ist gegenüber der ersten Phase durch wesentlich

---

[*]Jetzt am Institut für Medizinische Informatik der Medizinischen Universität zu Lübeck, Ratzeburger Allee 160, 2400 Lübeck

geringere, jedoch häufig wesentliche Veränderungen der Kartenvektoren im Adaptionsschritt gekennzeichnet.

Ziel des Lernprozesses, der durch einen Markov-Prozeß beschrieben werden kann, ist die Generierung einer topologischen Karte, auf der die Ähnlichkeitsrelationen der Eingangssignale in Lagerelationen der jeweils zugeordneten Kartenvektoren umgesetzt werden. Bei der Abbildung der n-dimensionalen (n $\geq$ 2) Merkmalsvektoren werden dominante Ähnlichkeitsrelationen in Lagerelationen verstärkt berücksichtigt und unwesentliche Einzelheiten unterdrückt.

In den nachfolgenden Kapiteln versteht man unter dem *rezeptivem Feld* eines Kartenvektors die Menge der Eingangssignale, die auf diesen Kartenvektor mittels Similarity-Matching abgebildet werden. Die Menge der rezeptiven Felder bildet eine Partition der Menge der Eingangssignale. Ein *Lernschritt* entspricht der einmaligen Durchführung der vier Teilschritte für den gesamten zu analysierenden Datensatz.

2. Maße und Visualisierungstechniken

Die Beurteilung der Güte einer durch einen Lernprozeß erhaltenen Karte gestaltet sich im allgemeinen schwierig. Besonders hervorzuheben ist die Unsicherheit, ob sich durch eine Variation der Lernparameter wie z. B. der Lernschrittweite die Qualität der Lernergebnisse verbessern läßt. Die praktische Verwendung topologischer Merkmalskarten erfordert quantitative Maße und Kriterien, die die Beurteilung des aktuellen Lernzustandes im Hinblick auf den angestrebten konvergenten Kartenzustand erlauben und eine sinnvolle, automatisch gesteuerte Terminierung des Lernprozesses ermöglichen.

Bei der Analyse zweidimensionaler Eingangssignale werden bei Wahl geeigneter Lernparameter *Karten maximaler Ordnung* generiert, in denen sich die topologischen Eigenschaften der Eingangsdaten korrekt wiederspiegeln [Ritter et al. 1991]. Eine Karte maximaler Ordnung ist dadurch charakterisiert, daß die im Signalraum dargestellten Kartenvektoren mit ihren direkten Kartennachbarvektoren kreuzungsfrei durch Geraden verbunden werden können. Anderenfalls treten *topologische Defekte* auf (Fig. 1).

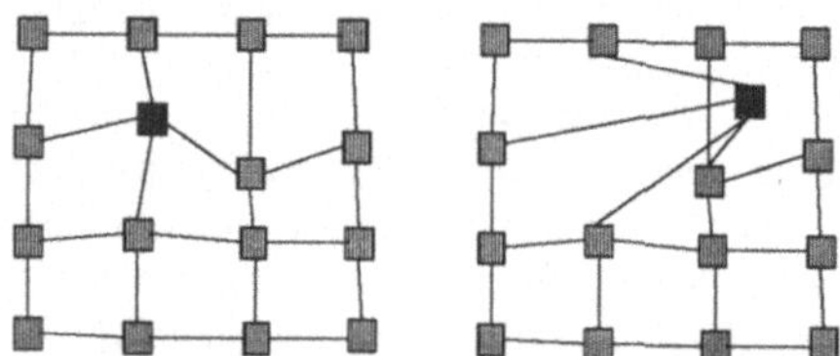

Fig. 1: Maximal geordnete Karte (links) und Karte mit topologischen Defekten (rechts). Die Quadrate repräsentieren die Rückprojektion der Kartenvektoren in den Merkmalsraum. Auf der Karte benachbarte Vektoren sind durch Linien miteinander verbunden. Im zweidimensionalen Fall werden die topologischen Defekte durch das Überschneiden dieser Verbindungslinien sichtbar. Die in Fig.1 gezeigten Darstellungen können jederzeit innerhalb des entwickelten Programmsystems generiert werden.

Die topologieerhaltende Eigenschaft, die der Kohonenkarte ihren Namen gibt, kann durch das *Topologiemaß TM* quantitativ beschrieben werden, das wie folgt definiert wird:

$$TM_t = \frac{\text{Anzahl der topologisch korrekten Umgebungen im Lernschritt } t}{\text{Anzahl aller Umgebungen}} \in [0,1]$$

Topologisch korrekte Karten werden durch ein Topologiemaß TM gleich 1 ausgewiesen, mit zunehmender Anzahl topologischer Defekte nimmt die Größe TM $\in$ [0,1] streng monoton weiter ab. Das Topologiemaß unterstützt insbesondere bei der Analyse hochdimensionaler Eingangssignalvektoren, die nicht mehr wie in Fig. 5 gezeigt, visualisiert werden können, die Beurteilung der Qualität der betrachteten topologischen Karten und ermöglicht eine qualitative Kontrolle des Lernprozesses.

Neben dem Topologiemaß wird desweiteren der *relative quadratische Abbildungsfehler RERR* zur Beurteilung eines Netzwerkzustandes verwandt. Der *quadratische Abbildungsfehler ERR* einer Karte nach t Lernschritten wird definiert als die Summe der quadratischen Abstände zwischen den aktuellen Kartenvektoren und den Vektoren der zugehörigen rezeptiven Felder. Der relative quadratische Abbildungsfehler RERR ist dann gegeben durch:

$$RERR_t = \frac{ERR_t}{ERR_1} \in [0,1]$$

Im Falle eines konvergierenden Lernprozesses nimmt der relative Abbildungsfehler im Mittel immer weiter ab und nähert sich asymptotisch einem unteren Grenzwert (Fig. 2). Durch die Division des quadratischen Abbildungsfehlers nach t Lernschritten durch den quadratischen Abbildungsfehler nach dem ersten Lernschritt wird eine Normierung der erhaltenen Maßzahl RERR erzielt, die den Vergleich unterschiedlich großer Netze ermöglicht, vorausgesetzt die Netze wurden mit gleicher Initialisierungsstrategie vorbesetzt. Zusätzlich zum relativen quadratischen Abbildungsfehler RERR kann die *Wiederzuweisungsrate WZR* zur Beurteilung des Lernprozesses verwendet werden, die [1987] von Bertsch et al. vorgeschlagen wurde. Die Wiederzuweisungsrate WZR ist definiert als der relative Anteil der Eingangsvektoren, die im aktuellen Lernschritt dem gleichen Neuron wie im vorangegangenen Lernschritt zugewiesen wurden. In Fig. 2 und Fig. 5 wird anhand eines Beispiels verdeutlicht, daß die alleinige Betrachtung der Änderungen der Wiederzuweisungsrate als Abbruchkriterium für den Lernprozeß im allgemeinen nicht ausreichend und eine zusätzliche Betrachtung des relativen quadratischen Abbildungsfehlers sinnvoll ist.

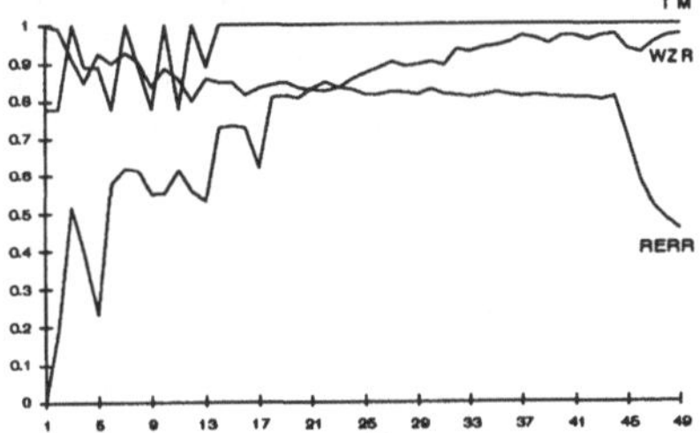

Fig. 2: Grafische Darstellung der Veränderung des relativen Abbildungsfehlers RERR, des Topologiemaßes TM und der Wiederzuweisungsrate WZR in Abhängigkeit der Schrittzahl t. Die Wiederzuweisungsrate steigt stetig an und der relative quadratische Abbildungsfehler RERR fällt stetig ab. Das Topologiemaß TM stabilisiert sich nach anfänglichen Schwankungen auf den Wert 1. Bereits nach 43 Lernschritten hat die Wiederzuweisungsrate WZR ihren Maximalwert erreicht, obwohl der relative quadratische Abbildungsfehler RERR erst nach 49 Lernschritten seinen Minimalwert annimmt und zwischen dem 43. und 49. Lernschritt wesentlich reduziert wird.

Der Vergleich des nach Abschluß des Lernprozesses erhaltenen relativen Abbildungsfehlers unterstützt darüber hinaus die Ermittlung geeigneter Lernparameter für den Lernprozeß, wobei sich eine sinnvollere Einstellung der Lernparameter durch einen geringeren relativen Abbildungsfehler auszeichnet.

Im zweidimensionalen Fall können zur visuellen Kontrolle des Lernprozesses verschiedene grafische Darstellungen generiert werden. Hierbei werden die Kartenvektoren als Punkte im Merkmalsraum der Eingangsignale dargestellt. Auf der Karte benachbarte Vektoren werden durch eine Gerade verbunden, wodurch topologische Defekte direkt erkannt werden können (Fig. 5). Die als Punktwolke visualisierten Eingangssignalvektoren sind in Abhängigkeit ihrer Zugehörigkeit zu verschiedenen rezeptiven Feldern farbig markiert. Desweiteren können die Abstände zwischen den Kartenvektoren und den Mittelwertvektoren der zugehörigen rezeptiven Felder visualisiert werden (Fig. 6), die typischerweise während des Lernprozesses bei Wahl geeigneter Lernparameter sukzessive reduziert werden.

3. Topologischer Bildfilter

Durch die Anwendung topologischer Merkmalskarten mit k Kartenvektoren wird die betrachtete Menge der Eingangssignale in k Teilmengen bzw. rezeptive Felder partitioniert. Bei der Analyse medizinischer Schichtbilddaten ist insbesondere von Interesse, inwieweit die so erhaltenen Pixelmengen verschiedene Gewebe repräsentieren.

Die Untersuchung verschiedener mehrdimensionaler Bilddaten aus unterschiedlichen medizinischen Anwendungen hat gezeigt, daß die rezeptiven Felder der erhaltenen Merkmalskarten nur in Ausnahmefällen zu interpretierbaren Bildstrukturen bzw. Gewebestrukturen korrespondieren, wobei die Anzahl der detektierten Bildstrukturen in Abhängigkeit von der Kartengröße stark variiert. Der *topologischer Bildfilter* dient der Verbesserung der Segmentierung von Bild- bzw. Gewebestrukturen durch kombinierte Auswertung der topologischen Eigenschaften der Merkmalskarte und Nachbarschafts- bzw. Umgebungsinformationen im Bild.

Nach Abschluß des Lernprozesses werden zunächst die rezeptiven Felder der Kartenvektoren bestimmt und die zugehörigen Pixel im Bild mit einem Feldindex markiert. Dadurch entsteht nach einer Rückprojektion in die Bildebene eine *initiale Segmentierung* des Schichtbildes. Anschließend wird um jeden Bildpunkt des Schichtbildes eine (3x3)-Umgebung betrachtet und die Häufigkeiten der vertretenen Feldindizes ermittelt. Beginnend mit dem häufigsten Feldindex wird nun überprüft, ob dieser auch in der (3x3)-Umgebung des Erregungszentrums auf der Karte vertreten ist, welches dem Merkmalsvektor des betrachteten Bildpunktes zugeordnet ist. Das aktuell betrachtete Pixel wird nun dem Feldindex zugeordnet, der in seiner Umgebung im Bild am häufigsten vertreten und gleichzeitig in der (3x3)-Umgebung seines zugeordneten Zentrums auf der Karte auftritt. Sind zwei Feldindizes gleich häufig vertreten, so wird das Pixel dem Feldindex zugeordnet, dessen zugehöriger Kartenvektor eine geringere Distanz zum Merkmalsvektor aufweist. Ein Pixel wird somit neu indiziert, wenn ein Feldindex in seiner Bildumgebung häufiger vertreten ist, als sein eigener und der Feldindex ebenfalls in der Umgebung seines zugeordneten Erregungszentrums vertreten ist (Fig. 3).

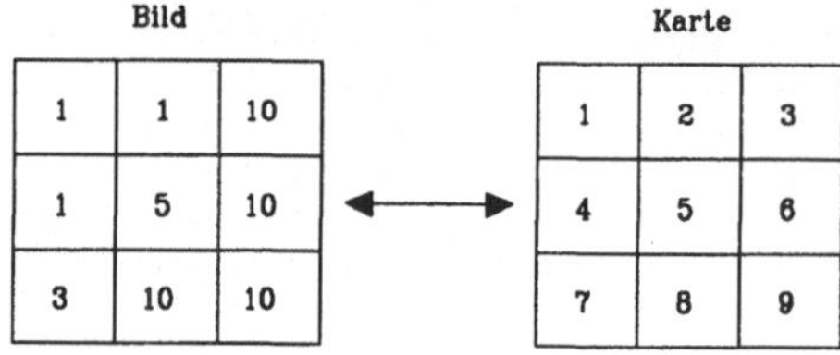

Fig. 3: Topologischer Bildfilter: Die linke Matrix stellt die (3x3)-Umgebung im Bild dar. Die rechte Graphik stellt die (3x3)-Umgebung des Erregungszentrums auf der Karte dar. Dem Merkmalsvektor des Bildpunktes im Zentrum der Bildumgebung wurde bei der initialen Segmentierung der Feldindex 5 zugewiesen. Der Feldindex 10 ist in seiner Bildumgebung am häufigsten vertreten, jedoch ist dieser Feldindex nicht in der Umgebung des zugeordneten Erregungszentrums auf der Karte enthalten. Daher wird der betrachtete Bildpunkt mit dem Feldindex 5 mit dem Feldindex 1 neu indiziert.

Durch Anwendung des topologischen Bildfilter wird eine Verbesserung bei der Extraktion homogener Bild- und Gewebesegmente möglich, deren Merkmalsvektoren über verschiedene rezeptive Felder benachbarter Kartenvektoren verteilt sind. Das Ergebnis einer Anwendung des topologischen Bildfilters auf ein Schichtbild der Magnetresonanztomographie (MRT) zeigt Fig. 7. Die verwendete topologische Merkmalskarte, die unter Verwendung vier-dimensionaler MR-Bilddaten trainiert wurde, bestand aus 121 Neuronen.

4. Dynamisch expandierende Kohonennetzwerke

Zur Klassifikation von Bildmustern mit Hilfe der topologischen Merkmalskarte wird standardmäßig nach abgeschlossenen Lernprozeß eine Lernstichprobe mit vorklassifizierten Merkmalsvektoren verwendet. Hierbei wird zu jedem Merkmalsvektor aus der Lernstichprobe gemäß dem Similarity-Matching das zugehörige Erregungszentrum auf der Karte bestimmt und mit dem Klassenindex des vorklassifizierten Merkmalsvektors markiert [Kohonen 1982a]. Hierdurch werden insbesondere alle Merkmalsvektoren eines rezeptiven Feldes derselben Klasse zugeordnet.

Uneindeutigkeiten bzw. Konflikte treten bei dieser Vorgehensweise in den Neuronen auf, deren Kartenvektoren beim Similarity-Matching mehrere Merkmalsvektoren der Lernstichprobe aus verschiedenen Klassen zugeordnet werden. Diese Neuronen werden *Konfliktneuronen* genannt. Konflikte entstehen insbesondere dann vermehrt, wenn eine zu kleine Karte zur Repräsentation der Lernstichprobe verwendet wurde. Die hier entwickelte Methode der *dynamischen Expansion* topologischer Karten ermöglicht eine Vermeidung derartiger Konflikte durch eine automatische, problemangepaßte Kartendimensionierung.

Bei der dynamischen Expansion der Kohonenkarte wird für jedes Konfliktneuron eine neue (3x3)-Umgebung generiert. Durch diese Expansion stehen nun zur Abbildung der Merkmalsvektoren des zugehörigen rezeptiven Feldes mehrere Neuronen zur Verfügung. Die Merkmalsvektoren, die sich in dem rezeptiven Feld des Konfliktneurons befinden, werden anschließend als Lernstichprobe für die expandierte Umgebung verwendet. Vor der Durchführung des Lernschrittes wird die neu entstandene Umgebung initialisiert. Dazu wird in das Zentrum der Umgebung der Kartenvektor des Konfliktneurons der großen Karte kopiert und die restlichen Positionen der Umgebung durch Zufallsvektoren initialisiert.

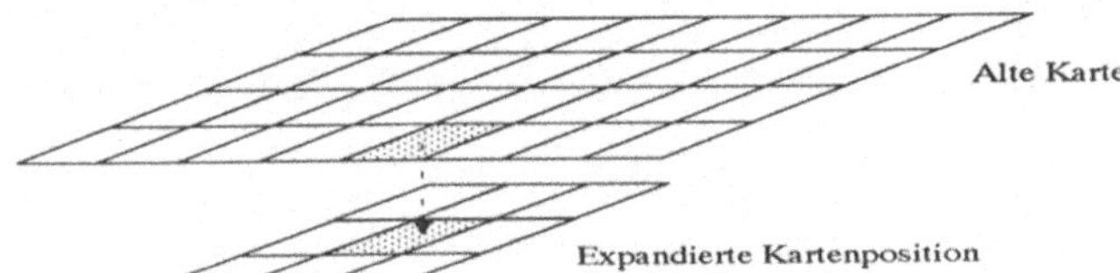

Fig. 4: Dynamische Expansion der Topologischen Merkmalskarte zur problemangepaßten Dimensionierung der Netzwerktopologie

Nach durchgeführtem Lernprozeß auf der Basis einer reduzierten Lernstichprobe wird erneut eine Behandlung der hier auftretenden Konfliktneuronen durchgeführt. Dieser Prozeß wird solange iteriert, bis auf der Karte keine Konfliktneuronen mehr auftreten. Durch dieses Verfahren wird eine hierarchische Anordnung von topologischen Merkmalskarten zur Repräsentation der Lernstichprobe generiert, wobei die oberste Karte die größte Abstraktionsfähigkeit besitzt. Die Wiedererkennungsrate, d.h. der relative Anteil der korrekt wiedererkannten Merkmalsvektoren der Lernstichprobe, beträgt bei Verwendung dynamisch expandierender Kohonennetzwerke stets 1. Zur Klassifikation von unbekannten Gewebestrukturen wird auf der obersten Ebene der nächste Kartenvektor bestimmt. Falls dieser zu einem Konfliktneuron korrespondiert, wird solange in der Baumstruktur verzweigt, bis der zu klassifizierenden Gewebestruktur durch das Similarity-Matching kein Konfliktneuron zugeordnet wird.

In der medizinischen Anwendung wurden dynamisch expandierte Kohonenkarten zur Repräsentation einer MR-Gewebedatenbank [Handels et al. 1991] und bei der automatischen Klassifikation von Gewebestrukturen in MR-Schichtbildern verwendet. Die in dem Programmsystem TOPOKA integrierten Methoden können darüber hinaus zur Analyse und Klassifikation beliebiger Biosignale verwendet werden, wie sie z.B. bei EKG-Untersuchungen, in der Positronen-Emissions-Tomographie (PET) oder der Magnetresonanztomographie (MRT) auftreten.

<u>Danksagung</u>: Für die Unterstützung der vorliegenden Arbeit möchten wir uns bei Herrn Prof. Dr. W. Oberschelp, Leiter des Lehrstuhls für Angewandte Mathematik, insbesondere Informatik der RWTH Aachen herzlich bedanken. Desweiteren gilt unser Dank Herrn Prof. Dr. A. Thron, Leiter der Abteilung Neuroradiologie des Klinikums Aachen, für die Zusammenarbeit und die Bereitstellung des verwendeten Bildmaterials.

Literatur

Bertsch H., Dengler J. (1987), Klassifizierung und Segmentierung medizinischer Bilder mit Hilfe der selbstlernenden topologischen Karte. In: Paulus E. (Hrsg.), Mustererkennung 1987, 9. DAGM-Symposium Informatik Fachberichte 149, Springer Verlag, Berlin, 166-170.

Franzke M. (1992), Topologische Merkmalskarten zur automatischen Erkennung komplexer Muster in medizinischen Bildern auf der Basis neuronaler Netze, Diplomarbeit, RWTH Aachen.

Handels, H., Hiestermann, A., Herpers, R., Tolxdorff, T. (1991), Automatische 3D-Segmentierung und Klassifikation von Gewebe in der medizinischen Diagnostik, In: Radig, B. (Hrsg.), Mustererkennung 1991, 13. DAGM-Symposium, Informatik Fachberichte 290, Springer Verlag, Berlin, 295-303.

Kohonen T. (1982a), Clustering, Taxonomy and Topological maps of patterns, Proc 6th Int Conf on Pattern Recognition, München, 114-128.

Kohonen T. (1982b), Self-organized Formation of Topologically Correct Feature Maps, Biol Cybern, 43, 9-69.

Kohonen T. (1984), Self-Organization and Associative Memory, Springer Series in Information Science, 8, Heidelberg.

Ritter H., Martinez T., Schulten K. (1991), Neuronale Netze, Addison-Wesley.

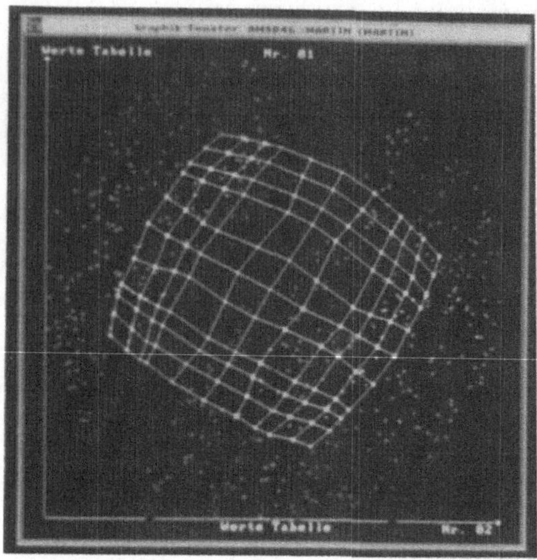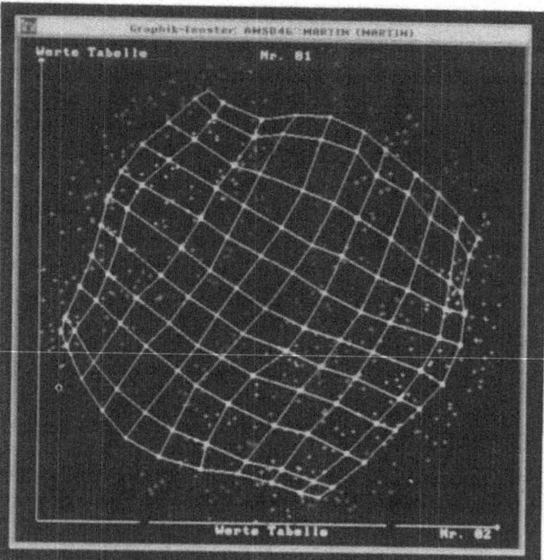

Fig. 5: Die beiden Photos zeigen jeweils das Ergebnis eines Lernprozesses. Die Einfärbung der Merkmalsvektoren (Kreuze) visualisiert die rezeptiven Felder der Neurone (Quadrate). Die Neuronen sind entsprechend ihrer Nachbarschaften auf der Karte durch ein Gitter verbunden. Das Lernergebnis im linken Photo weist einen relativen Abbildungsfehler RERR = 0.87 auf und das Lernergebnis im rechten Photo zeichnet durch RERR=0.35 aus. Beide Lernergebnisse zeichnen sich durch WZR=0.97 aus. Dieses Beispiel zeigt, daß die Wiederzuweisungsrate nicht allein zur Beurteilung der Güte des Lernergebnisses geeignet ist.

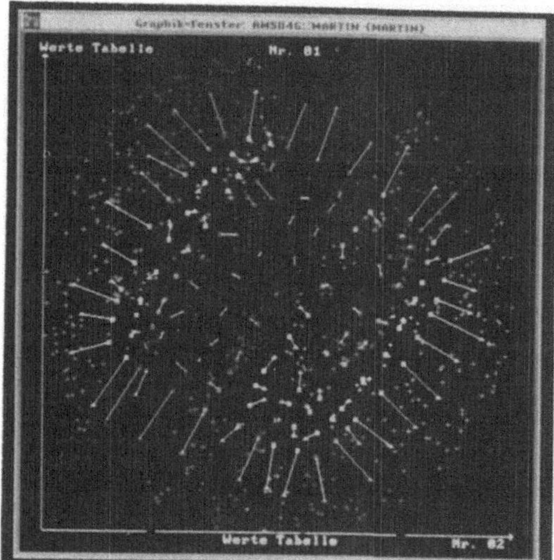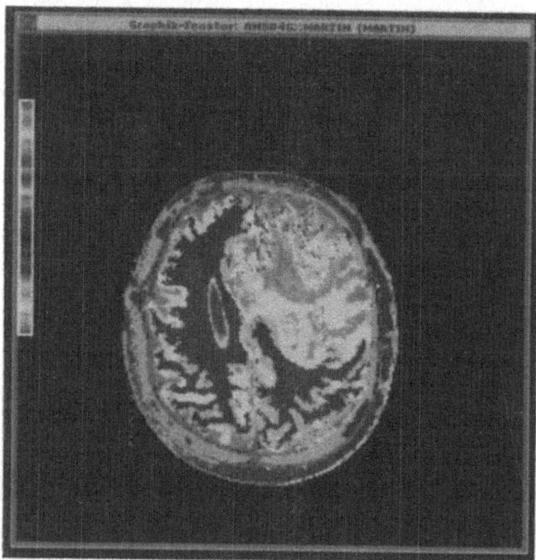

Fig. 6: Punktwolke mit eingezeichneten Abständen zwischen den Kartenvektoren und den Mittelwertvektoren der zugehörigen rezeptiven Felder. Diese Darstellung vermittelt einen Eindruck von der Güte des erreichten Lernzustandes. Liegen die Neurone zu weit entfernt von den zugehörigen Mittelwerten ihrer rezeptiven Felder, so ist der Lernprozeß noch nicht beendet.

Fig. 7: Anwendung des Topologischen Bildfilters auf ein MR-Schichtbild: Dieses Segmentierungsergebnis wurde durch eine topologische Merkmalskarte mit 121 Neuronen im Output-Layer erreicht. Jedes Neuron repräsentiert in diesem Beispiel eine eigene Klasse. Durch die Anwendung des topologischen Bildfilters können die einzelnen Segmente im Bild deutlich voneinander getrennt werden.

Muster-Assoziation mit Time-delayed Networks

A.Grauel[1], H.-G.Grundmann[2], R.Pels[1]

Universität Paderborn, Abt. Soest, FB 16

[1]Fachgebiet Mathematische Methoden und Systemtheorie

[2]Rechenzentrum

Steingraben 21, 4770 Soest

Zusammenfassung: In diesem Beitrag wird ein Verfahren zur seriellen Muster-Assoziation in neuronaler Architektur vorgeschlagen. Die time-delayed Netzwerk-Architektur wird zunächst auf serielle Muster-Assoziation einfacher geometrischer Muster angewandt. Musterinduzierte Übergänge von Laut-Folgen in der Spracherkennung werden ebenso diskutiert.

Abstract: In this contribution we propose a method for pattern association in neural architecture. We apply the technique of time-delayed networks. We study the serial pattern association of simple geometrical patterns. Pattern induced transitions in speech recognition are also discussed.

Es ist bekannt[1-6], daß mit asymmetrischen Netzwerken Zyklen von Mustern und Mustersequenzen erzeugt werden können. Diese Mustersequenzen sind wichtig z.B. in der Sprachverarbeitung um Laute zu einfachen Worten zu verketten. In diesem Beitrag untersuchen wir einfache geometrische Muster und Sprachmuster im Hinblick auf musterinduzierte Übergänge. Dabei betrachten wir eine Klasse von asymmetrischen neuronalen Netzwerken, nämlich die sogenannten time-delayed Netzwerke. Diese können einschichtig als auch mehrschichtig sein. Bei letzteren handelt es sich um eine hierarchische Asymmetrie. Wir untersuchen eine einschichtige Topologie mit zeitverzögerten Neuronen.
Eine notwendige Bedingung für ein Netzwerk-Modell, Zeitsequenzen und Zyklen von Mustern abzurufen (System soll zeitlich nacheinander Übergänge zwischen verschiedenen gespeicherten Muster induzieren), ist eine asymmetrische Kopplung zwischen den Neuronen. Arbeiten die eine schwache randomverteilte Asymmetrie in einem symmetrischen Netzwerk berücksichtigen, zeigen
- inneres Rauschen wird verstärkt,
- randomverteilte asymmetrische Netze bewegen sich chaotisch im Zustandsraum
- asymmetrische Netzwerke sind dynamischer als symmetrische Netzwerke.
In diesem Beitrag berücksichtigen wir durch eine modifizierte Hebbsche Lernregel das asymmetrische Verhalten. Eine symmetrische Synapse sei charakterisiert durch:

$$w_{ij}(1) = \frac{1}{N} \sum_{\mu=1}^{p} x_i^{\mu} x_j^{\mu} .$$

Definieren wir den Überlapp der Netzwerkzustände $\{S_i(t)\}$ mit den Mustern $\{x_i^{\mu}\}$ durch

$$m^{\mu}(t) = \sum_{j=1}^{N} x_j^{\mu} S_j(t),$$

so beschreibt dieser Term die Korrelation der $\{S_i(t)\}$ mit den $\{x_i^\mu\}$ im postsynaptischen Potential

$$h_i(t) = \sum_{\mu=1}^{N} x_i^\mu\, m^\mu(t)$$

Das asymmetrische Verhalten einer Synapse sei durch

$$w_{ij}(2) = \frac{\varepsilon}{N} \sum_{\mu=1}^{p} x_i^{\mu+1}\, x_j^\mu \quad , \quad 0 < \varepsilon \leq 1.$$

berücksichtigt.

Durch diesen Ansatz für die Kopplungsstärke $w_{ij} = w_{ij}(1) + w_{ij}(2)$ sollten Übergänge von Muster x^μ in Muster $x^{\mu+1}$ möglich sein. Die gewünschte Sequenz läßt sich durch das zeitliche Verhalten der Überlapps m^μ und $m^{\mu+1}$ erklären. Zu beachten ist, daß in $w_{ij}^{(2)}$ auch ein Übergangsterm von $x^{\mu+1}$ in $x^{\mu+2}$ enthalten ist. D.h. aber, wenn $m^{\mu+1}$ eine merkliche Größe besitzt, wird sich der Übergangsterm zu $x^{\mu+2}$ auswirken, so daß sich $x^{\mu+1}$ nicht vollständig stabilisieren kann. Das Ergebnis ist, daß ein Endzustand entsteht, der ein Mischzustand aus den Mustern der Sequenz ist. Dehaene [3], Buhmann & Schulten [7] sowie Kleinfeld [1], Sompolinski & Kanter [2], Riedel et al. [8] und Herz et al. [4,5] haben erkannt, daß sich das Muster dann nicht stabilisieren kann. Damit der Überlapp $m^{\mu+1}$ sich nicht merklich auf den Übergangsterm zu $x^{\mu+2}$ auswirken kann, benutzen wir deshalb einen Delay-Ansatz. Dieser hat zur Folge, daß der Übergang von Muster $x^{\mu+2}$ erst dann eingeleitet wird, wenn sich das Muster $x^{\mu+1}$ stabilisiert hat. In unseren Untersuchungen verwenden wir deshalb ein postsynaptisches Potential in der Form

$$h_i(t) = \sum_{j=1}^{N} \left(w_{ij}(1)\, S_j(t) + w_{ij}(2)\, \bar{S}_j(t) \right) ,$$

wobei $\bar{S}_j(t)$ der zeitverzögerte Zustand von $S_j(t)$ ist:

$$\bar{S}_j(t) = \int_0^\infty dt'\, \omega(t')\, S_j(t-t') \quad .$$

Für einen ersten Überblick wählen wir als Faltungsterm eine Stufenverzögerung

$$\omega(t) = \frac{1}{\tau}\, \Theta(t-\tau) \quad .$$

Für die übergangsinduzierten Kopplungen bestimmen der Zeitparameter τ und das relative Gewicht ε im wesentlichen die Verweildauer des Netzwerkes in einem Muster der Sequenz.

Als Lernregel benutzen wir den Hebbschen Ansatz in modifizierter Form:

$$w_{ij}(\tau) = \frac{\varepsilon}{N}\, \frac{1}{T} \int_0^T dt\, S_i(t)\, S_j(t-\tau) \quad .$$

Mit vorstehenden Überlegungen lassen sich Bedingungen für die parallele Assoziation und die serielle Assoziation angeben. Im ersten Fall dürfen die asymmetrischen Kopplungen während der Musterreproduktion keinen merklichen Einfluß besitzen, wir erreichen dieses mit Hilfe der Größe ε oder durch

Wahl der zeitlichen Verzögerungen. Für die serielle Assoziation sollen nach der Ausprägung (vollständige Reproduktion) des Musters μ durch die asymmetrischen Kopplungen das Folgemuster $x^{\mu+1}$ entstehen. Eine Zeitverzögerung verhindert zunächst die Entstehung von Muster $x^{\mu+2}$. Mit einem System von 25 Neuronen wurde eine Mustersequenz, die rein willkürlich ausgewählt wurde (siehe Fig.1), verarbeitet. Wird am Systemeingang das erste Muster der Sequenz als Input eingegeben, so erkennen wir, daß nach seiner Reproduktion durch die serielle Assoziation das Folgemuster entsteht. Dabei dient das Folgemuster gleichzeitig als Kontextinformation für das dritte Muster der Sequenz etc. (siehe Fig.2).

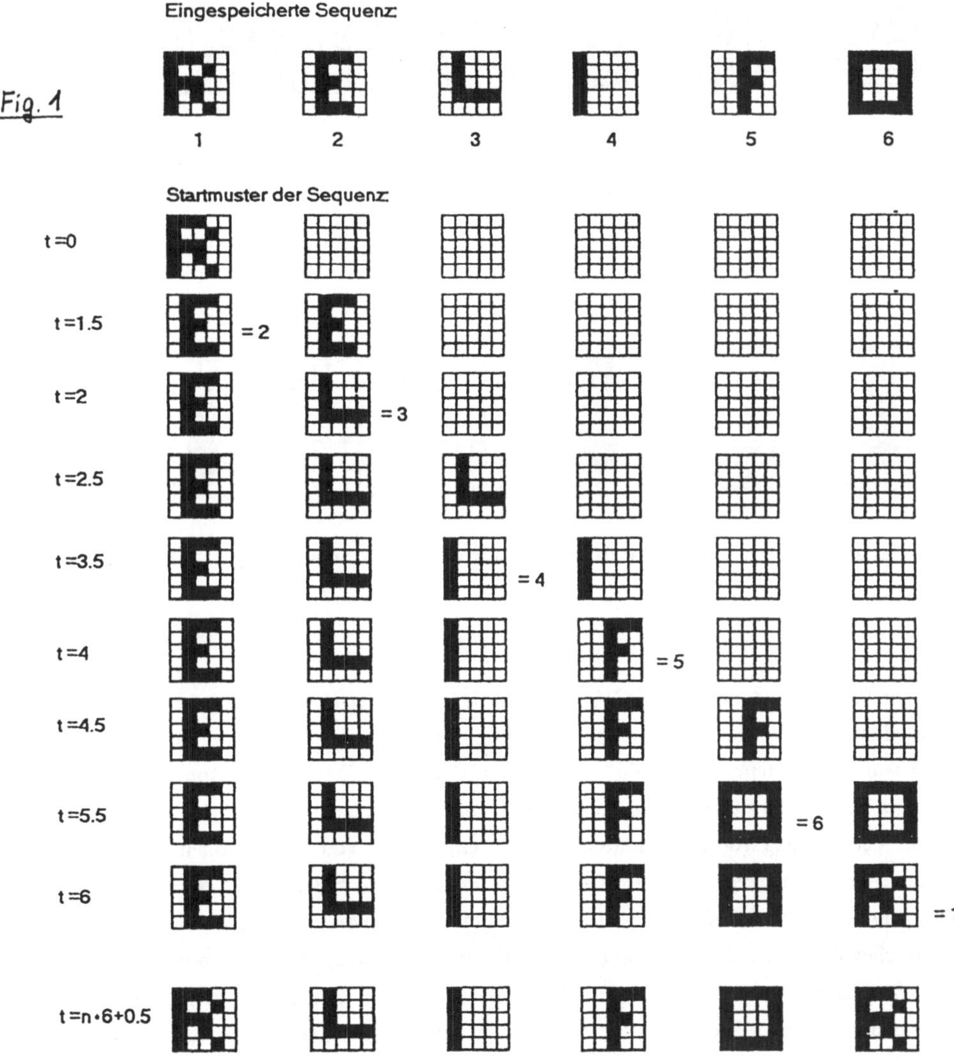

<u>Fig.2</u> Nach der Reproduktion des Startmusters "R" wird die asymmetrische Kopplung wirksam und generiert das Folgemuster "E". Dieses dient gleichzeitig als Schlüssel für die Kopie des dritten Musters der Sequenz etc. bis mit der Bildung des Anfangsmusters die Sequenz abgeschlossen ist.

Figur 3 zeigt 6 Muster, die in dieser Reihenfolge im zeitverzögerten neuronalen Netz gespeichert wurden jedes Feld besteht aus 1OO Neuronen. Durch Eingabe eines Startmusters "A" entsteht in der Retrieve-Phase die Mustersequenz von Fig.4.

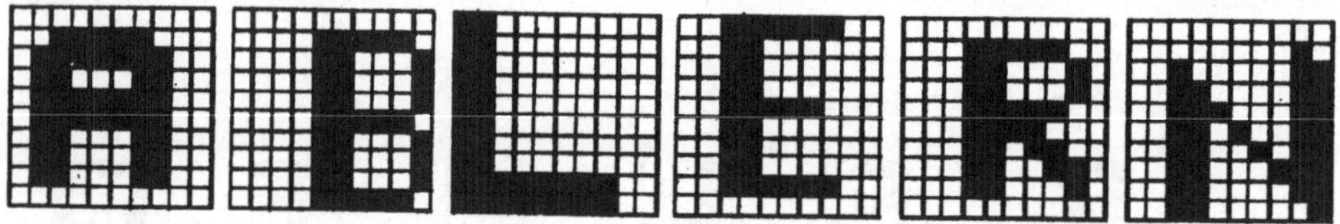

__Fig.3__ Zeigt eine Mustersequenz die jeweils aus einem Pixelfeld von 1OO Neuronen besteht. Diese Mustersequenz wurde in dieser Reihenfolge im zeitverzögerten Netzwerk gespeichert.

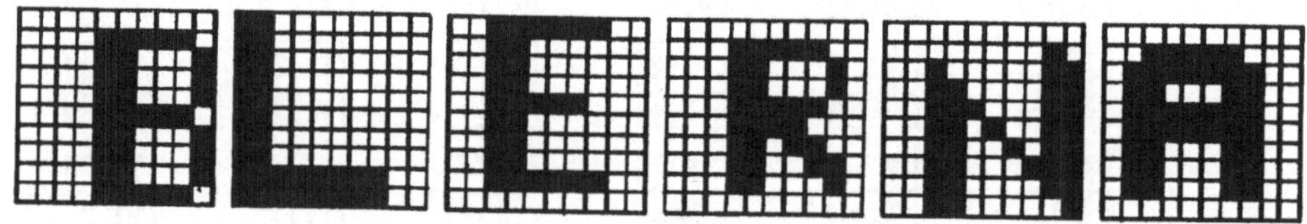

__Fig.4__ Das zeitverzögerte Netzwerk ist in der Lage eine musterinduzierte Folge hinreichend zu reproduzieren.

Wird der Parameter ε, der für die Wirksamkeit der Asymmetrie ausschlaggebend ist auf Null gesetzt, so assoziiert das Netzwerk richtig bei fehlerhafter Eingabe. Bei einer Hamming-Distanz von 6 (siehe Fig.5) war das System nicht mehr in der Lage durch parallele Assoziation das Original zu bilden (Ergebnis des Recalls siehe Fig.6). Jedoch mit einem $\varepsilon > O$ entstand die richtige Sequenz von Fig.3.
Für die Verarbeitung von Sprachmustern wurde ein System von 96 Neuronen verwandt. Jeweils acht Neuronen erhielten dabei als Eingangsinformation das Binärmuster eines Sprachmusterstrings. Jeder String wurde hierbei in 256 Teile zerlegt um binäre Zustände zu erhalten. Zwölf Strings des Sprachmusters reichen dabei aus, einen gesprochenen Laut wiederzuerkennen, dieses zeigen Untersuchungen mit einem Multilayer-Perceptron[9]. Die Ergebnisse sind in Fig.7 dargestellt. Die abgebildete Sequenz besteht aus der Lautfolge "ae", "e", "ch" und "sch". Aus der Abbildung folgt, daß die Sequenz sicherlich nicht höchsten Genauigkeitsansprüchen genügt, aber qualitativ erkennen läßt, daß die Mustersequenz sich reproduziert.

Die hier dargestellten Resultate lassen sich mit denen der Hidden-Markov-Modellen (HMM) in der Sprachverarbeitung vergleichen. Mit den HMM lassen sich Zustandsänderungen von einem Zustand in den anderen berechnen und so eine ganze Sequenz von Übergängen. Unsere Überlegungen hier zeigen, daß mit zeitverzögerten Netzwerken musterinduzierte Übergänge erzeugt werden können und damit das Problem der Verkettung, z.B. von Lauten zu Wörtern möglich ist.

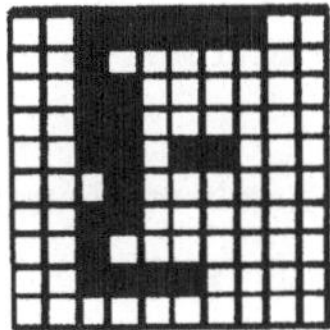

Fig.5 Unvollständiges Eingabemuster in das neuronale Netzwerk bei $\varepsilon=0$.

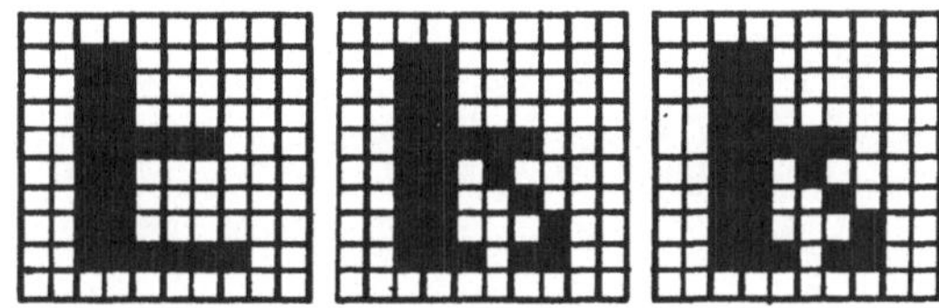

Fig.6 Ergebnis des Recalls läßt erkennen, daß sich ein anderes Muster stabilisiert.

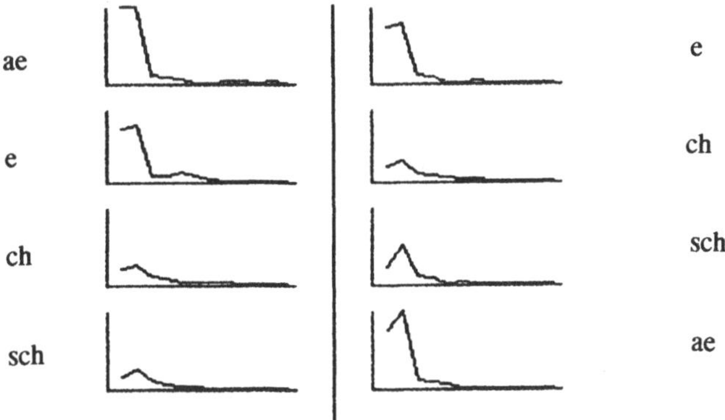

Fig.7 zeigt den musterinduzierten Übergang von ae →e →ch →sch →ae etc.

Referenzen:

1. D.Kleinfeld: Sequential State Generation by Model Neural Networks, Proc. Natl. Acad.Sci. USA 83,9469 (1986).

2. H.Sompolinsky, I.Kanter: Temporal Association in Asymmetric Neural Networks, Phys.Rev. Lett. 57,2861(1987).

3. S.Dehaene,J.P.Changeux, J.V.Nadal: Neural Networks That Learn Temporal Sequences by Selection, Proc.Natl.Acad.Sci. USA 84,2767(1987).

4. A.Herz, B.Sulzer, R.Kühn, J.L.van Hemmen: The Hebb Rule: Storing Static and Dynamic Objects in an Associative Neural Network, Europhys. Lett 7, 663(1988).

5. A.Herz, B.Sulzer, R.Kühn, J.L.van Hemmen: Hebbian Learning Reconsidered, Biol. Cybern. 60, 457(1989).

6. R.Kühn, J.L.van Hemmen: Temporal Association, in Models of Neural Networks (E. Domany, J.L. van Hemmen, K.Schulten, Eds.), Springer-Verlag,Heidelberg (1991).

7. J.Buhmann,K.Schulten:Storing Sequences of Biased Patterns in Neural Networks with Stochastic Dynamics, in Neural Computers(R.Eckmiller, G.Hartmann, Hauske, Eds.) North-Holland,Elsevier Science Publishers B.V. Amsterdam (1990).

8. U.Riedel, R.Kühn, J.L.an Hemmen:Temporal Sequences and Chaos in Neural Nets,Phys.Rev.A,38, 1105(1988).

9. S.Faber, Diplomarbeit, Soest (1992).

A Neural Network Hierarchy for Data Driven and Knowledge Controlled Selective Visual Attention*

H.-M. Gross, R. Franke, H.-J. Boehme, Claudia Beck

Technical University of Ilmenau
Department of Neuroinformatics
O-6300 Ilmenau, P.O.B. 327, Germany
email: gross@informatik.th-ilmenau.de

Abstract

We present a neural implementation of a dynamical network hierarchy for data driven and knowledge controlled selective visual attention. The model architecture is composed of several interacting subsystems for different processing tasks. With the example of real-world scene analysis the proposed model demonstrates its abilities in preattentive search and in decomposition of a complex visual input into a sequence of striking local input segments. Based on its functional architecture our model is able to shift its focus of attention both driven by the input data and controlled by its internal processing state and the already acquired knowledge.

1. Introduction and Model Hypothesis

The phenomenon of selective attention in human visual perception points the way out of the dilemma of combinatorical explosion in analysis of real-world visual scenes: there are sequential processing modes intermingled with the parallel one. Selective attention means breaking down the flow of information too high to be managed by the analyzing system in parallel into meaningful pieces of lower dimension. The benefit of selective visual attention is, that the analyzing or identifying system has not to deal with all visual inputs in parallel but only with a limited sequence of presorted, lower dimensional groups of input elements [1]. This way the analyzing system can focus attention on the most desired visual stimulus among several simultaneously active stimuli, both driven by the input data and controlled by its internal processing state (hypothesis about the input data) and the already acquired knowledge. This control of the attentive search during the recognition process is a fundamental mechanism for self-organization of sequential and episodical representations, a special type of non-trivial dynamical knowledge about spatio-temporal processes [2].

Our model concept and the implemented mechanisms have been influenced essentially by the neurophysiological concepts of primary visual processing and selective attention of Koch [3] and Orban [4]. Koch assumes that selective visual attention operates on a set of topographical cortical maps encoding the visual environment. This early representation includes a variety of maps for different elementary features such as orientation of edges, textural features, color, disparity etc. This multiparametrical preprocessing and mapping is confirmed by Orban [4]. He showed that in the first sensory visual area instead of a hierarchical description of the input features a very rich parallel representation of the input by parameter filters is done. In order to simulate the preattentive search and the interaction with the attentive mode, we had to implement special mechanisms in our model

---

*Supported by the German Federal Department of Research and Technology (BMFT), Grant No. 413-5839-01 IN 101D - NAMOS-Project

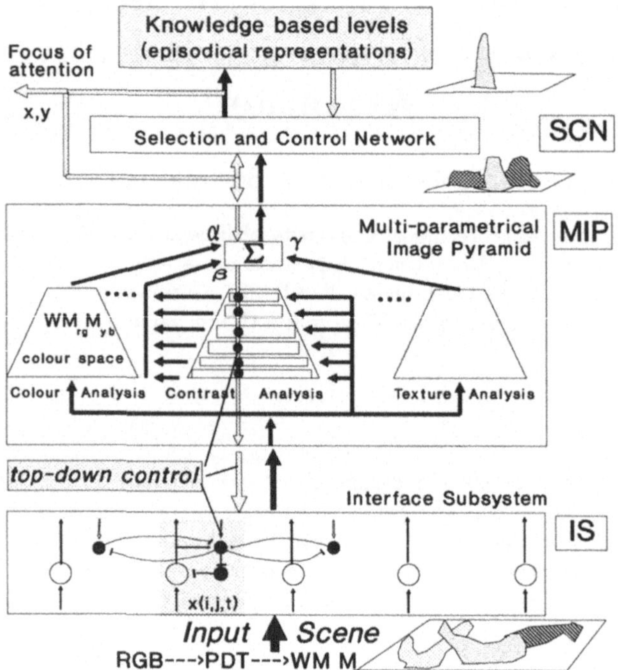

Figure 1: *Simplified functional architecture of the network hierarchy and the main subsystems*

- to yield a measure of the conspicuity of a location in the visual scene
- to select the most active area (many different feature detectors are simultaneously active) in a mapping plane where the different feature maps are superimposed
- to shift the focus of attention from the current to the next striking location in the scene
- to control and manipulate the preattentive flow of information in the course of an attentional process taking into account internal system's knowledge about the visual scene.

2. Functional Architecture of the Network Hierarchy

Our model architecture is composed of various interacting dynamical subsystems for different processing tasks. All these multi-layered neural subsystems constituting a dynamical control hierarchy are strongly interrelated by information and control streams. A strongly simplified scheme of the interrelations and the functional architecture of the main subsystems

- Interface Subsystem - **IS**
- Multi-parametrical Image Pyramid - **MIP**
- Selection and Control Network - **SCN**

is shown in Figure 1. It is to note, that despite the different model hypothesis and structural implementations of our approach compared to the active vision system in [5] some functional aspects of preattentive and attentive control of saccadic image scanning are similar. Detailed aspects of the real-world scene pre-processing and the data transformation between the several colour spaces are not discussed in this paper. Instead of this only a short overview about the implemented transformations between the colour spaces will be given in the following. Starting point is the RGB-image of the real-world scene, that is transformed in a first step into a PDT image, a special type of a three-dimensional colour space. This transformation is based on the Hering red/green and yellow/blue opponent systems, a special concept of trichromacy, which is clearly validated by neurophysiological results [6]. The PDT colour space is comparable to the XYZ standard colour space, that is also based on the opponent colour theory and is in agreement with the traditional view of colour scientists. Because of its neurophysiological plausibility this PDT data set then is scaled logarithmically. Finally, based on Luther's transformation, the PDT image is transferred into the $WM_{rg}M_{yb}$ space, a colour space that is better suited for the following analysis in the different feature extraction pathways of our model. The three components of this space are the black-white process (intensity or brightness) $W = P$, the red/green opponency $M_{rg} = D - P$ and the yellow/blue opponency $M_{yb} = P - T$. All intensity (activity) based mechanisms of our model use only the W component of this colour space, while the colour analyzing pathway in the Multi-parametrical Image Pyramid (see 2.2) uses all dimensions of the $WM_{rg}M_{yb}$ space.

2.1 The Interface Subsystem

To our mind selective visual attention requires the freedom to select only those parts out of the input which are needed at that time in the analyzing or recognition process. Therefore we have implemented in our hierarchy the controllable **Interface Subsystem - IS**, which is based on a simplified model architecture of the thalamo - reticular complex proposed in [1]. Operating on this Interface the succeeding higher subsystems can actively manipulate the bottom-up flow of input data streams giving them the freedom of formulating and testing hypothesis on interesting parts of the parallel input. This way they are able to control the interface and to perform a random access grouping at the interface level to restrict the complexity of the input to that needed at this time.

2.2 The Multi-parametrical Image Pyramid

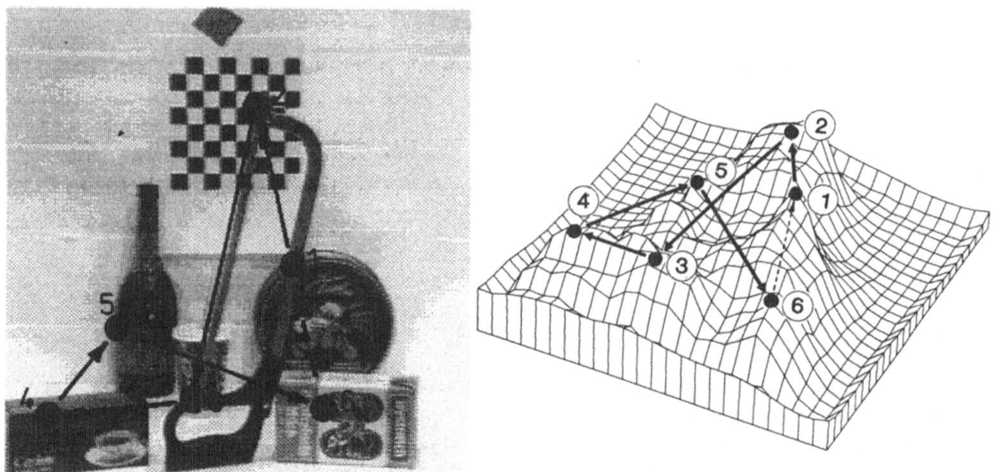

Figure 2: *(Left side) Input scene for simulation the data driven preattentive search. The marked scan-path (1-6) shows the course of the preattentive search and the sequence of selected most striking input locations. (Right side) Sequential selection of the most active peaks within the activity landscape of SCN and shifting the focus of attention between the most striking locations in the scene (see 3.).*

The **Multi-parametrical Image Pyramid - MIP** operating on the Interface Subsystem detects in distinct analyzing pathways differences in local conspicuous features of the IS activity pattern

(Fig. 2 - left side). By reducing the resolution and size of the several processing levels we get a processing pyramid that realizes both an enormous reduction of the amount of input data and some form- and position invariance at the top. These local invariances are essential for succeeding parallel-sequential pattern recognition mechanisms [7]. Consequently the **MIP** can be considered as a set of separate, pyramidal organized topographical maps of the visual scene. Each of these analyzing maps includes at every resolution level parameter filters for different elementary features (texture density, colour and intensity contrasts, spatial frequency). In this way any single input location is split into a multiple parametrical description at several resolution levels. By weighted superposition of the neural activity between the several feature maps an encoding of high syntactic complexity (many different feature detectors activated at the same time) into an blurred activity distribution at the top of the pyramid is realized (Fig. 2 - right side) . The more such different parameter filters are triggered by a certain visual location, the stronger the total activation of the corresponding area in the highest pyramid level will be. Up to now feature maps for local contrasts in the intensity and for differences in the colour (hue) distribution have been implemented in **MIP** (see Fig. 1). The importance of other pathways will be analyzed in psychophysical eye movement experiments in future. In the contrast analyzing pathway (Fig. 1) for each node (i,j) at all resolution levels of this pyramid the following non-linear contrast selection based on a Laplace-filtering in the W-domain of the colour space is performed.

$$y_{ij} = \hat{y} \left(1 - \exp\left(-\frac{d_{ij}^2}{(\alpha \tilde{s})^2} \right) \right) \tag{1}$$

with

$$\tilde{s}^2 = \frac{1}{N^2} \sum_{i=1}^{N} \sum_{j=1}^{N} d_{ij}^2$$

Each d_{ij} is the result of a local Laplace-filtering, α determines the shape and $\tilde{s}$ the turning-point (threshold) of the transfer function, $\hat{y}$ is the maximum of intensity.

In the colour processing pathway (Fig. 1) for each node (i,j) the Euclidean distance to the average hue in the $M_{rg} M_{yb}$ plane is computed and finally scaled with the corresponding intensity W_{ij}. The weighted superposition of the top level activities of the various feature extracting pathways is a critical point of our model concept since no detailed experimental data are available about this. Therefore we are not able to specify the weights α, β, γ of the feature map superposition (see Fig. 1) exactly. Only estimated parameters providing plausible simulation results can be proposed. In the context of the psychophysical experiments mentioned above these aspects of weighted superposition have to be analyzed too.

2.3 The Selection and Control Network

The **Selection and Control Network - SCN** realizes a kind of cortically controlled selection of the most conspicuous locations in the visual field which have been encoded as peaks within the activity landscape of the **MIP** superposition plane. When the input to **SCN** has various activity peaks because of several striking locations in the visual scene (Fig. 2-right side), the network is to select not simply the maximum one but successively that peaks with the highest competition energy in the landscape (extension and altitude of the activity bubble). Then in result of internal relaxation processes in this network and of a controlled top-down manipulation of the lower processing levels the most conspicuous locations of the visual scene will be activated one after another (Fig. 3). Since the first relaxation process toward a stationary solution needs some time, a higher **knowledge based processing level** has enough time to activate its acquired knowledge about the presented activity landscape as a whole, about spatial aspects of the landscape composition and about the individual

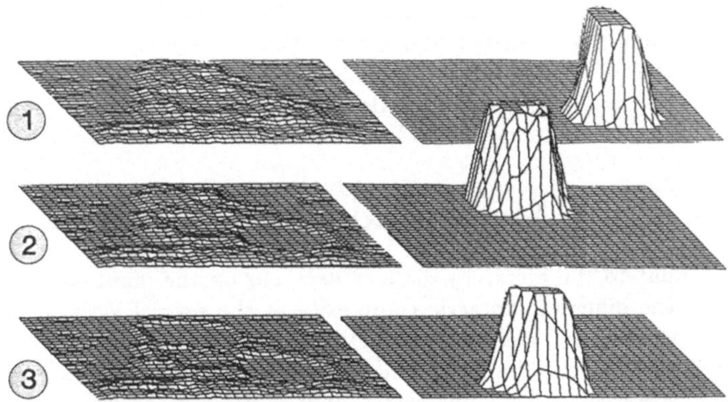

Figure 3: *Activity dynamics in Selection and Control Network at the first processing cycles (1-3). (Left side) shows several input activity distributions top-down manipulated by SCN during the preattentive search. (Right side) shows the sequential development of single SCN-decisions on the manipulated activity landscapes of the left side (see 3.).*

form of the bubbles. By a topographically correct feedback from that higher processing level to **SCN** (see Fig. 1) this activated internal knowledge is able to modulate directly the activity dynamics of the relaxation and sharpening process in **SCN** [7]. By this superposition of preattentive and attentive search dynamics in the same subsystem a continuous control of the input data stream is possible. Without internal knowledge about the activity landscape only the preattentive search determines the dynamics in **SCN**, otherwise complex interactions between both processes will occur.

The Selection and Control Subsystem has been implemented as controllable single-layer neural network connected feedback. The activity dynamics of each neuron of this system can be described mathematically by the following differential equation:

$$T_1 \frac{dy_{ij}(t)}{dt} + y_{ij}(t) = \Phi \left(\epsilon x_{ij}(t) + c_{ij}(t) + \mu \sum_{\substack{k=i-a \\ l=j-a}}^{\substack{i+a \\ j+a}} (w_{ijkl} y_{kl}(t)) - \nu I(t) \right) \tag{2}$$

with the nonlinearity

$$\Phi\left(z_{ij}(t)\right) = \left\{ \begin{array}{ll} 0 & : \quad z_{ij}(t) < 0 \\ z_{ij}(t) & : \quad \text{else} \end{array} \right. \tag{3}$$

$\epsilon x_{ij}(t)$ denotes the weighted input to each SCN-neuron (i,j), c_{ij} stands for the top-down control signal from the higher knowledge based processing levels to each neuron (i,j), μ and ν denote the coupling parameters for cooperative and competitive interactions within the network, T_1 is the time constant of the controlled network. The w_{ijkl} are the components of the synaptic weight matrix **W** coding a Gaussian shaped filter kernel that realizes the desired local cooperation between the SCN-neurons. The global inhibition $I(t)$ is controlled by a proportional-integral controller with the following integral equation:

$$I(t) = (\hat{y} - \tilde{y}(t)) + \frac{1}{T_n} \int_0^t (\hat{y} - \tilde{y}(t))\, dt \tag{4}$$

$\hat{y}$ stands for the control point of the subsystem (maximum output activity of **SCN**) while $\tilde{y}(t)$ results from the maximum of the current output activities of all $y_{ij}(t)$. The time constant of the PI-controller (T_n) and the coupling parameter ν of the controlled variable $I(t)$ are determined in the z-plain because of the discrete-time simulation. Both parameters are adjusted corresponding to the parameters ϵ , μ and T_1 of the network and to the wanted characteristics of this subsystem.

3. Dynamics of the Model and Concluding Remarks

After presenting an input to the hierarchy distinct decisions on the input are developing in **MIP** and **SCN** because of the different syntactic complexity at the several locations in the input (see Fig. 3). The local cooperation and ensemble competition between the neurons in the **SCN** suppress activity peaks with weaker competitive power and sharpen the remaining one so that only that peak with the highest energy (location with largest local input complexity) survives (see Fig. 3/1 - on the right). The required shifting of the selective attention is performed by a **SCN**-feedback controlled manipulation of the channel transfer characteristics in the several pathways and processing levels of **MIP**. These channel-specific control mechanism take the selected decision for a certain time out of discussion. In this way the next decision can develop only on the remaining parts of the input and the next-grade complex input configuration will start this search process anew (Fig. 3/1-on the left). In a time sharing manner other activity peaks of the landscape (coding related input segments of different conspicuity) can be selected, creating a time-sharing sequence of internal decisions. In this way our system decomposes a complex visual input into a sequence of striking local input segments arranged according to its local syntactic complexity (see Fig. 3/2, 3/3). Such a parallel in sequence decomposition of a complex input scene is a fundamental mechanism for self-organization of sequential and episodical representations, a special type of non-trivial dynamical knowledge, that is acquired in the higher knowledge processing levels of our model concept.

Without a knowledge based top-down manipulation of the relaxation dynamics in SCN, the established sequence depends only on the local conspicuity of the different input locations. The attentive selection based on internal systems knowledge about spatial relations and form features of the activity landscape has not been discussed in this paper but it can be realized by the knowledge controlled modulation of the preattentive dynamics mentioned above. Therefore the adaptive neural network architecture **GNOM** operating as a parallel-sequential link between data driven pattern analysis and knowledge controlled attentive search has been developed and prepared for implementation in the hierarchy [7]. This coupling is an object of research at present.

References

[1] **Koerner,E., Tsuda,I., Shimizu,H.** Parallel in Sequence–Towards the Architecture of an Cortical Processor. In Parallel Algorithms and Architectures, Akad.-Verl. Berlin 1987, 37-47

[2] **Koerner, E., Boehme, H.-J.** Organization of an Episodic Knowledge Data Base. In Proceedings of ICANN91, vol. 1, pp.873-878, North-Holland 1991

[3] **Koch,C., Ullmann, S.** Shifts in selective visual attention: towards the underlying neural circuitry. Human Neurobiology 4(1985) p. 219-227

[4] **Orban,G.A.** Neural operations in the visual cortex. Springer Bln., Hdbg., NY, Tokyo 1984

[5] **Giefing, G.-J., Janßen, H., Mallot, H.-P.** A Saccadic Camera Movement System for Object Recognition. In Proceedings of ICANN91, vol. 1, pp.63-68, North-Holland 1991

[6] **Dow, B.M.** Colour Vision. In Vision and Visual Dysfunction, Vol. 4, The Neural Basis of Visual Function, (Ed.) G. Leventhal, pp. 316-338, The Macmillan Press, 1991

[7] **Gross,H.-M., Koerner, E., Pomierski,T.** GNOM—A Modular Network Architecture for Adaptive Parallel-Sequential Pattern Recognition. Proc. of ICANN91, vol. 1, 747-752, North-Holland 1991

Verbesserung der automatischen Erkennung gesprochener Ziffern mit Telefonqualität[1]

J. HELBIG, R. HOFFMANN, A. KALLICH
Technische Universität Dresden
Institut für Technische Akustik
Mommsenstraße 13, D/O-8027 Dresden
Tel. (0351) 463 2747, Fax (0351) 471 9953

1. Aufgabe

Der Fernzugriff zu den verschiedensten Arten von Datenbasen mit Hilfe natürlicher Sprache über Telefonleitungen stellt eine der für die Zukunft interessantesten Anwendungen der automatischen Spracherkennung dar. Häufig sind Ziffern die wichtigsten Bestandteile einer Phrase, die als Anfrage an ein automatisches Informationssystem gerichtet wird (z. B. Bestellnummern). Die Situation, die in diesem Zusammenhang beherrscht werden muß, ist natürlich einerseits durch die Restriktion auf die Telefonbandbreite bestimmt, andererseits aber durch zwei gegenläufige Feststellungen:

1. Aufgrund ihrer semantischen Bedeutung müssen die Ziffern mit besonders hoher Genauigkeit erkannt werden.
2. Häufig ist die Erkennung von Ziffern komplizierter als die anderer Wörter.

Die Gründe für die zweite Feststellung sind offenkundig die Kürze vieler Ziffern (im Deutschen sind sie bis auf SIEBEN einsilbig) und die phonetische Ähnlichkeit gewisser Ziffernpaare. Im Deutschen, das in unseren Experimenten betrachtet wird, sind die Paare ZWEI/DREI und NEUN/NULL für häufige Verwechslungen bekannt.

2. Lösungswege

Eine Einbeziehung phonetischen Wissens ist geeignet, die Erkennungsergebnisse zu verbessern. Da Systeme, die sich ausschließlich auf phonetische Regeln stützen, noch im Forschungsstadium sind, empfiehlt sich der Weg, konventionelle Spracherkenner durch Einbeziehung phonetischen Zusatzwissens aufzuwerten. Um dieses Ziel zu erreichen, kann man zwei Wege beschreiten:

A. **Einbeziehung phonetischen Wissens parallel zum Erkennungsprozeß:** Standarderkenner arbeiten in Zeitscheiben von ca. 10 ms. Steht eine Wissensquelle zur Verfügung, die im gleichen Rhythmus arbeitet, ihre Ergebnisse also Zeitscheibe für Zeitscheibe ausgibt, kann man mit ihrer Hilfe die lokalen Entscheidungen verbessern und damit auch das Gesamtergebnis.

B. **Zusätzliche Entscheidung nach der Erkennung:** Ein zweiter Weg zur Verringerung der Verwechslungsraten von Wörtern besteht darin, nach Vorliegen der Entscheidung des Standarderkenners zusätzliche Entscheidungsmodule zu aktivieren, wenn es sich zeigt, daß der Standarderkenner keine sonderlich scharfe Bewertung getroffen hat. Die Zusatzmodule enthalten speziell zugeschnittene Analysealgorithmen, sind also nicht für das komplette Vokabular ausgelegt. Sie sollen Unterschiede der Kandidaten herausarbeiten, die durch das Analyseverfahren des Standarderkenners nicht oder ungenügend reflektiert werden.

[1]Die Arbeit wurde gefördert durch die Deutsche Forschungsgemeinschaft (Förderkz. Ts 41/1-1).

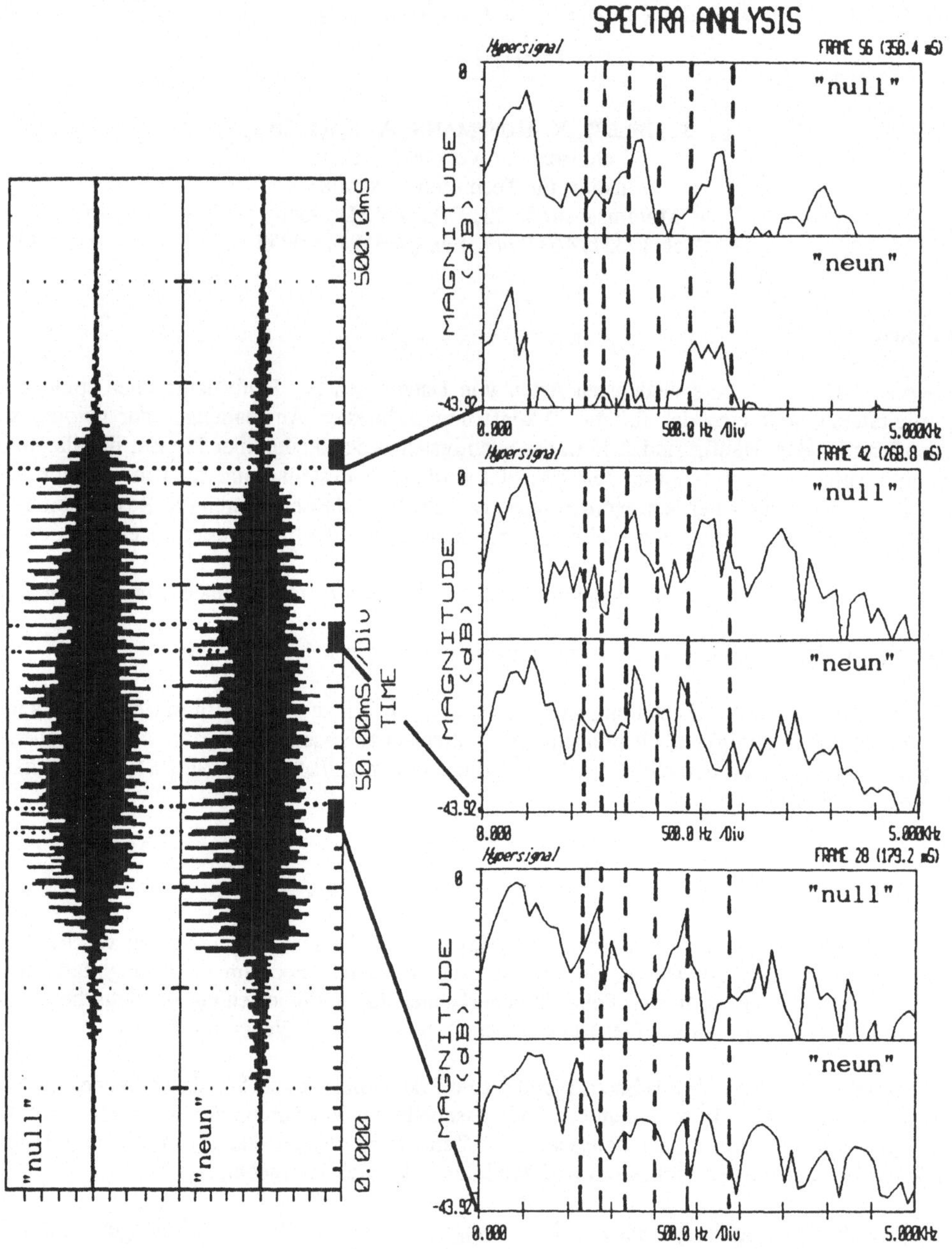

Abb. 1: Vergleich von Kurzzeitspektren quasistationärer Abschnitte
(mit punktierten Linien markiert) der Ziffern NULL und NEUN
(FFT 256 Punkte, Hanning-Fenster, Abtastfrequenz 20 kHz).
Die Strichlinien in den Spektren zeigen ausgewählte Eckfrequenzen
der verwendeten 20-Kanal-Filterbank.

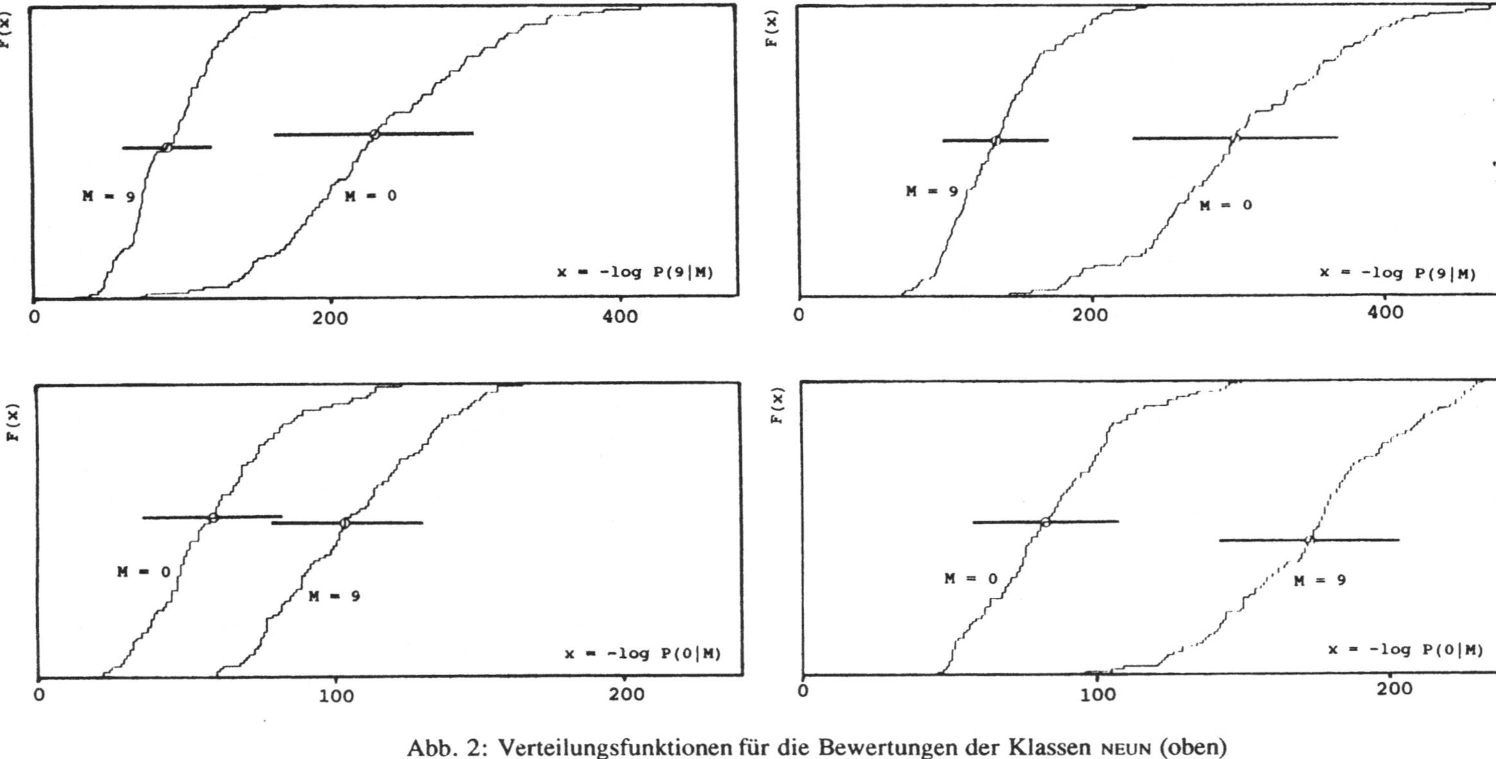

Abb. 2: Verteilungsfunktionen für die Bewertungen der Klassen NEUN (oben)
und NULL (unten) für einen männlichen Sprecher.
Links ohne, rechts mit Unterstützung des HMM-Worterkenners durch den Vokalklassifikator.

Der Ansatz B ist nur für sprecherunabhängige Erkennung mit definiertem Vokabular sinnvoll, weil spezielle, vom Vokabular abhängige Module implementiert werden und A-priori-Erkennungsraten vorliegen müssen. In diesem Sinne ist die sprecherunabhängige Ziffernerkennung mit ihren weitreichenden Anwendungsmöglichkeiten ein idealer Anwendungsfall.

3. Experimente

Unsere laufenden Experimente, die zu einem gemeinsamen Projekt mit der Goethe-Universität Frankfurt gehören, nutzen ein Ziffernmaterial mit Telefonbandbreite, das von 200 Sprechern gesprochen wurde [1]. Die nachfolgend zur Veranschaulichung der beiden Lösungsansätze angegebenen Beispiele beruhen noch auf Voruntersuchungen, die mit einem Zifferninventar von 8 Sprechern durchgeführt wurden, das unter Bürobedingungen aufgezeichnet und mit einer 20-Kanal-Filterbank analysiert wurde. Pro Sprecher liegen bis zu 100 Realisierungen jeder Ziffer vor. Dieser Wortschatz wurde zur Untersuchung eines DTW-Erkenners geschaffen [2] und seitdem verschiedentlich für die vergleichende Einschätzung anderer Erkennungsalgorithmen verwendet. Für die folgenden Beispiele benutzen wir das Ziffernpaar NEUN/NULL.

Abb. 1 zeigt typische Kurzzeitspektren eines solchen Paares, die für die Abschnitte berechnet wurden, die in der Zeitfunktion markiert sind. Die Strichlinien in den Spektren geben ausgewählte Eckfrequenzen der verwendeten Filterbank an. Es fällt auf, daß die im feiner aufgelösten FFT-Spektrum noch deutlich erkennbaren Unterschiede zwischen beiden Ziffern durch die integrierende Wirkung der Filterbank unterdrückt werden, indem vergleichbare, signifikante Spektralmaxima bzw. -minima in gleiche Kanäle fallen. Dieser Effekt führt zu geringen Distanzen der entstehenden Merkmalvektoren und damit zur Verwechslungsgefahr, die von den Zusatzmodulen nach Ansatz A und B verringert wird.

4. Beispiel für Ansatz A

Die verschiedenen Standardalgorithmen weisen unterschiedliche Eignung für die parallele Kombination mit Wissensquellen auf. HMM-Erkenner sind dabei flexibler als DTW-Erkenner und werden in unseren Experimenten favorisiert.

HMM-Worterkenner modellieren ein Wort als Folge von Modellzuständen, die von einer Markovquelle emittiert werden. Im Idealfall sollte jeder Modellzustand einer phonetisch sinnvollen Einheit entsprechen. In diesem Fall wäre die Kopplung der Modellzustände mit phonetischen Wissensquellen in einfachster Weise möglich. Reale Sprachdaten liefern leider nicht solche idealen Verhältnisse; jedoch erreicht man zumindest eine gute Synchronität zwischen Modellzuständen und quasistationären Phasen der gesprochenen Wörter. Das genügt für unsere Zwecke, da wir in der ersten Ausbaustufe das Vokalmodell von TSCHESCHNER & OSE als Wissensquelle eingebunden haben, das ebenfalls für Quasistationärphasen gilt [3, 4].

Demnach benötigen wir einen HMM-Erkenner mit zwei Codebüchern: ein Codebuch für die konventionelle Vektorquantisierung und ein weiteres für die Ergebnisse des Vokalklassifikators. Diese Kombination zeigt gute Erfolge bei der Verringerung der Verwechslung von Ziffern, deren vokalische Phasen hinreichend unterschiedlich sind. (Demnach ist der Ansatz für NEUN/NULL offensichtlich geeignet. Für ZWEI/DREI ist das weniger offensichtlich, jedoch rechtfertigt die u-Ähnlichkeit des w von ZWEI die Einbeziehung des Vokalmodelles nach Methode B.) Abb. 2 zeigt die Verteilungsfunktionen der Bewertungen des Worterkenners aus einem NEUN/NULL-Verwechslungsexperiment. Die Balken kennzeichnen die Streubereiche. Man erkennt, daß die Verteilungen für NULL, bezogen auf die Modelle für NEUN bzw. NULL, recht nahe beieinander liegen, so daß Verwechslungen sehr wahrscheinlich sind. Bei Hinzunahme des Vokalmoduls rücken die Verteilungen deutlich auseinander. Dagegen sind die

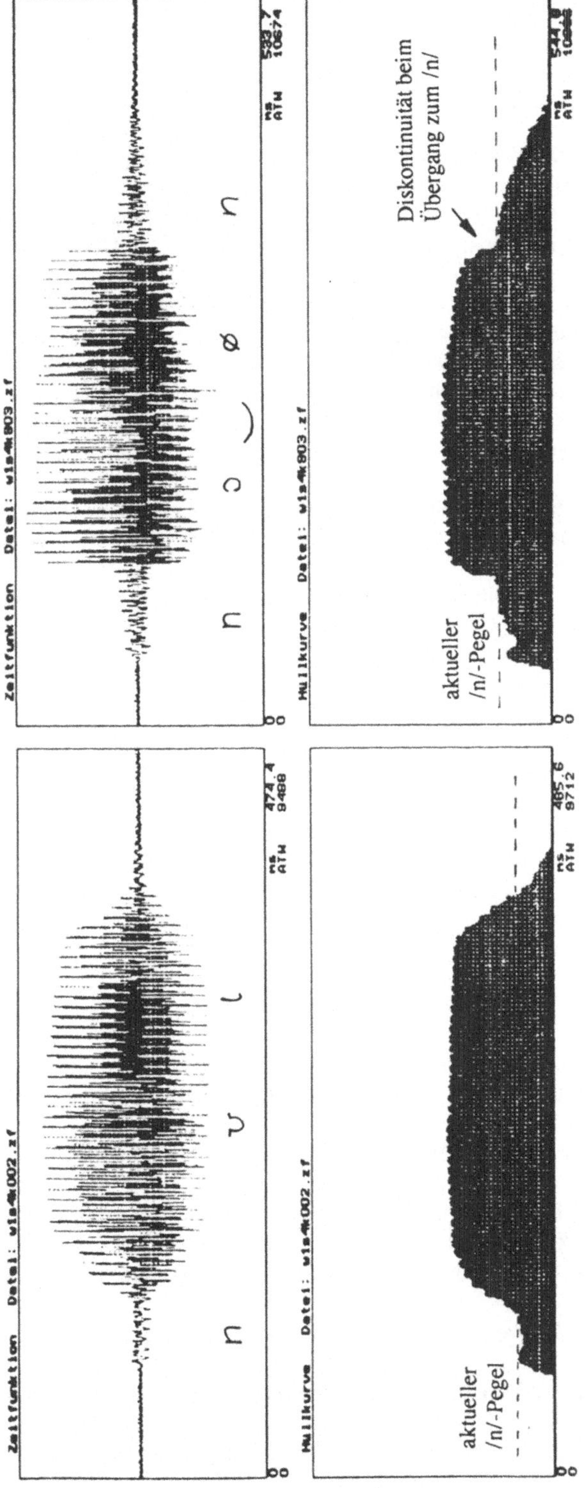

Abb. 3: Unterschiede in Zeitfunktion und Hüllkurve von NULL und NEUN (männlicher Sprecher).

entsprechenden Verteilungen für das Wort NEUN bereits ohne Vokalkomponente schärfer getrennt, so daß die Hinzunahme des Zusatzmoduls keine so deutlichen Verbesserungen mehr liefert.

5. Beispiel für Ansatz B

Die akustische Analyse von Standarderkennern beschreibt bei der im Regelfall praktizierten Abbildung des Sprachsignals auf eine Merkmalvektorfolge nur eine Untermenge der im Signal enthaltenen Information, da der Prozeß mit einer beträchtlichen Datenreduktion verbunden ist. Besonders davon betroffen sind Signalmerkmale, die nur über einen kurzen Zeitraum bzw. in Übergangsphasen auftreten.

Neben der im Ansatz A angesprochenen Erhöhung der Vokalselektivität können Detektoren für markante, artikulatorisch begründete Ereignisse zum Einsatz kommen. Ein Grundprinzip ihrer Wirkungsweise besteht darin, daß sie nicht asynchron zum Signal über die gesamte Spracheinheit gleiten, sondern unter Ausnutzung feststehender phonetischer Relationen ereignisgesteuert aktiviert werden. Zusätzlich besteht die Möglichkeit der am Signal orientierten Modifikation von Analyseparametern wie z. B. Schwellwerten. Ein Beispiel soll das verdeutlichen.

Unterstellt man eine mangelnde Vokalselektivität des Erkenners, unterscheiden sich die Ziffern NULL und NEUN hauptsächlich im Finalkonsonanten /l/ bzw. /n/. Der abrupte Verschluß des Vokaltrakts, den die Zungenspitze beim Übergang vom Vokal zum anschließenden finalen /n/ in NEUN ausführt [5, 6], bewirkt eine Diskontinuität der Amplituden der Zeitfunktion und ihrer Hüllkurve. Dieser Sprung von 3…10 dB hat eine Dauer von 2…3 Grundperioden und besitzt perzeptive Relevanz für den Nasaleindruck [7]. Ein solcher Sprung fehlt bei dem mehr gleitenden Übergang zum finalen /l/ in NULL. Abb. 3 veranschaulicht das für die bereits in Abb. 1 verwendeten Realisierungen.

Auch wenn derartige Merkmale aufgrund starker inter- und intraindividueller Varianzen nicht in allen Realisierungen ausgeprägt sind (eine NEUN also nicht zwingend dieses Kennzeichen aufweisen muß), können sie doch den Entscheidungsprozeß unterstützen. Deshalb soll unsere Zusatzkomponente diese Diskontinuität der Hüllkurve zuverlässig detektieren und auf diese Weise die vorliegende Entscheidung für NEUN oder NULL verschärfen. Die Feststellung der Diskontinuität profitiert von der Tatsache, daß beide Wörter ein initiales /n/ aufweisen und somit der aktuelle Energiepegel des /n/ für den konkreten Sprecher bestimmt werden kann.

6. Literatur

[1] FALKHAUSEN, M.: Automatische sprecherunabhängige Einzelworterkennung auf der Grundlage diskreter Hidden-Markov-Modelle. Diplomarbeit, Inst. für Angewandte Physik, Goethe-Universität Frankfurt, 1989.

[2] BERG, H.: Beurteilung der Leistungsfähigkeit von Worterkennern. Diss. TU Dresden, Fak. E/E, 1989.

[3] TSCHESCHNER, W.; OSE, R.: Discrimination function and the perception of German vowels. 23rd Acoustic Conference, České Budějovice, 2.-4. 10. 1984, S. 39 - 46.

[4] TSCHESCHNER, W.; OSE, R.: Verfahren zur Vokaldiskrimination und -klassifikation. Patent DD 243 791 (1987).

[5] LINDNER, G.: Der Sprechbewegungsablauf. Eine phonetische Studie des Deutschen. Berlin: Akademie-Verlag 1975.

[6] MEINHOLD, G.; STOCK, E.: Phonologie der deutschen Gegenwartssprache. Leipzig: Bibliogr. Inst., 2. Aufl. 1982

[7] HAUSFELD, H.: Zur zeitlichen Strukturierung des Sprachsignals auf der Grundlage der psychoakustischen Hüllkurvenverarbeitung. Diss., TU Dresden 1984.

Konfigurieren und Trainieren
von Multilayer–Perzeptrons
am Beispiel der Ziffernerkennung

R. Henkel   U. Kreßel

Institut für Informationstechnik, Daimler-Benz AG
Forschungszentrum Ulm, Wilhelm-Runge-Str. 11, W-7900 Ulm/Donau

In diesem Beitrag wird das Multilayer-Perzeptron am Beispiel der Ziffernerkennung näher untersucht. Es interessiert einerseits die optimale Konfiguration und andererseits das schnelle und erfolgreiche Training des Multilayer-Perzeptrons. Dafür erweisen sich folgende Einflußgrößen als ausschlaggebend: Stichprobenumfang, Dimensionierung und Lernparameter. Es zeigt sich aber ein relativ robustes Verhalten des Multilayer-Perzeptrons bei dem realitätsnahen Beispiel der Ziffernerkennung. Der erfolgreiche und unkomplizierte Einsatz von Multilayer-Perzeptrons für die verschiedensten Anwendungsaufgaben ist sicherlich durch diese Bandbreite für die Parameterwahl mitbegründet.

1 Einleitung

Das Multilayer–Perzeptron gehört zu den prominenten und sehr häufig angewandten Paradigmen der neuronalen Konzepte. Dementsprechend finden sich in der Literatur eine Vielzahl an Untersuchungen des Verhaltens des Multilayer–Perzeptrons — leider jedoch meist nur einzelner Einflußgrößen oder aber an kleineren Beispielen. In diesem Beitrag untersuchen wir die Abhängigkeit von den drei wichtigsten Einflußgrößen — Umfang der Lernstichprobe, Dimensionierung des Multilayer–Perzeptrons und Einstellung der Lernparameter für die Adaptation — durchgehend an dem realitätsnahen Beispiel der Ziffernerkennung.

2 Multilayer–Perzeptron: Definition und Lernregel

Das (hier zweischichtige) Multilayer–Perzeptron ist schematisch im Bild 1 dargestellt und wird formelmäßig wie folgt definiert:

$$\mathbf{d} \;=\; \sigma \left(\mathbf{W}_{<2>}^{\mathrm{T}} \cdot \tilde{\sigma} \left(\mathbf{W}_{<1>}^{\mathrm{T}} \cdot \tilde{\mathbf{v}} \right) \right) . \tag{1}$$

Als Aktivierungsfunktion $\sigma(.)$ wird die Sigmoidfunktion $\mathcal{S}(x)$ verwendet:

$$\mathcal{S}(x) \;=\; \frac{1}{1 + e^{-x}} \qquad \text{mit} \qquad \frac{d\,\mathcal{S}(x)}{d\,x} \;=\; \mathcal{S}(x) \cdot \left(1 - \mathcal{S}(x) \right) . \tag{2}$$

Eine detailierte Beschreibung dieser üblichen Definition des Multilayer–Perzeptron findet sich zum Beispiel in [3].

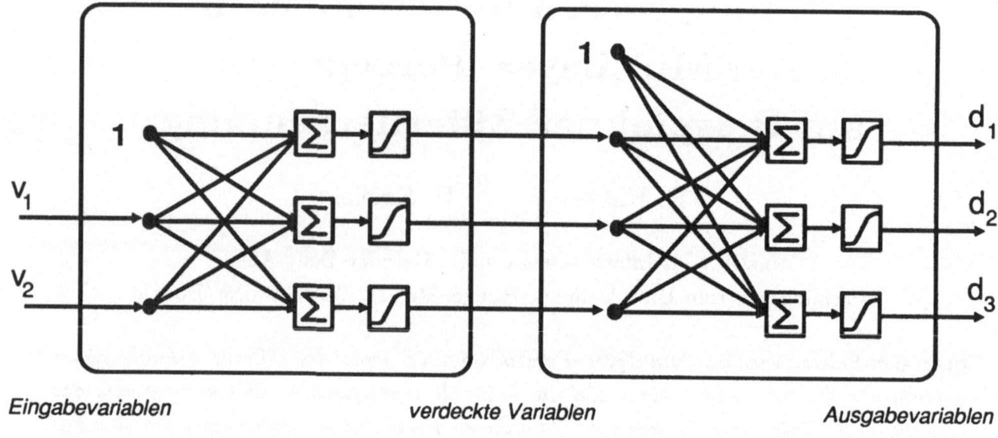

Struktur (wählbar):   Anzahl der Schichten und Neuronen

Optimierung (Adaptation):   Gewichte w_{ij}

Bild 1: Schematische Darstellung eines Multilayer–Perzeptrons

Während nun die Struktur (Anzahl der Schichten und Anzahl der Neuronen in den verdeckten Schichten) beim Entwurf festgelegt wird (siehe auch Abschnitt 4), erfolgt die Adaptation an ein gegebenes Problem durch die Einstellung der Gewichtskoeffizienten. Dazu wird der Erwartungswert des Betragsquadrates zwischen der Sollvorgabe **y** und der Ausgabe **d** des Multilayer–Perzeptrons minimiert, wobei der Erwartungswert durch den arithmetischen Mittelwert über die Lernstichprobe L ersetzt wird:

$$\mathrm{E}\left\{\left|\mathbf{y}-\mathbf{d}\right|^2\right\} \;=\; \frac{1}{L}\sum_{\lambda=1}^{L}\left|\mathbf{y}^{(\lambda)}-\mathbf{d}^{(\lambda)}\right|^2 \;=\; \frac{1}{L}\sum_{\lambda=1}^{L}\mathrm{F}^{(\lambda)} \;\doteq\; \mathrm{MIN}\left\{w_{ij}^{<h>}\right\}\,. \tag{3}$$

Die Einstellung der Koeffizienten $w_{ij}^{<h>}$ erfolgt entsprechend der *Error–Backpropagation* Formel iterativ mit Hilfe des Gradientenansatzes:

$$w_{ij}^{<h>}(t+1) \;=\; w_{ij}^{<h>}(t) \;+\; \alpha\cdot\left(-\frac{\partial\,\mathrm{F}^{(\lambda)}}{\partial\,w_{ij}^{<h>}}\right)\,. \tag{4}$$

Wie man aus Gleichung 4 sieht, verwenden wir den singulären Ansatz (siehe auch [3]) für die Error–Backpropagation Lernregel.

3   Datenmaterial und Stichprobenumfang

Für die empirischen Untersuchungen ist es wichtig, aussagekräftiges und realitätsnahes Datenmaterial zu verwenden. Wir untersuchen handgeschriebene Ziffern (siehe Bild 2) — da einerseits bei uns viel Erfahrung in der Ziffernklassifikation mit traditionellen Techniken besteht und andererseits in vielen in der Literatur veröffentlichten Untersuchungen genau solches Material als Beispielsaufgabe verwendet wird. Wichtig bei der Auswahl erschien uns ferner, daß die Daten durch hochdimensionale

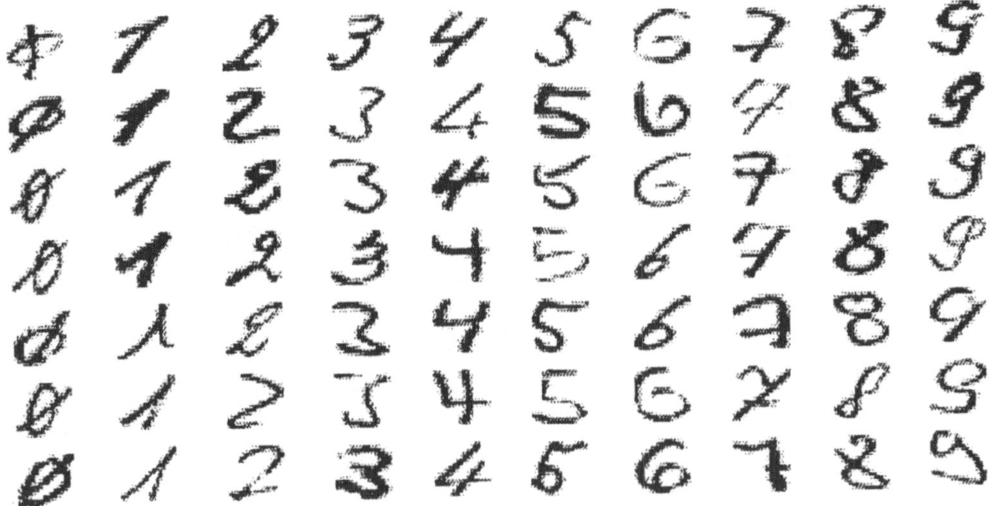

Bild 2: Nach Höhe und Breite normierte Rasterbilder für die Ziffernerkennung;
Auflösung: 16×16 Matrix mit 8 Bit Quantisierung

Merkmalsvektoren (bei den Ziffern: 256 Merkmale) beschrieben sind, eine überschaubare Klassenanzahl (hier 10 Klassen) besitzen und daß es sich um Lifematerial handelt, nicht aber um synthetisch (z.B. durch Algorithmen und/oder durch stochastisches Rauschen) erzeugte Daten.

Der erste Untersuchungsschwerpunkt gilt der Frage, inwieweit die Klassifikationsleistungen von dem Umfang der Lernstichprobe abhängen. Dabei interessiert einerseits, wie gut ein Multilayer–Perzeptron die gegebene Lernstichprobe in die vorgeschriebenen Klassen separieren kann (*Separationsleistung*), und andererseits, wie gut das so adaptierte Multilayer–Perzeptron neue, unbekannte Muster aus der sogenannten Teststichprobe (hier immer 1000 Muster pro Klasse) klassifizieren kann (*Generalisationsleistung*).

Für kleine Lernstichproben kann das Multilayer–Perzeptron zwar (fast) perfekt separieren, jedoch ist die Generalisationsleistung deutlich zu schlecht (siehe Bild 3). Dies ist verständlich, da die kleinen Stichproben nicht repräsentativ für das Gesamtproblem der Ziffernerkennung sind, was auch durch die Generalisierungsfähigkeit von statistischen Klassifikatoren, wie hier vom Multilayer–Perzeptron, nicht ausgeglichen werden kann.

Während die Fehlerrate bei der Separation (auch Reklassifikation genannt) bei allen untersuchten Lernstichprobenumfängen (deutlich) unter 1 Prozent liegt, nimmt der Generalisierungsfehler für alle Netzwerkgrößen mit wachsender Lernstichprobe ab — wobei die größeren Netzwerke erst bei dem vollem Lernstichprobenumfang von 1000 Muster pro Klasse deutliche Vorteile zeigen. Die optimale Generalisationsleistung (gemittelt über jeweils 3 unterschiedliche Initialisierungen der Gewichtskoeffizienten) ist für verschiedene Netzwerkgrößen logarithmisch in Bild 3 zusammengefaßt.

Abhängigkeit vom Stichprobenumfang

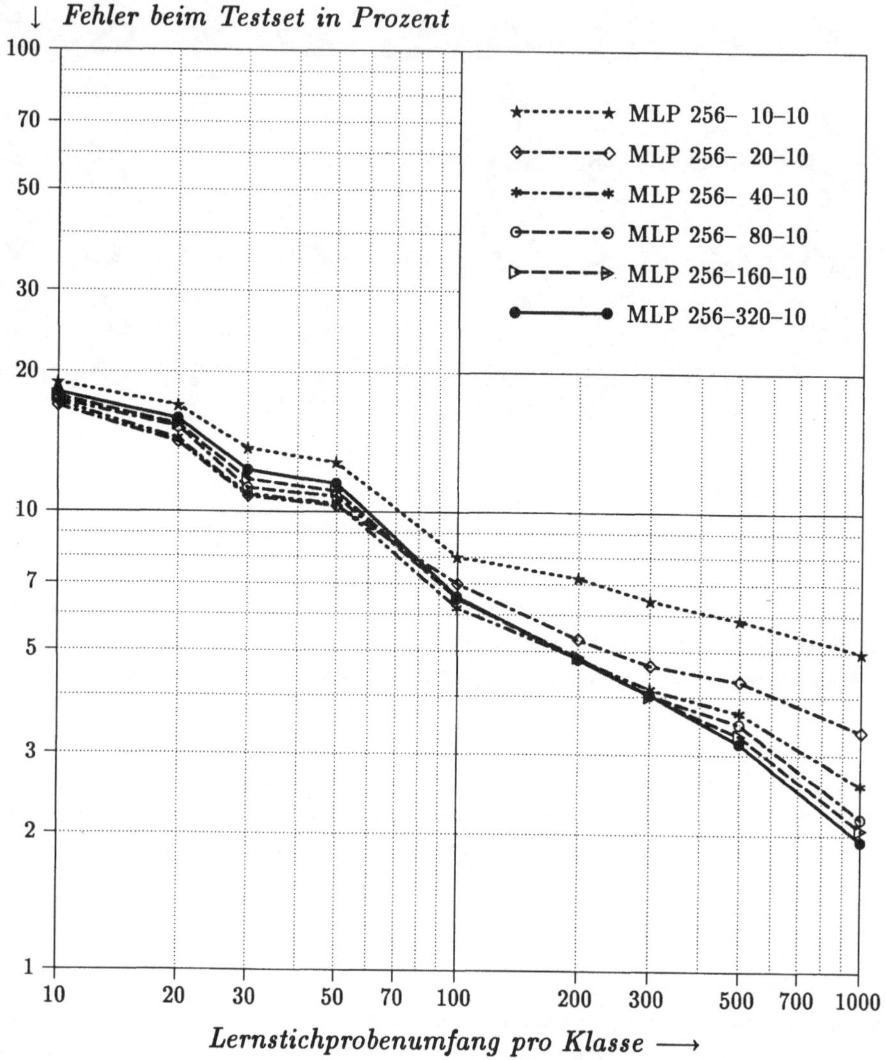

Bild 3: Abhängigkeit der Generalisierungsleistung des Multilayer-Perzeptrons
vom Lernstichprobenumfang für verschiedene Netzwerkgrößen;
*(Parameter: $\alpha = 0.2$, Initialisierungsbereich der Gewichte $w_{ij}(t = 0) = [-0.1, +0.1]$,
dargestellt ist jeweils die minimale Fehlerrate bei 100 Iterationen
für das Testset mit 1000 Mustern pro Klasse
— gemittelt über drei unterschiedliche Initialisierungswerte für die Gewichte.)*

Abhängigkeit von der Netzwerkgröße

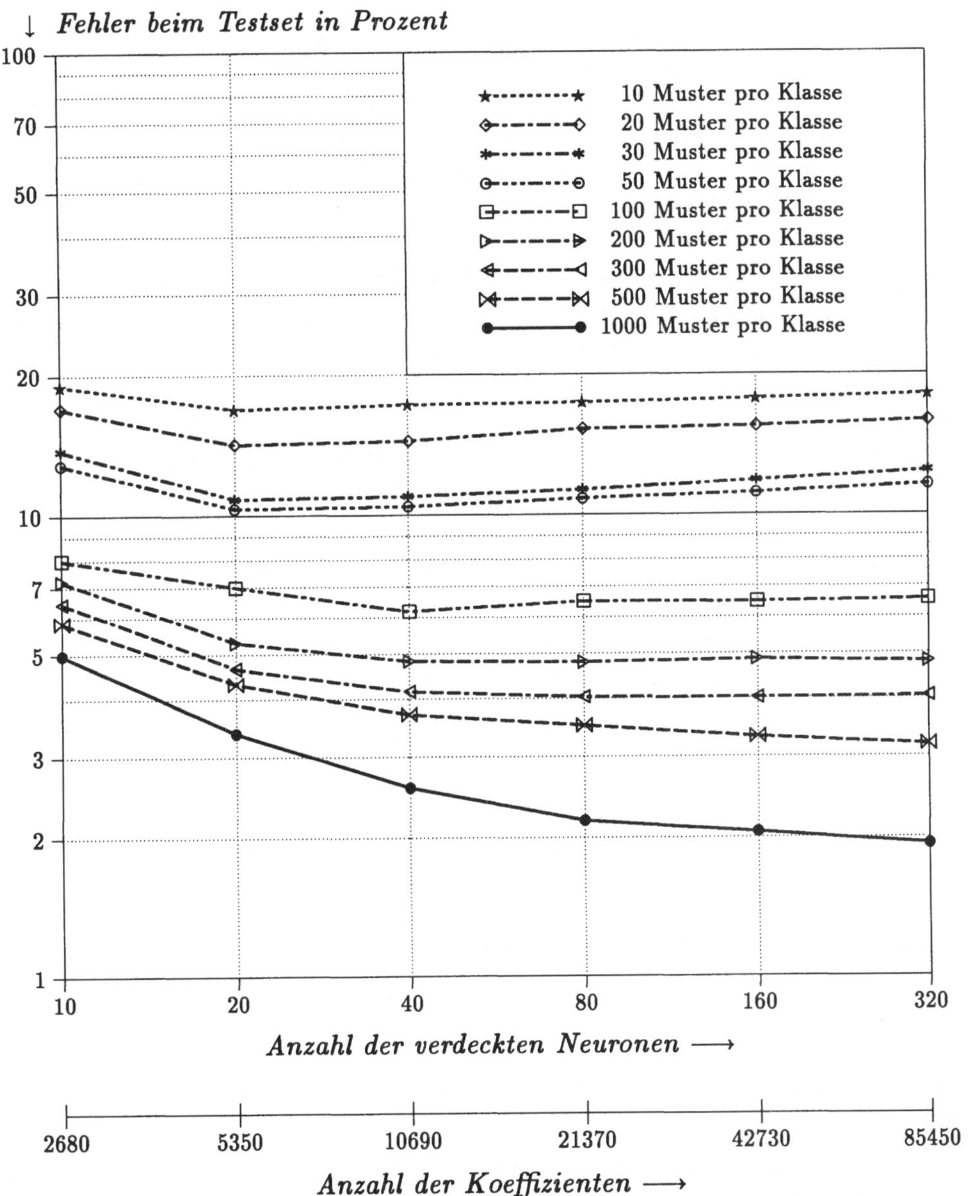

Bild 4: Abhängigkeit der Generalisierungsleistung des Multilayer–Perzeptrons
von der Netzwerkgröße für unterschiedliche Lernstichprobenumfänge;
(Parameter: $\alpha = 0.2$, Initialisierungsbereich der Gewichte $w_{ij}(t = 0) = [-0.1, +0.1]$,
dargestellt ist jeweils die minimale Fehlerrate bei 100 Iterationen
für das Testset mit 1000 Mustern pro Klasse
— gemittelt über drei unterschiedliche Initialisierungswerte für die Gewichte.)

4 Konfiguration und Dimensionierung

Ein wichtiger Punkt für den praktischen Einsatz des Multilayer–Perzeptrons ist die richtige Dimensionierung, die beim Entwurf vom Entwickler selbst ausgeführt werden muß. Wir haben in dieser Untersuchung hauptsächlich Multilayer–Perzeptrons mit einer verdeckten Schicht untersucht und dabei die Anzahl der Neuronen in der verdeckten Schicht von 10 über 20, 40, 80, 160 bis 320 variiert (siehe Bild 4). Die Unterschiede zwischen den einzelnen Netzwerken sind bei weitem nicht so groß wie bei der Untersuchung des Lernstichprobenumfangs, obwohl die Zahl der einzustellenden Koeffizienten um fast drei Zehnerpotenzen zwischen 2680 und 85450 variiert wird (Anzahl der Koeffizienten = Anzahl der Gewichte und Schwellwerte = $[e+1] \cdot h + [h+1] \cdot o = h \cdot [e+o+1] + o$; zum Beispiel ergibt sich für das Multilayer–Perzeptron 256–40–10: $40 \cdot [256 + 10 + 1] + 10 = 10690$).

Zur besseren Übersicht sind die optimalen Generalisationsleistungen (gemittelt über jeweils 3 unterschiedliche Initialisierungen der Gewichtskoeffizienten) für unterschiedliche Lernstichprobenumfänge logarithmisch in Bild 4 zusammengefaßt. Man sieht, daß es einerseits kein deutlich ausgeprägtes Minimum gibt und daß andererseits der optimale Bereich deutlich vom Lernstichprobenumfang abhängig ist. Es ist also leider nicht möglich, die optimale Konfiguration (aus Zeitgründen) mit einem kleinen Lernset zu ermitteln und dann auf den vollen Lernstichprobenumfang zu übertragen.

Als Anhaltspunkt für die Dimensionierung des Multilayer–Perzeptrons ist festzuhalten, daß man mit vollem Lernstichprobenumfang — ausgehend von einer Anzahl an Gewichtskoeffizienten in der Größenordnung des Lernstichprobenumfangs (hier in etwa 10000) — die Netzwerkgröße sukzessive vergrößern sollte bis keine Verbesserung mehr festzustellen ist. Falls die Generalisierungsleistung sofort schlechter wird, muß die Anzahl der Koeffizienten verringert werden, bis auf diese Weise ein Optimum gefunden wird.

Unsere Untersuchungen von Multilayer–Perzeptrons mit mehr als einer verdeckten Schicht zeigen ferner, daß beim Problem der Handschrifterkennung bei gleicher Anzahl an Koeffizienten die mehrschichtigen Multilayer–Perzeptrons keine Vorteile gegenüber einem zweischichtigen Multilayer–Perzeptron bieten, welches bekanntlich einen universellen Approximator (siehe auch [3]) darstellt.

5 Adaptation und Lernparameter

Die Adaptation der Gewichtskoeffizienten des Multilayer–Perzeptrons erfolgt, wie allgemein üblich, mit Hilfe der Error–Backpropagation Lernregel, die auf einem Gradientenansatz beruht (siehe Gleichung 4). Ein wichtiger Bestandteil ist dabei die sogenannte Lernrate α, die im weiterem näher untersucht wird.

Neben dem Ansatz von Gleichung 4 (*singulärer Ansatz*), bei dem die Gewichtsänderungen nach jeder Präsentation eines Lernmusters durchgeführt werden, wird manchmal auch ein kumulativer Ansatz verwendet, bei dem die Fehlergradienten über das ganze Lernset aufaddiert werden und die Gewichtskoeffizienten nur einmal pro Durchlauf durch das gesamte Lernset geändert werden. Dieser kumulative Ansatz erwies sich jedoch für das untersuchte Problem der Ziffernklassifikation mit einem großen Lernstichprobenumfang — der ja nötig ist, um eine gute Generalisierungsleistung zu erhalten — als indiskutabel schlecht. Beim singulären Ansatz wurde kein Momentumterm verwendet, da sich der Fehlergradient für jedes Lernmuster ändert und somit ein 'Trägheitseffekt' nicht notwendig ist (siehe auch [3]).

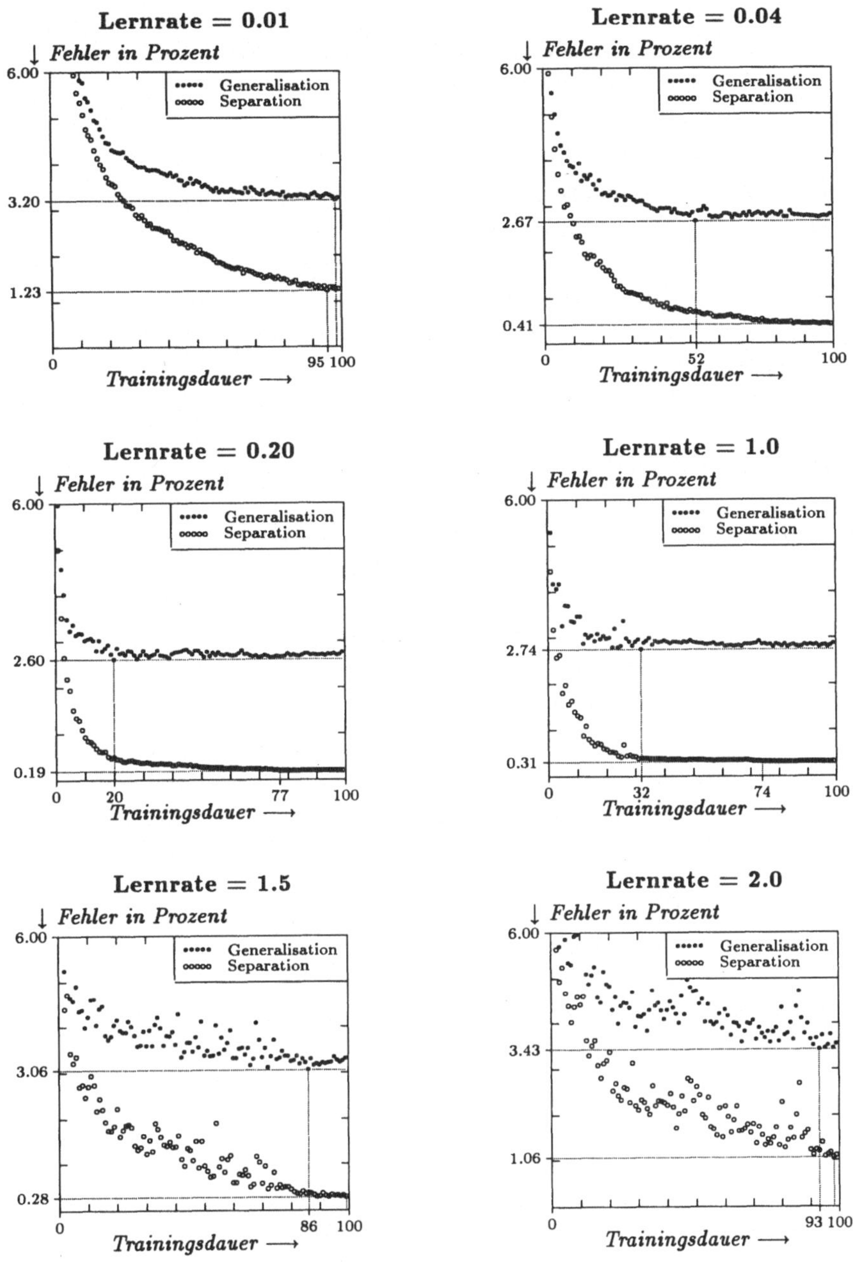

Bild 5: Adaptationsverlauf für das Multilayer–Perzeptron bei der Ziffernklassifikation abhängig von der Lernrate α;

(Parameter: MLP = 256 − 40 − 10, Lernset = 1000 Muster pro Klasse, Initialisierungsbereich der Gewichte $w_{ij}(t = 0) = [−0.1, +0.1]$, jeweils 3 verschiedene Startwerte — dargestellt ist immer der mittlere Versuch bezüglich der optimalen Generalisierungsleistung.)

Die Adaptationsverläufe eines Multilayer–Perzeptrons 256–40–10 für verschiedene Lernraten α sind im Bild 5 dargestellt. Die Trainingsdauer wird in Epochen gemessen, wobei eine Epoche einem vollständigen Durchlauf durch das Lernset entspricht. Um unabhängiger von der Anordnung der Muster im Lernset zu sein, wurden die Muster in jedem Durchgang jeweils zufällig ausgewählt (aus Optimierungsgründen implementiert als 'Ziehen mit zurücklegen').

Der Vergleich der Adaptationsverläufe zeigt, daß es für die Lernrate α eine ziemlich große Einstellbreite ($\alpha = 0.04$ bis $\alpha = 1.0$) mit guten Ergebnissen gibt. Nur für noch kleinere Werte ($\alpha = 0.01$) nimmt die Lerngeschwindigkeit deutlich ab, während für zu große Werte ($\alpha = 1.5$ und $\alpha = 2.0$) die Lernkurve oszilliert. Diese Probleme sind aber nicht nur auf dem Testset, sondern stets auch auf dem Lernset zu beobachten, so daß der Entwickler sichere Hinweise auf das Lernverhalten des Multilayer–Perzeptrons ableiten kann.

6 Zusammenfassung

Bei den Untersuchungen des Multilayer–Perzeptrons an dem realitätsnahen Beispiel der Ziffernklassifikation zeigte sich ein äußerst robustes Verhalten gegenüber den unterschiedlichen Einflußgrößen, wie Lernparameter oder Netzwerkgröße. Es ist zu vermuten, daß der erfolgreiche Einsatz von Multilayer–Perzeptrons bei verschiedensten Anwendungsaufgaben genau durch diese Robustheit mitbegründet ist. Manche Untersuchungen hingegen, die ausgehend von einem Einzelbeispiel spezielle Parametereinstellungen als allgemeingültige Daumenregeln ableiten, sind wohl eher kritisch zu betrachten.

Als nachteilig für die systematischen Untersuchungen erweisen sich die extrem langen Adaptationszeiten (circa 6 CPU–Stunden auf einer DECstation 5000–200 für ein Multilayer–Perzeptron 256–40–10 bei einem Lern– und Teststichprobenumfang von 1000 Mustern pro Klasse bei 100 Epochen). Beim Vergleich mit mehr traditionellen Verfahren, wie zum Beispiel dem Polynomklassifikator, fällt auf, daß das Multilayer–Perzeptron selbst bei größerem Aufwand (z.B. 42730 Koeffizienten) kaum besser ist — ein Polynomklassifikator mit circa 10000 Koeffizienten hat auf dem gleichen Testset eine Fehlerrate von etwa 2.2 Prozent (ohne spezielle Optimierung; siehe [2]).

Diese Untersuchungen wurden teilweise vom BMFT im Rahmen des Verbundprojektes BITEX (Fördernummer 413–4001–01 IN 109 B/6) unterstützt.

Literatur

[1] R. Henkel: *Konfigurieren und Trainieren von Multilayer–Perzeptrons am Beispiel der Ziffernerkennung*. Diplomarbeit, Fachhochschule Ulm, Februar 1992.

[2] U. Kreßel: *The impact of the learning–set size in handwritten–digit recognition*. S. 1685–1689 in T. Kohonen et al. (Hrsg.): *Artificial Neural Networks*. Proceedings of the 1991 International Conference on Artificial Neural Networks (ICANN–91), North–Holland, Amsterdam.

[3] U. Kreßel, J. Schürmann und J. Franke: *Neuronale Netze für die Musterklassifikation*. S. 1–18 in B. Radig (Hrsg.): *Mustererkennung 1991, 13. DAGM–Symposium, München*. Informatik–Fachberichte 290, Springer–Verlag, Berlin.

[4] U. Kreßel: *BMFT–Verbundprojekt BITEX: Systemkonzept zur Bilderkennung von Texturen in neuronaler Architektur*. Zwischenbericht, Daimler–Benz AG, Ulm, Februar 1992.

Ein Beitrag zur automatischen Interpretation von Bodenradargrammen

Ljudmila Kleinman, Jürgen Laugks
Fraunhofer - Institut für Mikroelektronische Schaltungen und Systeme,
Institutsteil Dresden, Grenzstraße 28, O - 8080 Dresden

Zusammenfassung:

*Die Meßwerte von Bodenradargrammen werden als Grauwert-
bilder aufgefaßt. Auf vergrabene, langgestreckte Objekte weisende
Diffraktionshyperbeln werden durch die Hough - Transformation
erkannt und lokalisiert. Unterschiedliche Strukturen im Boden und
verschiedene Böden werden mittels Texturanalyse klassifiziert.*

Die Inspektion der oberen Bodenschichten mittels Georadar ist ein kostengünstiges Prüfverfahren für Gelände, auf denen Baumaßnahmen, Kabelverlegungen und ähnliches mehr durchgeführt werden sollen. Hierzu wird ein Radargerät entlang eines sogenannten Radarprofiles über den Boden bewegt. Seine Sendeantenne strahlt eine elektromagnetische Impulsfolge in den Boden, die Empfangseinrichtung mißt die Amplituden der reflektierten Wellen in Abhängigkeit von der Zeit, die seit der Aussendung vergangen ist. Das Prinzip des Meßverfahrens ist in Bild 1 dargestellt / 1 /.

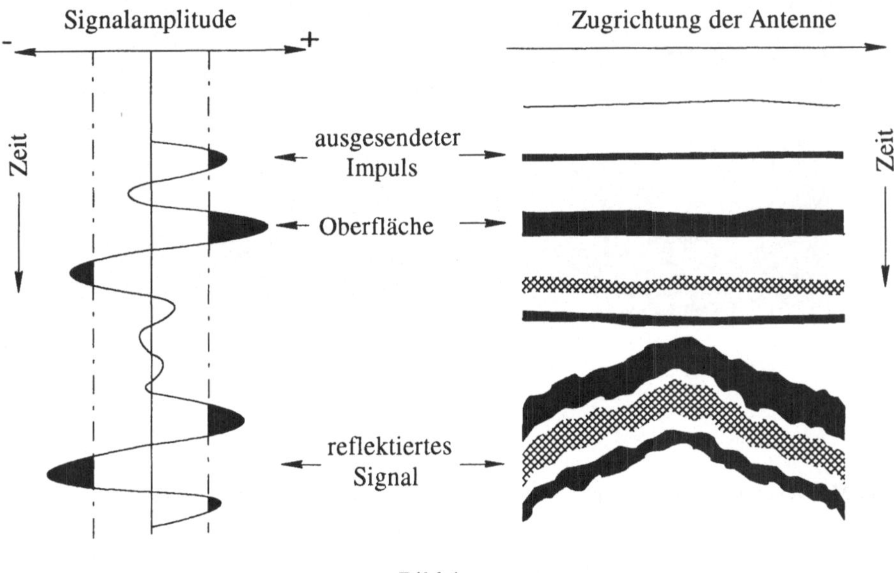

Bild 1

Die Arbeiten erfolgen im Rahmen des BMFT Verbundprojektes "Mustererkennungsverfahren und Algorithmen zur automatischen Interpretation und Objekterkennung in Bodenradargrammen " (MABO). Partner in diesem Projekt sind die Firma Atlas Elektronik Bremen, das IMS Institutsteil Dresden und die Christian Albrecht Universität Kiel.

Typische technisch - bodenphysikalische Werte bei diesem Vorgang sind:

- Die Haupterregungsfrequenz liegt je nach Sendeantennentyp zwischen 80 MHz und 900 MHz.
- Der zeitliche Meßbereich hat die Größenordnung einiger zehn Nanosekunden.
- Die nutzbare Eindringtiefe der elektromagnetischen Wellen beträgt zwischen 2 m in Tonböden und ca. 30 m in trockenem Sand.
- Die räumliche Distanz der einzelnen Messungen ist gewöhnlich < 1 cm bis einige 10 cm in Zugrichtung der Antennen.

  Bei der Erkundung von Bodenflächen erfolgen die Messungen in parallelen Schnitten, die im Abstand von etwa 50 cm bis zu einigen Metern liegen.
- Die Amplitudenauflösung der Messung der reflektierten Wellen beträgt meist 8 Bit, mit neuen Geräten sind auch 16 Bit möglich.

Im weiteren werden die Ort - Zeit - Amplitudenaufnahmen der Georadardaten als Grauwertbilder interpretiert. Eine Ort - Zeit - Amplitudenaufnahme von Rohren und Leitungen in trockenem Sand ist in Bild 2 zu sehen.

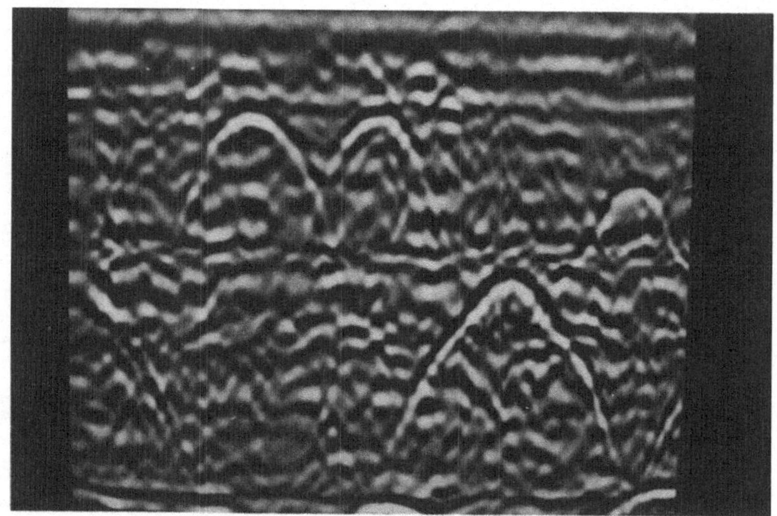

Bild 2

Das Projekt MABO zielt auf die Detektion vergrabener, nichtmetallischer Rohre und Leitungen sowie auf das Auffinden von Hohlräumen im Boden. Solche Objekte stellen unter bestimmten Voraussetzungen Punktdiffraktoren dar, die auf den Radargrammen durch hyperbelartige Kurven oder Hyperbeläste gekennzeichnet sind (Bild 3). In Bild 2 sind diese Hyperbeln deutlich zu sehen. Ebenso deutlich zeigen sich die Reflexionen, die auf kleinere Steine verweisen. Im Sinne der zunächst gestellten Aufgabe der Lokalisierung von Punktdiffraktoren im Boden sind dies Störungen. Bei der Bewertung von Bodeneigenschaften beinhalten diese Texturen jedoch auszuwertende Informationen.

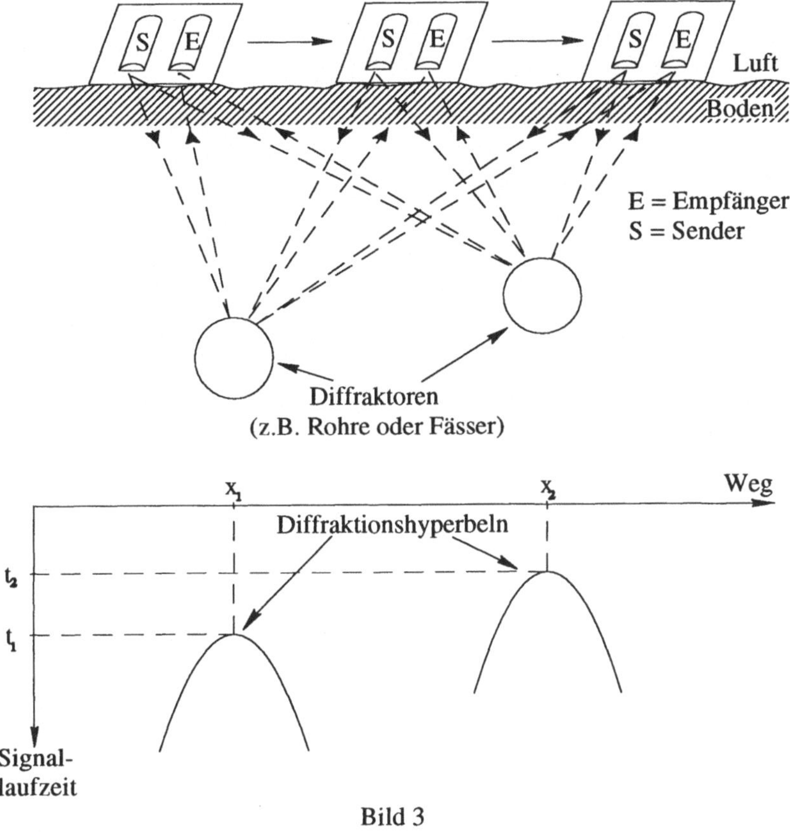

Bild 3

Für den breiten Einsatz dieses Erkundungsverfahrens im ingenieurtechnischen Alltag ist eine Verbesserung der Interpretierbarkeit der Daten dringend geboten. Die Aufgabe besteht zunächst darin, in den zweidimensionalen Ort - Zeit - Schnitten Diffraktionshyperbeln aufzufinden und so zu interpretieren, daß sich Rückschlüsse auf die gesuchten vergrabenen Gegenstände ziehen lassen. Wegen der starken, durch Bodeninhomogenitäten wie größere Steine und Bauschutt hervorgerufenen <u>störenden</u> Reflexionen kann nur ein als robust bekanntes Verfahren herangezogen werden. Die Form der Kurven, die auf die gesuchten Gegenstände hinweisen, ist mathematisch beschreibbar. Somit kann Wissen über die zu detektierenden Objekte in das Segmentierungsverfahren eingebracht werden. Mit einer Reihe vereinfachender Annahmen, die für die Ausbreitung elekromagnetischer Wellen im Boden zutreffen, kann nach der durch Bild 4 illustrierten Formel die Laufzeit des reflektierten Signales berechnet werden.

Die Untersuchungen wurden zunächst auf die Objektfindung mittels Hough - Transformation / 2 /, eingeschränkt auf die Suche nach unten geöffneter Hyperbeln in den Radarprofilen, konzentriert. Dabei werden alle auf der Diffraktionskurve liegenden Punkte zum Scheitelpunkt transformiert, wobei die Umrechnung in die gesuchten Koordinaten Ort und Tiefe (x_o, D_o) durchgeführt wird.

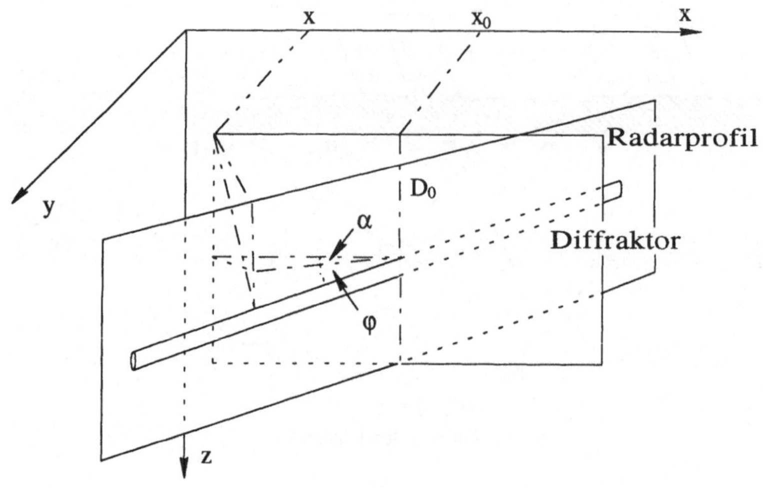

Bild 4

$$t(x, \varphi, \alpha) \;=\; \frac{2 \cdot |\vec{a}|}{v}$$

$$=\; \frac{2 \cdot c}{\sqrt{\varepsilon_r}} \sqrt{[(x - x_0) \cdot \sin\varphi]^2 + [D_0 + (x - x_0) \cdot \cos\varphi \cdot \tan\alpha]^2}$$

mit:

   t   = Laufzeit des reflektierten Radarsignales

   c   = Lichtgeschwindigkeit im Vakuum

   e_r = relative Dielektrizitätskonstante des Bodens

   x   = x - Koordinate des Ortes des Radargerätes

   x_o = x - Koordinate der Projektion des Diffraktors auf die Oberfläche mit dem Radarprofil

   D_o= Tiefe des Diffraktors im Punkt x_o

   α   = Neigung des Diffraktors in Bezug zur Oberfläche

   φ   = Winkel zwischen Radarprofil und Diffraktorprojektion

Die Terme α , φ und ε_r sind ebenfalls Komponenten des Parameterraumes. Können sie näher bestimmt werden, vereinfacht sich der Suchprozeß. In Fällen, in denen α und φ bei nicht orthogonal aufgenommenen, nicht parallel zur Oberfläche liegenden Diffraktoren von Bedeutung sind, vergrößern diese beiden Parameter die Dimension des Parameterraumes. Durch Erweiterung der Hough - Transformation auf die gleichzeitige Verarbeitung zweier auf der Kontur liegender Punkte könnte diesem Problem begegnet werden. Eine Schätzung der relativen Dielektrizitätskonstante des Bodens ε_r kann durch Bestimmung der Bodeneigenschaften erfolgen.

Um die Dimension des Parameterraumes zu verringern, wird die Hough - Transformation zur Bestimmung von x_0 und D_0 über die Einbeziehung der Tangentenrichtungen an den Diffraktionshyperbeln effektiver gestaltet.

$$f(x, t, \varepsilon_r, \alpha, \varphi) \; = \; 0$$

$$\frac{\partial f}{\partial x}(x, t, \varepsilon_r, \alpha, \varphi) \; = \; 0$$

$$\left. \frac{\partial t}{\partial x} \right|_{\substack{x = x_1 \\ t = t_1}} \; = \; \tan\left(\arctan\left(g(x, t) - \frac{\pi}{2}\right)\right) = -\frac{1}{g(x, t)}$$

mit   g(x,t) - Richtung des Grauwertgradienten im Bild 4

Zur Gewährleistung der erforderlichen Genauigkeit bei der Bestimmung der Gradientenrichtung wurden Arbeiten zu weiterentwickelten Gradientenoperatoren herangezogen / 3 /. Bild 5 zeigt die Ergebnisse der Hough - Transformation nach der Bearbeitung des Radargrammes Bild 2. Die Schwerpunktkoordinaten der Peaks bestimmen Ort und Tiefe der gesuchten Objekte im Boden.

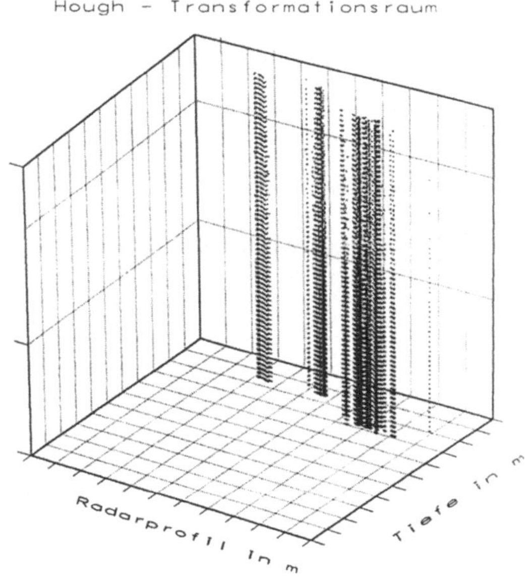

Bild 5

Bei der Auswertung von Georadargrammen ist die Ermittlung von Bodeneigenschaften (zum Beispiel der Bodenfeuchte, die den Parameter ε_r beeinflußt) und der Bodenstruktur von entscheidender Bedeutung. Die Untersuchungen gehen davon aus, daß sich Bodeneigenschaften signifikant in den Texturen von Bodenradargrammen niederschlagen. Zur Prüfung dieser Hypothese wurden ausgewählte Georadargramme einer Analyse unterzogen, die sich an die Vorgehensweise von LAWS / 4 / anlehnt. Dabei werden zunächst spezielle Filter auf die als Grauwertbilder interpretierten Georadargramme angewandt. Diese Filter betonen beziehungsweise unterdrücken charakteristische Texturen. Die Berechnung der Merkmale erfolgt durch Bildung der Mittelwerte der Absolutwerte nach der Filterung innerhalb eines gewählten Fensters. Nach dem Aufbau einer Stichprobe, die die charakteristischen Regionen der Bilder umfaßt, werden die Merkmale durch Diskriminanzanalyse bewertet. Bild 6 zeigt die mittels Diskriminanzanalyse festgestellte Unterscheidbarkeit verschiedener Klassen von Hintergrundstrukturen im Beispielbild. Dargestellt sind Punkte für Stichproben mit glattem, Kreuze für solche mit welligem Hintergrund.

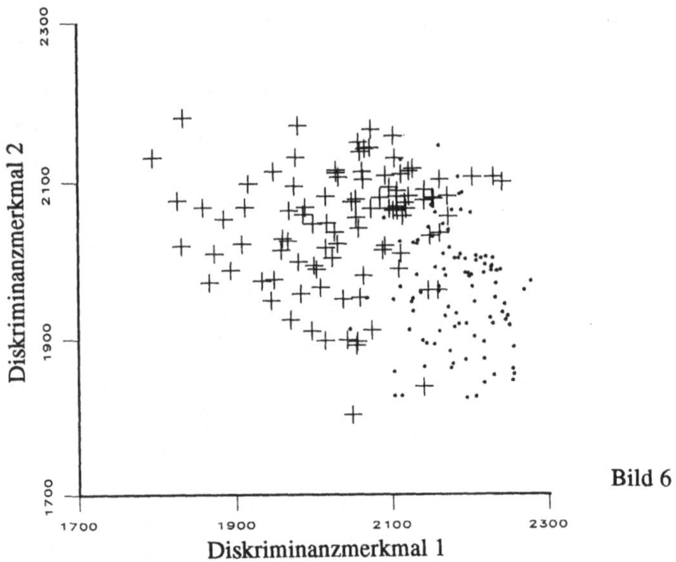

Bild 6

Literatur:

/ 1 /   SIR ^{R} SYSTEM - 10
        Users Manual, GSSI Inc., 1991
/ 2 /   Ballard, D.H; Brown, Ch. M.
        Computer Vision
        Prentice Hall, New Jersey 1982
/ 3 /   Davis E.R.
        Circularity - a new principle underlaying
        the Design of accurate edge orientation operator
        Image and vision computing
        Vol. 2, No. 3 1984 P. 134 - 142
/ 4 /   Laws, K. I.
        Textured Image Segmentation, Dissertation
        University of Southern California 1980

Eine Online-Subpixelinterpolation für CCD-gestützte Triangulationsmeßsysteme nach dem Lichtschnittverfahren

Jürgen Klicker, Patric Heide
Zentrum für Sensorsysteme (ZESS)
Universität-GH-Siegen
W-5900 Siegen

1. Einleitung und Problemstellung

Die Signalverarbeitung CCD-gestützter zweidimensionaler Triangulationsmeßsysteme stellt eine Sonderform der industriellen Bildverarbeitung dar. Die Hauptaufgabe besteht darin, eine Linienstruktur in den Grauwerten des CCD-Ausgangssignals zu erkennen, ihre Position innerhalb einer jeden CCD-Zeile zu speichern und in Entfernungsmeßwerte umzusetzen sowie Störungen abzutrennen.

Es sind Algorithmen und auch Hardwarestrukturen bekannt, die dieses Problem online und pixelgenau auf der Basis digitaler Signalprozessoren lösen, selbst wenn die Bildrate weit über der Video-Norm gewählt wird. Ein entsprechendes funktionsfähiges Sensorsystem existiert im ZESS. Wünschenswert ist nun eine Steigerung der Ortsauflösung, ohne die bereits erreichte Online-Auswertung aufzugeben.

Als Basis dient hier ein vom Autor auf der DSP'91 in Berlin vorgestelltes signalprozessorgestütztes Konzept zur pixelgenauen Online-Auswertung, bei dem ein spezieller Flankenfinderschaltkreis beleuchtete Flecke auf der CCD-Oberfläche erkennt und die Speicherung ihrer örtlichen Lage in einem Dual-Ported-RAM auslöst [2].

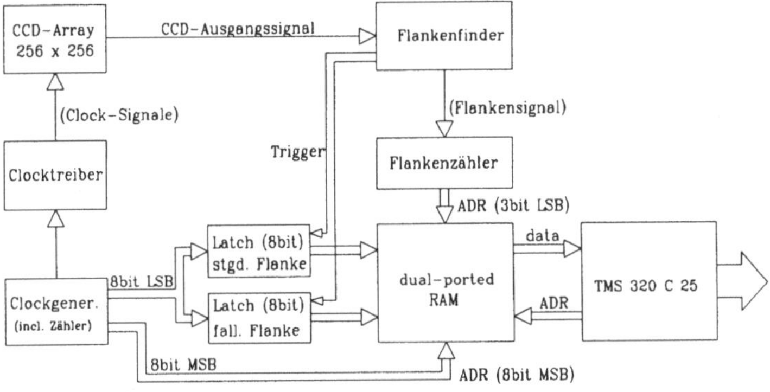

Bild 1: Signalprozessorgestütztes Konzept zur pixelgenauen Online-Verarbeitung der Sensorsignale eines zweidimensionalen Triangulationsmeßsystems

Um die gewünschte Online-Subpixelinterpolation zu ermöglichen, muß dem in Bild 1 dargestellten Konzept eine Analogrechenschaltung zur schnellen Berechnung des Korrekturterms sowie ein zusätzliches Dual-Ported RAM zur Speicherung der Ergebnisse hinzugefügt werden (vgl. Bild 2). Darüber hinaus ist in der Regel eine Korrektur des uneinheitlichen Verhaltens einzelner CCD-Zellen (Pixel-Nonuniformity) unvermeidlich.

Die für die Online-Subpixelinterpolation neu hinzukommenden Systemkomponenten sind in Bild 2 invers dargestellt.

Hier nun wird eine Analogrechenschaltung (in Bild 2 rechts oben) vorgestellt, die - ausgehend von einer modellhaften Beschreibung des Grauwertverlaufs an der gesuchten Stelle - eine 2-Bit-Subpixelinterpolation vornimmt. Sie berechnet mit einem einfachen Algorithmus einen 2Bit-Korrekturterm innerhalb einer Periode der Pixelclock, wobei diese z. Zt. bis zu etwa 12 MHz gewählt werden kann.

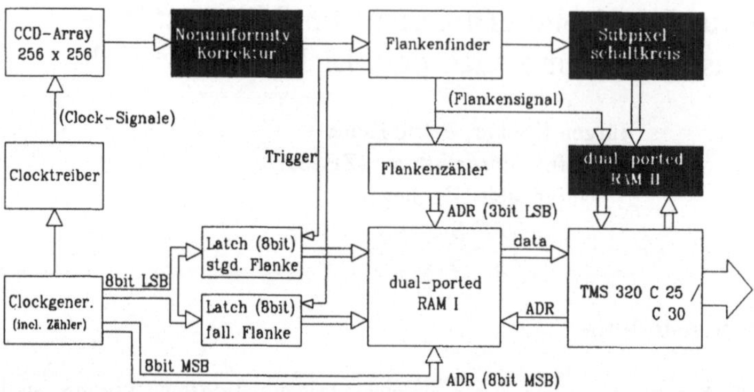

Bild 2: Datenakquisition des Signalprozessors bei zusätzlicher Subpixelinterpolation

2. Anforderungen an die Schaltung und den Algorithmus

Der zu realisierenden Schaltung kann vom Flankenfinderschaltkreis der Grauwert des gerade ausgelesenen CCD-Pixels sowie die Grauwerte der beiden Vorläufer zur Verfügung gestellt werden. Dieser Zustand bleibt für die Dauer einer Periode der Pixelclock erhalten.

Bei einer Pixelclockrate von 12MHz muß die Berechnung des Korrekturterms folglich in weniger als 83ns erfolgen. Dazu

- darf der Algorithmus nur aus wenigen einfachen Rechenoperationen bestehen und
- muß der Rechengeschwindigkeit der Schaltung Priorität vor der Rechengenauigkeit eingeräumt werden.

Zusätzlich muß gewährleistet bleiben, daß der Algorithmus unempfindlich sowohl gegenüber der Addition einer Konstanten (Hintergrundbeleuchtung) als auch gegenüber der Multiplikation mit einer Konstanten (Variation des Reflexionsvermögens der zu vermessenden Oberfläche) ist.

3. Herleitung des Interpolationsalgorithmus'

Die auf den CCD-Sensor einfallende optische Leistungsdichte (Bild 3) wird ortsdiskret in Form von elektrischer Ladung in den CCD-Zellen gespeichert. Durch den Ausleseprozeß wird diese ortsdiskrete Funktion für jede Sensorzeile in einen zeitdiskreten Ausgangsstrom $i(t)$ transformiert (Bild 4). Somit kann ein fiktiver kontinuierlicher Ausgangsstrom $i^*(t)$ (Bild 5) definiert werden, der aus der kontinuierlichen Ortsfunktion der Beleuchtungsstärke hervorginge, wenn ein idealer CCD-Sensor mit unendlich vielen Elementen in einer Zeile verwendet würde.

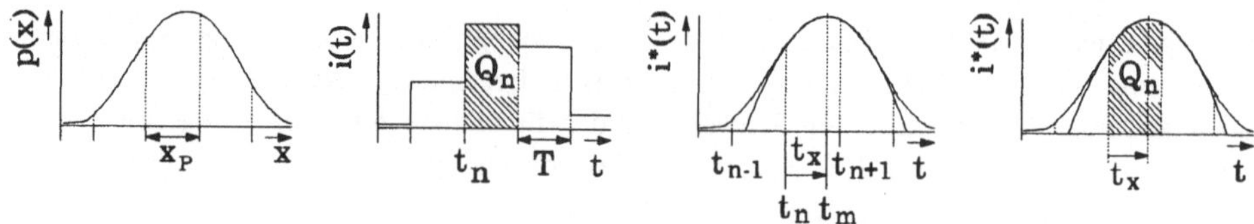

Bild 3:   Ortskontinuierliche Beleuchtungsstärkefunktion mit Pixellänge x_p
Bild 4:   Zeitdiskrete Ausgangsfunktion $i(t)$ mit Pixelclockperiode T
Bild 5:   Fiktive zeitkontinuierliche Ausgangsfunktion $i^*(t)$ mit gesuchtem Maximalwert t_m und gesuchtem Korrekturwert t_x
Bild 6:   Fiktive zeitkontinuierliche Ausgangsfunktion $i^*(t)$ mit Ladungsmenge Q_n

Die pixelgenaue Zeitbestimmung des Strommaximums mit dem ursprünglichen Konzept und damit die pixelgenaue Ortsbestimmung des Maximus der Beleuchtungsstärkefunktion habe bereits den Wert t_n ermittelt.

Als Ansatz für eine Interpolation und damit für eine Berechnung des Korrekturwertes $t_x = t_n - t_m$ wird die Leistungsdichte in der Umgebung ihres Maximums als normalverteilt angenommen (Bild 5, obere Linie):

$$i * (t) = I_0 \cdot e^{-\left(\frac{t - t_m}{t_\sigma}\right)^2} \qquad \text{[Gl. 1]}$$

Die Taylorentwicklung mit Abbruch nach dem quadratischen Glied liefert (Bild 5, unten):

$$i * (t) \approx I_0 \cdot \left(1 - \left(\frac{t - t_m}{t_\sigma}\right)^2\right) \qquad \text{[Gl. 2]}$$

Eine Integration über eine Periode der Pixelclock führt auf einen Ausdruck für die in einem CCD-Pixel gespeicherte Ladung (Bild 4 und Bild 6):

$$Q_i = \int_{t_i}^{t_{i+1}} I_0 \cdot \left(1 - \left(\frac{t - t_m}{t_\sigma}\right)^2\right) dt = I_0 \cdot t - \frac{I_0}{3\,t_\sigma^2} \cdot (t - t_m)^3 \qquad \text{[Gl. 3]}$$

Die Differenzbildung benachbarter Ladungen führt auf:

$$Q_i - Q_{i-1} = \frac{I_0}{3\,t_\sigma^2} \cdot \left[(t_i - t_m)^3 - (t_{i-1} - t_m)^3 - (t_{i+1} - t_m)^3 + (t_i - t_m)^3\right] \qquad \text{[Gl. 4]}$$

Einsetzen von $i = n$ ergibt:

$$Q_n - Q_{n-1} = \frac{I_0}{3\,t_\sigma^2} \cdot \left[2 \cdot (t_n - t_m)^3 - (t_{n-1} - t_m)^3 - (t_{n+1} - t_m)^3\right] \qquad \text{[Gl. 5]}$$

Mit $t_x = t_n - t_m$ und $t_{n-1} - t_m = -(T + t_x)$ sowie $t_{n+1} - t_m = (T - t_x)$ folgt:

$$Q_n - Q_{n-1} = \frac{2 \cdot I_0}{t_\sigma^2} \cdot \left[t_x \cdot T^2\right] \qquad \text{[Gl. 6]}$$

Analog dazu ergibt sich für $Q_{n+1} - Q_n$:

$$Q_{n+1} - Q_n = \frac{2 \cdot I_0}{t_\sigma^2} \cdot \left[t_x \cdot T^2 - T^3\right] \qquad \text{[Gl. 7]}$$

Eliminiert man den unbekannten Ausdruck $(2 \cdot I_0 / t_\sigma^2)$, indem man die beiden Differenzladungen jeweils nach der Unbekannten auflöst und dann gleichsetzt, erhält man:

$$\frac{Q_n - Q_{n-1}}{t_x \cdot T^2} = \frac{Q_n - Q_{n+1}}{T^3 - t_x \cdot T^2} \qquad \text{[Gl. 8]}$$

Eine weitere Umformung führt schließlich auf eine Formel für die auf das Zeitintervall T bezogene Verschiebung des Intensitätsmaximums und damit auf den gesuchten Korrekturterm [1]:

$$\frac{t_x}{T} = \frac{Q_n - Q_{n-1}}{2 \cdot Q_n - Q_{n-1} - Q_{n+1}} \qquad \text{[Gl. 9]}$$

Die durch Subpixelinterpolation berechnete korrigierte Lage des modellhaft beschriebenen Musters ergibt sich nun zu:

$$t_m = t_n + t_x \qquad \text{[Gl. 10]}$$

Zur Veranschaulichung werden drei signifikante Spezialfälle betrachtet:

$$Q_{n-1} = Q_n \quad \Rightarrow \quad \frac{t_x}{T} = \frac{Q_n - Q_n}{2 \cdot Q_n - Q_n - Q_{n+1}} = 0$$

$$Q_{n+1} = Q_{n-1} \Rightarrow \frac{t_x}{T} = \frac{Q_n - Q_{n-1}}{2 \cdot Q_n - 2 \cdot Q_{n-1}} = 0{,}5$$

$$Q_{n+1} = Q_n \Rightarrow \frac{t_x}{T} = \frac{Q_n - Q_{n-1}}{Q_n - Q_{n-1}} = 1$$

Für die Berechnung dieses Terms sind nur die drei gespeicherten Ladungen erforderlich. Wie gefordert, ändert der Ausdruck seinen Wert nicht, wenn zu allen beteiligten Ladungsmengen eine Konstante hinzuaddiert wird oder wenn alle Ladungsmengen mit einer Konstanten multipliziert werden. Die Komplexität der Berechnung ist mit nur einer Division als komplizierteste Rechenoperation relativ gering.

4. Hardwarekonzeption

Zur Berechnung des Korrekturwertes sind, wie im letzten Abschnitt hergeleitet wurde, mehrere Additionen und Subtraktionen sowie eine Division notwendig. Die gesuchte Schaltung wird folglich aus zwei analogen Schaltungen zur Bildung des Zähler- und des Nennerterms und einem Dividierer bestehen, der sich eine dritte Stufe zur Analog-Digital-Wandlung des berechneten Korrekturterms anschließt.

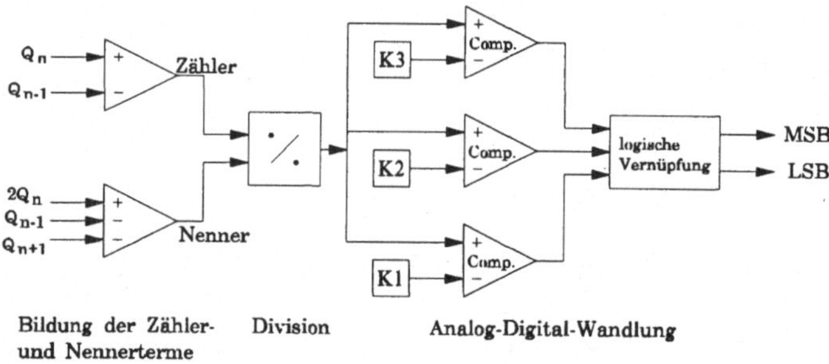

Bild 7: Hardwarekonzept

Als Eingangsdaten müssen jeweils die aktuellen Werte der Ladungen Q_{n-1}, Q_n und Q_{n+1} in die Spannungen U_{n-1}, U_n und U_{n+1} umgeformt und an den Schaltungseingängen zur Verfügung gestellt werden. Diese werden von Sample-And-Hold-Gliedern des Flankenfinderschaltkreises geliefert. Ihr Wert liegt jeweils zwischen -0,5V und +0,5V.

Aufgrund der Differenzbildung sind die zunächst errechneten Zähler- und Nennerwerte jedoch stets positiv, so daß zur Division ein 1-Quadranten-Dividierer hinreichend ist.

Die Analog-Digitalwandlung erfolgt mit drei sehr schnellen ECL-Komparatoren, deren Ausgangspegel durch logische Schaltungen zu dem gewünschten 2-Bit-Wort verknüpft werden.

5. Realisation

5.1. Bildung der Zähler- und Nennerterme

Für die Bildung der Zähler- und Nennerterme werden insgesamt 3 Operationsverstärker benötigt, die aufgrund der hohen Anforderungen an die Durchlaufverzögerung und der geringen Anforderungen an die Rechengenauigkeit und Linearität einstufig diskret hergestellt werden (Vgl. Bild 9 und [4]).

5.2 Dividierer

Als Dividierer konnte ein einfacher 1-Quadranten-Dividierer [4] benutzt werden, wobei auch hier die erforderlichen Operationsverstärker diskret aufgebaut wurden.
Die Schaltung ist so abgeglichen, daß stets ein Divisionergebnis zwischen 0 und 1V entsteht.

5.3 Analog-Digitalwandlung und Logische Verknüpfung

Als Komparatoren wurden ECL-Komparatoren des Typs SP 9685 bzw. SP 9687 der Fa. Plessey verwendet, weil sie Schaltzeiten im Bereich weniger Nanosekunden ermöglichen und weil durch die komplementären Ausgänge einige logische Verknüpfungen in Wired-Or-Technik realisiert werden können.

Divisionsergebnis	Komparatorausgänge			2-Bit-Wort	
	A	B	C	MSB	LSB
1V	1	1	1	1	1
0,75V	1	1	0	1	0
0,50V	1	0	0	0	1
0,25V	0	0	0	0	0
0					

Tabelle 1: Erforderliche logische Verknüpfungen

Tabelle 1 läßt erkennen, daß das höherwertige Bit gleich dem Komparatorausgang B ist und daß das niederwertige Bit durch die Verknüpfung LSB = C + (A · NOT (B)) hergestellt werden kann.

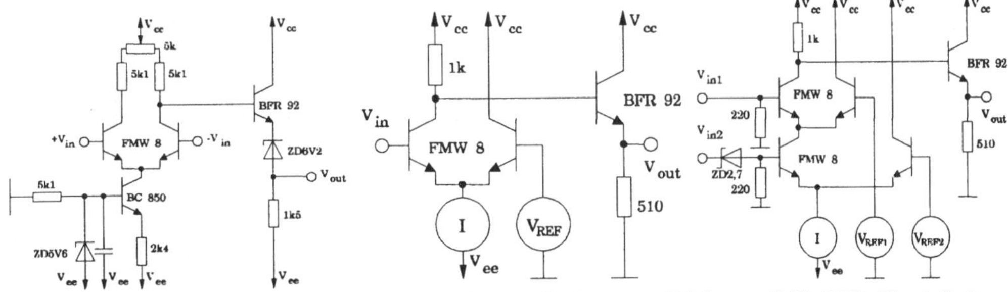

Bild 8a,b: Logikschaltungen

Die für den nachfolgenden Speicher notwendige Pegeltransformation auf TTL-Niveau wurde durch die diskret aufgebauten Logikschaltungen mit übernommen.

Bild 9,10,11: Diskreter OP-Amp, Diskreter ECL-TTL-Inverter, Diskretes ECL-TTL-Nand-Gatter

6. Schaltungstest

Bild 12 zeigt das transiente Verhalten der Schaltung anhand des MSB-Ausgangs für eine hohe Gesamtenergie ($U_{NENNER} = 2U_n - U_{n-1} - U_{n+1} = 1V$). Die Zähler und Nennerwerte wurden dabei sprunghaft so eingestellt, daß mit $U_{ZÄHLER}$ / U_{NENNER} = 0,6 zum Zeitpunkt t_n ein Ergebnis für das zu berechnende binäre Korrekturwort von 10 erwartet wird.

In Bild 13 wurde die Gesamtenergie (U_{NENNER} = 0,3V) reduziert , wodurch die Durchlaufverzögerung der Schaltung deutlich ungünstigere Werte annimmt.

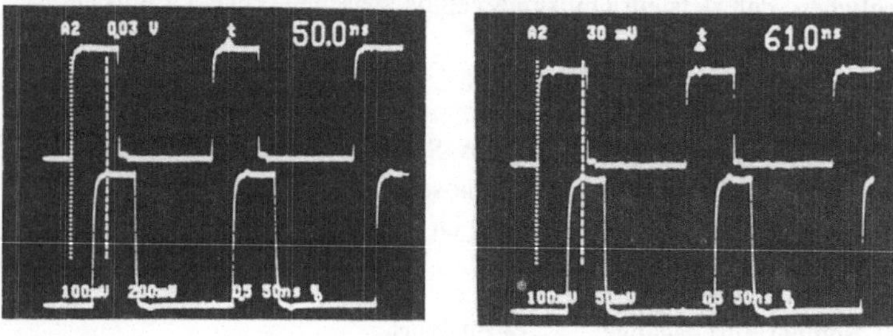

Bild 12,13:   Transientes Verhalten der Schaltung für hohe bzw. niedrige Energie

Wird die Gesamtenergie noch deutlich kleiner gewählt, so erfüllt die Durchlaufverzögerung nicht mehr die gestellten Anforderungen. Diesem Nachteil kann jedoch durch eine auf den Spitzenwert ausgerichtete Blendenregelung und durch eine automatische Verstärkungsregelung (Automatic Gain Control, AGC) begegnet werden.

7. Zusammenfassung und Ausblick

Vorgestellt wurde eine Einrichtung zur Online-Subpixelinterpolation bei zweidimensionalen Triangulationsmeßsystemen mit CCD-Arrays als Bildsensor. Sie stellt eine Ergänzung zu einer vom Autor vorgestellten signalprozessorgestützen Online-Sensorsignalverarbeitung für Lichtschnittsysteme mit sehr hohen Bildraten dar.

Mit ihrer Hilfe kann die Position eines zuvor modellhaft beschriebenen Grauwertverlaufs mit einer Auflösung von 0,25 Pixel während des CCD-Ausleseprozesses bestimmt werden.

Eine weitergehende Auflösungssteigerung wäre für die Anwendung der zweidimensionalen Triangulation nur von begrenztem Nutzen, weil Modellvorgaben für die Ortsfunktion der optischen Leistungsdichte auf der CCD-Oberfläche aufgrund der unbekannten Eigenschaften des Meßobjekts nur begrenzt eingehalten werden.

Als Anwendung für das Gesamtsystem bietet sich vor allem die dreidimesionale Objektvermessung an. Speziell für den Bereich der Qualitätssicherung bei großen Objekten ist eine Einbindung des Sensors in ein multisensorielles System vorgesehen [3].

8. Literaturangaben

[1]   **Heide, P.,** Entwurf und Realisation einer Analogrechenschaltung zur Online-Subpixelinterpolation für CCD-gestützte Triangulationsmeßsysteme, Studienarbeit an der U-GH-Siegen, 1991

[2]   **Klicker, J., Boerner A.,** A DSP-System to Reduce Redundancy in Triangulation Based Three-Dimensional Scanning Systems, Vortrag auf der DSP'91, Tagungsband S. 471-480, Berlin, 1991

[3]   **Ley, D.,** Ein intelligentes Multisensorystem zur berührungslosen Erfassung dreidimensionaler Konturen, dem Fachbereich Elektrotechnik der U-GH-Siegen vorgelegte Dissertation, 1992

[4]   **Tietze, U., Schenk, Ch.,** Halbleiterschaltungstechnik, Berlin, Heidelberg, New York, 1990

FIGURE - Ein System zur wissensbasierten Konfigurierung und Parametrierung von Bildanalyseprogrammen

Tilo Messer

Bayerisches Forschungszentrum für wissensbasierte Systeme (FORWISS)
Orleansstr. 34, 8000 München 80

Zusammenfassung

In diesem Beitrag beschreiben wir ein System zur automatischen, wissensbasierten Konfigurierung und Parametrierung von Bildanalyseprogrammen (FIGURE). Unter Bildanalyseprogrammen verstehen wir Sequenzen von Bildverarbeitungsoperatoren aus dem Bereich der Bildvorverarbeitung und Segmentierung. Ziel des Systems ist, aus initialen Angaben eines Benutzers ein Bildanalyseprogramm zu generieren, dessen Ergebnis nach Anwendung auf ein Eingabebild die Benutzerangaben am besten erfüllt. Grundlage des Konfigurierungsprozesses ist eine Wissensbasis, die Angaben über Bildverarbeitungsoperatoren und deren Parameter enthält. Unter Einhaltung von Reihenfolgerestriktionen der Bildverarbeitungsoperatoren innerhalb eines Bildanalyseprogramms werden mehrere Programmskelette konstruiert. Die anschließende Parametrierung der Programmskelette nutzt Informationen aus dem Eingabebild, Wissen über die Zielvorstellung des Benutzers und Wissen über sequenzinterne und zielbezogene Parameterabhängigkeiten. Eine abschließende Bewertung wählt aus den generierten Bildanalyseprogrammen dasjenige aus, das den Benutzerangaben am ehesten entspricht.

Einleitung

Die automatische Generierung und die rechnergestützte Unterstützung der Generierung von Bildanalyseprogrammen sind seit einiger Zeit aktuelle Forschungsthemen im Spannungsfeld zwischen Bildverstehen, Methoden aus der Künstlichen Intelligenz und Methoden des Software-Engineering ([Radig et al. 92]). Auf dem Gebiet der automatischen Herleitung von Programmen, der Programmsynthese, lassen sich drei Systemtypen unterscheiden:

* *interaktive Systeme zur Programmierunterstützung;*
* *Programmiersysteme auf sehr hoher Sprachebene;*
* *(vollautomatische) Systeme mit starker Einschränkung des Anwendungsbereichs und starker Endbenutzerfokussierung;*

Die interaktiven Systeme zur Programmierunterstützung auf dem Gebiet der Bildanalyse ([Sakaue & Tamura 85], [Vernon & Sandini 88], [Weymouth et al. 89]) helfen einem Benutzer eines Bildverarbeitungssystems (z.B. SPIDER [Tamura et al. 83]) bei der Erstellung eines Programmes, wobei sie ihm mehr oder weniger Programmierdetails abnehmen, unterstützen den Benutzer jedoch nicht durch geeignete Programmiervorschläge (etwa eines bestimmte Bildverarbeitungsoperators). Ein gutes Beispiel innerhalb der Programmiersysteme ist das System IMARS (Interactive Modelling and Automatic Recognition System, [Tomita 88]). Dieses System lernt Modelle von zweidimensionalen Objekten anhand verschiedener Beispielobjekte, wobei im Modell zusätzlich Bildverarbeitungsoperatoren zur Erkennung der Objekte verwaltet werden. Die dritte Gruppe der Synthesesysteme beinhaltet zielorientierte Entwicklungsunterstützungssysteme (System LLVE (Low-Level Vision Expert) [Matsuyama & Ozaki 86], [Hasegawa et al. 87], [Matsuyama 89], System SIGMA [Hwang et al. 86], System SPICE [Grimm 90]) und automatische Parameteradaptionssysteme ([Ender 87]). Die meisten Systeme arbeiten teilautomatisch und interaktiv.

In diesem Beitrag stellen wir ein System vor, das Aspekte von allen drei Synthesesystemtypen vereint, wobei hier der Schwerpunkt auf Aspekte des letzteren Systemtyps gelegt werden. FIGURE ist ein System zur wissensbasierten Konfigurierung und Parametrierung von Bildanalyseprogrammen. Der Benutzer kann in FIGURE beispielhaft den Umriß eines zweidimensionalen Objekts skizzieren. Ansonsten arbeitet FIGURE automatisch, ohne weitere Interaktion. FIGURE konfiguriert eine Menge alternativer Bildanalyseprogramme, die allesamt so parametriert werden, daß deren Anwendung die Erkennung derjenigen Objekte im Bild unterstützt, die der Benutzer anhand des skizzenhaften Beispielumrisses markiert hat. Die Entscheidung für ein bestimmtes Bildanalyseprogramm wird während des Parametrierungsprozesses aufgrund einer fehlenden Entscheidungsgrundlage verzögert. FIGURE grenzt sich in diesem Punkt von den existierenden Systemen ab, weil diese hier auf die Hilfe des Benutzers zurückgreifen, oder weil sie die Menge der konfigurierten Bildanalyseprogramme von vorneherein festlegen. In FIGURE wird erst nach der Anwendung eines konfigurierten Segmentierungsoperators eine Bewertung der resultierenden Ergebnisse vorgenommen. Aufgrund einer Bewertungsmaske, deren Aussehen vom skizzenhaften Umriß des Objekts abhängt, den der Benutzer eingegeben hat, wird ein Ergebnis, das diese Maske am besten wiedergibt, und damit auch ein Bildanalyseprogramm, ausgewählt.

Nach der Darlegung der Architektur von FIGURE zeigt der Beitrag anhand eines Beispiels die Vorgehensweise bei der Konfigurierung und Parametrierung. Es folgt die Erläuterung des Bewertungsprozesses, der zur Auswahl bestimmter Bildanalyseprogramme führt. Abschließend werden Einsatzmöglichkeiten von FIGURE diskutiert.

Systemaufbau von FIGURE

Abbildung 1 zeigt den schematischen Aufbau von FIGURE. Für den vorliegenden Beitrag sind im Synthesesystemkern das Konfigurationsmodul, das Planungsmodul I und die Bewertung wichtig. Für die Synthese wichtige Information wird über die Wissensbasis *Bildverarbeitung*, in der Informationen über Bildverarbeitungsoperatoren und deren Parameter abgelegt ist, herangezogen. In einer daran angegliederten Regelbasis werden Regeln für die Ermittlung von den Parameterwerten, die hinsichtlich der vom Benutzer gemachten Angaben geeignet erscheinen, verwaltet. In dieser Regelbasis steckt anwendungsunabhängiges, bildverarbeitungsspezifisches und bildverarbeitungswerkzeugspezifisches Wissen. Als Bildverarbeitungswerkzeug, das dem System FIGURE zugrunde liegt, wird HORUS ([Eckstein 88]) verwendet.

Über eine graphische Benutzerschnittstelle kann der Benutzer den Umriß eines zweidimensionalen Objekts skizzieren (Abbildung 2). Der Umriß dient später als Datengrundlage für die Bewertung, aufgrund derer bestimmte Bildanalyseprogramme aus allen konfigurierten und parametrierten Bildanalyseprogrammen ausgewählt werden.

Programmskelette

Der erste Schritt für den Syntheseprozeß ist die Zusammenstellung von Skeletten von Bildanalyseprogrammen. Diese Zusammenstellung ergibt sich aus einer Abarbeitung der Wissensbasis *Bildverarbeitungsoperationen*, indem Reihenfolgebeziehungen zwischen den Bildverarbeitungsoperationen bei der Bildung alternativer Sequenzen von Bildverarbeitungsoperatoren berücksichtigt werden. Abbildung 3 zeigt einen Ausschnitt der Wissensbasis *Bildverarbeitungsoperationen*.

Da Bildverarbeitungsoperationen auch optional konfiguriert werden können, ergeben sich unterschiedlich lange Sequenzen von Bildverarbeitungsoperatoren. Alle Programmskelette beginnen mit einem Bildverarbeitungsoperator für die Auswahl eines Konfigurationsbereichs. Jedes Programmskelett endet mit einer Segmentierungsoperation. Das Ergebnis der Segmentierungsoperation wird für die Auswahl von Bildanalyseprogrammen benötigt.

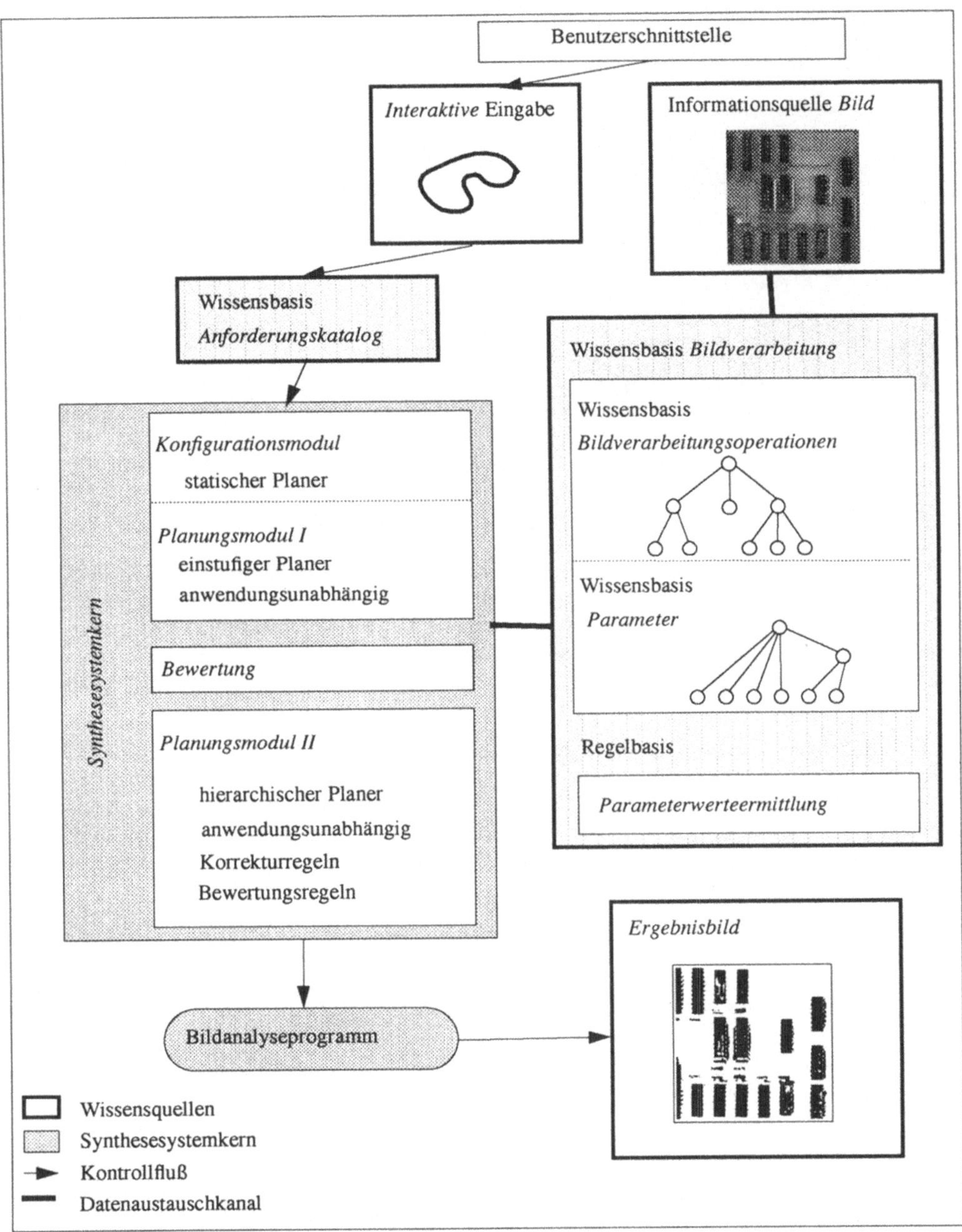

Abbildung 1 Schematischer Systemaufbau von FIGURE. Das Synthesekernsystem besteht aus drei Teilkomponenten: Konfigurationsmodul, Planungsmodul I, Planungsmodul II.

Wissensintensive Parametrierung

Bei der Parametrierung der Bildverarbeitungsoperatoren müssen Abhängigkeiten, die in der Wissensbasis *Parameter* explizit repräsentiert sind, berücksichtigt werden. Die Werte für die Parameter von Bildverarbeitungsoperatoren (z.B.: Seitenlängen von Matrizen bei Filteroperationen, Schwellwerte bei einer Segmen-

 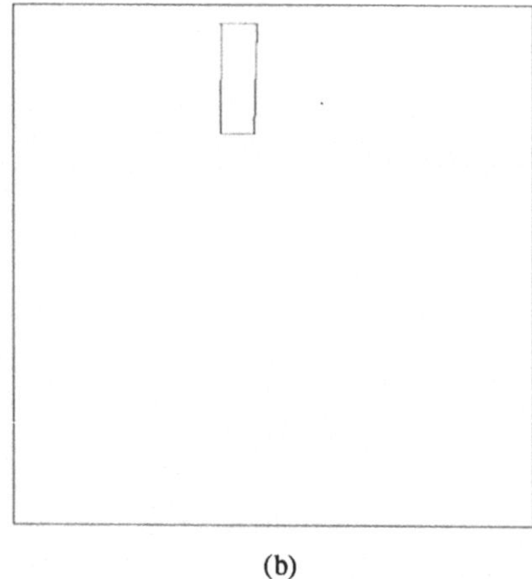

(a)   (b)

Abbildung 2 (a) zeigt ein Original Grauwertbild. Zu sehen sind IC Körper, Widerstäende und Kondensatoren auf einer Platine. (b) zeigt den Umriß eines IC Körpers, den der Benutzer eingegeben hat. Der Umriß ist ungenau und markiert ein Beispiel eines IC Körper-Umrisses.

tierungsoperation, Schrittweite bei einem Regionenwachstumsverfahren) hängen auf der einen Seite von Parameterwerten anderer Bildverarbeitungsoperatoren innerhalb eines konfigurierten und parametrierten Bildanalyseprogramms ab. Auf der anderen Seite werden sie über die Angaben, die der Benutzer mittels der Skizzierung des Umrisses des zu identifizierenden Objekts macht, abgeleitet. Wir unterscheiden zwischen *internen Parameterabhängigkeiten* und *anforderungsbezogenen Parameterabhängigkeiten*. Beispiel einer Regel für interne Parameterabhängigkeiten ist:

- Beispiel für eine *interne Abhängigkeit*:
  Wenn die Bildverarbeitungsoperation Regionenwachstum konfiguriert ist, und wenn direkt danach eine dynamische Schwellwertoperation konfiguriert ist, dann ist die Schrittweite bei der Bildverarbeitungsoperation Regionenwachstum gleich der Länge der jeweiligen Matrixseite der vorangegangenen Tiefpaßoperation.

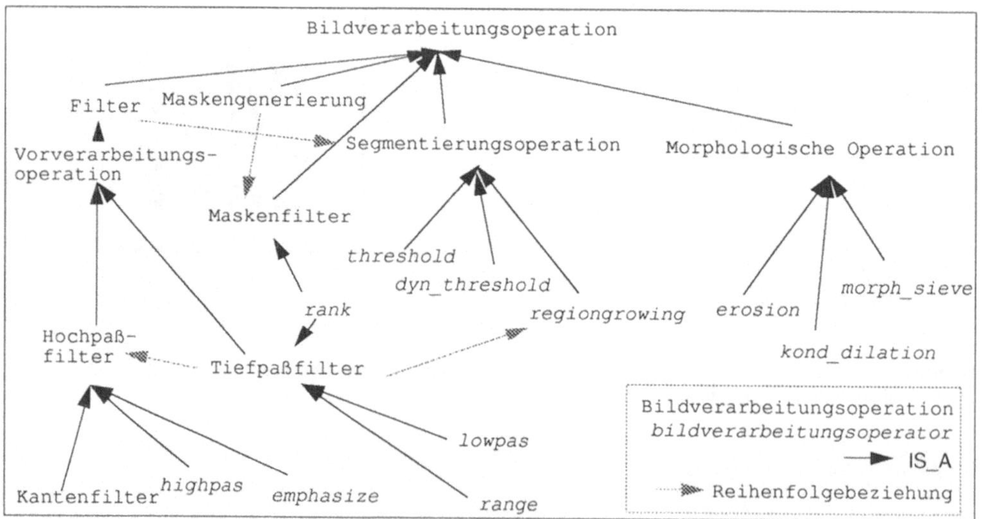

Abbildung 3 Ausschnitt aus der Wissensbasis *Bildverarbeitungsoperationen*. Beispiele von Reihenfolgebeziehungen unter den Bildverarbeitungsoperationen sind durch graue Pfeile gekennzeichnet.

Es werden die Bildverarbeitungsoperatoren in allen Programmskeletten parametriert. Treten Fehler in der Parametrierung auf (z.B.: Überschreitung von Grenzwertbereichen, in denen sich Parameter bewegen dürfen, die bei der Werteermittlung berücksichtigt werden und die in der Wissensbasis *Parameter* modelliert sind), werden diese Bildanalyseprogramme aus der Menge der alternativen Programmlösungen gestrichen. Ebenso werden diejenigen Bildanalyseprogramme nicht in die Lösungsmenge mit aufgenommen, bei denen im Zuge ihrer Anwendung auf das Eingabebild leere oder nicht-definierte Zwischenergebnisse auftreten.

Bewertung der Programmalternativen

Der vom Benutzer eingegebene Umriß dient als Grundlage für die Bewertung der Bildanalyseprogramme. Zwei Bewertungsmasken werden aus dem Umriß konstruiert: die eine Bewertungsmaske soll Bildanalyseprogramme herausheben, die besonders gute flächenhafte Regionen bezüglich der Fläche des eingegebenen Umrisses wiedergeben. Die andere Maske bewertet Bildanalyseprogramme gut, die linienhafte Regionen entlang der Kontur des eingegebenen Umrisses finden. Abbildung 4 zeigt die beiden Bewertungsmasken.

(a)   (b)

Abbildung 4   (a) zeigt die flächige Bewertungsmaske, mittels derer Bildanalyseprogramme, die flächenhafte Regionen erzeugen, hoch bewertet werden; (b) zeigt die linienhafte Bewertungsmaske, durch die Bildanalyseprogramme, die linienhafte Regionen erzeugen, bevorzugt werden.

Die Bewertung der Bildanalyseprogramme basiert auf einem Bewertungsmaß, das die Trefferquote der im Bewertungsbereich berechneten Bildpunkte berechnet. Der Bewertungsbereich ist ein umschließendes Rechteck um den vom Benutzer eingegebenen Umriß. Damit wird das Ergebnis eines Bildanalyseprogramms lokal bezüglich der Bewertungsmaske bewertet. Das Bewertungsmaß ergibt sich als Quotient aus der Anzahl der gemeinsamen Bildpunkte der Bewertungsmaske und des Ergebnisses des Bildanalyseprogramms und der Summe der Bildpunkte der Bewertungsmaske und des Ergebnisses abzüglich der Anzahl der gemeinsamen Bildpunkte.

Aufgrund dieser Bewertung ergeben sich für die in Abbildung 2 dargestellte Grauwertbild und den vom Benutzer eingegebenen Umriß die folgenden beiden Bildanalyseprogramme, deren Ergebnisse bezüglich der jeweiligen Bewertungsmaske am höchsten bewertet worden sind:

- am besten bewertetes Programm bezüglich der flächenhaften Bewertungsmaske (die Namen der Bildverarbeitungsoperatoren entsprechen den Namen der Operatoren im BIldverarbeitungssystem HORUS): Auswahl des Konfigurationsbereichs, Tiefpaßfilter (*lowpas*) mit Maske 5×5, Schwellwertoperation (*threshold*) mit den Schwellen 37 und 68;
- am besten bewertetes Programm bezüglich der linienhaften Bewertungsmaske: Auswahl des Konfigurationsbereichs, Vorverarbeitungsoperation (*range*) mit einer 5×5 Maske, Schwellwertoperation (*threshold*) mit den Schwellen 1 und 42, Invertierungsoperation (*complement*);

Die Endergebnisse der beiden Bildanalyseprogramme zeigt Abbildung 5.

Schlußbemerkung und Ausblick

Wir haben mit FIGURE ein Synthesesystem vorgestellt, das wissensbasiert Bildanalyseprogramme konfiguriert und parametriert. Wir sind dabei von Angaben des Benutzers ausgegangen, der den Umriß eines zweidimensionalen Objekts angeben darf. Aus dem Umriß lassen sich Informationen für die Parametrierung der Bildverarbeitungsoperatoren gewinnen. Als Ergebnis des Syntheseprozesses entstehen zwei nach unterschiedlichen Kriterien ausgewählte Bildanalyseprogramme.

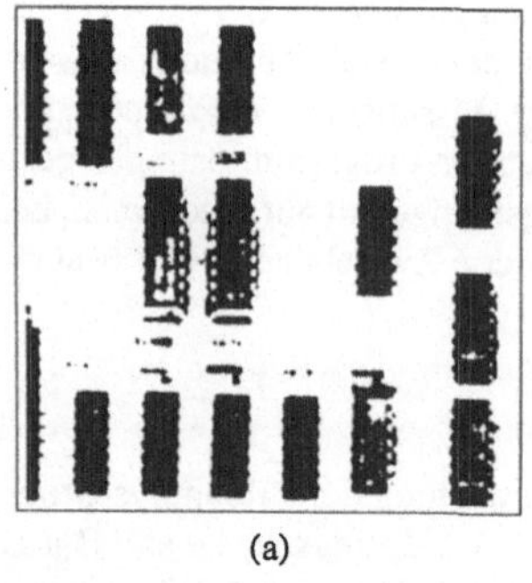 

(a)   (b)

Abbildung 5 (a) zeigt das Ergebnis des am besten bewerteten flächenorientierten Bildanalyseprogramms, (b) zeigt das Ergebnis des am besten nach kantenartigen Regionen ausgerichteten Bildanalyseprogramms

Wichtige Erweiterungen sind die Vergrößerung der beiden Wissensbasen und der Regelbasis. Vor allem der systematische Erwerb von bildverarbeitungsspezifischem Wissen sollte durch eine (interaktive) Wissenserwerbskomponente unterstützt werden.

Bemerkenswert ist der Abstraktionsgrad, der durch die Programmgenerierung erreicht worden ist. Ausgangspunkt ist eine ungenaue graphische Eingabe eines Benutzers, und Endpunkt ist ein segmentiertes Bild, das schon soweit bearbeitet ist, daß die in ihm enthaltenen Regionen als Ausgangsdaten für eine symbolische Weiterverarbeitung verwendet werden können ([Radig et al 92]).

Literatur

[Eckstein 88]: Wolfgang Eckstein: Das ganzheitliche Bildverarbeitungssystem HORUS, in: 10. DAGM-Symposium, 27. - 29. September, 1988, Zürich, Springer Verlag, S. 53 - 59.

[Ender 87]: Manfred Ender: Ein Beitrag zur automatischen wissensbasierten Konfiguration von Bildinterpretationssystemen, Fortschritt-Berichte VDI, Reihe 10: Informatik/Kommunikationstechnik Nr. 68, Düsseldorf, VDI-Verlag, 1987.

[Grimm 90]: Felix Grimm: Expertensysteme für den Einsatz von Subroutinepaketen, Wiesbaden, Deutscher Universitätverlag, 1990.

[Hasegawa et al. 87]: J. Hasegawa et al.: IMPRESS: A System for Image Processing Procedure Construction Based on Sample-Figure Presentation, in: Transactions IEICE Japan, J70-D (11), 1987, S. 2147 - 2153 (Japanisch).

[Hwang et al. 86]: V. Hwang, L. Davis, T. Matsuyama: Hypothesis Integration in Image Understanding Systems, in: Computer Vision, Graphics, and Image Processing 36, 1986, S. 321 - 371.

[Matsuyama 89]: Takashi Matsuyama: Expert Systems for Image Processing: Composition of Image Analysis Processes, in: Computer Vision, Graphics, and Image Processing 48, 1989, S. 22 - 49.

[Matsuyama & Ozaki 86]: T. Matsuyama, M. Ozaki: LLVE: An Expert System for Top-Down Image Segmentation, in: Journal of IPS Japan 27, 1986, S. 191 - 204 (Japanisch).

[Radig et al. 92]: Bernd Radig, W. Eckstein, K. Klotz, T. Messer, J. Pauli: Automatization in the Design of Image Understanding Systems, in: IAE/AIE 5. International Conference on Industrial and Engineering Applications of Artificial Intelligence and Expert Systems, 9. - 12. Juni 1992, Paderborn, erscheint im Tagungsband.

[Sakaue & Tamura 85]: K. Sakaue, H. Tamura: Automatic Generation of Image Processing Programs by Knowledge-Based Verification, Conference on Computer Vision and Pattern Recognition, 19. - 23. Juni, 1985, San Fransisco, S. 189 - 192.

[Tamura et al. 83]: Hideyuki Tamura, Shigeyuki Sakane, Fumiaki Tomita, Naokazu Yokoya: Design and Implementation of SPIDER - A Transportable Image Processing Software Package, in: Computer Vision, Graphics, and Image Processing 23 (1), 1983, S. 273 - 294.

[Tomita 88]: Fumiaki Tomita: Interactive and Automatic Image Recognition System, in: Machine Vision and Applications 1, 1988, S. 59 - 69.

[Vernon & Sandini 88]: David Vernon, Giulio Sandini: VIS: A Virtual Image System for Image-Understanding Research, in: Software - Practice and Experience 18 (5), 1988, S. 395 - 414.

[Weymouth et al. 89]: Terry E. Weymouth, Amir A. Amini, Saeid Tehrani: TVS: An Environment for Building Knowledge-Based Vision Systems, in: SPIE Vol. 1095 Applications of Artificial Intelligence VII, 1989, S. 706 - 716.

Spezifikation und Typisierung von Vektorzeichnungen

*Boris Pasternak** — *Rainer Sprengel*

Labor für Künstliche Intelligenz — Universität Hamburg
Bodenstedtstraße 16 — 2000 Hamburg 50

Zusammenfassung: Systeme zur Interpretation von Zeichnungen benötigen Wissen über die zu erkennenden Strukturen von Basisprimitiven (Vektoren). Die vorliegende Arbeit stellt ausgehend von einer speziellen Repräsentationsform für Vektoren Spezifikationsmodelle für geometrisches Wissen vor, die drei zuvor eingeführte und motivierte Eigenschaften erfüllen: Stetigkeit, Eindeutigkeit und Minimalität. Grundlage der Spezifikationsmodelle sind zwei Relationen, die die Form und Lage der Primitive in der Zeichnung translations- und rotationsinvariant beschreiben. Darauf aufbauend wird gezeigt, wie die Behandlung von Zeichnungstoleranzen außerhalb der eigentlichen Zeichnungsspezifikation durch die Definition expliziter Toleranzmodelle erfolgen kann. Das zu Beginn vorgestellte Spezifikationsmodell für Zeichnungen wird durch die stufenweise Einführung von Freiheitsgraden zu mächtigeren Spezifikationsmodellen erweitert. Gemäß ihrer Mächtigkeit spannen diese Spezifikationsmodelle eine Typhierarchie von Zeichnungsklassen auf. Um die Formulierung von Zeichnungsspezifikationen zu erleichtern, werden aus den Spezifikationsgrundelementen spezialisierte Relationen und Prädikate gebildet, deren praktische Eignung abschließend an einigen Symbolen aus wichtigen Beispieldomänen vorgestellt wird.

1. Einführung

Zeichnungen sind ein wichtiger Informationsträger zur Konstruktion technischer Gegenstände. Zeichnungen beschreiben die Form und Lage von Objekten durch eine entsprechende geometrische Anordnung von Linien, so daß es dem Betrachter unter Kenntnis der zugrundeliegenden Normen und Konventionen möglich ist, die gezeichneten Objekte sowie deren Form und Lage wiederzuerkennen. Systeme zur Interpretation von Zeichnungen müssen somit eine Komponente enthalten, in der dieses geometrische Wissen repräsentiert ist. Bei Systemen die sich auf eine Anwendungsdomäne beschränken [BEN88, DOR89, KAS90, LU88, OKA90] stand die Entwicklung einer universellen Spezifikationsform für geometrisches Wissen weniger im Fordergrund als bei neueren Arbeiten [PRI90, PAS92], die einen Anspruch auf Domänenadaptierbarkeit erheben. Die im Folgenden vorgestellte Spezifikationsform setzt die Zerlegung der Zeichnung in linienartige Basisprimitive (grafische Primitive) voraus, wie dies mit kommerziell verfügbaren Vektorisierungswerkzeugen heute möglich ist (z.B.: AEG Gradas-GES). Der während der Interpretation notwendige Vergleich von Spezifikation und Vektorisierungsergebnis kann genau dann besonders effizient erfolgen, wenn die Basisobjekte der Spezifikation zugleich die grafischen Primitive der Vektorisierung sind. Während die grafischen Primitive der Vektorisierung in Lage und Form im umgebenden Koordinatensystem fixiert sind, wird bei der Spezifikation der Zeichnung eine translations- und rotationsinvariante Beschreibung angestrebt. Aus dem Blickwinkel der Zeichnungsspezifikation sind drei weitere Eigenschaften der Repräsentation und Auswahl grafischer Primitive von Bedeutung.

Stetigkeit. Während der Vektorisierung werden meist linienartige Basisprimitive erzeugt, insbesondere Linien und Kreisbögen [DOR90, HOF88, IWA88, KAS90, MAD88, PRI90, PAS92]. Dabei werden harte Klassifikationsentscheidungen (z.B.: Linie vs. Kreisbogen) getroffen, mit der Konsequenz, daß bereits geringe Veränderungen im Rasterbild eines Primitivs zu einem Wechsel der Primitivklasse führen können. Aus dem Blickwinkel der Zeichnungsspezifikation sind solche Klassifikationssprünge problematisch, da sie in der Spezifikation berücksichtigt werden müssen und deren Komplexität steigern. Daher ist eine Repräsentation der grafischen Primitive anzustreben, die die Vektorisierung als möglichst stetige Abbildung vom Rasterbild zum Vektorbild erscheinen läßt.

Eindeutigkeit. Um die Spezifikation einer Zeichnung erstellen zu können, muß das Ergebnis der Vektorisierung auch in mehrdeutigen Kontexten eindeutig festgelegt und bekannt sein. Beim Schnitt von Linien kann die Vektorisierung beispielsweise zwei verschiedene Strategien verfolgen. Entweder die Linien werden an den Schnittpunkten aufgetrennt, oder die Linien werden über die Schnittpunkte hinweg fortgeführt. Sofern die Strategie der Vektorisierung nicht festgelegt oder bekannt ist, muß die geforderte Eindeutigkeit durch einen Nachverarbeitungsschritt (Auftrennen oder Verschmelzen) hergestellt werden, so daß die repräsentierten grafischen Primitive Ergebnisse einer eindeutig festgelegten Vektorisierungsstrategie sind.

---

*. e-mail: pasternak @ informatik.uni-hamburg.de

Minimalität. Einige Systeme extrahieren bereits während der Vektorisierung komplexere Objekte (Pfeile, Polygone, etc.) aus der Zeichnung [AEG89,DOM84,OKA88,PRI90]. Dem Vorteil, bei der Spezifikation auf mächtigere Basisprimitive zurückgreifen zu können, steht jedoch der wesentliche Nachteil gegenüber, daß die Spezifikation dieser höheren Objekte nicht explizit ist und somit nicht unmittelbar verändert und beurteilt werden kann. Fortan wird die Konstruktion komplexerer Objekte als Aufgabe außerhalb der Vektorisierung und als Gegenstand der Zeichnungsspezifikation betrachtet.

2. Repräsentation von Vektorzeichnungen

Die Vektorisierung extrahiert aus der Zeichnung eine Menge grafischer Primitive, deren Lage und Form durch feste Koordinaten bestimmt werden. Die klassische Repräsentation von geraden Linien und Kreisbögen durch die Repräsentation der Endpunkte und des Kreismittelpunktes (beim Kreisbogen) erfüllt nicht die gestellte Stetigkeitsforderung. Bild 1 stellt eine alternative Repräsentationsform für gerade Linien und Kreisbögen vor, die stetig ist und eine translations- und rotationsinvariante Spezifikation unterstützt. Jede Linie wird als ein Objekt mit zwei Endpunkten (Ps, Pe)

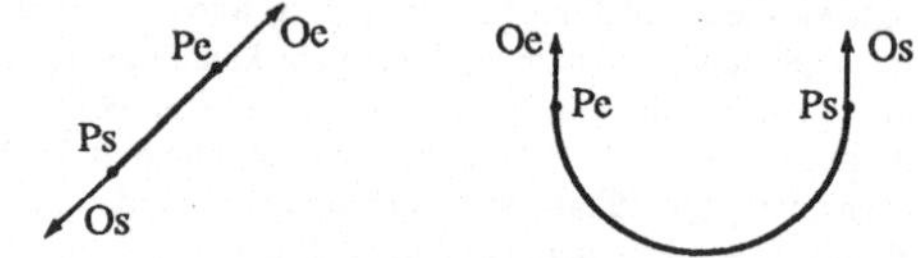

Bild 1: Repräsentation von gerader Linie und Kreisbogen

und zwei Orientierungen an diesen Endpunkten (Os, Oe) betrachtet. Die Orientierungen zeigen tangential aus dem Linienende heraus. Die grafischen Primitive einer Vektorzeichnung werden fortan durch Quadrupel (Ps, Os, Pe, Oe) repräsentiert. Wenn zwei Primitive sich schneiden, werden diese zwecks Erfüllung der Eindeutigkeitsforderung am Schnittpunkt aufgetrennt und nur in dieser zerlegten Darstellung repräsentiert.

Definition 2.1: Vektorzeichnung
Eine Vektorzeichnung V ist eine Menge von p Vektoren in Quadrupel-Repräsentation, wobei die Vektoren gerade Linien oder Kreisbögen sind.

$$V = \bigcup_{k=1}^{p} \{Q_k\} \; , \quad Q_k = (Ps_k, Os_k, Pe_k, Oe_k)$$

Diese Definition einer Vektorzeichnung erfüllt die gestellten Forderungen nach Stetigkeit und Minimalität, da nur eine einheitliche Repräsentationsform verwendet wird.

3. Spezifikation von Vektorzeichnungen

Die gestellten Forderungen an die Spezifikation von Vektorzeichnungen verlangen die translations- und rotationsinvariante Beschreibung der Zeichnung bei Verwendung der grafischen Primitive der Zeichnungsrepräsentation. Da diese grafischen Primitive die geforderte Invarianz nicht aufweisen, wird zwischen einer Formspezifikation, die nur lageunabhängige Formeigenschaften der Primitive beschreibt, und einer Lagespezifikation, in der die relative Lage der Primitive zueinander spezifiziert werden, unterschieden. Aufbauend auf diese getrennten Spezifikationen von Form und Lage der Primitive wird die formale Definition einer Zeichnungsspezifikation und deren Eigenschaften entwickelt.

3.1 Formspezifikation von Primitiven

Die Form von geraden Linien und Kreisbögen wird durch zwei Attribute d und α eindeutig spezifiziert. Bild 2 zeigt zu den durch Quadrupel repräsentierten grafischen Primitiven (Ps, Os, Pe, Oe) die daraus abgeleiteten Formattribute α und d. Das Attribut α beschreibt den Winkel, in dem Pe von Ps bezüglich Os zu erreichen ist. Das Attribut

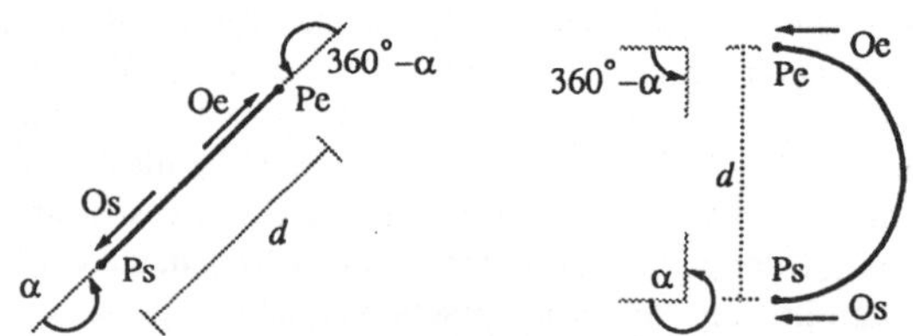

Bild 2: Formspezifikation von gerader Linie und Kreisbogen

d mißt die Entfernung zwischen Ps und Pe. Zu jedem grafischen Primitiv L_i gibt es eine Formbeschreibung $L_i = \text{LINE}(\alpha_i, d_i)$, die eindeutig und stetig ist, d.h. Klassifikationssprünge der Vektorisierung (gerade Linie vs. Kreisbogen) kompensiert. Bei $\alpha_i = 180°$ ist L_i eine gerade Linie, sonst ein Kreisbogen.

3.2 Lagespezifikation von Primitiven

Die Spezifikation der Lage zweier Primitive zueinander erfolgt durch eine attributierte Relation zwischen deren Enden. Zu jedem Primitiv L_i existieren zwei Enden Ls_i und Le_i. Ls_i bezeichnet das Ende (Ps, Os), an

dem das α-Attribut der Formspezifikation ansetzt, Le_i das entgegengesetzte Ende (Pe, Oe). Die Lagerela-
tion LOC beschreibt die Distanz und Orien-
tierung zweier Linienenden zueinander. Das
Attribut d der LOC-Relation mißt den Abstand zwischen den in Relation gestellten
Enden, $\beta 1$ und $\beta 2$ beschreiben die Orientierungen der Enden zueinander. Bild 3 zeigt
die geometrische Bedeutung der Attribute
β_1, β_2 und d einer LOC-Relation zwischen
Le_1 und Ls_2. Die in Bild 3 abgebildete Lage-

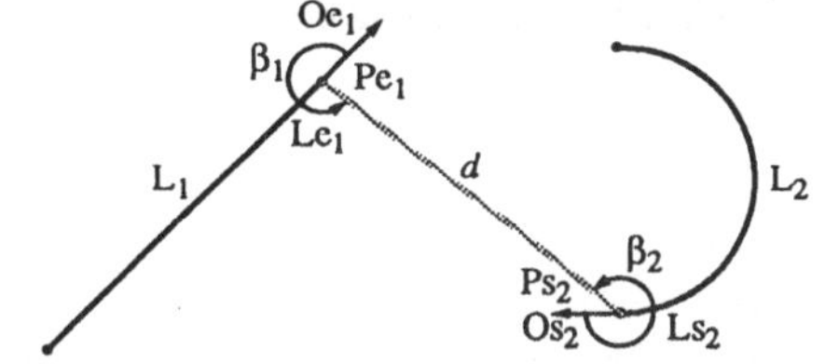

Bild 3: Lagespezifikation durch attributierte LOC-Relation

spezifikation zwischen Le_1 und Ls_2 wird im Folgenden durch $Le_1 \; LOC(\beta_1, \beta_2, d) \; Ls_2$ oder $Le_1 \ominus Ls_2$ ausgedrückt. Beim Sonderfall $d = 0$ ist lediglich die Differenz der Winkel (β_1, β_2) relevant: $\beta_1 - \beta_2 = Oe_2 - Oe_1$.

Definition 3.1: Direkte Lagespezifikation
Zwei Primitive L_a, L_b heißen genau dann *direkt lagespezifiziert* $(L_a \ominus L_b)$, wenn eine der LOC-Relationen
$Ls_a \ominus_1 Ls_b$, $Ls_a \ominus_2 Le_b$, $Le_a \ominus_3 Ls_b$, $Le_a \ominus_4 Le_b$, $Ls_b \ominus_5 Ls_a$, $Ls_b \ominus_6 Le_a$, $Le_b \ominus_7 Ls_a$, $Le_b \ominus_8 Le_a$ spezifiziert ist. Die vereinfachte Schreibweise $L_a \ominus L_b$ wird fortan überall dort verwendet, wo lediglich die Exi-
stenz einer der obigen LOC-Relationen wichtig ist, nicht deren Attributierung oder Bezug zu Linienenden.

3.3 Spezifikation von Zeichnungen

Definition 3.2: Zeichnungsspezifikation
Eine Zeichnungsspezifikation Z ist ein Tupel $(Prim, Rel)$, wobei $Prim$ die Menge der formspezifizierten
Primitive und Rel die Menge der direkten Lagespezifikationen zwischen den Primitiven ist.

$$Z = (Prim, Rel) \qquad Prim = \bigcup_{i=1}^{n} \{L_i\} \qquad Rel = \bigcup_{j=1}^{m} \{L_{a_j} \ominus_j L_{b_j}\} \qquad L_{a_j}, L_{b_j} \in Prim$$

Definition 3.3: Vollständigkeit
Eine Zeichnungsspezifikation Z heißt *vollständig*, wenn alle Primitive der Zeichnung direkt oder indirekt
lagespezifiziert sind, d.h. zwischen zwei beliebigen Primitiven L_a und L_b aus $Prim$ muß ein Pfad mit
direkten Lagespezifikationen aus Rel existieren.

$$\forall L_a, L_b \in Prim \qquad \exists (Pfad = \{L_a \ominus L_{i_1}, L_{i_1} \ominus L_{i_2}, ..., L_{i_x} \ominus L_b\} \subseteq Rel)$$

Definition 3.4: Redundanzfreiheit
Eine vollständige Zeichnungsspezifikation heißt *redundanzfrei*, wenn zwischen allen Primitiven L_a und L_b
aus $Prim$ genau ein Pfad aus Rel existiert. Jede vollständige Zeichnung bestehend aus n Primitiven und $n-1$
LOC-Relationen ist redundanzfrei.

4. Spezifikation von Toleranzen

Beim Scannen und Vektorisieren der Zeichnung treten Ungenauigkeiten auf, die beim Vergleich von
Spezifikation und vektorisierter Zeichnung berücksichtig werden müssen. Um die Beschreibung dieser
Ungenauigkeiten nicht in der Zeichnungsspezifikation vornehmen zu müssen, werden zwei unterschied-
liche Modelle zur Beschreibung von Form- und Lagetoleranzen eingeführt.

4.1 Attributtoleranzmodell

Durch die Einführung von Toleranzen für die Attribute der Formspezifikation von Primitiven wird zu jedem
Primitiv L_i eine Menge formähnlicher L'_i definiert. Die Formtoleranz wird durch ein globales Tupel
(tol_α, tol_d) festgelegt: $\qquad \forall \; L_i = \text{LINE}(\alpha_i, d_i)$ gibt es formähnliche $L'_i = \text{LINE}(\alpha'_i, d'_i)$, mit:

$$\alpha'_i \in (\alpha_i - tol_\alpha, \alpha_i + tol_\alpha) \quad , \quad d'_i \in (d_i - tol_d, d_i + tol_d)$$

Analog zur Formtoleranzdefinition bestimmt das Tupel (tol_α, tol_d) die Lagetoleranz, die zu jeder LOC-
Relation $\ominus_i$ eine Menge ähnlicher $\ominus'_i$ ausweist:

$$\forall \; \ominus_i = \text{LOC}(\beta_{1_i}, \beta_{2_i}, d_i) \text{ gibt es lageähnliche } \ominus'_i = \text{LOC}(\beta'_{1_i}, \beta'_{2_i}, d'_i) \text{ , mit:}$$

$$\beta'_{1_i} \in (\beta_{1_i} - tol_\alpha, \beta_{1_i} + tol_\alpha) \quad , \quad \beta'_{2_i} \in (\beta_{2_i} - tol_\alpha, \beta_{2_i} + tol_\alpha) \quad , \quad d'_i \in (d_i - tol_d, d_i + tol_d)$$

Eine zu berücksichtigende Eigenschaft dieses Attributtoleranzmodells ist die Abhängigkeit zwischen d und der Toleranzbereichgröße. Bild 4 zeigt einen Punkt P_x, der bei gleichem Abstand vom Referenzpunkt P_{ref} in Abhängigkeit von d innerhalb oder außerhalb des Toleranzbereichs (tol_α, tol_d) liegt.

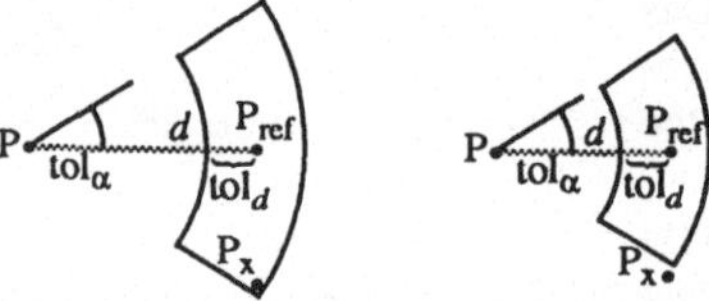

Bild 4: Unterschiedlich große Toleranzbereiche in Abhängigkeit von d.

4.2 Karthesisches Toleranzmodell

Dieses Toleranzmodell wird ebenfalls durch ein Tupel (tol_α, tol_d) spezifiziert. Zur Untersuchung der Formähnlichkeit zweier Linien werden diese an einem Ende zusammengelegt und der Abstand und die Orientierungsdifferenz der freien Enden gemessen.

$\forall\ L = \mathtt{LINE}(\alpha, d)$ gibt es formähnliche

$L' = \mathtt{LINE}(\alpha', d')$, mit:

$$\sqrt{(d\sin\alpha - d'\sin\alpha')^2 + (d\cos\alpha - d'\cos\alpha')^2} < tol_d$$

Analog zur Formtoleranz wird die Lagetoleranz definiert.

$\forall\ \Theta = \mathtt{LOC}(\beta_1, \beta_2, d)$ gibt es lageähnliche

$\Theta' = \mathtt{LOC}(\beta'_1, \beta'_2, d')$, mit:

$$\sqrt{(d\sin\beta_1 - d'\sin\beta'_1)^2 + (d\cos\beta_1 - d'\cos\beta'_1)^2} < tol_d$$

$$|\beta_1 - \beta'_1 + \beta'_2 - \beta_2| < tol_\alpha$$

Die Größe des Toleranzbereiches ist beim karthesischen Toleranzmodell unabhängig von den Attributen zur Form- und Lagespezifikation der Primitive. Unter der Annahme, daß das Maß der beim Scannen und Vektorisieren entstandenen Ungenauigkeiten in etwa konstant bleibt (und nicht von der Entfernung zu Referenzpunkten abhängt), ist das karthesische Toleranzmodell das geeignetere.

5. Erweiterung des Spezifikationsmodells

Die vorgestellte Methode zur Spezifikation von Zeichnungen erlaubt eine exakte Beschreibung der Form und Lage von Linien. Dieses Spezifikationsmodell ist jedoch nicht mächtig genug, um beispielsweise die Form eines allgemeinen Dreiecks zu beschreiben. Zwar könnte jedes konkrete Dreieck exakt spezifiziert werden, doch eine endliche Beschreibung der potentiell unendlichen Menge von konkreten Dreiecken ist nicht möglich. Um solche allgemeineren Spezifikationsaufgaben zu lösen, wird das in Spezifikationsmodell aus Definition 3.2 stufenweise erweitert.

5.1 Typisierung von Spezifikationsmodellen

Die im Folgenden vorgestellten Spezifikationsmodelle unterscheiden sich bezüglich der Freiheitsgrade bei der Attributierung der eingeführten Grundelemente $\mathtt{LINE}$ und $\mathtt{LOC}$. Diese Spezifikationsmodelle werden entsprechend der unterschiedlichen Freiheitsgrade typisiert.

Definition 5.1: Konstantes Spezifikationsmodell ($Z_{konstant}$)
Das Spezifikationsmodell $Z_{konstant}$ entspricht der Spezifikationsform aus Definition 3.2, bei der die Attribute aller Formspezifikationen (α, d) und Lagespezifikationen (β_1, β_2, d) konstante Werte sind.

Definition 5.2: Variables Spezifikationsmodell ($Z_{variabel}$)
Das Spezifikationsmodell $Z_{variabel}$ erweitert die Attributierung der Form- und Lagespezifikationen in der Art, daß jedes Attribut ein Element eines konstanten, unabhängigen Intervalls sein darf. Bild 5 zeigt als

Beispiel die Spezifikation eines beliebigen Dreiecks.

$$Z = (Prim, Rel)$$
$$Prim = \{L_1, L_2, L_3\}$$
$$L_i = \text{LINE}(180°, [\ldots])$$
$$Rel = \{Le_1\Theta_1 Ls_2, Le_2\Theta_2 Ls_3, Le_3\Theta_3 Ls_1\}$$
$$\Theta_i = \text{LOC}([\ldots], [\ldots], 0)$$

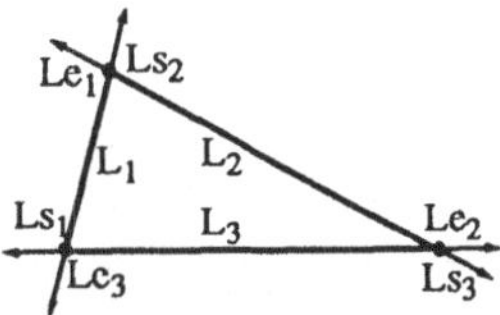

Bild 5: Spezifikation eines beliebigen Dreiecks innerhalb des Spezifikationsmodells $Z_{variabel}$.

Definition 5.3: Funktionales Spezifikationsmodell ($Z_{funktional}$)

Das funktionale Spezifikationsmodell $Z_{funktional}$ erlaubt zusätzlich zu $Z_{variabel}$ die Beschreibung funktionaler Abhängigkeiten zwischen den Attributen der Form- und Lagespezifikationen. Innerhalb von $Z_{funktional}$ können je nach Art der verwendeten Funktionen und deren Verknüpfungen (z.B.: Zyklen) weitere Teilmodelle isoliert werden. Bild 6 zeigt die Spezifikation eines beliebigen Quadrates.

$$Z = (Prim, Rel) \qquad Prim = \{L_1, L_2, L_3, L_4\}$$
$$L_1 = \text{LINE}(180°, (d_1 \in [\ldots]))$$
$$L_2 = L_3 = L_4 = \text{LINE}(180°, \mathbf{id}(d_1))$$
$$Rel = \{Le_1\Theta_1 Ls_2, Le_2\Theta_2 Ls_3, Le_3\Theta_3 Ls_4, Le_4\Theta_4 Ls_1\}$$
$$\Theta_i = \text{LOC}(0°, 90°, 0)$$

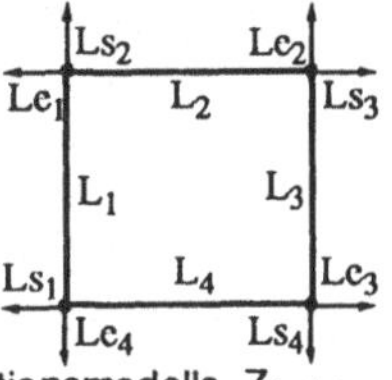

Bild 6: Spezifikation eines beliebigen Quadrates innerhalb des Spezifikationsmodells $Z_{funktional}$ durch Verwendung der Identitätsfunktion (id).

6. Typhierarchie von Zeichnungsklassen

Definition 6.1: Zeichnungsklasse

Eine Zeichnungsklasse Z^* besteht aus allen Zeichnungen, die durch ein konkretes Spezifikationsmodell Z beschrieben werden.

Definition 6.2: Typhierarchie von Zeichnungsklassen

Durch die eingeführten Spezifikationsmodelle $Z_{konstant}$, $Z_{variabel}$ und $Z_{funktional}$ wird eine Typhierarchie von Zeichnungsklassen aufgespannt.

$$Z^*_{konstant} \subset Z^*_{variabel} \subset Z^*_{funktional}$$

Die echten Inklusionen ergeben sich unmittelbar aus den Definitionen der Spezifikationsmodelle.

7. Relationen zur vereinfachten Form- und Lagespezifikation

Die Form- und Lagespezifikationen durch LOC und LINE können zu spezialisierten geometrischen Relationen erweitert werden, mit denen eine kompaktere Formulierung von Spezifikationen möglich ist. Da diese speziellen Relationen nur verkürzende Schreibweisen sind, bleiben die Spezifikationseigenschaften der Basiselemente (LINE, LOC) in vollem Umfang erhalten. In spitzen Klammern wird jeweils das minimal notwendige Spezifikationsmodell angegeben.

7.1 Formrelationen

- **EQU** (equal) <funktional>. Zwei Primitive L_1, L_2 sind formgleich, wenn gilt:
$$L_1 \text{EQU} L_2 \Leftrightarrow L_1 = L_2 : \qquad L_1 = \text{LINE}(\alpha \in [\ldots], d \in [\ldots]) \qquad L_2 = \text{LINE}(\alpha, d)$$

7.2 Formprädikate

- **ISARC** <variabel>. Das Prädikat $\text{ISARC}(x)(L_1)$ ist wahr, wenn für $L_1 = \text{LINE}(x, [\ldots])$ gilt.
- **ISLINE** <variabel>. Das Prädikat $\text{ISLINE}(L_1)$ ist wahr, wenn für $L_1 = \text{LINE}(180°, [\ldots])$ gilt.

7.3 Lagerelationen zwischen Primitiven

- **ORI** (orientation) <funktional>. Zwei Primitive L_1, L_2 liegen zueinander in der Orientierung x ($\text{ORI}(x)$), wenn die Enden von L_1 zu jeweils einem Ende von L_2 in der Orientierung x liegen.
$$L_1 \text{ORI}(x) L_2 : \quad Ls_1 \Theta Ls_2 \wedge Le_1 \Theta Le_2 \text{ , mit} \quad \Theta = \text{LOC}(\beta_1 \in [\ldots], \beta_2, [\ldots])$$
$$\beta_2 = (180° + \beta_1 - x) \bmod 360°$$

- **PAR** (parallel), **PER** (perpendicular) <funktional>. Aus der quantitativen Orientierungsrelation ORI können direkt die qualitativen Relationen PAR und PER gebildet werden.

$$L_1 \text{PAR} L_2 \Leftrightarrow L_1 \| L_2 \ : \ L_1 \text{ORI} (0°) L_2 \qquad\qquad L_1 \text{PER} L_2 \Leftrightarrow L_1 \perp L_2 \ : \ L_1 \text{ORI} (90°) L_2$$

- **NEAR** <variabel>. Die Eigenschaft eines Primitivs L_2 am Ende des Primitivs L_1 zu beginnen wird durch die Relation NEAR beschrieben. $\quad Le_1 \text{NEAR} Ls_2 \ : \ Le_1 \Theta Ls_2$, mit $\Theta = \text{LOC}([...], [...], 0)$
- **NEXT** <konstant>. Zwei Primitive L_1 und L_2 stehen zueinander in Relation NEXT(x), wenn L_2 am Ende von L_1 mit der Orientierung x beginnt. $\quad Le_1 \text{NEXT}(x) Ls_2 \ : \ Le_1 \Theta Ls_2$, mit $\Theta = \text{LOC}(0°, x, 0)$
- **CON** (continuation) <konstant>. Die Eigenschaft, daß am Ende einer Linie L_1 eine anderen Linie L_2 beginnt, die L_1 fortsetzt, wird durch CON beschrieben. $\quad Le_1 \text{CON} Ls_2 \ : \ Le_1 \text{NEXT}(180°) Ls_2$
- **POLY** (polygon) <variabel>. Eine Menge von n Primitiven $\{L_1, L_2,..., L_n\}$ steht zueinander in Relation POLY, wenn gilt: $\quad \text{POLY}(L_1, L_2, ..., L_n) \ : \ Le_1 \text{NEAR} Ls_2 \wedge Le_2 \text{NEAR} Ls_3 \wedge ... \wedge Le_n \text{NEAR} Ls_1$

8. Beispiele zur Spezifikation von Zeichnungen

Die praktische Eignung der vorgestellten Spezifikationsmethoden wird an den folgenden Beispielsymbolen aus Schaltplänen, Maschinenteilzeichnungen und Installationsplänen demonstriert.

- **Spule in Schaltplänen:**

$$\text{ISARC}(180°)\,(L_1) \ , \ \text{ISLINE}(L_5) \ , \ L_1 = L_2 = L_3 = L_4$$
$$Le_1 \text{NEXT}(0°) Ls_2, Le_2 \text{NEXT}(0°) Ls_3, Le_3 \text{NEXT}(0°) Ls_4$$
$$Ls_1 \text{LOC}(180°, 90°, d \in [...]) Ls_5 \ , \ Le_4 \text{LOC}(180°, 270°, d) Le_5$$

- **Diode in Schaltplänen:**

$$\text{ISLINE}(L_1, L_3) \ , \ L_1 = L_2 = L_5 = L_6 \ , \ L_3 = L_4$$
$$Le_1 \text{CON} Ls_2 \ , \ Le_5 \text{CON} Ls_6 \ , \ \text{POLY}(L_1, L_2, L_3, L_4) \ , \ Le_3 \text{NEAR} Le_5 \ , \ L_1 \| L_5$$

- **Längen- und Winkelmaße in Maschinenteilzeichnungen:**

$$\text{ISLINE}(L_1, L_3) \quad L_1 = L_2 = L_5 = L_6 \ , \ L_3 = L_4 = L_7 = L_8$$
$$\text{POLY}(L_1, L_2, L_3, L_4) \ , \ \text{POLY}(L_5, L_6, L_7, L_8)$$
$$Le_7 \text{CON} Ls_8 \ , \ Le_3 \text{CON} Ls_4$$
$$Le_3 \text{NEXT}(270°) Ls_9 \ , \ Le_7 \text{NEXT}(270°) Le_9$$

9. Literaturverzeichnis

[BEN88] D. Benjamin: *The Use of High-Level Knowledge for Enhanced Entry of Engineering Drawings*, Proc. 9th ICPR, pp. 119-124, 1988

[DOM84] U. Domogalla: *Ein Expertensystem zur Automatischen Erfassung Technischer Graphik*, Proc. DAGM/ÖAGM'84, pp. 297-303, 1984

[DOR89] D. Dori: *Syntactic/Geometric Approach to Recognition of Dimensions in Engineering Machine Drawings*, Computer Vision, Graphics and Image Processing 47, pp. 271-291, 1989

[HOF87] J. Hofer-Alfeis, K. Frank: *Automatisierte Umsetzung Mechanischer Konstruktionszeichnungen in CAD-Modelle: Stand der Technik, Probleme, Lösungsansätze*, Proc. DAGM '87, pp. 82-86, 1987

[IWA88] K. Iwata et al.: *Recognition System for Three-View Mechanical Drawings*, Proc. 4th International Conference Pattern Recognition (BPRA), Cambridge, pp 240-249, 1988

[KAS90] R. Kasturi et al.: *A System for Interpretation of Line Drawings*, IEEE Transaction on Pattern Analysis and Machine Intelligence, Vol. 12, No. 10, pp 978-991, 1990

[LU88] W. Lu et al.: *A Database Capture System for Mechanical Drawings Using an Efficient Multi-Dimensional Graphical Data Structure*, Proc. 9th ICPR, pp 266-269, 1988

[MAD88] G. Maderlechner, O. Jeppsson: *Representation, Classification and Modelling of Graphs for Efficient Pattern Recognition in Line Images*, Proc. 9th ICPR, pp 678-680, 1988

[OKA90] A. Okazaki et al.: *An Automatic Diagram Reader with Loop-Structure-Based Symbol Recognition*, IEEE Transaction on Pattern Analysis and Machine Intelligence, Vol. 10, No. 3, pp 331-341, 1988

[PAS92] B. Pasternak, G. Gabrielides, R. Sprengel: *WIZ - A Prototype for Knowledge-Based Drawing Interpretation*, Proc. 5th IEAAIE, Paderborn, pp 164-173, 1992

[PRI90] T. P. Pridmore, S.H. Joseph: *Using Schemata to Interpret Images of Mechanical Engineering Drawings*, Proc. 9th ECAI, pp 515-521, 1990

Stereozuordnung mit geraden Liniensegmenten und Polygonen

Stefan Posch,[*]
Technische Fakultät
Universität Bielefeld
posch@techfak.uni-bielefeld.de

Kurzfassung: Ein konturbasiertes Stereoverfahren zur Rekonstruktion von 3D-Information wird beschrieben. Als Bildprimitiva können gerade Liniensegmente oder Polygone verwendet werden. Anhand von realen Stereobildern werden quantitative Ergebnisse präsentiert und die verschiedenen Varianten vergleichen.

1   Einleitung

Stereoverfahren sind Methoden um dreidimensionale Information aus zweidimensionalen Projektionen von Szenen wiederzugewinnen. Das Kernproblem von Stereoalgorithmen ist das Korrespondenzproblem, das Auffinden korrespondierender Bildpunkte, die durch Projektion eines Szenenpunktes in die beiden Teilstereobilder entstehen. Oft werden nicht alle Bildpunkte eines Bildes zugeordnet, sondern sogenannte Bildprimitiva. Diese umfassen markante Bildpunkte, Kantenelemente, Kontursegmente (eine Menge verbundener Kantenelemente) und Regionen. Am weitesten verbreitet ist der Einsatz von kantenbasierten Bildprimitiva, die auch in dem hier beschriebenden Verfahren verwendet werden. Dies ist vorteilhaft, da Änderungen der Grauwerte werden durch physikalische Eigenschaften der Szene hervorgerufen und sind daher insensitiv gegenüber Variationen des Betrachterstandpunktes.

Da bei der Zuordnung von Bildprimitiva stets Mehrdeutigkeiten auftreten, müssen weitere Einschränkungen verwendet werden (siehe auch [SD87, Pos90]). In den meisten kantenbasierten Verfahren wird unter anderem die Kantenkontinuität ("figural continuity", siehe [MF81]) verwendet. Diese geht davon aus, daß benachbarte Konturpunkte ähnliche Tiefe und damit Disparität haben. Dies trifft für Konturen zu, die Projektionen von Oberflächenbegrenzungen oder Oberflächentexturen sind. Nur in seltenen Fällen perspektifischer Anomalien – wenn nämlich eine Kontur im Bild von mehreren Konturen der Szene mit unterschiedlicher Tiefe herrührt – ist diese verletzt.

Wenn Kantenelemente als Bildprimitiva verwendet werden, kann die Kantenkontinuität benutzt werden, um nach der Zuordnung falsche Korrespondenzen zu eliminieren (siehe beispielsweise [BB81, LHB87, MMN89]). In [OK85] wird die Kantenkontinuität in ein Suchproblem integriert, was in einer aufwendigen Lösung resultiert. Werden Kontursegmente anstatt Kantenelemente als Bildprimitiva verwendet, gehorcht jedes korrespondierende Paar von Primitiva auf natürliche Weise der Kantenkontinuität. Daher wird die nachträgliche Korrektur der Ergebnisse überflüssig. Werden gerade Liniensegmente als Bildprimitiva verwendet, wie z.B. in [AF85, MN85, WM88, RBS87, HS88], kann die Kantenkontinuität nicht vollständig ausgenutzt werden, da die Konnektivität der Kantenelemente an den Endpunkten der Segmente verlorengeht.

In dieser Arbeit wird deshalb ein Stereoverfahren, das mit geraden Liniensegmenten arbeitet, auf die Verwendung von Polygonen als Bildprimitiva erweitert. Im nächten Abschnitt wird das Verfahren beschrieben, um dann Ergebnisse an realen Stereobildern zu präsentieren und für die verschiedenen Primitiva zu vergleichen.

---

[*]Die Arbeiten wurden am Lehrstuhl für Informatik 5 (Mustererkennung) der Universität Erlangen durchgeführt.

2 Der Zuordnungs-Algorithmus

2.1 Übersicht

Abbildung 1 gibt eine Übersicht des Gesamtsystems. Ausgangspunkt ist ein ideales Stereobild, das
einem Stereokameramodell mit parallel optischen Achsen genügt. Durch Anwendung eines Tiefpas-
ses wird eine Auflösungspyramide erzeugt. Auf jeder Auflösungsebene werden in jedem Teilbild
gerade Liniensegmente oder Polygone detektiert. Beginnend auf der gröbsten Ebene werden die
Bildprimitiva zugeordnet. Als Endergebnis liefert das System eine Menge korrespondierender gerader Liniensegmente bzw. Polygone, die eine eindeutige Zuordnung der Konturpunkte induziert.

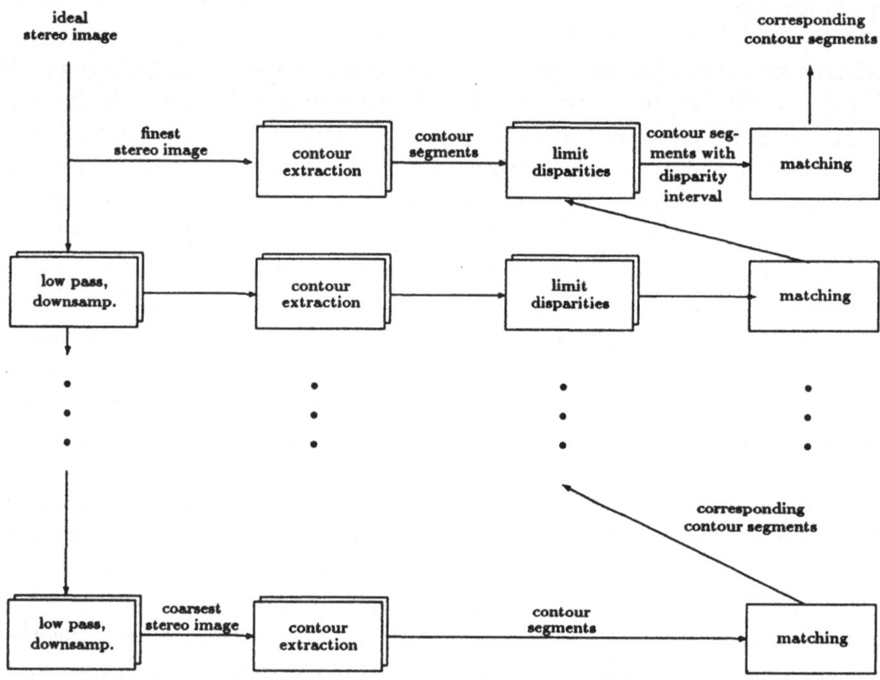

Abbildung 1: Architektur und Datenfluß des hierarchischen Stereoverfahrens.

2.2 Zuordnen gerader Liniensegmente

Das Zuordnen wird zunächst kurz für gerade Liniensegmente beschrieben. Dieser Teil des Verfahrens
basiert auf [MN85], wurde aber in verschiedener Weise verbessert (siehe auch [Pos88, Pos90]). Aufbauend auf diese Beschreibung wird im nächsten Abschnitt die Erweiterung auf Polygone erläutert.

Der Algorithmus arbeitet in drei Schritten: Zunächst wird für jedes Liniensegment eine Menge
von potentiell korrespondierenden Liniensegmenten berechnet, wobei die Lage und die lokalen Eigenschaften der Primitiva benutzt werden. Dann wird iterativ für jede potentielle Zuordnung eine Bewertungsfunktion brechnet und damit werden schließlich die resultierenden Zuordnungen bestimmt.

Für jedes Liniensegment wird ein parallelogrammförmiges Fenster im jeweils anderen Teilbild bestimmt, das die geometrische Lage für mögliche Korrespondenzen beschreibt. Hierzu wird das Liniensegment in das andere Teilbild projiziert und um die minimale bzw. maximale Disparität verschoben.

Das Disparitätsintervall wird auf der gröbsten Auflösungsebene global vorgegeben, sonst aus den Ergebnissen der gröberen Ebene bestimmt. Die Menge der Liniensegmente in diesem Fenster wird durch die Forderung nach ähnlichem Kontrast **simc** und ähnlicher Orientierung **simo** eingeschränkt.

$$\texttt{simc}(a_i, b_j) \quad \Leftrightarrow \quad \big|\text{contrast}(a_i) - \text{contrast}(b_j)\big| \leq \vartheta_{\texttt{contrast}} \tag{1}$$

$$\texttt{simo}(a_i, b_j) \quad \Leftrightarrow \quad \big|\text{orient}(a_i) - \text{orient}(b_j)\big| \leq \vartheta_{\texttt{orient}} \tag{2}$$

wobei

$$\vartheta_{\texttt{orient}} = \begin{cases} 90° & \text{wenn } l_{min} \leq \vartheta_{\texttt{len}} \\ max\left(25°, tan^{-1}\left(\frac{\vartheta_{\texttt{len}}}{\sqrt{l_{min}^2 - \vartheta_{\texttt{len}}^2}}\right)\right) & \text{sonst} \end{cases}$$

$$l_{min} = min(\texttt{len}(a_i), \texttt{len}(b_j))$$

Im Gegensatz zu [MN85] wird zusätzlich gefordert, daß ein gewisses Maß an Überlappung der überdeckten Abtastzeilen vorliegen muß:

$$\texttt{overlap}(a_i, b_j) \Leftrightarrow \texttt{ovl\_length}(a_i, b_j) \geq \lambda_{\texttt{overlap}} \, min(\texttt{len}(a_i), \texttt{len}(b_j)) \tag{3}$$

wobei $\texttt{ovl\_length}(a_i, b_j)$ die Anzahl gemeinsamer Abtastzeilen von a_i und b_j ist

Die Parameter $\vartheta_{\texttt{contrast}}$, $\vartheta_{\texttt{len}}$ und $\lambda_{\texttt{overlap}}$ werden empirisch bestimmt (siehe Abschnitt 3). Damit erhält man für jedes Liniensegment a_i eine Menge $\tilde{P}(a_i)$, die potentielle Korrespondenzen enthält:

$$\tilde{P}(a_i) := \Big\{ b_j \in W(a_i) \,\Big|\, \texttt{simc}(a_i, b_j) \wedge \texttt{simo}(a_i, b_j) \wedge \texttt{overlap}(a_i, b_j) \Big\} \tag{4}$$

Aufgrund unterschiedlicher Disparitätsintervalle der Liniensegmente können Asymmetrien der Form $a_i \notin \tilde{P}(b_j) \wedge b_j \in \tilde{P}(a_i)$ auftreten. Um dies zu verhindern, wird die endgültige Menge potentiell korrespondierender Bildprimitiva definiert.

$$P(a_i) := \tilde{P}(a_i) \cup \Big\{ b_j \,\Big|\, a_i \in \tilde{P}(b_j) \Big\} \tag{5}$$

Die verbleibenden Mehrdeutigkeiten dieser Zuordnung werden nun mit einem relaxationsartigen Algorithmus aufgelöst, dem die Annahme ähnlicher Disparitäten und die Eindeutigkeit der Zuordnung zugrundeliegt. Es wird eine Bewertungsfunktion iterativ berechnet, welche für jedes Paar potentiell korrespondierender Liniensegmente die Ähnlichkeit der Disparität mit benachbarten Paaren widerspiegelt. Dabei werden nur die benachbarten Paare berücksichtigt, die nach dem jeweiligen Stand der Iteration als zuverlässige Zuordnungen gelten. Formal ist die Bewertungsfunktion folgendermaßen definiert:

$$q^{(t+1)}(a_i, b_j) = \frac{\displaystyle\sum_{a_h \in N(a_i)} \min_{b_k \in P(a_h) \wedge C_1^{(t)}(b_k; a_i, b_j, a_h)} \big|d(a_i, b_j) - d(a_h, b_k)\big|}{|N(a_i)|}$$

$$+ \frac{\displaystyle\sum_{b_k \in N(b_j)} \min_{a_h \in P(b_k) \wedge C_2^{(t)}(a_h; a_i, b_j, b_k)} \big|d(a_i, b_j) - d(a_h, b_k)\big|}{|N(b_j)|} \tag{6}$$

Die Nachbarschaft $N(a_i)$ eines Liniensegments a_i ist ein Parallelogramm um das Liniensegment mit der Höhe $\lambda_{\texttt{height}} \texttt{len}(a_i)$ und der Breite $\lambda_{\texttt{width}} N$ (N ist die Bildbreite in Pixel). Die Disparitäten $d(a_i, b_j)$ werden als mittlere Disparität entlang gemeinsamer Abtastzeilen berechnet. Die Prädikate $C_1^{(t)}$ und $C_2^{(t)}$ beschreiben das Konzept einer momentan zuverlässigen Zuordnung: In die Bewertung gehen nur potentielle Zuordnungen ein, die mit der gerade beurteilten Zuordnung $a_i - b_j$ nicht konkurrieren (siehe nächster Abschnitt) und gemäß der Bewertungsfunktion $q^{(t)}$ am besten sind. (Die formale Definition ist in [Pos90] beschrieben.)

Im letzten Schritt werden die bevorzugten Zuordnungen jedes Liniensegments bestimmt und als richtige Korrespondenzen geliefert: Die Zuordnung zweier Liniensegmente a_i und b_j ist dann eine bevorzugte, wenn alle anderen potentiellen Zuordnungen $a_i - z$ gemäß der im letzten Schritt berechneten Bewertungsfunktion unsicherer sind, sofern $a_i - b_j$ und $a_i - z$ konkurrieren. Diese zwei Zuordnungen sind dann konkurrierend, wenn b_j und z gemeinsame Abtastzeilen überdecken. Ein Bildprimitivum kann nach dieser Definition also durchaus mehr als ein korrespondierendes erhalten, die daraus resultierende Zuordnung der Bildpunkte bleibt jedoch eindeutig. Dadurch können auch fragmentierte Linien korrekt zugeordnet werden.

Die Konvergenz dieser Bewertungsfunktion kann nicht garantiert werden, die Menge der resultierenden Zuordnungen ist aber nach wenigen Iterationen stabil. Als Anzahl der Iterationen wurde stets fünf verwendet.

2.3 Zuordnen von Polygonen

Nun wird die Erweiterung des Verfahrens auf Polygone beschrieben. Die Motivation hierfür ist die damit erreichbare Ausdehnung der Kantenkontinuität auf längere Teile der Konturen.

Im folgenden werden für beide Teilstereobilder gerade Liniensegmente und Polygone als Konturapproximationen vorausgesetzt. Liniensegmente könnten natürlich als Spezialfall eines Polygons behandelt werden, die Unterscheidung ist aber nützlich, wie im weiteren deutlich wird. Für eine Polygonapproximation wird angenommen, daß alle Teile entweder positive oder negative Steigung haben. Dies ist erforderlich, damit eine Zuordnungen von Polygonen eine eindeutige Zuordnung der Bildpunkte induziert. Deshalb werden Polygone an Stützstellen aufgetrennt, an denen die Steigung das Vorzeichen ändert.

Der Algorithmus kann im wesentlichen unverändert angewandt werden, es müssen lediglich einige zugrundeliegende Konzepte und Definitionen erweitert werden. Das Fenster eines Polygons zur Berechnung potentiell korrespondierender Bildprimitiva im anderen Teilbild wird als Vereinigung der Fenster der Liniensegmente des Polygons konstruiert. Die Definition von ähnlichem Kontrast `simc` und nötige Überlappung `overlap` kann unverändert übernommen werden. Um geringfügig unterschiedliche Polygonapproximationen in den Teilbildern behandeln zu können, darf ähnliche Orientierung nicht für alle überlappenden Liniensegmente der Polygone gefordert werden. Stattdessen wird ähnliche Orientierung für eine ausreichende Anzahl gemeinsamer Abtastzeilen gefordert. Für zwei Polygone a_i und b_j mit den Liniensegmenten $a_{i,1}, \ldots, a_{i,n}$ bzw. $b_{j,1}, \ldots, b_{j,m}$ wird ähnliche Orientierung folgendermaßen definiert:

$$\texttt{simo\_poly}(a_i, b_j) \Leftrightarrow \texttt{ngood} \geq \lambda_{\texttt{simlen}} (\texttt{ngood} + \texttt{nbad}) \tag{7}$$

wobei
$$\texttt{ngood} = \sum_{simo(a_{i,\kappa}, b_{j,\lambda})} \texttt{ovl\_length}\Big(a_{i,\kappa}, b_{j,\lambda}\Big)$$

$$\texttt{nbad} = \sum_{\neg simo(a_{i,\kappa}, b_{j,\lambda})} \texttt{ovl\_length}\Big(a_{i,\kappa}, b_{j,\lambda}\Big)$$

Für gerade Liniensegmente wird nachwievor die Bedingung `simo` gefordert. Als letztes Konzept im Relaxationprozess muß die Nachbarschaft von Polygonen erweitert werden. Ählich der erweiterten Definition des Fensters besteht die Nachbarschaft aus der Vereinigung der Nachbarschaften der Liniensegmente, wobei die Hoehe nur oben und unten ausgedehnt wird. Die übrigen Teile des Verfahrens bleiben unverändert.

3 Ergebnisse

Die verschiedenen Varianten des Stereoverfahrens wurde mit drei verschiedenen realen Stereoszenen evaluiert, die jeweils mit einer Standard-CCD-Stereokamera einer Auflösung von 512^2 Bildpunkten aufgenommen wurden (siehe Abbildung 2). Der global zugelassene Disparitätsbereich von 8 bis 62 Prozent der Bildbreite entspricht dabei einem Tiefenbereich von $1.5\,m$ bis $10\,m$, bzw. $3\,m$ bis $11\,m$ in der Szene c. Es wurde eine Auflösungshierarchie mit vier Ebenen verwendet. Um eine quantitative Auswertung zu ermöglichen, wurden jeweils manuell die idealen Zuordnungen bestimmt. Damit kann die Anzahl korrekter, fehlender und zusätzlicher (d.h. falscher) Zuordnungen von Bildpunkten ermittelt werden. Die Parameter und Schwellwerte wurden experimentell anhand der idealen Zuordnungen festgelegt. Die Werte sind in Tabelle 1 aufgelistet. Es ist bemerkenswert, daß bei Verwendung einer anderen Segmentierung und ausschließlich gerader Liniensegmente im wesentlichen identisch Werte ermittelt wurden. Das zeigt, daß die Werte robust gegenüber verschiedenen Segmentierungsmethoden sind.

$\vartheta_{\text{contrast}}$	0.65	ϑ_{len}	4	λ_{overlap}	0.2
λ_{height}	2.00	λ_{width}	0.16	λ_{simlen}	0.6

Tabelle 1: Die verwendeten Paramterwerte

Tabelle 2 faßt die Ergebnisse bei Verwendung von Polygonen zusammen. Einige falsche Zuordnungen sind auf Segmentierungsfehler zurückzuführen: Wird für ein Polygon das korrespondierende nicht detektiert, obwohl es nicht verdeckt ist, kann fälschlicherweise ein ähnliches als Zuordnung ermittelt werden. Dies muß allerdings nicht der Fall sein, insbesondere kann des Verfahren in vielen Fällen Verdeckungen korrekt behandeln. Ebenso werden die repetitven Muster des Würfels korrekt zugeordnet.

Szene	Segmente		Zuordnungen		
	links	rechts	ideal	mit Pyramide	ohne Pyramide
a	56	42	1137	1055/ 82/ 0 *92.8/ 7.2/ 0.0*	1055/ 82/ 0 *92.8/ 7.2/ 0.0*
b	242	247	2459	2165/ 294/ 122 *88.0/12.0/ 5.0*	1867/ 592/ 298 *75.9/24.1/12.1*
c	129	134	2063	1729/ 334/ 167 *83.8/16.2/ 8.1*	1717/ 346/ 297 *83.2/16.8/14.4*

Tabelle 2: Anzahl extrahierter Polygone und Anzahl idealer und korrekter/fehlender/ falscher Zuordnungen von Konturpunkten mit und ohne Auflösungspyramide in absoluten (obere Zeile) und prozentualen Werten (untere Zeile).

Die Tabelle verdeutlicht auch die Verbesserung des Verfahrens durch den Einsatz der Auflösungshierachie. Für die relativ einfache Würfelszene bleiben zwar die Ergebnisse unverändert. Bei den beiden anderen Szenen werden jedoch deutliche Verbesserungen erzielt.

In Tabelle 3 sind die Ergebnisse beim Einsatz von geraden Liniensegmenten und Polygonen als Bildprimitiva gegenübergestellt. Abgesehen von einer leichten Zunahme fehlender Zuordnungen in der Szene a sind alle Ergebnisse bei Verwendung von Polygonen verbessert. Insbesondere für die dritte Szene mit dem größten Tiefenbereich können die deutlich bessere Resultate erzeilt werden[1]

---

[1]Der Vollständigkeit halber sei angemerkt, daß verschiedene Segmentierungsverfahren verwendet wurden, die Ver-

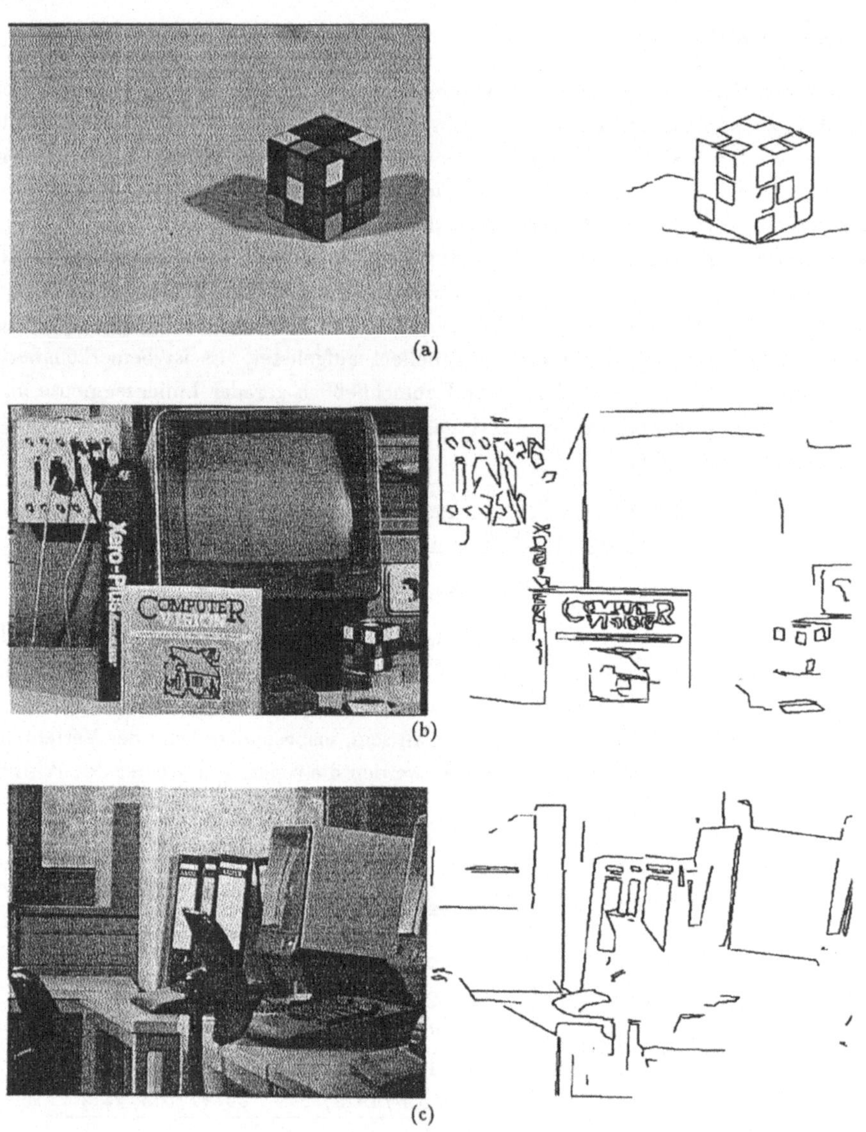

Abbildung 2: Für jede Szene ist das linke Bild des idealen Stereobildpaares und die segmentierten
Polygone dargestellt.

Szene	a	b	c
Polygone	92.8/ 7.2/ 0.0	88.0/12.0/ 5.0	83.8/16.2/ 8.2
Gerade Liniensegmente	93.7/ 6.3/ 3.2	86.5/13.5/ 5.5	75.6/24.4/30.9

Tabelle 3: Vergleich der Ergebnisse bei Verwendungen von Polygonen und geraden Liniensegmenten (prozentuale Werte richtig/fehlend/falsch).

4 Zusammenfassung

Es wurde ein hierarchischer konturbasierter Stereoalgorithmus beschrieben, der in einem relaxationsartigen Vorgehen lokale Eigenschaften der Bildprimitiva, die Epipolargeometrie, eine Eindeutigkeitseinschränkung und die Annahme vorwiegend glatt variierender Disparität zur Auflösung von Mehrdeutigkeiten einsetzt. Als Bildprimitiva werden gerade Liniensegmente oder Polygonapproximationen verwendet, um darüberhinaus die Kantenkontinuität auszunutzen. Das Verfahren wurde anhand realer Stereobilder mit variierender Komplexität und Tiefenbereichen evaluiert. Durch den Einsatz von Polygonen können deutlich bessere Ergebnisse im Vergleich zur Verwendung gerader Liniensegmente erzielt werden.

Literatur

[AF85] N. Ayache, B. Faverjon: *Fast Stereo Matcher Based on Prediction and Recursive Verification of Hypothesis*, in *Proc. 3rd Workshop on Computer Vision: Representation and Control*, Bellaire, Michigan, 1985, S. 27–37.

[BB81] H. Baker, T. Binford: *Depth from Edge and Intensity Based Stereo*, Proc. 7. Int. Joint Conference on Artificial Intelligence (IJCAI), 1981, S. 631–636.

[HS88] R. Horaud, T. Skordas: *Structural Matching for Stereo Vision*, Proc. 9. Int. Conf. on Pattern Recognition (ICPR), 1988, S. 439–445.

[LHB87] S. Lloyd, E. Haddow, J. Boyce: *A Parallel Binocular Stereo Algorithm Utilizing Dynamic Programming and Relaxation Labeling*, Computer Vision, Graphics and Image Processing (CVGIP), Bd. 39, 1987, S. 202–225.

[MF81] J. E. Mayhew, J. P. Frisby: *Psychophysical and Computational Studies towards a Theory of Human Stereopsis*, Artificial Intelligence, Bd. 17, 1981, S. 349–385.

[MMN89] R. Mohan, G. Medioni, R. Nevatia: *Stereo Error Detection, Correction, and Evaluation*, Trans. on Pattern Analysis and Machine Intelligence (PAMI), Bd. 11, Nr. 2, 1989, S. 113–120.

[MN85] G. Medioni, R. Nevatia: *Segment-Based Stereo Matching*, Computer Vision, Graphics and Image Processing (CVGIP), Bd. 31, 1985, S. 2–18.

[OK85] Y. Ohta, T. Kanade: *Stereo by Intra- and Inter-Scanline Search Using Dynamic Programming*, Trans. on Pattern Analysis and Machine Intelligence (PAMI), Bd. 7, Nr. 2, 1985, S. 139–154.

[Pos88] S. Posch: *Hierarchische linienbasierte Tiefenbestimmung in einem Stereobild*, in W. Hoeppner (Hrsgb.): *Proc. 12. German Workshop on Artificial Intelligence*, Springer Verlag, Berlin, Sep. 1988, S. 275–285.

[Pos90] S. Posch: *Automatische Bestimmung von Tiefeninformation aus Grauwert-Stereobildern*, Dissertation IMMD 5, Univ. Erlangen-Nürnberg, 1990.

[RBS87] G. Raju, T. Binford, S. Shekar: *Stereo Matching using Viterbi Algorithm*, in Proc. Image Understandig Workshop, Los Angeles, 1987, S. 766–776.

[SD87] C. Stewart, C. Dyer: *Local Constraint Integration in a Connectionist Model of Stereo Vision*, Computer Sciences Technical Report 726, Univ. of Wisconsin, Nov. 1987.

[WM88] Y. Wu, H. Maitre: *A New Dynamic Programming Method for Stereovision Ignoring Epipolar Geometry*, Proc. 9. Int. Conf. on Pattern Recognition (ICPR), 1988, S. 146–148.

---

besserungen können aber auf die verbesserte Ausnutzung der Kantenkontinuität und nicht auf unterschiedliche Segmentierung zurückgeführt werden.

Untersuchung eines Algorithmus der Texturanalyse

R. Poschmann
TechnoTeam Bildverarbeitung GmbH
Ehrenbergstraße 33
O-6300 Ilmenau

1. Einleitung

Die Analyse von Texturbildern ist ein seit langem intensiv bearbeitetes Gebiet der digitalen Bildverarbeitung. Texturbilder sind durch klassenspezifische örtliche Schwankungen der Bildhelligkeit innerhalb der Bildregionen gekennzeichnet, die für eine Analyse und Segmentierung genutzt werden können. Bilder mit diesen Eigenschaften spielen u.a. eine wichtige Rolle in der Erdfernerkundung (Luftbilder), Biologie und Medizin (Aufnahmen von Gewebestrukturen), in der Textilproduktion und Materialanalyse. Abb. 1 zeigt ein typisches Texturbild, das aus zwei Regionen mit jeweils einigen Texturfehlern besteht.

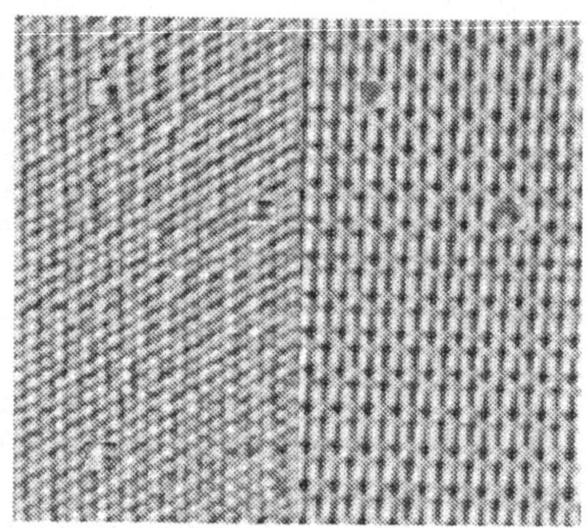

Abb. 1: Texturbeispielbild

Es ist allgemein anerkannt, daß sich eine Texturaussage nicht anhand des Grauwertes eines einzigen Pixels gewinnen läßt, man benötigt einen Bildausschnitt mit einer Mindestanzahl von Bildpunkten. Zur modellmäßigen Beschreibung wird für die Rechenoperationen im Auswertungsfenster der Begriff Texturoperator verwendet. Eingangsgrößen des Operators sind die Grauwerte der Bildpunkte im Fenster, Ausgangsgröße ist ein Label.

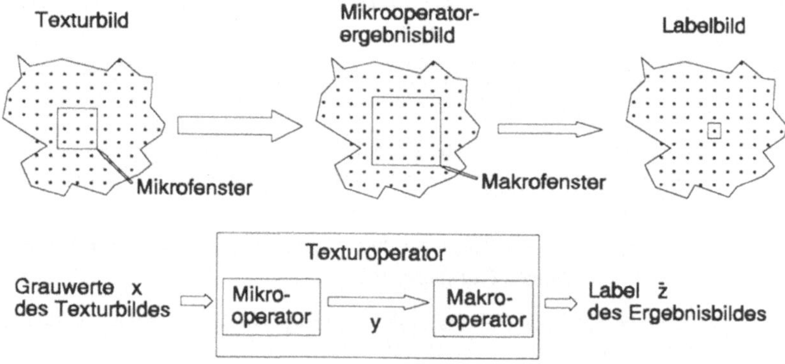

Abb. 2: Texturoperator

Das Label ist entweder zwei- oder mehrwertig (Zwei- oder Mehrklassenproblem) oder kontinuierlich (Grad der Ausprägung einer Textureigenschaft). Verschiebt man das Auswertungsfenster im Bild und wendet den Texturoperator in jeder Lage des Fensters an, so ist das Ausgangssignal ebenfalls zweidimensional ortsdiskret.

Innerhalb des Texturoperators sind zwei Aufgaben zu lösen. Zum einen sind lokale (Mikro-) Textureigenschaften zu bestimmen, zum anderen findet eine Mittelung dieser Eigenschaften im Auswertungsfenster statt. Da die Mikroeigenschaften im Auswertungsfenster an verschiedenen Stellen liegen können, ist eine mehrfache Anwendung der Rechenvorschrift in unterschiedlichen Lagen zu ihrer Extraktion notwendig. Dieser Teil der Operationen wird im weiteren als Mikrooperator bezeichnet. Die Zusammenfassung und Bewertung ihrer Ergebnisse erfolgt im zweiten Teil des Texturoperators, der Makrooperator genannt werden soll. Die Abb. 2 zeigt die prinzipielle Vorgehensweise. Bekannte Vertreter der Algorithmenklasse sind:
- Verfahren auf der Basis lokaler Grauwerthistogramme,
- Verfahren auf der Basis der Cooccurrence-Matrix,
- Verfahren auf der Grundlage der Texturenergietransformation nach /Laws 80/.

2. Modellbildung linearer Mikrooperator

Man kann die Grauwerte der einzelnen Pixel in einem Mikrofenster um den Punkt (i,j) zu einem Grauwertvektor $x_{(i,j)}$ zusammenfassen. Betrachtet man eine Region, so sind viele Lagen des Mikrofensters und demzufolge viele verschiedene Grauwertvektoren zu beobachten. Der Grauwertvektor ist deshalb als eine Realisierung des Zufallsvektors X betrachtbar und durch seine Wahrscheinlichkeitsdichte charakterisierbar. Ist der Mikrooperator bekannt, so läßt sich für jede denkbare Realisierung x von X der Ausgangsvektor y eindeutig berechnen. Aufgrund des Zufallscharakters von X ist auch Y eine Zufallsgröße. Lineare Systemabbildungen $X \rightarrow Y$ werden in der Bildverarbeitung als lineare Filter bezeichnet.

Für ein einzelnes Pixel am Ort (i,j) entsteht sein Grauwert $y_{(i,j)}$ als mit den Filterkoeffizienten gewichtete Summe der Grauwerte des Originalbildes:

$$y_{(i,j)} = \sum_{(\Delta i, \Delta j)} a_{(\Delta i, \Delta j)} \, x_{(i+\Delta i, j+\Delta j)} \qquad (1)$$

Betrachtet man die Grauwerte vor der Filterung als Komponenten des Grauwertvektors $x_{(i,j)}$ und ordnet die Komponenten des Filters entsprechend zu einem Filtervektor a, so läßt sich die gewichtete Summe als Bildung eines inneren Vektorprodukts (Skalarprodukt) auffassen:

$$y_{(i,j)} = a^t \, x_{(i,j)} \qquad (2)$$

UNSER zeigt, daß man bei bekannten Autokovarianzfunktionen zweier Texturklassen das optimale Ergebnis der Aufgabe - "Finde einen Filtervektor, für den der Varianzunterschied in den Filterergebnissen zweier Texturklassen extremal ist !" - als Lösung der allgemeinen Eigenwertaufgabe (aEWA)

$$\Sigma_{X1} \, e_i = \Sigma_{X2} \, e_i \, \lambda_i \qquad (3)$$

erhält /Unser 86b/. Σ_{X1} und Σ_{X2} sind die Autokovarianzmatrizen der Texturklassen. Die ermittelbaren Eigenvektoren e_i mit den zugehörigen Eigenwerten λ_i sind das Ergebnis der Extremalisierung des Rayleigh-Quotienten R(a):

$$R(a) = \frac{\sigma_{Y1}^2}{\sigma_{Y2}^2} = \frac{a^t \Sigma_{X1} \, a}{a^t \Sigma_{X2} \, a} \qquad (4)$$

Da der Zählerterm bzw. der Nennnerterm jeweils eine Aussage über die Varianz der mit dem Filter a gefilterten Texturklassen nach der Filterung geben, ist es zweckmäßig, als Filter die

Eigenvektoren $\mathbf{e}_i$ mit besonders von 1 abweichenden Eigenwerten λ_i zu verwenden, weil sich dann die Varianzen der beiden Klassen nach der Filterung besonders stark unterscheiden.

In /Poschmann 92/ wird dieser Ansatz ausführlich analysiert. Dabei sind vor allem zwei neue Erkenntnisse von Interesse:

I. Die Art und Größe des verwendeten Auswertungsfensters beeinflußt die in ihm bestimmbare Varianz des gefilterten Bildes. Es ist notwendig, diese Makrofenstereigenschaften bereits bei der Schätzung der Autokovarianzmatrizen in der Lernphase zu beachten. Es kann gezeigt werden, daß die zu verwendenden Autokovarianzmatrizen die Struktur

$$\Sigma_{Xk} = \mathbf{R}_{Xk} - \mathbf{R}_{\overline{X}k} \quad , \ k{=}1,2 \tag{5}$$

haben müssen. Während $\mathbf{R}_{Xk}$ die Autokorrelationsmatrix der Klasse k ist, stellt die zweite auftretende Matrix die Autokorrelationsmatrix der betreffenden Texturklasse nach der Filterung mit einem Tiefpaßfilter dar, dessen Größe gleich dem verwendeten Auswertungsfenster ist.

II. Aufgrund der Stationarität ist für den Optimalentwurf die Herauslösung eines Varianzfaktors möglich, der zu einer Umbewertung der Eigenvektorwichtung führen kann. Dazu wird die Grauwertvarianz des Originalbildes als Vorfaktor aus der Kovarianzmatrix herausgezogen und die verbleibende Matrix als normierte Kovarianzmatrix $^{n}\Sigma_{Xk}$ bezeichnet:

$$\Sigma_{Xk} = \sigma_{Xk}^{2} \ ^{n}\Sigma_{Xk} \tag{6}$$

Für die Elemente der normierten Matrix gilt:
- Alle Hauptdiagonalelemente sind gleich eins.
- Alle anderen Elemente liegen im Intervall [-1,+1], wobei die Intervallgrenzen lediglich im praktisch nicht relevanten Fall determinierter Signale erreicht werden.

Führt man die normierten Matrizen in die Gleichung (3) ein, so erkennt man, daß die Komponenten der Eigenvektoren unverändert bleiben, aber die Eigenwerte sowohl die Information über die originalen Varianzunterschiede zweier Texturklassen als auch über die mögliche Strukturunterscheidbarkeit durch die Anwendung des entsprechenden Eigenvektors als Filter enthalten. Die praktische Bedeutung besteht vor allem darin, daß man durch die von der Filterung getrennte Berechnung der Varianz des Texturbildes im Auswertungsfenster eine Desensibilisierung gegenüber Helligkeitsschwankungen bei der Bildaufnahme erreichen kann.

3. Modellbildung Makrooperator

Mit dem folgenden Ansatz kann eine Vielzahl vorgeschlagener Verfahren der Texturanalyse beschrieben werden. Dazu zählen z.B. lineare Klassifikatoren auf der Basis berechneter Potenzmomente /Unser 84/, Maximum-Likelihood-Methoden für Histogramme von Bildausschnitten /Unser 86/ bzw. Cooccurrence-Matrizen /Vickers et. al. 82/ und die Direktanwendung eines linearen Klassifikators auf der Basis von Histogrammen /Kubalski 86/. Es wird ein zweistufiger Grundalgorithmus verwendet:

    1.Transformiere das gefilterte Bild mit Hilfe einer vorberechneten Look-up-Tabelle (Histogrammtransformation t):

$$z_{(i,j)} = t[y_{(i,j)}] \tag{7}$$

2.Glätte das histogrammtransformierte Bild mit dem Filter **b** (Tiefpaßfilterung):

$$\bar{z}_{(k,l)} = \sum_{(\Delta i, \Delta j)} b_{(\Delta i, \Delta j)}\, z_{(k+\Delta i, l+\Delta j)} \tag{8}$$

Für die Ausgangsgröße des zweistufigen Makrooperatoralgorithmus können die statistischen Parameter Mittelwert und Varianz berechnet werden /Poschmann 92/:

$$\mu_{\bar{z}} = t^{t}\, {}^{n}c_{Y} \tag{9}$$

$$\sigma_{\bar{z}}^{2} = t^{t}\, \Sigma_{b,Y}\, t \tag{10}$$

$$\Sigma_{b,Y} = \sum_{(\Delta m, \Delta n)} r_{b;(\Delta m, \Delta n)}^{2}\; {}^{n}C_{Y;(\Delta m, \Delta n)} - {}^{n}c_{Y}\, {}^{n}c_{Y}^{t} \tag{11}$$

Dabei ist $r_{b;(\Delta m, \Delta n)}^{2}$ ein Autokorrelationskoeffizient des Tiefpaßfilters **b**:

$$r_{b;(\Delta m, \Delta n)}^{2} = \sum_{(\Delta i, \Delta j)} b_{(\Delta i, \Delta j)}\, b_{(\Delta i + \Delta m, \Delta j + \Delta n)} \tag{12}$$

Die Größe ${}^{n}c_{Y}$ ist das normierte Histogramm des Mikrooperatorausgangsbildes:

$${}^{n}c_{Y} = [{}^{n}c_{Y;g}] \quad,\; g = 0(1)G-1$$

$${}^{n}c_{Y;g} = \frac{c_{Y;g}}{card\{(i,j) \mid (i,j) \in M(k,l)\}}$$

$$c_{Y;g} = card\{(i,j) \mid (i,j) \in M(k,l) \cap y_{(i,j)} = g\} \tag{13}$$

> *G:*   *Anzahl der Graustufen*
> *M(k,l):* *Menge der Pixel für Makrofenster*
>   *in Position (k,l)*

${}^{n}C_{Y;(\Delta m, \Delta n)}$ ist eine Cooccurrence-Matrix dieses Bildes für einen Pixelabstand $(\Delta m, \Delta n)$:

$${}^{n}C_{Y;(\Delta m, \Delta n)} = [{}^{n}c_{Y;g_1,g_2}] \quad,\; g_1,g_2 = 0(1)G-1$$

$${}^{n}c_{Y;g_1,g_2} = \frac{c_{Y;g_1,g_2}}{card\{(i,j) \mid (i,j) \in M(k,l)\}}$$

$$c_{Y;g_1,g_2} = card\{(i,j) \mid (i,j) \in M(k,l) \cap y_{(i,j)} = g_1 \cap y_{(i+\Delta m, j+\Delta n)} = g_2\} \tag{14}$$

> *G:*   *Anzahl der Graustufen*
> *M(k,l):* *Menge der Pixel für Makrofenster*
>   *in Position (k,l)*
> *(Δm, Δn):* *Abstand zwischen zwei Pixeln*

Die Bedeutung dieser Gleichungen besteht darin, daß sie ohne Anwendung heuristischer Zwischengrößen ("Texturmerkmale") eine direkte Aussage über die zu erwartende Güte am Makrooperatorausgang gestatten: Ein Verfahren ist umso besser, je weiter entfernt die Mittelwerte der einzelnen Texturklassen im Verhältnis zu den Innerklassenvarianzen sind.

In den folgenden Ausführungen wird die Anwendung für den Zweiklassenfall demonstriert. Die Abb. 3 veranschaulicht das für diesen Fall formulierte Zielkriterium:

$$G_{\overline{z}} = \frac{(\mu_{\overline{z}1} - \mu_{\overline{z}2})^2}{\frac{1}{2}(\sigma^2_{\overline{z}1} + \sigma^2_{\overline{z}2})} \qquad (15)$$

Bei einer Implementation des Algorithmus über Bildverarbeitungsoperationen (Look-up-Tabelle und Glättungsfilterung) sind die Histogramme der beiden Texturklassen den in der Abbildung gezeigten Dichtefunktionen direkt proportional. Mit einer Schwellwertoperation (Binarisierung) kann eine Trennung beider Texturklassen erfolgen.

Es zeigt sich, daß der Ansatz auf die Formulierung eines Rayleigh-Quotienten führt, wenn man die für Mittelwerte und Varianzen der beiden Klassen ermittelten Gleichungen einsetzt:

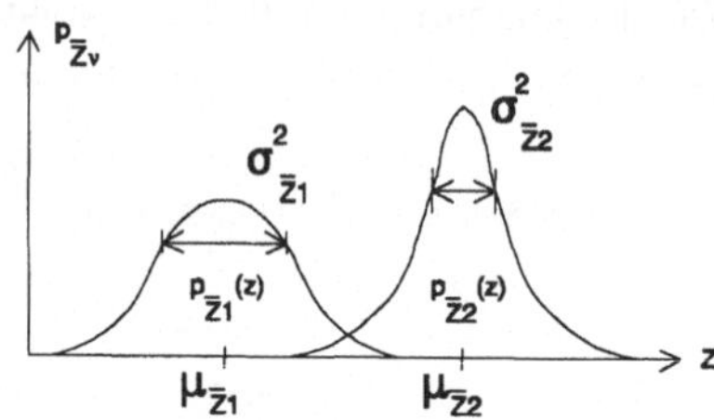

Abb. 3: Makrooperator-Gütekriterium

$$G_{\overline{z}}(t) = \frac{t^t B t}{t^t W t} \qquad (16)$$

$$B = \Delta \Delta^t = [{}^n c_{Y1} - {}^n c_{Y2}][{}^n c_{Y1} - {}^n c_{Y2}]^t \qquad (17)$$

$$W = \frac{1}{2}[\Sigma_{b,Y1} + \Sigma_{b,Y2}] \qquad (18)$$

Die Lösungen der linearen Diskriminanzanalyse im Zweiklassenfall (Fishervektor) bzw. im Mehrklassenfall (allgemeine Eigenwertaufgabe) können jedoch nicht sofort angewendet werden, da die Matrix **W** stets singulär ist. In /Poschmann 92/ wird die optimale Histogrammtransformation t_{opt} mit Hilfe von Matrix-Subraumoperationen ermittelt.

4. Modellbildung Texturoperator

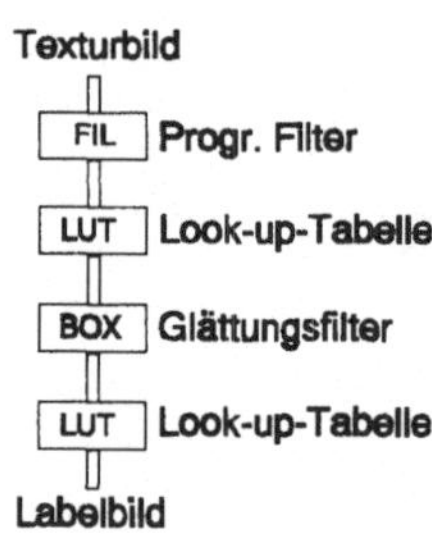

Abb. 4: Basisalgorithmus

Die Abb. 4 zeigt die Basisform des Algorithmus, wie sie in den vorangegangenen Abschnitten besprochen wurde. Im ersten Schritt wird das Texturbild mit einem linearen nichtrekursiven Operator gefiltert. Danach erfolgt die Histogrammtransformation mit t_{opt} und die Glättungsfilterung. Im Ergebnis dieses dreistufigen Algorithmus steht ein Bild zur Verfügung, in dem die Grauwerte mit Texturklassen bzw. Textureigenschaften des Texturbildes in einer Bildpunktumgebung um das aktuelle Pixel korrespondieren. Deshalb kann im einfachen Zweiklassenfall zum Beispiel die Binarisierung mit Hilfe einer Look-up-Tabelle angeschlossen werden. Denkbar sind auch differenziertere Bewertungen von Pixeln (d.h. Mehrklassenfälle). In dieser Grundform ist der Algorithmus nur zur Lösung einfacher Aufgaben geeignet. In schwierigeren Fällen sind Erweiterungen notwendig. Die folgende Abbildung zeigt das Konzept eines hypothetischen Texturprozessors, der neben zwei parallelen Zweigen des Basisalgorithmus auch Möglichkeiten zur Grauwertvarianzberechnung und -berücksichtigung bietet, wie sie im Zusammenhang mit der Diskussion einer Desensibilisierung gegenüber Helligkeitsschwankungen im 2. Abschnitt angedeutet wurden.

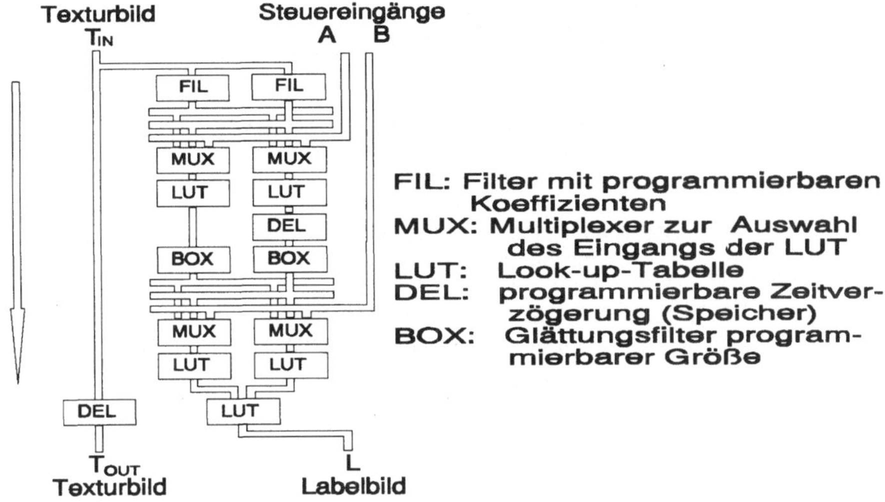

Abb. 5: Prinzipschaltbild Texturprozessor

Die Art der Realisierung ist dabei nicht entscheidend. Man kann die Abbildung entweder als Prinzip einer Datenflußmaschine oder als Programmablaufplan betrachten.

Für die Texturfehlererkennung im Texturbeispiel in Abb. 1 ist eine mehrstufige Vorgehensweise erforderlich: Zum einen treten in den anzuwendenden kleinen Auswertungsfenstern auch innerhalb einer Region relativ große Helligkeitsschwankungen auf. Zum anderen sind die Fehler regionenspezifisch, vor der Fehlersuche muß eine Segmentierung in die Regionen vorgenommen werden. Das Ergebnis einer dreistufigen Prozessorkaskade (Varianzschwankungskorrektur, Segmentierung, Fehlerfindung) mit jeweils unterschiedlicher Parametrisierung zeigt Abb. 6.

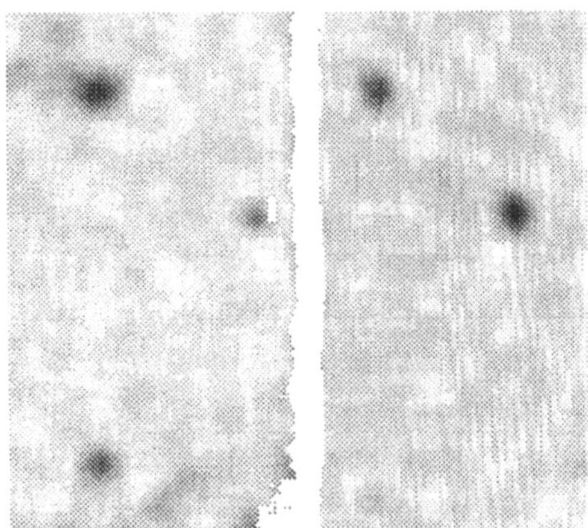

Abb. 6: Texturfehlerbild

5. Literatur

/Kubalski 86/ Kubalski, W.: "Ein Verfahren zur schnellen Texturanalyse in Halbtonbildern", Diss., RWTH Aachen, 1986

/Laws 80/ Kaws, K.I.: "Textured image segmentation", PhD Thesis, Image Processing Institute, Univ. of Southern California, 1980

/Poschmann 92/ Poschmann, R.: "Untersuchung eines Basisalgorithmus der statistischen Texturanalyse", Diss. (in Vorbereitung), TH Ilmenau, 1992

/Unser 84/ Unser, M.: "Local linear transforms for texture analysis", 7th Int. Conf. on Pattern Recognition, Montreal, S. 1206-1208, 1984

/Unser 86/ Unser, M.: "Sum and difference histograms for texture classification", IEEE Trans. on Pattern Analysis and Machine Intelligence, PAMI-8, S.118-125, 1986

/Unser 86b/ Unser, M.: "Local linear transforms for texture measurements", Signal Processing 11, S.61-79, North Holland, 1986

/Vickers et. al. 82/ Vickers, A.L.; Modestino, J.W.: "A maximum likelihood approach to texture classification", IEEE Trans. on Pattern Analysis and Machine Intelligence, PAMI-4, S.61-68, 1982

Stereo and Structured Light as Acquisition Methods in the Field of Archaeology

Robert Sablatnig and Christian Menard

Technical University of Vienna
Department for Pattern Recognition and Image Processing
Institute for Automation, 183/2
Treitlstr. 3
A-1040 Vienna AUSTRIA
Phone: +43 (222) 58801-4480
Fax: +43 (222) 569697
e-mail: sab@prip.tuwien.ac.at

Abstract

In this paper two acquisition methods for archaeological finds are proposed that could help the archaeologist in his work. First we present these very different acquisition methods, stereo and structured light acquisition to get the 3D-surface representation (a so-called 3D-object model) of a sherd. Further we discuss the accuracy of the acquisition methods for archaeological applications. The results are compared with each other and an outlook for a possible fusion of these two methods for an archaeological application is given.

1. Introduction

At excavations a large number of sherds of archaeological pottery is found. These sherds are photographed, measured, drawn and catalogued. Up to now, all this has been done by hand, and means a lot of routine work for the archaeologist. Thousands of sherds can be found at one excavation and all of them must be measured, drawn and archived. Figure 1 shows a sherd found at the excavation site Petronell near Vienna. First it was measured with the help of a profile "comb" to get the contour line (Fig. 1a) and then a top view of the sherd was drawn (Fig. 1b). Approximately 1½ hours were necessary to complete this drawing. The processes described above can be carried out by computerized methods in both a faster and a more exact way. Therefore, one of our main goals is to find a qualified automated acquisition method [SAB91a].

First of all, we would like to focus on the recording

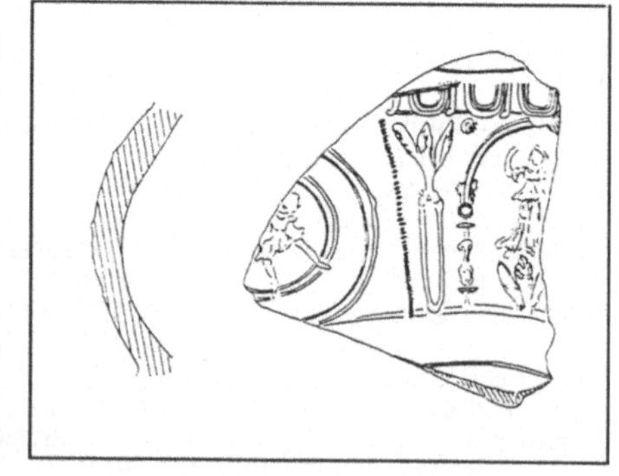

Fig. 1 A sherd drawn by hand

methods to minimize failures in the output and to automate this process completely. In order to get the 3D-information of a sherd we tested two different and representative methods, in particular, *shape from stereo* [MEN91] and *shape from structured light* [SAB91b].

2. Shape from Stereo

The stereo analysis method is similar to the human vision system. Due to the way our eyes are positioned and controlled, our brains usually receive similar images of a scene taken from nearby points of the same horizontal level. Therefore the relative position of the images of an object will differ in the two eyes. Our brains are capable of measuring this disparity and thus estimating the depth [MAR76]. Stereo analysis tries to imitate this principle. Figure 2 shows an experimental configuration of a stereo system. The sherd to be recorded is placed in the measurement area. Two fixed CCD cameras are used to get intensity images from two different positions. The orientation parameters of our stereo configuration are given as follows:

$B = 65$ mm, $d = 520$ mm, $f = 16$ mm, $res = 512$x480 Pixel, where B is the distance between the two parallel cameras, d the distance between object and image plane, f is the focus of the lenses and res is the resolution of the CCD cameras. From these parameters a 1.6 mm accuracy can be determined.

By locating corresponding positions in the two images, a stereo system can recover the geometrical relationships and thereby depth [BAR80, EAS87]. The search for the correct match of a point is called "correspondence problem" and one of the central and most difficult part of the stereo problem. Several algorithms were published to compute the disparity between images like the correlation method [MAR76,LUO80,SUB90], the correspondence method [GRI85,HEL90], or the phase differ-

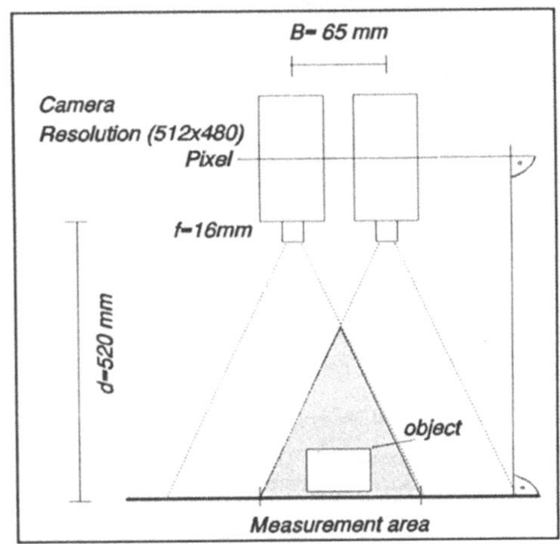

Fig. 2 Configuration of the stereo system

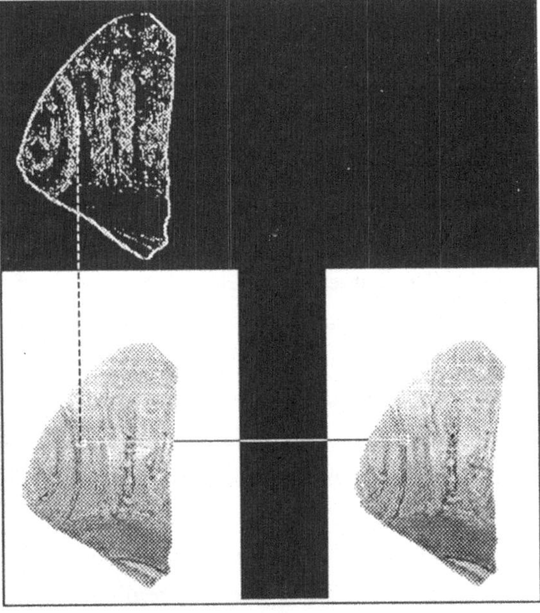

Fig. 3 Principle of area based stereo algorithm

ence method [JEN91]. Our first attempt to solve the correspondence problem was to use the area-based stereo technique with the help of image pyramids. This method finds corresponding points on the basis of the similarity of the corresponding areas in left and right images. The process consists of extracting feature points in the left image with the help of the **Horizontal Gradient Operator** [SHI87] and finding the corresponding points in the other image. Given a feature point in the left image, the corresponding point is thought on the basis of the similarity of the neighboring regions. To determine the similarity, we used the correlation of light intensity between the left and the right windows. The correlation C is defined as:

$$C = \frac{\sigma_{LR}^2}{\sqrt{\sigma_L^2 \sigma_R^2}}$$

where σ_L^2 and σ_R^2 represent the variance of the light intensity in the left and right window, and σ_{LR}^2 is the covariance of the light intensity.

To find the corresponding point in the right image for a given feature point in the left image, the correlation for all candidate points must be computed. The maximum of the so computed correlation function is presumed to be the corresponding point. Figure 3 shows the principle of this algorithm. The image on the top shows the feature image of the sherd containing vertical edges, because the disparity can only be computed out of these edges. The two images on the bottom are the stereo intensity images of the sherd. The horizontal dotted line is the epipolar line on which the correlation function is computed. The maximum of this function defines the corresponding point. The depth information of the surface points of the sherd is only computed for the extracted feature points, thus the disparity map has large regions without information, especially in homogeneous regions of the intensity image. Image pyramids are used to fill these gaps in the disparity map. First the 5x5/4 Gaussian image pyramids [HAR91, KRO91] for the left and right intensity images are generated. Then the feature extraction is applied to each level of the left pyramid. These three pyramids are the new input for the stereo algorithm. It starts at the top level of the pyramids and uses the information gained as input for the pyramid level below. With this principle an average disparity can be determined for homogeneous regions in the stereo intensity images.

Figure 4 shows the surface representation of the computed disparity map as a result.

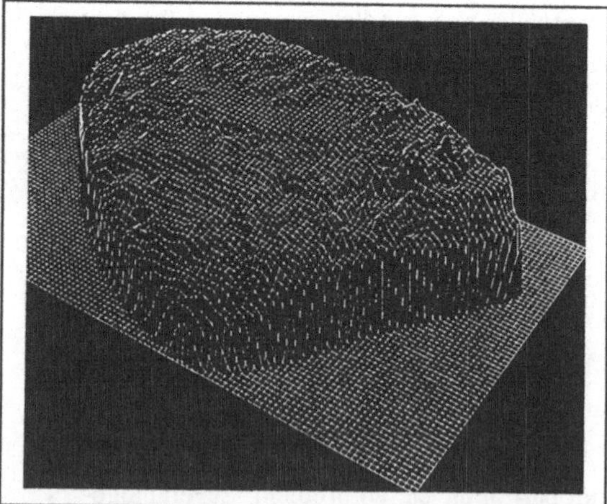

Fig. 4 Surface representation of the disparity map

3. Shape from structured Light

The second acquisition method to estimate the 3D-shape of a sherd is shape from structured light. A predefined light-pattern is projected onto the surface of the object and then observed with a camera. The range information is computed from the distortions of the light pattern seen from the camera. Instead of lightpattern in our configuration we used one laser lightstripe, projected onto the object. This lightstripe is recorded by a CCD camera. The image from the camera consists of a profile line that has the information about the position of the surface points observed, if the illumination and scene geometry is known [KRA90]. With the help of the distance between the line observed and the calibrated line, one can determine the position of the surface points in the 3D-space.

In our test configuration, two lasers and two CCD cameras were used. Figure 5 shows the configuration of the acquisition system with the orientation parameters. From these parameters, a theoretical accuracy of 0.6 mm can be determined. This theoretical accuracy was confirmed with a calibration object. The two lasers are positioned in order to produce one lightplane. This lightplane intersects the sherd and the so created lightstripe is observed by the two CCD cameras. In order to get the complete 3D-surface of the object, a NC machine is used to transport the object through

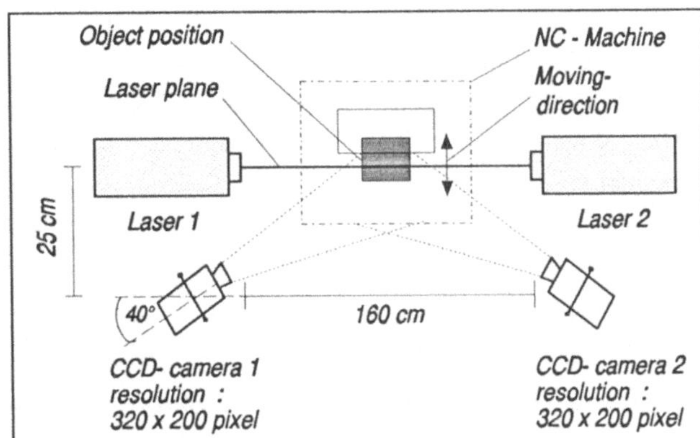

Fig. 5 Configuration of the structured light acquisition

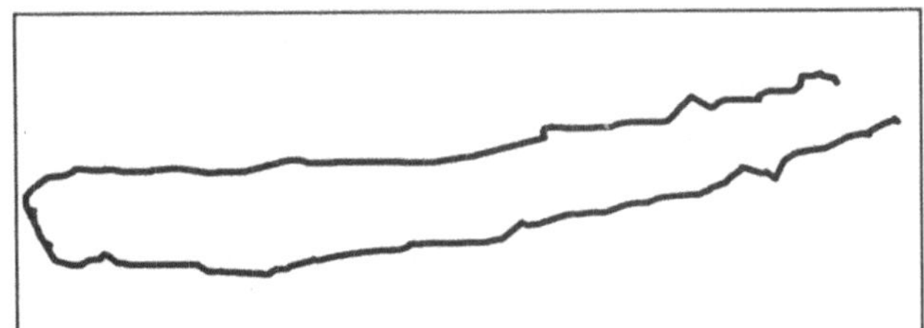

Fig. 6 Cross section through the sherd

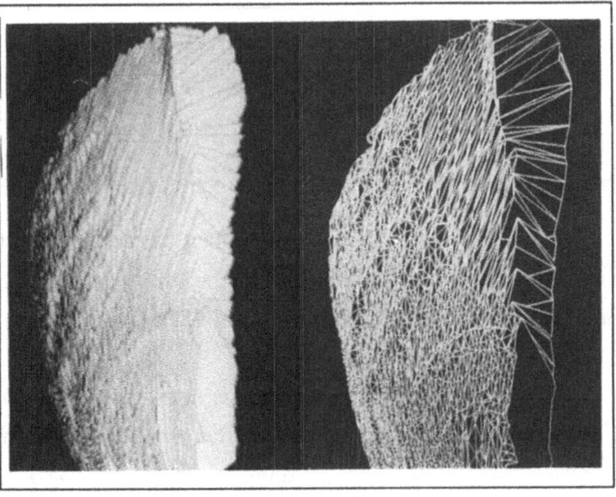

Fig. 7 a) stacked up cross sections b) triangular surface patches

the measurement-region. The results are serial cross sections through the sherd. Figure 6 shows one of these profile sections.

With the help of these serial cross sections a 3D model of the sherd can be generated. One way of constructing this model is to stack up this serial cross section and coloring each cross section with different lightness. To get a real 3D model of the sherd, we used triangular surface patches [SHI87, LIN89]. Figure 7a shows serial stacked up cross-sections and figure 7b the model interpolated with triangular surface patches.

4. Comparison and Outlook

The two acquisition methods proposed above were tested with a common type of sherd. The data gained from these test systems were compared with each other and tested for archaeological requirements. The results are compared in table 1.

Table 1	Comparison of the acquisition methods used	
Topic	**Stereo**	**Structured Light**
Surface representation :	The result of the stereo method is a 2½D- representation of the surface of the sherd. Only those regions of the sherd can be computed which can be seen by both cameras.	The structured light method computes a complete 3D-representation of the surface of the sherd. For regions that are not reached by the laser light plane or not seen by the camera, the 3D information cannot be computed.
Accuracy of the results:	±1.5 mm.	±0.6 mm.
Amount of data:	The number of computed surface points were 6000.	The number of computed surface points were 8000.
Computation time:	The computation time for the stereo algorithm took about 10 minutes on a Sun Sparc Station.	It took about 5 minutes to compute the surface of the sherd with i860 Card for a PC 386.
Dimensions:	0.85m x 0.85m x 1m	3m x 1m x 0.75m

The results of the two acquisition methods are not sufficient for archaeological requirements. On the one hand, it is necessary to get an accuracy of 0.5 mm, especially in regions with textures and ornaments, on the other hand, the pictorial acquisition is extremely important for archiving (Figure 1).

The results of the stereo method are not accurate enough but the pictorial acquisition is available. The structured light method reaches the accuracy requirement but there is no possibility to get the pictorial information. Table 2 summarizes the drawbacks and possible improvements of these two methods.

To construct a robust and accurate acquisition system for the archaeologist that provides pictorial and 3D-acquisition, it would be better to combine the advantages of these two methods. The possible system for fusion of the stereo and the structured light method is shown in Figure 8. The two CCD

Table 2	Drawbacks of the acquisition systems and their possible improvement	
Acquisition system	**Drawbacks**	**Improvements**
Structured light:	Paintings and decorations on the surface cannot be detected, because this method is not able to get a pictorial acquisition.	Additional use of a pictorial acquisition system.
	Accuracy of the reliefs on the surface is only ± 0.6 mm.	With the use of a high resolution CCD camera (2500 x 2500 pixel) the accuracy can be increased up to ten times.
	The dimensions of the system are too large.	Use of special laser.
Stereo:	The required accuracy is not reached.	Decreasing the distance between image and objectplane and the combination of several stereo algorithms would increase accuracy.
	High computation time	Use of parallel processors
	Small measurement area	With a rotation of the two CCD cameras to each other, the measurement area can be increased.

cameras are used by both acquisition methods. In order to get parallel light stripes onto the surface of the sherd, a special light projector is used. With the help of these lightstripes no transportation through the measurement area is needed. These lightstripes are used to compute the depth information by the structured light method with both CCD cameras to minimize the failures. Subsequently, the light projector is turned off and the depth information is computed by the stereo algorithm. Fusion of the data obtained by structured light with the information obtained by stereo will give a more exact depth information. In addition to depth the pictorial information is also available. For these reasons this system will be able to provide the cross section and the top view of the sherd as shown in figure 1.

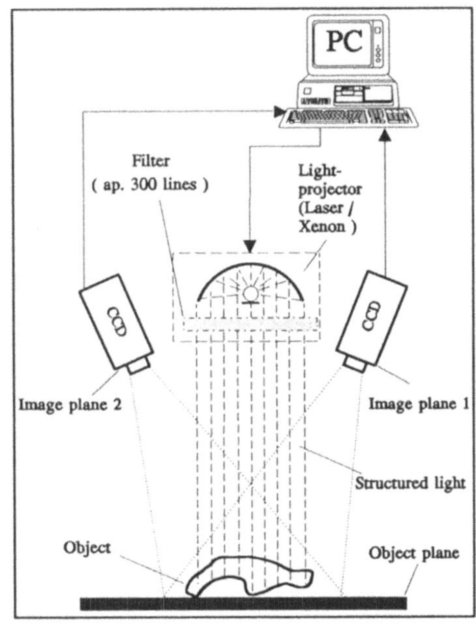

Fig. 8 Fusion of stereo and structured light

References :

[BAR80]   **Barnard S.T., Thompson W.B.,** "Disparity Analysis of Images", IEEE Trans. on PAMI, Vol 2, No. 4, pp 333 - 340, 1980

[EAS87]   **Eastman R.D., Waxman A.N.**, "Using Disparity Functionals for Stereo Correspondence and Surface Reconstruction",CVGIP,Vol 39,pp 73-101,1987

[GRI85]   **Grimson W. E. L.** "Computational Experiments with a Feature Spaced Stereo Alghorithm", IEEE Trans. on PAMI, Vol 7, No. 1, pp 17 - 34, Mar. 1985

[HAR91]   **Haralick R.M., Shapiro G.L.**, " Glossary of Computer Vision Terms", Pattern Recognition Vol. 24, No. 1, pp 69 - 93, 1991

[HEL90]   **Helmke H., Janssen R., Saur G.**, "Automatische Erzeugung dreidimensionaler Kantenmodelle aus mehreren zweidimensionalen Objektansichten", in: Grabkopf R.E. (Hrsg.) : "Mustererkennung 1990, 12. DAGM Symposium", Springer IFB 254, pp 617 - 624, 1990

[HOF89]   **Hoff W., Ahuja N.**, "Surfaces from Stereo : Integrating Feature Matching, Disparity Estimation and Contour Detection",IEEE Trans. on PAMI, Vol 11, No. 2, pp 121 - 136, Mar. 1989

[JEN91]   **Jenkin M.R.M., Jepson A.D.**, Tsotsos J.K. "Techniques for Disparity Measurements", CVGIP, Vol 53, No 1, pp 14 - 30, 1991

[KRA90]   **Kramer J, Seitz P., Baltes H.**, "Integrierter 3D-Sensor für die Tiefenbilderfassung in Echtzeit", in: Grabkopf R.E. (Hrsg.) : Mustererkennung 1990, 12. DAGM Symposium, Springer IFB 254, pp 22 - 28, 1990

[KRO91]   **Kropatsch W.G.**, "Hierarchical Methods for Robot Vision", Expert Systems and Robotics, Nato ASI Series, Vol. F71, Springer-Verlag Berlin Heidelberg 1991.

[LIN89]   **Lin W.C., Chen S.Y.,Chen C.T.**, "A New Surface Interpolation Technique for Reconstructing 3D Objects from Serial Cross Sections", Computer Vision, Graphics, and Image Processing, Vol 48, pp 124-143, 1989.

[LUO90]   **Luo W., Maitre H.**, "Using surface Model to Correct and fit Disparity Data in Stereo Vision", Proc. IEEE Conf. on Pattern Recognition ,Vol 1, pp 60 - 64, 1990

[MAR76]   **Marr D., Poggio D.** "Cooperative Computation of Stereo Disparity ", Science Volume 194, pp 283 - 287, 1976

[MAR79]   **Marr D., Poggio D.** "A Computational Theory of Human Stereo Vision ", Proc. Roy. Soc. Vol. B 204 pp 301-328, London 1979.

[MEN91]   **Menard C.**, "Das Stereoverfahren, ein Verfahren zur bildhaften Erfassung archäologischer Fundgegenstände", master thesis, TU Wien, Institute for Automation, 1991.

[SAB91a]   **Sablatnig R., Menard C.**, Dintsis P., "A Preliminary Study on Methods for a Pictorial Acquisition of Archaeological Finds", Proc. SAC Conference, Gothenburg, 1991.

[SAB91b]   **Sablatnig R.**, "Das Lichtschnittverfahren, ein Verfahren zur Erfassung archäologischer Fundgegenstände", master thesis, TU Wien, Institute for Automation, 1991.

[SHE90]   **Sherman D., Peleg S.**, "Stereo by Incremental Matching of Contours", IEEE Trans. on PAMI, Vol 12, No. 11, pp 1102 - 1106, Nov. 1990

[SHI87]   **Shirai Y.**, "Three Dimensional Computer Vision", Springer Verlag, Berlin, Heidelberg, New York, 1987.

[SUB90]   **Subrahmonia J., Hung Y.P., Cooper D.B.**, "Model-Based Segmentation and Estimation of 3D Surfaces from Two or More Intensity Images Using Markov Random Fields", Proc. IEEE Conf. on Pattern Recognition ,Vol 1,pp 390 - 397, 1990

Eine Erweiterung des Photometrischen Stereo zur Analyse nicht-statischer Szenen

Karsten Schlüns
Fachgebiet Computer Vision
Institut für Technische Informatik
Technische Universität Berlin
Franklinstr. 28/29
1000 Berlin 10

Das Verfahren des Photometrischen Stereo ist ein robustes Hilfsmittel zur Gestaltserkennung diffuser Objekte in einer statischen Umgebung, so daß es in einer Vielzahl von höheren Visionmodulen Verwendung findet. Hier wird eine Erweiterung vorgestellt, die mittels der Auswertung disjunkter Farbkanäle die Einschränkung auf statische Szenen aufhebt und somit das Anwendungsspektrum deutlich verbreitern kann.

1. Motivation

Zwei besonders wichtige Parameter bei der Interpretation einer räumlichen Umgebung aus Videobildern sind zum einen die Tiefeninformation und zum anderen die Orientierung der sichtbaren Oberflächen. Im Gegensatz zur Rekonstruktion von Tiefe, bei der oft die unterschiedliche Verschiebung eines Merkmals bzw. der Defokussierungsgrad in irgendeiner Form gemessen wird, unterscheiden sich die Verfahren zur Gestaltserkennung in der Wahl der *gestalts*repräsentierenden Bildmerkmale wesentlich voneinander. Als Beispiele seien folgende Verfahren genannt: shape from contour, shape from texture, shape from shadows, shape from shading, photometric stereo.

Jede dieser Methoden macht andere Annahmen und somit Einschränkungen über die Objekte und die Objektumgebung. Die ersten vier aufgeführten Verfahren machen bezüglich der Objektgeometrie und des Projektionsprozeßes starke Einschränkungen. Das Verfahren des Photometrischen Stereo macht weder über die Objektgeometrie noch über die Projektionsart einschränkende Annahmen, so daß es weitaus universeller als die anderen eingesetzt werden kann. Untermauert wird diese Behauptung, wenn man die Verwendungsvielfalt in höheren Visionmodulen betrachtet, siehe Abs. 4. Die Anwendungsbreite könnte durchaus noch erhöht werden, wenn es gelänge, das Verfahren auch für dynamische Szenen nutzbar zu machen.

2. Einführung

Mit dem Verfahren des Photometrischen Stereo [Wood80] kann die Gestalt berechnet werden, indem das Objekt mit drei aus verschiedenen Richtungen strahlenden Punktlichtquellen unter einem konstanten Kamerastandort beobachtet wird. Damit kann allen Oberflächenpunkten ein Tripel von Intensitäten zugeordnet werden. Unter Anwendung des Lambert'schen Reflektionsgesetzes können drei Beziehungen aufgestellt werden:

$$E_i = \rho\, E_{0i} \cos \alpha_i\,, \quad i = 1, 2, 3,$$

wobei α_i der Winkel zwischen der Oberflächennormalen n und dem bekannten Lichtvektor s_i ist. E_{oi} sind die Strahlungsstärken der Lichtquellen und E_i die Intensitäten. Zur Vereinfachung wird ρ (Albedo) als 1 angenommen.

Zur Rekonstruktion der Oberflächenorientierungen aus den Intensitätstripeln gibt es mehrere Möglichkeiten:

- Berechnung mittels Inversenbildung:

    Sei x der zu berechnende Einheitsoberflächenvektor in einem Punkt und y das Intensitätstripel. Sei A die aus den drei Beleuchtungs-(Zeilen)-Vektoren a_i, deren Länge der Beleuchtungsrichtung entspricht, gebildete (3x3)-Matrix mit den Elementen a_{ij}. Dann läßt sich das Photometrische Stereo-Problem als lineare Abbildung formulieren:

$$y = Ax \quad \text{und} \quad x = A^{-1} y \text{, falls } A^{-1} \text{ definiert ist.}$$

- Berechnung mittels Kegelschnittbildungen:

    Sei $n = (p,q,-1)$ der zu berechnende Oberflächenvektor in einem Punkt.
    Seien $s_i = (p_{si},q_{si},-1)$ die drei Beleuchtungsvektoren und y_i die dazugehörigen Intensitätswerte.

$$\text{Dann ist das Gleichungssystem } y_i = \frac{n\, s_i}{|n||s_i|} = \frac{pp_s+qq_s+1}{\sqrt{p^2+q^2+1}\sqrt{p_s^2+q_s^2+1}} \quad \text{mit } i=1,2,3$$

zu lösen.

- Anlegen einer Look-Up-Tabelle mittels Kalibrierung.

2.1. Rekonstruktion der Beleuchtungsparameter

Sind die Lichtquellenparameter (E_{oi} , s_i) nicht bekannt, können diese mit Hilfe einer in [Wood91] entwickelten Methode bis auf den Freiheitsgrad einer 3D-Rotation aus den Bildern rekonstruiert werden:

Da $x^T x = 1$, gilt auch $\quad x^T x = y^T (A^{-1})^T (A^{-1}) y = y^T C y = 1$, mit $C = (A^{-1})^T (A^{-1})$,

was eine quadratische Form in y ist. Hierdurch wird geometrisch ein Ellipsoid beschrieben. Mit entsprechend vielen gemessenen Intensitätstripeln y läßt sich C approximieren.

Sei $D = C^{-1} = A\, A^T$. Für die Elemente d_{ij} von D gilt $d_{ij}=a_i\, a_j^T$.

Die Berechnung der Beleuchtungsstärke erfolgt gemäß $E_{io}=\sqrt{a_i\, a_j^T} = \sqrt{d_{ij}}$.
Der Winkel α_{ij} zwischen zwei Lichtrichtungen i und j ist mittels

$$\cos(\alpha_{ij}) = \frac{a_i\, a_j^T}{\sqrt{a_i\, a_i^T}\sqrt{a_j\, a_j^T}} = \frac{\sqrt{d_{ij}}}{\sqrt{d_{ii}}\sqrt{d_{jj}}} \quad \text{zu bestimmen.}$$

Durch den sequentiellen Bildgenerierungsprozeß ergeben sich einige Nachteile. So können zeitvariante Konfigurationen nicht bearbeitet werden, wie sie in den weiter unten genannten Anwendungsfällen jedoch vorkommen. Bei sich definiert bewegenden Objekten könnte dies im Rekonstruktionsprozeß natürlich mit gewissem Aufwand berücksichtigt werden.

Bei nichtdefinierten Bewegungen wie z.B. mechanischen Erschütterungen - gerade im industriellen Einsatz - versagt das Verfahren aber gänzlich. Sicherlich ist es denkbar, drei Kameras zeitgleich zu schalten, jedoch müßte wegen des räumlichen Offsets eine Korrespondenzanalyse mit all ihren Schwierigkeiten durchgeführt werden.

3. Dynamisches Photometrisches Stereo

Hier soll nun eine einfache Möglichkeit vorgestellt werden, die mittels einer einzelnen Aufnahme – das Prinzip des Photometrischen Stereo verwendend – eine Gestaltsrekonstruktion erlaubt und somit die Einschränkung der Zeitinvarianz nicht mehr beinhaltet. Da in jedem Fall die reflektierte Strahlung dreier Lichtquellen unabhängig voneinander zu messen ist, wäre der Einsatz weißen Lichtes "verschwenderisch".

3.1. Strahlungstransformation

Die auf einen Objektpunkt eintreffende spektrale Strahlungsleistung L kann als Produkt der Leistungsverteilung E der Lichtquelle und des Transmissionsgrades T des Filters beschrieben werden:

$$L(\lambda) = E(\lambda)\, T(\lambda)$$

Das am Sensor ankommende Licht P wird zusätzlich durch den Reflektionsgrad des Oberflächenpunktes beeinflußt:

$$P(\lambda) = L(\lambda)\, R(\lambda)$$

Es wird vorausgesetzt, daß keiner der drei Spektralbereiche vollständig absorbiert wird. Ferner hat der Sensor eine spezifische Empfindlichkeit S, so daß das Signal D detektiert wird:

$$D = \int_{low}^{up} S(\lambda)P(\lambda)d\lambda = \int_{low}^{up} E(\lambda)T(\lambda)R(\lambda)S(\lambda)d\lambda$$

Unter Verwendung eines Satzes farbiger Lichtquellen, deren spektrale Leistungsverteilung nahezu disjunkt sind, genügt eine einzelne Aufnahme.

3.2. Aufteilung des Lichtspektrums

Zur spektralen Zerlegung nicht-monochromatischen Lichtes sind zwei unterschiedliche Filtersorten, nämlich Interferenz- und Farbglasfilter denkbar. Schmalbandige Filter (Interferenzfilter) besitzen steile Flanken, haben aber die Eigenschaft, daß ihr Transmissionsgrad im maximalen Durchlaßbereich klein (τ_{max} = 10..40%) und die Halbwertsbreiten nur bei ca. 12nm liegen, was ihren Einsatz unmöglich macht.[1] Breitbandigere Farbglasfilter besitzen eine höhere Lichtstärke, sie haben jedoch überlappende Durchlaßbereiche. Es ist demnach zu vermuten, daß die Lichtquellen einander beeinflussen. Der Grad hängt jedoch auch, wie oben aufgezeigt, von anderen Faktoren ab.

3.3. Separierbarkeit im Experiment

Es wurden drei Diaprojektoren verschiedener Bauart und eine Kombination von Photofiltern und Showfilterfolien verwendet. Die Diagramme der Filter sind in Abb. 2 darge-

---

[1] Angaben aus Katalog Präzisionsoptik der Firma Spindler & Hoyer.

stellt.[2] Danach läßt sich vermuten, daß das blaue und grüne Licht nicht separabel ist. Das Untersuchungsobjekt war eine Styroporkugel mit matter Oberfläche. Als Sensor wurde eine Sony 3-Chip-Kamera (DXC-730P) eingesetzt.

Das Gesamtverhalten des Bildgenerierungsprozesses ist in Abb. 1 skizziert. Hier werden die Intensitätswerte auf dem horizontalen Mittelpunktsquerschnitt der Kugel in den drei Farbkanälen (in den Spalten von links nach rechts: R, G, B) für die jeweiligen Lichtquellen (in den Zeilen von oben nach unten: R, G, B) dargestellt. Die Vermutung einer Durchdringung der Leistungsspektren in Kombination mit den Filtern wird bestätigt. Der additive Fehler beträgt in Bezug auf das Gesamtsignal der Farbkanäle etwa 15% (grün) bzw. 16% (blau). Die verschiedene Profilform ist natürlich auf die unterschiedlichen Beleuchtungsrichtungen zurückzuführen.

3.4. Gestaltsrekonstruktion

Das verwendete Verfahren benutzt einen nichtanalytischen Schnitt der Iso-Intensitätslinien. Dieses hat einerseits den Vorteil, mit analytischen Reflektanzkarten (keine Kalibrierung erforderlich) als auch mit einer einfach zu steuernden Fehlertoleranz arbeiten zu können. Der Nachteil gegenüber einer Look-Up-Realisierung ist natürlich der geringere Durchsatz. Sicherlich haben analytische Reflektanzkarten auch den Nachteil, daß sie das Reflektanzverhalten nur eingeschränkt widerspiegeln. Doch ist hier eine eindeutige Lösbarkeit eines mathematischen Problems zu finden. Bei per Kalibrierung ermittelten Reflektanzkarten ist die Existenz und Eindeutigkeit einer Lösung nicht zu zeigen.

Neben der nicht notwendigen Kalibrierung haben die analytischen Reflektanzkarten ferner den Vorteil, daß bei definierter Kamerabewegung, was z.B. bei der Unterstützung einer Greifplanung mobiler Roboter im industriellen Bereich sinnvoll ist, die veränderliche Lichtquellenrichtung angegeben werden kann und damit die Reflektanzkarte neu berechenbar ist. Bei empirisch ermittelter Reflektion muß die Reflektanzkarte bei jeder sich verändernden Beleuchtungs-Kamera-Relation neu erstellt werden.

3.4.1. Ergebnisse

Die drei mit Farbfiltern ausgestatteten Diaprojektoren wurden in etwa 1.5 m Entfernung zum Objekt aufgestellt. Der Kamera-Objekt-Abstand betrug ca. 80 cm. Richtungen der Lichtquellen:

L_1:   Slant = 3°   Tilt = -60°

L_2:   Slant = 20°   Tilt = -45°

L_3:   Slant = 5°   Tilt = 0°

Die für die Kugel ermittelte Orientierungskarte ist in Abb. 3 dargestellt. Es ist zu erkennen, daß trotz überlappender Spektralbereiche der größte Teil möglicher Orientierungen korrekt rekonstruiert werden konnte. Die punktierten Bereiche markieren den Hintergrund bzw. nicht rekonstruierbare Oberflächenpunkte. Die folgende Tabelle zeigt die Ergebnisse der Beleuchtungsrekonstruktion:

One-Shot			
	realer Winkel	berechneter W.	Abweichung
α_{12}	22°	17°	23 %
α_{13}	60°	50°	17 %
α_{23}	46°	39°	15 %

---

[2] Die Filter wurden mit einem Photospektrometer ausgemessen.

4. Anwendungen

Benutzt wird Photometrisches Stereo in höheren Vision-Systemen z.B. zur Qualitätskontrolle [Wood89], zur Greifplanung in der Robotik [keuchi et al.86], zur integrierten Tiefen- und Gestaltsrekonstruktion [Ikeuchi87] und zur Objekterkennung [Ikeuchi,Kanade88].

5. Zusammenfassung und Ausblick

Die ersten Experimente zeigen, daß das Verfahren das Anwendungsfeld des Photometrischen Stereo auf dynamische Konfigurationen erweitern kann. Die mit den benutzten Filtern nicht trennbaren Spektralkanäle und dadurch verursachten Fehler können mit professionellen Filtern minimiert werden. Ein Ausbau auf ein erweitertes Beleuchtungsmodell ist mit der verfügbaren Farbinformation möglich.

6. Literatur

[Ikeuchi87]   K. Ikeuchi, Determining a Depth Map Using a Dual Photometric Stereo: The Int. Journal of Robotics Research, Vol. 6, No. 1, 87

[Ikeuchi,Kanade88]K. Ikeuchi;T. Kanade, Automatic Generation of Object Recognition Programs: Proc. of the IEEE, Vol. 76, No. 8, 88

[Ikeuchi et al.86]   K. Ikeuchi;et al., Determining Grasp Configurations using Photometric Stereo and the PRISM Binocular Stereo System: The Int. Journal of Robotics Research, Vol. 5, No. 1, 86

[Wood80]   R. J. Woodham, Photometric method for determining surface orientation from multiple images: Optical Engineering, Vol. 19, 80

[Wood89]   R. J. Woodham, Determining Surface Curvature with Photometric Stereo: IEEE Int. Conf. on Robotics and Automation, Vol. 1, 89

[Wood91]   R. J. Woodham;et al., Photometric Stereo: Lambertain Reflectance and Light Sources with Unknown Direction and Strength: TR 91-18, D. of Comp. Science, U. of British Columbia, Vancouver, B.C., Canada, Aug.91

7. Anhang

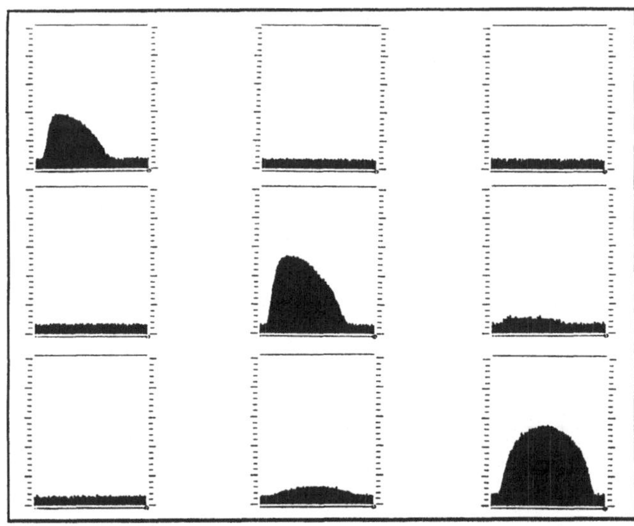

Abb. 1

Red Filter
transmittance [%]
wavelength [nm]
Green Filter
transmittance [%]
wavelength [nm]
Blue Filter
transmittance [%]
wavelength [nm]

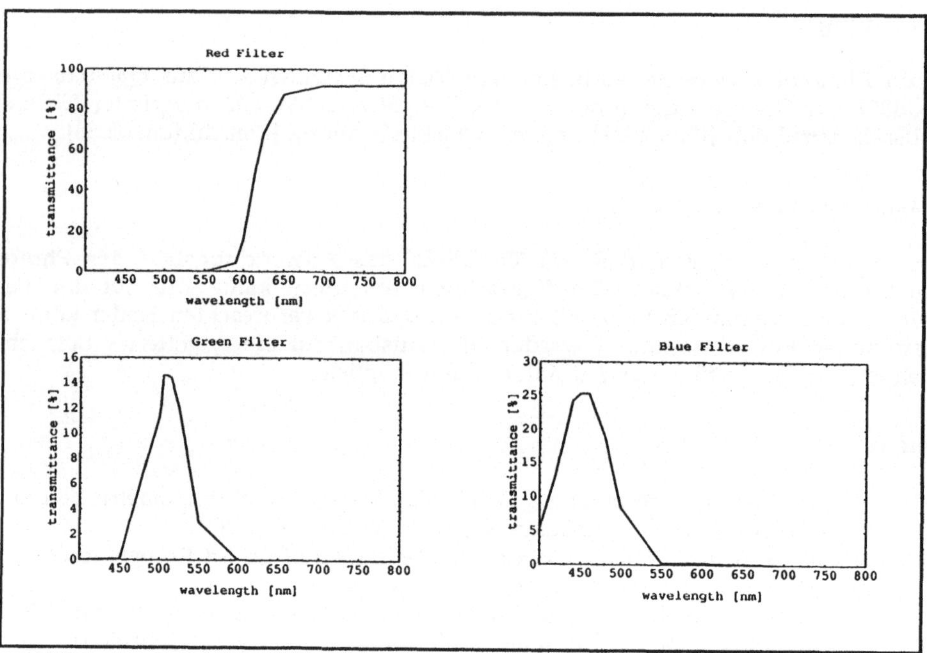

Abb. 2

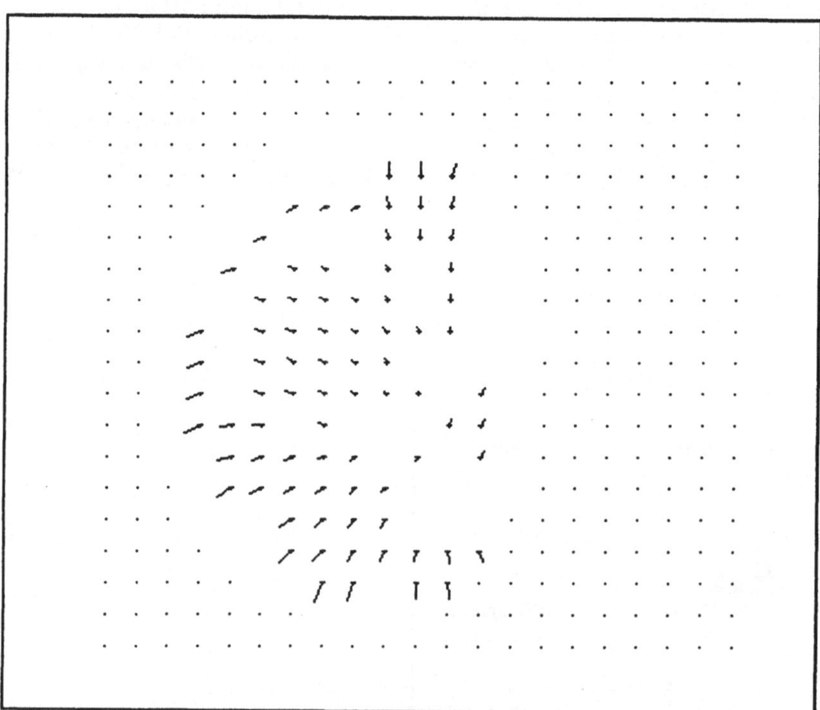

Abb. 3

Ein Ansatz zur effizienten und eindeutigen Rekonstruktion stückweise glatter Funktionen

Christoph Schnörr, Bernd Neumann

Universität Hamburg, FB Informatik, AB Kognitive Systeme
Bodenstedtstraße 16, W-2000 Hamburg 50

Zusammenfassung: *Wir schlagen die Minimierung eines nichtquadratischen Funktionals oder - äquivalent dazu - einen nichtlinearen Diffusionsansatz vor, um bei Bewahrung signifikanter Änderungen Daten effizient zu glätten. Der Verlauf des Diffusionskoeffizienten wird so gewählt, daß die Eigenschaften quadratischer Minimierungsansätze, insbesondere die Eindeutigkeit der Lösung, erhalten bleiben. Numerische Beispiele illustrieren die Eigenschaften des Ansatzes.*

1 Einführung

1.1 Übersicht

Die Methode, Funktionen durch die Minimierung quadratischer Funktionale zu rekonstruieren, ist in den letzten 10 Jahren auf verschiedene Probleme des Maschinensehens angewendet worden [3, 5, 15, 11]. Diese Ansätze zeichnen sich u.a. dadurch aus, daß lokal aus den Bilddaten ermittelte Information in eindeutiger Weise über ein geg. Gebiet in der Bildebene integriert wird und daß die entsprechenden Berechnungen auf lokal miteinander kooperierende Prozesse abgebildet werden können. Ein durch den Ansatz bedingter Nachteil jedoch besteht darin, daß sich starke örtliche Änderungen der Lösungsfunktion i.a. nicht herausbilden können. Deshalb ergeben sich nur undeutliche Hinweise auf Grauwertkanten, Tiefensprünge, Bewegungsgrenzen usw., was eine datengetriebene Auswertung von Bildfolgen erschwert.

Diesem Problem versuchte man bisher u.a. dadurch zu begegnen, daß man Binärvariable, die das Glätten der Daten an verschiedenen Positionen in der Bildebene „an-" und „ausschalten" sollen, mit in das Minimierungsproblem einbezieht [2, 7, 4, 6, 1, 16]. Dies führt allerdings auf komplizierte nichtkonvexe Kostenfunktionen, so daß man aufwendige „simulated-annealing" Verfahren mit heuristisch gewählten „Abkühlraten" oder deterministische Modifikationen dieser Verfahren zur Berechnung suboptimaler Lösungen heranziehen muß. Auch gehen diese Ansätze nicht von einem kontinuierlichen Problem aus, so daß von der Rekonstruktion einer Funktion (unabhängig von einer zulässigen diskreten Implementierung) nicht mehr so ohne weiteres gesprochen werden kann.

Dies gilt nicht für den Ansatz von Perona und Malik [10], die den Rekonstruktionsprozeß als Lösen einer nichtlinearen Diffusionsgleichung modellierten. Allerdings muß dieses Verfahren manuell gestoppt werden, um brauchbare Ergebnisse zu liefern. Nordström [8] schlug deshalb eine modifizierte Diffusionsgleichung vor, die dem kontinuierlichen Gradientenabstieg bzgl. eines nichtquadratischen Funktionals entspricht. Die mathematische

Absicherung der Ergebnisse von Nordström sowie von Perona und Malik wurde jedoch von diesen Autoren nicht vollständig durchgeführt. Insbesondere die vorgeschlagenen Verläufe des Diffusionskoeffizienten lassen bei Nordström zum Beispiel die Frage nach der Möglichkeit einer numerisch stabilen Auswertung aufkommen, da die Existenz von Lösungen nicht in denjenigen Funktionenräumen gezeigt werden kann, für die (nach Kenntnisstand des Autors) entsprechende Ergebnisse der Numerischen Mathematik vorliegen. Dies, sowie der Berechnungsaufwand der o.g. Verfahren, motiviert den nachfolgend vorgestellten Ansatz.

Im nächsten Abschnitt stellen wir als Ansatz die Minimierung eines Funktionals vor, welches einerseits starke lokale Änderungen der Lösung ermöglicht, andererseits aber noch alle wichtigen Eigenschaften aufweist, die unter bestimmten Voraussetzungen für die einfacheren quadratischen Funktionale gelten, also insbesondere die Eindeutigkeit und Existenz einer Lösung (siehe [12, 13, 14] und die dort zitierte Literatur).

2 Beschreibung des Ansatzes

$g(x)$, $x \in [a, b]$, bezeichne gegebene Daten und $\mathcal{H}$ einen geeigneten Funktionenraum. Der Ansatz lautet: Bestimme $v \in \mathcal{H}$ so, daß

$$J : \mathcal{H} \to \mathrm{R} , \qquad J(v) = \int_a^b \{(v - g)^2 + \lambda(v')\} dx \tag{1}$$

minimal wird. Die Funktion λ ist einmal stetig differenzierbar und durch Vorgabe des Diffusionskoeffizienten ρ spezifiziert:

$$\lambda : \mathrm{R} \to \mathrm{R}, \quad \lambda(x) = \psi(|x|), \quad \psi'(s) = \rho(s) \cdot s, \quad 0 \leq s \in \mathrm{R} .$$

Um ein gewünschtes Glättungsverhalten zu erzielen wird man ρ so wählen, daß der Einfluß von λ ab einem bestimmten Wert des Arguments abnimmt. Zugleich fordern wir die folgenden Eigenschaften des Ansatzes: Die Lösung $v \in \mathcal{H}$ soll existieren, *eindeutig* sein und stetig von den Daten abhängen. Die Berechnung einer Näherungslösung durch die Diskretisierung des Problems mit Finiten Elementen soll „stabil" sein. Man beachte, daß dieser Ansatz damit in einem bestimmten Sinne der „einfachste" ist, der über ein quadratisches Funktional hinausgeht. Eine Lösung wird durch ein Abstiegsverfahren (siehe etwa [9]) als (einziges) globales Minimum bestimmt. Man sieht leicht ein, daß der Ansatz auch auf Funktionen $v : \mathrm{R}^n \to \mathrm{R}$ angewendet werden kann.

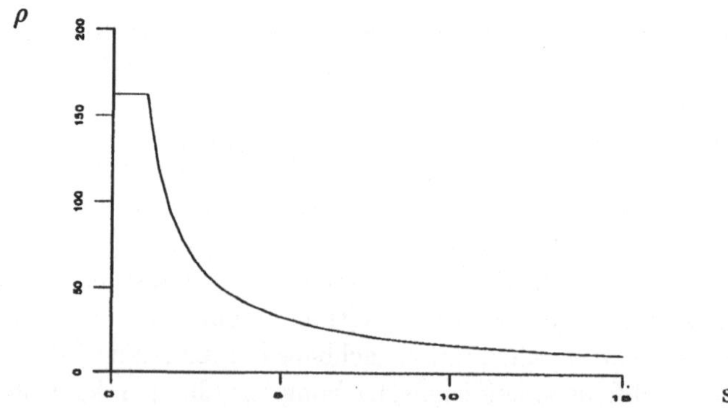

Abbildung 1: Verlauf des Diffusionskoeffizienten als Funktion des Gradienten der Lösung

Aus den genannten Forderungen ergibt sich für den Diffusionskoeffizienten ρ der in Abb. 1 gezeigte Funktionsverlauf, welcher durch drei Werte parametrisiert ist: Ab einem einstellbaren Wert sinkt ρ umgekehrt proportional zum Absolutwert der Ableitung von v von einem hohen auf einen niedrigen positiven Wert. Man beachte, daß dieses „Umschalten" nicht schneller passieren darf und daß ρ strikt positiv sein muß (die zu (1) gehörige nichtlineare Diffusionsgleichung darf also lokal nicht „rückwärts" laufen).

Wir zeigen im nächsten Abschnitt, daß sich die Eigenschaften der Lösung gegenüber quadratischen Ansätzen stark verbessern und sogar wichtige Merkmale nichtkonvexer Optimierungsverfahren (vgl. [1]) aufweisen.

3 Eigenschaften des Ansatzes

Der Einfachheit halber sprechen wir nachfolgend von „nichtlinearer Glättung", wenn eine Funktion durch Minimierung von J in (1) bestimmt worden ist. Ersetzt man den zweiten Term von J in (1) durch $\lambda \cdot (v')^2$ (λ konstant), so ergibt sich das entsprechende quadratische Funktional, und wir sprechen von „linearer Glättung". Auf die mathematischen Eigenschaften des Ansatzes haben wir im letzten Abschnitt hingewiesen.

Bei gegebenem Signal- zu Rauschverhältnis läßt sich prinzipiell analytisch ein Intervall für den „Umschaltparameter" in Abb. 1 angeben, so daß eine Sprungfunktion rekonstruiert wird (Abb. 2,3). Das Intervall wird aufgrund von Abb. 1 und den Eigenschaften der linearen Glättung (Greensche Funktion) bestimmt. „Rekonstruiert" soll bedeuten, daß an der Stelle des Sprungs das Verfahren innerhalb eines kurzen Bereiches (Gitterweite) von starker Glättung auf schwache und wieder zurück schaltet.

Die Lokalisierung des Sprunges hängt nicht vom Ausmaß der Glättung ab (Abb. 4). Dieses Ergebnis steht im Gegensatz zu den Ergebnissen gängiger Kantendetektoren, welche sich im scale-space verschieben, und beruht in erster Linie darauf, daß der Ansatz nichtlokal ist.

Abb. 6a zeigt die Grauwerte einer Zeile aus einem Realweltbild (siehe Abb. 5). Abb. 6b zeigt die nichtlinear geglätteten Daten. Signifikante Änderungen der Daten bleiben deutlich erhalten, während Rauschen und (oft unwichtige) Details weggefiltert werden.

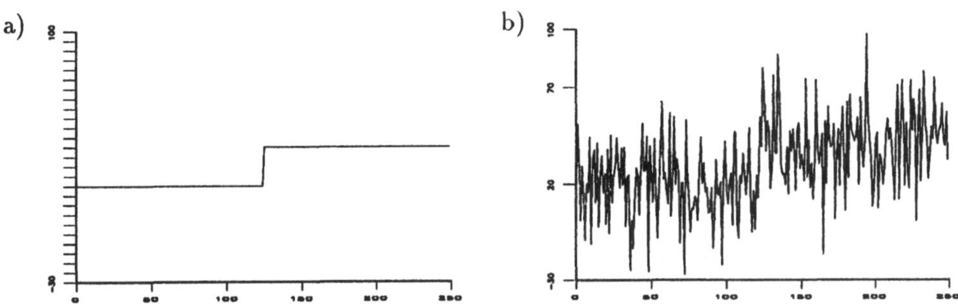

Abbildung 2: a) Sprungfunktion; b) verrauschte Sprungfunktion, Signal- zu Rauschverhältnis: 1

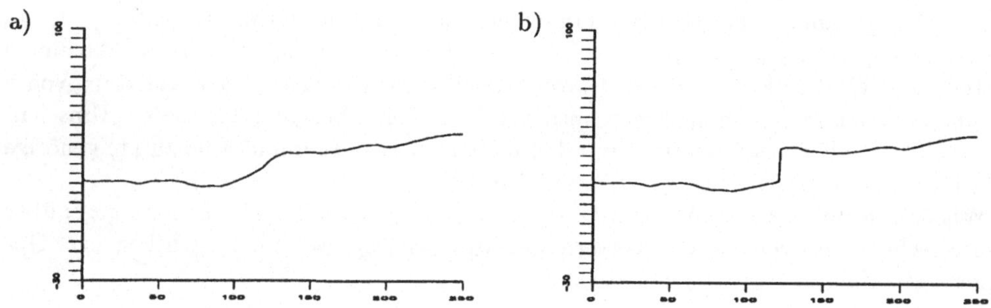

Abbildung 3: Signal aus Abb. 2b: a) linear geglättet; b) Rekonstruktion des Sprungs durch nichtlineare Glättung

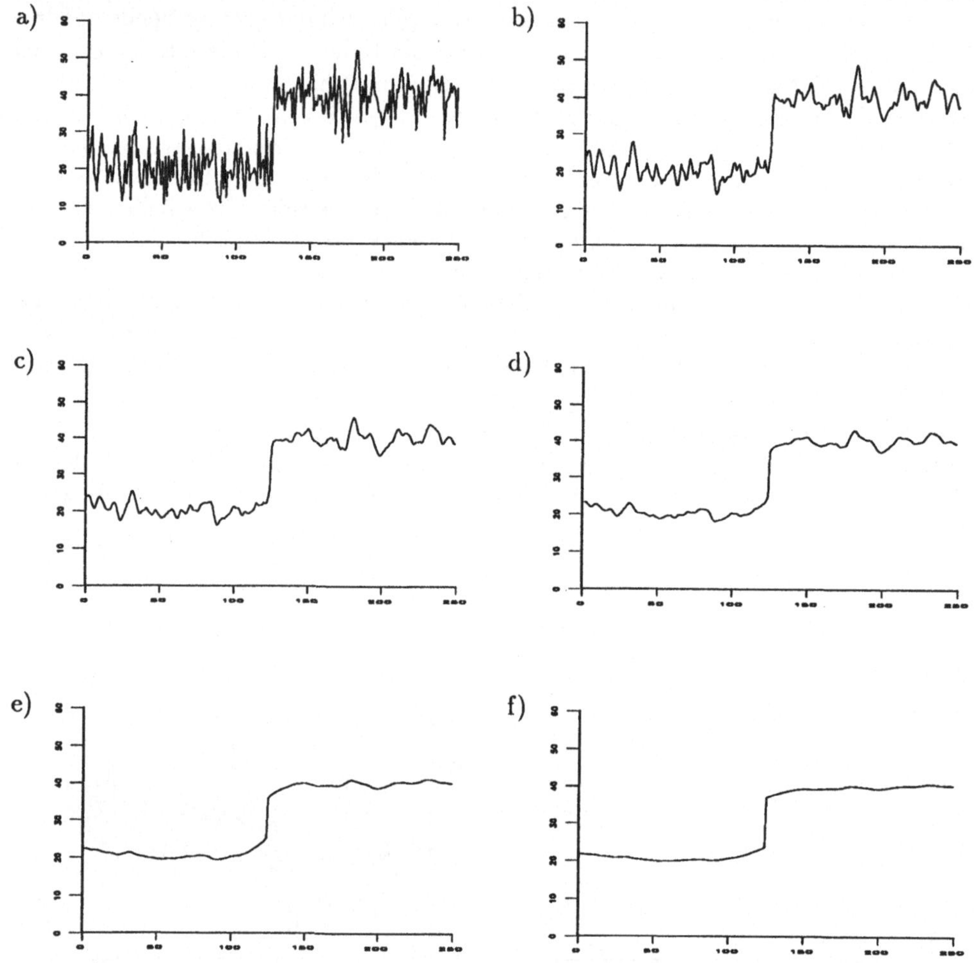

Abbildung 4: a) Sprungfunktion aus Abb. 2a, verrauscht, Signal- zu Rauschverhältnis: 4; b)-f) Rekonstruktion des Sprungs bei zunehmender (nichtlinearer) Glättung

Danksagung

Diese Arbeit wurde im Rahmen des ESPRIT-Projektes SUBSYM gefördert.
Wir danken Heiko Neumann für die kritische Durchsicht dieses Beitrages. Dieter Koller stellte uns das in Abb. 5 gezeigte Grauwertbild zur Verfügung.

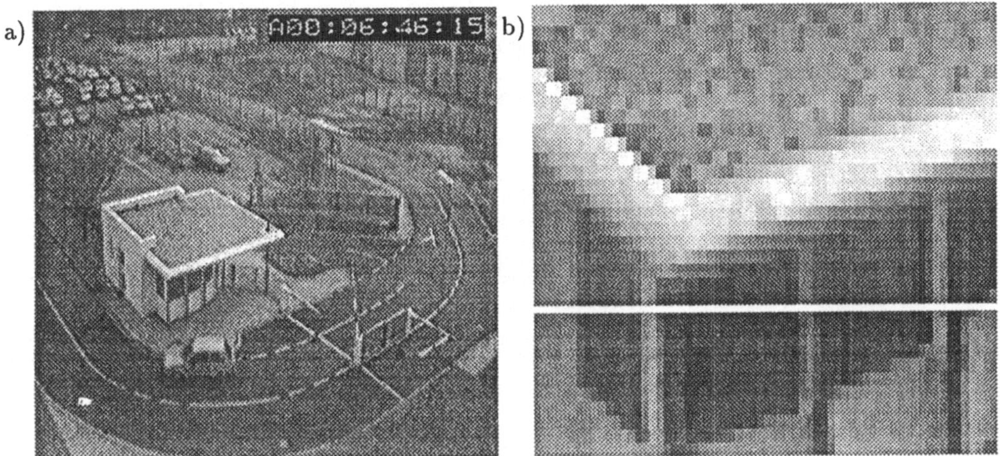

Abbildung 5: a) Grauwertbild einer realen Szene; b) Ausschnitt des linken Bildes; eine Zeile wurde weiß markiert

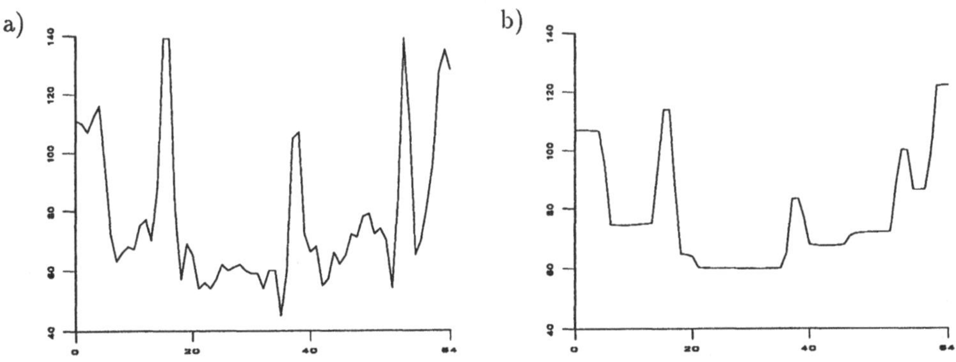

Abbildung 6: a) Grauwerte der in Abb. 5b markierten Zeile; b) nichtlinear geglätteter Grauwertverlauf: Rauschen und Details werden gefiltert, signifikante Änderungen der Daten bleiben erhalten

Literatur

[1] A. Blake, A. Zisserman, "Visual Reconstruction", Cambridge, MA: MIT Press, 1987

[2] S. Geman, D. Geman, "Stochastic Relaxation, Gibbs Distributions, and the Bayesian Restoration of Images", *IEEE Trans. PAMI* 6:6 (1984) 721-741

[3] B.K.P. Horn, B.G. Schunck, "Determining optical flow", *Artif. Intell.* 17 (1981) 185-203

[4] J. Hutchinson, C. Koch, J. Luo, C. Mead, "Computing Motion Using Analog and Binary Resistive Networks", *IEEE Computer* (March 1988) 52-63

[5] K. Ikeuchi, B.K.P. Horn, "Numerical Shape from Shading and occluding boundaries", *Artif. Intell.* 17 (1981) 141-185

[6] J. Marroquin, S. Mitter, T. Poggio, "Probabilistic Solution of Ill-Posed Problems in Computational Vision", *J. Amer. Stat. Assoc.* 82 (1987) 76-89

[7] D.W. Murray, B.F. Buxton, "Scene Segmentation from Visual Motion Using Global Optimization", *IEEE Trans. PAMI* 9:2 (1987) 220-228

[8] N. Nordström, "Biased Anisotropic Diffusion - A Unified Regularization and Diffusion Approach to Edge Detection", *ECCV '90*, Lect. Not. Comp. Sci. 427, Springer Verlag (1990) 18-27

[9] J.M. Ortega, W.C. Rheinboldt, "Iterative solution of nonlinear equations in several variables", New York, Academic Press 1970

[10] P. Perona, J. Malik, "Scale-Space and Edge Detection Using Anisotropic Diffusion", *IEEE Workshop Comp. Vision*, Miami, FL (1987) 16-27, and *IEEE Trans. PAMI*, 12:7 (1990) 629-639

[11] T. Poggio, V. Torre, C. Koch, "Computational vision and regularization theory", *Nature* Vol. 317 (1985) 314-319

[12] C. Schnörr, "Zur Schätzung von Geschwindigkeitsvektorfeldern in Bildfolgen mit einer richtungsabhängigen Glattheitsforderung", *Mustererkennung 1989, 11. DAGM-Symposium*, Hamburg, 1989, H. Burkhardt, K.H. Höhne, B. Neumann, (Hrsg.), Informatik-Fachberichte 219, Springer-Verlag 1989, 294-301

[13] C. Schnörr, "Determining Optical Flow for Irregular Domains by Minimizing Quadratic Functionals of a Certain Class", *Int. J. Comp. Vision* 6:1 (1991) 25-38

[14] C. Schnörr, "Funktionalanalytische Methoden zur Gewinnung von Bewegungsinformation aus TV-Bildfolgen", Dissertation, Fakultät für Informatik, Universität Karlsruhe, Juni 1991

[15] D. Terzopoulos, "Multilevel Computational Processes for Visual Surface Reconstruction", *Comp. Vis., Graphics, and Image Proc.* 24 (1983) 52-96

[16] D. Terzopoulos, "The Computation of Visible-Surface Representations", *IEEE Trans. PAMI* 10:4 (1988) 417-438

Ein Roboter als Kellner

M. Trobina, A. Ylä-Jääski, T. Hanselmann, T. Meier

Fachgruppe Bildwissenschaft
Institut für Kommunikationstechnik
Eidgenössische Technische Hochschule (ETH)
CH-8092 Zürich

Abstract

Dieser Beitrag beschreibt ein intelligentes 3D-Sichtsystem, das Objekte erkennen und mit einem Roboter sinnvoll manipulieren kann. Wir beschränken uns auf Szenen, die aus Gläsern und Flaschen bestehen. Die Objekte werden identifiziert, lokalisiert und anschliessend wird eine bestimmte Menge von Flüssigkeit aus einer Flasche in ein Glas eingeschenkt. Aufgrund der Beschreibung der Szene wird die Greifstrategie mithilfe von Bahnplanung entworfen. Auch die durchzuführenden Robotermanipulationen werden mit Hilfe des Sichtsystems geregelt. Das voll implementierte System hat sich in Praxis als robust erwiesen.

1 Systembeschreibung

In der Vergangenheit wurden Roboter, z.B. in der Industrie, nur für sich exakt wiederholende Arbeitsabläufe programmiert und eingesetzt. Heutzutage wird es dank der Verfügbarkeit der 3D-Sichtsysteme allmählich möglich, den Roboter die definierten Aufgaben flexibler, in einer sich ändernden Umgebung, durchführen zu lassen. Im Rahmen dieser Arbeit ist das allgemeine Problem des 3D-Sehens vereinfacht in dem Sinn, dass die Objektmodelle genau definiert sind, d.h. die möglichen Objekte in der Szene sind bekannt; ihre genaue Position jedoch ist nicht bekannt.

Unseres System besteht aus 3 CCD Kameras und einem fünfachsigen Mitsubishi Roboter. Die zu erkennenden Objekte sind alle rotationssymmetrisch. Die Objekte (Flaschen und Gläser) befinden sich auf einem Tablett. Das Ziel ist, alle Objekte in der Szene zu erkennen und eine bestimmte Menge Flüssigkeit aus einer Flasche in ein Trinkglas einzugiessen. Der Flüssigkeitsspiegel im Glas beim Einschenken wird auch mit Hilfe einer Kamera kontrolliert. Fig. 1a zeigt die Konfiguration unseres Systems. Zwei Kameras befinden sich über dem Tablett und nehmen die Szene von oben auf. Mit Hilfe dieser zwei Kameras wird die 3D-Position der Objekte bestimmt. Fig. 1b stellt ein typisches Bild von oben dar. Eine dritte Kamera nimmt die Objekte von der Seite auf. Sie wird benötigt, um den Flüssigkeitsspiegel im Glas zu bestimmen.

Als Merkmale für Identifikation der Objekte (Flaschen und Gläser) werden der Radius des Öffnungskreises sowie die Höhe des dazugehörigen Kreismittelpunktes verwendet. In den Bildern der oberen Kameras wird mit der Hough Transformation nach Kreisen gesucht. Zwei korrespondierenden Kreismittelpunkte ergeben die Höhe des Kreismittelpunktes im 3D-Raum. Die Genauigkeit der 3D-Berechnung wurde statistisch analysiert, um die richtige Greifstrategie zu bestimmen. Bei der Steuerung des Roboters wird berücksichtigt, dass sich mehrere Objekte im Arbeitsraum befinden können. Damit beim Einschenken keine Objekte umgestossen werden, wird der Arbeitsraum je nach der Position der Objekte in "erlaubte" und "verbotene" Regionen aufgeteilt. Einschenken wurde etappenweise implementiert. Der Roboter giesst immer nur eine kleine Menge von Flüssigkeit ein

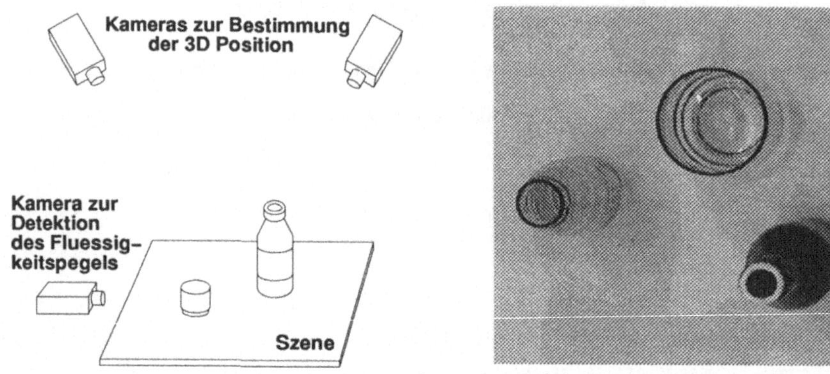

Figure 1: *a) Die Konfiguration des Systems*   *b) Ein Bild der rechten oberen Kamera*

und stoppt, um inzwischen die Detektion des Flüssigkeitsspiegels vorzunehmen. Dies wiederholt sich, bis das Glas voll oder die Flasche leer ist.

2 Erstellung und Genauigkeitsanalyse der 3D-Merkmale

Eine Glas- resp. Flaschenöffnung kann mittels der Hough Transformation als Kreis identifiziert werden. Wenn man in beiden Bildern der oberen Kameras den Mittelpunkt dieses Kreises bestimmt hat, besitzt man ein korrespondierendes Bildpunktpaar, dessen 3D-Position nach der Methode von Ayache [1] berechnet werden kann. Die xy-Koordinaten entsprechen den Koordinaten der Rotationsachse und die z-Koordinate entspricht der Höhe des Objektes. Fig. 2 stellt den Ablauf der Szenenanalyse für die linke obere Kamera dar. Auf das Originalbild wird der Canny Kanten-Detektor angewendet. Im Kantenbild werden danach alle Kreise gefunden, wobei die Öffnungen von Objekten markiert wurden, um eine sichere Detektion von Kreisen zu gewährleisten. Anschliessend wird für alle korrespondierenden Bildpunktpaare die 3D-Position berechnet.

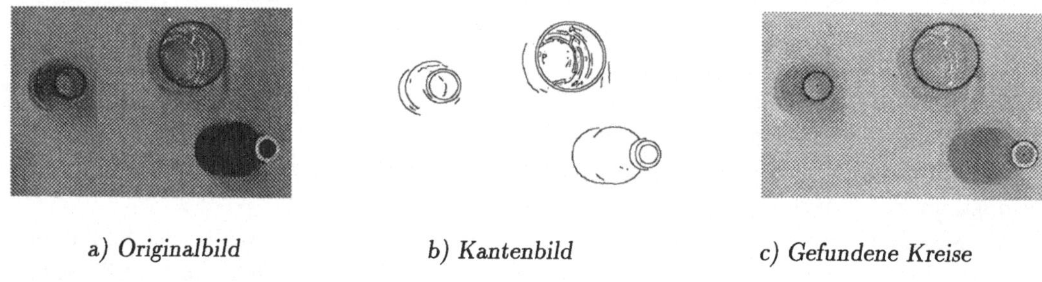

a) Originalbild   *b) Kantenbild*   *c) Gefundene Kreise*

Figure 2: Bildverarbeitungsablauf für die linke Kamera.

Bevor eine Strategie für die Erkennung der Objekte entworfen werden kann, muss man die Genauigkeit der 3D-Merkmale durch Messungen überprüfen. Dabei interessiert uns, wie genau die berechnete z-Koordinate ist, die der Höhe des Objektes entspricht. Ihre Genauigkeit ist wegen der fast parallelen Kameraanordnung geringer, als die der xy-Koordinaten. Diese Kameraanordnung wurde gewählt, damit die Öfnnungen der Objekte in den Bildern als Kreise und nicht als Ellipsen erscheinen. Die Messungen werden in zwei Teile aufgeteilt, für "ideales" Objekt (schwarzer Kreis auf weisser Unterlage) und für "reale" Objekte (Flaschen und Gläser). Die Resultate der Auswertung befinden sich in der Tabelle 1. Aus den erhaltenen Resultaten ergibt sich, dass nur zwei korrespondierende Kreise in den beiden Bildern eine z-Komponente (des Öffnungskreis-Mittelpunktes) ergeben, die sich im Bereich der Höhe eines existierenden Objektes befindet. Zwei Kreise, die nicht zusammengehören, ergeben eine Höhen-Abweichung, die um ein Vielfaches grösser ist, als bei korrespondierenden Kreisen.

Objekt	Anzahl Messwerte	Bereich Fehler	Mittelwert Fehler	Varianz Fehler	Standardabweichung Fehler
Ideales Objekt	123	-1.60...1.80	-0.09	0.62	0.79
2 dl Glas, gross	10	-3.06...0.76	-1.52	1.08	1.04
Wein, 2.5 dl	10	-2.38...0.18	-1.09	0.76	0.87
Kaffeerahm	10	-1.92...0.79	-0.73	1.10	1.05
2 dl Glas, klein	10	-2.80...0.30	-1.78	0.86	0.93
Coca Cola	10	-1.72...0.54	-0.32	0.71	0.84
Fruchtsaft	10	-1.23...0.92	-0.12	0.57	0.76

Table 1: *Die Fehler in der berechneten Höhe für ideale und reale Objekte (in mm).*

3 Objektmodellierung und Objekterkennung

Die 3D-Modelldatenbank beinhaltet die Definitionen der einzelnen Objektmodelle. Die Komponenten der Objektmodelle werden in zwei verschiedene Aufgabenbereiche aufgeteilt. Zur *Identifikation* eines Objektmodelles dienen die Komponenten `radius`, `height` und `height_tol`. Für die *Robotersteuerung* werden die Komponenten `type`, `grasp` und `start_turn` verwendet. Die Griffhöhe wird durch `grasp` festgelegt, der Typ des Objektes durch `type` (Glas oder Flasche). Mit `start_turn` wird der Anfangswinkel zum Einschenken angegeben. Die Definition der Objektmodelle ergibt folgenden Ablauf für die Bestimmung einer Liste mit den gefundenen Objekten in der Szene, der *Objekt-Liste*:

1. Mit den beiden oberen Kameras werden 2 Bilder der Szene aufgenommen.

2. Auf die beiden Bilder wird der Canny-Kanten-Operator angewendet.

3. Mit der Hough Transformation wird in den beiden Bildern nach allen Kreisen gesucht, deren Radien den Objektmodell-Radien entsprechen.

4. Für jede Kombination von zwei Kreisen, die zum gleichen Kreismodell (`radius`) gehören, werden die 3D-Koordinaten des Kreismittelpunktes berechnet.

5. Die z-Koordinate dieses Punktes wird dann mit der Komponente `height` der Objektmodelle verglichen. Falls die Abweichung innerhalb der Toleranz `height_tol` liegt, wird das Objekt in die *Objekt-Liste* aufgenommen.

Die gewählten Objektmodelle ermöglichen eine robuste Erstellung der *Objekt-Liste*. Weder werden nichtexistierende Objekte erkannt noch werden echte Objekte übersehen. Fig. 3a zeigt die Situation, wenn mehrere Objekte mit dem gleichen Radius in der Szene sind. Die beiden Kreise in Fig. 3a ergeben mit den beiden Kreisen im Bild der anderen Kamera vier verschiedene Objekte.

Nur die wirklich korrespondierenden Kreise ergaben eine z-Koordinate innerhalb der Höhentoleranz, die anderen Kombinationen wurden eliminiert. Fig. 3b, wo zwei nahbeieinanderliegende Kreise zu sehen sind, illustriert das Problem der Zweifachdetektion desselben Öffnungskreises. Es ist sehr wahrscheinlich, dass dort beide Kreise mit dem korrespondierenden Kreis im andern Bild eine z-Koordinate innerhalb der Höhentoleranz ergeben, womit dieses Objekt doppelt (allg. mehrfach) in der *Objekt-Liste* vorkommt. Für alle Kombinationen von zwei Objekten der *Objekt-Liste* wird jeweils der Abstand der beiden Kreismittelpunkte berechnet. Ist dieser kleiner als die Summe der beiden Objektmodell-Radien, so überschneiden sich diese beiden Objekte. Darum wird das Objekt mit der grösseren Höhenabweichung aus der *Objekt-Liste* entfernt.

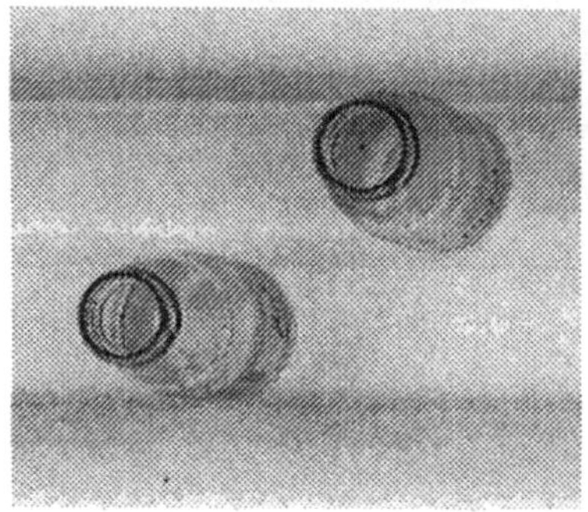

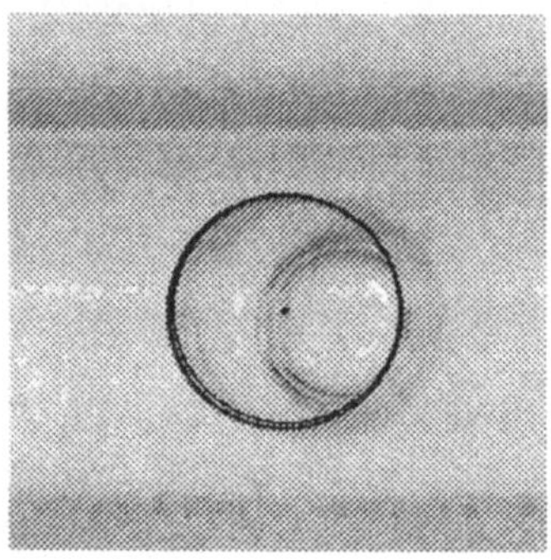

a) Zwei Objekte mit dergleicher Öfnnung   *b) Zweifache Detektion derselber Öfnnung*

Figure 3: Zwei Situationen, die eine Erkennung nichtexistierender Objekte bewirken könnten.

4   Greifstrategie und Bahnplanung

Um eine "beliebige" Anzahl von Objekten behandeln zu können, wurde eine einfache Bahnplanung entwickelt. Dabei wird angenommen, dass sich alle Objekte auf einem waagrechten Tablett befinden. Da die Objekte mit dem Roboterarm seitlich und nicht von oben gegriffen werden, genügt eine 2D-Bahnplanung. Anhand von Fig. 4 soll das Problem der beliebig plazierten Objekte erläutert werden.

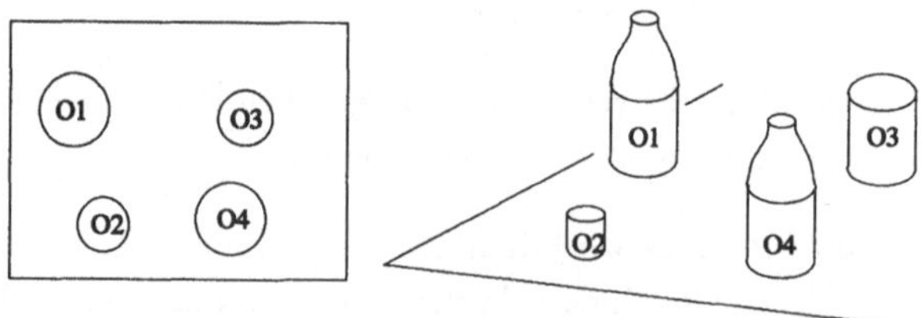

Figure 4: *Beliebige Anordnung von Objekten auf einer begrenzten Fläche, z.B. auf einem Tablett.*

Verschiedene Regionstypen wurden eingeführt um die Verwaltung des Arbeitsraumes flexibel zu gestalten. Die Definition der Regionstypen `RobArm`, `FillReg` und `Tablett` ist der Fig. 5 zu entnehmen. Einem Objekt wird eine Region zugeordnet, welche den frei zu haltenden Weg markiert, um das Objekt zu greifen. Dafür ist der Regionstyp `RobArm` vorgesehen. Der Punkt P2 ist der Ort, wo das Objekt steht und der Punkt P1 ist der Standpunkt des Roboters. Daneben soll der Typ `FillReg` einen Streifen markieren, in dem keine Objekte hingestellt werden dürfen, damit der Flüssigkeitspegel sauber detektiert werden kann. Die vorgeschlagene Position der Kamera ist P1 und die des zu füllenden Objektes ist P2. Um die erlaubte Umgebung zu definieren, verwendet man den Typ `Tablett`.

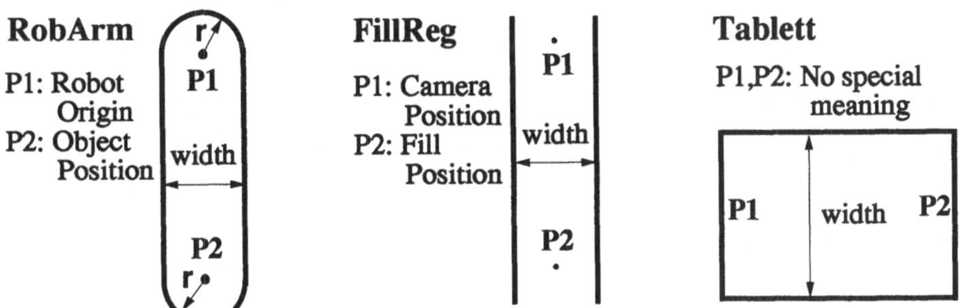

Figure 5: *Die verschiedenen Regions-Typen.*

Die Vereinigung aller Regionen vom Typ `RobArm` und `FillReg` gibt nun an, wo keine weiteren Objekte stehen sollten. Sie werden in einer Liste zusammengefasst, welche fortan als "Liste verbotener Regionen" bezeichnet wird. Um die Orte zu kennzeichnen, wo Objekte noch plaziert werden dürfen, ist es am einfachsten, die Schnittmenge der "Liste verbotener Regionen" mit dem ganzen Raum, in welchem die Objekte stehen dürfen, zu betrachten. Der ganze erlaubte Raum wird durch eine Liste von Regionen des Typs `Tablett` gebildet, welche von nun an als "Liste erlaubter Regionen" bezeichnet wird. Somit dürfen nun Objekte immer an einen Ort gestellt werden, falls an diesem Ort das Objekt in der "Liste erlaubter Regionen" und nicht in der "forbidden region list" liegt. Das eigentliche Problem des Greifens eines beliebigen Objekts und das Plazieren an einen beliebigen Punkt lässt sich nun rekursiv formulieren:

Vorbereitung (Bildung einer freien Zielregion):

1. Bilde eine Zielregion, welche zum zu verschiebenden Objekt gehört.

2. Falls diese nicht frei ist, verschiebe die im Wege stehenden Objekte aus der Zielregion.

Eigentliches Verschieben:

1. Bilde eine Zielregion, welche zum zu verschiebenden Objekt gehört.

2. Falls die Quellregion nicht frei ist, verschiebe das im Wege stehende Objekt, sonst verschiebe das Objekt an die Zielregion.

Ohne Einschränkung der Allgemeinheit kann man annehmen, dass die Zielregion frei ist, denn sonst kann man sie mittels Verschieben der Hindernisse frei machen. In Fig. 6 ist ein Beispiel, welches zeigt, wie das Verschieben eines Objektes abläuft.

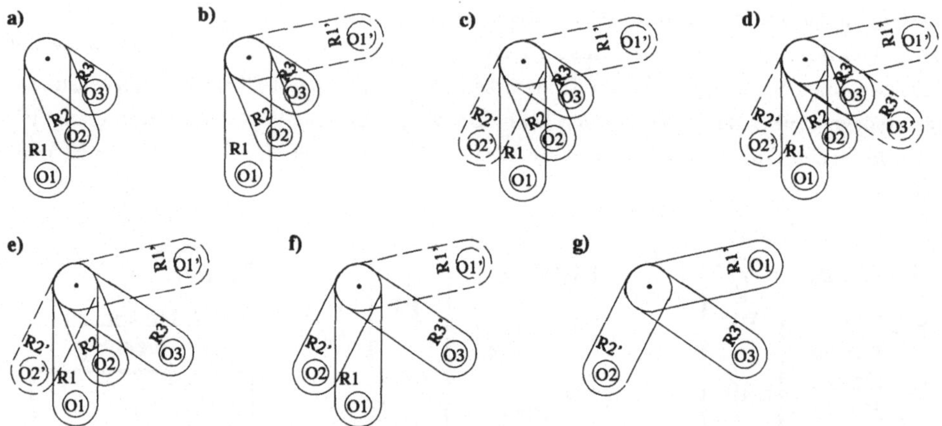

Figure 6: *Objekt O1 soll nach O1' verschoben werden, wobei angenommen wird, dass die Zielregion R1' frei ist und O1' in der "Liste erlaubter Regionen" enthalten ist. Ebenso müssen die bei der Rekursion neu gebildeten Ziele O2' und O3' in der "Liste erlaubter Regionen" sein.*

5 Einschenken

Hier stehen hauptsächlich zwei Probleme im Vordergrund: Detektion des Flüssigkeitsspiegels im Glas und Regelung des Eingiessens. Da der Flüssigkeitsspiegel immer horizontal ist, drängt sich für die Detektion des Flüssigkeitsspiegels folgendes Vorgehen auf: Man nimmt ein Bild vom Glas von der Seite her auf und detektiert horizontale Linien im Bild. Die oberste horizontale Linie im Bild wird als Glasrand interpretiert und die zweitoberste Linie wird als Flüssigkeitsspiegel interpretiert.

Die Regelung des Eingiessens muss berücksichtigen, dass der Einschenkvorgang nichtlinear ist. Dies liegt z.B. an der Zunahme des Flaschendurchmessers gegen den Flaschenboden hin. Damit hängt es vom Drehwinkel der Flasche ab, wieviel Flüssigkeit bei einer bestimmten Winkeländerung die Flasche verlässt. Diese Nichtlinearitäten erfordern eine häufige Aufnahme und Filterung des Bildes, wozu jedesmal ca. 100 Millisekunden benötigt werden. Dies erfordert eine zu hohe Rechenleistung für einen kontinuierlichen Einschenkvorgang. Das Einschenken wird deswegen etappenweise durchgeführt. Die Flasche wird um einen Anfangswinkel (`start_turn`) gedreht, bei dem gerade noch keine Flüssigkeit aus einer vollen Flasche fliesst. Nun wird der Drehwinkel in konstanten Winkelinkrementen (`turn_inc`) erhöht. Nach jeder Erhöhung wird gewartet, bevor die Flasche wieder in den Anfangswinkel zurückgedreht wird. Falls zu wenig Flüssigkeit ausgeflossen ist, das heisst falls die Änderung des Flüssigkeitsspiegels zwischen zwei Bildaufnahmen zu klein ist, wird der letzte "Giesswinkel" wieder um einen kleinen Winkel `turn_inc` erhöht, sonst wird nochmals versucht mit dem gleichen "Giesswinkel" einzuschenken. Dies wird solange wiederholt, bis entweder das Glas voll ist (bis der Abstand Glasrand-Flüssigkeitsspiegel kleiner als `FillLimit` ist) oder bis die Flasche um mehr als 110 Grad gedreht werden müsste.

References

[1] N. Ayache, *Artificial Vision for Mobile Robots*, MIT Press, 1990.

Fehlererkennung innerhalb periodischer Texturen mittels separierbarer Korrelationskerne

Thomas Wieland
Fraunhofer Institut für
Produktionsanlagen und Konstruktionstechnik (IPK)
Pascalstr. 8-10
W-1000 Berlin 10

Zusammenfassung

Die Erkennung von Fehlern in periodischen Texturen ist eine häufig auftretende Aufgabenstellung bei der visuellen Oberflächeninspektion innerhalb eines Produktionsprozesses. Viele Verfahren zur Texturanalyse enthalten rechenintensive Algorithmen, die mit der Standard Bildverarbeitungshardware nicht in der zur Verfügung stehenden Zeit gelöst werden können.

Der Einsatz mehrerer CPU`s oder eines entsprechend schnellen Transputernetzwerks scheitert meistens an der nicht vorhandenen Separierbarkeit dieser Verfahren.

Im Folgenden wird ein Verfahren beschrieben, das eine periodische Texturmatrix in die Summe von Teilmatrizen zerlegt, die aus dem Produkt separierbarer Vektoren bestehen. Diese Teilmatrizen können parallel verarbeitet werden oder es wird die für die Textur signifikanteste Teilmatrix ausgewählt. Die separierbare Korrelation (gedrehte Faltung) kann effizient durchgeführt werden. Das Integral über die Korrelationsfunktion in den Grenzen der Matrixdimension liefert ein Merkmal, das zur Fehlererkennung herangezogen wird.

Motivation und Problemstellung

Um eine Abweichung (Fehler) zwischen einer periodischen Ist- und Solltextur feststellen zu können, wird ein Maß für die Ähnlichkeit dieser benötigt. Dieses Maß ist der Koeffizient der Kreuzkorrelationsfunktion (KKF).

$$R(x,y) = \sum_{j=1}^{N} \sum_{i=1}^{N} a(x+i, y+j) \cdot b(i,j) \qquad (1)$$

wobei:

$$R(x, y) \in \mathrm{I\!R} \qquad \text{Koeffizient der Kreuzkorrelation}$$

$$a(x, y) \in \mathrm{I\!R} \qquad \text{Bildfunktion}$$

$$b(i, j) \in \mathrm{I\!R} \qquad \text{Musterfunktion}$$

$$i, j \in \{1,..., N\} \qquad \text{Zählindex}$$

$$N \in \mathrm{I\!N} \qquad \text{Dimension der Musterfunktion}$$

Um die Unabhängigkeit von der Signalenergie zu erreichen, wird folgende Normierung durchgeführt (NKKF).

$$r(x,y) = \frac{R(x,y)}{\left(\sum_{j=1}^{N}\sum_{i=1}^{N} a(x+i,y+j)\right)^{1/2} \left(\sum_{j=1}^{N}\sum_{i=1}^{N} b(i,j)\right)^{1/2}} \qquad (2)$$

wobei:

$r(x,y) \in \mathbb{R}$ Koeffizient der normierten Kreuzkorrelation

Von großem Nachteil bei den Verfahren der Korrelation ist die Anzahl der Rechenoperationen; diese entsteht bei (1) durch die Doppelsumme und beträgt pro Koordinate (x,y) N^2 - Multiplikationen und (N^2-1) Additionen. Wäre die Musterfunktion $b(x,y)$ separierbar, d.h. es gelte

$$b(x,y) = g(x) \cdot h(y) \qquad (3)$$

So würde die Anzahl der Rechenoperationen auf $2N$ Multiplikationen und $(N-1)$ Additionen sinken und alle Vorteile, die von den separierbaren Filtern bekannt sind, wären gegeben.

Die Aufgabe besteht in der Lösung zweier Probleme; erstens der Separierbarkeit der Musterfunktion $b(x,y)$ und zweitens der Gewinnung eines signifikanten, robusten Merkmals aus der Korrelationsfunktion.
Jede reelle, quadratische Matrix, hier $b(x,y)$, kann als Summe ihrer Basisvektoren dargestellt werden. [1, 2] Die Basisvektoren sind die Eigenvektoren der Matrix, die mit Hilfe der Eigenwertszerlegung berechnet werden.
Dies bedeutet

$$\underline{b} = \sum_{j=1}^{N} \underline{u}_i\, s_i\, \underline{v}_i^T \qquad (4)$$

wobei:

$\underline{b} \in \mathbb{R}^{N \times N}$ Musterfunktion

$\underline{u}_i, \underline{v}_i \in \mathbb{R}^N$ Basisvektoren der Matrix $\underline{b}$

$s_i \in \mathbb{R}$ Eigenwert der Matrix $\underline{b}$

Würden nun alle N Teilmatrizen aufsummiert, so hätte man keinen Gewinn bei der Berechnung erzielt. Man kann nun entweder die Berechnung parallelisieren oder diese nur bis zu einem Summenterm durchführen, nachdem mit einem Fehler abgebrochen wird.

Es kann gezeigt werden, daß die beste Näherung [2] im Sinne der kleinsten Fehlerquadrate der Matrix b die Matrix p ist

$$\underline{p} = \sum_{i=1}^{r} \underline{u}_i\, s_i\, \underline{v}_i^T \qquad (5)$$

mit

$\underline{p} \in \mathbb{R}^{N \times N}$ Teilmatrix der Matrix $\underline{b}$

$r \in \{1,...,N\}$ Anzahl der "signifikanten" Eigenwerte

Mit der Forderung

$$f = \sum_{j}\sum_{i} \left(b(i,j) - M(i)\,N(j)\right)^2 \to min \qquad (6)$$

wobei:

$f \in \mathbb{R}$ zu minimierende Fehlerfunktion

$M(i) \in \mathbb{R}$ Element des Spaltenvektors

$N(j) \in \mathbb{R}$ Element des Zeilenvektors

ergibt sich

$$\frac{\delta f}{\delta M(i)} = \sum_{j=1}^{N} \sum_{i=1}^{N} 2\,(\,b\,(i,j)\,N\,(j) - M\,(i)\,N\,(j)^2\,) = 0 \qquad (7)$$

$$\frac{\delta f}{\delta N(j)} = \sum_{j=1}^{N} \sum_{i=1}^{N} 2\,(\,b\,(i,j)\,M\,(i) - M\,(i)^2\,N\,(j)\,) = 0 \qquad (8)$$

Da die Koeffizienten der Gleichung (7) von Gleichung (8) abhängig sind und umgekehrt, wird wie folgt vorgegangen. Bestimmung des bedingten Minimums

$$\left.\frac{\delta f}{\delta M(i)}\right|_{i\,=\,c\,=\,\text{konstant}} \rightarrow \qquad (9)$$

$$M(c) = \frac{\displaystyle\sum_{j=1}^{N} (\,b\,(c,j)\,N\,(j)\,)}{\displaystyle\sum_{j=1}^{N} (\,N\,(j)\,)^2}$$

wobei:

$$c \in \{1,...,N\} \quad \text{Index c des Spaltenvektors } \underline{M}$$

und des bedingten Minimums unter Verwendung der in (9) berechneten Koeffizienten M(i)

$$\left.\frac{\delta f}{\delta M(j)}\right|_{j\,=\,c\,=\,\text{konstant}} \rightarrow \qquad (10)$$

$$N(c) = \frac{\displaystyle\sum_{i=1}^{N} (\,b\,(i,c)\,M\,(i)\,)}{\displaystyle\sum_{i=1}^{N} (\,M\,(i)\,)^2}$$

wobei:

$$c \in \{1,...,N\} \quad \text{Index c des Spaltenvektors } \underline{N}$$

Gleichung (9) bzw. (10) werden so lange alternierend berechnet bis

$$(\,\|\,\underline{M}_k - \underline{M}_{k-1}\,\|^2 + \|\,\underline{N}_k - \underline{N}_{k-1}\,\|^2 < \varepsilon\,)\ \vee\ (\,k > k_{max}\,) \qquad (11)$$

wobei:

$$k \in |N \qquad \text{Iterationsindex}$$

$$k_{max} \in |N \qquad \text{Maximale Iterationsanzahl}$$

$$\varepsilon \in |R \qquad \text{Fehlerschranke}$$

Ist (11) erfüllt und die maximale Iterationsanzahl nicht überschritten, so kann der Algorithmus in gleicher Weise fortgesetzt werden mit

$$\underline{b}_l = b_0 - \sum_{i=1}^{l} (\,\underline{M} \cdot \underline{N}^T\,)_i \qquad (12)$$

wobei:

$$l \in \{1,...,N-1\} \qquad \text{Index der Teilmatrix}$$

In dieser Weise kann die Eigenwertzerlegung bis zu einem vorgegebenen Approximationsgrad durchgeführt werden.

Um die Teilmatrizen nach ihrer Signifikanz zu ordnen, wird der Rayleigh-Quotient [3] berechnet mit

$$\rho_i = \frac{\underline{M}_i^T \underset{\sim}{b} \underline{N}_i}{\underline{M}_i^T \underline{N}_i} \qquad (13)$$

wobei:

$\rho_i \in \mathbb{R}$ Rayleigh-Quotient
wenn $\underline{M}_i = \underline{N}_i$ Eigenvektor ist,
so ist ρ_i Eigenwert der Matrix.

Danach werden alle l Quotienten nach dem Betrag sortiert und der signifikanteste ausgewählt

$$\rho_{i_{max}} = \max\{|\rho_1|, ..., |\rho_N|\} \qquad (14)$$

Bei der Fehlererkennung wird zuerst

$$r_{i_{max}}(x, y) = r_{i_{max}}(x) \cdot r_{i_{max}}(y) = \sum_{j=1}^{N} M_{i_{max}}(j) \cdot \left(\sum_{i=1}^{N} a(x+i, y+j) N_{i_{max}}(i) \right) \qquad (15)$$

für eine Anzahl von Lernfenstern (-bildern) berechnet.
Als Merkmal wird das Integral über die Kerndimension gebildet.

$$R I_k = \sum_{j=1}^{N} \sum_{i=1}^{N} r_{i_{max}}(x_0+i, y_0+j) \qquad (16)$$

wobei:

$RI \in \mathbb{R}$ Integral über die Korrelationsfunktion

$x_0, y_0 \in \mathbb{N}$ Startkoordinaten der Korrelation

$k \in \mathbb{N}$ Index der Fensterfunktion

In einem oder mehreren fehlerfreien Bildern wird RI_k berechnet und

$$R I_{k_{min}} = \min\{R I_1, ..., R I_Z\} \qquad (17)$$
$$R I_{k_{max}} = \max\{R I_1, ..., R I_Z\} \qquad (18)$$

wobei:

$Z \in \mathbb{N}$ Anzahl der "Gutfenster"

bestimmt. Hierbei liefert die Streuung von RI_k eine Aussage über die Eignung des gewählten Approximationsgrades.

Bei der Texturprüfung wird das gesamte Bild mit den separierbaren Kernen $\underline{M}$ und $\underline{N}$ korreliert und das Korrelationsintegral RI über die Matrixdimension gebildet. Eine Trennung in fehlerfreie und fehlerhafte Textur findet mit Hilfe der Grenzen $RI_{k\,min}$ und $RI_{k\,max}$ statt.

Experimentelle Ergebnisse und Ausblicke

Bild 1 zeigt eine periodische Textur eines Glasfasergewebes abgebildet auf eine Matrix der Dimension 512 x 512 Pixel. Ein Fenster der Dimension 15 x 15 Pixel repräsentiert eine periodische Untermatrix.

Bild 2 zeigt die Zerlegung der Untermatrix in 15 Teilmatrizen, die aus dem Produkt separierbarer Vektoren bestehen. Die Teilmatrizen sind nach ihrer Signifikanz (Betrag des Rayleigh-Quotienten) sortiert. Um die weniger signifikanten Teilmatrizen "sichtbar" zu machen, wurden die Werte auf den Bereich (0...255) normiert.

Die Rayleigh-Quotienten in diesem Beispiel sind

$\rho_1 = 2328{,}635$	$\rho_6 = -35{,}070$	$\rho_{11} = 2{,}052$
$\rho_2 = 111{,}786$	$\rho_7 = 26{,}505$	$\rho_{12} = 1{,}951$
$\rho_3 = 83{,}253$	$\rho_8 = 19{,}759$	$\rho_{13} = 1{,}265$
$\rho_4 = -79{,}338$	$\rho_9 = 11{,}189$	$\rho_{14} = 1{,}095$
$\rho_5 = -64{,}435$	$\rho_{10} = -10{,}150$	$\rho_{15} = -0{,}030$

Danach wurde das Bild 1 mit den separierbaren Vektoren $\underline{M}$ und $\underline{N}$ der ersten (signifikantesten) Teilmatrix korreliert und mit Gleichung (17) und (18)

$$RI_{min} = 1{,}1949 \cdot 10^9 \qquad RI_{max} = 1{,}2814 \cdot 10^9$$

bestimmt.

Bild 3 zeigt einen bei der Produktion auftretenden Fehler (Kettbruch) und Bild 4, dessen Dedektion mit empfindlicher Schwelle. Die maximale Iterationsanzahl betrug $k_{max} = 87$ und die Genauigkeit war

$$\varepsilon = 1 \cdot 10^{-20}$$

Die Festlegung einer absoluten Schwelle zur Trennung von fehlerfreier und fehlerhafter Textur ist nur bei konstanten Beleuchtungsverhältnissen praktikabel. Die Untersuchung einer adaptiven Schwellensetzung ist Gegenstand derzeitiger Arbeiten.

Literaturhinweise

[1] Schuster, D., 1990: Separierbarkeit zweidimensionaler Filter, Informatik Fachberichte 254, Proceedings 12. DAGM-Symposium 1990, Oberkochen-Aalen, September 24. -26., Springer-Berlin ISBN 3-540-53172-6, pp. 288-291

[2] Knupfer, K.; 1990: Lagevermessung in Bildern mit Hilfe von Korrelation Großkopf, R.; und Eigenwertzerlegung, Informatik Fachberichte 254, Südland, K.: Proceedings 12. DAGM-Symposium 1990, Ober-kochen-Aalen, September 24. -26., Springer-Berlin ISBN 3-540-53172-6, pp. 511-521.

[3] Maess, G., 1985: Vorlesungen über numerische Mathematik I Lineare Algebra, Birkhäuser Verlag Basel und Stuttgart ISBN 3-7643-1675-6.

Bild 1

Periodische Textur
eines Glasfaser-
gewebes

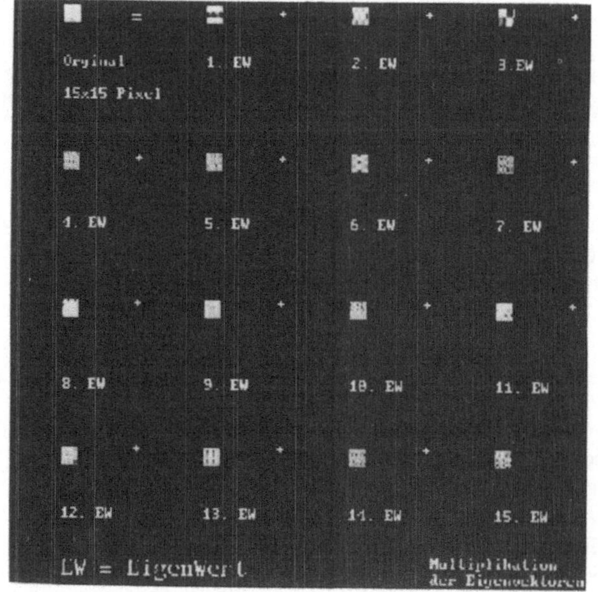

Bild 2

Zerlegung einer
periodischen
Matrix in ihre
orthogonalen
Teilmatrizen

Bild 3
Produktionsfehler
"Kettbruch"
Störung
der periodischen
Textur

Bild 4
Fehlerdedektion mit
empfindlicher
Schwelle mittels
1. separierbarer
Teilmatrix

Reduktion der Oberflächenbeschreibung triangulierter Oberflächen durch Anpassung an die Objektform

F.Wilmer, U.Tiede, K.H. Höhne
Institut für Mathematik und Datenverarbeitung in der Medizin (IMDM)
Universitäts–Krankenhaus Eppendorf (UKE)
Martinistr. 52, D–2000 Hamburg 20

1   Einleitung

Für die 3D–Visualisierung von Schichtbildaufnahmen aus Computertomographie (CT) und Kernspintomographie (MR) hat sich das sogenannte Voxelmodell durchgesetzt, weil es sowohl die beste Bildqualität als auch die größte Flexibilität bietet. Ist man jedoch nur an den in den Volumendaten enthaltenen Oberflächen interessiert, kann man bei der Visualisierung erheblich Zeit und Speicherplatz sparen, wenn man die oberflächenbeschreibenden Voxelmengen in eine polygonale Repräsentation überführt. Leistungsfähige Soft– und Hardware aus dem Bereich der Computergrafik zur Manipulation polygonaler Objekte sind damit einsetzbar. Zudem ist es möglich, aus den polygonalen Oberflächen direkt naturgetreue Modelle herzustellen, die zur Unterstützung bei Operationsplanungen oder auch als Lehrmittel eingesetzt werden können.

Zur Überführung eines Volumendatensatzes in eine triangulierte Oberfläche hat sich das sogenannte „Marching–Cubes“–Verfahren[8] bewährt. Es ist ein sehr robustes und detailgetreues Verfahren, daß ohne Heuristiken geschlossene Polygonoberflächen erzeugt. Nachteilig ist allerdings die große Anzahl der erzeugten Dreiecke. Durch das Verfahren bedingt ist die Größe der Dreiecke immer durch die Voxelgröße limitiert. Dadurch ist in Bereichen geringer Variabilität die Auflösung der Oberfläche, das ist in diesem Zusammenhang die Anzahl der Dreiecke pro Fläche, unangemessen hoch.

Diese Arbeit beschreibt ein Verfahren, das unter Berücksichtigung der Krümmung der Objektoberfläche die Auflösung dem Objekt anpaßt und so zu einer Datenreduktion bei minimalem Qualitätsverlust gelangt.

2   Methode

2.1   Stand der Forschung

Neben dem bereits erwähnten „Marching–Cubes“–Verfahren sind für die Oberflächenrekonstruktion aus Voxeldaten klassische Triangulationsverfahren bekannt [7][2][13]. Dabei werden schichtweise die Objektkonturen ermittelt, und anschließend die gefundenen Konturstützpunkte benachbarter Schichten verbunden. Aufgrund von Mehrdeutigkeiten bei der Zuordnung der Konturstützpunkte können nicht in jedem Fall gute Triangulationsergebnisse erzielt werden.

Das „Marching–Cubes“–Verfahren[8] vermeidet die oben genannten Nachteile. Es geht davon aus, daß die Objektoberfläche einen exakt definierten Grauwert besitzt. Oberflächendreiecke werden in ein sogenanntes logisches Voxel (die Eckpunkte stellen die eigentlichen Voxel dar) eingepaßt. Die genaue Lage der Dreiecke ergibt sich durch Interpolation der Grauwerte an den Eckpunkten, so daß eine sehr hohe Genauigkeit bei der Oberflächenanpassung erreicht wird (Abb. 1). Ursprüngliche Schwächen des „Marching–Cubes“–Verfahren wurden durch Erweiterungen behoben [1][9][14], so daß elementare Oberflächeneigenschaften wie Geschlossenheit, Durchdringungsfreiheit und Orientierbarkeit durch diese Verfahren gewährleistet sind.

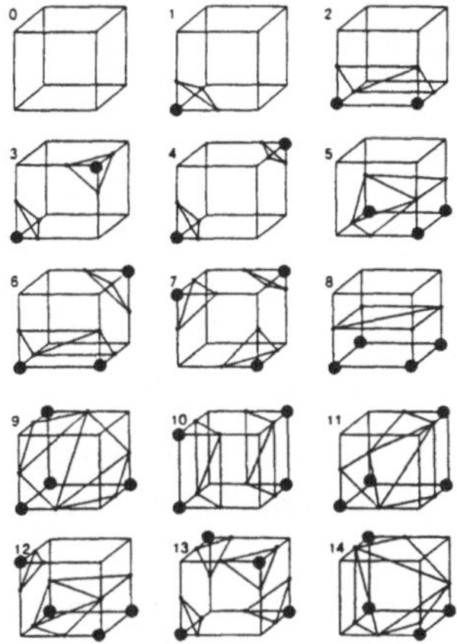

Abbildung 1: Beispiele für die Dreiecksanordnung in einem logischen Voxel bei der Triangulation mit dem „Marching–Cubes"–Verfahren. Die hervorgehobenen Eckpunkte stellen zum Objekt gehörige Voxel dar (aus [8]).

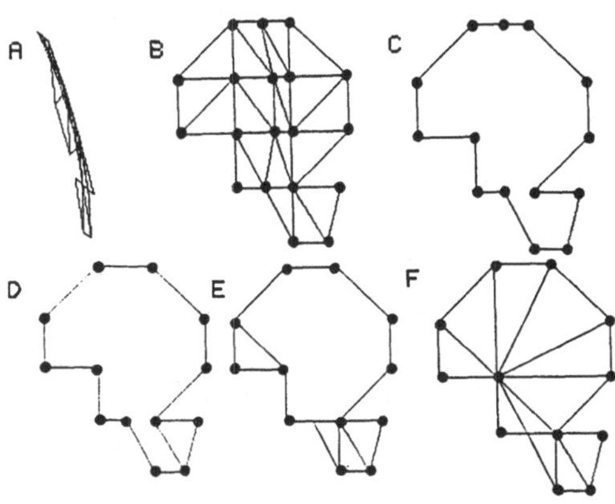

Abbildung 2: Die wichtigsten Schritte des Reduktionsverfahrens. A) Region im 3D–Raum (seitliche Ansicht); B) Projektion der Region; C) gefundene Polygonkontur; D) Polygon nach Entfernen von Konturknoten D–F) Schritte der Retriangulation

Andere Methoden zur Polygonisation gehen von impliziten Oberflächendarstellungen aus[3][12]. Eine objektangepaßte Darstellung wird hier schon durch die iterativ verfeinernde Methode der Oberflächengenerierung erreicht. Diese Vorgehensweise läßt sich allerdings nicht direkt auf das Voxelmodell übertragen und das Finden einer einfachen funktionalen Beschreibung für medizinische Objekte ist in den meisten Fällen nicht möglich.

Ein Ansatz zur Reduktion triangulierter Oberflächen ist bei Hamann[4] dargestellt. Hier wird in jedem Iterationsschritt unter Berücksichtigung der lokalen Krümmung genau ein Dreieck entfernt. Dazu werden für jeden Knoten durch lokale Annäherung einer polynomialen, bivariaten Funktion die Hauptkrümmungen berechnet. Zur effektiven Durchführung des Verfahrens müssen die Nachbarschaften der Dreiecke und der Knoten direkt zugreifbar sein. In jedem Iterationsschritt müssen alle Informationen neu berechnet werden, wodurch das Verfahren sehr zeitaufwendig wird.

2.2 Das Reduktionsverfahren

Da mit dem „Marching–Cubes"–Verfahren ein sehr gutes Triangulationsverfahren existiert, dessen einziger Nachteil die enorme Dreieckszahl ist, konzentriert sich diese Arbeit auf einen einfachen, neuen Ansatz zur Reduktion triangulierter Oberflächen. Besonderes Ziel ist es, die Dreiecksanzahl bei möglichst großer Detailgenauigkeit der Oberfläche zu minimieren. Das von uns entwickelte Reduktionsverfahren erfordert eine durchdringungsfreie und orientierbare Eingangsoberfläche. Diese Eigenschaften bleiben durch die Reduktion unbeeinflußt.

Das Verfahren gliedert sich in folgende Schritte auf:

- Bildung freier Polygone durch Zusammenfassen von Dreiecken ähnlicher Neigung
- Projektion der Polygone auf eine Projektionsebene
- Entfernen von Knoten der Polygonkontur
- Retriangulation der Polygone

2.2.1 Bildung freier Polygone

Die Dreiecke der Eingangsoberfläche werden zu zusammenhängenden Dreiecksregionen zusammengefaßt. (Abb. 2A–B).

Voraussetzung für die Zuordnung eines Dreiecks zu einer Region sind zwei Bedingungen:

- Das Dreieck teilt mit mindestens einem Dreieck der Region eine Kante.
- Der von den Oberflächennormalen gebildete Winkel ist für jedes Dreieckspaar kleiner als eine vorgebbarer Toleranzwinkel α.

Kann ein Dreieck keiner Region zugeordnet werden, wird eine neue Region mit diesem Dreieck initialisiert. Im Verlaufe der Zuordnung können Regionen unter Berücksichtigung der oben genannten Bedingungen zusammenwachsen.

Sind alle Dreiecke zugeordnet, wird die äußere Kontur jeder Region ermittelt, und man erhält die Beschreibung eines Polygons im 3D–Raum (Abb. 2C). Bei kleinem Toleranzwinkel α ist dieses Polygon annähernd planar. Wird eine größerer Winkel α zugelassen, „wächst" das Polygon stärker aus der Ebene heraus.

Bei der vorgestellten Regionenbildung kann es in Ausnahmefällen zu Einschlüssen anderer Regionen kommen. In diesem Fall wird für jeden Einschluß eine zusätzliche Region generiert, die eine Art Brücke zwischen der äußeren und der eingeschlossenen Kontur darstellt. Als Kontur der verbleibenden Region erhält man so ein einschlußfreies Polygon.

2.2.2 Projektion der Polygone

Um eine Retriangulation der entstandenen Polygone zu ermöglichen, ist für jedes Polygon eine Projektion auf eine Ebene nötig. Als Projektionsebene wird die Ebene senkrecht zum Normalenvektor des Polygons gewählt. Dieser Normalenvektor ist bei einem nicht planaren Polygon jedoch nicht eindeutig bestimmt, daher wird eine Art Durchschnittsnormalenvektor verwandt. Nach Newell[5] kann man diesen folgendermaßen berechnen:

Sei m die Anzahl der Polygonknoten, $V_i = (x_i, y_i, z_i)$ ein Knoten und j der Nachfolgerindex von i mit $j = i + 1$, für $i < m$ und $j = 1$, für $i = m$, dann berechnen sich die Komponenten der Normalen N aus

$$N_x = \sum_{i=1}^{m}(y_i - y_j)(z_i + z_j) \qquad N_y = \sum_{i=1}^{m}(z_i - z_j)(x_i + x_j) \qquad N_z = \sum_{i=1}^{m}(x_i - x_j)(y_i + y_j)$$

Für die folgende Verarbeitung sowohl die projizierte Darstellung als auch das Polygon im 3D–Raum benötigt. Ist das projizierte Polygon nicht überschneidungsfrei, wird es nicht weiter bearbeitet und es werden direkt die Originaldreiecke übernommen.

2.2.3 Entfernen von Knoten der Polygonkontur

Auf der gefundenen Polygonkontur findet man häufig Knoten, die mit ihrem Vorgänger- und Nachfolgerknoten eine Gerade bilden. Solche Knoten sind im Normalfall redundant und dürfen dann entfernt werden (Abb. 2 D). Erweitert man diese Aussage und läßt eine Toleranzfläche F zu, kommt man zu folgenden Bedingungen zur Entfernung eines Polygonknotens:

- An den Knoten grenzen genau zwei Kanten.
- Die Fläche des um den Knoten gebildeten Dreiecks ist kleiner als F.
- Die Polygonprojektion ist auch nach der Knotenentfernung überschneidungsfrei.
- Die Orientierung des Restpolygons bleibt erhalten.

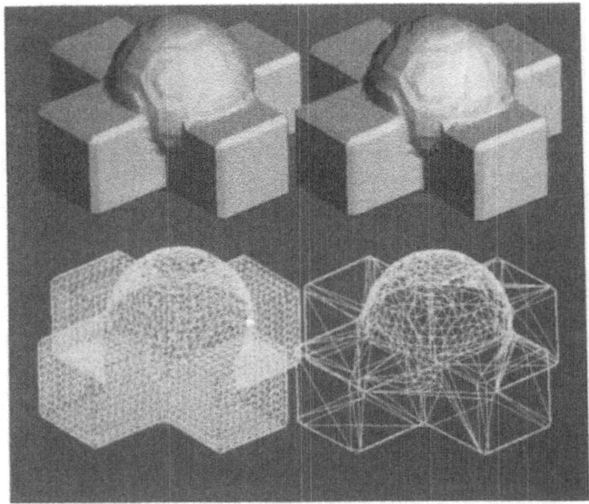

Abbildung 3: Szene mit Ball und Würfeln. Links ist die Oberfläche vor der Reduktion, rechts die reduzierte Oberfläche dargestellt. (Reduktionsparameter: α : 12° F : 0,2 ; 5.268 Originaldreiecke, 1.170 Dreiecke nach der Reduktion).

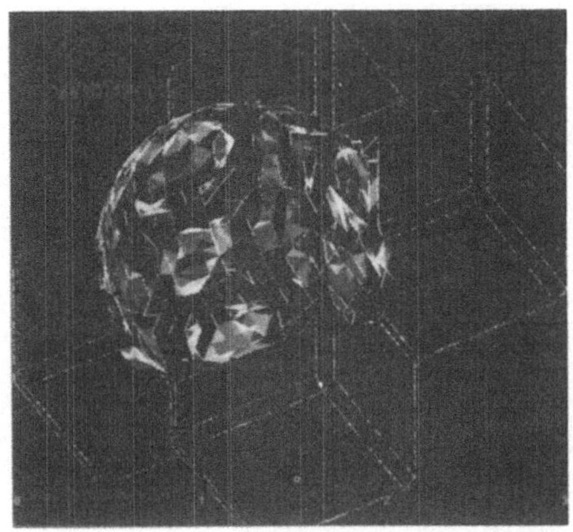

Abbildung 4: Fehlerbild mit dem Objekten aus Abb. 3. Dargestellt sind die Winkeldifferenzen der Normalenvektoren zwischen Originalobjekt und reduziertem Objekt (in °). Die Differenz der Normalenvektoren liegt in diesem Beispiel mit Ausnahme der Würfelkanten durchweg unter 3°.

Die Toleranzfläche F ist neben dem Toleranzwinkel α ein Parameter zur Steuerung des Reduktionsgrades. Im Folgenden wird als Einheit für F die Größe einer Voxelgrenzfläche benutzt.

2.2.4 Retriangulation

Die abschließende Triangulation der Polygone überführt die Oberfläche wieder in eine regelmäßige Dreiecksstruktur. Bei einer überschneidungsfreien Projektion läßt sich die Triangulation in der Projektionsebene durchführen und das Ergebnis auf das Polygon im 3D–Raum übertragen.

Strategien zur Triangulation einfacher Polygone im 2D–Raum mit verschiedenen Optimierungszielen sind bei Preperata[11] und Hoschek[6] beschrieben. In Anlehnung an diese Strategien können in diesem Verfahren verschiedene einfache Triangulationsheuristiken für nicht konvexe Polygone verwendet werden. („kleinster Innenwinkel zuerst"; „beste Normale zuerst"; „zufällig"). Bei allen diesen Heuristiken werden keine neue Knoten generiert. Ein Polygon mit n Knoten wird auf diese Weise in $n+2$ Dreiecke zerlegt. Die besten Ergebnisse hinsichtlich der Abweichung von der Originaloberfläche und die Ausgewogenheit der Seitenlängen und Winkel konnten mit der Heuristik „kleinster Innenwinkel zuerst" erzielt werden. Dabei wird jeweils um den Knoten mit dem kleinsten Innenwinkel ein neues Dreieck gebildet und vom Polygon abgeschnitten (Abb. 2D–F), falls keine Polygonkante geschnitten und kein Knoten eingeschlossen wird.

3 Ergebnisse

Zur Beurteilung der Güte und Robustheit wurden Oberflächen künstlicher und natürlicher Objekte reduziert. Am Beispiel einer einfachen Szene mit einem Ball und Würfeln ist zu erkennen, wie sich die Übergänge von hoch und niedrig aufgelösten Bereichen darstellen (Abb. 3). Es wird auch deutlich wie die planaren Würfelflächen zu einer Region zusammengefaßt und nach der Retriangulation durch nur zwei Dreiecke repräsentiert werden.

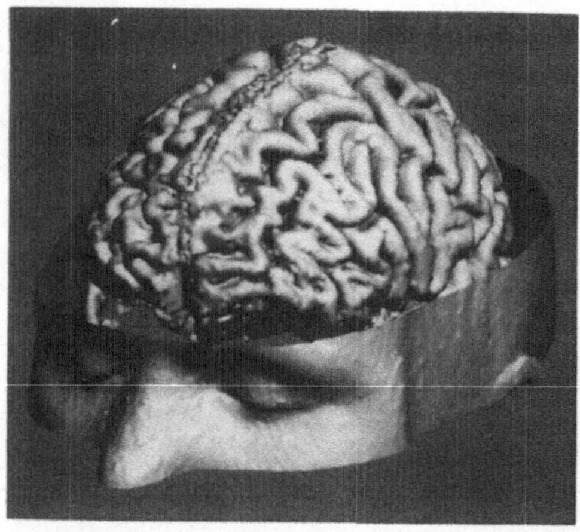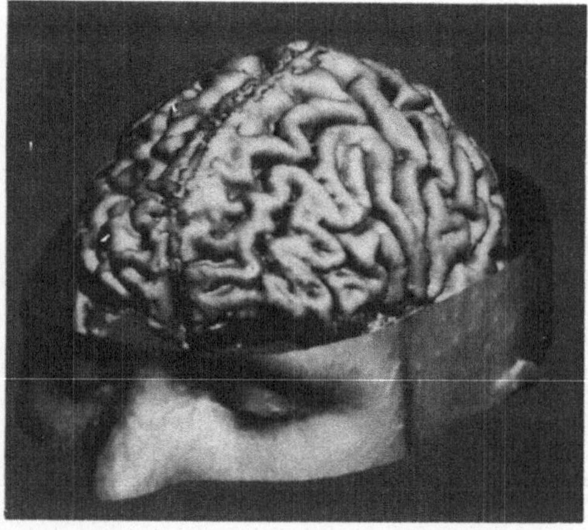

Abbildung 5: Szene mit Haut– und Gehirnoberfläche. Die Objektoberflächen wurden aus einem MR–Datensatz der Größe 256^3 gewonnen. Links sind die Oberflächen vor der Reduktion dargestellt, rechts sind die gleichen Objekte mit reduzierter Oberflächenbeschreibung abgebildet. (Reduktionsparameter: $\alpha : 30°$ $F : 0,2$; 747.349 Originaldreiecke, 406.757 Dreiecke nach der Reduktion; Darstellungsverfahren: Gouraud).

Vergleicht man für eine bestimmte Ansicht die Normalenvektoren und die Tiefe der Bildpunkte im Originalbild mit denen der reduzierten Darstellung[10], kann man den durch die Reduktion bedingten Fehler abschätzen (Abb. 4). Die Wurzel aus der mittleren quadratischen Abweichung aller Objektpunkte führt zu den Fehlermaßen e_n für die Differenz der Normalen, und e_t für die Differenz der Tiefen (siehe auch Tab.1 und Tab.2).

Bei der Darstellung medizinischer Objekte trifft man auf verschiedenartig geformte Oberflächen. Stellvertretend wurde die Reduktion von Gehirn–, Knochen–, und Hautoberflächen untersucht. Eine Szene mit ca: 750.000 Dreiecken ist in Abb. 5 dargestellt. Der Zeitbedarf bei der Visualisierung polygonaler Objekte steigt mehr als linear mit der Anzahl der Oberflächenelemente, so daß eine interaktive Manipulation bei sehr großen Objekten schwierig ist. Nach der Reduktion auf ca. 400.000 Dreiecke ist diese Szene deutlich schneller manipulierbar. Eine Rotation der gesamten Szene mit dem Visualisierungssystem „AVS", ausgeführt auf einer DEC–Station 5000/200 unter Ultrix, wurde auf diese Weise von ca. 20 Sekunden auf 8 Sekunden beschleunigt.

Abb. 6 zeigt einen Ausschnitt der Gehirnoberfläche aus Abb. 5 im Original und als reduzierte Oberfläche. Der visuelle Eindruck der gouraudschattierten Oberflächen bei einer einfachen Glättung der Normalen ist für beide Auflösungen annähernd gleich.

Der Grad der Reduktion läßt sich durch Variation des Toleranzwinkels α und der Toleranzfläche F steuern. Die folgenden Tabellen stellen die Ergebnisse der Reduktion des Ausschnittes der Gehirnoberfläche aus Abb. 6 dar.

Toleranzwinkel α	5°	10°	20°	30°	40°	45°	60°
Anzahl der Dreiecke (in % des Originals)	85,2	78,3	64,6	57,4	50,6	50,0	40,4
Normalenabweichung e_n	7,65	10,33	12,39	14,86	17,26	17,26	20,54
Tiefenabweichung e_t	0,13	0,22	0,45	0,62	1,0	1,05	1,15

Tab. 1: Abhängigkeit des Reduktionsgrades vom Toleranzwinkel α ($F = 0.5$).

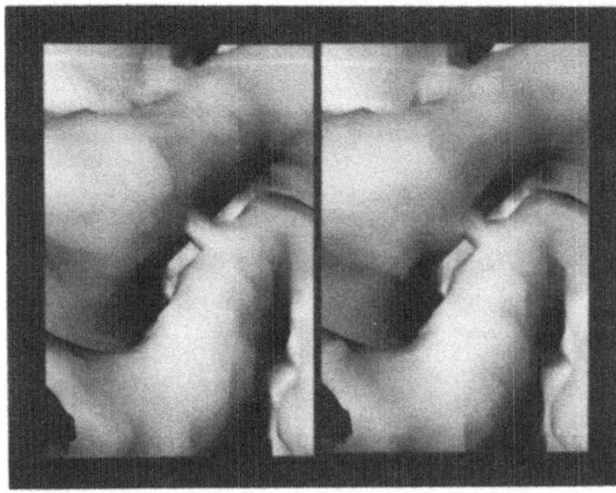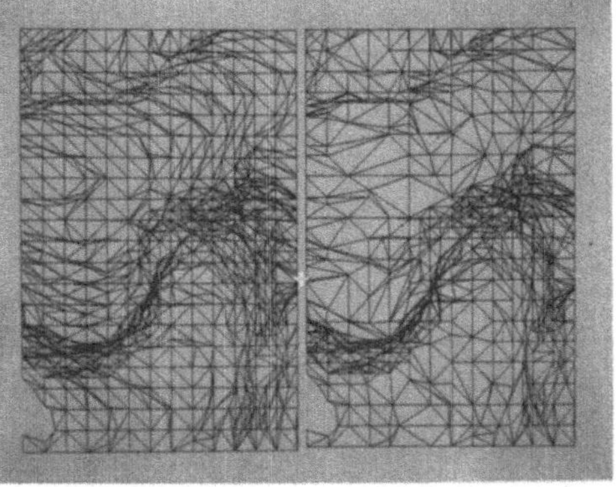

Abbildung 6: Vergrößerter Ausschnitt der Gehirnoberfläche aus Abb. 5. Von links nach rechts: Original und reduzierte Oberfläche gouraudschattiert, Original und reduzierte Oberfläche als Drahtgitterdarstellung.

Toleranzfläche F	0,1	0,2	0,3	0,5	0,7	1,0	5,0
Anzahl der Dreiecke (in % des Originals)	64,3	61,7	59,6	57,4	54,8	53,5	50,9
Normalenabweichung e_n	13,49	14,16	14,65	14,86	15,08	15,28	15,57
Tiefenabweichung e_t	0,42	0,53	0,54	0,62	0,69	0,69	0,75

Tab. 2: Abhängigkeit des Reduktionsgrades von der Toleranzfläche F ($\alpha = 30°$).

Wählt man α kleiner als 30° und F kleiner als 0,5, sind die Differenzen in der schattierten Darstellung kaum erkennbar, dabei kann die Originaloberfläche schon auf bis zu 57% reduziert werden. Erhöht man α weiter, auf bis zu 60° und F über 1,0 hinaus, so lassen sich die Oberflächen auf weniger als 30% ihres Ausgangsvolumens reduzieren. Damit ist aber auch immer eine Glättung und somit ein Verlust der Darstellungsgenauigkeit verbunden.

Eine deutliche Steigerung der Reduktion durch Erhöhen des Toleranzwinkels α über 60° ist meistens nicht möglich, da es dann neben der starken Vergröberung auch zu den oben beschriebenen Überschneidungen beim Projizieren kommt. Für diese Polygone werden die Originaldreiecke benutzt und somit der Gesamtreduktionsgrad wieder gesenkt. Da das Wachstum der Regionen keiner Beschränkung in Bezug auf Größe und Form unterliegt, kann ein groß gewählten Toleranzwinkel α. außerdem die Bildung großer, bizarrer Regionen bewirken, deren Retriangulation Dreiecke mit stark variierender Größe entstehen läßt.

4 Schlußfolgerungen

Für die untersuchten „Marching–Cubes"–erzeugten Oberflächen medizinischer Objekte (Haut, Knochen, Gehirn) kann eine Reduktion auf ca. 50% bis 60% ohne nennenswerten Qualitätsverlust erreicht werden. Wenn die hohe Detailtreue des Originals erhalten bleiben soll, liegt die Obergrenze für den Toleranzwinkel α bei $30-40°$ und für die Toleranzfläche F ungefähr bei 0,5. Dabei verhalten sich die verschiedenen Oberflächentypen ähnlich in ihrer Reduzierbarkeit. Toleriert man kleine Glättungseffekte, so sind stärkere Reduktionsgrade möglich.

Als Kriterium für die Regionenbildung der Dreiecke werden ausschließlich die Oberflächennormalen der Dreiecke genutzt. An dieser Stelle wäre es denkbar, die Regionen durch alternative Kriterien zu bestimmen, die auch die Größe der Dreiecke und die Form der Region berücksichtigen.

Weitere Triangulationsstrategien können auch zu verbesserten Ergebnissen führen. Bei einem konvexen Polygon könnte beispielsweise ein zusätzlicher Stützpunkt in der „Mitte" des Polygons eine geeignete Triangulation ergeben.

Literatur

[1] Baker, H. H.: Building surfaces of evolution: the Weaving Wall. *Comput. Vis. 3* (1989), 51–71.

[2] Fuchs, H., Kedem, Z. M., Uselton, S. P.: Optimal Surface Reconstruction from Planar Contours. *Commun. ACM 20*, 10 (1977), 693–702.

[3] Hall, M., Warren, J.: Adaptive polygonalization of implicitly defined surfaces. *IEEE Comput. Graphics Appl. 10*, 6 (1990), 33–42.

[4] Hamann, B.: Visualization and modeling contours of trivariate functions. Ph.D. dissertation, Arizona State University at Tempe, 1991.

[5] Hill, F. S.: *Computer Graphics*. Macmillan Publishing Company, NJ, 1990.

[6] Hoschek, J., Lasser, D.: *Grundlagen der geometrischen Datenverarbeitung*. Teubner, Stuttgart, 1989.

[7] Keppel, E.: Approximating Complex Surfaces by Triangulation of Contour Lines. *IBM J. Res. Develop. 19*, 1 (1975), 2–11.

[8] Lorensen, W. E., Cline, H. E.: Marching Cubes: A High Resolution 3D Surface Construction Algorithm. *Comput. Graphics 21*, 4 (1987), 163–169.

[9] Pflesser, B.: Oberflächenrepräsentation medizinischer Objekte mittels Triangulation. Studienarbeit, Universität Hamburg, Fachbereich Informatik, 1990.

[10] Pommert, A., Bomans, M., Tiede, U., Höhne, K. H.: Simulation Studies for Quality Assurance of 3D-Images from Computed Tomograms. In Todd-Pokropek, A. E., Viergever, M. A. (Eds.): *Medical Images: Formation, Handling and Evaluation*, Springer-Verlag, Berlin, 1992, 325–332.

[11] Preperata, F. P., Shamos, M. I.: *Computational Geometry*. Springer-Verlag, New York, 1985.

[12] Schmidt, M.: Cutting Cubes - Visualizing implicit surfaces by adaptive polygonization. *Submitted to The Visual Computer* (1992).

[13] Tiede, U., Boecker, F. R. P., Witte, G., Höhne, K. H.: Eine neue Heuristik für die 3D-Rekonstruktion medizinischer Bildsequenzen mittels Triangulation. In Niemann, H. (Ed.): *Mustererkennung 1985, Proc. 7. DAGM-Symposium*, Springer-Verlag, Berlin, 1985, 207–212.

[14] Wallin, A.: Constructing Isosurfaces from CT Data. *IEEE Comput. Graphics Appl. 11*, 6 (1991), 28–33.

Feature Extraction
With Piece-Wise Polynomial Function Sets

V. Zentsov

Association of users of computer aided design for electronic technologies

Ligovskij 171-67, 192007 St. Petersburg

☎ (812) 1661006

As known [1], expansion of a function $x(t)$ describing pattern features by series on basis function sets is one of the most frequently used technique in feature selection and extraction:

$$x(t) \simeq S_N(t) = C_{00} + \sum_{j=0}^{N-1} C_j \psi_j(t), \tag{1}$$

where

$$S_N(t) \qquad \text{- approximation function,}$$

$$\{\psi_j(t)\}_{j=0}^{N-1} \qquad \text{- basis functions, } N = 2^n; \ t \in [0,1],$$

$$\mathbb{C} = \{C_j\}_{j=0}^{N-1} \qquad \text{- weight coefficients.}$$

The Karhunen-Loeve, Fourier, Hadamard orthogonal function sets as well as classical orthogonal polynomials such as Hermite, Lagger, Legendre are commonly used. The evident way for reducing computational requirements in the technique is utilizing basis functions with simple nature to obtain good approximation properties and applying fast algorithms for calculating the weight coefficients as follows:

$$\mathbb{C} = D \, \Phi \, X, \tag{2}$$

where

$$X = \{x(t_i)\}_{i=0}^{M-1} \qquad \text{- the vector of input data; } t_i = i/M,$$

$$\Phi = \{\psi_j(t_i)\}_{i=0}^{M-1} \qquad \text{- the sparse matrix of basis functions, which may be factorized,}$$

$$D = \{d_j\}_{j=0}^{N-1} \qquad \text{- the diagonal matrix for normalization.}$$

Here, two sets of orthogonal piece-wise polynomial functions (PPF) with power 1 [2,3] and 2 will be considered. These are piece-wise linear $\{\varphi_j(t)\}$ and piece-wise quadratic $\{\Theta_j(t)\}$ orthogonal Haar-like ones. Let l_{pi} the binary interval created by dividing the interval $[0,1]$ into 2^{p-1} equal parts. Each l_{pi} consists of two equal parts.

$$l_{pi} = [\frac{i}{2^{p-1}}, \frac{i+1}{2^{p-1}}]; \quad i=0,1,\ldots,2^{p-1}-1; \quad p=1,2,\ldots,n.$$

Each function in a set is a polynomial on l_{pi}, and the whole set is constructed like Haar functions set, where p would be a number of functions group. Each such group consists of two subgroups with its own number l=1,2. The first eight piece-wise linear φ- and quadratic Θ- functions are shown in Fig. 1 b and c. For comparision, Fig. 1 a shows eight Haar functions with their number. Each functions set is a complete one of linear independent orthogonal functions and creates a basis in linear space $L_2[0,1]$ with the coefficients which can be calculated in accordance with (2). There are the following advantages of these function sets for feature selection.

1. High level of approximation properties, estimated with compression parameter $E(\varepsilon)$:

$$E = \frac{M}{M-L(\varepsilon)}; \quad \varepsilon = 1-\frac{W_N}{W};$$

$$W_N = C_{00}^2 + \sum_{j=0}^{N-1} d_j^2 c_j^2; \tag{3}$$

$$W = \frac{1}{M}\sum_{i=0}^{M-1} x^2(t_i). \tag{4}$$

The total number of multiplications and additions for computing the coefficients implementing (2) is $2(n+1)M$ only. Experiments showed that the dimension of the pattern description L can be reduced drastically from M to $N/2 - N/8$ (and M can be equal $32 - 128N$) due to compression property (when the majority of coefficients has values near 0).

2. These functions give opportunity to approximate a sample function piece-wise polynomial, which is defined in M equidistant points with N approximation nodes in least-mean-square-error sense. Thus to solve tasks by means of least-mean-square-error methods does not require neither to solve any linear equations set nor to invert matrices or to define their eigenvalues. It is also known that the integrals under the curves $x(t)$ and $S_N(t)$ as well as their energies which may be calculated in accordance with (4) and (3) are preserved. On the other hand, the stochastic errors of measuring $x(t_i)$ will be smoothed out by implementing the discrete transform (2).

3. An expression for the constructive nature of PPF is the property of coefficients

- for functions $x(t)$ with first derivative $x'(t)$=0; j=0,1,...,N-1, (constants): $C_j^H=C_j^\varphi=C_j^\Theta=0$;

- for functions $x(t)$ with second derivative $x''(t)$=0 (lines): $C_j^\varphi=C_j^\Theta=0$;

- for functions $x(t)$ with third derivative $x'''(t)$=0 (parabols): $C_j^\Theta=0$.

Therefore, it may define the power of approximating polynomial as well as a shape of a curve on the base of analysis of coefficient signs and values.

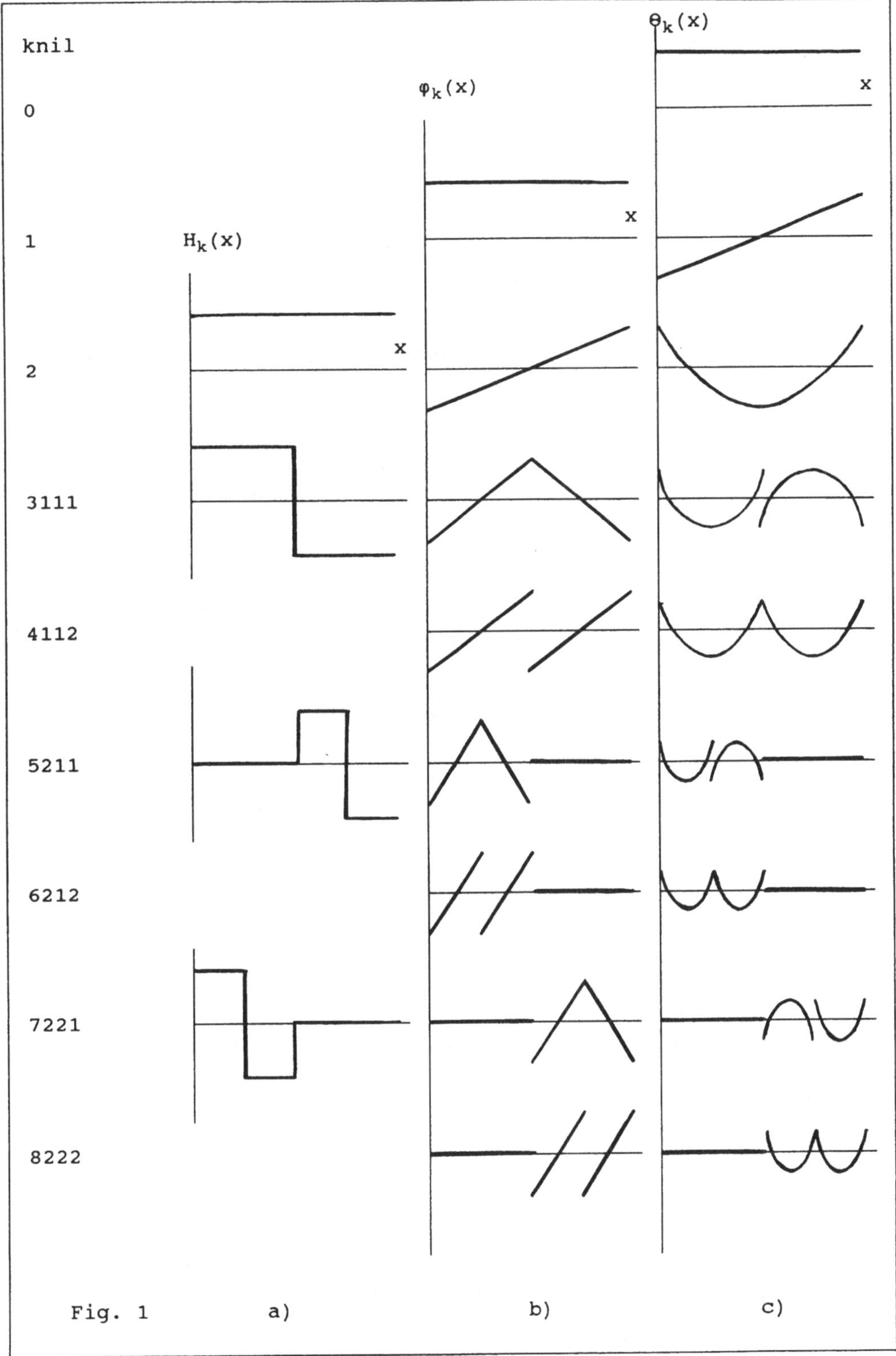

knil
0
1
2
3111
4112
5211
6212
7221
8222
$H_k(x)$
$\varphi_k(x)$
$\theta_k(x)$
x
x
x
Fig. 1
a)
b)
c)

The application software based on orthogonal approximation with PPF proposed have been designed for recognition of one-dimensional patterns in Seismology, Cardiology, Speech Processing, and Biomedicine. The examples are following.

1) It is known, if pattern features which belong to a class q may be determinated by means of the function $f^q(t)$, defined with experimental data, then feature selection will be the task of approximating $f^q(t)$ with (1).

Also, if pattern function values $f^q(t_i)$ of a class q are stochastic ones, described with an density function $p^q(x)$, then the definition of expansion coefficients of $p^q(x)$ may be implemented by the method of stochastic approximation.

Expansion in functional series with PPF is a convenient way of approximation in this case. If C_j are utilized instead of $x(t_i)$, experiments in Biomedicine and Seismology give compression parameters E between 4 and 256.

The Karhunen-Loeve expansion transform (KLT) is commonly used for feature extraction due to achieving complete decorrelation of the coefficients and a compression parameter as large as possible. Another advantage of the transform is the possibility to apply it to patterns with unnormal desity function.

Reduction of computation requirements may be obtained with PPF as follows:

a) Estimation of the mean vector and the covariance matrix of $x(t)$ with (1).

The coefficients of functional approximation with PPF are computed on the various intervals of which are dividing the whole interval $[0,1]$. After the mean vector and the autocorrelation matrix $S = \{s_{km}\}$ of the coefficients $\{C_j\}$ are calculated, the matrix is transformed into the covariance matrix with help of the transformation matrix Φ.

b) Transformation of the mean vector of $\{C_j\}_{j=1}^{L}$ into the vector $\{V_r\}_{r=1}L$ of noncorrelative variables

$$C_j = \sum_{r=1}^{L} a_{jr} V_r$$

by means of the linear transformation matrix $A = \{a_{jr}\}$.

The values of matrix A can be calculated on the base of values s_{km} of the covariance matrix in accordance with the well known algorithm. Obviously, values V_r would be the right values of KLT, since the autocorrelation matrix of $\{V_r\}$ is diagonal.

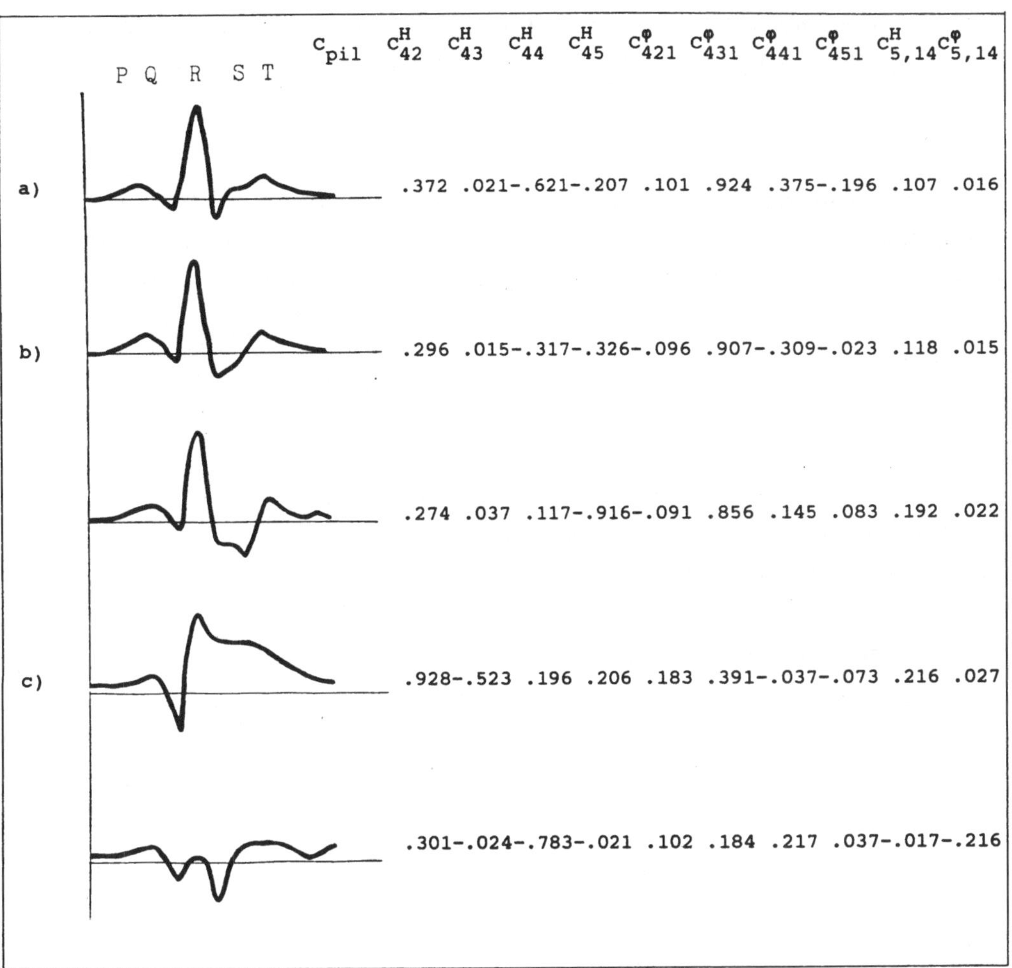

Fig. 2

Table 1

Function to be recognized Coefficients									
C_{j}^{H}	0	<0	>0	0	0	<0	>0	<0	>0
C_{j}^{φ} l=1	0	0	0	<0	>0	<0	<0	>0	>0
C_{j}^{φ} l=2	0	0	0	0	0	0	0	0	0
C_{j}^{Θ}	0	0	0	0	0	0	0	0	0

It can be shown that the total number of calculations in accordance with a) and b) is $(2nM + L^2/2) + L^3/6$ and may be reduced $(M/2L)^3$ times compared with the standard implementation of KLT [1].

2) The simplified method for recognition of seismic, speech and other signals [4] is often used. The main point is that an energy and the number of zero crossings of signals on each interval of dividing are choosen as features. The PPFs are very suited for the method since an energy may be calculated in accordance with (3). The number of zero crossings is simply defined on the base of analysis of Haar coefficient signs with various orders.

3) Table 1 shows the property of signs of PPF coefficients of the polynomials with powers 0, 1 and 2 to be recognized. The property enables to determine easily the shape of a curve on any interval by means of analyzing the values of 3 - 4 coefficients as maximum.

For example, Fig. 2 shows the typical cardiograms of a man

   a - who is in good health,

   b - who has got coronary arterial spasms,

   c - who is in the early phase of myocardial infraction.

The normalized values of some Haar, $\varphi -$ coefficients with order 3 and 4 are shown on the right side of the figure. Judging only 3 - 4 of them one can diagnose the different cardial diseases.

A similar approach has been considered for implementing image recognition with two-dimensional PPFs proposed.

References

[1]   Tou, J. T.; Gonzalez, R. C.: Pattern recognition principles. - Addison Wesley Publishing Company, London, 1974.

[2]   Cupik, R.; Sovis, F.; Trebaticky, I.; Zentsov, V.: Transputer-based real time processing with piece-wise polynomial functions. In: Proceedings of the V. International Workshop on Parallel Processing by Cellular Automata and Arrays. - Akademie-Verlag, Berlin, 1990, p. 329-333.

[3]   Zentsov, V.; Svinin, S.; Smolov, V.: Approximation with piece-wise polynomial functions sets in digital signal processing (in Russian). - USSR Academy News, Tekhnicheskaya Cybernetika, 1982, n 2, p. 202 -209.

[4]   Faure, A.: Perception et reconnaissance des formes. - Editests, 1985.

Filterung des Bildhintergrundes in mit bewegter Kamera aufgenommenen Bildfolgen

Andreas Zins, H.Niemann

Bayerisches Forschungszentrum für Wissensbasierte Systeme (FORWISS)
Forschungsgruppe Wissensverarbeitung
Am Weichselgarten 7
8520 Erlangen-Tennenlohe

Zusammenfassung

Die Analyse von Videobildfolgen in Echtzeit stellt verschiedene Anforderung an die Algorithmen: einerseits müssen sie *schritthaltend* arbeiten, andererseits sollten sie so angelegt sein, daß sie sich für eine Portierung auf parallele Spezialhardware eignen. Aufgrund der hohen Datenmenge sollte die Vorverarbeitung bereits eine Fokussierung auf wichtige Bildinhalte ermöglichen und unwichtige Bildbereiche herausfiltern.

In diesem Beitrag wird ein Verfahren zur schritthaltenden Markierung der unbewegten Hintergrundbereiche in Bildfolgen vorgestellt, die mit einer bewegten, in einem PKW montierten Kamera aufgenommen werden. Es werden die Randbedingungen im Hinblick auf die konkrete Anwendung für Verkehrsszenen erläutert sowie ein auf adaptiven Filtern (Kalmanfiltern) basierendes Segmentierungsverfahren skizziert. Die Ergebnisse einer ersten Realisierung des Verfahrens werden vorgestellt und diskutiert.

1 Einführung

Die vorliegende Arbeit ist Teil eines Projektes zur schritthaltenden Analyse von Verkehrsszenen in Echtzeit. Im Folgenden sollen die Rahmenbedingungen kurz beschrieben und einige Begriffe erläutert werden.

1.1 Rahmenbedingungen

Eine in einem fahrenden PKW starr montierte Videokamera fester Brennweite liefert 25 Grauwertbilder pro Sekunde im Format 712×568 Bildpunkte. Die Szenerie beschränkt sich auf Autobahnen oder ähnliche Straßen bei "normalen", sich nicht abrupt ändernden Beleuchtungsverhältnissen - komplexere Umgebungen wie z.B. Innenstadtbereiche sind ausgeschlossen (ein Beispiel zeigt Abbildung 1.1).

Projektziel ist die Untersuchung der Frage, ob und inwieweit mit Methoden der Bildverarbeitung eine Analyse von bestimmten Verkehrsszenen im Hinblick auf kritische Situationen realisierbar ist. Ein derartiges System muß in der endgültigen Realisierung echtzeitfähig sein, was nicht ohne Einfluß auf die zum Einsatz kommenden Algorithmen bleibt:

- selbst bei der hohen Leistungsfähigkeit heutiger Prozessoren muß davon ausgegangen werden, daß ein System, wie es angestrebt wird, die Anforderungen der Echtzeitverarbeitung nur nach der Portierung auf spezielle Parallelhardware erfüllen kann

- es muß sich für alle Algorithmen eine Zeitschranke Δt angeben lassen, nach der ein Ergebnis zur Verfügung steht, insbesondere dürfen keine Rekursionen unbestimmter Tiefe auftreten.

1.2 Begriffe

Aufgrund der Bildfrequenz von 25 Hz ergibt sich eine sehr hohe Datenmenge, die für die Bildanalyse auf höherem Abstraktionsniveau reduziert werden muß. Wünschenswert ist die Unterdrückung

Abbildung 1.1: Original-Grauwertbilder, Zeitabstand eine Sekunde

unwichtiger Bildbereiche und die Konzentration auf wesentliche Bildteile. Im Hinblick auf die Anwendung ist der ruhende Hintergrund weniger wichtig, wesentlich sind potentielle Hindernisse. Als *ruhender Hintergrund* wird die Straße selbst betrachtet sowie die Bereiche neben der Fahrbahn, soweit sie in etwa in der Straßenebene liegen. *Hindernisse* sind nicht nur Objekte im eigentlichen Wortsinn, sondern auch andere Fahrzeuge, die sich mit unterschiedlicher Geschwindigkeit in oder entgegengesetzt zur Fahrtrichtung der Kamera bewegen.

Das Ziel der Filterung ist die Berechnung einer *binären Maske* für das gesamte Bild, in der die Marke "Null" den Hintergrund kennzeichnet und Marke "Eins" für Bereiche vergeben wird, in denen sich potentiell andere Fahrzeuge oder Hindernisse befinden. Die Filterung erfolgt ohne szenenspezifisches Vorwissen und geht davon aus, daß die Fahrbahn näherungsweise eine ebene Fläche ist.

Die hohe Datenrate ist aber auch ein Vorteil: die Bilder enthalten wegen des kurzen zeitlichen Abstandes von 40 ms redundante Information, die sich miteinbeziehen läßt. Es stellt sich die Forderung nach einer *schritthaltenden* Verarbeitung:

- für die Bearbeitung eines jeden Bildes gibt es eine konstante maximale Zeitspanne $\Delta t = |t_i - t_{i+1}|$, nach der die Bearbeitung in jedem Fall abgeschlossen sein muß

- zum aktuellen Zeitpunkt t_i sind nur Informationen verfügbar, die auf Bildern bzw. Zwischenergebnissen zur Zeit $t_j, j \leq i$ basieren (d.h. es kann nicht eine komplette Folge als ganzes betrachtet werden, wie es z.B. in der medizinischen Bildverarbeitung bei Angiogrammen möglich ist)

- der zeitliche Zusammenhang der Bilder muß genutzt werden, die Verarbeitung darf nicht bei jedem Bild ohne Vorwissen komplett von Grund auf neu begonnen werden

2 Das Segmentierungsverfahren

Das nachfolgend beschriebene Verfahren wurde ausgewählt, weil es sich effizient berechnen läßt und die Berücksichtigung des zeitlichen Kontextes auf Pixelebene erlaubt. Es arbeitet "low-level", unabhängig von symbolischen Repräsentationen der Zwischenergebnisse wie sie z.B. in [FB91] eingesetzt werden. Darüberhinaus ist es vom Aufbau gut für eine spätere Parallelisierung geeignet.

Betrachtet man den Grauwert eines Pixel mit den Koordinaten (x, y) über die Bilder einer mit statischer Kamera aufgenommenen Bildfolge, so erhält man ein skalares Signal, im Idealfall sogar ein konstantes Signal. In der Praxis treten aber eine Reihe von Störfaktoren auf: Kamerarauschen,

Beleuchtungsänderungen und - wenn es sich um keine statische Szene handelt - Änderungen, die durch bewegte Objekte im Blickfeld der Kamera hervorgerufen werden.

2.1 Die Filteridee

In [KvB90] wird ein Verfahren vorgestellt, das von diesen Randbedingungen ausgeht und Trennung von statischem Hintergrund und bewegten Objekten erlaubt: für jeden Bildpunkt (x, y) wird eine Filterung des Intensitätswertes mittels Kalman-Filtern durchgeführt. Als zu beobachtende Prozeßgröße wird der Grauwert des Hintergrundes $\widehat{f}(x, y, t_i)$ zum Zeitpunkt t_i betrachtet, der gefilterte Wert wird als Vorausschätzung $\widehat{f}(x, y, t_{i+1})$ für den nächsten Zeittakt t_{i+1} interpretiert. Befinden sich keine bewegten Objekte vor der Kamera, so liefern die Werte $\widehat{f}(x, y, t_{i+1})$ jeweils eine Vorhersage für den Grauwert des Hintergrundbildes zum Zeitpunkt t_{i+1}. Liefert der Vergleich der im folgenden Bild tatsächlich von der Kamera gelieferten Grauwerte $f(x, y, t_{i+1})$ mit dieser Hintergrundschätzung einen Fehler, der über einer bestimmten Schwelle liegt, so kann man annehmen, daß sich in dem entsprechenden Bildbereich ein bewegtes Objekt befindet. Allerdings ist der skalare Ansatz zu restriktiv für Anwendungen, bei denen mit Beleuchtungsänderungen in der Szene zu rechnen ist - er wäre lediglich für einen tatsächlich konstanten Hintergrund adäquat. In [KvB90] wird deshalb als Prozeßgröße statt eines Skalars ein zweidimensionaler Vektor verwendet, in dem die Intensität sowie die Änderungsrate der Intensität berücksichtigt wird.

Aus Platzgründen soll hier nicht näher auf die Theorie der Kalman-Filter eingegangen werden ([Boz86], [CC87], [BS90]), sondern nur das Verfahren nach [KvB90] geschildert werden, das den Ausgangspunkt für die Hintergrundfilterung bei bewegter Kamera bildet. Für die Schätzung des Hintergrundes (den sogenannten *Vorhersageterm*) erhält man

$$\begin{pmatrix} \widehat{f}(x, y, t_{i+1}) \\ \widehat{\dot{f}}(x, y, t_{i+1}) \end{pmatrix} = A \begin{pmatrix} h(x, y, t_i) \\ \dot{h}(x, y, t_i) \end{pmatrix} \tag{1}$$

wobei $\widehat{f}(x, y, t_{i+1})$ und $h(x, y, t)$ die geschätzte bzw. korrigierte Intensität am Punkt (x, y) sind und $\widehat{\dot{f}}(x, y, t_{i+1})$ bzw. $\dot{h}(x, y, t_i)$ die entsprechenden Änderungsraten über der Zeitachse. Die rechte Seite dieser Gleichung setzt sich zusammen aus der Matrix A (s.u.) und dem *Korrekturterm*

$$\begin{pmatrix} h(x, y, t_i) \\ \dot{h}(x, y, t_i) \end{pmatrix} = \begin{pmatrix} \widehat{f}(x, y, t_i) \\ \widehat{\dot{f}}(x, y, t_i) \end{pmatrix} + g(x, y, t_i)\left(f(x, y, t_i) - \widehat{f}(x, y, t_i) \right) \tag{2}$$

Die Matrix $A = \begin{pmatrix} 1 & a_{12} \\ 0 & a_{22} \end{pmatrix}$ gibt die Erwartungen über das dynamische Verhalten des Hintergrundes wieder: $a_{11} = 1$ bedeutet, daß die Schätzung vom vorherigen Wert abhängt, $a_{21} = 0$, daß die Schätzung der Änderungsrate nicht vom Grauwert abhängt. $a_{12} = 0$ hieße, der Hintergrund wird als tatsächlich konstant über der Zeit betrachtet, $a_{12} = 1$ würde bedeuten, daß sich der Hintergrund mit konstanter Geschwindigkeit verändert. Ähnliche Überlegungen gelten für a_{22}: verhielte sich die Änderungsrate des Hintergrundes konstant über die Zeit, so wäre $a_{22} = 1$ die richtige Wahl. Nachdem aber für die Grauwerte im Bild eine untere und eine obere Schranke existiert, ist dies nicht möglich. Experimente mit dem im Rahmen dieser Arbeit verwendeten Bildmaterial ergaben, daß a_{12} und a_{22} sinnvollerweise im Bereich von 0.5 bis 0.8 liegen.

2.2 Einbeziehung der Kamerabewegung

Bei dem in Abschnitt 2.1 geschilderten Vorgehen ist Folgendes zu beachten: durch die statische Kamera treten keine Veränderungen im Ortsbereich eines Bildpunktes auf, d.h. ein Hintergrundpunkt aus der realen Welt hat in allen Bildern der Folge sein Abbild an derselben Stelle. Zur Schätzung des erwarteten Hintergrundgrauwertes an einem bestimmten Punkt (x, y) im Bild kann also jedesmal der Grauwert an genau derselben Stelle im vorangegangenen Bild verwendet werden.

Für die bewegte Kamera gilt dies natürlich nicht mehr: entsprechend der Kamerabewegung sind die Koordinaten des Abbilds eines festen Hintergrundpunktes nun ebenfalls von der Zeit abhängig: zu einem Punkt $(x(t_i), y(t_i), t_i)$ korrespondiert nun der Punkt $(x(t_{i+1}), y(t_{i+1}), t_{i+1})$. Der Vorhersageterm (Gleichung 1) muß also modifiziert werden:

$$\left(\begin{array}{c} \widehat{f}(x(t_{i+1}), y(t_{i+1}), t_{i+1}) \\ \widehat{\dot{f}}(x(t_{i+1}), y(t_{i+1}), t_{i+1}) \end{array} \right) = A \left(\begin{array}{c} h(x(t_i), y(t_i), t_i) \\ \dot{h}(x(t_i), y(t_i), t_i) \end{array} \right) \tag{3}$$

Beim Übergang von t_i zu t_{i+1} muß also berücksichtigt werden, daß sich das Abbild eines Objektpunktes aus dem ruhenden Bildhintergrund im Bild sehr wohl bewegt. Um diese Bewegung erfassen zu können, müssen einerseits die Kameraparameter und andererseits die Eigenbewegung des Kamerafahrzeugs bekannt sein. Die Bestimmung der jeweils neuen Bildkoordinaten erfolgt nach dem Schema

- **Schritt 1:** berechne die zum Punkt $(x(t_i), y(t_i), t_i)$ in der Bildebene korrespondierenden Weltkoordinaten $(u(t_i), v(t_i), t_i)$; der Nullpunkt des Weltkoordinatensystems wird dabei senkrecht unter der Kamera auf der Straßenebene angenommen. Dazu ist die Kenntnis der Transformation T zwischen beiden Koordinatensystemen notwendig ([Tsa86]). Die Transformation T besteht aus vier Einzelschritten:

    - einer Translation, um die Nullpunkte von Bild- und Weltkoordinatensystem zur Deckung zu bringen

    - einer Rotation zur Abbildung der Koordinatenachsen aufeinander

    - einer Projektion in die Bildebene

    - sowie einer Skalierung und Abbildung auf diskrete Pixelkoordinaten

- **Schritt 2:** berechne die Weltkoordinaten $(u(t_{i+1}), v(t_{i+1}), t_{i+1})$ unter Zuhilfenahme der eigenen Fahrzeugbewegungsparameter

- **Schritt 3:** wende auf $(u(t_{i+1}), v(t_{i+1}), t_{i+1})$ die zu T inverse Transformation an, sie liefert die neuen Bildkoordinaten $(x(t_{i+1}), y(t_{i+1}), t_{i+1})$

Die Abbildung 2.1 zeigt zwei Beispiele für Ergebnisbilder, zeitlicher Abstand wiederum eine Sekunde. Zur besseren Darstellung wurden die als Hintergrund markierten Bereiche weiß gelassen und im Rest des Bildes die Originalgrauwerte eingesetzt.

3 Diskussion der Ergebnisse

Testreihen mit verschiedenen Bildfolgen haben insgesamt den gewählten Ansatz zur Hintergrundfilterung bestätigt: das Verfahren adaptiert beim Start (Initialisierung ohne Vorwissen über die Szene) innerhalb von ca. 0.5 Sekunden Echtzeit. Auch nach Sensorfehlern[1] liegt die Reaktionszeit, bis die Masken sich wieder stabilisieren, in dieser Größenordnung. Es bleiben allerdings noch unbefriedigende Punkte offen.

Als problematisch hat sich zum einen die Transformation T erwiesen, wie sie in Schritt 2 des im Abschnitt 2.2 geschilderten Algorithmus beschrieben ist. So ist bei der Betrachtung der Ergebnisbilder wie z.B. Abbildung 2.1 zu erkennen, daß in den Bereichen der linken und rechten oberen Bildecke

---

[1] z.B war in einer Testfolge die Kameraübertragung kurz ausgefallen, in einem Bild entstand so ein schwarzer Balken von rund 30 Bildzeilen

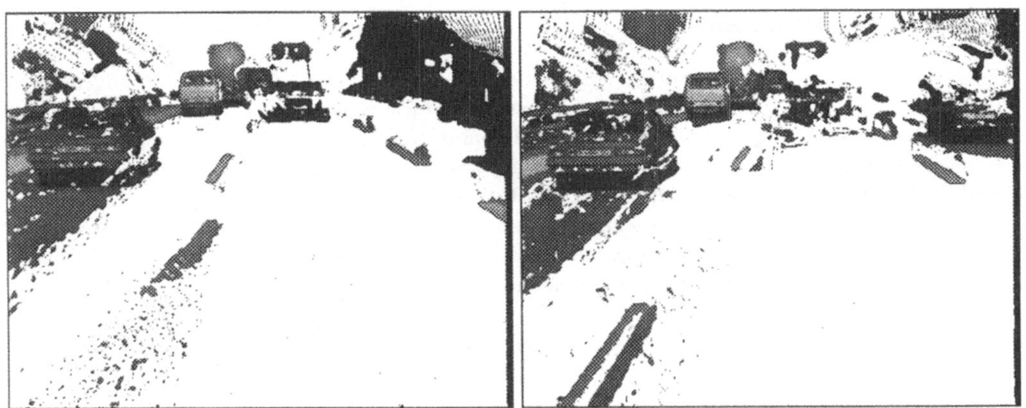

Abbildung 2.1: Ergebnisbilder zu den Grauwertbildern aus Abbildung 1.1

Fehler auftreten[2]. Selbst wenn für die Geschwindigkeit des Kamerafahrzeugs null angenommen wird, ergeben sich bei der Umrechnung von Bild- in Weltkoordinaten und umgekehrt Abweichungen von bis zu 2 Pixel, was auf Probleme bei der Kamerakalibrierung zurückzuführen ist.

Gravierender ist die fehlende Berücksichtigung der seitlichen Kamerabewegung: bisher wird als einziger Parameter der Fahrzeugbewegung (siehe 2.2) die Tachometergeschwindigkeit des Kamerafahrzeugs verwendet. Diese Einschränkung soll aber keineswegs aufrechterhalten werden, sie rührt daher, daß aufgrund technischer Probleme bei der Aufnahme der Bildfolgen der Lenkwinkel des Kamerafahrzeugs erst später als ursprünglich geplant zur Verfügung stand. Mittlerweile stehen jedoch Bildfolgen zur Verfügung, bei denen zu jedem Bild der Lenkwinkel protokolliert wurde. Unter Einbeziehung eines vereinfachten Fahrzeugmodells (das sogenannte *Einspurmodell*, [Mit90],[Kuh91]) und der Kenntnis von Fahrzeugmasse, Lage des Schwerpunktes relativ zu den Achsen und Radstand kann damit die horizontale Drehung ϕ der Kamera-Längsachse berechnet werden. Somit kann die in Abschnitt 2.2 beschriebene Koordinatentransformation T modifiziert werden, um der realen Kamerabewegung nahezukommen.

Nicht meßtechnisch erfaßt werden dagegen Drehungen um die Quer- und Hochachse (Rollen und Nicken des Fahrzeugs). Soweit es das bisherige Bildmaterial erkennen läßt, treten Rollbewegungen nur in unkritisch geringem Maß auf (was nach den Rahmenbedingungen des Projektes auch zu erwarten ist). Anders sieht es mit Nickbewegungen aus: Die durch Bremsen und Beschleunigen hervorgerufenen Bewegungen führen zu Ungenauigkeiten in der Filterung, die sich nachteilig auswirken. Nachdem aber die Masken für den Bildhintergrund zur Verfügung stehen, kann anhand dieser Bildbereiche versucht werden, einen weiteren Schritt in das Verfahren einzubauen: Bestimmung der Eigenbewegung über markante Punkte im Bild bzw. über deren Verschiebungsvektoren, wie z.B. in [vBZ91]. Allerdings eignet sich das darin beschriebene Filter zur Detektion der markanten Punkte (Corner-Response Funktion) weniger für das vorliegende Bildmaterial. Es wird Gegenstand weiterer Untersuchungen sein, ob sich die Vorgehensweise in [vBZ91] mit einem anderen Filter (z.B. [AD91]) für die Anwendung in dieser Arbeit eignet. Alternativ wäre eine Bestimmung der Eigenbewegung nach anderen Methoden (Focus Of Expansion, [BB90], [Dip91]) zu prüfen.

---

[2]am Monitor des Rechners werden die Ergebnisse in Falschfarben dargestellt, was gegenüber den gedruckten Schwarzweißbildern eine deutlich bessere Auswertung erlaubt

4 Zusammenfassung

Mit dem vorgestellten Verfahren steht eine den Rahmenbedingungen des Projektes angemessene Methode zur Verfügung, um aus mit bewegter Kamera aufgenommenen Bildfolgen den Hintergrund zu filtern. Das konnte trotz der geschilderten Unvollkommenheiten der bestehenden Implementierung an verschiedenen Bildfolgen getestet und bestätigt werden. Die Laufzeiten liegen für 25 Bilder (1 Sekunde Echtzeit) bei rund 300 Sekunden (DECStation 5000/200).

Der Schwerpunkt des weiteren Vorgehens wird zunächst auf der Einbeziehung des Einspur-Fahrzeugmodelles liegen und sich nach Abschluß dieser Arbeiten auf die Detektion und Kompensation der vertikalen Kameraschwankungen konzentrieren.

Der Autor dankt der BMW AG München für die Bereitstellung des Bildmaterials im Rahmen des Kooperationsprojektes *MOVIE* .

Literatur

[AD91]   N. Ansari, E. J. Delp: *On Detecting Dominant Points*, Pattern Recognition, Bd. 24, Nr. 5, 1991, S. 441 – 451.

[BB90]   W. Burger, B. Bhanu: *Estimating 3-D egomotion from perspective image sequences*, IEEE *Transactions on Pattern Analysis ans Machine Intelligence*, Bd. 12, Nr. 11, 1990, S. 1040 – 1058.

[Boz86]   S. M. Bozic: *Digital and Kalman Filtering*, Edward Arnold, London, 1986.

[BS90]   K. Brammer, G. Siffling: *Stochastische Grundlagen des Kalman-Bucy-Filters*, Oldenbourg Verlag, München, 1990.

[CC87]   C. K. Chui, G. Chen: *Kalman Filtering with Real-Time Applications*, Springer Verlag, Berlin, 1987.

[Dip91]   J. Dippel: *Untersuchungen zur Segmentation von mit bewegter Kamera aufgenommenen Bildfolgen mittels des Kalman-Filters*, Diplomarbeit, 1991, Bayerisches Forschungszentrum für Wissensbasierte Systeme, Forschungsgruppe Wissensverarbeitung, November 1991.

[FB91]   E. François, P. Bouthemy: *Multiframe-based identification of mobile components of a scene with a moving camera*, in IEEE (Hrsg.): *International Conference on Computer Vision and Pattern Regonition*,, IEEE Computer Society Press, Los Alamitos, Ca, 1991, S. 166 – 172.

[Kuh91]   T. Kuhn: *Planung von Trajektorien für nicht trägheitslose Fahrzeuge mit einer Potentialmethode aufgrund unsicherer Fahrbahndaten*, Diplomarbeit, 1991, Technische Universität München, Forschungs- und Lehreinheit Informatik IX, November 1991.

[KvB90]   K.-P. Karmann, A. v. Brandt: *Moving Object Recognition Using an Adaptive Background memory*, in V. Cappellini (Hrsg.): *Time-Varying Image Processing and Moving Object Recognition*, Bd. 2, Elsevier Science Publishers B.V., 1990, S. 289 – 296.

[Mit90]   M. Mitschke: *Dynamik der Kraftfahrzeuge - Band C: Fahrverhalten*, Bd. 2.Auflage, Springer Verlag, Berlin, 1990.

[Tsa86]   R. Y. Tsai: *An Efficient and Accurate Camera Calibration Technique for 3D Machine Vision*, in IEEE *Conference on Computer Vision and Pattern Recognition*, IEEE, Miami Beach, 1986, S. 364 – 374.

[vBZ91]   A. v. Brandt, D. Zaig: *Ermittlung von Eigenbewegung und Tiefeninformation aus monokularen Bildfolgen*, in B. Radig (Hrsg.): *Mustererkennung 1991, 13.DAGM-Symposium*, Springer Verlag, Berlin, 1991, S. 560 – 567.

Lage- und rotationsinvariante Klassifikation digitalisierter Bilder mit dem Condensed Nearest Neighbour Netzwerk

D. Barschdorff, D. Luca

Fachbereich Elektrotechnik, Universität - GH - Paderborn

Pohlweg 47-49, 4790 Paderborn

Wir beschreiben ein Verfahren zur digitalen Ziffernerkennung, bei dem die Beträge der Zernike-Koeffizienten als rotations- und verschiebeinvariante Merkmale mit einem Backpropagation-Netz geschätzt und anschließend mit einem Condensed Nearest Neighbour Netzwerk (CNNN) klassifiziert werden. Gegenüber der direkten Berechnung der Zernike-Koeffizienten erreichen wir auf einem PC-386 eine um den Faktor 60 niedrigere Rechenzeit bei einer Klassifikationsrate von 99,7% für rotierte Bilder und ca. 95% für verzerrte Bilder.

Schlüsselworte: *Mustererkennung, Neuronale Netze, Ziffernerkennung, Zernike-Koeffizienten*

1. Einleitung

Die automatische Mustererkennung verdankt einen großen Teil ihrer Ergebnisse den Untersuchungen zur Lösung des Problems der Ziffern- und Buchstabenerkennung. Trotz des großen Forschungsaufwandes sind bisher einige Aufgaben in diesem Bereich nicht zufriedenstellend gelöst. Drehungen, Verschiebungen, Verzerrungen und unvollständige Abbildungen der Zeichen führen oft zu Fehlklassifikationen. Ein ideales Zeichenerkennungssystem sollte diese Probleme überwinden und sich dadurch den menschlichen Erkennungsleistungen nähern.

Neben den klassischen Zeichenerkennungsmethoden /1-3/, wurden in den letzten Jahren auch einige andere Verfahren entwickelt, die die Funktionsweise des biologischen Bilderkennungssystems nachzuahmen versuchen /4-7/. Diese vielversprechenden Ansätze werden z. Zt. noch erforscht und benötigen gewöhnlich eine erhebliche Rechenleistung. Aus diesen Gründen sind sie oft in der Praxis noch nicht einsetzbar.

Der in dieser Arbeit verfolgte Ansatz besteht darin, leistungsfähige Erkennungsverfahren auf einem PC-AT Rechner zu implementieren. Wir stützen uns auf globale rotations- und lageinvariante Merkmale (die Beträge der Zernike-Koeffizienten /10/). Obwohl wir die Verfahren auf Ziffernbildern testen, sind die verwendeten Merkmale auch für die Beschreibung anderer Bilder sehr gut geeignet. Als Klassifikator wird ein als *"Condensed Nearest Neighbour Netzwerk"* (CNNN) bezeichnetes Neuronales Netz verwendet. Dieses Netz ist durch Selbstorganisation und besonders schnelle Konvergenz gekennzeichnet /13/.

2. Die Zernike-Transformation

Die Zernike-Transformation /8-11/ ist eine orthogonale zweidimensionale Transformation, deren Basisfunktionen die Zernike-Polynome $V_{nm}(x,y)$ sind:

$$V_{nm}(x,y) = V_{nm}(\rho\sin\theta, \rho\cos\theta) = R_{nm}(\rho)\ \exp(jm\theta)$$

$$n \geq 0,\ \ |m| \leq n,\ \ n - |m|\ \ \textit{gerade Zahl} \tag{1}$$

wobei ρ den Radiusvektor des Punktes (x,y) und θ den Winkel zwischen ρ und der y-Achse bezeichnen. $R_{nm}(\rho)$ ist ein radiales Polynom:

$$R_{nm}(\rho) = \sum_{s=0}^{\frac{n-|m|}{2}} (-1)^s \frac{(n-s)!}{s!\ \left(\frac{n+|m|}{2}-s\right)!\ \left(\frac{n-|m|}{2}-s\right)!}\ (\rho^2)^{\frac{n}{2}-s} \tag{2}$$

Die Polynome V_{nm} sind im Inneren des Einheitskreises orthogonal:

$$\iint\limits_{x^2+y^2\leq 1} V_{nm}^*(x,y)\ V_{lk}(x,y)\ dx\ dy = \frac{\pi}{n+1}\ \delta_{nl}\ \delta_{mk}\ , \qquad \delta_{pq} = \begin{cases} 1 & \textit{for } p=q \\ 0 & \textit{for } p\neq q \end{cases} \tag{3}$$

Die Koeffizienten der Transformation (*"Komplexe Zernike-Momente"* - A_{nm}) stellen die Projektionen des Bildes $f(x,y)$ auf die Menge der Basisfunktionen $V_{nm}(x,y)$ dar:

$$A_{nm} = \frac{n+1}{\pi} \iint\limits_{x^2+y^2\leq 1} f(x,y)\ V_{nm}^*(x,y)\ dx\ dy \tag{4}$$

Im diskreten Fall wird für die Berechnung der Transformationskoeffizienten folgende Gleichung verwendet:

$$\hat{A}_{nm} = \frac{n+1}{\pi} \sum_k \sum_l f(x_k,y_l)\ V_{nm}^*(x_k,y_l), \qquad x_k^2 + y_l^2 \leq 1 \tag{5}$$

Die Zernike-Koeffizienten weisen besonders günstige Eigenschaften für die Bilderkennung auf /10/: Sowohl eine Rotation als auch eine Spiegelung des Bildes an einer Ursprungsgeraden bewirken lediglich eine Phasenverschiebung der Koeffizienten. Die Beträge der Zernike-Momente sind also rotations- und reflexionsinvariante Größen. Eine Lageinvarianz wird durch die Zentrierung des Bildes in seinem Schwerpunkt (x_g,y_g) erreicht:

$$x_g = \frac{\sum_k \sum_l x_k\, f(x_k, y_l)}{\sum_k \sum_l f(x_k, y_l)} \qquad y_g = \frac{\sum_k \sum_l y_l\, f(x_k, y_l)}{\sum_k \sum_l f(x_k, y_l)} \qquad (6)$$

Invarianz in Bezug auf Bildskalierungen wird von der Zernike-Transformation nicht unmittelbar gewährleistet. Diese Invarianz ist aber in den meisten industriellen Anwendungen nicht notwendig, da gewöhnlich die Entfernung zwischen Videokamera und dem aufzunehmenden Objekt zeitlich konstant bleibt.

Die Zernike-Momente wurden schon 1980 von M. R. Teague /10/ für die Bilderkennung vorgeschlagen. Systematische Versuche mit diesen Merkmalen wurden aber erst in den 90-er Jahren durchgeführt /11/.

3. Berechnung der Zernike-Koeffizienten mit einem Backpropagation-Netz

Die Berechnung der Zernike-Transformation nach Gl. (5) ist schon für relativ kleine Bilder besonders rechenintensiv. Um die Klassifikationsgeschwindigkeit des Systems zu erhöhen ohne auf paralelle Rechenverfahren greifen zu müssen, berechnen wir die Zernike-Transformationskoeffizienten mit Hilfe eines Back-

Abb. 1: Lernmuster

propagation Netzes /17/. Die Fähigkeit eines solchen Netzes, mathematische Abbildungen zu erlernen, ist in den letzten Jahren eingehend theoretisch untersucht und bestätigt worden /14-16/. Wir benutzen ein einfaches dreilagiges Netz. Abb. 1 stellt die für den Lern- und Testvorgang verwendeten Bilder dar, die intern in einer 80 Zeilen × 80 Spalten großen Matrix gespeichert sind. Diese Muster werden zusätzlich von 0° bis 90° in 5°-Stufen um ihren Schwerpunkt rotiert.

Da die Verwendung der (80×80)-Matrix zu sehr langen Lernzeiten für das Backpropagation-Netz führt, erfolgt zunächst eine Datenreduktion durch Berechnung der Projektionen des Bildes $f(x_k, y_l)$ auf die x-, bzw. y-Achse:

$$px_k = \sum_{l=1}^{L} f(x_k, y_l), \quad (k=1..K); \qquad py_l = \sum_{k=1}^{K} f(x_k, y_l), \quad (l=1..L) \qquad (7)$$

Die Vektoren $\underline{px} = (px_1, px_2, ..., px_K)$ und $\underline{py} = (py_1, py_2, ..., py_L)$ werden als Eingänge für das Backpropagation-Netz verwendet (Abb. 2). Als Ausgänge dienen die Beträge der Zernike-Koeffizienten $|\hat{A}_{nm}|$, von der zweiten bis zur zehnten Ordnung[1] (34 Werte). Das Netz enthält 30 Neuronen in der verdeckten Schicht.

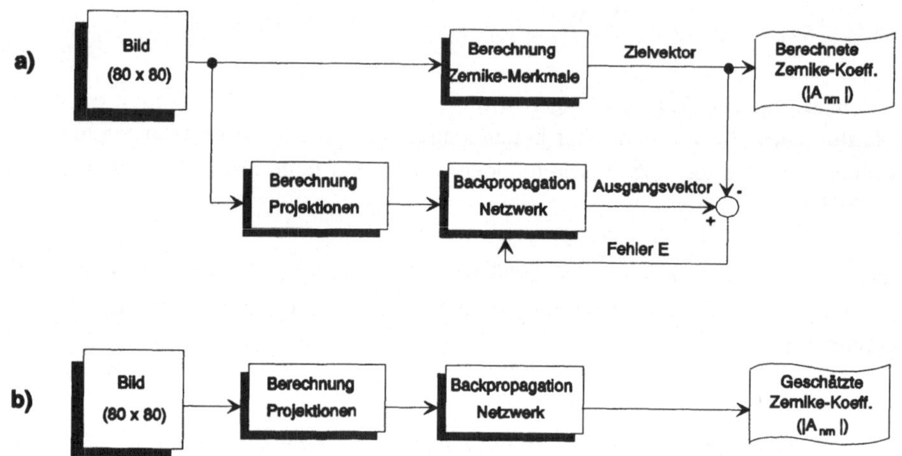

Abb. 2 Bestimmung der Zernike-Merkmale mit einem Backpropagation-Netz
a) - Lernen der Koeffizientenberechnung, b) - Schätzen der Zernike-Koeffizienten

In der Lernphase werden die um 0°, 20°, 40°, 60° und 80° rotierten Mustern aus Abb. 1 verwendet. Der Testsatz enthält den Rest der rotierten Muster (5°, 10°, 15°, 25°, usw.).

Tabelle 1 stellt einen Vergleich zwischen den nach Gl. (5) berechneten (Spalte "*ber.*") und den mit dem Backpropagation-Netz geschätzten Zernike-Merkmalen (Spalte "*Bp.*") dar. Die Werte sind auf das Intervall [0,1000] normiert. Die schattierten Spalten entsprechen den Testmustern, die unschattierten Spalten den gelernten Mustern.

	0°		10°		20°		30°		40°		...	...	80°		90°	
Merkmal	ber.	Bp.	ber.	Bp.	ber.	Bp.	ber.	Bp.	ber.	Bp.	...	...	ber.	Bp.	ber.	Bp.
$|A_{2,0}|$	633	635	630	631	631	629	641	680	623	623	...	...	631	632	633	694
$|A_{2,2}|$	502	499	498	486	502	503	496	503	507	506	...	...	495	496	502	475
$|A_{3,1}|$	59	48	52	46	49	51	77	54	42	54	...	...	53	60	59	67
$|A_{3,3}|$	24	30	28	30	30	30	22	36	37	33	...	...	23	21	24	21
...	...	...	...	...	...	...	...	...	...	...	...	...	...	...	...	...
$|A_{10,8}|$	78	73	65	56	83	81	92	95	74	74	...	...	71	76	78	52
$|A_{10,10}|$	29	29	27	28	29	30	31	32	33	31	...	...	24	24	29	21

Tabelle 1: Zernike-Merkmale für das Zahlenbild "0" aus Abb. 1

---

[1] Unter Verwendung der in /10/ beschriebenen Normierung erhält man für $\hat{A}_{00}$ und $\hat{A}_{11}$ konstante Werte, die vernachlässigt werden können.

Aus der Tabelle ist zu ersehen, daß die 34 Ausgänge des Netzes eine gute Schätzung der Zernike-Merkmale bilden. Die Verwendung des Backpropagation-Netzes bringt gegenüber der analytischen Berechnung (Gl. 5) eine 60-fache Geschwindigkeitserhöhung.

4. Klassifikation mit dem Condensed Nearest Neighbour Netzwerk

Die eigentliche Ziffernklassifikation geschieht mit dem Condensed Nearest Neighbour Netzwerk (CNNN) /12, 13/. Das Netz basiert auf einen Clusteringalgorithmus im mehrdimensionalen Merkmalraum. In diesem Raum wird jedes Muster durch einen Vektor $\underline{m} = (m_1, m_2, ..., m_J)$ dargestellt, dessen Elemente aus den jeweiligen Werten der Mustermerkmale bestehen.

Während der Lernphase werden im Merkmalraum hyperellipsoidförmige Bereiche u_i mit den Radien $\underline{r}_i = (r_{i1}, r_{i2}, ..., r_{iJ})$ und den Mittelpunkten $\underline{w}_i = (w_{i1}, w_{i2}, ..., w_{iJ})$ angelegt. Der Algorithmus berechnet die Vektoren $\underline{w}_i$ und $\underline{r}_i$ automatisch und paßt sie an die Lernmuster dynamisch an. Jede Klasse kann im Merkmalraum durch mehrere elementare Bereiche u_i charakterisiert werden.

Während der Klassifikationsphase sind zwei Fälle zu unterschieden. Falls das unbekannte Muster innerhalb eines in der Lernphase gebildeten Bereiches u_i liegt, wird es der Klasse zugeordnet, zu der der Mittelpunkts dieses Bereichs gehört. Fällt das Muster außerhalb der Bereiche, so wird es der Klasse des nächstgelegenen Lernmusters zugewiesen (*"kleinster Abstand Klassifikator"*). Die Implementation des Algorithmus erfolgt mittels eines dreilagigen Feedforward-Netzwerkes.

Der Lernsatz besteht auch für das CNN-Netz aus den um 0°, 20°, 40°, 60° und 80° rotierten Ziffernbildern aus Abb. 1. Der Testsatz enthält den Rest der rotierten Muster (5°, 10°, 15°, 25°, usw.). Sowohl Reklassifikations- als auch Klassifikationsrate sind 100%. Im Vergleich zum Backpropagation-Netz, ist das CNN-Netz durch eine viel schnellere Konvergenz charakterisiert und ermöglicht somit ein leichtes Experimentieren mit verschiedenen Lernparametern.

Die in Abb. 1 dargestellten Ziffern 6 und 9 sind bis auf eine Drehung von 180° identisch, haben also gleiche Merkmale und werden der gleichen Klasse (*"Klasse 6/9"*) zugeordnet. Um diese Ziffern geeignet zu trennen, wird als weiteres Merkmal die Phase Φ_{31} des Zernike-Koeffizienten $\hat{A}_{31}$ verwendet. Da eine Rotation des Bildes lediglich zu einer Verschiebung der Phasen der Zernike-Momente führt, reicht Φ_{31} aus, um die Ziffern "6" und "9" zu trennen. Dieses Merkmal dient als Eingang eines weiteren CNN Netzwerkes (Abb. 3).

Um die Anwendbarkeit dieser Methode in der Praxis zu überprüfen, wurden unter Verwendung desselben Lernsatzes, 84 in einer industriellen Anlage mit einer Videokamera aufgenomme Ziffernbilder getestet. Diese Bilder weisen gewöhnlich erhebliche Störungen auf. Flecken oder Kratzer auf den Oberflächen, Vibrationen bei der Aufnahme und falsche Positionierungen bewirken, daß unvollständige, verrauschte, rotierte oder verschobene Zahlenbilder vorliegen (Abb. 4). Deshalb müssen die Bilder mit Hilfe von rechenaufwendigen Vorverarbeitungsmethoden restauriert werden. Die Verwendung der Zernike-Merkmale kann einen großen Teil dieser Vorverarbeitung ersetzen, da die Merkmale rotations- und translationsinvariant und stabil gegenüber geringen Formverzerrungen sind.

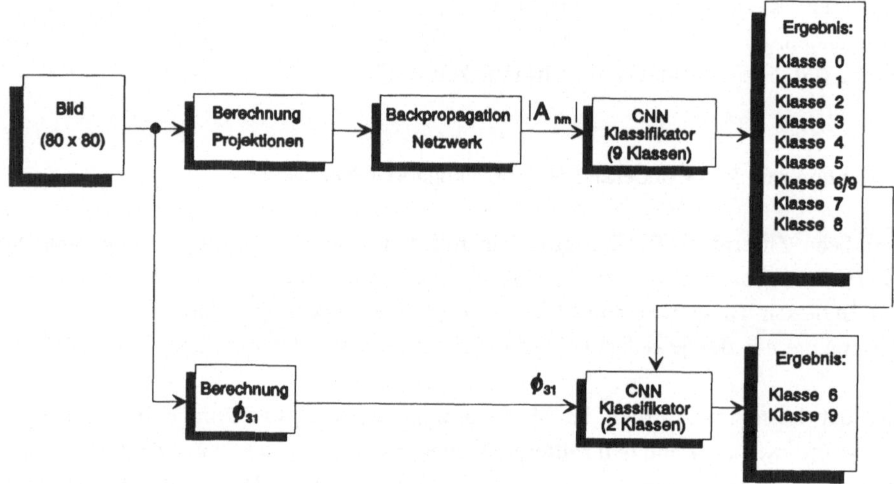

Abb. 3 Blockschaltbild für die Ziffernerkennung

Für die um 0°, 25° und 65° rotierten Versionen der 84 Ziffernbilder wurde mit dem beschriebenen Verfahren eine Erkennungsrate von 99,7% erzielt. Das Verfahren beweist somit ein gutes Verhalten auch im Falle von gestörten Mustern.

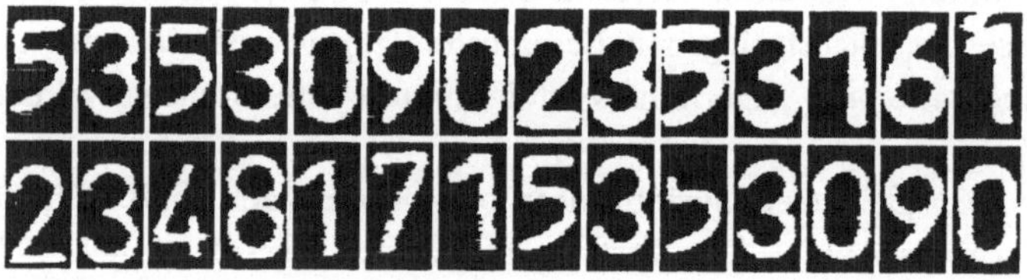

Abb. 4: Mit einer Videokamera aufgenommene Testziffern

Die Verwendung des Backpropagation-Netzes zur Berechnung der Zernike-Merkmale ermöglicht eine Echtzeitimplementierung des Verfahrens. Die vom Netz ermittelten Werte der Zernike-Koeffizienten ergeben eine 100%-ge Klassifikation der rotierten Zahlenbilder. Im Falle von verzerrten Bildern (Abb. 4) ist die Interpolationsfähigkeit des Netzes weniger gut und ermöglicht lediglich eine Klassifikationsrate von 94,8%. Diese Klassifikationsrate kann aber durch das Nachlernen falsch klassifizierter Muster deutlich verbessert werden /18/. Die Echtzeitfähigkeit des Verfahrens wird dadurch nicht beeinträchtigt, da die schnelle Konvergenz des CNN-Netzes ein Nachlernen in nur wenigen Sekunden ermöglicht.

5. Zusammenfassung

Das Condensed Nearest Neighbour Netzwerk läßt sich mit Erfolg für die Klassifikation von Bildern einsetzen. Als Merkmale werden die Beträge der Zernike-Koeffizienten verwendet. Ein Backpropagation-Netz kann die komplizierte Bestimmung dieser rotations- und reflexionsinvarianten Merkmale mit einer für die Klassifikation ausreichenden Genauigkeit erlernen. Die Erkennungsraten liegen bei 100% für rotierte Mustern und ca. 95% für die in einer industriellen Anlage aufgenommenen Bilder. Durch Einsatz des Backpropagation-Netzes findet eine wesentliche Erhöhung der Klassifikationsgeschwindigkeit statt, die eine Echtzeitimplementierung ermöglicht.

Literatur

/1/ Mantas, J., *An Overview of Character Recognition Methodologies*, Pattern Recognition, **19**, 425-430, (1986)

/2/ Govindan, V.K., Shivaprasad, A.P., *Character Recognition - A Review*, Pattern Recognition, **23**, 671-683, (1990)

/3/ Suen, C.S., Berthod, M., Mori, S., *Automatic Recognition of Handprinted Characters -The State of the Art*, Proc. IEEE, **68**, 469-487, (1980)

/4/ Mallot, H.A., *Frühe Bildverarbeitung in neuronaler Architektur*, Mustererkennung 1991 - 13. DAGM-Symposium, Springer, 1991

/5/ Hartmann, G., *Lernen in einem antagonistischen neuronalen Netzwerk*, Mustererkennung 1991 - 13. DAGM-Symposium, Springer, 1991

/6/ Drüe, S., Hartmann G., *Merkmalverknüpfung durch Synchronisation in einem sich selbstorganisierenden neuronalen Netzwerk*, Mustererkennung 1991 - 13. DAGM-Symposium, Springer, 1991

/7/ Schürer, M., *Ein Künstliches Neuronales System zur Bildanalyse*, Mustererkennung 1991 - 13. DAGM-Symposium, Springer, 1991

/8/ Zernike, F., *Beugungstheorie des Schneidenverfahrens und seiner verbesserten Form, der Phasenkontrastmethode*, Physica, **1**, 689-704, (1934)

/9/ Born, M., Wolf, E., *Principles of Optics*, 464-466 u. 767-772, Pergamon, New York, 1975

/10/ Teague, M.R., *Image Analysis via the General Theory of Moments*, J. Opt. Soc. Am., **70**, 920-930, (1980)

/11/ Khotanzad, A., Hong, Y.H., *Rotation Invariant Image Recognition Using Features Selected via a Systematic Method*, Pattern Recognition, **23**, 1089-1101, (1990)

/12/ Barschdorff, D., Bothe, A., *Signal Classification Using a New Self-organising and Fast Converging Neural Network*, Noise & Vibration, **22**, No. 9, Elsevier Advanced Technology, Oxford, UK, 11-19, (1991)

/13/ Barschdorff, D., Bothe, A., *Adaptive Condensed Nearest Neighbour Network for Pattern Classification*, Proceedings of the Fourth International Conference on Neural Networks and Their Applications, Nimes, France, 1991

/14/ Anshelvitch, V.V., Amirikan, B.R., Lukashin, A.V., Frank-Kamenetskii, M.D., *On the Ability of Neural Networks to Perform Generalization by Induction*, Biol. Cybern., **61**, 125-128, (1989)

/15/ White, H., *Connectionist Nonparametric Regression: Multilayer Feedforward Networks Can Learn Arbitrary Mappings*, Neural Networks, **3**, 535-549, (1990)

/16/ Hornik, K., Stinchcombe, M., White, H., *Universal Approximation of an Unknown Mapping and Its Derivatives Using Multilayer Feedforward Networks*, Neural Networks, **3**, 551-560, (1990)

/17/ McClelland, J.L., Rumelhart, D.E., *Explorations in Parallel Distributed Processing*, MIT Press, Cambridge, 1986

/18/ Barschdorff, D., Bothe, A., Gärtner, U., Jäger, A., *Retraining and Redundancy Elimination for a Condensed Nearest Neighbour Network*, IEA-AIE 92, Paderborn, Germany, 246-255, (1992)

Fehlerdiagnose mit Neuronalen Netzen bei Maschinen mit rotierenden Teilen

D. Barschdorff
S. Krämer
Elektrische Meßtechnik
Universität-GH-Paderborn
Pohlweg 47-49
D-W-4790 Paderborn

Es wird ein Mustererkennungsverfahren zur Fehlerdiagnose von Maschinen mit mehreren abhängig voneinander rotierenden Teilen diskutiert. Das meßbare Luft- oder Körperschallsignal besteht aus der Superposition der von den Komponenten hervorgerufenen synchronen Einzelsignale sowie einem asynchronen Anteil. Für Getriebe sind Methoden zur Trennung additiv überlagerter Signalanteile bekannt. Hier wird ein geeignetes, echtzeitfähiges Verfahren für ein signalprozessorbasiertes Diagnosesystem mit neuronalem Klassifikator beschrieben. Die Lernmuster werden zu 100 % reklassifiziert, eine Rückweisung erlaubt die Behandlung unbekannter Fehlerzustände.

Schlüsselworte: *Mustererkennung, Fehlerdiagnose, Signaltrennung, winkelsynchrone Mittelung, Neuronale Netze*

1 Einleitung

Die akustische Prüfung von Maschinen ist bei der automatisierten, industriellen Fertigung ein wesentlicher Bestandteil der kontinuierlichen Überwachung und der Qualitätsendkontrolle. Von den zu untersuchenden Objekten werden Daten gewonnen und digitalisiert. Es folgt eine Signalvorverarbeitung und die Berechnung eines Merkmalvektors. Dieser Merkmalvektor wird mit Hilfe des zuvor gelernten Referenzwissens über intakte Objekte und Produktionsfehler klassifiziert.

Maschinen emittieren Geräusche, die zeitgleich durch mehrere mechanische Komponenten hervorgerufen werden und sich additiv überlagern. Einige Signalanteile treten periodisch synchron zur Drehfrequenz der Komponenten auf, andere sind stochastischer Natur oder asynchron. Zur Fehlerklassifikation der einzelnen Komponenten ist man bestrebt, diese Geräuschanteile zu trennen. Ein Beispiel für die synchronen Signalanteile sind die Zahneingriffsgeräusche von Getrieben, bei deren Entstehung pro Übersetzungsstufe jeweils zwei Zahnräder zum Gesamtgeräusch beitragen und bei denen Fehler an einzelnen Zahnrädern, Wellen, etc. getrennt diagnostiziert werden sollen.

2 Trennung additiv überlagerter Signalanteile als Vorverarbeitung

Das hier meßbare Signal besteht aus einer Superposition mehrerer Anteile. Erstens treten periodische Signale synchron zur jeweiligen Drehfrequenz der Wellen auf. Zweitens entstehen u.a. durch Lagergeräusche und Gehäuseschwingungen asynchrone oder stochastische Signalanteile. Als Beispiel wird hier das Körperschallsignal $u_M(t)$ eines zweistufigen Getriebes (Abb. 2.1) betrachtet. Es setzt sich aus zu den drei Wellen synchronen Anteilen $u_1(t)...u_3(t)$ und einem asynchronen Anteil $s(t)$ zusammen (Gl.1).

$$u_M(t) = u_1(t) + u_2(t) + u_3(t) + s(t) \tag{1}$$

Voraussetzung für eine Trennung der Signalanteile ist, daß für jede Welle eine Abtastfolge mit einer definierten Anzahl von Abtastwerten pro Umdrehung vorliegt. Mit Drehimpulsgebern, die direkt auf den Wellen angebracht sind, können Abtasttakte zur Umsetzung entsprechender Folgen generiert werden. Schon bei zweistufigen Getrieben ist es jedoch oft nicht möglich, von der Vorgelegewelle einen direkten Takt abzuleiten. Wir bilden daher mit Hilfe eines "Getriebemodells" die Übersetzungsverhältnisse des Getriebes nach und erzeugen daraus die zur synchronen Datenaufnahme notwendigen Takte (Abb.2.1).

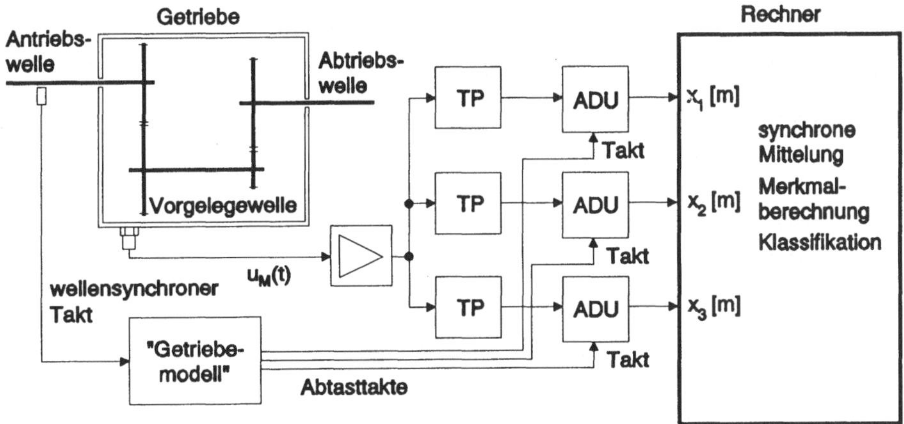

Abb. 2.1:   Winkelsynchrone Abtastung durch direktes Ansteuern der Analog-Digitalumsetzer

Ein Nachteil der zuvor dargestellten Verfahren ist der hohe Hardwareaufwand. Die Leistungssteigerung in der Rechnertechnik erlaubt es, die Vorverarbeitung zur Trennung der Geräuschanteile durch eine echtzeitfähige Softwarelösung zu realisieren.

Verfahren zur Berechnung winkelsynchroner Abtastfolgen mit Hilfe des analytischen Signals und mittels Interpolationsverfahren sind in [14] beschrieben. In diesem Beitrag wird die für Echtzeitanwendungen besonders geeignete lineare Interpolationsmethode verwendet. Aus **einer einzigen** winkelsynchronen Abtastfolge lassen sich damit weitere, zu anderen Wellen des Getriebes synchrone Folgen generieren.

Eine Interpolation zu höherfrequenten Abtastfolgen ist bei der Aufnahme eines Datensatzes proportional zur niedrigsten Drehfrequenz leicht möglich. Der spektrale Informationsgehalt kann jedoch zur Klassifikation schneller drehender Wellen, z.B. bei mehrstufigen Getrieben mit hohen Übersetzungen, zu gering sein. Deshalb bietet es sich an, alle weiteren Signale von einem synchron zur Welle mit der höchsten Drehfrequenz aufgenommenen Signal abzuleiten. Dabei ist zu beachten, daß zur Vermeidung von Aliasing-Fehlern vor der Interpolation eine digitale Filterung durchzuführen ist (Abb. 2.2).

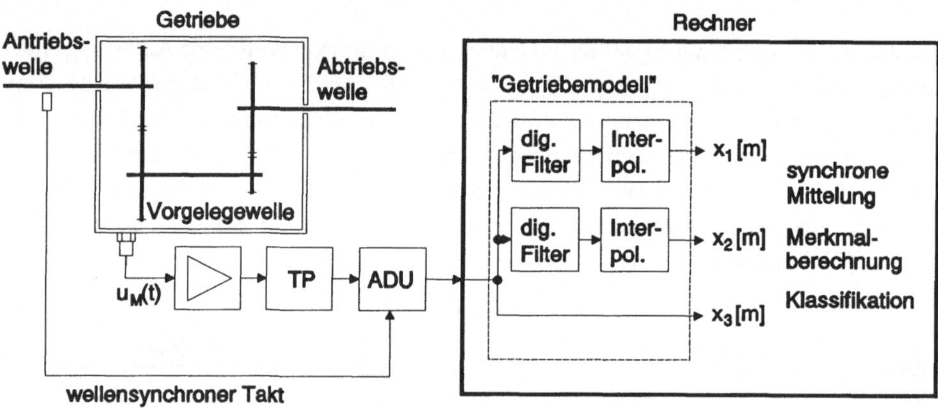

Abb. 2.2:   Winkelsynchrone Signalerzeugung durch Interpolation

Die aus einem Sensorsignal $u_M(t)$ erzeugten Folgen $x_1[m]$, $x_2[m]$ und $x_3[m]$ werden anschließend synchron gemittelt (Gl. 2).

$$\hat{u}_j[m] = \bar{x}_j[m] = \frac{1}{N} \sum_{i=0}^{N-1} x_j[m - i \cdot M_j] \qquad m = 0, 1, ..., M_j - 1. \tag{2}$$

N: Anzahl der durchgeführten Mittelungen
M_j: Anzahl der Abtastwerte pro Umdrehung der Welle j (Periodizität)
j: Wellennummer

Es wird der Scharmittelwert für jeden Abtastwert einer Umdrehung über N Umdrehungen gebildet. Dadurch werden Signalanteile, die nicht synchron zur betrachteten Welle sind, um den Faktor $1/\sqrt{N}$ bedämpft. Das Ergebnis ist ein Schätzwert $\hat{u}_j[m]$ für die Geräuschanteile, die von der betrachteten Komponente emittiert werden. Abb. 2.3 zeigt für ein zweistufiges Getriebe das aufgenommene Signal und die daraus berechneten synchron gemittelten Einzelsignale, aus denen dann die wellenbezogenen Merkmale gewonnen werden.

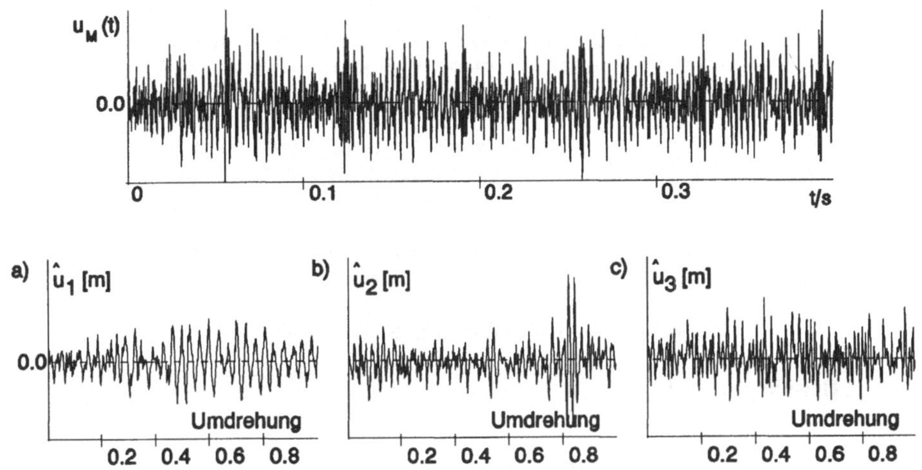

Abb. 2.3:   Trennung des Summensignals durch winkelsynchrone Mittelung in Anteile
         a)   synchron zur Antriebswelle
         b)   synchron zur Vorgelegewelle
         c)   synchron zur Abtriebswelle

3 Merkmalberechnung und Klassifikation

Als Merkmale dienen Kennwerte aus dem Zeit- und dem Spektralbereich. Aus den durch die Vorverarbeitung berechneten Einzelsignalen und deren Hüllkurven werden statistische Kennwerte wie Effektivwert, Wölbung und Schiefe betrachtet. Mit Hilfe der Ordnungsanalyse erfolgt eine Untersuchung von spektralen Kennwerten im Bereich der Zahneingriffsfrequenz. Die zu bearbeitende Aufgabe wird als eine Liste von Bearbeitungsvorschriften formuliert. Dazu verwenden wir eine einfache datenflußorientierte Sprache. Neben der Bearbeitungsvorschrift sind Angaben zur Datenfeldverwaltung und eine Parametrierung der einzelnen Routinen notwendig. Diese Sprache wurde am Fachgebiet Elektrische Meßtechnik entwickelt und in verschiedenen Mehrprozessorsystemen eingesetzt [8, 13, 14, 16]. Neben der einfachen Programmierung von Mehrprozessorsystemen bietet sie eine flexible Anpassung an die jeweilige Diagnoseaufgabe sowie eine breite Palette von Verarbeitungsroutinen.

Abb. 3.1 zeigt als Beispiel eine Datenaufnahme mit anschließender winkelsynchroner Mittelung und die Berechnung statistischer Kennwerte. Zum Abschluß werden die berechneten Werte in einen Merkmalvektor eingetragen, der als Eingang für den eingesetzten Klassifikator dient.

Die Klassifikation erfolgt mit Hilfe von Neuronalen Netzen. Es werden bei K zu klassifizierenden Zuständen unter Berücksichtigung einer Rückweisung K+1 Klassen betrachtet. Dabei ist Ω_1 die Klasse intakt, $\Omega_2...\Omega_K$ sind die Fehlerklassen und Ω_{K+1} ist eine Rückweisungsklasse. In der Lernphase wurde das Netz mit Hilfe von Referenzmustern trainiert. Hierbei ist eine Rückweisungsklasse eingeführt worden, um Fehlerzustände, die nicht gelernt wurden, als unbekannt klassifizieren zu

SMPM (..., 1)	Datenaufnahme entsprechend den Parametern für Kanalnummer, Abtastrate, internen bzw. externen Abtasttakt, Skalierungswerte und Ablage als Datensatz Nr. 1
ROTM (1, ..., 2)	Berechnung winkelsynchron gemittelter Abtastfolgen aus Datensatz Nr. 1 anhand der Parameter für Übersetzungsverhältnis des Getriebes, Anzahl der Werte und Ablage in Datensatz Nr. 2
STAT (2, ..., 3)	Berechnung anhand der Parameter definierter statistischer Kennwerte aus Datensatz Nr. 2 und Ablage als Datensatz Nr. 3
MERI (3, 1)	Ablage des Datensatzes Nr. 3 im Merkmalvektor an der Position 1.

Abb. 3.1:   Beispielprogramm

können. Zum Anlegen dieser Klasse müssen dem Netz Muster präsentiert werden, die die bekannten Klassengebiete begrenzen. Entsprechende Muster können mit Hilfe einer Clusteranalyse bestimmt werden. Abb. 3.2 zeigt Entscheidungsfunktionen in der Merkmalebene mit und ohne Rückweisungsklasse. In diesem schematischen Beispiel wird ein mit dem Backpropagation-Verfahren trainiertes Drei-Schichten-Perzeptron-Netz mit fünf Elementen in der verdeckten Schicht genutzt. Die dargestellten Merkmale - jeweils auf den Bereich von 0 bis 1 normiert - sind Schiefe (m_1) und Wölbung (m_2) eines auf die Vorgelegewelle synchron gemittelten Körperschallsignals eines zweistufigen Getriebes. Die betrachteten Klassen sind intakt (Klasse 1) und lokaler Zahnfehler (Klasse 2).

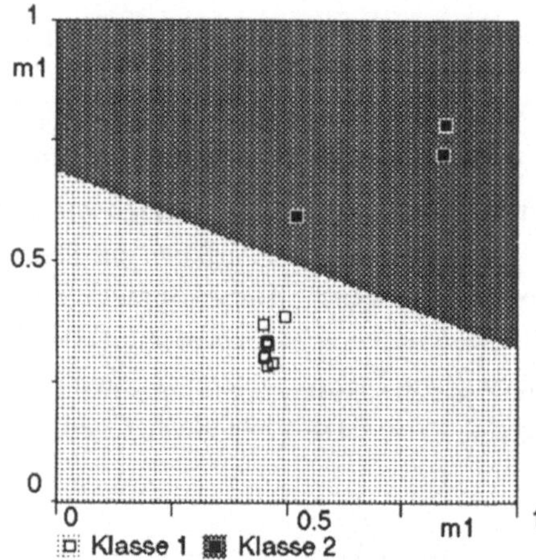

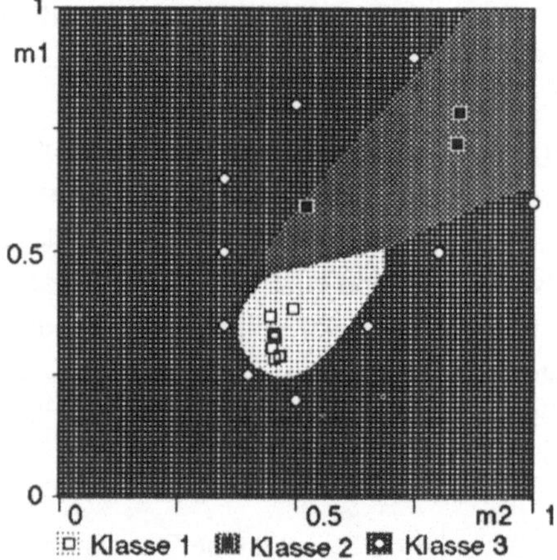

Abb. 3.2:   Klassifikation mit und ohne Rückweisungsbereich
links: Zweiklassenproblem (Klasse 1: intakt; Klasse 2: lokaler Zahnfehler)
rechts: mit Rückweisung (Klasse 3)

Führt man eine derartige Rückweisungsklasse ein, so können bei Merkmalvektoren höherer Ordnung sehr komplizierte Rückweisungsgebiete entstehen, wodurch die Konvergenz beeinträchtigt werden kann. Ein weiterer Nachteil ist die relativ lange Konvergenzzeit beim Training mit dem Backpropagation-Algorithmus. Deutlich kürzere Lernzeiten bietet hier das auf dem Prinzip des Nächsten-Nachbar-Klassifikators beruhende Condensed Nearest Neighbour Network (CNNN) [4]. Das CNNN besteht aus drei Schichten: einer Eingangsschicht, einer verdeckten Schicht und einer Ausgangsschicht (Abb. 3.3). Ein Merkmalvektor $\underline{m}$ wird an die Eingangsschicht angelegt und wirkt über Verbindungen auf die verdeckte Schicht. Die Ausgänge dieser Schicht werden über die Ausgangsschicht verknüpft. Der Ausgangsvektor $\underline{o}$ enthält das Klassifikationsergebnis im 1-aus-N-Code.

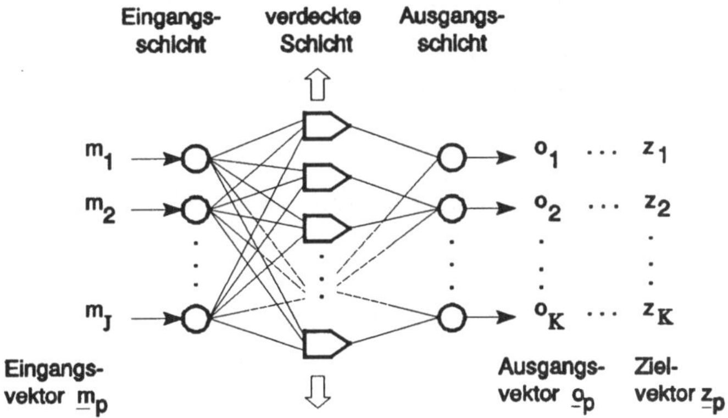

Abb. 3.3:   Struktur des Condensed Nearest Neighbour Network

Während der Lernphase bildet das Netz neue Verbindungen und Zellen in der verdeckten Schicht. Es paßt sich damit an die auftretenden Fehlerklassen an. Wird die Lernstichprobe korrekt klassifiziert, so ist das Ende der Lernphase erreicht. Bei der Klassifikation existiert ein Gütekriterium, anhand dessen eine Rückweisung unbekannter Muster möglich ist [4].

Der Ausgangswert des i-ten Neurons der verdeckten Schicht ergibt sich zu

$$o_i = \Theta\left(\sum_{j=1}^{J} \frac{(m_j - w_{ij})^2}{r_{ij}^2} \right) \qquad \text{mit } \Theta(d) = \begin{cases} 1 & \text{für } d \leq \alpha \\ 0 & \text{für } d > \alpha \end{cases} \qquad (3)$$

Jede angelegte Zelle beschreibt einen Hyperellipsoiden mit dem Schwerpunktvektor $\underline{w}$ und dem Radiusvektor $\underline{r}$ im Merkmalraum. Die Schwellwertfunktion Θ setzt den Ausgang abhängig vom Parameter α ($\alpha > 0$) auf den Wert 0 oder 1.

Abb 3.4 zeigt die Entscheidungsfunktionen für das in Abb. 3.2 verwendete Beispiel bei der Klassifikation mit dem CNNN. Die Ellipsoiden geben den möglichen Rückweisungsbereich an. Ohne Rückweisung erfolgt die Klassifikation gemäß der gestrichelt eingezeichneten Linie.

4 Realisierung

Die Realisierung erfolgt auf PC-Einschubkar-
ten, die mit einem digitalen Floating-Point Si-
gnalprozessor (DSP) und optional mit einem
ADU ausgestattet sind. So lassen sich die aufgenommenen Werte direkt mit Hilfe des DSP
weiterverarbeiten. Die notwendigen Rechen-
routinen wie digitale Filter, Interpolation und
synchrone Mittelung, können zwischen der Aufnahme von zwei Abtastwerten durchgeführt
werden. Eine Signalprozessorkarte (SPK) mit
ADU dient zur Datenaufnahme und Vorverarbeitung. Eine zweite ohne ADU zur Merk-
malextraktion und Klassifikation. So können im
Pipelining-Betrieb die Daten über einen eigenen Datenbus nach der Vorverarbeitung von
der ersten SPK an die zweite übergeben wer-

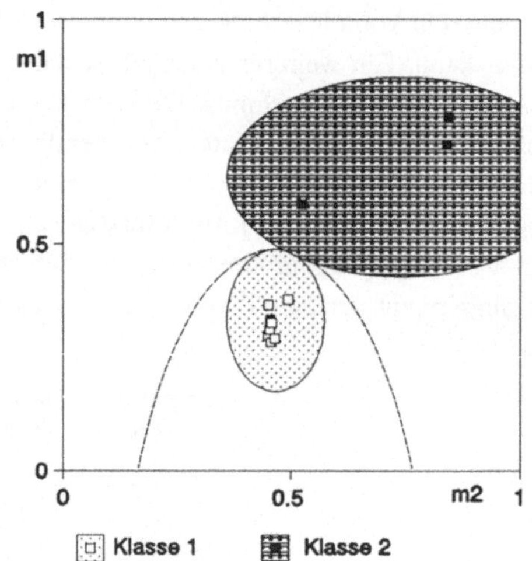

Abb. 3.4:   Schema der Klassifikation mit dem
CNNN

den, so daß sofort eine erneute Datenaufnahme möglich ist. Durch die Integration in einen PC ist
eine variable, preiswerte Entwicklungsumgebung und eine komfortable Bedienerführung gewährleistet.

5 Zusammenfassung und Ausblick

Es wurde ein Verfahren zur Klassifikation von Fehlern an Komponenten von Maschinen mit mehreren abhängig voneinander rotierenden Teilen vorgestellt. Durch die Trennung additiv überlagerter
Signalanteile läßt sich der Fehlerort exakt spezifizieren. Das gewählte Verfahren bietet neben einem
geringen externen Hardwareaufwand eine Echtzeit-Berechnung synchroner Abtastfolgen. Nach der
Vorverarbeitung lassen sich geeignete Merkmale für jede einzelne zu untersuchende Komponente
berechnen und so getrennte Klassifikationen mit Neuronalen Netzen erreichen. Mit Hilfe geeigneter
Rückweisungsgebiete während der Lernphase können Muster unbekannter Klassen erkannt werden.
Durch begleitendes Trainieren läßt sich das System an neu auftretende Fehlerzustände anpassen.
Es zeigt sich, daß der Einsatz von Neuronalen Netzen und Parallelrechnern zur Fehlerdiagnose ein
ein wichtiger Bestandteil von rechnergestützten Fertigungen (CIM) ist.

Neben einer Optimierung des Merkmalsatzes sind weitere Untersuchungen mit einem erweiterten
Musterkollektiv vorgesehen. Außerdem werden wir kompliziertere Getriebe mit mehr als drei
Wellen untersuchen.

6 Literatur

[1] Barschdorff, D.: *Neural Networks and Classical Decision Algorithms in Failure Diagnostic Systems* (IMEKO XII World Congress, Measurement and Progress, Beijing, V.R. China 5.-10. Sept., 1991). Proceedings

[2] Barschdorff, D.: *Neuronale Netze als Diagnosewerkzeuge.* In PUZ Paderborner Universitäts Zeitschrift (1992), Januar

[3] Barschdorff, D.; Becker, D.: *Neuronale Netze als Signal- und Musterklassifikatoren.* Technisches Messen tm 57 (1990) 11, R. Oldenbourg Verlag, S. 437-444

[4] Barschdorff, D.; Bothe, A.: *Adaptive Condensed Nearest Neighbour Network for Pattern Classification* (Neuro-Nimes 91, Fourth Conference on Neural Networks and their applications, Nimes, France 4.-8. Nov., 1991) pp. 241-251

[5] Barschdorff, D.; Bothe, A.; Gärtner, U.; Jäger, A.: *Retraining and Redundancy Elimination for a Condensed Nearest Neighbour Network.* (The Fifth International Conference on Industrial & Engineering Applications of Artificial Intelligence and Expert Systems, June 91-12, 1992, Paderborn, Germany) Lecture Notes in Artificial Intelligence 604, Springer Verlag Berlin, 1992, pp. 246-255

[6] Barschdorff, D.; Bothe, A.; Wöstenkühler, G. W.: *Vergleich lernender Mustererkennungsverfahren und Neuronaler Netze zur Prüfung und Beurteilung von Maschinengeräuschen* (Schalltechnik '90). In: VDI-Berichte 813, S. 23-41

[7] Barschdorff, D.; Monostori, L.; Ndenge, A. F.; Wöstenkühler, G. W.: *Multiprocessor Systems for Connectionist Diagnosis of Technical Processes.* Computers in Industry, Elsevier, Special Issue on Learning in Intelligent Manufacturing Systems, 1991

[8] Dressler, Th.: *Fehlerdiagnose mit einem Multimikroprozessorsystem.* Paderborn, Universität-GH- Paderborn, Elektrische Meßtechnik, Diss., 1986, Fortschritt-Berichte VDI-Verlag, Reihe 8: Meß-, Steuerungs- und Regelungstechnik Nr.117 (1986)

[9] Kolb, H.-J.: *Erkennen von Geräuschmustern mittels Neuronaler Netze* (13. DAGM-Symposium Mustererkennung, München, Oktober 1991). Proceedings

[10] Kolerus, J.: *Zustandsüberwachung von Maschinen.* expert-Verlag 1986

[11] Krauß, J.: *Vergleichende Untersuchung zur subjektiven und objektiven akustischen Qualitätsprüfung von Fahrzeuggetrieben.* Paderborn, Universität-GH-Paderborn, Elektrische Meßtechnik, Diss., 1990

[12] Lippmann, R. P.: *An Introduction to Computing with Neural Nets.* IEEE ASSP Magazine, Vol. 4-2, pp. 4-22, April 1987

[13] Ndenge, A. F.: *Untersuchung zur UNIX-MINIX-Kopplung in einem Multiprozessorsystem.* Paderborn, Universität-GH-Paderborn, Elektrische Meßtechnik, Diss., 1992

[14] Nitsche, W.: *Signalverarbeitungsverfahren für Multimikroprozessorsysteme zur Fehlerdiagnose an Zahnradgetrieben.* Paderborn, Universität-GH-Paderborn, Diss., 1988, Fortschritt-Berichte VDI-Verlag, Reihe 8: Meß-, Steuerungs- und Regelungstechnik Nr. 186 (1988)

[15] Rumelhart, D. E., McClelland, J. L.: *Parallel distributed processing.* MIT Press 1986

[16] Wöstenkühler, G. W.: *Schnelle Diagnose seriengefertigter Reihenschlußmotoren kleiner Leistung.* Paderborn, Universität-GH-Paderborn, Elektrische Meßtechnik, Diss., 1991

Autorenindex

Aach, T.   206
Abraham-Fuchs, K.   180
Ade, F.   117, 282
Ameling, W.   58
Andresen, K.   304
Barschdorff, D.   449, 456
Beck, C.   341
Bilau, N.   310
Boehme, H.-J.   341
Bomans, M.   73
Brunswig, F.   158
Bunke, H.   141
Cabrera, W.   282
Dorkel, S.   299
Dose, M.   316
Eckstein, W.   125
Eggerer, A.   125
Fink, G. A.   269
Flach, B.   323
Franke, R.   341
Franzke, M.   329
Gloger, J. M.   214
Goldammer, E. v.   166
Grauel, A.   335
Gross, H.-M.   341
Grundmann, H.-G.   335
Guth, H.   323
Handels, H.   329
Hanselmann, T.   417
Härer, W.   180
Heide, P.   367
Heipke, C.   186
Heitger, F.   290
Helbig, J.   347
Henkel, R.   353
Hering, F.   158
Heydt, R. v. d.   290
Hoffmann, R.   347
Hohl, W.   282
Höhne, K. H.   73, 430
Hollatz, J.   88

Jähne, B.   150
Janfeld, B.   199
Jiang, X. Y.   141
Kallich, A.   347
Kaup, A.   206
Kelch, J.   58
Kleinman, L.   361
Klicker, J.   367
Krämer, S.   456
Kreßel, U.   353
Kristen, H.   50
Kübler, O.   290
Kummert, F.   269
Langmann, D.   242
Laugks, J.   361
Leendert, R. v.   166
Linder, R.   173
Littmann, E.   81
Luca, D.   449
Mallot, H. A.   133, 199
Marko, H.   1
Meier, T.   417
Menard, C.   398
Messer, T.   373
Meyering, A.   81
Munkelt, O.   50
Netzsch, T.   150
Neumann, B.   411
Niemann, H.   443
Noll, D.   96
Nölle, M.   30
Oerder, M.   247
Osterland, R.   323
Paping, M.   253
Pasternak, B.   379
Paul, J.   166
Pels, R.   335
Peter, M.   117, 282
Pöppl, S. J.   173
Posch, S.   385
Poschmann, R.   392

Přeučil, L.   65
Reichl, W.   261
Rinast, E.   173
Ritter, H.   81
Ritter, W.   214
Rosenthaler, L.   290
Rothe, I.   42
Rutishauser, M.   117
Sablatnig, R.   398
Sagerer, G.   269
Schiemann, T.   73
Schlang, M. F.   180
Schlesinger, M. I.   10
Schlüns, K.   405
Schmidbauer, O.   223
Schnörr, C.   411
Schnusenberg, J.   310
Schöner, G.   316
Schulz-Mirbach, H.   30
Schuster, D.   299
Schwarzinger, M.   96
Seelen, W. v.   96
Sprengel, R.   379
Stein, N.   105
Strube, H. W.   253
Suesse, H.   20
Theimer, W. M.   133
Tiede, U.   73, 430
Tresp, V.   88, 180
Trobina, M.   117, 417
Voss, K.   20, 42, 274
Wein, B.   58
Weismüller, P.   180
Weiss, H.-D.   173
Wieland, T.   423
Wierzimok, D.   158, 150
Wilmer, F.   430
Ylä-Jääski, A.   117, 417
Zentsov, V.   437
Zins, A.   443